한치영의
손해
사정사
정석 I

손해사정사 시험의 처음과 끝,
한치영의 손해사정사 정석 I

손해사정사는 보험사고 발생시 손해액 및 보험금의 산정업무를 전문적으로 수행하는 자로서 보험금 지급의 객관성과 공정성을 확보하여 보험계약자나 피해자의 권익을 침해하지 않도록 해주는 일을 하는 보험업계의 전문자격인입니다.

손해사정사 시험은 2014년에 대폭 변경되어 시행하고 있습니다. 즉 손해사정사의 종류를 1종에서 4종까지 업무영역에 따라 분류하던 방식에서 재물 · 차량 · 신체의 세 영역으로 새롭게 분류하였습니다. 손해사정사 1차 시험과목은 보험업법, 보험계약법, 손해사정이론으로 구성되어 있으며, 객관식 시험방식으로 치러지게 됩니다.

Always **with you**

머리말

본 교재는 강의용 교재를 목적으로 제작하였습니다. 강의는 아래와 같이 3단계로 구성됩니다.

커리큘럼 특성상 강의가 '보험계약법' → '손해사정이론' → '보험업법' 순으로 하나의 흐름으로 진행됩니다. 따라서 '보험계약법'에서 보험에 대한 기초지식(구조, 원리, 기본개념)에서부터 보험계약법의 내용까지를 다루고, '손해사정이론'과 '보험업법'에서는 중복되는 내용(보험에 대한 기초 지식과 보험계약법의 내용)을 빼고 해당 과목 내용에만 집중이 됩니다.

해당 교재를 선택해 주신 수험생분들에게 감사의 마음을 전하며, 합격의 행운이 함께 하기를 기원합니다.

강사 한치영 올림

보다 깊이 있는 학습을 원하는 수험생들을 위한
시대에듀의 동영상 강의가 준비되어 있습니다.
www.sdedu.co.kr ➜ 회원가입(로그인) ➜ 강의 살펴보기

도서의 구성 및 특징

STEP 1

Essential(에센셜) 1

최신 개정법령을 반영한 이론과 심도 있는 학습을 도와주는 참고박스

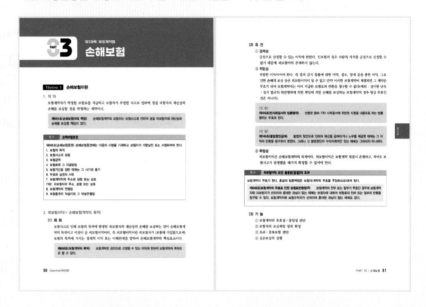

STEP 02

Essential(에센셜) 2

이론과 연계된 조문을 알려주는 설명박스 & 이해를 도와주는 판례박스

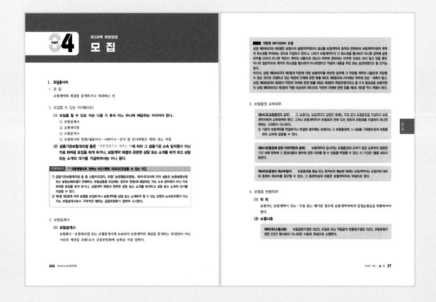

Drill(드릴)

기출유형을 반영한 Drill(드릴) & 해설 및 정답

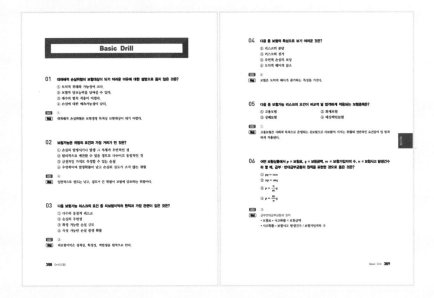

the Final(더 파이널)

최종 마무리를 위한 the Final(더 파이널)

※ 기출문제에 대한 해설은 유료 동영상 강의를 통해 확인하실 수 있습니다.

자격시험 소개

손해사정사란?

보험사고 발생시 손해액 및 보험금의 산정업무를 전문적으로 수행하는 자로서 보험금 지급의 객관성과 공정성을 확보하여 보험계약자나 피해자의 권익을 침해하지 않도록 해주는 일, 즉 보험사고 발생시 손해액 및 보험금을 객관적이고 공정하게 산정하는 자를 말합니다.

주요 업무

➡ 손해발생 사실의 확인
➡ 보험약관 및 관계법규 적용의 적정여부 판단
➡ 손해액 및 보험금의 사정
➡ 손해사정업무와 관련한 서류작성, 제출 대행
➡ 손해사정업무 수행 관련 보험회사에 대한 의견 진술

손해사정사의 구분

업무영역에 따른 구분	업무수행에 따른 구분
재물손해사정사 차량손해사정사 신체손해사정사 종합손해사정사	고용손해사정사 독립손해사정사

※ 단, 종합손해사정사는 별도의 시험없이 재물·차량·신체손해사정사를 모두 취득하게 되면 등록이 가능합니다.

자격취득

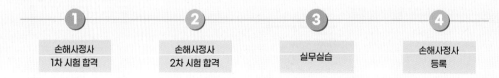

| ① 손해사정사 1차 시험 합격 | ② 손해사정사 2차 시험 합격 | ③ 실무실습 | ④ 손해사정사 등록 |

시험일정

손해사정사 시험은 1차와 2차 각각 연 1회 실시됩니다. 1차 시험은 그 해의 상반기(4월)에 실시하고, 2차 시험은 그 해의 하반기(8월)에 실시합니다. 매해 시험일정이 상이하므로 상세한 시험일정은 보험개발원(www.insis.or.kr:8443)의 홈페이지에서 '시행계획공고'를 통하여 확인하시기 바랍니다.

1차 시험 소개

시험과목 및 방법

구 분	재 물	차 량	신 체
시험과목	• 보험업법 • 보험계약법(상법 중 보험편) • 손해사정이론 • 영어(공인시험으로 대체)	• 보험업법 • 보험계약법(상법 중 보험편) • 손해사정이론	• 보험업법 • 보험계약법(상법 중 보험편) • 손해사정이론
시험방법	선택형(객관식 4지 선택형 택1)		
비 고	재물손해사정사의 1차 시험과목 중 영어는 공인영어시험으로 대체됩니다.		

합격자 결정

1차 시험 합격자를 결정할 때에는 영어 과목을 제외한 나머지 과목에 대하여 매 과목 100점을 만점으로 하여 매 과목 40점 이상, 전 과목 평균 60점 이상 득점한 사람을 합격자로 결정합니다. 단, 한 과목이라도 과락이 발생하면 합격할 수 없습니다.

검정현황

❶ 재 물

구 분	2015년 제38회	2016년 제39회	2017년 제40회	2018년 제41회	2019년 제42회	2020년 제43회	2021년 제44회	2022년 제45회	2023년 제46회	2024년 제47회
접수(명)	136	131	150	153	157	193	170	194	247	290
합격(명)	83	65	55	91	95	101	82	117	143	159
합격률(%)	61.03	49.62	36.67	59.48	60.51	52.33	48.24	60.31	57.89	54.83

❷ 차 량

구 분	2015년 제38회	2016년 제39회	2017년 제40회	2018년 제41회	2019년 제42회	2020년 제43회	2021년 제44회	2022년 제45회	2023년 제46회	2024년 제47회
접수(명)	1,419	1,305	1,244	1,177	1,187	1,098	1,036	907	826	849
합격(명)	403	293	138	279	326	191	138	228	203	160
합격률(%)	28.40	22.45	11.09	23.70	27.46	17.40	13.32	25.14	24.58	18.85

❸ 신 체

구 분	2015년 제38회	2016년 제39회	2017년 제40회	2018년 제41회	2019년 제42회	2020년 제43회	2021년 제44회	2022년 제45회	2023년 제46회	2024년 제47회
접수(명)	4,169	4,351	4,926	4,947	4,583	5,221	5,217	4,809	5,238	6,022
합격(명)	1,507	1,224	825	1,644	1,667	1,405	1,485	1,795	1,717	1,908
합격률(%)	36.15	28.13	16.75	33.23	36.37	26.91	28.46	37.33	32.78	31.68

2차 시험 소개

시험과목 및 방법

구 분	재 물	차 량	신 체
시험과목	• 회계원리 • 해상보험의 이론과 실무 (상법 해상편 포함) • 책임 · 화재 · 기술보험 등의 이론과 실무	• 자동차보험의 이론과 실무 (대물배상 및 차량손해) • 자동차구조 및 정비이론과 실무	• 의학이론 • 책임보험 · 근로자재해보상보험 의 이론과 실무 • 제3보험의 이론과 실무 • 자동차보험의 이론과 실무 (대인배상 및 자기신체손해)
시험방법	논문형(약술형 또는 주관식 풀이형)		

응시자격

❶ 당해 연도 및 직전 연도 해당분야 손해사정사 1차 시험에 합격한 자('95년 이전 1차 시험 합격자 포함)

❷ 보험업법 시행규칙 제53조의 규정에 의한 기관(금융감독원, 손해보험회사, 손해보험협회, 생명보험협회(신체), 화재
보험협회(재물), 손해사정법인, 농업협동조합중앙회)에서 해당분야의 손해사정업무에 5년 이상 종사한 경력이 있는 자

❸ 타 종목의 손해사정사 자격을 취득한 자(재물, 차량, 신체). 다만, 차량손해사정사 또는 신체손해사정사가 재물손해
사정사 시험에 응시하려는 경우 2차 시험 접수 전에 영어시험 성적표를 제출하여야 합니다.

❹ 종전 규정에 따른 손해사정사(1종~4종)

합격자 결정

절대평가에 의해 합격자를 결정하며, 절대평가에 의한 합격자가 최소선발예정인원에 미달하는 경우 미달인원에 대하여
상대평가에 의해 합격자를 결정합니다.

❶ 2차 시험 합격자를 결정할 때에는 매 과목 100점을 만점으로 하여 매 과목 40점 이상, 전 과목 평균 60점 이상 득
점한 사람을 합격자로 합니다. 다만, 금융감독원장이 손해사정사의 수급상 필요하다고 인정하여 미리 선발예정인원
을 공고한 경우에는 매 과목 40점 이상 득점한 사람 중에서 선발예정인원의 범위에서 전 과목 총득점이 높은 사람
부터 차례로 합격자를 결정할 수 있습니다.

❷ 손해사정사의 선발예정인원은 전환응시자를 제외하고 일반응시자에게만 적용합니다.

❸ 전환응시자에 대한 합격결정은 응시한 매 과목에 대하여 40점 이상 득점한 자 중, 전체 응시과목 평균점수가 일반
응시자 중 합격자의 최저점수(평균점수) 이상을 득한 경우에 합격자로 결정합니다.

검정현황

❶ 재 물

구 분	2015년 제38회	2016년 제39회	2017년 제40회	2018년 제41회	2019년 제42회	2020년 제43회	2021년 제44회	2022년 제45회	2023년 제46회
접수(명)	316	347	387	422	434	464	471	463	489
합격(명)	51	50	57	49	42	40	50	50	50
합격률(%)	16.14	14.41	14.73	11.61	9.68	8.62	10.62	10.80	10.20

❷ 차 량

구 분	2015년 제38회	2016년 제39회	2017년 제40회	2018년 제41회	2019년 제42회	2020년 제43회	2021년 제44회	2022년 제45회	2023년 제46회
접수(명)	1,100	1,065	825	746	822	803	766	758	881
합격(명)	102	105	103	101	100	100	111	110	110
합격률(%)	9.27	9.86	12.48	13.54	12.17	12.45	14.49	14.51	12.29

❸ 신 체

구 분	2015년 제38회	2016년 제39회	2017년 제40회	2018년 제41회	2019년 제42회	2020년 제43회	2021년 제44회	2022년 제45회	2023년 제46회
접수(명)	3,247	3,323	2,786	3,177	3,249	3,121	2,981	3,075	3,037
합격(명)	501	470	381	409	328	325	343	340	343
합격률(%)	15.43	14.14	13.68	12.87	10.10	10.41	11.51	11.06	11.29

최고득점 & 커트라인

❶ 재 물

구 분	2015년 제38회	2016년 제39회	2017년 제40회	2018년 제41회	2019년 제42회	2020년 제43회	2021년 제44회	2022년 제45회	2023년 제46회
최고득점	75.11	63.72	75.33	72.22	73.33	72.22	68.89	76.44	70.00
커트라인	42.78	41.72	53.67	52.00	54.67	54.89	49.45	58.55	57.00

❷ 차 량

구 분	2015년 제38회	2016년 제39회	2017년 제40회	2018년 제41회	2019년 제42회	2020년 제43회	2021년 제44회	2022년 제45회	2023년 제46회
최고득점	71.34	70.50	72.34	78.83	68.50	75.84	73.33	71.50	73.50
커트라인	53.75	56.67	56.34	54.84	52.17	53.50	54.50	51.50	54.33

❸ 신 체

구 분	2015년 제38회	2016년 제39회	2017년 제40회	2018년 제41회	2019년 제42회	2020년 제43회	2021년 제44회	2022년 제45회	2023년 제46회
최고득점	71.67	76.17	67.89	69.25	68.75	65.50	67.92	71.67	75.00
커트라인	44.08	50.25	44.42	50.83	50.42	51.25	53.50	55.00	58.17

이 책의 차례

제2과목   손해사정이론

이 책의 차례

CLAIM ADJUSTER

제1과목

보험계약법

Essential(에센셜)

Drill(드릴)

the Final(더 파이널)

Essential
(에센셜)

보험과 보험계약법

Theme 1 보험의 원리

1. 보험이란

동일한 <u>위험</u>을 보유한 다수를 결합하여 <u>단체</u>를 구성하고 소액의 금전(<u>보험료</u>)을 각출, 기금을 형성한 뒤 우연한 사고를 당한 구성원에게 금전이나 기타 재산적 급여(<u>보험금</u>)를 받는 사회경제제도

2. 위험이란

(1) 의 의

'손해발생의 불확실성'으로 보험은 경제주체가 보유한 위험을 전제로 하기 때문에 '위험이 없으면 보험도 없다.'

(2) 보험에서의 위험(특성)

① 다수의 동질적 위험
② 우연한 사고의 발생
③ 측정가능한 위험
④ 적당한 크기의 위험

참 고	보험계약법상의 보험

보험계약법은 상법 '제4편 보험'을 일컫는 말이다. 상법에서는 보험을 손해보험과 인보험으로 구분하고 있는데 손해보험은 보험에 가입한 경제주체의 재산손해를, 인보험은 신체손해에 대한 위험을 담보한다.

3. 보험의 원리(보험경영 원칙)

보험은 소액의 보험료로 고액의 보험금을 받는 제도이기 때문에 이를 위해서는 아래와 같은 원리를 통해 각 경제주체가 부담할 보험료를 산출하고, 이를 통해 기금이 형성되고 유지될 수 있어야 한다.

(1) 단체성(위험의 분산)

보험이란 제도는 동일한 위험을 보유한 다수의 개인을 결합한 위험(보험)단체의 존재가 전제되어야 한다. 즉 각 개인은 각자가 보유한 위험(고액의 손해액)을 단체의 구성원을 통해 분산(소액의 보험료)시킬 수 있다.

(2) 대수의 법칙

장기간 사고발생을 대량 관찰하면 일정한 법칙을 발견하게 된다. 예를 들어 국내 택시기사들의 손해율(사고발생률, 손해액)은 각각 서로 다르지만, 많은 수를 장기간에 걸친 통계로 살펴보면 평균 손해율이 일정한 값에 가까워지게 되고, 이러한 통계적 확률(경험적 확률)을 통해 보험료를 산출할 수 있다.

(3) 수지상등의 원칙(보험단체 자족의 원칙)

$$보험료\ 총액 = 지급보험금\ 총액$$
$$n(가입자수) \times P(보험료) = r(사고발생수) \times Z(보험금)$$

(4) 급부·반대급부 균등의 원칙(Lexis 원칙)

$$P(보험료) = Z(지급보험금) \times W(사고발생률)$$
$$* W(사고발생률) = r(사고발생수)/n(가입자수)$$

(5) 보험계약자 평등대우 원칙

위험단체의 구성원은 다른 구성원과 평등하게 대우받아야 하며, 단체에 반하는 특별한 이익을 요구할 수 없다.

(6) 신의성실의 원칙

권리의 행사와 의무의 이행은 신의에 좇아 성실히 해야 한다.

4. 보험의 기능과 폐해

(1) 보험의 기능

① 위험분산 : 단체를 통해 개인의 위험을 분산시킨다.
② 신용수단 : 신용보험, 보증보험 등
③ 그 밖에 : 자본축적, 고용증진, 개인저축 등

(2) 보험의 폐해

① 보험범죄
② 위험관리 태만
③ 역선택 : 높은 위험을 가진 자가 적극적으로 보험에 가입하는 경우로 심해질 경우 수지상등의 원칙을 무너뜨려 보험제도의 운영을 어렵게 한다.

Theme 2 보험계약

1. 보험계약의 의의

> **제638조(보험계약의 의의)** 보험계약은 당사자 일방이 약정한 보험료를 지급하고 재산 또는 생명이나 신체에 불확정한 사고가 발생할 경우에 상대방이 일정한 보험금이나 그 밖의 급여를 지급할 것을 약정함으로써 효력이 생긴다.

2. 보험계약의 성질

(1) 상행위성

보험계약은 상법 제46조 제17호에 의거한 상행위에 속한다. 따라서 영업과 관련 없이 체결하거나, 부수적으로 체결하는 계약(예컨대, 운송인이 더 높은 운임을 받고 운송물 소유자의위험을 추가 인수하는 것)은 보험계약이 될 수 없다(단체성에 의한 것이 아니므로). 상호보험이나 공제의 경우 영업적 상행위는 아니지만 그 성질이 상반되지 않는 한 상호보험에 준용된다.

> **제664조(상호보험, 공제 등에의 준용)** 이 편(編)의 규정은 그 성질에 반하지 아니하는 범위에서 상호보험(相互保險), 공제(共濟), 그 밖에 이에 준하는 계약에 준용한다.

(2) 유상·쌍무계약성

보험사고발생시 보험계약자의 보험료 지급에 대하여 보험자는 일정한 보험금액, 기타의 급여를 지급할 것을 약정하고(유상), 동시에 보험계약자에게는 보험료 지급의무가 보험자에게는 보험금 지급의무가 발생(쌍무)한다.

(3) 낙성·불요식 계약성

보험계약은 청약과 승낙이라는 당사자 쌍방의 의사표시의 합치만으로 성립하고(낙성), 그 의사표시에는 특별한 방식이 필요 없다(불요식).

참고 **보험자 책임의 개시**

보험계약법상 보험자의 책임은 당사자(보험계약자 - 보험자) 간에 다른 약정이 없으면 최초보험료를 지급 받은 때부터 개시한다(상법 제656조)라고 하고 있는데, 이는 보험계약기간이 아닌 보험기간에 관한 것이다. 또한 청약서와 보험증권의 작성과 교부 역시 보험계약의 성립요건은 아니다(그러나 실무적으로 계약과 동시에 보험료를 납입하고 청약서를 작성한다는 점, 당사자간 특약이 없는 한 보험료 납입 시부터 보험자 책임이 개시된다는 점에서 '요식·요물화되어 가고 있다'라는 의견도 있다).

> **제656조(보험료의 지급과 보험자의 책임개시)** 보험자의 책임은 당사자 간에 다른 약정이 없으면 최초의 보험료의 지급을 받은 때로부터 개시한다.

보험계약은 법적으로 낙성계약이지만, 보험료가 지급되어야만 보험자의 담보책임이 개시되는 것이 원칙이므로 '사실상의 요물계약'이라고 한다.

(4) 사행계약성

사행성이란 우연한 이익을 얻고자 하는 것이다. 보험계약의 경우 우연한 보험사고의 발생으로 인하여 보험금액의 지급 또는 그 액수가 정하여지므로 사행계약이라 할 수 있다.

계약 당시 보험사고의 종류는 확정되어 있어야 한다(예 화재보험의 경우 화재, 자동차보험의 경우 자동차사고) 그러나 사고의 발생 여부, 시기, 방법 중 어느 하나(보통은 발생 여부)가 불확정되어야 하며, 반드시 객관적 확정일 필요는 없다. 단, 사망보험은 발생 여부가 확정되어야 한다.

제644조(보험사고의 객관적 확정의 효과) 보험계약 당시에 보험사고가 이미 발생하였거나 또는 발생할 수 없는 것인 때에는 그 계약은 무효로 한다. 그러나 당사자 쌍방과 피보험자가 이를 알지 못한 때에는 그러하지 아니하다.

(5) 계속계약성

보험계약의 계속계약성으로 인해 보험계약자의 보험료 지급의무와 보험자의 보험금 지급의무가 일정 기간 동안 계속하여 존재한다. 그러므로 상법상 계약을 '해제'할 수 있는 경우는 거의 없고 장래에 향하여 '해지'할 수 있다(해제 할 수 있는 경우 : 상법 제650조 제1항).

제650조(보험료의 지급과 지체의 효과) ① 보험계약자는 계약 체결 후 지체 없이 보험료의 전부 또는 제1회 보험료를 지급하여야 하며, 보험계약자가 이를 지급하지 아니하는 경우에는 다른 약정이 없는 한 계약 성립 후 2월이 경과하면 그 계약은 해제된 것으로 본다.

(6) 부합계약성

보험계약은 성질상 다수의 가입자를 상대로 대량으로 처리하므로 그 내용을 정형화해야 한다. 따라서 보험자가 미리 작성한 보통보험약관을 통해 계약을 체결하게 되는데 이를 부합계약성이라 한다. 그러나 이로 인해 약관에 대한 분쟁이 생길 경우 부합계약의 상대방인 보험계약자측의 이익이 침해될 수 있는데 이를 보호하기 위하여 상법은 보험자에게 보험계약시 보험계약자에 대한 '약관교부설명의무'(상법 제638조3)를 두고 있고, '보험계약자 등 불이익변경금지의 원칙'(상법 제663조)을 규정하고 있다. 또한 약관이 만들어질 때 금융위원회의 승인을 받아 사용하도록 하고 있으며, 각 계약자를 평등하게 대우해야 하고, 특히 약관해석시 의문이 있는 경우 보험자를 불이익하게 해야 한다는 작성자불이익의 원칙을 적용하고 있다.

당사자 일방이 계약 내용을 설정하고 계약의 상대방은 그 내용에 자신의 의사가 일치할 때 체결되는 계약이다. 일반적으로 상대방은 계약 내용의 설정에 영향을 미치지 못한다.

제638조의3(보험약관의 교부·설명 의무)   ① 보험자는 보험계약을 체결할 때에 보험계약자에게 보험약관을 교부하고 그 약관의 중요한 내용을 설명하여야 한다.
② 보험자가 제1항을 위반한 경우 보험계약자는 보험계약이 성립한 날부터 3개월 이내에 그 계약을 취소할 수 있다.

제663조(보험계약자 등의 불이익변경금지)   이 편의 규정은 당사자 간의 특약으로 보험계약자 또는 피보험자나 보험수익자의 불이익으로 변경하지 못한다. 그러나 재보험 및 해상보험 기타 이와 유사한 보험의 경우에는 그러하지 아니하다.

1. **편입통제(약관의 설명·교부의무)**

   약관이 계약의 내용으로 편입되기 위해서는 사업자가 이를 고객에게 명시하고 설명하여야 하며, 당사자간 개별약정이 있다면 약관에 우선한다.

   제638조의3(보험약관의 교부·설명의무)   ① 보험자는 보험계약을 체결할 때에 보험계약자에게 보험약관을 교부하고 그 약관의 중요한 내용을 설명하여야 한다.
   ② 보험자가 제1항을 위반한 경우 보험계약자는 보험계약이 성립한 날부터 3개월 이내에 그 계약을 취소할 수 있다.

   〈약관의 규제에 관한 법률〉
   제2조(정의)   이 법에서 사용하는 용어의 정의는 다음과 같다.
   1. "약관"이란 그 명칭이나 형태 또는 범위에 상관없이 계약의 한쪽 당사자가 여러 명의 상대방과 계약을 체결하기 위하여 일정한 형식으로 미리 마련한 계약의 내용을 말한다.
   2. "사업자"란 계약의 한쪽 당사자로서 상대 당사자에게 약관을 계약의 내용으로 할 것을 제안하는 자를 말한다.
   3. "고객"이란 계약의 한쪽 당사자로서 사업자로부터 약관을 계약의 내용으로 할 것을 제안받은 자를 말한다.

   제3조(약관의 작성 및 설명의무 등)   ① 사업자는 고객이 약관의 내용을 쉽게 알 수 있도록 한글로 작성하고, 표준화·체계화된 용어를 사용하며, 약관의 중요한 내용을 부호, 색채, 굵고 큰 문자 등으로 명확하게 표시하여 알아보기 쉽게 약관을 작성하여야 한다.
   ② 사업자는 계약을 체결할 때에는 고객에게 약관의 내용을 계약의 종류에 따라 일반적으로 예상되는 방법으로 분명하게 밝히고, 고객이 요구할 경우 그 약관의 사본을 고객에게 내주어 고객이 약관의 내용을 알 수 있게 하여야 한다. 다만, 다음 각 호의 어느 하나에 해당하는 업종의 약관에 대하여는 그러하지 아니하다.

1. 여객운송업
2. 전기 · 가스 및 수도사업
3. 우편업
4. 공중전화 서비스 제공 통신업

③ 사업자는 약관에 정하여져 있는 중요한 내용을 고객이 이해할 수 있도록 설명하여야 한다. 다만, 계약의 성질상 설명하는 것이 현저하게 곤란한 경우에는 그러하지 아니하다.

④ 사업자가 제2항 및 제3항을 위반하여 계약을 체결한 경우에는 해당 약관을 계약의 내용으로 주장할 수 없다.

제4조(개별 약정의 우선)　약관에서 정하고 있는 사항에 관하여 사업자와 고객이 약관의 내용과 다르게 합의한 사항이 있을 때에는 그 합의 사항은 약관보다 우선한다.

2. 해석통제(객관적 해석의 원칙, 작성자불이익해석의 원칙)

〈약관의 규제에 관한 법률〉

제5조(약관의 해석)　① 약관은 신의성실의 원칙에 따라 공정하게 해석되어야 하며 고객에 따라 다르게 해석되어서는 아니 된다.

② 약관의 뜻이 명백하지 아니한 경우에는 고객에게 유리하게 해석되어야 한다.

3. 불공정통제

① 입법적 규제 : 보험계약법, 약관규제법

제663조(보험계약자 등의 불이익변경금지)　이 편의 규정은 당사자 간의 특약으로 보험계약자 또는 피보험자나 보험수익자의 불이익으로 변경하지 못한다. 그러나 재보험 및 해상보험 기타 이와 유사한 보험의 경우에는 그러하지 아니하다.

〈약관의 규제에 관한 법률〉

제2장 불공정약관조항

제6조(일반원칙)　① 신의성실의 원칙을 위반하여 공정성을 잃은 약관 조항은 무효이다.

② 약관의 내용 중 다음 각 호의 어느 하나에 해당하는 내용을 정하고 있는 조항은 공정성을 잃은 것으로 추정된다.

1. 고객에게 부당하게 불리한 조항
2. 고객이 계약의 거래형태 등 관련된 모든 사정에 비추어 예상하기 어려운 조항
3. 계약의 목적을 달성할 수 없을 정도로 계약에 따르는 본질적 권리를 제한하는 조항

② 행정적 규제 : 금융위원회(보험업법), 공정거래위원회(약관규제법), 행정관청의 인 · 허가

③ 사법적 규제 : 법원의 판결(편입 · 해석 · 불공적 통제 모두 가능)

(7) 독립계약성

보험계약은 보험의 원리 · 원칙에 바탕을 둔 계약을 의미한다. 즉 매매 또는 운송 계약 등에 부가하여 위험을 인수하는 것과는 다른 독립적 계약이다.

(8) 최대선의계약성

보험계약은 사행계약성으로 인해 사법상 신의성실의 원칙에 기초하고 있으며, 일반적 선의보다 강도 높은 선의성을 요구하고 있다(최대선의계약).

3. 보험계약의 요소 1 - 보험계약의 관계자

보험계약 관계자는 계약당사자(보험회사, 보험계약자)와 이해관계자(피보험자, 보험수익자)로 구분된다.

(1) 보험자

보험사업을 영위하는 보험계약의 직접당사자로서 보험사고의 발생시 일정한 금액, 기타 급여를 지급할 의무를 지는 자를 말하다. 보험업법의 규제를 받는 손해/생명보험 주식회사와 특별법의 규제를 받는 공제 등이 있다.

(2) 보험계약자

자기의 명의로 보험계약 체결을 하는 상대방 당사자로서 1차적으로 보험료 지급의무를 지는 자이다. 자격에는 아무런 제한이 없고, 대리인을 시켜 계약의 체결이 가능하며 수인이 공동으로 보험계약자가 될 수도 있다.

참고 **행위무능력자가 보험계약자가 될 수 있을까?**

행위능력이란 단독으로 완전히 유효한 법률행위를 할 수 있는 지위 또는 자격이다. 따라서 행위무능력자는 단독으로 완전히 유효한 법률행위를 할 수 없는 자로서 미성년자, 한정치산자, 금치산자를 말한다. 그러나 이러한 행위무능력자의 경우에도 계약자가 될 수 있다. 다만, 계약의 체결은 그 법정대리인이 하여야 한다.

---

(3) 피보험자

① 의 의

보험의 보호를 받는 자(피보험이익의 주체)로, 손해보험에서는 보험사고의 발생시 손해를 입고 보상을 받는 자, 인보험에서는 생명이나 신체에 관하여 보험에 붙여진 자를 말한다.

② 기 준

ⓐ 피보험이익을 가진 자라면 제한이 없으며, 피보험이익이 없는 자를 피보험자로 한 보험계약은 무효이다.

ⓑ 보험사고발생시 피보험자를 확정할 수 있는 정도면 족하다(예 OO회사 직원).

참고 **15세 미만자 등 피보험자 제한**

제732조(15세 미만자 등에 대한 계약의 금지)　　15세 미만자, 심신상실자 또는 심신박약자의 사망을 보험사고로 한 보험계약은 무효로 한다. 다만, 심신박약자가 보험계약을 체결하거나 제735조의3에 따른 단체보험의 피보험자가 될 때에 의사능력이 있는 경우에는 그러하지 아니하다.

---

(4) 보험수익자

보험사고발생시 보험금을 지급받을 자로서 인보험에서만 존재한다. 미지정시 법정상속인이 보험수익자가 된다.

참 고	타인을 위한 보험	

	손해보험	인보험
자기를 위한 보험	보험계약자 = 피보험자	보험계약자 = 보험수익자
타인을 위한 보험	보험계약자 ≠ 피보험자	보험계약자 ≠ 보험수익자

제639조(타인을 위한 보험)　① 보험계약자는 위임을 받거나 위임을 받지 아니하고 특정 또는 불특정의 타인을 위하여 보험계약을 체결할 수 있다. 그러나 손해보험계약의 경우에 그 타인의 위임이 없는 때에는 보험계약자는 이를 보험자에게 고지하여야 하고, 그 고지가 없는 때에는 타인이 그 보험계약이 체결된 사실을 알지 못하였다는 사유로 보험자에게 대항하지 못한다.
② 제1항의 경우에는 그 타인은 당연히 그 계약의 이익을 받는다. 그러나 손해보험계약의 경우에 보험계약자가 그 타인에게 보험사고의 발생으로 생긴 손해의 배상을 한 때에는 보험계약자는 그 타인의 권리를 해하지 아니하는 범위 안에서 보험자에게 보험금액의 지급을 청구할 수 있다.
③ 제1항의 경우에는 보험계약자는 보험자에 대하여 보험료를 지급할 의무가 있다. 그러나 보험계약자가 파산선고를 받거나 보험료의 지급을 지체한 때에는 그 타인이 그 권리를 포기하지 아니하는 한 그 타인도 보험료를 지급할 의무가 있다.

(5) 보험자의 보조자

① 보험대리점

ⓐ 의의 : 보험대리점은 일정한 보험회사를 위하여 보험계약의 체결을 중개(중개대리점) 또는 대리(체약대리점)를 영업으로 하는 독립된 상인을 말하며 개인과 법인을 구분하여 대통령령으로 정하는 바에 의하여 금융위원회에 등록하여 한다. 우리나라에서는 보험업법 제2조 제10호에서 "보험대리점이란 보험회사를 위하여 보험계약의 체결을 대리하는 자"라고 하여 체약대리점만을 인정하고 있다.

ⓑ 권 한
- 계약체결권 ┐
- 보험료영수권 │ 4대권한
- 고지수령권 │
- 통지수령권 ┘
- 보험증권 교부권

ⓒ 대리권 제한 : 보험자는 대리점의 권한을 제한할 수 있다. 다만, 보험자는 그 제한을 이유로 선의의 보험계약자에게 대항할 수 없다.

② 보험중개사

보험중개사는 보험회사와 보험계약자 사이의 보험계약의 성립을 중개하는 것을 영업으로 하는 독립된 상인으로 금융감독원장이 실시하는 시험에 합격한 후 대통령령으로 정하는 바에 의하여 금융위원회에 등록하여야 한다.

③ 보험설계사

ⓐ 의의 : 보험자의 사용인(≠ 상업사용인)으로서 한 회사에 소속되어 보험에 가입할 자에 대하여 보험계약의 청약을 인수하는 자를 말한다. 대리권이 없으므로 보험계약체결권 고지/통지수령권, 보험료영수권이 없이 보험계약의 체결을 중계하는 보험중개사와 법적지위는 같으나 특정 보험자에 전속되어 있다는 점이 다르다. 교차판매는 가능하다.

ⓑ 권한(상법 제646조의2 제3호)

• 제한적 보험료영수권 : 보험자가 작성한 영수증을 보험계약자에게 교부하면서 보험료를 받은 경우에 한정하여 보험료를 영수한 것으로 본다.

• 보험증권 교부권

판례 대법원 88다카33367

생명보험계약에서 제1회 보험료에 한하여 보험료영수권 인정(표현대리 적용)

참고 **설계사의 지위**

보험회사의 업무수행에 대한 수탁자에 불과할 뿐 민법상 고용관계에 해당하지 않고, 근로기준법상 근로자에도 해당하지 않는다. 산재보험법에서는 특수형태근로종사자로 인정하고 있다.

---

④ 보험의

피보험자의 신체 및 건강검사를 실시하여 인수위험에 대한 정보를 제공해주는 의사를 말한다. 고용[사의(私醫)] 또는 위임[촉탁의(囑託醫)]의 형태로 계약하므로 보험자의 상업사용인이 아니다. 따라서 보험자의 대리권은 인정되지 않으나 업무 특성상 고지수령권은 인정된다.

참고 **보험대리상 등의 권한**

제646조의2(보험대리상 등의 권한) ① 보험대리상은 다음 각 호의 권한이 있다.
1. 보험계약자로부터 보험료를 수령할 수 있는 권한
2. 보험자가 작성한 보험증권을 보험계약자에게 교부할 수 있는 권한
3. 보험계약자로부터 청약, 고지, 통지, 해지, 취소 등 보험계약에 관한 의사표시를 수령할 수 있는 권한
4. 보험계약자에게 보험계약의 체결, 변경, 해지 등 보험계약에 관한 의사표시를 할 수 있는 권한
② 제1항에도 불구하고 보험자는 보험대리상의 제1항 각 호의 권한 중 일부를 제한할 수 있다. 다만, 보험자는 그러한 권한 제한을 이유로 선의의 보험계약자에게 대항하지 못한다.

③ 보험대리상이 아니면서 특정한 보험자를 위하여 계속적으로 보험계약의 체결을 중개하는 자는 제1항 제1호(보험자가 작성한 영수증을 보험계약자에게 교부하는 경우만 해당한다) 및 제2호의 권한이 있다.

④ 피보험자나 보험수익자가 보험료를 지급하거나 보험계약에 관한 의사표시를 할 의무가 있는 경우에는 제1항부터 제3항까지의 규정을 그 피보험자나 보험수익자에게도 적용한다.

참고	보험보조자의 권한				
	계약체결권	고지수령권	통지수령권	보험료영수권	보험증권교부권
보험대리점	○	○	○	○	○
보험중개사	×	×	×	×	×
보험설계사	×	×	×	×(조건부)	○
보험의	×	○	×	×	×

4. 보험계약의 요소 2

(1) 보험의 목적

① 의 의

보험사고의 대상이 되고, 보험으로부터 보호를 받는(담보하는) 재산 또는 신체로서 보험의 목적이 정해져야 보험사고 가능성, 보상범위 등을 한정할 수 있다.

기 출

보험의 목적이 구체적으로 지정되어야만 보험사고의 가능성, 손해보험에서 피보험이익 및 피보험이익의 귀속주체, 담보범위를 한정할 수 있다.

② 손해보험의 목적

ⓐ 유체물 : 자동차, 운송물 등 구체적 물건

ⓑ 무체물 : 채권, 지적재산권 등

ⓒ 법적책임 : 타인에 대한 법률상 배상책임(불법행위책임, 제조물책임 등)

③ 인보험의 목적

ⓐ 자연인 : 사람의 생명 또는 신체

ⓑ 사망보험

제732조(15세 미만자 등에 대한 계약의 금지)　15세 미만자, 심신상실자 또는 심신박약자의 사망을 보험사고로 한 보험계약은 무효로 한다. 다만, 심신박약자가 보험계약을 체결하거나 제735조의3에 따른 단체보험의 피보험자가 될 때에 의사능력이 있는 경우에는 그러하지 아니하다.

(2) 보험료

① 의 의

보험자의 보험금 지급책임에 대한 대가로 보험계약자가 지불하는 금액

> **제656조(보험료의 지급과 보험자의 책임개시)** 보험자의 책임은 당사자 간에 다른 약정이 없으면 최초의 보험료의 지급을 받은 때로부터 개시한다.

② 영업보험료 : 순보험료 + 부가보험료

ⓐ 순보험료 : 대수의 법칙에 따른 위험률에 따라 산정된 보험료

ⓑ 부가보험료 : 사업비 등

③ 최초보험료 : 보험자의 책임을 개시시키는 보험료

④ 제1회 보험료

처음으로 지급하는 보험료. 최초보험료는 항상 제1회 보험료가 되지만 제1회 보험료는 항상 최초보험료가 되지 않는다. 당사자 특약을 통해 보험료납입 여부와 관계없이 보험자 책임이 개시될 수 있기 때문이다.

⑤ 계속보험료

보험자 책임 개시 후 계약을 유지하기 위하여 지급되는 보험료. 따라서 당사자 특약을 통해 보험자 책임 개시 후 지급된 제1회 보험료는 계속보험료가 된다.

> **제650조(보험료의 지급과 지체의 효과)** ① 보험계약자는 계약 체결 후 지체 없이 보험료의 전부 또는 제1회 보험료를 지급하여야 하며, 보험계약자가 이를 지급하지 아니하는 경우에는 다른 약정이 없는 한 계약 성립 후 2월이 경과하면 그 계약은 해제된 것으로 본다.
> ② 계속보험료가 약정한 시기에 지급되지 아니한 때에는 보험자는 상당한 기간을 정하여 보험계약자에게 최고하고 그 기간 내에 지급되지 아니한 때에는 그 계약을 해지할 수 있다.
> ③ 특정한 타인을 위한 보험의 경우에 보험계약자가 보험료의 지급을 지체한 때에는 보험자는 그 타인에게도 상당한 기간을 정하여 보험료의 지급을 최고한 후가 아니면 그 계약을 해제 또는 해지하지 못한다.

(3) 보험가액 - 보험금액

① 보험가액

법률상 최고 보상한도액(손해보험에만 존재하며, 인보험에서는 보험의 목적이 사람이기 때문에 금액으로 평가할 수 없다)

② 보험금액 : 계약상 최고 보상한도액

참 고	보험금
실제로 지급되는 보상액	

③ 전부 / 초과 / 중복 / 일부보험

ⓐ 전부보험 : 보험가액 = 보험금액

ⓑ 초과보험 : 보험가액 < (현저히) 보험금액

ⓒ 중복보험 : 보험가액 < (현저히) 수개의 보험계약의 보험금액 합

ⓓ 일부보험 : 보험가액 > 보험금액

| 참 고 | **중복보험** |

동일한 피보험이익과 동일한 보험사고에 관하여 수개의 보험계약이 동시에 순차적으로 체결된 경우 그 보험금액의 총액이 보험가액을 초과한 경우를 중복보험이라 한다.

(4) 피보험이익

① 의 의

피보험자가 보험에 가입함으로써 보험의 목적에 대하여 가지는(보험사고발생시) 경제적 이익

| 참 고 | **보험가액** |

피보험이익을 금전으로 평가한 금액

② 요 건

ⓐ 금전으로 산정이 가능해야 한다. 따라서 피보험이익의 개념은 손해보험에서만 존재한다.

> **제668조(보험계약의 목적)** 보험계약은 금전으로 산정할 수 있는 이익에 한하여 보험계약의 목적으로 할 수 있다.

ⓑ 확정적 일 것 : 보험계약 체결시 확정하는 것이 일반적이고 적어도 보험사고발생 시까지는 확정될 수 있는 이익이어야 한다. 따라서 현재뿐만 아니라 장래의 이익, 조건부 이익 등도 가능하다.

> **제687조(동전)** 집합된 물건을 일괄하여 보험의 목적으로 한 때에는 그 목적에 속한 물건이 보험기간 중에 수시로 교체된 경우에도 보험사고의 발생 시에 현존한 물건은 보험의 목적에 포함된 것으로 한다.

> **제689조(운송보험의 보험가액)** ① 운송물의 보험에 있어서는 발송한 때와 곳의 가액과 도착지까지의 운임 기타의 비용을 보험가액으로 한다.
> ② 운송물의 도착으로 인하여 얻을 이익은 약정이 있는 때에 한하여 보험가액 중에 산입한다.

> **제698조(희망이익보험의 보험가액)** 적하의 도착으로 인하여 얻을 이익 또는 보수의 보험에 있어서는 계약으로 보험가액을 정하지 아니한 때에는 보험금액을 보험가액으로 한 것으로 추정한다.

ⓒ 적법할 것

③ 기 능

ⓐ 보험자의 책임범위 결정하고 도덕적 위험을 방지한다.
- 피보험이익이 없으면 보험도 없다.
- 피보험이익 이상으로 보상할 수 없다.

ⓑ 중복보험의 구분 : 동일한 피보험이익과 동일한 보험사고에 관하여 수개의 보험계약이 동시에 순차적으로 체결된 경우 그 보험금액의 총액이 보험가액을 초과한 경우를 중복보험이라 한다.

참고   **보험가액의 기능**

① 보험자의 책임범위 결정
② 초과/중복/일부보험 판단
③ 도덕적 위험 방지

---

④ 복수의 피보험이익

하나의 보험목적에 대해 복수의 피보험이익이 존재할 수 있다. 명확하지 않을 경우 보통 소유이익으로 본다.

참고   **책임보험에서의 피보험이익과 보험가액**

1. 제3자 배상책임보험(일반적)

A는 갑(甲)보험회사에 자동차책임보험을 가입하였다. 어느 날 A가 자동차를 운전하다 일방적 과실행위로 보행하던 B를 충격하여 B에게 치료비 포함 약 1,000만원의 손해가 발생되었다면 A는 B에게 1,000만원의 법률상 손해배상책임을 지게 된다. 그리하여 B에게 1,000만을 배상한 A에게는 1,000만원의 재산상의 손해가 발생하게 되는데 이를 보상해주는 것이 갑(甲)보험회사의 자동차책임보험이다.

정리하자면, 책임보험이란 피보험자(A)가 제3자(B)에게 법률상 손해배상책임을 짐으로써 입은 재산상의 손해를 담보하는 보험이라 할 수 있으며 여기서 보험의 목적은 피보험자의 전재산, 피보험이익은 법률상 손해배상책임을 이행함으로써 발생되는 재산상의 손해이다.

따라서 책임보험에서는 보험사고가 발생하여 손해배상책임액이 확정될 때까지 피보험이익을 금전으로 평가할 수 없기 때문에 보험가액의 개념이 없고, 초과/중복/일부보험 또한 존재하지 않는다.

> **기출** 배상책임보험에는 사고가 발생하여야만 비로소 피보험자가 배상하여야 할 손해배상액을 알 수 있기 때문에 피보험이익의 개념은 존재하지만, 보험가액은 정할 수가 없다.

2. 보관자 배상책임보험

① 특정물건 보관

타인의 특정 물건을 보관하고 있는 자가 자기의 과실로 그 물건을 훼손시킴으로써 타인에게 지는 배상책임을 담보하는 보관자배상책임보험의 경우에는 보험의 목적이 특정되어 있기 때문에 보험가액이 존재하게 되고 이에 따라 초과/중복/일부보험 역시 존재한다.

② 보관물이 수시로 교체

보험의 목적인 보관물이 수시로 교체되는 보관자배상책임보험의 경우에는 보험가액이 존재할 수 없다.

(5) 보험사고

① 의 의

보험자의 보험금 지급의무를 구체화하는(발생시키는) 사고(= *부보된 위험의 현실화)

*부보 : 보험에 가입

② 요 건

ⓐ 불확정성(우연성) : 보험사고의 발생, 발생시기, 발생내용 등의 불확정을 의미하고 사망보험에서는 발생시기만 불확정하면 된다.

ⓑ 발생가능성

> 제644조(보험사고의 객관적 확정의 효과)　보험계약 당시에 보험사고가 이미 발생하였거나 또는 발생할 수 없는 것인 때에는 그 계약은 무효로 한다. 그러나 당사자 쌍방과 피보험자가 이를 알지 못한 때에는 그러하지 아니하다.

ⓒ 한정성 : 보험목적에 대하여 보험기간 내에 생긴 사고로 그 범위 역시 한정되어 있어야 한다.

> **참고**　**보험자의 보상책임**
>
> 보험사고가 보험기간 내에 발생하면 그로 인한 손해가 보험기간 이후에 발생하였다고 하더라도 보험자는 보상책임을 진다.

(6) 보험기간

① 의의 : 보험계약에 대한 보험자의 책임(보험금 지급책임 등)이 발생하는 기간

② 시 기

일반적으로 최초보험료를 지급한 때부터 개시하나 당사자간 특약을 통해 달리 할 수 있다.

> 제656조(보험료의 지급과 보험자의 책임개시)　보험자의 책임은 당사자 간에 다른 약정이 없으면 최초의 보험료의 지급을 받은 때로부터 개시한다.

> 제643조(소급보험)　보험계약은 그 계약전의 어느 시기를 보험기간의 시기로 할 수 있다.

③ 종기 : 보험계약기간의 해지나 만료 등, 전손사고나 피보험자 사망 등으로 인해 더 이상 보험 사고가 발생할 수 없는 경우

---

1. **보험계약기간과의 구별**
   ① 보험계약기간 : 보험계약이 유효하게 존속하는 기간
   ② 적 용
      ⓐ 보험기간 < 보험계약기간 : 예정보험(일반적)
      ⓑ 보험기간 > 보험계약기간 : 소급보험

2. **보험료기간과의 구별**
   ① 보험료기간 : 보험료 산출을 위한 기본단위기간
   ② 보험료불가분의 원칙('보험료기간에 대한 보험료 = 뷔페 기본이용료')
      보험료기간에 대한 보험료는 나눌 수 없다.
      = 보험료기간에 대한 보험료는 보험자가 전부 가질 수 있다.
      = 보험료기간에 대한 보험료는 보험계약자에게 반환할 필요가 없다.

> **제649조(사고발생 전의 임의해지)** ① 보험사고가 발생하기 전에는 보험계약자는 언제든지 계약의 전부 또는 일부를 해지할 수 있다. 그러나 제639조의 보험계약의 경우에는 보험계약자는 그 타인의 동의를 얻지 아니하거나 보험증권을 소지하지 아니하면 그 계약을 해지하지 못한다.
> ② 보험사고의 발생으로 보험자가 보험금액을 지급한 때에도 보험금액이 감액되지 아니하는 보험의 경우에는 보험계약자는 그 사고발생 후에도 보험계약을 해지할 수 있다.
> ③ 제1항의 경우에는 보험계약자는 당사자 간에 다른 약정이 없으면 미경과보험료의 반환을 청구할 수 있다(= 당사자간 다른 약정이 있거나, 보험사고발생 후에는 보험기간 중에 보험계약자에게 임의해지되더라도 미경과보험료를 반환하지 않는다).

보험자가 손해를 보상할 경우에 보험료의 지급을 받지 아니한 잔액이 있으면 그 지급기일이 도래하지 아니한 때라도 보상할 금액에서 이를 공제할 수 있다.

---

1. **담보기준**
   ① 사고발생기준 보험(증권)
      보험기간 중에 발생한 사고를 기준으로 담보하는 보험으로 보험사고가 보험기간 내에 발생하면 그로 인한 손해가 보험기간 이후에 발생하였다고 하더라도 보험자는 보상책임을 진다. 대부분의 보험에 적용되고 있다.
   ② 손해발견기준 보험(증권)
      보험기간 중에 발생한 손해를 기준으로 담보하는 증권이다. 금융기관보험, 도난보험, 암보험 등이 있다.

③ 배상청구기준 보험(증권)

보험기간 중에 최초로 제기된 손해배상의 청구를 기준으로 담보하는 증권이다. 사고발생일자를 특정할 수 없는 생산물배상책임보험, 전문직배상책임보험 등에 적용되고 있다.

2. 사고발생기준 보험에서의 보험사고

① 보험사고발생설(통설)

보험기간 내에 발생한 보험사고로 인하여 보험의 목적에 손해가 발생한 경우를 보험사고로 본다.

② 위험설

사고가 발생할 수밖에 없는 상태를 보험사고로 본다.

③ 손해설

보험기간 중에 발생한 사고여도 보험기간 종기 이전에 발생한 손해만을 보상한다.

Theme 3 ┃ 보험약관·증권

1. 보험약관

(1) 약관이란

〈약관의 규제에 관한 법률〉
제2조(정의)   이 법에서 사용하는 용어의 정의는 다음과 같다.
1. "약관"이란 그 명칭이나 형태 또는 범위에 상관없이 계약의 한쪽 당사자가 여러 명의 상대방과 계약을 체결하기 위하여 일정한 형식으로 미리 마련한 계약의 내용을 말한다.

(2) 종 류

① 보통보험약관

보험자가 다수의 보험계약자와 보험계약을 체결하기 위하여 미리 작성한 일반적, 보편적, 표준적인 계약조항을 말한다.

② 특별보통약관

보통보험약관에 보충되어 그 담보범위를 확정하거나 축소하는 약관으로 역시 보험자에 의해 일방적으로 작성되므로 보통보험약관의 일부를 이룬다.

③ 특별약관

보험자와 보험계약자간 개별적으로 정한 약관으로 개별약관이라고도 한다.

> **참 고** **적용순서(왼쪽부터 우선순위)**
>
> 수기문언 – 당사자 약정 – 특별약관 – 특별보통약관 – 보통약관 – 보험에 관한 특별법(보험업법 등) – 보험계약법(상법 제4편) – 민법의 특별법(자배법, 국배법, 산재법 등) – 민법

(3) 보통보험약관의 취지

부합계약성과 약관통제

(4) 보통보험약관의 효력

① 구속력

    ⓐ 의사설(통설, 판례) : 보통보험약관은 보험자가 일방적으로 작성한 계약모델에 불과하므로 그 내용에 대한 당사자간 편입의사가 있을 때만 보통보험약관의 내용이 계약의 내용이 된다.

    ⓑ 법규범설 : 감독관청의 인가를 얻은 보통보험약관은 법규범으로서 그 내용에 대한 계약 당사자간 편입의사가 없더라도 보통보험약관의 내용이 계약의 내용이 된다.

② 개정한 약관의 효력 : 당사자간 특별한 사정이 없는 한 개정한 약관의 효력은 개정 전 계약에 영향을 미치지 않는다(법률불소급의 원칙).

③ 무인가 보험약관의 효력 : 선의의 계약자를 위해 강행규정 및 공익에 반하지 않는 한 계약의 내용으로 인정된다(물론 무인가약관을 사용한 보험자는 보험업법상 제재를 받는다).

④ 약관내용을 인지하지 못하고 계약을 체결한 경우 : 약관에 의해 계약의 성립이 이루어졌다면 상관습에 따라 약관의 효력을 인정하는 것이 보통이다.

(5) 해석원칙

① 개별약정우선의 원칙

〈약관의 규제에 관한 법률〉
제4조(개별 약정의 우선)   약관에서 정하고 있는 사항에 관하여 사업자와 고객이 약관의 내용과 다르게 합의한 사항이 있을 때에는 그 합의 사항은 약관보다 우선한다.

② 신의성실의 원칙과 객관적해석의 원칙(공정성의 원칙)

〈약관의 규제에 관한 법률〉
제5조(약관의 해석)　① 약관은 신의성실의 원칙에 따라 공정하게 해석되어야 하며 고객에 따라 다르게 해석되어서는 아니 된다.

③ 작성자불이익의 원칙

〈약관의 규제에 관한 법률〉
제5조(약관의 해석)　② 약관의 뜻이 명백하지 아니한 경우에는 고객에게 유리하게 해석되어야 한다.

④ 축소해석(제한적 해석)의 원칙(수정해석)

약관의 내용을 일정한 범위로 축소하거나 제한하는 원칙으로 주로 면책사유와 같이 보험계약자 측에 불리하거나 부담을 주는 내용에 적용한다.

2. 보험증권

(1) 의 의

보험계약의 성립과 내용을 증명하기 위하여 보험자가 발행하는 일종의 증거증권이다. 그러나 보험증권의 발행은 계약당사자의 편의에 의한 것이므로 계약의 성립요건도 아니고, 보험자만 기명날인 또는 서명하므로 계약서도 아니다.

기출

보험증권이 발행되었다고 하더라도 보험자가 담보책임을 진다는 특약이 존재하지 않는 한 최초의 보험료가 납입되지 아니하면 보험자의 담보책임이 개시되지 아니한다.

판례 **서울고등법원 1999.9.17. 99나7147**
보험증권이 보험료의 납입된 사실과 보험자 책임개시의 효력이 발생하고 있다는 사실까지 증명하는 것은 아니다.

(2) 법적성질

① 증거증권성

보험증권은 보험계약의 성립과 내용에 대한 증거로써의 *추정력을 가진다. 따라서 이에 대한 이의를 신청할 수 있으며, 보험증권 이외의 방법으로 보험증권과 다른 내용을 증명한 경우에는 그 다른 내용이 계약의 내용이 된다(입증책임은 다른 내용을 주장하는 자가 진다).

*추정 : 어떠한 사실을 그 반대증거가 제시될 때까지 진실한 것으로 인정하여 법적효과를 발생시키는 것

제641조(증권에 관한 이의약관의 효력)　보험계약의 당사자는 보험증권의 교부가 있은 날로부터 일정한 기간 내에 한하여 그 증권내용의 정부에 관한 이의를 할 수 있음을 약정할 수 있다. 이 기간은 1월을 내리지 못한다.

② 요식증권성

보험증권은 일정한 사항을 기재하고 보험자가 기명날인 또는 서명한다는 점에서 요식성이 있다고 할 수 있다. 그러나 어음이나 수표 같이 엄격한 것은 아니고 법정사항을 기재하지 않거나 그 밖의 사항을 기재하여도 그 효력에는 영향이 없다.

제666조(손해보험증권)   손해보험증권에는 다음의 사항을 기재하고 보험자가 기명날인 또는 서명하여야 한다.
1. 보험의 목적
2. 보험사고의 성질
3. 보험금액
4. 보험료와 그 지급방법
5. 보험기간을 정한 때에는 그 시기와 종기
6. 무효와 실권의 사유
7. 보험계약자의 주소와 성명 또는 상호
7의2. 피보험자의 주소, 성명 또는 상호
8. 보험계약의 연월일
9. 보험증권의 작성지와 그 작성연월일

제685조(화재보험증권)   화재보험증권에는 제666조에 게기한 사항 외에 다음의 사항을 기재하여야 한다.
1. 건물을 보험의 목적으로 한 때에는 그 소재지, 구조와 용도
2. 동산을 보험의 목적으로 한 때에는 그 존치한 장소의 상태와 용도
3. 보험가액을 정한 때에는 그 가액

제690조(운송보험증권)   운송보험증권에는 제666조에 게기한 사항 외에 다음의 사항을 기재하여야 한다.
1. 운송의 노순과 방법
2. 운송인의 주소와 성명 또는 상호
3. 운송물의 수령과 인도의 장소
4. 운송기간을 정한 때에는 그 기간

제695조(해상보험증권)   해상보험증권에는 제666조에 게기한 사항 외에 다음의 사항을 기재하여야 한다.
1. 선박을 보험에 붙인 경우에는 그 선박의 명칭, 국적과 종류 및 항해의 범위
2. 적하를 보험에 붙인 경우에는 선박의 명칭, 국적과 종류, 선적항, 양륙항 및 출하지와 도착지를 정한 때에는 그 지명
3. 보험가액을 정한 때에는 그 가액

> **제726조의3(자동차 보험증권)** 자동차 보험증권에는 제666조에 게기한 사항 외에 다음의 사항을 기재하여야 한다.
> 1. 자동차소유자와 그 밖의 보유자의 성명과 생년월일 또는 상호
> 2. 피보험자동차의 등록번호, 차대번호, 차형연식과 기계장치
> 3. 차량가액을 정한 때에는 그 가액

> **제728조(인보험증권)** 인보험증권에는 제666조에 게기한 사항 외에 다음의 사항을 기재하여야 한다.
> 1. 보험계약의 종류
> 2. 피보험자의 주소·성명 및 생년월일
> 3. 보험수익자를 정한 때에는 그 주소·성명 및 생년월일

> **제738조(상해보험증권)** 상해보험의 경우에 피보험자와 보험계약자가 동일인이 아닐 때에는 그 보험증권 기재사항 중 제728조 제2호에 게기한 사항에 갈음하여 피보험자의 직무 또는 직위만을 기재할 수 있다.

③ 면책증권성

보험자가 증권소지인에게 보험금을 지급하는 경우 증권소지인이 진정한 권리자인지 조사할 권리는 있지만 의무는 없다. 따라서 보험자가 악의 또는 중과실 없이 증권소지인에게 보험금을 지급한 경우 증권소지인이 진정한 권리자가 아님이 밝혀져도 이에 대한 책임을 면한다.

④ 제시(상환)증권성

보험증권은 증권을 제시하지 않더라도 보험금청구권자가 다른 방법으로 권리자임을 입증하면 보험금을 청구할 수 있다고 보기 때문에 제시증권성은 불인정되고 있다(통설).

⑤ 유인(요인)증권성

일반 화폐와 달리 보험증권은 보험계약의 효력에 영향을 받는다. 예를 들어 고지의무위반으로 보험계약이 해지될 경우 보험증권 역시 그 효력을 상실한다.

⑥ 유가증권성

보험증권은 유인증권성을 가지며 보험의 목적과 분리되어 별도로 권리가 이전될 수 없으므로 유가증권성은 불인정되는 것이 일반적이다. 그러나 해상보험에서 무기명으로 발행되어 화물상환증이나 선하증권과 결부될 경우 등에 한하여 불완전한 형태의 유가증권으로 보는 일부긍정설이 통설이다.

(3) 교부의무

> **제640조(보험증권의 교부)** ① 보험자는 보험계약이 성립한 때에는 지체 없이 보험증권을 작성하여 보험계약자에게 교부하여야 한다. 그러나 보험계약자가 보험료의 전부 또는 최초의 보험료를 지급하지 아니한 때에는 그러하지 아니하다.
> ② 기존의 보험계약을 연장하거나 변경한 경우에는 보험자는 그 보험증권에 그 사실을 기재함으로써 보험증권의 교부에 갈음할 수 있다.

(4) 멸실·훼손·재교부

> **제642조(증권의 재교부청구)** 보험증권을 멸실 또는 현저하게 훼손한 때에는 보험계약자는 보험자에 대하여 증권의 재교부를 청구할 수 있다. 그 증권작성의 비용은 보험계약자의 부담으로 한다.

(5) 해석원칙

① 보통의미 해석원칙(POP원칙)
  ⓐ Plain : 있는 그대로
  ⓑ Ordinary : 평범하게
  ⓒ Popular : 통상적으로

② 동종제한 해석원칙

구체적 사항 열거 후 나오는 "기타 이와 유사한"과 같은 어구의 해석은 선행 열거된 내용과 동종의 범위에서 제한적으로 해석해야 한다.

> **제663조(보험계약자 등의 불이익변경금지)** 이 편의 규정은 당사자 간의 특약으로 보험계약자 또는 피보험자나 보험수익자의 불이익으로 변경하지 못한다. 그러나 재보험 및 해상보험 기타 이와 유사한 보험의 경우에는 그러하지 아니하다.

③ 유효 해석원칙

계약을 유효하게 유지하는 방향으로 해석해야 한다.

④ 계약당사자 의사존중 해석원칙

계약 당시 계약당사자의 진의가 무엇인지 발견하도록 해석해야 한다.

⑤ 관습준거 해석원칙

오랜 관습에 의해 그 의미가 확립된 문언의 경우에는 관습에 따라 해석해야 한다.

⑥ 특별약관우선 해석원칙
⑦ 작성자불이익 해석원칙
⑧ 축소해석의 원칙

Theme 4 보험계약법

1. 개 념

(1) 넓은의미(보험법)

넓은 의미인 보험법은 보험에 관한 사법과 공법 전부를 포함한다.

(2) 좁은의미(보험계약법)

사영보험에서의 보험계약 관계를 규율하는 법으로 상법 제4편의 보험에 관한 규정을 뜻한다.

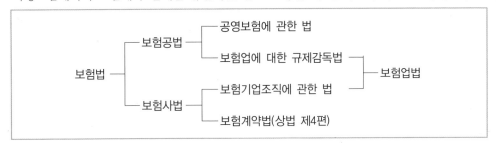

2. 특 성

(1) 의 의

상법상 보험계약 역시 상행위의 일종이나 대수의 법칙 등을 원리로 하는 기술적인 제도라는 점에서 일반 상행위와 다른 특성을 가지고 있다.

(2) 단체성 · 기술성

보험은 동일한 위험을 보유한 경제주체들이 형성한 단체를 통해 위험을 분산하는 제도이다. 따라서, 이러한 단체성을 유지시키는 대수의 법칙, 수지상등의 원칙을 지킴으로써 단체 내 구성원들의 위험을 관리하는 것이 매우 중요하다. 이를 위해 보험계약법에서는 고지의무(상법 제651조), 위험변경증가통지의무(상법 제652조), 위험유지의무(상법 제653조), 보험료불가분의 원칙 등을 두고 있다.

참고 | **보험료불가분의 원칙**

보험료기간은 위험측정의 단위가 되는 기간으로, 보험자가 보험료기간 중의 일부분이라도 위험부담을 한 경우에는 중도에 계약의 효력이 소멸하더라도, 보험자는 보험료기간에 대한 보험료를 전부 취득할 수 있다. 즉 보험료기간에 대한 보험료는 나눌 수 없다는 것이 보험료불가분의 원칙이다.

---

(3) 사회성 · 공공성

보험은 불특정 다수의 경제주체를 대상으로 공동기금을 형성하고 운영되기 때문에 사회 전반에 영향을 미친다. 따라서 보험계약법을 보험계약자측의 이익을 침해하지 못하도록 하고 있으며(상법 제663조), 그 밖에 보험업법을 통하여 보험사업자에 대해 금융위원회의 허가를 받도록 하고 있고, 보통보험약관과 보험료 등에 대한 행정적 감독규정을 두고 있다.

(4) 상대적 강행법규성

제663조(보험계약자 등의 불이익변경금지) 이 편의 규정은 당사자 간의 특약으로 보험계약자 또는 피보험자나 보험수익자의 불이익으로 변경하지 못한다. 그러나 재보험 및 해상보험 기타 이와 유사한 보험의 경우에는 그러하지 아니하다.

① 보험계약의 경우 보험자가 일방적으로 작성한 보험약관을 통해 체결되기 때문에(부합계약성) 보험자에 비해 상대적으로 약자인 일반 보험계약자 등에게 불리할 수 있다. 따라서 이를 보호하기 위하여 보험계약법 전체를 강행법규화 시켜 당사자간 특약으로도 보험계약자 등에게 불이익하게 변경하지 못하도록 하고 있다(입법적 규제).

② 상법 제663조 위반의 효과

당사자 특약이 상법 제663조를 위반할 경우 그 위반 범위 내에서 해당 내용이 무효이다.

③ 예 외

상법 제663조는 사회적 약자 보호를 취지로 하기 때문에 가게보험에만 적용되고, 그 외 '재보험 및 해상보험 기타 유사한 보험의 경우'에는 적용되지 않는다(동종제한 해석의 원칙 적용).

참고   임의법규

상법 제4편은 원칙적으로 강행법규의 성격을 띠면서도 일부는 임의법규의 성격을 가지고 있다. 즉 '당사자 간에 약정이 없는 한'이임의 법규라는 문구를 통해 임의법규를 표현하고 있는데 이 경우 당사자 간의 약정이 보험계약자에게 불이익하더라도 강행법규에 위반되지 아니한다.

예

제638조의2(보험계약의 성립)   ① 보험자가 보험계약자로부터 보험계약의 청약과 함께 보험료 상당액의 전부 또는 일부의 지급을 받은 때에는 <u>다른 약정이 없으면</u> 30일 내에 그 상대방에 대하여 낙부의 통지를 발송하여야 한다. 그러나 인보험 계약의 피보험자가 신체검사를 받아야 하는 경우에는 그 기간은 신체검사를 받은 날부터 기산한다.

---

3. 법원과 상법상 지위

참고   법 원

법을 생기게 하는 근거 또는 존재 형식으로 성문법원과 불문법원으로 구분된다. 성문법원으로는 헌법·법률·명령·자치 법규 따위가 있고, 불문법원으로는 관습법·판례법·조리(條理) 따위가 있다.

(1) 법 원

① 성문법원(문서화 된) : 상법 제4편, 보험업법, 자동차손해배상보장법 등

② 불문법원(문서화 되지 않은) : 보험의 경우 관습법은 거의 인정되지 않고 있다.

(2) 상법상 지위

① 형식적 지위 : 상행위의 일종으로 상법상 상행위법에 속한다.

② 실질적 지위 : 상법 제4편

Theme 5 보험의 분류

1. 상법상 분류

손해보험(재산·재물)	인보험(사람)
화재보험 운송보험 해상보험 책임보험 자동차보험 보증보험	생명보험 상해보험 질병보험

(1) 손해보험

피보험자의 재산·재물 손해에 따른 실제손해를 보상

(2) 인보험

사람의 생명과 신체에 관한 손해를 보상

2. 보험금 지급방법에 따른 분류

(1) 부정액보험

피보험자의 실제손해를 보상(손해보험, 인보험 일부)

(2) 정액보험

보험계약 당시 정한 금액을 지급(인보험)

> **참고** **상해·질병보험 성격**
>
> 상해·질병보험은 정액보험과 부정액보험(예 실손의료비)의 성격을 동시에 가지고 있다. 따라서 생명보험회사뿐만 아니라 손해보험회사에서도 판매하고 있다.

3. 보험인수 순서에 따른 분류

(1) 원보험

피보험자의 위험을 최초로 인수한 보험

(2) 재보험

(원)보험자가 인수한 위험의 전부 또는 일부를 다른 (재)보험자가 인수한 보험

> **제661조(재보험)**　보험자는 보험사고로 인하여 부담할 책임에 대하여 다른 보험자와 재보험계약을 체결할 수 있다. 이 재보험계약은 원보험계약의 효력에 영향을 미치지 아니한다.

> **제726조(재보험에의 준용)**　이 절(節)의 규정(손해보험 中 책임보험에 관한 규정)은 그 성질에 반하지 아니하는 범위에서 재보험계약에 준용한다.

4. 가입대상에 따른 분류

(1) 기업보험

보험계약을 함에 있어 보험회사와 동등한 역량을 가지고 있는 기업으로 "재보험 및 해상보험 기타 이와 유사한 보험"을 의미한다.

(2) 가계보험

일반 보험가입자(영세업자 포함)

> **제663조(보험계약자 등의 불이익변경금지)**　이 편의 규정은 당사자 간의 특약으로 보험계약자 또는 피보험자나 보험수익자의 불이익으로 변경하지 못한다. 그러나 재보험 및 해상보험 기타 이와 유사한 보험의 경우에는 그러하지 아니하다.

5. 보험의 목적의 범위에 따른 분류

(1) 개별보험

하나의 물건 또는 사람을 보험의 목적으로 하는 보험

(2) 집합보험

다수의 물건 또는 사람을 보험의 목적으로 하는 보험
① 특정보험 : 보험의 목적이 특정된 보험
② 포괄(총괄)보험 : 보험의 목적이 특정되지 않은 보험

> **제686조(집합보험의 목적)**　집합된 물건을 일괄하여 보험의 목적으로 한 때에는 피보험자의 가족과 사용인의 물건도 보험의 목적에 포함된 것으로 한다. 이 경우에는 그 보험은 그 가족 또는 사용인을 위하여서도 체결한 것으로 본다.

> **제687조(동전)**　집합된 물건을 일괄하여 보험의 목적으로 한 때에는 그 목적에 속한 물건이 보험기간 중에 수시로 교체된 경우에도 보험사고의 발생 시에 현존한 물건은 보험의 목적에 포함된 것으로 한다.

③ 단체보험 : 다수의 사람을 보험의 목적으로 하는 보험

> **제735조의3(단체보험)**　① 단체가 규약에 따라 구성원의 전부 또는 일부를 피보험자로 하는 생명보험계약을 체결하는 경우에는 제731조를 적용하지 아니한다.
> ② 제1항의 보험계약이 체결된 때에는 보험자는 보험계약자에 대하여서만 보험증권을 교부한다.
> ③ 제1항의 보험계약에서 보험계약자가 피보험자 또는 그 상속인이 아닌 자를 보험수익자로 지정할 때에는 단체의 규약에서 명시적으로 정하는 경우 외에는 그 피보험자의 서면 동의를 받아야 한다.

(3) 종합(복합)보험

동일한 보험의 목적에 대해 다수의 보험사고에 대해 담보하는 보험

6. 보험운영 목적에 따른 분류

(1) 공(公)보험

① 운영목적 : 사회적 목적

② 운영방식 : 비영리적

③ 적용법률 : 공(公)법

④ 가입 : 대부분 의무 · 강제(의무 또는 강제보험)

⑤ 수지상등의 원칙이 적용되지 않아 공적 부조를 받는 경우도 있다.

(2) 사(私)보험

① 운영목적 · 방식 : 영리적

② 적용법률 : 사(私)법

③ 가입 : 대부분 임의(임의보험)

7. 보험운영 주체에 따른 분류

(1) 공영보험

국가, 지방자치단체 · 기타 공공단체 등이 운영주체가 되는 보험이다. 공보험의 대부분은 공영보험이다. 그러나 우체국보험(우체국), 수출보험(한국무역보험공사) 등은 사보험 · 임의보험에 해당하는 공영보험이다.

(2) 사영보험

사인(私人)이 운영주체가 되는 보험

8. 보험가입 강제 여부에 따른 분류

(1) 의무 · 강제보험

보험가입이 법률에 의해 의무 · 강제되는 보험(대부분의 공보험)

(2) 임의보험

보험가입이 임의로 이루어지는 보험(대부분의 사보험)

참고 **사보험이지만 가입이 강제되는 경우**

사회적 목적을 가지고 손해의 빈도나 심도가 큰 위험의 경우 가입을 강제하기도 한다(예 자동차배상책임보험, 특수건물화재보험).

통 칙

Theme 1 보험계약

1. 의 의

> **제638조(보험계약의 의의)** 보험계약은 당사자 일방이 약정한 보험료를 지급하고 재산 또는 생명이나 신체에 불확정한 사고가 발생할 경우에 상대방이 일정한 보험금이나 그 밖의 급여를 지급할 것을 약정함으로써 효력이 생긴다.

2. 성 립

> **제638조의2(보험계약의 성립)** ① 보험자가 보험계약자로부터 보험계약의 청약과 함께 보험료 상당액의 전부 또는 일부의 지급을 받은 때에는 다른 약정이 없으면 30일 내에 그 상대방에 대하여 낙부의 통지를 발송하여야 한다. 그러나 인보험계약의 피보험자가 신체검사를 받아야 하는 경우에는 그 기간은 신체검사를 받은 날부터 기산한다.
> ② 보험자가 제1항의 규정에 의한 기간 내에 낙부의 통지를 해태한 때에는 승낙한 것으로 본다.

(1) 보험계약의 성립

보험계약은 낙성·불요식 계약으로 보험계약자의 청약과 보험자의 승낙이 있으면 보험계약은 성립하고 특별한 방식을 필요로 하지 않는다(상법 제638조의2). 그러나 실제 계약에 있어서는 보험설계사 등의 권유에 따라 보험계약자가 보험청약서에 일정한 사항을 기재하여 청약을 하고 보험자가 이를 검토하여 그 보험의 인수 여부를 결정하여 승낙 통지를 하는 것이 일반적이다.

(2) 승낙통지

① 승낙의 통지

ⓐ 손해보험의 경우 : 보험계약은 보험계약자의 청약과 보험자의 승낙이 있는 때에 성립하는데, 보험자가 보험계약자로부터 보험계약의 청약과 함께 보험료 상당액의 전부 또는 일부의 지급을 받은 때에는 다른 약정이 없는 한 30일 내에 그 상대방에 대하여 낙부의 통지를 발송해야 한다(제638조의2 제1항).

ⓑ 인보험의 경우 : 손해보험은 보험료 지급을 기간의 기산일로 하지만, 인보험계약에서는 피보험자가 신체검사를 받아야 하는 경우 신체검사를 받은 날로부터 기산한다(상법 제638조의2 제1항 단서).

② 통지의 해태(승낙의제)

보험자가 상법규정에 의한 기간 내에 승낙 여부의 통지를 해태(懈怠)하여 보험계약자 측에 발송하지 않으면 승낙한 것으로 본다(상법 제638조의2 제2항).

3. 보험자의 책임

(1) 기본원칙

> **제656조(보험료의 지급과 보험자의 책임개시)** 보험자의 책임은 당사자 간에 다른 약정이 없으면 최초의 보험료의 지급을 받은 때로부터 개시한다.

(2) 승낙전 보험사고(승낙전 보험계약자 제도)

> **제638조의2(보험계약의 성립)** ③ 보험자가 보험계약자로부터 보험계약의 청약과 함께 보험료 상당액의 전부 또는 일부를 받은 경우에 그 청약을 승낙하기 전에 보험계약에서 정한 보험사고가 생긴 때에는 그 청약을 거절할 사유가 없는 한 보험자는 보험계약상의 책임을 진다. 그러나 인보험계약의 피보험자가 신체검사를 받아야 하는 경우에 그 검사를 받지 아니한 때에는 그러하지 아니하다.

① 취 지

부보가능성이 있는 보험계약에 대하여 피보험자가 승낙전까지 일시적이나마 무보험상태에 있는 것을 배제함으로써 보험계약자 측의 합리적 기대에 부응하고자 하는 데에 그 목적이 있다.

② 법적효과

보험계약의 성립을 요건으로 하지 않기 때문에 계약상의 책임이 아니라 법정책임이다. 따라서 상법 제663조에 의거 보험자가 임의로 또는 당사자간 특약을 통해 보험계약자 등에게 불리하게 변경할 수 없다.

③ 보험자 책임 발생요건

ⓐ 보험계약자의 청약이 있어야 한다. 따라서 보험계약자가 청약의 의사를 철회한 이후에 발생한 사고에 대해서는 설령 보험자가 보험료를 반환하기 전이라도 승낙전 보호제도를 적용하지 아니한다.

ⓑ 초회보험료의 전부 또는 일부가 납입되어야 한다. 초회보험료의 일부만 납입되어도 승낙전 보호제도가 적용된다고 본다.

ⓒ 청약을 거절할 만한 사유가 없어야 한다.

④ 청약을 거절할 사유

보험자의 보험인수 여부나 보험료에 영향을 미치는 사항을 말한다. 즉, 해당 사유라면 보험자가 인수하지 않거나 적어도 같은 보험료를 받지 않았을 정도의 사유를 말한다. 인보험에서는 피보험자가 적격피보험체가 아닌 경우를 말한다.

대법원 2008.11.27. 선고 2008다40847 판결

청약을 거절할 사유란 보험계약의 청약이 이루어진 바로 그 종류의 보험에 관하여 해당 보험회사가 마련하고 있는 객관적인 보험인수기준에 의하면 인수할 수 없는 위험상태 또는 사정이 있는 것으로서 통상 피보험자가 보험약관에서 정한 적격 피보험체가 아닌 경우를 말하고, 이러한 청약을 거절할 사유의 존재에 대한 증명책임은 보험자에게 있다.

⑤ 인보험의 예외

피보험자가 신체검사를 받아야하는 경우, 그 검사를 받지 아니한 때에는 적용되지 않는다. 즉, 신체검사를 요하는 인보험의 경우 신체검사가 보험료와 함께 보험자 책임개시의 필수요건이 된다.

(3) 소급보험

① 의 의

당사자의 합의에 의하여 보험계약 체결 전의 어느 시점부터 보험자의 책임이 개시되는 보험을 소급보험이라고 하며 과거보험이라고도 한다.

> 제643조(소급보험)   보험계약은 그 계약 전의 어느 시기를 보험기간의 시기로 할 수 있다.

② 보험자 책임 발생요건

ⓐ 소급보험에 대한 당사자간 약정이 있어야 한다.

ⓑ 보험계약의 성립을 전제로 한다.

ⓒ 보험사고의 주관적 확정이 없어야 한다. 보험계약의 당사자 또는 피보험자 중 1인이라도 보험계약의 체결시 보험사고의 발생을 안 경우 그 계약은 무효이다.

> 제644조(보험사고의 객관적 확정의 효과)   보험계약 당시에 보험사고가 이미 발생하였거나 또는 발생할 수 없는 것인 때에는 그 계약은 무효로 한다. 그러나 당사자 쌍방과 피보험자가 이를 알지 못한 때에는 그러하지 아니하다.

서울중앙지방법원 2004.9.1. 선고 2003가합45330 판결

보험계약 체결 시에 보험사고가 이미 발생하였거나 시간이 경과함에 따라 필연적으로 발생이 예견되는 경우에 보험계약자가 이러한 사정을 알고 있으면서 보험금을 지급받을 목적으로 이를 숨기고 보험계약을 체결하였다면 이는 보험계약의 선의성과 윤리성에 반할 뿐만 아니라 보험집단 구성원 사이에 위험의 동질성에 반하는 것으로서 상법 제644조에 따라 그 효력을 인정할 수 없는 무효의 보험계약이거나 법률행위의 중심목적인 권리 의무의 내용이 사회적 타당성 결여한 것으로서 선량한 풍속 기타 사회질서에 위반하는 계약이라고 할 수 있다.

(4) 승낙전 보호제도와 소급보험의 비교

① 승낙전 보호제도는 청약과 함께 보험료의 전부 또는 일부가 납입된 경우 보험자가 승낙전에 발생하는 사고에 대해서 청약을 거절할 사유가 없는 한 보험자가 책임을 지는 제도이지만, 소급보험은 당사자의 합의에 의하여 보험계약 체결 전의 어느 시점부터 보험자가 책임을 지는 보험이다.

② 승낙전 보호제도는 법률규정에 의한 강행규정이다. 따라서 보험계약의 성립 여부와 무관하며, 보험계약자 등에게 불이익하게 변경하지 못한다. 그러나 소급보험은 당사자간 합의에 의해 성립되는 것이므로 보험계약이 성립되어야만 적용된다.

③ 승낙전 보호제도는 청약하기 전에 보험사고가 객관적으로 확정되었다면 계약당사자의 부지에도 불구하고 그 사고는 보험자가 보상하지 않지만, 소급보험은 청약시 보험사고의 발생사실을 계약당사자와 피보험자가 알지 못하였다면 유효하다.

④ 승낙전 보호제도는 청약일 이전으로 보험자 책임 개시기간을 소급할 수 없지만 소급보험은 당사자 약정을 통하여 청약일 이전으로 소급이 가능하다.

| 참고 | 승낙전 보호제도와 소급보험 비교 |

구 분	승낙전 보호제도	소급보험
성 격	강행규정(제663조 적용)	당사자 약정
성립요건	• 청 약 • 보험료의 전부 또는 일부 납입	• 소급보험에 대한 당사자 합의 • 계약체결
보험자 책임개시	청약일 이전 소급불가	청약일 이전 소급가능
청약전 보험사고의 객관적 확정	계약당사자의 부지에도 불구하고 보상불가	계약당사자 부지시 보상가능

Theme 2 보험자의 의무

| 참고 | 보험자와 보험계약의 의무와 권리 비교 |

• 보험자의 의무 = 보험계약자 측의 권리
• 보험계약자 측의 권리 = 보험자의 의무
  예 피보험자의 보험금 청구권 = 보험자의 보험금 지급의무

1. 보험금 지급의무

(1) 의 의

보험계약은 유상·쌍무계약으로서 보험자는 보험계약자의 보험료 지급의 대가로 보험기간 내에 보험사고로 인하여 피보험자에게 손해가 발생한 경우 피보험자 또는 보험수익자에게 보험금을 지급할 의무를 진다.

제638조(보험계약의 의의)   보험계약은 당사자 일방이 약정한 보험료를 지급하고 재산 또는 생명이나 신체에 불확정한 사고가 발생할 경우에 상대방이 일정한 보험금이나 그 밖의 급여를 지급할 것을 약정함으로써 효력이 생긴다.

(2) 보험금 지급책임 발생요건

① 보험기간 중 보험사고의 발생

보험사고는 보험기간 안에 생긴 것이어야 한다. 또한 계약 체결 당시 보험사고가 이미 발생한 것을 당사자 쌍방과 피보험자가 알지 못하였거나, 사고는 보험기간 안에 발생하였으나 손해가 보험기간 후에 발생하여도 보험자가 책임을 진다.

② 보험계약자의 보험료 지급

보험자의 위험부담책임은 당사자 간에 약정이 없는 한 보험계약자로부터 최초의 보험료를 지급받은 때부터 개시된다(상법 제656조). 그러므로 보험사고가 보험기간 안에 생긴 것이라도 보험료를 지급받기 전에 생긴 것이면 보험자는 보험금 지급책임을 지지 않는다. 그러나 당사자 간에 계약 체결 전 어느 시기를 보험기간의 시기로 한 소급보험의 경우 그 시기를 정한 때부터 보험자는 책임을 진다(상법 제643조).

③ 보험자의 담보조건 충족

보험자가 보험약관에서 약속한 담보요건이 충족되어야 한다. 보험자가 담보하기로 한 특정한 위험으로 사고가 발생하고, 보험자가 보상하기로 한 손해 등의 담보조건을 충족해야 하며 각각의 경우 상당인과관계가 존재해야 한다.

④ 면책사유가 없을 것

보험자의 보상책임이 발생하였음에도 불구하고 일정한 위험으로 사고발생 또는 일정한 사유가 있을 경우에 보험자의 보상책임은 면한다. 이때 일정한 위험을 면책위험, 일정한 사유를 면책사유라 한다.

⑤ 승낙전 사고

보험자의 책임은 보험계약이 성립하고 최초의 보험료를 받은 때로부터 개시되나(상법 제656조), 보험자가 보험계약자로부터 보험계약의 청약과 함께 보험료 상당액의 전부 또는 일부를 받은 경우에는 그 청약을 승낙하기 전에 보험사고가 생긴 때에는 그 청약을 거절할 사유가 없는 한 보험자는 보험계약상의 책임을 진다(상법 제638조의2 제3항).

(3) 보험금의 지급

① 보험금 청구권자

보험사고발생시 보험자에게 보험금을 청구할 수 있는 자는 손해보험에서는 피보험자이고, 인보험에서는 보험수익자이다.

② 지급시기

> **제658조(보험금액의 지급)** 보험자는 보험금액의 지급에 관하여 약정기간이 있는 경우에는 그 기간 내에 약정기간이 없는 경우에는 제657조 제1항(보험사고발생의 통지의무)의 통지를 받은 후 지체 없이 지급할 보험금액을 정하고 그 정하여진 날부터 10일 내에 피보험자 또는 보험수익자에게 보험금액을 지급하여야 한다.

③ 소멸시효

> **제662조(소멸시효)**　보험금청구권은 3년간, 보험료 또는 적립금의 반환청구권은 3년간, 보험료청구권은 2년간 행사하지 아니하면 시효의 완성으로 소멸한다.

　시효의 기산점은 보험사고가 발생할 때가 일반적이나 보험사고발생 통지를 한 때에는 보험자가 그 통지를 받은 후 보험금 지급 유예기간(10일)이 경과한 다음날부터 기산한다.

2. 보험약관 교부·설명의무

> **제638조의3(보험약관의 교부·설명의무)**　① 보험자는 보험계약을 체결할 때에 보험계약자에게 보험약관을 교부하고 그 약관의 중요한 내용을 설명하여야 한다.
> ② 보험자가 제1항을 위반한 경우 보험계약자는 보험계약이 성립한 날부터 3개월 이내에 그 계약을 취소할 수 있다.

(1) 취 지
　보험약관은 보험자가 일방적으로 작성한 것으로 이에 대해 보험계약자가 그 내용을 알고 계약을 체결하도록 함으로써 보험계약자가 선의의 불이익을 당하지 않도록 하기 위함이다.

(2) 중요한 내용
　보험계약자의 입장에서 그 사항의 인지 여부가 보험계약에 영향을 미치는 보험료, 보험금액, 보험기간, 해지사유, 면책사유 등을 중요한 사항이라고 한다. 그러나 보험계약 거래에 있어서 ① 일반적이고 공통된 것이어서 고객이 충분히 예상할 수 있는 사항, ② 이미 널리 보험계약자에게 알려져 있는 조항, ③ 보험계약법에 규정되어 있는 내용을 보험약관에서 원용한 내용의 경우에는 보험자가 보험계약자에게 설명하여야 할 중요한 사항이 아니다.

> **판례** 대법원 2001.7.27. 선고 99다55533 판결
> 보험약관의 중요한 내용에 해당하는 사항이라 하더라도 보험계약자나 그 대리인이 그 약관의 내용을 충분히 잘 알고 있다는 점에 대하여도 이를 주장하는 보험자 측에 증명책임이 있다.

(3) 교부·설명의무자와 상대방
　보험약관의 교부·설명의무자는 보험자이나, 실거래에서 보험설계사, 보험대리점 또는 보험중개사를 통해서 보험모집이 이루어지는 경우에는 이들이 보험자를 대신하게 된다. 여기서 보험대리점 가운데 체약대리점은 직접 보험자를 대리하여 보험계약체결권을 가지고 있으므로 당연하며, 보험설계사, 보험중개대리점 또는 보험중개사의 경우 보험계약체결권은 없지만 보험계약자는 그들을 통해서 보험계약을 청약하고 보험료를 지급하고 있는 것이 일반적이다. 설명의 상대방은 피보험자나 보험수익자가 아닌 보험계약자이다.

(4) 설명의 방법과 입증책임

교부·설명의무를 이행하였다는 입증책임은 보험자에게 있다. 설명의 방법으로는 대면방식에 의한 구두설명과 청약서의 자필서명에 의하여 입증하는 방식과 전화에 의한 구두설명과 전화내용 녹취에 의한 입증방법도 사용된다. 서면에 의한 설명방식은 법원이 인정하지 않고 있다.

(5) 설명의 정도

보험계약자의 평균적 이해 수준을 기초로 약관의 전반적인 내용을 알리면 된다고 보며, 보험계약자의 주관적인 사정을 고려하여 보험계약자가 인지할 수 있는 정도까지 설명해야 하는 것은 아니다. 보험계약자의 의무가 존재한다는 것을 설명하는 것만으로는 부족하고 보험계약자가 의무불이행시 받을 불이익까지를 설명하도록 요구하고 있다.

(6) 의무이행 시기

일반적으로 청약 시까지 하여야 하나 보험계약 체결 시까지도 가능하다. 원칙적으로 계약 전 의무이다.

(7) 교부·설명의무위반의 효과

보험계약자는 보험계약이 성립한 날로부터 3개월 이내에 그 계약을 취소할 수 있다(상법 제638조의3 제2항). 보험계약자가 그 보험계약을 취소한 때에는 처음부터 그 계약은 무효로 되며(민법 제141조), 보험자로부터 기납입보험료를 돌려받을 수 있다(상법 제648조).

> **민법 제141조(취소의 효과)**　　취소된 법률행위는 처음부터 무효인 것으로 본다.

> **상법 제648조(보험계약의 무효로 인한 보험료반환청구)**　　보험계약의 전부 또는 일부가 무효인 경우에 보험계약자와 피보험자가 선의이며 중대한 과실이 없는 때에는 보험자에 대하여 보험료의 전부 또는 일부의 반환을 청구할 수 있다. 보험계약자와 보험수익자가 선의이며 중대한 과실이 없는 때에도 같다.

참고　　**보험계약자가 3개월 이내에 취소권을 행사하지 않을 경우 상법과 약관규제법(상법의 특별법)의 적용**

약관의 규제에 관한 법률 제3조(약관의 작성 및 설명의무 등)　　② 사업자는 계약을 체결할 때에는 고객에게 약관의 내용을 계약의 종류에 따라 일반적으로 예상되는 방법으로 분명하게 밝히고, 고객이 요구할 경우 그 약관의 사본을 고객에게 내주어 고객이 약관의 내용을 알 수 있게 하여야 한다.
③ 사업자는 약관에 정하여져 있는 중요한 내용을 고객이 이해할 수 있도록 설명하여야 한다.
④ 사업자가 제2항 및 제3항을 위반하여 계약을 체결한 경우에는 해당 약관을 계약의 내용으로 주장할 수 없다.

1. 상법적용설
상법 제638조 3을 적용하여 약관의 구속력을 인정한다.

2. 중첩적용설, 흠결불치유설(판례)
취소권의 제척기간인 3개월이 경과하더라도 보험자의 의무불이행의 흠결이 치유되지 아니하므로 전 보험계약 기간을 통해 보험자는 보험약관 내용을 계약의 내용으로 주장할 수 없다.

상법 제638조의3 제2항은 보험자의 설명의무위반의 효과를 보험계약의 효력과 관련하여 보험계약자에게 계약의 취소권을 부여하는 것으로 규정하고 있으나, 나아가 보험계약자가 그 취소권을 행사하지 아니한 경우에 설명의무를 다하지 아니한 약관이 계약의 내용으로 되는지 여부에 관하여는 아무런 규정도 하지 않고 있을 뿐만 아니라 일반적으로 계약의 취소권을 행사하지 아니하였다고 약관의 내용을 추인 또는 승인하였다고 볼 근거는 없다.

따라서, 상법 제638조의3 제2항과 약관에 대한 설명의무를 위반한 경우에 그 약관을 계약의 내용으로 주장할 수 없는 것으로 규정하고 있는 약관의 규제에 관한 법률 제3조 제3항과의 사이에는 아무런 모순·저촉이 없고, 상법 제638조의3 제2항이 약관의 규제에 관한 법률 제3조 제3항의 특별규정이라고 할 수가 없으므로 보험약관이 상법 제638조의3 제2항의 적용 대상이라 하더라도 약관의 규제에 관한 법률 제3조 제3항 역시 적용이 된다.

3. 보험증권 교부의무

제640조(보험증권의 교부) ① 보험자는 보험계약이 성립한 때에는 지체 없이 보험증권을 작성하여 보험계약자에게 교부하여야 한다. 그러나 보험계약자가 보험료의 전부 또는 최초의 보험료를 지급하지 아니한 때에는 그러하지 아니하다.
② 기존의 보험계약을 연장하거나 변경한 경우에는 보험자는 그 보험증권에 그 사실을 기재함으로써 보험증권의 교부에 갈음할 수 있다.

제641조(증권에 관한 이의약관의 효력) 보험계약의 당사자는 보험증권의 교부가 있은 날로부터 일정한 기간 내에 한하여 그 증권내용의 정부에 관한 이의를 할 수 있음을 약정할 수 있다. 이 기간은 1월을 내리지 못한다.

제642조(증권의 재교부청구) 보험증권을 멸실 또는 현저하게 훼손한 때에는 보험계약자는 보험자에 대하여 증권의 재교부를 청구할 수 있다. 그 증권작성의 비용은 보험계약자의 부담으로 한다.

4. 보험료 반환의무

(1) 의 의

보험자는 보험계약이 취소·무효 또는 해지된 경우에 보험계약자에게 일정보험료를 반환하여야 한다.

(2) 소멸시효

제662조(소멸시효) 보험금청구권은 3년간, 보험료 또는 적립금의 반환청구권은 3년간, 보험료청구권은 2년간 행사하지 아니하면 시효의 완성으로 소멸한다.

Theme 3 보험계약자 측의 의무 · 권리

1. 보험료 지급의무

> **제638조(보험계약의 의의)** 보험계약은 당사자 일방이 약정한 보험료를 지급하고 재산 또는 생명이나 신체에 불확정한 사고가 발생할 경우에 상대방이 일정한 보험금이나 그 밖의 급여를 지급할 것을 약정함으로써 효력이 생긴다.

(1) 지급의무자

① 1차 : 보험계약의 당사자인 보험계약자가 1차적으로 부담하며 보험계약자가 수인인 경우 각 보험계약자가 연대하여 의무를 부담한다.

② 2차 : 피보험자 또는 보험수익자

> **제639조(타인을 위한 보험)** ③ 보험계약자가 파산선고를 받거나 보험료의 지급을 지체한 때에는 그 타인이 그 권리를 포기하지 아니하는 한 그 타인도 보험료를 지급할 의무가 있다.

(2) 지급시기와 보험자 책임

> **제656조(보험료의 지급과 보험자의 책임개시)** 보험자의 책임은 당사자 간에 다른 약정이 없으면 최초의 보험료의 지급을 받은 때로부터 개시한다.

상법상 보험료의 지급시기를 규정한 바 없으나 보험자의 책임은 당사자 간에 다른 약정이 없으면 최초의 보험료를 지급받은 때부터 개시된다. 따라서 비록 보험계약이 성립하여 계약상 보험기간이 시작된 후라도 최초의 보험료를 받지 아니한 때에는 보험사고가 발생하여도 그 책임을 지지 않는다.

(3) 지급방법

상법상 명문규정은 없으나 제638조의2, 제648조의 '보험료(상당액)의 전부 또는 일부의 지급'이라는 표현에 비추어 일시지급 또는 분할지급이 가능하다.

(4) 지급지체

> **제650조(보험료의 지급과 지체의 효과)** ① 보험계약자는 계약 체결 후 지체 없이 보험료의 전부 또는 제1회 보험료를 지급하여야 하며, 보험계약자가 이를 지급하지 아니하는 경우에는 다른 약정이 없는 한 계약 성립 후 2월이 경과하면 그 계약은 해제된 것으로 본다.
> ② 계속보험료가 약정한 시기에 지급되지 아니한 때에는 보험자는 상당한 기간을 정하여 보험계약자에게 최고하고 그 기간 내에 지급되지 아니한 때에는 그 계약을 해지할 수 있다.
> ③ 특정한 타인을 위한 보험의 경우에 보험계약자가 보험료의 지급을 지체한 때에는 보험자는 그 타인에게도 상당한 기간을 정하여 보험료의 지급을 최고한 후가 아니면 그 계약을 해제 또는 해지하지 못한다.

① 최초(또는 전부)보험료 지급지체
  ⓐ <u>보험자의 책임이 발생하지 않음</u> : 보험자의 책임을 당사자 간에 다른 약정이 없는 한 최초의 보험료를 지급받은 때부터 개시한다(상법 제656조)고 하므로 최초의 보험료를 받지 아니한 때에는 보험사고가 발생하여도 그 책임을 지지 않는다.
  ⓑ <u>보험계약의 해제의 의제</u> : 보험계약자는 계약 체결 후 지체 없이 보험료의 전부 또는 제1회의 보험료를 지급하여야 하는데, 이를 지급하지 아니한 경우에는 다른 약정이 없는 한 계약 체결 후 2월이 경과하면 그 계약은 해제된 것으로 본다(상법 제650조 제1항).
  ⓒ <u>보험증권 교부의무가 발생하지 않음</u> : 보험자는 보험계약이 성립한 때에는 지체 없이 보험증권을 작성하여 보험계약자에게 교부하여야 하는데, 보험계약자가 최초의 보험료를 지급하지 아니한 때에는 그러하지 아니하다(상법 제640조 제1항).
② 계속보험료 지급지체
  계속보험료가 약정한 시기에 지급되지 아니한 때에는 보험자는 상당한 기간을 정하여 보험계약자에게 최고하고 그 기간 내에 지급되지 아니한 때에는 그 계약을 해지할 수 있다(상법 제650조 제2항). 다만, 특정한 타인을 위한 보험계약의 경우 보험계약자가 보험료의 지급을 지체한 때에는 보험자는 그 타인에게도 상당한 기간을 정하여 보험료의 지급을 최고한 후가 아니면 그 계약을 해제 또는 해지하지 못한다(상법 제650조 제3항).

(5) 보험계약 부활

> **제650조의2(보험계약의 부활)**   제650조 제2항에 따라 보험계약이 해지되고 해지환급금이 지급되지 아니한 경우에 보험계약자는 일정한 기간 내에 연체보험료에 약정이자를 붙여 보험자에게 지급하고 그 계약의 부활을 청구할 수 있다. 제638조의2의 규정은 이 경우에 준용한다.

① 요 건
  ⓐ 계속보험료의 부지급으로 인한 해지
  ⓑ 해지환급금 미지급
  ⓒ 부활청구기간 내에 청구
  ⓓ 연체보험료와 약정이자 납입
  ⓔ 부활청약에 대한 보험자의 승낙
② 효과 : 신계약과 동일

실효약관

1. 의 의

보험약관에 제2회 이후의 보험료는 그 납입 기일로부터 상당한 기간의 유예기간을 두고, 그 기간 안에 보험료 지급이 없으면 보험계약은 효력을 잃는다는 뜻을 정하고 있는 것이 일반적이다. 이와 같이 상법 제650조 제2항의 최고 후에 해지의 규정을 무시하고 약관에 보험료 지급일로부터 상당한 유예기간을 정하여 두고, 그 기간 안에 보험료 지급이 없는 때에는 보험계약이 자동실효된다는 보통보험약관의 조항을 '실효약관'이라 한다.

2. 실효약관의 효력

상법 제663조는 보험계약자 등의 불이익 변경금지의 원칙을 두어 무지의 보험계약자 등의 이익을 보호하고 있는데, 실효약관은 상법 제650조 제2항의 해지절차인 '최고'와 '해지의 통지'를 무시하고 있어서 이와 관련하여 그 효력이 문제가 된다. 초기 판례에서는 상법 제663조는 일개의 보험계약자가 아닌 보험계약자 전체의 이익을 전제로 하므로 보험계약자 등의 귀책사유로 인한 보험료 부지급에 대해 일정기간 유예에도 불구하고 그 지급이 없으면 보험자가 그 해지의 절차를 밟지 않는다고 해서 상법의 규정에 저촉되는 것이 아니라고 판시하였다. 그러나 현재 법원은 보험계약자에게 상법 제650조의 최고절차를 무시하고 유예기간 경과 후에 보험계약이 자동실효 됨을 규정한 실효약관은 보험계약자 등에게 불이익하게 변경된 조항이기 때문에 무효임을 판시하고 있다. 그러므로 보험자는 상법 제650조의 최고절차를 이행해야 한다.

3. 실효약관의 최고기간과 보험자 보상책임

보험자는 상법 제650조의 최고기간 중 보험사고는 보상책임이 발생한다. 또한 최고절차를 충실히 이행함에 대한 입증책임을 져야 하고, 입증을 못하게 되면 보상책임을 면하지 못한다. 최고기간 경과 후 보험자가 해지를 하며 해지 이후에 발생한 보험사고는 면책한다. 해지 이후에 보험계약자는 일정기간(부활기간) 안에 보험계약의 부활을 청구할 수 있다.

2. 고지의무

> **제651조(고지의무위반으로 인한 계약해지)**　보험계약 당시에 보험계약자 또는 피보험자가 고의 또는 중대한 과실로 인하여 중요한 사항을 고지하지 아니하거나 부실의 고지를 한 때에는 보험자는 그 사실을 안 날로부터 1월 내에, 계약을 체결한 날로부터 3년 내에 한하여 계약을 해지할 수 있다. 그러나 보험자가 계약 당시에 그 사실을 알았거나 중대한 과실로 인하여 알지 못한 때에는 그러하지 아니하다.

(1) 의 의

보험계약자와 피보험자는 보험계약시 보험자에게 중요한 사실에 대해 불고지·부실고지 하지 않아야 한다.

(2) 취 지

보험계약은 사행계약성을 띄고, 담보할 위험에 대한 정보수집의 많은 부분을 보험계약자 측에 의존할 수밖에 없기 때문에 역선택의 가능성이 존재하고, 이는 보험의 단체성을 붕괴시킨다. 따라서 보험계약 체결시 보험자의 서면질문 등을 통해 보험계약자 측으로 하여금 중요한 사항에 대한 고지의무를 이행토록 하고 있다.

(3) 의무자

보험계약자와 피보험자이며 대리인에 의해 체결되는 경우 그 대리인도 포함한다.

(4) 고지의 시기와 방법

고지의 시기는 보험계약 당시, 즉 계약의 성립 시까지이며, 고지의 방법에는 법률상 제한이 없으므로 구두 또는 서면으로 가능하나 실무계약에서는 보험청약서상 질문란을 이용하는 것이 일반적이다.

(5) 중요한 사항

보험자가 위험을 측정하여 보험의 인수 여부 및 보험료 산정에 영향을 미치는 사항으로 보험자가 그 사실을 알았다면 계약을 체결하지 않거나 적어도 동일조건으로는 계약을 체결하지 않을 것이라고 객관적으로 생각되는 사실이다.

(6) 서면 질문표

> 제651조의2(서면에 의한 질문의 효력)　보험자가 서면으로 질문한 사항은 중요한 사항으로 추정한다.

고지의무에 있어서 일반 가입자는 무엇이 중요한 사항인지 잘 모르며 중요성의 판단은 서로 이해가 상반되고, 사고발생시 논쟁의 우려가 있으므로 이를 방지하기 위하여 보험자는 보험계약청약서 또는 이에 첨부할 서면에 보험계약자가 고지하여야 할 사항에 질문란을 만들어 그 회답을 요구하는 것이 질문표이다. 이는 보험자가 명시적으로 질문하지 않은 사항에 관하여 고지의무위반을 이유로 보험금 지급을 거절하는 경우에는 보험자에게 입증책임을 전환하여 보험계약자를 보호하기 위함이다.

(7) 위반효과

① 승 인

보험자는 고지위반 사실에 대해 추가보험료를 받고 보험계약 유지를 승인할 수 있다. 만약, 승인전 보험사고가 발생했다면 보험계약을 해지하거나 보험금의 지급책임을 면할 수 있다.

② 해 지

ⓐ 보험자는 위반 사실을 안 날로부터 1월 내에, 계약을 체결한 날로부터 3년 내에 한하여 계약을 해지할 수 있다. 그러나 보험자가 계약 당시에 그 사실을 알았거나 중대한 과실로 인하여 알지 못한 때에는 그러하지 아니하다. 해지권은 형성권의 일종으로 보험자가 고지의무위반 사실을 입증하면 고지의무자에게 일방적 통고로 행사할 수 있고 계약은 해지통지가 도달한 날로부터 장래에 향하여 효력을 상실한다.

ⓑ 보험사고발생 전 해지 : 계약은 해지통지가 도달한 날로부터 장래에 향하여 효력을 상실하기 때문에 해지 전까지 이미 받은 보험료를 반환할 필요가 없고, 해지 때까지의 미수보험료가 있다면 청구할 수 있다.

ⓒ 보험사고발생 후 해지 : 보험사고가 발생한 후에 보험자는 지나간 보험료기간의 보험료를 반환할 필요가 없다.

③ 해지권 제한

ⓐ 보험자가 위반 사실을 안 날로부터 1월, 계약을 체결한 날로부터 3년이 경과할 경우

ⓑ 보험자가 계약 당시에 그 사실을 알았거나 중대한 과실로 인하여 알지 못한 경우

④ 해지권 포기

보험자는 이익을 위하여 해지권을 포기할 수 있고, 포기의 의사표시는 명시, 묵시를 불문한다.

⑤ 면 책

> **제655조(계약해지와 보험금청구권)** 보험사고가 발생한 후라도 보험자가 제651조 ...(생략)에 따라 계약을 해지하였을 때에는 보험금을 지급할 책임이 없고 이미 지급한 보험금의 반환을 청구할 수 있다. 다만, 고지의무(告知義務)를 위반한 사실이 ...(생략) 보험사고발생에 영향을 미치지 아니하였음이 증명된 경우에는 보험금을 지급할 책임이 있다.

(8) 위반성립 요건

① 보험계약자 측의 요건

ⓐ 주관적 요건 : 보험계약자 또는 피보험자의 고의 또는 중대한 과실로 인한 것이어야 한다(상법 제651조). 여기서 고의란 해의(害意)가 아니고 중요한 사실에 관하여 알면서 고지하지 아니하거나 허위인 줄 알면서 고지하지 않는 것을 말하며, 중대한 과실이란 보험계약자 등이 조금만 주위를 기울였다면 그 사실의 중요성과 고지의 당위성을 알았을 것을 부주의로 불고지, 부실고지를 한 것을 말한다.

ⓑ 객관적 요건 : 중요한 사실에 대한 불고지 또는 부실고지가 있어야 한다(상법 제651조). 여기서 불고지란 중요한 사실을 알면서 알리지 않은 것으로 묵비를 말하며, 부실고지란 사실과 다르게 말하는 것으로 허위진술을 말한다. 또한 중요한 사실은 현재의 사실뿐만 아니라 과거의 사실, 장래에 일어날 확실한 사실도 포함한다.

ⓒ 인과관계 : 보험계약자가 고지의무를 위반하더라도 중요한 사항과 보험사고의 발생 사이에 인과관계가 없음을 입증하면 보험자는 책임을 면치 못한다.

> **판례 대법원 2011다54631 판결**
> 피보험자와 지역적으로 떨어져 살고 있는 보험계약자와 그 대리인이 피보험자가 진단받은 사실을 모르고서 질문표에서 그 진단사실의 유무에 대한 답변으로 '아니오'라는 칸에 표기를 한 경우에는, 이는 그러한 사실의 부존재를 확인하는 것이 아니라 사실 여부를 알지 못한다는 의미로 답하였을 가능성도 배제할 수 없으므로, 그러한 표기사실만으로 쉽게 고의 또는 중대한 과실로 고지의무를 위반한 경우에 해당한다고 단정할 것은 아니다.

② 보험자의 요건

보험계약 당시에 보험자의 악의 또는 중대한 과실이 없어야 한다. 보험계약자 측에 고지의무를 위반하여도 보험자가 계약 당시에 그 사실을 알았거나 중대한 과실로 인하여 알지 못한 때에는 계약을 해지하지 못한다(상법 제651조).

3. 위험유지의무(주관적 위험의 변경 · 증가)

(1) 의 의

보험계약자가 계약 당시에 인수한 위험을 보험기간 중 보험계약자나 피보험자 또는 보험수익자의 고의 또는 중대한 과실로 변경 · 증가시키지 아니하고 그대로 유지시켜야 하는데, 이를 위험유지의무라 한다.

(2) 의무위반 효과

보험기간 중에 보험계약자 등의 고의 · 중대한 과실로 사고발생의 위험이 현저하게 변경 · 증가된 때에는 보험자는 그 사실을 안 날로부터 1월 내에 보험료의 증액을 청구하거나 계약을 해지할 수 있다(상법 제653조). 보험자가 계약을 해지한 경우 보험금을 지급할 책임이 없으며, 이미 지급한 보험금이 있으면 그 반환을 청구할 수 있다. 그러나 위험의 변경 · 증가 사실이 보험사고의 발생에 영향을 미치지 아니하였음이 증명된 때에는 그러하지 아니하다(상법 제655조).

> **제653조(보험계약자 등의 고의나 중과실로 인한 위험증가와 계약해지)** 보험기간 중에 보험계약자, 피보험자 또는 보험수익자의 고의 또는 중대한 과실로 인하여 사고발생의 위험이 현저하게 변경 또는 증가된 때에는 보험자는 그 사실을 안 날부터 1월 내에 보험료의 증액을 청구하거나 계약을 해지할 수 있다.

4. 위험변경증가 통지의무(객관적 위험의 변경증가)

(1) 의 의

보험기간 중에 보험계약자 또는 피보험자가 사고발생의 위험이 현저하게 변경 또는 증가된 사실을 안 때에는 지체 없이 보험자에게 통지하여야 한다.

(2) 취 지

위험을 측정하여 보험사고발생의 개연율을 산정하고 보험료를 산출하는 데에 영향을 미치는 위험의 변동을 보험자가 알아서 적절한 대응을 하여야 하기 때문에 보험계약의 선의성과 신의성실의 원칙에서 요구된다.

(3) 통지의무 내용

① 통지의무자 : 보험계약자, 피보험자
② 상대방의 당사자 : 보험자(통지수령권자)
③ 통지의 시기 · 방법
   통지할 사실을 안 때 지체 없이 서면 또는 구두, 유선도 가능하다.
④ 통지사항
   사고발생의 위험이 현저하게 변경 · 증가된 사실을 통지하여야 하는데, '현저하게'란 그 정도의 위험이 있으면 보험자가 그 보험을 인수하지 않거나 적어도 동일한 보험료로는 인수하지 않았을 것으로 생각될 정도를 말한다.

(4) 의무위반 효과

보험계약자 또는 피보험자가 위험의 현저한 변경·증가를 알면서 보험자에게 알리지 않은 경우 통지의무위반이 되며, 보험자는 그 사실을 안 때로부터 1월 내에 한하여 계약을 해지할 수 있다 (상법 제652조 제1항). 따라서 계약의 해지 후 보험사고가 발생하더라도 위험의 변경·증가 사실 이 보험사고에 영향을 미치지 않음을 증명하지 않는 한 보험자는 보험금을 지급하지 않으며, 이미 지급한 보험금이 있을 때에는 그 반환을 청구할 수 있다(상법 제655조).

> **제652조(위험변경증가의 통지와 계약해지)** ① 보험기간 중에 보험계약자 또는 피보험자가 사고발 생의 위험이 현저하게 변경 또는 증가된 사실을 안 때에는 지체 없이 보험자에게 통지하여야 한다. 이를 해태한 때에는 보험자는 그 사실을 안 날로부터 1월 내에 한하여 계약을 해지할 수 있다.
> ② 보험자가 제1항의 위험변경증가의 통지를 받은 때에는 1월 내에 보험료의 증액을 청구하거나 계약을 해지할 수 있다.

(5) 의무이행 효과

보험자가 위험변경·증가의 통지를 받은 때에는 1월 내에 보험료의 증액을 청구하거나 계약을 해지할 수 있다(상법 제652조 제2항).

참고 고지의무와 통지의무 차이점

통지의무는 보험계약의 효과로 발생하는 계약 후 의무인데 반하여, 고지의무는 보험계약의 전제조건으로 보험계약 체결 전(당시) 의무라는 차이점이 있다.

참고 위험유지의무와 위험변경·증가 통지의무 비교

1. 유사점
보험계약 체결 후의 의무라는 점과 위험의 증가와 관련이 되었다는 점 그리고 의무위반의 효과와 해지권의 제한 및 인과관계의 부존재의 효과 등에서 동일한 면을 가지고 있다.

2. 차이점

	위험유지의무	위험변경·증가 통지의무
의 무	유지의무	통지의무
위험변경·증가	주관적 위험증가 (고의·중대한 과실, 의도적)	객관적 위험증가 (자연발생, 타인에 의한)
의무자	보험계약자, 피보험자, 수익자	보험계약자, 피보험자
의무위반 효과	• 계약유지 : 보험자가 의무위반 사실을 안 날로부터 1개월 이내에 추가보험료를 받고 승인 • 해 지 • 면책 : 보험금을 지급할 책임이 없고, 이미 지급한 보험금의 반환 역시 청구할 수 있다.	
의무이행 효과		• 계약유지 • 해 지

5. 보험사고발생 통지의무

(1) 의 의

보험계약자 또는 피보험자나 보험수익자는 보험사고의 발생을 안 때에는 지체 없이 보험자에게 그 통지를 발송하여야 한다.

> **제657조(보험사고발생의 통지의무)** ① 보험계약자 또는 피보험자나 보험수익자는 보험사고의 발생을 안 때에는 지체 없이 보험자에게 그 통지를 발송하여야 한다.
> ② 보험계약자 또는 피보험자나 보험수익자가 제1항의 통지의무를 해태함으로 인하여 손해가 증가된 때에는 보험자는 그 증가된 손해를 보상할 책임이 없다.

(2) 취 지

보험계약자 등에게 의무를 부담시킨 것은 보험자로 하여금 사고발생의 상황을 명확히 파악하고, 면·부책 여부를 확인하여 손해액을 산정하고, 손해의 확대를 방지하여 손해배상청구권을 보존하려는 의도에서 존재하며, 이는 신의성실의 원칙에 따른 의무라 할 것이다.

(3) 통지의무 내용

① 통지의무자 : 보험계약자, 피보험자, 보험수익자
② 상대방의 당사자 : 보험자 또는 통지의 수령권이 있는 제3자
③ 통지의 시기·방법
  사고발생을 안 때 지체 없이 통지하여야 하며, 서면이 원칙이나 구두 또는 유선도 가능하다.
④ 통지사항
  상법의 규정은 없으나 대체로 손해발생의 일시, 장소, 손해의 상황, 정도 및 원인, 증인의 성명 등을 통지한다.

(4) 의무위반의 효과

통지의무 해태로 인하여 증가된 손해분에 대하여 보험자는 보상책임이 없다.

(5) 의무이행의 효과

> **제658조(보험금액의 지급)** 보험자는 보험금액의 지급에 관하여 약정기간이 있는 경우에는 그 기간 내에 약정기간이 없는 경우에는 제657조 제1항의 통지를 받은 후 지체 없이 지급할 보험금액을 정하고 그 정하여진 날부터 10일 내에 피보험자 또는 보험수익자에게 보험금액을 지급하여야 한다.

6. 계약해지권

(1) 임의해지권

① 의 의

보험사고가 발생하기 전에는 보험계약자는 언제든지 계약의 전부 또는 일부를 해지할 수 있다.

> **제649조(사고발생 전의 임의해지)** ① 보험사고가 발생하기 전에는 보험계약자는 언제든지 계약의 전부 또는 일부를 해지할 수 있다. 그러나 제639조의 보험계약의 경우에는 보험계약자는 그 타인의 동의를 얻지 아니하거나 보험증권을 소지하지 아니하면 그 계약을 해지하지 못한다.
> ② 보험사고의 발생으로 보험자가 보험금액을 지급한 때에도 보험금액이 감액되지 아니하는 보험의 경우에는 보험계약자는 그 사고발생 후에도 보험계약을 해지할 수 있다.
> ③ 제1항의 경우에는 보험계약자는 당사자 간에 다른 약정이 없으면 미경과보험료의 반환을 청구할 수 있다.

② 효 과

보험계약자는 당사자 간에 다른 약정이 없으면 미경과보험료의 반환을 청구할 수 있다.

> **참 고   미경과보험료(Unearned Premium)**
>
> 순보험료 중 당해 보험료기간이 경과하지 않은 보험료로써 다가올 미경과기간에 대하여 보험계약자로부터 미리 수취한 금액에 해당하므로 보험자 입장에서는 부채에 해당한다. 따라서 이익으로 간주하지 않고 미경과보험료준비금이란 항목으로 적립해 놓는다.

③ 예 외

ⓐ 타인을 위한 보험(상법 제639조)에서 타인의 동의를 얻지 아니하거나 보험증권을 소지하지 아니할 경우

ⓑ 보험사고의 발생으로 보험자가 보험금액을 지급한 때에도 보험금액이 감액되지 아니하는 보험의 경우, 보험계약자의 사고발생 후 해지가 가능하다.

(2) 보험자 파산선고에 따른 해지

> **제654조(보험자의 파산선고와 계약해지)** ① 보험자가 파산의 선고를 받은 때에는 보험계약자는 계약을 해지할 수 있다.
> ② 제1항의 규정에 의하여 해지하지 아니한 보험계약은 파산선고 후 3월을 경과한 때에는 그 효력을 잃는다.

7. 보험금청구권

> **제658조(보험금액의 지급)** 보험자는 보험금액의 지급에 관하여 약정기간이 있는 경우에는 그 기간 내에 약정기간이 없는 경우에는 제657조 제1항의 통지(보험사고발생 통지)를 받은 후 지체 없이 지급할 보험금액을 정하고 그 정하여진 날부터 10일 내에 피보험자 또는 보험수익자에게 보험금액을 지급하여야 한다.

8. 보험료 감액 · 반환 청구권

보험약관의 교부 · 설명의무위반으로 인한 취소의 경우와 더불어 특별위험 소멸, 보험계약의 무효로 인한 보험료의 감액 또는 반환을 청구할 수 있다.

> **제647조(특별위험의 소멸로 인한 보험료의 감액청구)**　보험계약의 당사자가 특별한 위험을 예기하여 보험료의 액을 정한 경우에 보험기간 중 그 예기한 위험이 소멸한 때에는 보험계약자는 그 후의 보험료의 감액을 청구할 수 있다.

> **제648조(보험계약의 무효로 인한 보험료반환청구)**　보험계약의 전부 또는 일부가 무효인 경우에 보험계약자와 피보험자가 선의이며 중대한 과실이 없는 때에는 보험자에 대하여 보험료의 전부 또는 일부의 반환을 청구할 수 있다. 보험계약자와 보험수익자가 선의이며 중대한 과실이 없는 때에도 같다.

> **판례** 대법원 2010다92612 판결
> 상법은 보험료반환청구권에 대하여 3년간 행사하지 아니하면 소멸시효가 완성한다는 취지를 규정할 뿐(상법 제662조) 소멸시효의 기산점에 관하여는 아무것도 규정하지 아니하므로, 소멸시효는 민법 일반 법리에 따라 객관적으로 권리가 발생하고 그 권리를 행사할 수 있는 때로부터 진행한다. 그런데 상법 제731조 제1항을 위반하여 무효인 보험계약에 따라 납부한 보험료에 대한 반환청구권은 특별한 사정이 없는 한 보험료를 납부한 때에 발생하여 행사할 수 있다고 할 것이므로, 보험료반환청구권의 소멸시효는 특별한 사정이 없는 한 각 보험료를 납부한 때부터 진행한다.

Theme 4　대리에 의한 계약

1. 대리인이 안 것의 효과

> **제646조(대리인이 안 것의 효과)**　대리인에 의하여 보험계약을 체결한 경우에 대리인이 안 사유는 그 본인이 안 것과 동일한 것으로 한다.

2. 보험대리상 등의 권한

제646조의2(보험대리상 등의 권한) ① 보험대리상은 다음 각 호의 권한이 있다.
  1. 보험계약자로부터 보험료를 수령할 수 있는 권한
  2. 보험자가 작성한 보험증권을 보험계약자에게 교부할 수 있는 권한
  3. 보험계약자로부터 청약, 고지, 통지, 해지, 취소 등 보험계약에 관한 의사표시를 수령할 수 있는 권한
  4. 보험계약자에게 보험계약의 체결, 변경, 해지 등 보험계약에 관한 의사표시를 할 수 있는 권한
② 제1항에도 불구하고 보험자는 보험대리상의 제1항 각 호의 권한 중 일부를 제한할 수 있다. 다만, 보험자는 그러한 권한 제한을 이유로 선의의 보험계약자에게 대항하지 못한다.
③ 보험대리상이 아니면서 특정한 보험자를 위하여 계속적으로 보험계약의 체결을 중개하는 자는 제1항 제1호(보험자가 작성한 영수증을 보험계약자에게 교부하는 경우만 해당한다) 및 제2호의 권한이 있다.
④ 피보험자나 보험수익자가 보험료를 지급하거나 보험계약에 관한 의사표시를 할 의무가 있는 경우에는 제1항부터 제3항까지의 규정을 그 피보험자나 보험수익자에게도 적용한다.

Theme 5 타인을 위한 보험

1. 의 의

보험계약자(자기)가 타인(피보험자 또는 보험수익자)을 위하여 자기 명의로 가입한 보험계약을 말한다. 즉 손해보험에서는 보험계약자와 피보험자가, 인보험에서는 보험계약자와 보험수익자가 다른 계약을 의미한다.

참고 **타인을 '위한' - 타인'의'**

① 타인을 '위한' → 타인 = 보험금 청구권자
② 타인'의' → 타인 = 보험의 목적(인보험)

제731조(타인의 생명의 보험) ① 타인의 사망을 보험사고로 하는 보험계약에는 보험계약 체결 시에 그 타인의 서면에 의한 동의를 얻어야 한다.

2. 위임·특정 여부

제639조(타인을 위한 보험) ① 보험계약자는 위임을 받거나 위임을 받지 아니하고 특정 또는 불특정의 타인을 위하여 보험계약을 체결할 수 있다. 그러나 손해보험계약의 경우에 그 타인의 위임이 없는 때에는 보험계약자는 이를 보험자에게 고지하여야 하고, 그 고지가 없는 때에는 타인이 그 보험계약이 체결된 사실을 알지 못하였다는 사유로 보험자에게 대항하지 못한다.

3. 보험계약자의 보험금청구권

> **제639조(타인을 위한 보험)** ② 제1항의 경우에는 그 타인은 당연히 그 계약의 이익을 받는다. 그러나 손해보험계약의 경우에 보험계약자가 그 타인에게 보험사고의 발생으로 생긴 손해의 배상을 한 때에는 보험계약자는 그 타인의 권리를 해하지 아니하는 범위 안에서 보험자에게 보험금액의 지급을 청구할 수 있다.

4. 타인의 보험료 지급의무

> **제639조(타인을 위한 보험)** ③ 제1항의 경우(= 타인을 위한 보험의 경우)에는 보험계약자는 보험자에 대하여 보험료를 지급할 의무가 있다. 그러나 보험계약자가 파산선고를 받거나 보험료의 지급을 지체한 때에는 그 타인이 그 권리를 포기하지 아니하는 한 그 타인도 보험료를 지급할 의무가 있다.

Theme 6 면책사유(통칙)

1. 고의 또는 중과실

> **제659조(보험자의 면책사유)** ① 보험사고가 보험계약자 또는 피보험자나 보험수익자의 고의 또는 중대한 과실로 인하여 생긴 때에는 보험자는 보험금액을 지급할 책임이 없다.

2. 전쟁위험 등

> **제660조(전쟁위험 등으로 인한 면책)** 보험사고가 전쟁 기타의 변란으로 인하여 생긴 때에는 당사자 간에 다른 약정이 없으면 보험자는 보험금액을 지급할 책임이 없다.

Theme 7 소멸시효

> **제662조(소멸시효)** 보험금청구권은 3년간, 보험료 또는 적립금의 반환청구권은 3년간, 보험료청구권은 2년간 행사하지 아니하면 시효의 완성으로 소멸한다.

손해보험

Theme 1 손해보험이란

1. 의 의

보험계약자가 약정한 보험료를 지급하고 보험자가 우연한 사고로 인하여 생길 피험자의 재산상의
손해를 보상할 것을 약정하는 계약이다.

> **제665조(손해보험자의 책임)**   손해보험계약의 보험자는 보험사고로 인하여 생길 피보험자의 재산상의
> 손해를 보상할 책임이 있다.

참 고   손해보험증권

제666조(손해보험증권) 손해보험증권에는 다음의 사항을 기재하고 보험자가 기명날인 또는 서명하여야 한다.
1. 보험의 목적
2. 보험사고의 성질
3. 보험금액
4. 보험료와 그 지급방법
5. 보험기간을 정한 때에는 그 시기와 종기
6. 무효와 실권의 사유
7. 보험계약자의 주소와 성명 또는 상호
7의2. 피보험자의 주소, 성명 또는 상호
8. 보험계약의 연월일
9. 보험증권의 작성지와 그 작성연월일

---

2. 피보험이익(= 손해보험계약의 목적)

(1) 의 의

보험사고로 인해 보험의 목적에 발생한 피보험자의 재산상의 손해를 보상하는 것이 손해보험계
약의 목적이고 이것이 곧 피보험이익이다. 즉 피보험이익이란 피보험자가 (보험에 가입함으로써)
보험의 목적에 가지는 경제적 이익 또는 이해관계를 말하며 손해보험계약의 핵심요소이다.

> **제668조(보험계약의 목적)**   보험계약은 금전으로 산정할 수 있는 이익에 한하여 보험계약의 목적으
> 로 할 수 있다.

(2) 요 건

① 경제성

금전으로 산정할 수 있는 이익에 한한다. 인보험의 경우 사람의 가치를 금전으로 산정할 수 없기 때문에 피보험이익 존재하지 않는다.

② 적법성

적법한 이익이어야 한다. 즉 법적 금지 물품에 대한 이익, 절도, 탈세 등을 통한 이익, 그로 인한 손해의 보상 등은 피보험이익이 될 수 없고 만약 이러한 보험계약이 체결되면 그 계약은 무효가 되며 보험계약자는 이미 지급한 보험료의 반환을 청구할 수 없다(예외 : 경미한 단속·질서 법규의 위반행위에 의한 책임에 의한 손해를 보상하는 보험계약의 경우 항상 무효인 것은 아니다).

> 〈민 법〉
> **제103조(반사회질서의 법률행위)**　선량한 풍속 기타 사회질서에 위반한 사항을 내용으로 하는 법률행위는 무효로 한다.

> 〈민 법〉
> **제746조(불법원인급여)**　불법의 원인으로 인하여 재산을 급여하거나 노무를 제공한 때에는 그 이익의 반환을 청구하지 못한다. 그러나 그 불법원인이 수익자에게만 있는 때에는 그러하지 아니하다.

③ 확정성

피보험이익은 손해보험계약의 목적이다. 피보험이익은 보험계약 체결시 존재하고, 적어도 보험사고가 발생했을 때까지 확정할 수 있어야 한다.

> **참 고**　**피보험이익 요건 불충분(흠결)의 효과**
>
> 보험계약이 무효가 된다. 흠결의 입증책임은 보험자(계약의 무효를 주장하므로)에게 있다.
>
> **제648조(보험계약의 무효로 인한 보험료반환청구)**　보험계약의 전부 또는 일부가 무효인 경우에 보험계약자와 피보험자가 선의이며 중대한 과실이 없는 때에는 보험자에 대하여 보험료의 전부 또는 일부의 반환을 청구할 수 있다. 보험계약자와 보험수익자가 선의이며 중대한 과실이 없는 때에도 같다.

(3) 기 능

① 보험계약의 유효성·동일성 판단
② 보험자의 보상책임 범위 확정
③ 초과·중복보험 판단
④ 실손보상의 실현

참고   보험자의 보상책임 범위 확정

보험가액 = 법률상 보상최고한도액 = 피보험이익의 평가액

어떤 물건의 '가액'이라 함은 그 물건의 가치를 금전으로 평가한 금액을 말한다. 따라서 '보험가액'이란 ① 보험의 목적(물)의 가치를 금전으로 평가한 금액 또는 ② 보험의 목적(물)에 보험사고가 발생하였을 때 피보험자가 보상받을 수 있는 법률상 최고한도액 또는 ③ '피보험이익'을 금전적으로 평가한 금액을 의미한다.

참고   보험금액

계약상 보상최고한도액

3. 실손보상의 원칙(= 이득금지의 원칙)

(1) 의 의

손해보험은 보험가액을 한도로 피보험자가 입은 실제 (재산상의)손해를 보상하는 보험이다.

(2) 실손보상의 실현

① 피보험이익 없는 계약의 무효

② 손해액 산정기준

> **제676조(손해액의 산정기준)**   ① 보험자가 보상할 손해액은 그 손해가 발생한 때와 곳의 가액에 의하여 산정한다. 그러나 당사자 간에 다른 약정이 있는 때에는 그 신품가액에 의하여 손해액을 산정할 수 있다.

③ 초과·중복의 적용

> **제669조(초과보험)**   ① 보험금액이 보험계약의 목적의 가액을 현저하게 초과한 때에는 보험자 또는 보험계약자는 보험료와 보험금액의 감액을 청구할 수 있다. 그러나 보험료의 감액은 장래에 대하여서만 그 효력이 있다.
> ② 제1항의 가액은 계약 당시의 가액에 의하여 정한다.
> ③ 보험가액이 보험기간 중에 현저하게 감소된 때에도 제1항과 같다.
> ④ 제1항의 경우에 계약이 보험계약자의 사기로 인하여 체결된 때에는 그 계약은 무효로 한다. 그러나 보험자는 그 사실을 안 때까지의 보험료를 청구할 수 있다.

> **제672조(중복보험)** ① 동일한 보험계약의 목적과 동일한 사고에 관하여 수개의 보험계약이 동시에 또는 순차로 체결된 경우에 그 보험금액의 총액이 보험가액을 초과한 때에는 보험자는 각자의 보험금액의 한도에서 연대책임을 진다. 이 경우에는 각 보험자의 보상책임은 각자의 보험금액의 비율에 따른다.
> ② 동일한 보험계약의 목적과 동일한 사고에 관하여 수개의 보험계약을 체결하는 경우에는 보험계약자는 각 보험자에 대하여 각 보험계약의 내용을 통지하여야 한다.
> ③ 제669조 제4항의 규정은 제1항의 보험계약에 준용한다.

④ 미평가·기평가 보험의 적용

> **제671조(미평가보험)** 당사자 간에 보험가액을 정하지 아니한 때에는 사고발생 시의 가액을 보험가액으로 한다.

> **제670조(기평가보험)** 당사자 간에 보험가액을 정한 때에는 그 가액은 사고발생 시의 가액으로 정한 것으로 추정한다. 그러나 그 가액이 사고발생 시의 가액을 현저하게 초과할 때에는 사고발생 시의 가액을 보험가액으로 한다.

⑤ 보험자 대위

> **제681조(보험목적에 관한 보험대위)** 보험의 목적의 전부가 멸실한 경우에 보험금액의 전부를 지급한 보험자는 그 목적에 대한 피보험자의 권리를 취득한다. 그러나 보험가액의 일부를 보험에 붙인 경우에는 보험자가 취득할 권리는 보험금액의 보험가액에 대한 비율에 따라 이를 정한다.

> **제682조(제3자에 대한 보험대위)** ① 손해가 제3자의 행위로 인하여 발생한 경우에 보험금을 지급한 보험자는 그 지급한 금액의 한도에서 그 제3자에 대한 보험계약자 또는 피보험자의 권리를 취득한다. 다만, 보험자가 보상할 보험금의 일부를 지급한 경우에는 피보험자의 권리를 침해하지 아니하는 범위에서 그 권리를 행사할 수 있다.
> ② 보험계약자나 피보험자의 제1항에 따른 권리가 그와 생계를 같이 하는 가족에 대한 것인 경우 보험자는 그 권리를 취득하지 못한다. 다만, 손해가 그 가족의 고의로 인하여 발생한 경우에는 그러하지 아니하다.

(3) 실손보상의 예외

① 정액방식의 인보험

> **제727조(인보험자의 책임)** ① 인보험계약의 보험자는 피보험자의 생명이나 신체에 관하여 보험사고가 발생할 경우에 보험계약으로 정하는 바에 따라 보험금이나 그 밖의 급여를 지급할 책임이 있다.

② 신가보험

> **제676조(손해액의 산정기준)** ① 보험자가 보상할 손해액은 그 손해가 발생한 때와 곳의 가액에 의하여 산정한다. 그러나 당사자 간에 다른 약정이 있는 때에는 그 신품가액에 의하여 손해액을 산정할 수 있다.

③ 기평가보험
  ⓐ 기평가보험 자체가 실손보상의 예외이다.
  ⓑ 보험금액이 보험가액을 현저하게 초과하지 않을 경우의 보상
  ⓒ 보험가액 불변경주의(후술)

> **제670조(기평가보험)** 당사자 간에 보험가액을 정한 때에는 그 가액은 사고발생 시의 가액으로 정한 것으로 추정한다. 그러나 그 가액이 사고발생 시의 가액을 현저하게 초과할 때에는 사고발생 시의 가액을 보험가액으로 한다.

4. 기타 특징

(1) 상실이익 등의 불산입

> **제667조(상실이익 등의 불산입)** 보험사고로 인하여 상실된 피보험자가 얻을 이익이나 보수는 당사자 간에 다른 약정이 없으면 보험자가 보상할 손해액에 산입하지 아니한다.

(2) 사고발생 후의 목적 멸실과 보상책임

> **제675조(사고발생 후의 목적 멸실과 보상책임)** 보험의 목적에 관하여 보험자가 부담할 손해가 생긴 경우에는 그 후 그 목적이 보험자가 부담하지 아니하는 보험사고의 발생으로 인하여 멸실된 때에도 보험자는 이미 생긴 손해를 보상할 책임을 면하지 못한다.

(3) 보험료체납과 보상액의 공제

> **제677조(보험료체납과 보상액의 공제)** 보험자가 손해를 보상할 경우에 보험료의 지급을 받지 아니한 잔액이 있으면 그 지급기일이 도래하지 아니한 때라도 보상할 금액에서 이를 공제할 수 있다.

(4) 보험자의 면책사유

> **제678조(보험자의 면책사유)** 보험의 목적의 성질, 하자 또는 자연소모로 인한 손해는 보험자가 이를 보상할 책임이 없다.

Theme 2 보험가액과 보험금액

1. 보험가액

> 보험가액 = 법률상 보상최고한도액 = 피보험이익의 평가액

① 보험의 목적(물)의 가치를 금전으로 평가한 금액 또는 ② 보험의 목적(물)에 보험사고가 발생하였을 때 피보험자가 보상받을 수 있는 법률상 최고한도액 또는 ③ '피보험이익'을 금전적으로 평가한 금액을 의미한다.

2. 보험가액의 평가

(1) 미평가보험

> **제671조(미평가보험)** 당사자 간에 보험가액을 정하지 아니한 때에는 *사고발생 시의 가액을 보험가액으로 한다.
>
> *사고발생시 : 사고발생한 때와 곳으로 해석

(2) 기평가보험

① 의 의

보험계약 체결시 당사자 사이에 미리 보험가액을 정한 경우로 협정보험가액이라고도 한다.

> **제670조(기평가보험)** 당사자 간에 보험가액을 정한 때에는 그 가액은 사고발생 시의 가액으로 정한 것으로 추정한다. 그러나 그 가액이 사고발생 시의 가액을 현저하게 초과할 때에는 사고발생 시의 가액을 보험가액으로 한다.

② 기 능

운송보험, 해상보험 등 보험사고가 발생한 때와 곳의 가액을 정확하게 산정하기 곤란한 경우 분쟁을 방지하기 위하여 주로 사용된다.

③ 요 건

계약 당시 가액에 대한 협정은 명시적이어야 한다(예 보험증권에 기재). 그러나 반드시 '협정가액'이라는 용어를 명시할 필요는 없고, 당사자가 보험가액에 대해 미리 협정했다는 사실만 인정될 수 있을 정도면 충분하다.

④ 실손보상과의 관계

보험가액을 미리 협정한다는 사실 자체가 실손보상의 예외라고 할 수 있다. 물론 협정보험가액이 사고발생 시의 가액을 현저히 초과할 경우 사고발생 시의 가액을 보험가액으로 하는 것은 실손보상의 실현이라 할 수 있다. 하지만 현저히 초과하지 않을 경우 초과분은 보상하는 것이므로 이것 역시 실손보상의 예외라 할 수 있다.

(3) 보험가액 불변경주의

운송보험, 해상보험 등의 경우 기평가보험이라면 보험가액산정에 분쟁을 방지할 수 있다. 그렇다면 미평가보험일 경우에는 어떻게 할까? 이럴 때 적용되는 것이 바로 보험가액 불변경주의이다.

① 의 의

미평가보험의 경우 일정시점에서의 보험가액을 전 보험기간의 보험가액을 하는 것을 말한다.

② 운송보험

제689조(운송보험의 보험가액)　　① 운송물의 보험에 있어서는 발송한 때와 곳의 가액과 도착지까지의 운임 기타의 비용을 보험가액으로 한다.
② 운송물의 도착으로 인하여 얻을 이익은 약정이 있는 때에 한하여 보험가액 중에 산입한다.

③ 해상보험

제696조(선박보험의 보험가액과 보험목적)　　① 선박의 보험에 있어서는 보험자의 책임이 개시될 때의 선박가액을 보험가액으로 한다.
② 제1항의 경우에는 선박의 속구, 연료, 양시 기타 항해에 필요한 모든 물건은 보험이 목적에 포함된 것으로 한다.

제697조(적하보험의 보험가액)　　적하의 보험에 있어서는 선적한 때와 곳의 적하의 가액과 선적 및 보험에 관한 비용을 보험가액으로 한다.

제698조(희망이익보험의 보험가액)　　적하의 도착으로 인하여 얻을 이익 또는 보수의 보험에 있어서는 계약으로 보험가액을 정하지 아니한 때에는 보험금액을 보험가액으로 한 것으로 추정한다.

3. 보험금액

보험계약상 보상최고한도액으로 보험계약 체결시 당사자 사이의 약정에 의하여 정해진 금액이다.

4. 보험가액과 보험금액의 관계

(1) 전부보험(보험가액 = 보험금액)

보험가액의 전부를 보험금액으로 설정한 보험을 말한다. 따라서 별도의 자기부담금을 설정하지 않는 이상 보험가액 내에서 실제 손해를 보상한다.

(2) 일부보험(보험가액 > 보험금액)

보험가액의 일부만을 보험금액으로 설정한 보험을 말한다. 따라서 보험료를 절감시킬 수 있으나 보상시 보험금액의 보험가액에 대한 비율에 따라 비례보상한다.

$$지급보험금 = 손해액 \times \frac{보험금액}{보험가액}$$

> 제674조(일부보험) 보험가액의 일부를 보험에 붙인 경우에는 보험자는 보험금액의 보험가액에 대한 비율에 따라 보상할 책임을 진다. 그러나 당사자 간에 다른 약정이 있는 때에는 보험자는 보험금액의 한도 내에서 그 손해를 보상할 책임을 진다.

참고 일부보험에서의 특약(당사자간 다른 약정)

1. 제1차 위험담보 실손보상특약

보험금액 한도 내에서 실제손해를 보상한다.

2. 부보비율조건부 실손보상특약

보험금액의 보험가액에 대한 비율이 약정한 비율충족할 경우 보험금액 한도 내에서 실제손해를 보상하고, 약정비율 미달의 경우 비례분담방식으로 보상한다.

예 건물화재보험, 약정부보비율 80%

보험금액 설정	지급보험금
보험금액 ≥ 보험가액 80%	보험금액 한도 내에서 실손보상
보험금액 < 보험가액 80%	$손해액 \times \dfrac{보험금액}{보험가액 \times 80\%}$

(3) 초과·중복보험

① 초과보험 : 보험금액이 보험가액을 현저히 초과하는 경우

② 중복보험 : 수개의 보험계약에서의 보험금액의 합이 보험가액을 초과하는 경우

Theme 3 초과 · 중복보험

1. 초과보험

(1) 의 의

보험금액이 보험가액을 현저히 초과하는 경우를 말한다.

> **제669조(초과보험)** ① 보험금액이 보험계약의 목적의 가액을 현저하게 초과한 때에는 보험자 또는
> 보험계약자는 보험료와 보험금액의 감액을 청구할 수 있다. 그러나 보험료의 감액은 장래에 대하여서만
> 그 효력이 있다.
> ② 제1항의 가액은 계약 당시의 가액에 의하여 정한다.
> ③ 보험가액이 보험기간 중에 현저하게 감소된 때에도 제1항과 같다.
> ④ 제1항의 경우에 계약이 보험계약자의 사기로 인하여 체결된 때에는 그 계약은 무효로 한다. 그러나
> 보험자는 그 사실을 안 때까지의 보험료를 청구할 수 있다.

(2) 성립요건

① 하나의 보험계약에서 보험금액이 보험가액을 현저히 초과하여야 한다.

② 현저히 : 사회통념상 정상가액을 월등히 초과하는 경우

③ 판단기준 가액 : 보험계약 당시 보험가액을 기준

④ 판단기준 시점 : 초과된 시점(보험금액이 증가하거나 보험가액이 감소된 시점)

(3) 효 과

① 선 의

보험자 또는 보험계약자는 보험료와 보험금액의 감액을 청구(형성권)할 수 있으며, 보험료
감액은 장래에 대해서만 효력이 있다(계속계약성).

② 사 기

보험계약이 보험계약자의 사기로 인하여 체결된 경우 그 보험계약은 초과부분뿐만 아니라
계약의 전부를 무효로 하고 있다(상법 제669조 제4항, 제672조 제3항).

2. 중복보험

(1) 의의 · 성립요건

① 동일(중복)한 보험계약의 목적(피보험이익)과 ② 동일(중복)한 보험사고에 관하여 ③ 수개의
보험계약이 동시에 또는 순차적으로 체결(보험기간의 중복)된 경우에 ④ 그 보험금액의 총액이
보험가액을 초과한 때

> **제672조(중복보험)** ① 동일한 보험계약의 목적과 동일한 사고에 관하여 수개의 보험계약이 동시에
> 또는 순차로 체결된 경우에 그 보험금액의 총액이 보험가액을 초과한 때에는 보험자는 각자의 보험금액
> 의 한도에서 연대책임을 진다. 이 경우에는 각 보험자의 보상책임은 각자의 보험금액의 비율에 따른다.
> ② 동일한 보험계약의 목적과 동일한 사고에 관하여 수개의 보험계약을 체결하는 경우에는 보험계약자
> 는 각 보험자에 대하여 각 보험계약의 내용을 통지하여야 한다.
> ③ 제669조 제4항의 규정은 제1항의 보험계약에 준용한다.

(2) 효 과

① 선의의 중복보험

ⓐ 보험계약자의 통지의무

> **제672조(중복보험)** ② 동일한 보험계약의 목적과 동일한 사고에 관하여 수개의 보험계약을 체결하는 경우에는 보험계약자는 각 보험자에 대하여 각 보험계약의 내용을 통지하여야 한다.

참 고	**중복보험 통지의무 성격**

중복보험 통지의무의 성격은 고지의무나 위험변경증가 통지의무와 달리 위반의 경우 불이익을 정하고 있지 않다.

ⓑ 보험자의 연대·비례책임

> **제672조(중복보험)** ① 동일한 보험계약의 목적과 동일한 사고에 관하여 수개의 보험계약이 동시에 또는 순차로 체결된 경우에 그 보험금액의 총액이 보험가액을 초과한 때에는 <u>보험자는 각자의 보험금액의 한도에서 연대책임</u>을 진다. 이 경우에는 각 보험자의 보상책임은 각자의 <u>보험금액의 비율에 따른다.</u>

ⓒ 보험자 1인에 대한 권리포기

> **제673조(중복보험과 보험자 1인에 대한 권리포기)** 제672조의 규정에 의한 수개의 보험계약을 체결한 경우에 보험자 1인에 대한 권리의 포기는 다른 보험자의 권리의무에 영향을 미치지 아니한다.

② 사기로 인한 중복보험 : 사기로 인한 초과보험 규정을 준용

> **제672조(중복보험)** ③ 제669조 제4항의 규정은 제1항의 보험계약에 준용한다.

> **제669조(초과보험)** ④ 제1항의 경우에 계약이 보험계약자의 사기로 인하여 체결된 때에는 그 계약은 무효로 한다. 그러나 보험자는 그 사실을 안 때까지의 보험료를 청구할 수 있다.

Theme 4 보험목적의 양도

1. 의 의

양도인이 보험목적(물)의 소유권을 양수인에게 양도할 경우 양수인은 새로운 보험을 가입하기까지 무보험상태에 빠질 우려가 있다. 따라서 이 경우 양도인의 보험계약 상의 권리와 의무를 양수인이 승계한 것으로 추정한다.

> **제679조(보험목적의 양도)** ① 피보험자가 보험의 목적을 양도한 때에는 양수인은 보험계약 상의 권리와 의무를 승계한 것으로 추정한다.
> ② 제1항의 경우에 보험의 목적의 양도인 또는 양수인은 보험자에 대하여 지체 없이 그 사실을 통지하여야 한다.

2. 승계추정 요건

(1) 양도 당시 보험계약이 유효할 것

(2) 보험의 목적이 물건(物件)일 것

보험의 목적이 물건으로써 특정 또는 개별적이어야 하고 무체재산권도 포함된다.

(3) 물권적 이전일 것

양도인의 소유권이 양수인에게 실질적으로 이전되어야 한다. 이때의 이전방법은 특정승계의 방법을 따른다.

> **참 고　특정승계 · 포괄승계**
>
> • 특정승계 : 각각 원인마다의 권리 · 의무를 개별적으로 승계하는 것(예 보험계약)
> • 포괄승계 : 하나의 원인에 의하여 모든 권리 · 의무 전체를 일괄적으로 승계하는 것(예 상속, 합병 등)

3. 양도의 효과

(1) 권리 · 의무 승계

양도인의 보험계약상의 권리 · 의무는 양수인이 승계한 것으로 추정된다. 따라서 양수인의 양수거부의사가 증명될 경우 승계를 거부할 수 있다.

> **제679조(보험목적의 양도)** ① 피보험자가 보험의 목적을 양도한 때에는 양수인은 보험계약상의 권리와 의무를 승계한 것으로 추정한다.

(2) 통지의무

① 의 의

양도인 또는 양수인의 양도시 보험자에 대하여 지체 없이 그 사실을 통지하여야 한다.

> **제679조(보험목적의 양도)**   ② 제1항의 경우에 보험의 목적의 양도인 또는 양수인은 보험자에 대하여 지체 없이 그 사실을 통지하여야 한다.

② 의무위반의 효과

상법상 양도통지의무 위반에 대한 규정은 존재하지 않는다. 그러나 이 의무는 그 성질상 위험 변경증가 통지의무와 유사하다고 볼 수 있다. 따라서 양도로 인해 보험목적에 대한 위험이 현저히 변경 또는 증가되었다면 보험자가 통지를 받은 날로부터 1월 내에 보험료의 증액을 청구하거나 계약을 해지할 수 있다.

> **참고   양도통지의무위반에 따른 판례의 입장**
>
> 판례에서는 실질적으로 위험이 현저히 변경·증가되지 않고 단순한 양도통지의무의 경우 그 사실만으로 위험이 현저히 변경·증가된 것이라 볼 수 없기 때문에 보험자의 해지권을 제한한다는 입장이다.

Theme 5 손해방지의무

1. 의 의

보험계약자와 피보험자가 보험사고발생시 그로 인한 손해의 발생을 방지하고 경감시키기 위하여 노력할 의무를 말한다.

> **제680조(손해방지의무)**   ① 보험계약자와 피보험자는 손해의 방지와 경감을 위하여 노력하여야 한다. 그러나 이를 위하여 필요 또는 유익하였던 비용과 보상액이 보험금액을 초과한 경우라도 보험자가 이를 부담한다.

2. 요 소

(1) 의무 발생시기·당사자

손해방지의무는 보험사고가 발생한 때부터 보험계약자와 피보험자가 그 의무를 진다. 따라서 사고발생 자체를 예방하는 것은 포함되지 않는다.

(2) 손해방지 범위

① 보험자가 보상책임을 지는 손해에 대해서만(= 면책사유 제외) 의무가 발생하며, ② 방지·경감의 노력은 보험계약자 또는 피보험자가 자기재산(이익)이었다면 기울였을 정도를 의미한다. 그러나 ③ 반드시 효과가 있을 필요는 없다.

3. 의무위반의 효과

상법상 의무위반에 대한 명문규정은 없다.

4. 손해방지비용

(1) 의 의

보험사고로 인한 손해의 발생방지, 확대, 경감을 목적으로 하는 행위에 필요 또는 유익하였던 비용을 말한다.

(2) 비용의 부담

비용과 보상액의 합이 보험금액을 초과한 경우라도 보험자가 부담한다.

Theme 6   보험자대위

1. 의 의

보험금 지급시 피보험자가 보험목적 또는 제3자에게 가지는 권리를 보험자가 대신 취득하는 것으로 실손보상 실현을 위한 것이다.

2. 잔존물대위(보험목적에 관한 보험대위)

(1) 의 의

보험목적의 전부 멸실로 인해 보험금액을 전부 지급한 보험자는 그 목적물에 대한 피보험자의 권리를 취득한다.

> **제681조(보험목적에 관한 보험대위)**   보험의 목적의 전부가 멸실한 경우에 보험금액의 전부를 지급한 보험자는 그 목적에 대한 피보험자의 권리를 취득한다. 그러나 보험가액의 일부를 보험에 붙인 경우에는 보험자가 취득할 권리는 보험금액의 보험가액에 대한 비율에 따라 이를 정한다.

(2) 요 건

① 보험목적 전부멸실

보험목적의 전손으로 물리적 전손과 경제적 가치의 상실을 의미한다. 또한 당사자 약정을 통해 전손의 요건을 정할 수 있다.

② 보험금액 전부지급

보험금과 보험자가 부담하는 비용(손해방지비용, 손해사정비용)을 포함한다.

(3) 효 과

① 권리취득 시기·방법

잔존물대위의 권리이전은 법정효과로 보험금액 전부 지급시 당연히 보험자가 그 권리를 취득한다. 즉 보험자의 특별한 의사표시를 요하지 않는다(이전, 등기 등의 제3자에 대한 대항요건을 갖출 필요 없다). 따라서 만약 피보험자가 보험금액 전부 지급전 임의로 잔존물을 처분할 경우 향후 지급될 보험금에서 공제할 수 있고, 보험금액 전부 지급후 대위 전에 임의처분의 경우 보험자는 피보험자에게 손해배상을 청구할 수 있다.

② 일부보험

보험금액의 보험가액에 대한 비율에 따라 대위한다.

③ 대위권 포기

보험자는 잔존물대위에 따른 의무회피를 위해 대위권포기 특약을 둘 수 있다. 그러나 청구권 대위는 보험업법상(보험업법 제98조 제7항) 그러하지 아니하다.

3. 청구권대위(제3자에 대한 보험대위)

(1) 의 의

제3자의 행위로 인해 손해가 발생한 경우 보험금을 지급한 보험자가 그 지급한 금액의 한도(+ 일부보험의 경우 피보험자의 권리를 침해하지 않는 범위) 내에서 제3자에 대한 보험계약자 또는 피보험자의 권리(손해배상청구권 등)를 취득하는 것을 말한다.

> **제682조(제3자에 대한 보험대위)** ① 손해가 제3자의 행위로 인하여 발생한 경우에 보험금을 지급한 보험자는 그 지급한 금액의 한도에서 그 제3자에 대한 보험계약자 또는 피보험자의 권리를 취득한다. 다만, 보험자가 보상할 보험금의 일부를 지급한 경우에는 피보험자의 권리를 침해하지 아니하는 범위에서 그 권리를 행사할 수 있다.
> ② 보험계약자나 피보험자의 제1항에 따른 권리가 그와 생계를 같이 하는 가족에 대한 것인 경우 보험자는 그 권리를 취득하지 못한다. 다만, 손해가 그 가족의 고의로 인하여 발생한 경우에는 그러하지 아니하다.

(2) 요 건

① 제3자의 행위로 인한 손해발생

제3자라 함은 일반적으로 보험자, 보험계약자, 피보험자 이외의 자를 말한다. 그러나 타인을 위한 보험계약의 경우 보험계약자도 제3자에 포함될 수 있다(판례).

참고 **피보험자와 생계를 같이하는 가족**

보험제도는 피보험자의 경제적 구제를 목적으로 하고 있는데, 만약 피보험자와 생계를 같이하는 가족으로 인해 사고가 발생하고, 이에 대해 보험자가 대위권을 행사한다면 결과적으로 피보험자에게 보험금을 지급하지 않은 것이 되므로 그 목적에 부합하지 않게 된다. 따라서 생계를 같이하는 가족의 경우 특별한 사정이 없는 한(고의) 제3자에 포함되지 않는다. 즉 이들에 대해서는 대위할 수 없다.

---

② 피보험자의 제3자에 대한 권리존재

보험금 지급시 피보험자가 제3자에 대한 권리를 가지고 있어야 한다. 따라서 보험금 지급 전에 피보험자가 제3자에 대한 권리를 행사·처분·포기하거나 소멸시효가 완성된 경우 보험자의 대위권은 존재하지 않는다.

③ 보험금 지급

보험자가 피보험자에게 보험금을 지급해야만 대위할 수 있다.

④ 피보험자의 권리를 해하지 않는 범위 내

피보험자의 권리를 해하지 않는 범위 내에서 가능하다.

(3) 효 과

① 권리취득 시기·방법

법률상 당연 취득한다.

② 일부보험

보험금액이 보험가액에 대한 비율에 따라 대위한다. 만약 보험자대위권과 피보험자의 권리(일부보험이기 때문에 남아있는)가 경합할 경우 피보험자가 제3자로부터 우선적으로 손해배상을 받고 나머지를 보험자가 대위할 수 있는 '차액설'이 통설이자 판례의 입장이다.

참고	절대설과 상대설

• 절대설 : 보험자 우선
• 상대설 : 보험자와 피보험자의 부보비율에 따라 분배

③ 일부지급

피보험자의 권리를 해하지 않는 범위 내에서 대위할 수 있다.

참고	인보험에서의 보험자대위

인보험은 사람을 보험의 목적으로 하기 때문에 원칙적으로 대위가 인정되지 않는다. 그러나 상해보험의 경우 당사자 약정을 통해 가능하다.

제729조(제3자에 대한 보험대위의 금지)　　보험자는 보험사고로 인하여 생긴 보험계약자 또는 보험수익자의 제3자에 대한 권리를 대위하여 행사하지 못한다. 그러나 상해보험계약의 경우에 당사자 간에 다른 약정이 있는 때에는 보험자는 피보험자의 권리를 해하지 아니하는 범위 안에서 그 권리를 대위하여 행사할 수 있다.

참고	재보험에서의 청구권대위

재보험자는 원보험자에게 지급한 재보험금액의 한도 내에서 원보험자가 가지는 대위권을 취득한다. 실무에서는 원보험자가 먼저 대위권 행사 후 회수한 금액 중 해당분을 재보험자에게 교부하고 있다(운명추정조항 : Follow the fortune clause).

Theme 7 화재보험

1. 의 의

> **제683조(화재보험자의 책임)**　화재보험계약의 보험자는 화재로 인하여 생긴 손해를 보상할 책임이 있다.

2. 보상책임

(1) 보험의 목적

> **제685조(화재보험증권)**　화재보험증권에는 제666조에 게기한 사항 외에 다음의 사항을 기재하여야 한다.
> 1. 건물을 보험의 목적으로 한 때에는 그 소재지, 구조와 용도
> 2. 동산을 보험의 목적으로 한 때에는 그 존치한 장소의 상태와 용도
> 3. 보험가액을 정한 때에는 그 가액

부동산(건물 및 건물 외 부동산)과 동산을 포함하고 이를 보험증권에 명시하도록 하고 있다. 또한 동일한 보험의 목적이라 하더라도 종류가 다른 복수의 피보험이익이 존재하는 경우가 많다.

(2) 보험사고

화재보험은 화재로 인한 손해를 보상하는 보험계약이다. 따라서 화재보험에서의 보험사고란 화재를 의미하며, 상법상 명문규정은 없지만 실무상 화재란 '화력의 연소작용'으로 인한 것을 의미한다(제외 : 복사열에 의한 발화 등).

(3) 위험보편의 원칙

보험자는 손해가 화재(단, 면책사유가 아닐 것)로 인해(상당인과관계) 발생하였다면 그 원인을 묻지 않고 그로 인한 손해에 대한 보상책임을 진다.

선행위험	후행위험	담보 여부
담보위험	상관없이	담 보
면책위험	상관없이	면 책
비담보위험	담보위험	담 보
	면책위험	면 책

> **참고　대표적 면책 화재**
>
> • 화재로 인한 도난, 휴업손해 등
> • 폭발 : 폭발담보특약에 가입된 경우에만 보상한다.

(4) 소방 등 조치로 인한 손해

> 제684조(소방 등의 조치로 인한 손해의 보상)   보험자는 화재의 소방 또는 손해의 감소에 필요한 조치로 인하여 생긴 손해를 보상할 책임이 있다.

3. 집합보험

(1) 의 의

집합된(다수의) 물건을 일괄하여 보험의 목적으로 한 보험계약을 말하며, 화재보험의 일반적 가입방식이다.

(2) 특정보험

보험의 목적이 특정된 보험이다. 이 경우 피보험자의 가족과 사용인의 물건도 보험의 목적으로 포함된 것으로 하며, 이 경우 해당 보험은 그 가족 또는 사용인을 위한 보험으로 본다.

> 제686조(집합보험의 목적)   집합된 물건을 일괄하여 보험의 목적으로 한 때에는 피보험자의 가족과 사용인의 물건도 보험의 목적에 포함된 것으로 한다. 이 경우에는 그 보험은 그 가족 또는 사용인을 위하여서도 체결한 것으로 본다.

> 제639조(타인을 위한 보험)   ② 제1항의 경우에는(= 타인을 위한 보험의 경우에는) 그 타인은 당연히 그 계약의 이익을 받는다.

(3) 포괄(총괄)보험

보험의 목적이 특정되지 않은, 즉 보험기간 중 보험의 목적이 수시로 교제되는 경우(예 창고보험) 보험사고발생 시에 현존한 물건을 보험의 목적에 포함시킨다.

> 제687조(동전)   집합된 물건을 일괄하여 보험의 목적으로 한 때에는 그 목적에 속한 물건이 보험기간 중에 수시로 교체된 경우에도 보험사고의 발생 시에 현존한 물건은 보험의 목적에 포함된 것으로 한다.

참고	집합보험에서의 고지의무위반

수개의 보험목적에 대해 집합보험이 체결되었고 보험계약자가 일부에 대해 고지의무위반을 할 경우 해당 부분만 보험계약을 해지 할 수 있다.

Theme 8 운송보험

1. 의 의

육상(호수, 하천 포함) 운송 중인 운송물의 손상 등으로 인한 운송물 소유자(피보험자)의 손해를 보상하는 보험계약이다. 소유자가 자기를 위한 보험의 형태로 가입하거나 운송업자가 타인(운송물 소유자)을 위한 보험의 형태로 가입하기도 한다.

> **제688조(운송보험자의 책임)**　　운송보험계약의 보험자는 다른 약정이 없으면 운송인이 운송물을 수령한 때로부터 수하인에게 인도할 때까지 생길 손해를 보상할 책임이 있다.

> **제690조(운송보험증권)**　　운송보험증권에는 제666조에 게기한 사항 외에 다음의 사항을 기재하여야 한다.
> 1. 운송의 노순과 방법
> 2. 운송인의 주소와 성명 또는 상호

2. 보상책임

(1) 보험의 목적

운송 중인 운송물이 보험의 목적이다. 따라서 여객이나 운송수단은 보험의 목적에 포함되지 않는다.

(2) 보험사고

운송 중 운송물에 생긴 사고를 보험사고로 한다.

(3) 보험기간

운송인이 운송물을 수령한 때로부터 수하인에게 인도할 때까지 생긴 손해를 보상한다. 따라서 수하인에게 인도하기전 보관하는 기간까지 보험기간에 포함된다.

> **참고　　운송물이 인도불가하여 중도 처분한 경우**
>
> 운송 중 운송물 인도불가상태로 인하여 운송물을 처분할 경우 처분한 때 보험기간이 종료된 것으로 본다.

(4) 면책사유

> **제692조(운송보조자의 고의, 중과실과 보험자의 면책)**　　보험사고가 송하인 또는 수하인의 고의 또는 중대한 과실로 인하여 발생한 때에는 보험자는 이로 인하여 생긴 손해를 보상할 책임이 없다.

3. 보험가액

보험가액불변경주의에 따라(미평가보험일 경우) 운송물을 발송한 때와 곳의 가액과 도착지까지의 운임 기타비용을 보험가액으로 한다.

> **제689조(운송보험의 보험가액)**　① 운송물의 보험에 있어서는 발송한 때와 곳의 가액과 도착지까지의 운임 기타의 비용을 보험가액으로 한다.
> ② 운송물의 도착으로 인하여 얻을 이익은 약정이 있는 때에 한하여 보험가액 중에 산입한다.

4. 운송의 중지 또는 변경

만약 운송의 노순 또는 방법이 변경될 경우 위험의 현저한 변경·증가 여부를 고려하여 상법 제652조 (위험변경증가의 통지와 계약해지)를 준용할 수 있다.

> **제691조(운송의 중지나 변경과 계약효력)**　보험계약은 다른 약정이 없으면 운송의 필요에 의하여 일시운송을 중지하거나 운송의 노순 또는 방법을 변경한 경우에도 그 효력을 잃지 아니한다.

Theme 9 　해상보험

1. 의 의

해상보험은 '해상사업에 관한 사고'로 인하여 생긴 손해를 보상하는 보험이다. 해상보험은 기업보험적인 성격과 함께 국제적인 성격을 가지고 있다. 따라서 영국의 런던보험업자협회(ILU. Institute of London Underwriters)의 증권과 약관이 실무에서 사용되고 있으며 여기에는 '영국법 준거조항'이 있어서 국내에서도 상법보다 영국 해상보험법이 우선적으로 적용되고 있다.

> **제693조(해상보험자의 책임)**　해상보험계약의 보험자는 해상사업에 관한 사고로 인하여 생길 손해를 보상할 책임이 있다.

참 고　**육상운송과 해상운송**

상법 제688조(운송보험자의 책임)에서는 육상운송과 해상운송을 구분하지 않고 있지만, 해상운송 중 생긴 손해는 해상보험의 담보대상이다.

---

2. 보험증권

> **제695조(해상보험증권)**　해상보험증권에는 제666조에 게기한 사항 외에 다음의 사항을 기재하여야 한다.
> 1. 선박을 보험에 붙인 경우에는 그 선박의 명칭, 국적과 종류 및 항해의 범위
> 2. 적하를 보험에 붙인 경우에는 선박의 명칭, 국적과 종류, 선적항, 양륙항 및 출하지와 도착지를 정한 때에는 그 지명
> 3. 보험가액을 정한 때에는 그 가액

3. 종류

(1) 선박보험

선박을 보험의 목적으로 하는 보험이다.

> **제696조(선박보험의 보험가액과 보험목적)**　① 선박의 보험에 있어서는 보험자의 책임이 개시될 때의 선박가액을 보험가액으로 한다.
> ② 제1항의 경우에는 선박의 속구, 연료, 양식 기타 항해에 필요한 모든 물건은 보험의 목적에 포함된 것으로 한다.

(2) 적하보험

운송 중인 적하를 보험의 목적으로 하는 보험이다.

> **제697조(적하보험의 보험가액)**　적하의 보험에 있어서는 선적한 때와 곳의 적하의 가액과 선적 및 보험에 관한 비용을 보험가액으로 한다.

참고　**선박미확정의 적하예정보험**

> **제704조(선박미확정의 적하예정보험)**　① 보험계약의 체결 당시에 하물을 적재할 선박을 지정하지 아니한 경우에 보험계약자 또는 피보험자가 그 하물이 선적되었음을 안 때에는 지체 없이 보험자에 대하여 그 선박의 명칭, 국적과 하물의 종류, 수량과 가액의 통지를 발송하여야 한다.
> ② 제1항의 통지를 해태한 때에는 보험자는 그 사실을 안 날부터 1월 내에 계약을 해지할 수 있다.

---

(3) 희망이익보험

도착지에 적하가 도착함으로써 얻을 이익 또는 보수를 보험의 목적으로 하는 보험이다.

> **제698조(희망이익보험의 보험가액)**　적하의 도착으로 인하여 얻을 이익 또는 보수의 보험에 있어서는 계약으로 보험가액을 정하지 아니한 때에는 보험금액을 보험가액으로 한 것으로 추정한다.

(4) 기 타

① 운임보험

운송인의 운임을 보험의 목적으로 하는 보험이다.

② 선비보험

선박운항에 필요한 비용을 보험의 목적으로 하는 보험이다. 일반적으로 운임보험에 포함된다.

③ 불가동손해보험

선박이 사고로 인하여 불가동상태가 될 경우 해당기간에 대한 경상비, 운임, 용선료 등을 담보하는 보험이다. 보통 선박가액의 10%를 한도로 하여 선박보험에서 추가 담보한다.

④ 선주상호보험

선박의 운항과 관련하여 발생한 사고로 인하여 제3자가 입은 손해에 대한 선주의 배상책임을 담보하는 상호보험이다.

4. 보험가액

(1) 기평가보험

해상보험은 대부분 기평가보험으로 가입된다.

(2) 미평가보험

보험가액 불변경주의가 적용된다.

① 선박보험

> **제696조(선박보험의 보험가액과 보험목적)**　① 선박의 보험에 있어서는 보험자의 책임이 개시될 때의 선박가액을 보험가액으로 한다.
> ② 제1항의 경우에는 선박의 속구, 연료, 양식 기타 항해에 필요한 모든 물건은 보험의 목적에 포함된 것으로 한다.

② 적하보험

> **제697조(적하보험의 보험가액)**　적하의 보험에 있어서는 선적한 때와 곳의 적하의 가액과 선적 및 보험에 관한 비용을 보험가액으로 한다.

③ 희망이익보험

> **제698조(희망이익보험의 보험가액)**　적하의 도착으로 인하여 얻을 이익 또는 보수의 보험에 있어서는 계약으로 보험가액을 정하지 아니한 때에는 보험금액을 보험가액으로 한 것으로 추정한다.

5. 보상책임

(1) 보험의 목적·보험사고

해상사업에 관한 선박, 적하, 희망이익 등을 보험의 목적으로 하고 이에 대한 사고가 났을 때를 보험사고로 본다.

> **제693조(해상보험자의 책임)**　해상보험계약의 보험자는 해상사업에 관한 사고로 인하여 생길 손해를 보상할 책임이 있다.

(2) 해상보험 3비용

① 공동해손분담액

선박이나 적하에 공동위험이 발생한 경우 이를 해결하기 위하여 선박이나 적하의 처분을 할 경우 발생하는 손해를 공동해손이라 하고 보험자는 보험가액 한도 내에서 이에 대해 보상할 책임이 있다.

> **제694조(공동해손분담액의 보상)**　보험자는 피보험자가 지급할 공동해손의 분담액을 보상할 책임이 있다. 그러나 보험의 목적의 공동해손분담가액이 보험가액을 초과할 때에는 그 초과액에 대한 분담액은 보상하지 아니한다.

② 구조료

구조계약 없는 구조시 해당 구조자의 보수를 의미하며, 보험자는 보험가액 한도 내에서 이에 대해 보상할 책임이 있다. 구조계약이 있는 경우에는 공동해손분담액이나 특별비용으로 보상한다.

> **제694조의2(구조료의 보상)**　보험자는 피보험자가 보험사고로 인하여 발생하는 손해를 방지하기 위하여 지급할 구조료를 보상할 책임이 있다. 그러나 보험의 목적물의 구조료분담가액이 보험가액을 초과할 때에는 그 초과액에 대한 분담액은 보상하지 아니한다.

③ 특별비용

피보험자가 지출한 손해방지비용으로 보험자는 보험금액 한도 내에서 보상책임을 진다.

> **제694조의3(특별비용의 보상)**　보험자는 보험의 목적의 안전이나 보존을 위하여 지급할 특별비용을 보험금액의 한도 내에서 보상할 책임이 있다.

(3) 보험기간

① 보험기간의 개시

> **제699조(해상보험의 보험기간의 개시)**　① 항해 단위로 선박을 보험에 붙인 경우에는 보험기간은 하물 또는 저하의 선적에 착수한 때에 개시한다.
> ② 적하를 보험에 붙인 경우에는 보험기간은 하물의 선적에 착수한 때에 개시한다. 그러나 출하지를 정한 경우에는 그 곳에서 운송에 착수한 때에 개시한다.
> ③ 하물 또는 저하의 선적에 착수한 후에 제1항 또는 제2항의 규정에 의한 보험계약이 체결된 경우에는 보험기간은 계약이 성립한 때에 개시한다.

② 보험기간의 종료

> **제700조(해상보험의 보험기간의 종료)**　보험기간은 제699조 제1항의 경우에는 도착항에서 하물 또는 저하를 양륙한 때에, 동조 제2항의 경우에는 양륙항 또는 도착지에서 하물을 인도한 때에 종료한다. 그러나 불가항력으로 인하지 아니하고 양륙이 지연된 때에는 그 양륙이 보통 종료될 때에 종료된 것으로 한다.

(4) 해상보험 기본 면책사유

① 선박·운임보험

감항능력결여 ⇒ 결여에 대한 보험계약자 또는 피보험자의 과실유무는 묻지 않는다.

② 적하보험 : 용선자, 송·수하인의 고의 또는 중대한 과실

③ 항해 중 통상비용 : 항해에 관하여 당연히 지출이 예상되는 비용(우연성 결여)

> **제706조(해상보험자의 면책사유)**　보험자는 다음의 손해와 비용을 보상할 책임이 없다.
> 1. 선박 또는 운임을 보험에 붙인 경우에는 발항 당시 안전하게 항해를 하기에 필요한 준비를 하지 아니하거나 필요한 서류를 비치하지 아니함으로 인하여 생긴 손해
> 2. 적하를 보험에 붙인 경우에는 *용선자, 송하인 또는 수하인의 고의 또는 중대한 과실로 인하여 생긴 손해
> 3. 도선료, 입항료, 등대료, 검역료, 기타 선박 또는 적하에 관한 항해 중의 통상비용
> *용선자 : 선주로부터 선박을 빌려 자기 혹은 타인을 위하여 운송하는 자

(5) 위험의 변경

① 항해변경

> **제701조(항해변경의 효과)**　① 선박이 보험계약에서 정하여진 발항항이 아닌 다른 항에서 출항한 때에는 보험자는 책임을 지지 아니한다.
> ② 선박이 보험계약에서 정하여진 도착항이 아닌 다른 항을 향하여 출항한 때에도 제1항의 경우와 같다.
> ③ 보험자의 책임이 개시된 후에 보험계약에서 정하여진 도착항이 변경된 경우에는 보험자는 그 항해의 변경이 결정된 때부터 책임을 지지 아니한다.

② 선박변경(적하보험)

> **제703조(선박변경의 효과)** 적하를 보험에 붙인 경우에 보험계약자 또는 피보험자의 책임있는 사유로 인하여 선박을 변경한 때에는 그 변경 후의 사고에 대하여 책임을 지지 아니한다.

③ 선박의 양도·선급변경·관리변경(선박보험)

> **제703조의2(선박의 양도 등의 효과)** 선박을 보험에 붙인 경우에 다음의 사유가 있을 때에는 보험계약은 종료한다. 그러나 보험자의 동의가 있는 때에는 그러하지 아니하다.
>   1. 선박을 양도할 때
>   2. 선박의 선급을 변경한 때
>   3. 선박을 새로운 관리로 옮긴 때

④ 이 로

> **제701조의2(이로)** 선박이 정당한 사유 없이 보험계약에서 정하여진 항로를 이탈한 경우에는 보험자는 그때부터 책임을 지지 아니한다. 선박이 손해발생 전에 원항로로 돌아온 경우에도 같다.

⑤ 발항 또는 항해 지연

> **제702조(발항 또는 항해의 지연의 효과)** 피보험자가 정당한 사유 없이 발항 또는 항해를 지연한 때에는 보험자는 발항 또는 항해를 지체한 이후의 사고에 대하여 책임을 지지 아니한다.

6. 전손·분손

(1) 전 손

보험목적의 전부 멸실 또는 경제적 가치 소멸을 의미하며, 보험가액 한도 내에서 보험금액 전부를 지급한다.

① 현실전손

보험목적의 실제적 훼손 또는 점유박탈 등으로 경제적 가치의 회복이 불가능한 경우를 말한다. 상법에서는 선박이 2개월간 행방불명일 경우 현실전손으로 추정한다.

> **제711조(선박의 행방불명)** ① 선박의 존부가 2월간 분명하지 아니한 때에는 그 선박의 행방이 불명한 것으로 한다.
> ② 제1항의 경우에는 전손으로 추정한다.

② 추정전손

보험목적의 현실전손이 불가피하거나 가액을 초과하는 비용이 발생할 경우를 말한다. 이 경우 보험목적에 대한 모든 권리를 보험자에게 위부(*후술)하고 현실전손으로 취급하여 전부보험금을 청구할 수 있다.

(2) 분 손

보험목적의 일부가 멸실한 것을 말한다.

① 선박의 분손

> **제707조의2(선박의 일부손해의 보상)** ① 선박의 일부가 훼손되어 그 훼손된 부분의 전부를 수선한 경우에는 보험자는 수선에 따른 비용을 1회의 사고에 대하여 보험금액을 한도로 보상할 책임이 있다.
> ② 선박의 일부가 훼손되어 그 훼손된 부분의 일부를 수선한 경우에는 보험자는 수선에 따른 비용과 수선을 하지 아니함으로써 생긴 감가액을 보상할 책임이 있다.
> ③ 선박의 일부가 훼손되었으나 이를 수선하지 아니한 경우에는 보험자는 그로 인한 감가액을 보상할 책임이 있다.

② 적하의 분손

> **제708조(적하의 일부손해의 보상)** 보험의 목적인 적하가 훼손되어 양륙항에 도착한 때에는 보험자는 그 훼손된 상태의 가액과 훼손되지 아니한 상태의 가액과의 비율에 따라 보험가액의 일부에 대한 손해를 보상할 책임이 있다.

※ 당연히 일부보험이라면 보험금액의 보험가액에 대한 비율을 적용한다.

③ 적하의 매각

> **제709조(적하매각으로 인한 손해의 보상)** ① 항해 도중에 불가항력으로 보험의 목적인 적하를 매각한 때에는 보험자는 그 대금에서 운임 기타 필요한 비용을 공제한 금액과 보험가액과의 차액을 보상하여야 한다.
> ② 제1항의 경우에 매수인이 대금을 지급하지 아니한 때에는 보험자는 그 금액을 지급하여야 한다. 보험자가 그 금액을 지급한 때에는 피보험자의 매수인에 대한 권리를 취득한다.

7. 위 부

(1) 의 의

보험목적의 추정전손이 발생할 경우 피보험자의 보험목적에 관한 모든 권리를 보험자에게 이전하고 전부보험금을 청구하는 것을 말한다.

> **제718조(위부의 효과)** ① 보험자는 위부로 인하여 그 보험의 목적에 관한 피보험자의 모든 권리를 취득한다.
> ② 피보험자가 위부를 한 때에는 보험의 목적에 관한 모든 서류를 보험자에게 교부하여야 한다.

(2) 원 인

선박·적하의 점유상실과 수선불가

> **제710조(보험위부의 원인)**   다음의 경우에는 피보험자는 보험의 목적을 보험자에게 위부하고 보험금액의 전부를 청구할 수 있다.
> 1. 피보험자가 보험사고로 인하여 자기의 선박 또는 적하의 점유를 상실하여 이를 회복할 가능성이 없거나 회복하기 위한 비용이 회복하였을 때의 가액을 초과하리라고 예상될 경우
> 2. 선박이 보험사고로 인하여 심하게 훼손되어 이를 수선하기 위한 비용이 수선하였을 때의 가액을 초과하리라고 예상될 경우
> 3. 적하가 보험사고로 인하여 심하게 훼손되어서 이를 수선하기 위한 비용과 그 적하를 목적지까지 운송하기 위한 비용과의 합계액이 도착하는 때의 적하의 가액을 초과하리라고 예상될 경우

> **제712조(대선에 의한 운송의 계속과 위부권의 소멸)**   제710조 제2호의 경우에 선장이 지체 없이 다른 선박으로 적하의 운송을 계속한 때에는 피보험자는 그 적하를 위부할 수 없다.

(3) 요 건

① 위부는 무조건 이어야 한다.

② 보험목적 전부에 대해 하여야 한다. 그러나 원인이 일부에 있을 경우 그 일부에 대하여서만 할 수 있다.

③ 일부보험의 경우 보험금액의 보험가액에 대한 비율에 따라 할 수 있다.

④ 통지의무

    ⓐ 위부의 통지 : 통지방식에는 제한이 없고 통지가 보험자에게 도달된 다음에는 위부를 철회할 수 없다(형성권이기 때문에).

    ⓑ 타보험계약 통지

> **제714조(위부권 행사의 요건)**   ① 위부는 무조건이어야 한다.
> ② 위부는 보험의 목적의 전부에 대하여 이를 하여야 한다. 그러나 위부의 원인이 그 일부에 대하여 생긴 때에는 그 부분에 대하여서만 이를 할 수 있다.
> ③ 보험가액의 일부를 보험에 붙인 경우에는 위부는 보험금액의 보험가액에 대한 비율에 따라서만 이를 할 수 있다.

> **제713조(위부의 통지)**   ① 피보험자가 위부를 하고자 할 때에는 *상당한 기간 내에 보험자에 대하여 그 통지를 발송하여야 한다.
> *상당한 기간 : 피보험자가 위부의 원인이 있음을 안 때로부터 이를 증명하고 위부권을 행사할 수 있는 합리적 기간

> **제715조(다른 보험계약 등에 관한 통지)** ① 피보험자가 위부를 함에 있어서는 보험자에 대하여 보험의 목적에 관한 다른 보험계약과 그 부담에 속한 채무의 유무와 그 종류 및 내용을 통지하여야 한다.
> ② 보험자는 제1항의 통지를 받을 때까지 보험금액의 지급을 거부할 수 있다.
> ③ 보험금액의 지급에 관한 기간의 약정이 있는 때에는 그 기간은 제1항의 통지를 받은 날로부터 기산한다.

(4) 승인 · 불승인

① 위부의 승인

> **제716조(위부의 승인)** 보험자가 위부를 승인한 후에는 그 위부에 대하여 이의를 하지 못한다.

② 위부의 불승인

> **제717조(위부의 불승인)** 보험자가 위부를 승인하지 아니한 때에는 피보험자는 위부의 원인을 증명하지 아니하면 보험금액의 지급을 청구하지 못한다.

※ 위 조항을 근거로 보험자의 불승인이 있을 경우 피보험자의 위부원인 증명을 정지조건으로 하여 위부의 효과가 발생한다고 보기도 한다.

(5) 잔존물대위와의 차이점

	잔존물대위	보험위부
손 해	현실전손(전부멸실)	추정전손(전부멸실 예상)
보험금 지급	전부 지급	지급전 가능
의사표시	필요 없음(당연 이전)	피보험자의 통지
기타요건		• 보험자의 승인 • 불승인시 위부원인 증명 • 타보험계약 통지

Theme 10 책임보험

1. 의 의

책임보험은 피보험자가 타인에게 손해를 입힘으로써 지게는 법률상 배상책임을 담보하는 보험이다. 따라서 해당 배상책임의 종류에 따라 보험의 종류가 결정된다. 또한 피보험자가 타인에게 입힌 손해를 자신의 재산으로 배상함으로써 입은 손해를 담보하는 것으로 재산보험이자 소극보험이라 볼 수 있다. 또한 보험의 원래 기능인 피보험자 보호와 함께 피해자인 제3자를 보호하는 기능도 가지고 있다.

> **제719조(책임보험자의 책임)**　책임보험계약의 보험자는 피보험자가 보험기간 중의 사고로 인하여 제3자에게 배상할 책임을 진 경우에 이를 보상할 책임이 있다.

> **제726조(재보험에의 준용)**　이 절(節)의 규정은 그 성질에 반하지 아니하는 범위에서 재보험계약에 준용한다.

2. 보상책임

(1) 보험의 목적

① 피보험자의 법률상 배상책임

　책임보험은 피보험자가 타인에게 손해를 입힘으로써 지게 되는 법률상 배상책임(불법행위책임, 채무불이행책임 등)을 담보하는 보험이다.

② 피보험자의 전 재산

　책임보험은 피보험자가 타인에게 입힌 손해만큼을 자신의 재산으로 배상함으로써 입은 손해를 보상하는 보험이므로 '피보험자의 전 재산'을 보험의 목적으로 한다.

③ 방어비용

　피보험자가 제3자의 청구를 방어하기 위하여 지출한 재판상 또는 재판 외의 필요비용이다. 방어를 통해 피보험자가 손해배상책임을 지지 않게 되어도 보험의 목적에 포함된다고 보고 있기 때문에 그 비용의 선급을 청구할 수도 있다.

> **제720조(피보험자가 지출한 방어비용의 부담)**　① 피보험자가 제3자의 청구를 방어하기 위하여 지출한 재판상 또는 재판 외의 필요비용은 보험의 목적에 포함된 것으로 한다. 피보험자는 보험자에 대하여 그 비용의 선급을 청구할 수 있다.
> ② 피보험자가 담보의 제공 또는 공탁으로써 재판의 집행을 면할 수 있는 경우에는 보험자에 대하여 보험금액의 한도 내에서 그 담보의 제공 또는 공탁을 청구할 수 있다.
> ③ 제1항 또는 제2항의 행위가 보험자의 지시에 의한 것인 경우에는 그 금액에 손해액을 가산한 금액이 보험금액을 초과하는 때에도 보험자가 이를 부담하여야 한다.

④ 영업책임보험의 목적

> **제721조(영업책임보험의 목적)**　피보험자가 경영하는 사업에 관한 책임을 보험의 목적으로 한 때에는 피보험자의 대리인 또는 그 사업감독자의 제3자에 대한 책임도 보험의 목적에 포함된 것으로 한다.

(2) 보험가액

　피보험자의 배상책임 또는 전 재산을 보험의 목적으로 하기 때문에 보험사고발생 시까지 보험목적의 가액을 평가할 수 없다. 따라서 책임보험에서는 보험가액의 개념이 없으며 따라서 초과·일부보험의 개념 또한 없다.

물건을 보관하는 자(피보험자)가 보관 중 사고로 인하여 그 물건의 소유자(피해자)에게 지는 배상책임을 담보하는 보험이다. 이 경우 보험의 목적이 보관하는 물건이 되고 이 경우에는 보험가액을 정할 수 있다.

(3) 보험사고

① 손해사고설

피보험자가 제3자에게 배상책임을 지게되는 원인이 되는 사고를 보험사고로 본다. 대부분의 보험에 적용된다.

② 손해배상청구설

피보험자가 제3자로부터 실질적으로 배상청구를 받은 것을 보험사고로 본다. 생산물배상책임보험이나 전문직배상책임보험 등에 적용된다.

③ 배상책임발생설

피보험자가 제3자에게 배상책임을 부담하게 된 때를 보험사고로 본다.

(4) 보험금 지급

① 지 급

제723조(피보험자의 변제 등의 통지와 보험금액의 지급)   ① 피보험자가 제3자에 대하여 변제, 승인, 화해 또는 재판으로 인하여 채무가 확정된 때에는 지체 없이 보험자에게 그 통지를 발송하여야 한다.

② 보험자는 특별한 기간의 약정이 없으면 전항의 통지를 받은 날로부터 10일 내에 보험금액을 지급하여야 한다.

③ 피보험자가 보험자의 동의 없이 제3자에 대하여 변제, 승인 또는 화해를 한 경우에는 보험자가 그 책임을 면하게 되는 합의가 있는 때에도 그 행위가 현저하게 부당한 것이 아니면 보험자는 보상할 책임을 면하지 못한다.

② 수개의 책임보험

제725조의2(수개의 책임보험)   피보험자가 동일한 사고로 제3자에게 배상책임을 짐으로써 입은 손해를 보상하는 수개의 책임보험계약이 동시 또는 순차로 체결된 경우에 그 보험금액의 총액이 피보험자의 제3자에 대한 손해배상액을 초과하는 때에는 제672조와 제673조의 규정(= 중복보험 규정)을 준용한다.

제672조(중복보험)　①동일한 보험계약의 목적과 동일한 사고에 관하여 수개의 보험계약이 동시에 또는 순차로 체결된 경우에 그 보험금액의 총액이 보험가액을 초과한 때에는 보험자는 각자의 보험금액의 한도에서 연대책임을 진다. 이 경우에는 각 보험자의 보상책임은 각자의 보험금액의 비율에 따른다.
②동일한 보험계약의 목적과 동일한 사고에 관하여 수개의 보험계약을 체결하는 경우에는 보험계약자는 각 보험자에 대하여 각 보험계약의 내용을 통지하여야 한다.
③제669조 제4항의 규정은 제1항의 보험계약에 준용한다.

제673조(중복보험과 보험자 1인에 대한 권리포기)　제672조의 규정에 의한 수개의 보험계약을 체결한 경우에 보험자 1인에 대한 권리의 포기는 다른 보험자의 권리의무에 영향을 미치지 아니한다.

3. 손해보상액(보험금)

(1) 법률상 손해배상책임액

피보험자가 제3자에 대하여 변제·승인·화해·재판으로 확정된 법률상 배상책임액을 보상한다.

(2) 방어비용(보험자의 방어의무)

① 반드시 보험자의 사전 동의가 필요한 것은 아니다.

② 성 격

손해방지비용의 성격을 가진다는 손해방지비용설과 보험급여의 성격을 가진다는 보험급여설이 있다. 그러나 손해방지비용의 경우 보험금액을 초과하여도 보상하지만(상법 제680조) 방어비용은 보험금액(상법 제720조 제2항)을 한도로 한다는 점, 배상책임보험은 재판 등으로 배상채무가 확정되어야 한다는 점 등을 근거로 보험급여설이 현재 판례의 입장이다.

제720조(피보험자가 지출한 방어비용의 부담)　①피보험자가 제3자의 청구를 방어하기 위하여 지출한 재판상 또는 재판 외의 필요비용은 보험의 목적에 포함된 것으로 한다. 피보험자는 보험자에 대하여 그 비용의 선급을 청구할 수 있다.
②피보험자가 담보의 제공 또는 공탁으로써 재판의 집행을 면할 수 있는 경우에는 보험자에 대하여 보험금액의 한도 내에서 그 담보의 제공 또는 공탁을 청구할 수 있다.
③제1항 또는 제2항의 행위가 보험자의 지시에 의한 것인 경우에는 그 금액에 손해액을 가산한 금액이 보험금액을 초과하는 때에도 보험자가 이를 부담하여야 한다.

4. 피보험자의 의무

(1) 배상청구 사실 통지의무

상법 제657조 보험사고발생의 통지의무와 성격이 같다.

> **제722조(피보험자의 배상청구 사실 통지의무)** ① 피보험자가 제3자로부터 배상청구를 받았을 때에는 지체 없이 보험자에게 그 통지를 발송하여야 한다.
> ② 피보험자가 제1항의 통지를 게을리하여 손해가 증가된 경우 보험자는 그 증가된 손해를 보상할 책임이 없다. 다만, 피보험자가 제657조 제1항의 통지를 발송한 경우에는 그러하지 아니하다.

> **제657조(보험사고발생의 통지의무)** ① 보험계약자 또는 피보험자나 보험수익자는 보험사고의 발생을 안 때에는 지체 없이 보험자에게 그 통지를 발송하여야 한다.
> ② 보험계약자 또는 피보험자나 보험수익자가 제1항의 통지의무를 해태함으로 인하여 손해가 증가된 때에는 보험자는 그 증가된 손해를 보상할 책임이 없다.

(2) 채무확정통지의무

> **제723조(피보험자의 변제 등의 통지와 보험금액의 지급)** ① 피보험자가 제3자에 대하여 변제, 승인, 화해 또는 재판으로 인하여 채무가 확정된 때에는 지체 없이 보험자에게 그 통지를 발송하여야 한다.
> ② 보험자는 특별한 기간의 약정이 없으면 전항의 통지를 받은 날로부터 10일 내에 보험금액을 지급하여야 한다.
> ③ 피보험자가 보험자의 동의 없이 제3자에 대하여 변제, 승인 또는 화해를 한 경우에는 보험자가 그 책임을 면하게 되는 합의가 있는 때에도 그 행위가 현저하게 부당한 것이 아니면 보험자는 보상할 책임을 면하지 못한다.

5. 직접청구권

(1) 의 의

배상책임보험에서의 원칙은 상법 제724조 제1항에 의해 제3자(피해자)가 피보험자에게 배상받기 전에 보험금을 지급하지 못한다. 그러나 만약 피보험자가 배상에 있어 무능력하거나 무성의할 경우 제3자는 신속히 피해를 복구하지 못하고 손해가 더 증가될 우려가 있다. 따라서 피해자를 보호하고 신속한 보상을 위해 동조 제2항을 통해 제3자가 보험자에 본인의 손해를 직접청구할 수 있도록 하는 권리를 직접청구권이라 한다.

> **제724조(보험자와 제3자와의 관계)** ① 보험자는 피보험자가 책임을 질 사고로 인하여 생긴 손해에 대하여 제3자가 그 배상을 받기 전에는 보험금액의 전부 또는 일부를 피보험자에게 지급하지 못한다.
> ② 제3자는 피보험자가 책임을 질 사고로 입은 손해에 대하여 보험금액의 한도 내에서 보험자에게 직접 보상을 청구할 수 있다. 그러나 보험자는 피보험자가 그 사고에 관하여 가지는 항변으로써 제3자에게 대항할 수 있다.

(2) 법적성질

① 손해배상청구권설(판례)

보험자는 피보험자와 연대채무관계로 피보험자의 손해배상책임을 연대하여 인수한 것으로 보고, 피해자의 직접청구를 연대채무자로서의 손해배상청구권으로 본다.

② 보험금청구권설

보험자는 보험계약을 통해 피보험자의 손해 보상을 약정한 것일 뿐 피보험자의 채무를 인수한 것은 아니다. 따라서 피해자의 직접청구를 보험금청구권으로 본다.

구 분	손해배상청구권설	보험금청구권설
지급액 산정기준	일반손해배상액 또는 소송판결액 기준	약관상 기준
지연이자	연 5푼(민사손해배상채권 법정이자)	연 6푼(상사채권 법정이자)
소멸시효	청구권자가 손해 및 가해자를 안 날로부터 3년(민법 제766조)	청구권자가 보험사고의 발생을 알았거나 알 수 있었을 대로부터 3년(상법 제662조)

참고　직접청구권의 특징

① 독립성 : 보험사고발생시 피보험자가 가지는 권리와 별개로 법 규정에 의해 원시 취득한다.
② 자주성 : 피보험자의 협력 없이 행사할 수 있다.
③ 배타성 : 피보험자의 보험금청구권과 경합시 직접청구권이 우선한다.
④ 부종성 : 피해자의 피보험자에 대한 손해배상청구권이 소멸하면 같이 소멸된다.
⑤ 강행성 : 상법 제724조에 의해 강행규정화 되어 있다.

---

(3) 절 차

① 피해자의 직접청구

② 보험자 통지의무

보험자가 직접청구를 받은 때에는 지체 없이 피보험자에게 이를 통지하여야 한다.

③ 피보험자 협조의무

직접청구 후 피보험자는 보험자의 요구가 있을 때 필요한 서류·증거의 제출, 증언 또는 증인의 출석에 협조하여야 한다.

④ 보험자의 항변

보험자는 피해자의 직접청구에 대하여 아래와 같은 사유로 항변할 수 있다.

ⓐ 피보험자가 피해자에게 가지는 항변사유 : 직접청구권은 피해자가 피보험자에게 가지는 손해배상청구권을 전제로 한다. 따라서 피보험자는 피해자의 손해배상청구에 대해 항변할 수 있고, 피보험자와 연대채무자인 보험자 역시 동일한 사유로 피해자에게 대항할 수 있다.

ⓑ 보험자가 보험계약자 또는 피보험자에게 가지는 항변사유 : 직접청구권으로 지급되는 보험금은 보험자와 보험계약자가 맺은 보험계약을 전제로 한다. 따라서 보험계약의 하자나 면책사유 등 보험자가 보험계약자 또는 피보험자에게 가지는 항변사유로 피해자에게 대항할 수 있다.

> **제724조(보험자와 제3자와의 관계)**　① 보험자는 피보험자가 책임을 질 사고로 인하여 생긴 손해에 대하여 제3자가 그 배상을 받기 전에는 보험금액의 전부 또는 일부를 피보험자에게 지급하지 못한다.
> ② 제3자는 피보험자가 책임을 질 사고로 입은 손해에 대하여 보험금액의 한도 내에서 보험자에게 직접 보상을 청구할 수 있다. 그러나 보험자는 피보험자가 그 사고에 관하여 가지는 항변으로써 제3자에게 대항할 수 있다.
> ③ 보험자가 제2항의 규정에 의한 청구를 받은 때에는 지체 없이 피보험자에게 이를 통지하여야 한다.
> ④ 제2항의 경우에 피보험자는 보험자의 요구가 있을 때에는 필요한 서류·증거의 제출, 증언 또는 증인의 출석에 협조하여야 한다.

참고　직접청구권과 손해배상청구권, 보험금청구권

- 직접청구권과 손해배상청구권 : 피해자는 직접청구권과 손해배상청구권 중 하나를 임의로 선택하여 행사할 수 있고, 그 한쪽 권리를 행사하게 되면 그 범위만큼 다른쪽 권리 역시 소멸하게 된다.
- 직접청구권과 보험금청구권 : 직접청구권이 보험금청구권에 우선한다.

참고　보험자대위

직접청구권도 보험자대위의 대상이 된다. 예를 들어 수인의 손해배상의무자(피보험자)가 있고 이에 따라 수인의 보험자가 존재하고 이중 한 보험자가 보험금을 전부 지급할 경우, 그 보험자는 다른 보험자들에게 구상권을 행사할 수 있다.

참고　보관자책임보험에서의 직접청구

보관자책임보험에서 역시 피해자(보관물 소유자)의 직접청구가 가능하다.

> **제725조(보관자의 책임보험)**　임차인 기타 타인의 물건을 보관하는 자가 그 지급할 손해배상을 위하여 그 물건을 보험에 붙인 경우에는 그 물건의 소유자는 보험자에 대하여 직접 그 손해의 보상을 청구할 수 있다.

Theme 11 자동차보험

1. 의의

> **제726조의2(자동차보험자의 책임)**　자동차보험계약의 보험자는 피보험자가 자동차를 소유, 사용 또는 관리하는 동안에 발생한 사고로 인하여 생긴 손해를 보상할 책임이 있다.

2. 보험증권

> **제726조의3(자동차 보험증권)**　자동차 보험증권에는 제666조에 게기한 사항 외에 다음의 사항을 기재하여야 한다.
> 　1. 자동차소유자와 그 밖의 보유자의 성명과 생년월일 또는 상호
> 　2. 피보험자동차의 등록번호, 차대번호, 차형연식과 기계장치
> 　3. 차량가액을 정한 때에는 그 가액

3. 자동차의 양도

> **제726조의4(자동차의 양도)**　① 피보험자가 보험기간 중에 자동차를 양도한 때에는 양수인은 보험자의 승낙을 얻은 경우에 한하여 보험계약으로 인하여 생긴 권리와 의무를 승계한다.
> ② 보험자가 양수인으로부터 양수 사실을 통지받은 때에는 지체 없이 낙부를 통지하여야 하고 통지받은 날부터 10일 내에 낙부의 통지가 없을 때에는 승낙한 것으로 본다.

(1) 보험자의 승낙

보험의 목적인 자동차의 양도시 양수인은 보험자의 승낙을 얻은 경우에 한하여 보험계약의 권리·의무를 승계한다.

(2) 낙부통지의무 · 승낙의제

보험자가 양도통지를 받은 때에는 지체 없이 낙부를 통지하여야 하며, 통지받은 날부터 10일 내에 낙부의 통지가 없을 때에는 승낙한 것으로 본다.

참고　**손해보험의 통지의무 정리**

1. 중복보험에서의 통지의무
동일한 보험계약의 목적과 동일한 사고에 관하여 수개의 보험계약을 체결하는 경우에 보험계약자는 각 보험자에 대하여 각 계약내용을 통지하여야 한다(상법 제672조 제2항).

2. 보험목적의 양도 통지의무
피보험자가 보험의 목적을 양도한 때에는 보험계약상의 권리와 의무가 승계한 것으로 추정하며, 양도인 또는 양수인은 보험자에 대하여 지체 없이 그 사실을 통지하여야 한다(상법 제679조 제2항).

3. 자동차의 양도 통지의무

피보험자가 보험기간 중 자동차를 양도한 때에는 양수인은 보험자에게 통지하여 승낙을 얻은 경우에 한하여 보험계약으로 인하여 생긴 권리와 의무를 승계한다(상법 제726조의4).

4. 책임보험에서의 통지의무

피보험자가 제3자로부터 손해배상청구를 받거나(상법 제722조), 제3자에 대하여 변제, 승인, 화해 또는 재판으로 인하여 채무가 확정된 때(상법 제723조 제1항)에는 즉시 보험자에게 통지하여야 한다.

5. 선박미확정 적하예정보험에서의 통지의무

보험계약의 체결 당시에 적하를 적재할 선박을 지정하지 아니한 경우 보험계약자 또는 피보험자가 그 하물(荷物)이 선적되었음을 안 때에는 지체 없이 보험자에 대하여 그 선박의 명칭, 국적과 하물(荷物)의 종류, 수량과 가액의 통지를 발송해야 한다(상법 제704조 제1항). 이 의무를 해태 시에 보험자는 그 사실을 안 날로부터 1월 내에 계약을 해지할 수 있다(상법 제704조 제2항).

6. 위부(委付)의 통지의무

해상보험 중 선박보험의 경우에 피보험자가 위부하고자 할 때에는 상당한 기간 내에 보험자에게 통지를 발송해야 한다(상법 제713조 제1항). 또한 위부를 함에 있어서 다른 보험계약과 그 부담에 속한 채무의 유무와 그 종류 및 내용을 통지해야 하며, 피보험자가 이 통지의무를 이행하지 않을 때에는 보험자는 보험금액의 지급을 거절할 수 있다(상법 제714조).

참고 | **생명보험 통지의무**

생명보험의 경우 보험계약 체결 후 보험계약자가 보험수익자를 지정변경 시에는 보험자에게 통지하여야 하며, 이 의무를 해태하면 보험자에게 대항하지 못한다(상법 제734조).

Theme 12 | 보증보험

1. 의 의

보증보험은 채무자가 보험계약자가 되고 채권자가 피보험자가 되어 보험계약자의 계약상 또는 법령상 의무불이행으로 피보험자가 입은 손해를 보상하는 보험이다. 채무자와 채권자 간의 거래에서 신용을 높이는 기능이 있지만 채무자의 채무불이행에 관한 고의사고나 역선택의 위험이 높다.

> **제726조의5(보증보험자의 책임)** 보증보험계약의 보험자는 보험계약자가 피보험자에게 계약상의 채무불이행 또는 법령상의 의무불이행으로 입힌 손해를 보상할 책임이 있다.

2. 특 징

(1) 보험계약자의 고의 또는 중과실 사고를 전제로 하고 있다.

보험계약자가 피보험자에 대한 의무를 불이행하는 것이 곧 보험사고이다. 따라서 상법상 적용 제외되는 조항들이 존재한다.

> **제726조의6(적용 제외)** ① 보증보험계약에 관하여는 제639조 제2항 단서를 적용하지 아니한다.
> ② 보증보험계약에 관하여는 보험계약자의 사기, 고의 또는 중대한 과실이 있는 경우에도 이에 대하여 피보험자에게 책임이 있는 사유가 없으면 제651조, 제652조, 제653조 및 제659조 제1항을 적용하지 아니한다.

참고 **보증보험 적용제외 조항**

제639조(타인을 위한 보험) ② 제1항의 경우에는 그 타인은 당연히 그 계약의 이익을 받는다. 그러나 손해보험계약의 경우에 보험계약자가 그 타인에게 보험사고의 발생으로 생긴 손해의 배상을 한 때에는 보험계약자는 그 타인의 권리를 해하지 아니하는 범위 안에서 보험자에게 보험금액의 지급을 청구할 수 있다.

제651조(고지의무위반으로 인한 계약해지) 보험계약 당시에 보험계약자 또는 피보험자가 고의 또는 중대한 과실로 인하여 중요한 사항을 고지하지 아니하거나 부실의 고지를 한 때에는 보험자는 그 사실을 안 날로부터 1월 내에, 계약을 체결한 날로부터 3년 내에 한하여 계약을 해지할 수 있다. 그러나 보험자가 계약 당시에 그 사실을 알았거나 중대한 과실로 인하여 알지 못한 때에는 그러하지 아니하다.

제652조(위험변경증가의 통지와 계약해지) ① 보험기간 중에 보험계약자 또는 피보험자가 사고발생의 위험이 현저하게 변경 또는 증가된 사실을 안 때에는 지체 없이 보험자에게 통지하여야 한다. 이를 해태한 때에는 보험자는 그 사실을 안 날로부터 1월 내에 한하여 계약을 해지할 수 있다.
② 보험자가 제1항의 위험변경증가의 통지를 받은 때에는 1월 내에 보험료의 증액을 청구하거나 계약을 해지할 수 있다.

제653조(보험계약자 등의 고의나 중과실로 인한 위험증가와 계약해지) 보험기간 중에 보험계약자, 피보험자 또는 보험수익자의 고의 또는 중대한 과실로 인하여 사고발생의 위험이 현저하게 변경 또는 증가된 때에는 보험자는 그 사실을 안 날부터 1월 내에 보험료의 증액을 청구하거나 계약을 해지할 수 있다.

제659조(보험자의 면책사유) ① 보험사고가 보험계약자 또는 피보험자나 보험수익자의 고의 또는 중대한 과실로 인하여 생긴 때에는 보험자는 보험금액을 지급할 책임이 없다.

---

(2) 타인을 위한 보험의 성격을 가지고 있다.

보험계약자와 피보험자가 다른 타인을 위한 보험의 성격을 가지고 있다. 그러나 상법 제639조 제2항의 보험계약자의 보험금액 청구권은 인정되지 않는다.

(3) 민법상 보증채무에 관한 규정을 준용하고 있다.

보증보험은 보험의 형식을 띄고 있지만 사실상 보증의 성격이 강하다. 따라서 보증에 관한 민법에 규정을 준용하고 있다.

> **제726조의7(준용규정)** 보증보험계약에 관하여는 그 성질에 반하지 아니하는 범위에서 보증채무에 관한 「민법」의 규정을 준용한다.

참고 보증과 보증보험

	민법상 보증	보증보험
계약당사자	채권자 – 보증인	채무자(보험계약자) – 보증인(보험자)
최고·검색의 항변권	인정 ○	인정 ×

참고 최고·검색의 항변권

보증인이란 주채무자가 채무를 이행하지 않을시 대신 이행책임을 부담하는 자를 말한다. 주채무자의 채무이행불가로 보증인에게 채무가 청구될 경우, 보증인은 주채무자가 채무할 능력이 있고, 그 집행이 용이할 것을 증명하여 먼저 주채무자에게 청구할 것(최고의 항변권), 주채무자의 재산에 대해 채무를 집행할 것(검색의 항변권)을 항변할 수 있다.

> **제437조(보증인의 최고·검색의 항변)** 채권자가 보증인에게 채무의 이행을 청구한 때에는 보증인은 주채무자의 변제자력이 있는 사실 및 그 집행이 용이할 것을 증명하여 먼저 주채무자에게 청구할 것과 그 재산에 대하여 집행할 것을 항변할 수 있다. 그러나 보증인이 주채무자와 연대하여 채무를 부담한 때에는 그러하지 아니하다.

참고 주채무자의 상계와 보증인의 지급

보험계약자가 피보험자에게 채무의 일부를 상계한 경우 보험자는 차액만에 대해 보험금 지급책임이 있다.

> **제434조(보증인과 주채무자상계권)** 보증인은 주채무자의 채권에 의한 상계로 채권자에게 대항할 수 있다.

1. **보험계약자에 대한 구상권**

   보험자가 보험금을 지급한 경우 보험계약자에 대해여 구상권을 가지고, 피보험자의 이익을 해하지 않는 범위 내에서 피보험자가 보험계약자에 대하여 가지는 권리를 대위한다(제3자에 대한 대위가 아니므로 상법상 보험자대위로 보지 않는다).

   > **제441조(수탁보증인의 구상권)**　① 주채무자의 부탁으로 보증인이 된 자가 과실 없이 변제 기타의 출재로 주채무를 소멸하게 한 때에는 주채무자에 대하여 구상권이 있다.

2. **다른 보증인에 대한 구상권**

   보증인이 수인인 공동보증의 경우 1인의 보증인이 보증채무를 이행하면 해당 보증인은 타 보증인에 대하여 구상권을 행사할 수 있다.

   > **제448조(공동보증인 간의 구상권)**　① 수인의 보증인이 있는 경우에 어느 보증인이 자기의 부담부분을 넘은 변제를 한 때에는 제444조의 규정을 준용한다.
   > ② 주채무가 불가분이거나 각 보증인이 상호연대로 또는 주채무자와 연대로 채무를 부담한 경우에 어느 보증인이 자기의 부담부분을 넘은 변제를 한 때에는 제425조 내지 제427조의 규정을 준용한다.

인보험

Theme 1 인보험

1. 의 의

피보험자의 생명이나 신체에 관하여 보험사고가 발생한 경우를 보상하는 보험이다.

> **제727조(인보험자의 책임)** ① 인보험 계약의 보험자는 피보험자의 생명이나 신체에 관하여 보험사고가 발생할 경우에 보험계약으로 정하는 바에 따라 보험금이나 그 밖의 급여를 지급할 책임이 있다.
> ② 제1항의 보험금은 당사자 간의 약정에 따라 분할하여 지급할 수 있다.

> **제728조(인보험 증권)** 인보험 증권에는 제666조에 게기한 사항 외에 다음의 사항을 기재하여야 한다.
> 1. 보험계약의 종류
> 2. 피보험자의 주소·성명 및 생년월일
> 3. 보험수익자를 정한 때에는 그 주소·성명 및 생년월일

> **제738조(상해보험증권)** 상해보험의 경우에 피보험자와 보험계약자가 동일인이 아닐 때에는 그 보험증권 기재사항 중 제728조 제2호에 게기한 사항에 갈음하여 피보험자의 직무 또는 직위만을 기재할 수 있다.

2. 구성과 적용

인보험은 생명보험, 상해보험, 질병보험으로 구성되어 있는데 상해보험은 생명보험 규정을 준용(제732조 제외)하고 있고, 질병보험은 생명·상해보험 규정을 준용하고 있다.

(1) 생명보험

> **제730조(생명보험자의 책임)** 생명보험 계약의 보험자는 피보험자의 사망, 생존, 사망과 생존에 관한 보험사고가 발생할 경우에 약정한 보험금을 지급할 책임이 있다.

※ 생명보험은 보험사고의 발생시기만이 불확정적이다.

(2) 상해보험

> **제737조(상해보험자의 책임)**　　상해보험 계약의 보험자는 신체의 상해에 관한 보험사고가 생길 경우에 보험금액 기타의 급여를 할 책임이 있다.

> **제739조(준용규정)**　　상해보험에 관하여는 제732조를 제외하고 생명보험에 관한 규정을 준용한다.

참고　　상법 제732조

> **제732조(15세 미만자 등에 대한 계약의 금지)**　　15세 미만자, 심신상실자 또는 심신박약자의 사망을 보험사고로 한 보험계약은 무효로 한다. 다만, 심신박약자가 보험계약을 체결하거나 제735조의3에 따른 단체보험의 피보험자가 될 때에 의사능력이 있는 경우에는 그러하지 아니하다.

(3) 질병보험

> **제739조의2(질병보험자의 책임)**　　질병보험 계약의 보험자는 피보험자의 질병에 관한 보험사고가 발생할 경우 보험금이나 그 밖의 급여를 지급할 책임이 있다.

> **제739조의3(질병보험에 대한 준용규정)**　　질병보험에 관하여는 그 성질에 반하지 아니하는 범위에서 생명보험 및 상해보험에 관한 규정을 준용한다.

3. 인보험 기본 특징

(1) 보험의 목적 : 사람

인보험에서의 보험의 목적은 사람이다. 따라서 보험의 목적을 금전으로 평가할 수 없기 때문에 피보험이익과 보험가액의 개념이 없다.

(2) 정액 + 부정액 보험

사람을 금전으로 평가할 수 없다는 점에서 실손보상의 개념을 적용하기 힘들다. 따라서 인보험은 일반적으로 정액보험의 형태로 운영되고 있다. 그러나 상해 · 질병보험의 경우 실손의료비보험과 같은 부정액보험도 운영되고 있다.

(3) 손해방지의무

인보험은 원칙적으로 손해방지의무를 두고 있지 않다. 다만, 당사자 약정을 통해 실손보상방식을 따르는 상해보험의 경우 손해방지의무를 두기도 한다.

(4) 보험자대위의 금지와 예외

> **제729조(제3자에 대한 보험대위의 금지)** 보험자는 보험사고로 인하여 생긴 보험계약자 또는 보험수익자의 제3자에 대한 권리를 대위하여 행사하지 못한다. 그러나 상해보험 계약의 경우에 당사자 간에 다른 약정이 있는 때에는 보험자는 피보험자의 권리를 해하지 아니하는 범위 안에서 그 권리를 대위하여 행사할 수 있다.

Theme 2 생명보험

1. 의 의

> **제730조(생명보험자의 책임)** 생명보험 계약의 보험자는 피보험자의 사망, 생존, 사망과 생존에 관한 보험사고가 발생할 경우에 약정한 보험금을 지급할 책임이 있다.

2. 계약의 무효

(1) 타인의 사망보험 가입시 타인의 서면동의

> **제731조(타인의 생명의 보험)** ① 타인의 사망을 보험사고로 하는 보험계약에는 보험계약 체결 시에 그 타인의 서면에 의한 동의를 얻어야 한다.
> ② 보험계약으로 인하여 생긴 권리를 피보험자가 아닌 자에게 양도하는 경우에도 제1항과 같다.

(2) 15세 미만자 등의 사망보험

① 취 지

판단능력이나 의사결정능력이 완벽하지 않은 사회적 약자를 보호하기 위함이다.

② 15세 미만자

보험계약 체결 당시 실제 만 나이를 기준으로 한다. 만약 보험계약 당시 나이가 미달되었지만 보험계약 당사자가 그 착오를 발견했을 때 15세 이상이 되더라도 보험계약은 무효이다.

③ 의사능력이 있는 심신박약자

심신박약자가 직접 보험계약을 체결할 때 또는 단체보험의 피보험자가 될 때에 의사결정 능력이 있다고 인정될 경우 계약이 유효하다.

> **제732조(15세 미만자 등에 대한 계약의 금지)** 15세 미만자, 심신상실자 또는 심신박약자의 사망을 보험사고로 한 보험계약은 무효로 한다. 다만, 심신박약자가 보험계약을 체결하거나 제735조의3에 따른 단체보험의 피보험자가 될 때에 의사능력이 있는 경우에는 그러하지 아니하다.

3. 중과실 사고담보

> **제732조의2(중과실로 인한 보험사고 등)** ① 사망을 보험사고로 한 보험계약에서는 사고가 보험계약자 또는 피보험자나 보험수익자의 중대한 과실로 인하여 발생한 경우에도 보험자는 보험금을 지급할 책임을 면하지 못한다.
> ② 둘 이상의 보험수익자 중 일부가 고의로 피보험자를 사망하게 한 경우 보험자는 다른 보험수익자에 대한 보험금 지급책임을 면하지 못한다.

4. 보험수익자의 지정 · 변경

(1) 권리의 행사

① 형성권

보험계약자가 보험자의 동의를 받지 않고 자유로이 행사할 수 있는 형성권이다.

② 지정 · 변경의 방법

제한이 없다.

③ 특정 여부

보험수익자의 지정은 그 지정 시점에 반드시 특정되어야 하는 것은 아니고, 보험사고발생시 특정될 수 있는 정도면 충분하다.

④ 수인의 수익자 지정

수인의 수익자를 지정하면서 그 권리비율을 정하지 않은 경우 각 수익자는 균등한 권리를 가진다.

⑤ 수익자를 상속인으로 정한 경우

민법의 상속에 관한 규정을 따른다.

> **제733조(보험수익자의 지정 또는 변경의 권리)** ① 보험계약자는 보험수익자를 지정 또는 변경할 권리가 있다.
> ② 보험계약자가 제1항의 지정권을 행사하지 아니하고 사망한 때에는 피보험자를 보험수익자로 하고 보험계약자가 제1항의 변경권을 행사하지 아니하고 사망한 때에는 보험수익자의 권리가 확정된다. 그러나 보험계약자가 사망한 경우에는 그 승계인이 제1항의 권리를 행사할 수 있다는 약정이 있는 때에는 그러하지 아니하다.
> ③ 보험수익자가 보험존속 중에 사망한 때에는 보험계약자는 다시 보험수익자를 지정할 수 있다. 이 경우에 보험계약자가 지정권을 행사하지 아니하고 사망한 때에는 보험수익자의 상속인을 보험수익자로 한다.
> ④ 보험계약자가 제2항과 제3항의 지정권을 행사하기 전에 보험사고가 생긴 경우에는 피보험자 또는 보험수익자의 상속인을 보험수익자로 한다.

(2) 계약 체결 후 지정·변경 통지

타인의 생명보험계약의 보험수익자 변경 시에는 피보험자를 보험수익자로 하는 경우 외에는 그 타인의 서면에 의한 동의를 얻어야 한다.

> **제734조(보험수익자 지정권 등의 통지)** ① 보험계약자가 계약 체결 후에 보험수익자를 지정 또는 변경할 때에는 보험자에 대하여 그 통지를 하지 아니하면 이로써 보험자에게 대항하지 못한다.
> ② 제731조 제1항의 규정은 제1항의 지정 또는 변경에 준용한다.

> **제731조(타인의 생명의 보험)** ① 타인의 사망을 보험사고로 하는 보험계약에는 보험계약 체결 시에 그 타인의 서면에 의한 동의를 얻어야 한다.

5. 보험적립금 반환의무 등

(1) 보험적립금 반환의무

보험기간이 장기인 생명보험의 경우 보험수익자를 위하여 적립한 금액(해지환급금 또는 책임준비금)을 해지시 보험계약자에게 지급한다.

(2) 사 유

① 사고발생 전 보험계약자 임의해지
② 보험료 부지급으로 인한 해지
③ 고지의무위반으로 인한 해지
④ 위험유지의무위반으로 인한 해지
⑤ 위험변경증가 통지의무위반으로 인한 해지
⑥ 보험자파산으로 인한 해지
⑦ 보험자 면책

(3) 보험계약자의 고의·중과실 사고

당사자 간의 특약이 없는 한 보험수익자를 위하여 적립한 금액을 반환하지 않아도 된다.

> **제736조(보험적립금 반환의무 등)** ① 제649조, 제650조, 제651조 및 제652조 내지 제655조의 규정에 의하여 보험계약이 해지된 때, 제659조와 제660조의 규정에 의하여 보험금액의 지급책임이 면제된 때에는 보험자는 보험수익자를 위하여 적립한 금액을 보험계약자에게 지급하여야 한다. 그러나 다른 약정이 없으면 제659조 제1항의 보험사고가 보험계약자에 의하여 생긴 경우에는 그러하지 아니하다.

6. 단체보험

(1) 의 의

단체가 규약에 따라 구성원의 전부 또는 일부를 피보험자로 하는 인보험계약을 말한다.

(2) 단체와 규약

① 단 체

5인 이상의 구성원을 이루는 조직으로 그 구성원이 단체에 가입하거나 탈퇴함으로써 자동적으로 피보험자의 자격을 취득하거나 상실하며, 피보험자의 교체에도 불구하고 보험계약의 동일성이 유지될 수 있어야 한다.

② 규 약

상법상 단체보험은 규약에 따라 가입될 경우에만 인정되는데, 여기서의 규약이란 취업규칙이나 노동협약 속에 단체보험조항이 포함되는 것만으로도 충분하다.

(3) 특 징

① 1개의 보험증권 발행

단체보험은 수인의 피보험자를 하나로 묶어 1개의 보험계약을 체결하므로 피보험자마다 개별적으로 보험증권을 발행하지 않고 보험계약자에게 1개의 증권을 발행한다.

② 보험계약자 = 단체 = 대표자

보험료 분담 여부와 관계없이 보험계약자는 단체의 대표자이다. 여기서 대표자란 곧 피보험자를 구성원으로 하는 단체를 의미한다. 따라서 만약 대표자가 교체될 경우 보험계약이 승계되는 것이 아니고, 피보험자의 동의 역시 필요하지 않다. 또한 단체 또는 대표자가 보험료의 전부를 부담하고 있을 경우 피보험자의 동의 없이 보험계약을 해지할 수 있다.

③ 피보험자의 동의 불필요

단체보험은 타인의 생명보험이다. 그러나 상법 제731조에서의 타인의 서면동의를 요하지 않는다. 그 이유는 구성원의 복지목적으로 단체 규약을 통해 보험에 가입하기 때문에 도덕적 위험이 적기 때문이다.

④ 무진단계약 · 보험료절감

단체보험은 규약에 따라 구성원이 피보험자가 되고, 그 구성원의 개별위험을 각각 평가하지 않는다. 따라서 단체의 평균위험률을 기준으로 보험료를 산정하기 때문에 피보험자의 개별적 신체검사를 요하지 않고, 보험계약을 함에 있어 일괄적 기준을 적용한다. 그리하여 결과적으로 부가보험료 절감의 효과가 있다.

⑤ 피보험자가 퇴직 등으로 인하여 단체를 탈퇴할 경우 피보험자의 자격이 상실되나, 보험계약자의 청구에 의하여 개별계약으로 전환하여 계속 그 계약을 유지할 수 있다.

> **제735조의3(단체보험)** ① 단체가 규약에 따라 구성원의 전부 또는 일부를 피보험자로 하는 생명보험계약을 체결하는 경우에는 제731조를 적용하지 아니한다.
> ② 제1항의 보험계약이 체결된 때에는 보험자는 보험계약자에 대하여서만 보험증권을 교부한다.
> ③ 제1항의 보험계약에서 보험계약자가 피보험자 또는 그 상속인이 아닌 자를 보험수익자로 지정할 때에는 단체의 규약에서 명시적으로 정하는 경우 외에는 그 피보험자의 서면동의를 받아야 한다.

Theme 3 | 상해 · 질병보험

1. 상해보험

(1) 의 의

> **제737조(상해보험자의 책임)** 상해보험계약의 보험자는 신체의 상해에 관한 보험사고가 생길 경우에 보험금액 기타의 급여를 할 책임이 있다.

(2) 보험증권

> **제738조(상해보험증권)** 상해보험의 경우에 피보험자와 보험계약자가 동일인이 아닐 때에는 그 보험증권 기재사항 중 제728조 제2호에 게기한 사항에 갈음하여 피보험자의 직무 또는 직위만을 기재할 수 있다.

> **제728조(인보험증권)** 인보험증권에는 제666조에 게기한 사항 외에 다음의 사항을 기재하여야 한다.
> 1. 보험계약의 종류
> 2. 피보험자의 주소·성명 및 생년월일
> 3. 보험수익자를 정한 때에는 그 주소·성명 및 생년월일

(3) 준용규정

> **제739조(준용규정)** 상해보험에 관하여는 제732조를 제외하고 생명보험에 관한 규정을 준용한다.

> **제732조(15세 미만자 등에 대한 계약의 금지)** 15세 미만자, 심신상실자 또는 심신박약자의 사망을 보험사고로 한 보험계약은 무효로 한다. 다만, 심신박약자가 보험계약을 체결하거나 제735조의3에 따른 단체보험의 피보험자가 될 때에 의사능력이 있는 경우에는 그러하지 아니하다.

2. 질병보험

(1) 의 의

> **제739조의2(질병보험자의 책임)** 질병보험계약의 보험자는 피보험자의 질병에 관한 보험사고가 발생할 경우 보험금이나 그 밖의 급여를 지급할 책임이 있다.

(2) 준용규정

> **제739조의3(질병보험에 대한 준용규정)** 질병보험에 관하여는 그 성질에 반하지 아니하는 범위에서 생명보험 및 상해보험에 관한 규정을 준용한다.

Drill
(드릴)

Basic Drill

LVup Drill

Basic Drill

01   보험에 대한 설명 중 틀린 것은?

① 위험이 없으면 보험도 없다.
② 보험에서 담보하는 위험은 명확하고 측정가능해야 한다.
③ 보험이란 단체성을 기반으로 운영된다.
④ 보험사고는 언제나 발생 여부와 발생시기가 우연하여야 한다.

정답   ④
해설   사망을 보험사고로 하는 보험의 경우 발생 여부는 확정적이다.

02   보험의 원리원칙에 대한 설명 중 틀린 것은?

① 대수의 법칙은 보험료 산정을 위한 조사와 통계에 적용되는 원칙이다.
② 수지상등의 원칙은 총보험료와 총지급보험금이 일치해야한다는 원칙이다.
③ 신의성실의 원칙은 보험의 상행위성에 기인한다.
④ 급부반대급부균등의 원칙은 개별보험료를 구하는 원칙이다.

정답   ③
해설   신의성실의 원칙은 보험의 사행계약성에 기인한다.

03   다음 설명 중 틀린 것은?

① 손해보험은 금전으로 평가가 가능한 손해를 보상하는 보험이다.
② 생명보험의 경우 당사자간 약정을 통해 부정액보험의 형태로 가입할 수 있다.
③ 인보험은 계약시 정한 금액을 지급하는 보험이다.
④ 손해보험은 부정액보험의 형태를 띤다.

정답   ②
해설   상해보험 또는 질병보험의 경우에 가능하다.

04 보험의 기능에 대한 설명 중 틀린 것은?

① 책임보험은 피해자 보호의 기능을 한다.
② 재보험은 원보험자의 위험 일부의 보상을 보증하는 보증보험의 일종이다.
③ 재보험계약은 원보험계약의 효력에 영향을 미치지 않는다.
④ 보증보험의 경우 보험계약자의 고의 또는 중과실로 인한 사고를 담보한다.

정답 ②

해설 재보험은 책임보험의 성격을 가진다.

05 보험의 폐해에 대한 설명 중 틀린 것은?

① 보험의 사행계약성으로 인해 도덕적 위험이 발생할 수 있다.
② 보험가입자가 위험관리에 태만할 수 있다.
③ 보험의 폐해를 방지하기 위해 신의성실의 원칙이 적용된다.
④ 보험자가 고위험 보험가입자를 판단하여 보험계약을 체결하는 것을 역선택이라 한다.

정답 ④

해설 보험가입자가 본인의 고위험을 숨기어 보험자가 안 좋은 선택을 하는 것(보험가입 승인)을 역선택이라 한다.

06 보험에 대한 설명 중 틀린 것은?

① 보험계약자는 보험료를 지급할 책임이 있다.
② 보험자는 보험사고발생시 보험금을 지급할 책임이 있다.
③ 알릴의무는 보험의 도덕적 위험을 방지하기 위한 상법상의 의무이다.
④ 보험사고가 이미 발생한 경우 보험계약당사자의 주관적 인지 여부를 떠나 해당 보험계약은 무효가 된다.

정답 ④

해설 상법 제644조(보험사고의 객관적 확정의 효과) 보험계약 당시에 보험사고가 이미 발생하였거나 또는 발생할 수 없는 것인 때에는 그 계약은 무효로 한다. 그러나 당사자 쌍방과 피보험자가 이를 알지 못한 때에는 그러하지 아니하다.

07 보험에 대한 설명 중 틀린 것은?

① 사영보험은 대부분 임의보험의 형태를 띤다.
② 공영보험은 공공기관이 그 운영을 담당한다.
③ 사보험은 언제나 사영보험이다.
④ 공보험은 대부분 가입이 강제되어 있다.

정답 ③

해설 우체국보험의 경우 사보험이면서 공영보험에 해당한다.

08 보험의 상법상 분류에 대한 설명 중 틀린 것은?

① 손해보험은 신체의 손해를 보상하는 보험이다.
② 손해보험은 실손보상의 원칙이 적용된다.
③ 인보험은 보험계약시 정한 금액을 지급하는 보험이다.
④ 인보험은 생명보험, 상해보험, 질병보험으로 구성되어 있다.

정답 ①

해설 손해보험은 피보험자의 재산상의 손해를 보상하는 보험이다.

09 상법 제663조 보험계약자 등의 불이익변경금지 원칙에 대한 설명 중 틀린 것은?

① 가계보험 가입자는 이 원칙의 적용을 받지 않는다.
② 어선공제 가입자는 가계보험 가입자에 속한다.
③ 가계보험의 경우 사적자치의 원칙을 제한하는 원칙이다.
④ 재보험 가입자에게 불리한 당사자 약정은 유효하다.

정답 ①

해설 가계보험 가입자는 이 원칙을 적용 받는다.

10 보험과 유사한 제도에 대한 설명 중 틀린 것은?

① 보험과 복권은 사행성이 있다는 점에서 보험과 유사하다.
② 상호부금의 경우 단체성을 기반으로 한다는 점에서 보험과 유사하다.
③ 자가보험은 단체를 기반으로 하지 않는다는 점에서 보험과 차이가 있다.
④ 보험계약법은 그 성질이 반하지 않는 범위내에서 공제계약에 준용한다.

정답 ②

해설 상호부금의 경우 단체를 형성하긴 하지만 보험에서 말하는 단체성이 있다고 할 수 없다.

11 보험계약법에 대한 설명으로 틀린 것은?

① 보험계약법은 사법에 해당한다.
② 보험계약법은 좁은 의미의 보험법에 해당한다.
③ 형식적 의의의 보험계약법은 보험업을 관리·감독하는 법을 의미한다.
④ 실질적 의의의 보험계약법은 사영보험계약을 규율하는 법을 의미한다.

정답 ③

해설 형식적 의의의 보험계약법은 상법 보험편 법조문 그 자체를 의미한다.

12 다음 설명 중 틀린 것은?

① 보험료불가분의 원칙은 보험계약법의 기술성에 해당하는 내용이다.
② 보험료기간에 대한 보험료는 보험자가 전부 가질 수 있다.
③ 보험계약법은 윤리성과 선의성을 가진다.
④ 보험계약법은 절대적 강행법규이다.

정답 ④

해설 보험계약법은 상대적 강행법규성을 띈다.

13 다음 설명 중 틀린 것은?

① 보험계약은 대부분의 경우 해지만 가능하다.

② 보험약관은 부합계약성으로 인해 규제의 필요성이 생긴다.

③ 보험계약기간은 보험료 지급 시부터 개시한다.

④ 보험계약은 당사자 일방이 약정한 보험료를 지급하고 재산 또는 생명이나 신체에 불확정한 사고가 발생할 경우에 상대방이 일정한 보험금이나 그 밖의 급여를 지급할 것을 약정함으로써 효력이 생긴다.

정답 ③

해설 보험계약기간은 보험계약자의 청약과 보험자의 승낙으로 개시한다.

14 다음 설명 중 틀린 것은?

① 보험계약의 당사자는 보험계약자와 보험자이다.

② 보험계약의 이해관계자는 피보험자 또는 보험수익자이다.

③ 손해보험에서 보험금청구권자는 보험수익자이다.

④ 인보험에서 보험료 지급의무는 보험계약자가 진다.

정답 ③

해설 손해보험의 보험금청구권자는 피보험자이다.

15 타인을 위한 보험에 대한 설명으로 틀린 것은?

① 손해보험에서 타인의 위임이 없는 계약의 경우 보험계약자는 고지의무를 가진다.

② 손해보험에서 피보험자는 별도의 의사표시 필요없이 보험금청구권을 가진다.

③ 인보험에서 피보험자에게 배상을 한 보험계약자는 보험금액청구권을 가진다.

④ 인보험에서 타인은 보험수익자를 의미한다.

정답 ③

해설 손해보험에서 피보험자에게 배상을 한 보험계약자는 보험금액청구권을 가진다.

16 타인의 생명보험에 대한 설명으로 틀린 것은?

① 보험계약자와 보험수익자가 다른 보험을 의미한다.
② 보험금청구권은 보험수익자에게 있다.
③ 보험계약 체결시 피보험자의 구두로 인한 동의를 얻었다면 그 계약은 무효이다.
④ 보험계약 체결 후 피보험자의 서면동의는 효력이 없다.

정답 ①

해설 보험계약자와 피보험자가 다른 생명보험을 의미한다.

17 다음 설명 중 틀린 것은?

① 보험계약자가 파산선고를 받은 경우 피보험자가 보험료 지급의무를 부담할 수 있다.
② 보험자가 파산선고를 받은 경우 보험계약자는 보험료의 반환을 청구할 수 있다.
③ 보험계약자는 보험료 지급의무가 있다.
④ 보험자는 보험료청구권이 있다.

정답 ②

해설 보험계약자는 보험계약을 해지 할 수 있다.

18 보험계약자의 임의해지에 대한 설명으로 틀린 것은?

① 보험사고가 발생하기 전에는 언제든지 계약의 전부 또는 일부를 해지할 수 있다.
② 타인을 위한 보험의 경우 타인의 동의 또는 보험증권의 소지가 필요하다.
③ 복원주의의 경우 보험사고발생 후에도 해지가 가능하다.
④ 보험계약자는 당사자 간에 다른 약정이 없으면 미경과보험료의 반환을 청구할 수 없다.

정답 ④

해설 보험계약자는 당사자 간에 다른 약정이 없으면 미경과보험료의 반환을 청구할 수 있다.

19 다음 보험대리상 등에 대한 설명으로 틀린 것은?

① 보험대리상은 보험계약자로부터 청약, 고지, 통지, 해지, 취소 등 보험계약에 관한 의사표시를 수령할 수 있는 권한을 가진다.

② 보험중개사는 보험계약자의 대리인의 지위에 있다.

③ 보험대리상이 아니면서 특정한 보험자를 위하여 계속적으로 보험계약의 체결을 중개하는 자는 보험자가 작성한 영수증을 보험계약자에게 교부하는 경우 보험료영수권을 가진다.

④ 보험자는 보험대리상의 상법상의 권한을 제한할 수 없다.

정답 ④

해설 보험자는 보험대리상의 권한을 일부 제한할 수 있다.

20 다음 보험료 지체에 대한 설명으로 틀린 것은?

① 전부보험료 지체시 보험계약일로부터 2개월이 경과하면 해제된 것으로 본다.

② 계속보험료 지체시 최고통지 후 해지가 가능하다.

③ 특정 타인을 위한 보험의 경우 전부보험료 지체시 다른 약정이 없다면 보험계약일로부터 2개월이 경과하면 해제된 것으로 본다.

④ 특정 타인을 위한 보험의 경우 계속보험료 지체시 최고통지 후 해지가 가능하다.

정답 ③

해설 특정한 타인을 위한 보험의 경우에 보험계약자가 보험료의 지급을 지체한 때에는 보험자는 그 타인에게도 상당한 기간을 정하여 보험료의 지급을 최고한 후가 아니면 그 계약을 해제 또는 해지하지 못한다.

21 다음 보험료에 대한 설명 중 틀린 것은?

① 보험계약의 당사자가 특별한 위험을 예기하여 보험료의 액을 정한 경우에 보험기간 중 그 예기한 위험이 소멸한 때에는 보험계약자는 그 후의 보험료의 감액을 청구할 수 있다.

② 보험계약의 전부 또는 일부가 무효인 경우에 보험계약자와 피보험자가 선의이며 중대한 과실이 없는 때에는 보험자에 대하여 보험료의 전부 또는 일부의 반환을 청구할 수 있다.

③ 보험계약 무효시 보험계약자는 보험자에게 기납입보험료의 반환을 청구할 수 있다.

④ 초과보험으로 인한 보험료감액은 소급하여 효력이 발생한다.

정답 ④

해설 초과보험으로 인한 보험료감액은 장래에 대하여서만 효력이 발생한다.

22 보험기간에 대한 설명으로 틀린 것은?

① 계약기간 이후 시점에서 보험기간이 개시되는 보험을 장래보험이라 한다.
② 계약기간 이전 시점에서 보험기간이 개시되는 보험을 소급보험이라 한다.
③ 소급보험의 경우 보험기간이 보험계약기간보다 길다.
④ 보험자의 책임은 보험계약자의 청약과 보험자의 승낙으로 개시된다.

정답 ④

해설 보험자의 책임은 보험료 또는 당사자간 약정으로 개시된다.

23 다음은 보험기간 중 위험증가 등에 관한 기술이다. 옳지 않은 것은?

① 보험기간 중에 피보험자가 사고발생의 위험이 현저하게 변경된 사실을 안 때에는 지체 없이 보험자에게 통지하여야 한다.
② 통지의무 해태시 보험자는 일정한 기한 내에 계약을 해지할 수 있다.
③ 보험자가 위험변경의 통지를 받은 때에는 계약을 해지할 수 없다.
④ 보험기간 중에 보험수익자의 중대한 과실로 인하여 사고발생의 위험이 현저하게 증가된 경우 보험자는 보험료의 증액을 청구할 수 있다.

정답 ③

해설 보험자가 위험변경증가의 통지를 받은 때에는 1월 내에 보험료의 증액을 청구하거나 계약을 해지할 수 있다.

24 보험의 목적에 대한 설명 중 틀린 것은?

① 보험사고발생의 객체이다.
② 유체물, 무체물을 모두 포함한다.
③ 14세 피보험자의 사망보험계약 체결 후, 16세가 되는 해에 보험자가 나이의 착오를 발견한 경우 해당 보험계약은 유효하다.
④ 책임보험은 피보험자의 제3자에 대한 법률상 배상책임을 담보하므로 보험의 목적은 피보험자의 법률상 배상책임 또는 피보험자의 전 재산이다.

정답 ③

해설 15세 미만자를 피보험자로 하는 사망보험계약의 경우 후에 착오를 발견하더라도 무효이다.

25 다음 설명 중 틀린 것은?

① 피보험이익은 상법상 보험의 목적에 해당한다.
② 보험가액은 피보험이익의 평가액이다.
③ 보험금액은 계약상 최고 보상한도액을 의미한다.
④ 인보험에서 보험금액은 지급하기로 약정한 금액을 의미한다.

정답 ①

해설 피보험이익은 손해보험계약의 목적에 해당한다.

26 보험가액과 보험금액의 관계에 대한 설명으로 틀린 것은?

① 중복보험은 동일한 보험의 목적에 대해 수개의 보험계약이 체결되어야 한다.
② 중복보험은 보험금액의 합이 보험가액을 초과하여야 한다.
③ 초과보험은 보험금액이 보험가액을 현저하게 초과하여야 한다.
④ 일부보험은 보험가액이 보험금액보다 크다.

정답 ①

해설 중복보험은 동일한 피보험이익과 동일한 보험사고에 대하여 수개의 보험계약이 동시에 또는 순차적으로 체결되어 보험금액의 합이 보험가액을 초과하여야 한다.

27 보험약관에 대한 설명으로 틀린 것은?

① 부합계약성으로 인해 보험약관을 규제할 필요가 생긴다.
② 상법 제663조 보험계약자 등의 불이익변경금지조항은 보험약관의 입법적 규제에 해당한다.
③ 무인가 약관은 그 효력이 없다.
④ 법원은 약관의 해석원칙 적용을 통해 보험약관을 사법적으로 규제한다.

정답 ③

해설 무인가 약관의 경우 공서양속에 위배되지 않는 한 효력을 인정한다.

28 **보험약관 교부설명의무에 대한 설명으로 틀린 것은?**

① 보험자는 보험계약을 체결할 때에 보험계약자에게 보험약관을 교부하고 그 약관의 중요한 내용을 설명하여야 한다.
② 보험자가 의무위반을 할 경우 보험계약자는 보험계약이 성립한 날부터 3개월 이내에 그 계약을 취소할 수 있다.
③ 보험상품의 사업방법서는 설명의무의 중요한 사항에 해당한다.
④ 보험계약 거래상 일반적이고 공통적이서 충분히 예상가능한 내용은 설명의 대상이 아니다.

정답 ③
해설 보험상품의 사업방법서는 설명의무의 중요한 사항에 해당하지 않는다.

29 **보험증권에 대한 설명으로 틀린 것은?**

① 해석에 관한 분쟁이 생길 경우 작성자불이익의 원칙을 우선적으로 적용한다.
② 보험자는 보험계약이 성립한 때에는 지체 없이 보험증권을 작성하여 보험계약자에게 교부하여야 한다.
③ 증권이 멸실로 인한 재교부 청구시 그 비용은 보험계약자가 부담한다.
④ 보험증권 교부의무는 보험료 지급을 전제로 한다.

정답 ①
해설 작성자불이익의 원칙은 보조적 수단으로 적용한다.

30 **다음 중 보험증권의 해석원칙에 해당하지 않는 것은?**

① 특별의미 해석의 원칙
② 계약당사자 의사존중 해석의 원칙
③ 축소 해석의 원칙
④ 동종제한 해석의 원칙

정답 ①
해설 특별의미 해석의 원칙이 아닌 보통의미 해석의 원칙이 보험증권 해석원칙에 해당한다.

31 상법 제638조의2 보험계약의 성립에 대한 설명으로 틀린 것은?

① 보험자가 청약과 보험료를 받은 후 2개월 이내에 낙부의 통지를 하지 않으면 승낙한 것으로 본다.

② 신체검사가 필요한 인보험의 경우 낙부통지 의무기간의 기산일은 신체검사를 받은 날부터 기산한다.

③ 승낙전 보호제도의 경우 청약을 거절할 사유가 없어야 하는데 청약을 거절할 사유 존재의 입증책임은 보험자에게 있다.

④ 청약을 거절할 사유는 보험자입장에서 보험계약에 영향을 미치는 사유이다.

[정답] ①

[해설] 보험자가 청약과 보험료를 받은 후 30일 이내에 낙부의 통지를 하지 않으면 승낙한 것으로 본다.

32 다음 설명 중 틀린 것은?

① 승낙전 보호제도는 보험계약 체결 전에 보험기간이 개시되는 보험이다.

② 소급보험은 법정효과이다.

③ 승낙전 보호제도는 청약, 보험료 납입, 청약을 거절할 사유가 없을 것을 효력발생의 요건으로 한다.

④ 소급보험은 청약전 사고에 대해서도 담보가 가능하다.

[정답] ②

[해설] 소급보험은 소급보험에 대한 약정(계약)이 성립하여야 효과가 발휘된다.

33 고지의무에 대한 설명으로 틀린 것은?

① 보험계약자 또는 피보험자의 고의 또는 중대한 과실을 의무위반의 요건으로 한다.

② 보험자가 의무위반 사실을 안 날로부터 1월 내에 계약을 해지할 수 있다.

③ 보험자가 서면으로 질문한 사항은 중요한 사항으로 본다.

④ 보험자는 위반 사실과 보험사고와의 인과관계에 따라 면책이 가능하다.

[정답] ③

[해설] 보험자가 서면으로 질문한 사항은 중요한 사항으로 추정한다.

34 위험변경증가에 대한 설명 중 틀린 것은?

① 보험기간 중에 보험계약자 또는 피보험자가 사고발생의 위험이 현저하게 변경 또는 증가된 사실을 안 때에는 지체 없이 보험자에게 통지하여야 한다.
② 위험변경증가 통지의무 해태시 보험자는 그 사실을 안 날로부터 1월 내에 한하여 계약을 해지할 수 있다.
③ 보험기간 중에 보험계약자의 고의로 인하여 위험이 현저하게 변경된 경우 보험자는 그 사실을 안 날로부터 1월 내에 한하여 보험료의 증액을 청구할 수 있다.
④ 보험기간 중에 보험계약자 또는 피보험자 또는 보험수익자가 사고발생의 위험이 현저하게 변경 또는 증가된 사실을 안 때에는 지체 없이 보험자에게 통지하여야 한다.

정답 ④

해설 보험기간 중에 보험계약자 도는 피보험자가 사고발생의 위험이 현저하게 변경 또는 증가된 사실을 안 때에는 지체 없이 보험자에게 통지하여야 한다.

35 면책사유에 대한 설명으로 틀린 것은?

① 보험사고가 전쟁 기타의 변란으로 인하여 생긴 때에는 당사자 간에 다른 약정이 없으면 보험자는 보험금액을 지급할 책임이 없다.
② 보험사고가 발생한 후라도 보험자가 고지의무위반을 이유로 해지할 경우 보험금 지급책임을 면할 수 있다.
③ 인보험에서 보험수익자의 고의사고는 당사자 약정을 통해 담보가 가능하다.
④ 보험사고발생 통지의무 해태시 그로 인하여 증가된 손해는 면책이다.

정답 ③

해설 보험계약자, 피보험자, 보험수익자의 고의사고는 절대적 면책사유이다.

36 다음 설명 중 틀린 것은?

① 보험계약자의 보험료반환청구권은 3년을 소멸시효로 한다.
② 보험자의 보험금 지급의무는 그 기한을 2년으로 한다.
③ 보험계약법은 상호보험에 준용한다.
④ 재보험은 원보험계약의 효력에 영향을 미치지 않는다.

정답 ②

해설 피보험자 또는 보험수익자 보험금청구권의 소멸시효는 3년이다.

37 피보험이익에 대한 설명으로 틀린 것은?

① 금전으로 산정할 수 있는 이익에 한한다.
② 적어도 보험기간 개시 시까지 확정되어야 한다.
③ 보험자의 보상책임의 범위를 결정하는 기능을 한다.
④ 보험의 동일성 여부를 판단하는 기준이 된다.

정답 ②

해설 피보험이익의 확정성
적어도 보험사고발생 시까지 확정될 수 있어야 한다.

38 다음 손해보험에 대한 설명으로 틀린 것은?

① 신가보험은 실손보상의 예외이다.
② 기평가보험은 사고발생 시의 가액을 보험가액으로 한다.
③ 기평가보험은 실손보상의 예외이다.
④ 손해방지비용은 그 비용과 보상액이 보험금액을 초과한 경우라도 보험자가 부담한다.

정답 ②

해설 기평가보험은 보험계약 당시 정한 가액을 사고발생시 가액으로 추정한다.

39 손해보험의 손해액 산정에 관한 설명으로 틀린 것은?

① 보험자가 보상할 손해액은 그 손해가 발생한 때와 곳의 가액에 의하여 산정한다.
② 보험의 목적에 관하여 보험자가 부담할 손해가 생긴 경우에는 그 후 그 목적이 보험자가 부담
하지 아니하는 보험사고의 발생으로 인하여 멸실된 때에도 보험자는 이미 생긴 손해를 보상할
책임을 면하지 못한다.
③ 보험자가 손해를 보상할 경우에 보험료의 지급을 받지 아니한 잔액이 있으면 그 지급기일이
도래하지 아니한 때라도 보상할 금액에서 이를 공제할 수 있다.
④ 보험사고로 인하여 상실된 피보험자가 얻을 이익이나 보수는 당사자 간에 다른 약정이 없으면
보험자가 보상할 손해액에 산입한다.

정답 ④

해설 보험사고로 인하여 상실된 피보험자가 얻을 이익이나 보수는 당사자 간에 다른 약정이 없으면 보험자
가 보상할 손해액에 산입하지 아니한다.

40 보험가액에 대한 설명으로 틀린 것은?

① 미평가보험은 사고발생시 가액을 보험가액으로 한다.
② 기평가보험은 협정보험가액을 사고발생시 가액으로 추정한다.
③ 운송보험의 경우 운송물을 발송한 때와 곳의 가액과 도착지까지의 운임 기타의 비용을 보험가액으로 한다.
④ 적하의 도착으로 인하여 얻을 이익은 적하를 선적한 때와 곳의 적하의 가액과 선적 및 보험에 관한 비용을 보험가액으로 한다.

정답 ④
해설 상법 제698조(희망이익보험의 보험가액) 적하의 도착으로 인하여 얻을 이익 또는 보수의 보험에 있어서는 계약으로 보험가액을 정하지 아니한 때에는 보험금액을 보험가액으로 한 것으로 추정한다.

41 다음 설명 중 틀린 것은?

① 초과보험에서 보험료 감액청구는 장래에 효력이 있다.
② 사기로 인한 초과보험은 무효이다.
③ 중복보험의 경우 보험가액 비례주의와 연대주의를 적용하고 있다.
④ 사기로 인한 중복보험의 경우 무효이다.

정답 ③
해설 중복보험의 경우 보험금액 비례주의와 연대주의를 적용하고 있다.

42 다음 일부보험에 대한 설명으로 틀린 것은?

① 보험료절감을 위해 인위적으로 설정하기도 한다.
② 보험가액이 보험금액을 초과하는 보험이다.
③ 보험가액의 보험금액에 대한 비율에 따라 보상한다.
④ 당사자 약정을 통해 보험금액 한도에서 실손보상이 가능하다.

정답 ③
해설 보험금액의 보험가액에 대한 비율에 따라 보상한다.

제2과목

43   잔존물대위에 대한 설명으로 옳은 것은?

① 보험의 목적 일부가 멸실한 경우 발생한다.
② 보험금액의 전부를 지급하여야 보험자가 잔존물대위권을 취득할 수 있다.
③ 일부보험의 경우에는 잔존물대위가 인정되지 않는다.
④ 보험자는 잔존물에 대한 물권변동의 절차를 밟아야 대위권을 취득할 수 있다.

정답 ②

해설 상법 제681조(보험목적에 관한 보험대위) 보험의 목적의 전부가 멸실한 경우에 보험금액의 전부를 지급한 보험자는 그 목적에 대한 피보험자의 권리를 취득한다. 그러나 보험가액의 일부를 보험에 붙인 경우에는 보험자가 취득할 권리는 보험금액의 보험가액에 대한 비율에 따라 이를 정한다.

44   제3자에 대한 보험대위에 대한 설명으로 틀린 것은?

① 피보험자의 행위로 제3자가 손해를 입어야 한다.
② 보험자는 지급한 금액의 한도에서 보험계약자 또는 피보험자의 권리를 취득한다.
③ 일부지급의 경우 피보험자의 권리를 침해하지 아니하는 범위에서 그 권리를 행사한다.
④ 보험계약자나 피보험자와 생계를 같이하는 가족에게는 대위권을 행사할 수 없다.

정답 ①

해설 제3자의 행위로 피보험자가 손해를 입어야 한다.

45   양도에 대한 설명으로 틀린 것은?

① 보험금청구권의 경우 보험사고발생 전에는 양도되지 않는다.
② 보험의 목적을 양도할 경우 양수인은 양도인의 보험계약상의 권리와 의무를 승계추정 받는다.
③ 보험의 목적을 양도할 경우 양도인은 통지의무를 가진다.
④ 보험목적양도 통지의무는 위험변경증가 통지의무와 성질이 유사하다.

정답 ①

해설 보험금청구권의 경우 공서양속에 위배되지 않는 한 보험사고발생 전에도 양도가 가능하다.

46 화재보험에 대한 설명으로 틀린 것은?

① 집합된 물건을 일괄하여 화재보험의 목적으로 하는 경우 피보험자의 가족의 물건은 화재보험의 목적에 포함한다.

② 담보위험으로 인한 손해가 발생한 후 그로 인해 비담보위험의 2차손해가 생긴 경우 2차손해는 보상하지 않는다.

③ 보험자는 화재의 손해의 감소에 필요한 조치로 인한 손해를 보상할 책임이 있다.

④ 동산을 보험의 목적으로 한 때에는 그 존치한 장소의 상태와 용도를 보험증권에 기재하여야 한다.

[정답] ②

[해설] 선행위험이 담보위험인 경우 후행위험과 상관없이 보상한다.

47 보증보험에 대한 설명으로 틀린 것은?

① 보험계약자가 피보험자에게 계약상의 채무불이행 또는 법령상의 의무불이행으로 입힌 손해를 보상한다.

② 타인을 위한 보험의 경우 보험계약자의 보험금액 청구권은 인정되지 않는다.

③ 재보험은 그 성질에 반하지 아니하는 범위 내에서 보증보험의 규정을 준용한다.

④ 보험계약자의 고의 또는 중과실로 인한 사고는 면책조항을 적용하지 않는다.

[정답] ③

[해설] 재보험은 그 성질에 반하지 아니하는 범위 내에서 책임보험의 규정을 준용한다.

48 재보험계약에 대한 설명 중 틀린 것은?

① 책임보험의 규정을 준용한다.

② 당사자 약정이 있을 경우 직접청구권이 인정된다.

③ 보험자대위가 인정된다.

④ 재보험자는 원보험자의 보험료부지급을 이유로 원보험계약자에게 보험료를 청구할 수 있다.

[정답] ④

[해설] 재보험자는 원보험자의 보험료부지급을 이유로 원보험계약자엑 보험료를 청구할 수 없다.

49 자동차보험에 대한 설명으로 틀린 것은?

① 피보험자가 소유, 사용 또는 관리하는 동안에 발생한 사고로 인하여 생긴 손해를 보상하는 보험이다.

② 보험목적물의 양도시 보험자의 승낙을 얻어야 한다.

③ 차량가액을 정한 경우 그 가액을 보험증권에 기재하여야 한다.

④ 보험자는 양수사실을 통지받은 후 30일 내에 낙부의 통지를 하여야 한다.

정답 ④

해설 상법 제726조의4(자동차의 양도) ② 보험자가 양수인으로부터 양수사실을 통지받은 때에는 지체 없이 낙부를 통지하여야 하고 통지받은 날부터 10일 내에 낙부의 통지가 없을 때에는 승낙한 것으로 본다.

50 운송보험에 대한 설명 중 틀린 것은?

① 보험자는 다른 약정이 없으면 운송인이 운송물을 수령한 때로부터 수하인에게 인도할 때까지 생길 손해를 보상할 책임이 있다.

② 운송물을 발송한 때와 곳의 가액과 도착지까지의 운임 기타의 비용을 보험가액으로 한다.

③ 희망이익은 약정이 있는 때에 한하여 보험가액 중에 산입한다.

④ 다른 약정이 없으면 운송의 필요에 의하여 일시운송을 중지한 경우 중지한 때로부터 효력을 잃는다.

정답 ④

해설 상법 제691조(운송의 중지나 변경과 계약효력) 보험계약은 다른 약정이 없으면 운송의 필요에 의하여 일시 운송을 중지하거나 운송의 노순 또는 방법을 변경한 경우에도 그 효력을 잃지 아니한다.

51 해상보험자의 보상책임에 대한 설명으로 틀린 것은?

① 포괄위험담보주의를 채택하고 있다.

② 공동해손분담액은 보험가액을 한도로 한다.

③ 선박보험은 항해에 필요한 모든 물건을 보험의 목적에 포함시킨다.

④ 적하의 도착으로 얻을 이익은 선적한 때와 곳의 가액과 비용을 보험가액으로 한다.

정답 ④

해설 상법 제698조(희망이익보험의 보험가액) 적하의 도착으로 인하여 얻을 이익 또는 보수의 보험에 있어서는 계약으로 보험가액을 정하지 아니한 때에는 보험금액을 보험가액으로 한 것으로 추정한다.

52 해상보험의 보험기간에 대한 설명으로 틀린 것은?

① 선박보험은 하물 또는 저하의 선적에 착수한 때에 개시한다.

② 창고간약관의 적하보험은 운송에 착수한 때에 개시한다.

③ 선박보험의 경우 하물선적 착수 후 보험계약 체결시 당사자간 다른 약정이 없으면 보험료를 지급한 때로부터 보험자 책임이 개시된다.

④ 불가항력으로 인하지 아니하고 양륙이 지연된 때에는 그 양륙이 보통 종료될 때에 종료된 것을 한다.

정답 ③

해설 상법 제699조(해상보험의 보험기간의 개시) ① 항해단위로 선박을 보험에 붙인 경우에는 보험기간은 하물 또는 저하의 선적에 착수한 때에 개시한다.

② 적하를 보험에 붙인 경우에는 보험기간은 하물의 선적에 착수한 때에 개시한다. 그러나 출하지를 정한 경우에는 그 곳에서 운송에 착수한 때에 개시한다.

③ 하물 또는 저하의 선적에 착수한 후에 제1항 또는 제2항의 규정에 의한 보험계약이 체결된 경우에는 보험기간은 계약이 성립한 때에 개시한다.

53 다음 적하보험에 대한 설명 중 틀린 것은?

① 적하가 훼손되어 양륙항에 도착한 때에는 보험자는 그 훼손된 상태의 가액과 훼손되지 아니한 상태의 가액과의 비율에 따라 보험가액의 일부에 대한 손해를 보상할 책임이 있다.

② 항해 도중에 불가항력으로 보험의 목적인 적하를 매각한 때에는 보험자는 보험가액에서 그 대금과 비용을 제외한 금액을 보상한다.

③ 매수인이 적하매각에 따른 대금을 지급하지 않은 경우, 보험자는 그 금액을 지급하여야 한다.

④ 매수인 대신 보험금을 지급한 보험자는 피보험자의 매수인에 대한 권리를 취득한다.

정답 ②

해설 상법 제709조(적하매각으로 인한 손해의 보상) ① 항해 도중에 불가항력으로 보험의 목적인 적하를 매각한 때에는 보험자는 그 대금에서 운임 기타 필요한 비용을 공제한 금액과 보험가액과의 차액을 보상하여야 한다.

54 선박보험에 대한 설명으로 틀린 것은?

① 선박의 일부가 훼손되어 그 훼손된 부분의 전부를 수선한 경우에는 보험자는 수선에 따른 비용을 보상한다.

② 선박의 일부가 훼손되어 그 훼손된 부분의 일부를 수선한 경우에는 수선비용과 감가액을 보상한다.

③ 선박의 일부가 훼손되어 그 훼손된 부분의 전부를 수선한 경우 수선비는 보험가액을 한도로 보상한다.

④ 선박의 일부가 훼손되었으나 이를 수선하지 아니한 경우에는 보험자는 그로 인한 감가액을 보상한다.

[정답] ③

[해설] **상법 제707조의2(선박의 일부손해의 보상)** ① 선박의 일부가 훼손되어 그 훼손된 부분의 전부를 수선한 경우에는 보험자는 수선에 따른 비용을 1회의 사고에 대하여 보험금액을 한도로 보상할 책임이 있다.

55 위부의 원인에 대한 설명으로 틀린 것은?

① 피보험자가 보험사고로 인하여 자기의 선박 또는 적하의 점유를 상실하여 이를 회복할 가능성이 없거나 회복하기 위한 비용이 회복하였을 때의 가액을 초과하리라 예상될 경우 위부할 수 있다.

② 선박의 존부가 2월간 분명하지 아니하여 행방불명될 경우 위부할 수 있다.

③ 선박이 보험사고로 인하여 심하게 훼손되어 이를 수선하기 위한 비용이 수선하였을 때의 가액을 초과하리라고 예상될 경우 위부할 수 있다.

④ 적하가 보험사고로 인하여 심하게 훼손되어서 이를 수선하기 위한 비용과 그 적하를 목적지까지 운송하기 위한 비용과의 합계액이 도착하는 때의 적하의 가액을 초과하리라 예상될 경우 위부할 수 있다.

[정답] ②

[해설] **상법 제711조(선박의 행방불명)** ① 선박의 존부가 2월간 분명하지 아니한 때에는 그 선박의 행방이 불명한 것으로 한다.

56 위부에 대한 설명으로 틀린 것은?

① 선박이 훼손된 경우 선장이 지체 없이 다른 선박으로 적하의 운송을 계속한 때에는 피보험자는 그 적하를 위부할 수 없다.

② 위부의 원인이 그 일부에 대하여 생긴 때에도 보험목적의 전부에 대해 위부하고 보험금액이 전부 지급되어야 한다.

③ 피보험자가 위부를 하고자 할 때에는 상당한 기간 내에 보험자에 대하여 그 통지를 발송하여야 한다.

④ 위부는 무조건이어야 한다.

정답 ②

해설 상법 제714조(위부권 행사의 요건) ② 위부는 보험의 목적의 전부에 대하여 이를 하여야 한다. 그러나 위부의 원인이 그 일부에 대하여 생긴 때에는 그 부분에 대하여서만 이를 할 수 있다.

57 해상보험의 면책사유에 대한 설명으로 틀린 것은?

① 선박의 선급을 변경할 경우 보험자의 동의가 있는 때에는 보험자의 책임이 유지된다.

② 선박이 정당한 사유 없이 보험계약에서 정하여진 항로를 이탈한 경우에 보험자는 선박이 손해발생 전에 원항로로 돌아온 경우에는 책임을 진다.

③ 선박보험의 경우 감항능력결여로 인한 손해는 면책이다.

④ 적하보험의 경우 용선자, 송하인, 수하인의 고의 또는 중대한 과실로 인한 손해는 면책이다.

정답 ②

해설 상법 제701조의2(이로) 선박이 정당한 사유 없이 보험계약에서 정하여진 항로를 이탈한 경우에는 보험자는 그때부터 책임을 지지 아니한다. 선박이 손해발생 전에 원항로로 돌아온 경우에도 같다.

58 책임보험에 대한 설명으로 틀린 것은?

① 피보험자의 제3자에 대한 배상책임을 담보하는 보험이다.

② 영업배상책임보험의 경우 피보험자의 사업감독자가 제3자에게 지는 책임은 담보하지 않는다.

③ 피보험자가 동일한 사고로 제3자에게 배상책임을 짐으로써 입은 손해를 보상하는 수개의 책임보험계약이 동시 또는 순차로 체결된 경우에 그 보험금액의 총액이 피보험자의 제3자에 대한 손해배상액을 초과하는 때에는 중복보험의 규정을 준용한다.

④ 책임보험의 규정은 그 성질에 반하지 아니하는 범위에서 재보험계약에 준용한다.

정답 ②

해설 상법 제721조(영업책임보험의 목적) 피보험자가 경영하는 사업에 관한 책임을 보험의 목적으로 한 때에는 피보험자의 대리인 또는 그 사업감독자의 제3자에 대한 책임도 보험의 목적에 포함된 것으로 한다.

59 직접청구권에 대한 설명으로 틀린 것은?

① 타인의 물건을 보관하는 자가 물건의 소유자에게 지는 배상책임보험의 경우 보험의 목적물이 물건이기 때문에 물건소유자의 직접청구권을 인정하지 않는다.

② 보험자는 피보험자가 책임을 질 사고로 인하여 생긴 손해에 대하여 제3자가 그 배상을 받기 전에는 보험금액의 전부 또는 일부를 피보험자에게 지급하지 못한다.

③ 직접청구는 보험금액 한도 내에서만 가능하다.

④ 보험자에게는 직접청구사실을 피보험자에게 통지할 의무가 있다.

정답 ①

해설 상법 제725조(보관자의 책임보험) 임차인 기타 타인의 물건을 보관하는 자가 그 지급할 손해배상을 위하여 그 물건을 보험에 붙인 경우에는 그 물건의 소유자는 보험자에 대하여 직접 그 손해의 보상을 청구할 수 있다.

60 보험자의 방어의무와 비용에 대한 설명으로 틀린 것은?

① 보험자의 동의 없는 손해배상은 인정되지 않는다.
② 피보험자가 제3자로부터 배상청구를 받았을 때에는 지체 없이 보험자에게 그 통지를 발송하여야 한다.
③ 피보험자가 제3자에 대하여 변제, 승인, 화재 또는 재판으로 인하여 채무가 확정된 때에는 지체 없이 보험자에게 그 통지를 발송하여야 한다.
④ 피보험자가 제3자의 청구를 방어하기 위하여 지출한 재판상 또는 재판 외의 필요비용은 보험의 목적에 포함된 것으로 한다.

정답 ①

해설 보험금액 한도 내에서의 방어비용 인정은 보험자의 동의를 요하지 않는다.

61 인보험에 대한 설명으로 틀린 것은?

① 피보험자의 생명이나 신체에 관하여 보험사고가 발생할 경우에 보상하는 보험이다.
② 보험금의 분할 지급이 가능하다.
③ 인보험의 청구권대위 금지조항은 강행법규이다.
④ 인보험의 증권에는 해당 보험계약의 종류를 명시하여야 한다.

정답 ③

해설 인보험의 청구권대위 금지조항은 임의법규이다.

62 생명보험에 대한 설명으로 틀린 것은?

① 타인의 사망을 보험사고로 하는 보험계약에는 보험계약 체결 시에 그 타인의 서면에 의한 동의를 얻어야 한다.
② 당사자 약정이 있을 경우에만 보험계약자 또는 피보험자나 보험수익자의 중대한 과실로 인한 사고를 보상한다.
③ 타인의 생명의 보험의 경우 보험계약으로 인하여 생긴 권리를 피보험자가 아닌 자에게 양도하는 경우 타인의 서면에 의한 동의를 얻어야 한다.
④ 피보험자의 사망, 생존, 사망과 생존에 관한 보험사고가 발생할 경우 약정한 보험금을 지급하는 보험이다.

정답 ②

해설 인보험은 당사자 약정과 상관없이 보험계약자, 피보험자, 보험수익자의 중대한 과실로 인한 사고를 보상한다.

63 생명보험의 보험수익자 지정·변경에 대한 설명으로 틀린 것은?

① 보험수익자가 지정되지 않은 상태에서 보험사고가 발생한 경우 피보험자의 상속인이 보험수익자가 된다.

② 보험수익자가 보험존속 중에 사망한 때에는 다시 보험수익자를 지정할 수 있다.

③ 지정변경권은 보험수익자를 제외한 보험계약자와 피보험자에게 있다.

④ 지정변경시 보험자에게 통지하여야 한다.

정답 ③

해설 보험수익자 지정변경권은 보험계약자에게 있다.

64 다음 설명 중 틀린 것은?

① 상해보험계약의 보험자는 신체의 상해에 관한 보험사고가 생길 경우에 보험금액 기타 급여를 지급할 책임이 있다.

② 질병보험계약의 보험자는 피보험자의 질병에 관한 보험사고가 발생할 경우 보험금이나 그 밖의 급여를 지급할 책임이 있다.

③ 타인의 상해보험계약의 경우 보험증권에 피보험자의 직무 또는 직위만을 기재할 수 있다.

④ 상해보험에 관하여는 생명보험은 전 규정을 준용한다.

정답 ④

해설 **상법 제739조(준용규정)** 상해보험에 관하여는 제732조를 제외하고 생명보험에 관한 규정을 준용한다. **상법 제732조(15세 미만자 등에 대한 계약의 금지)** 15세 미만자, 심신상실자 또는 심신박약자의 사망을 보험사고로 한 보험계약은 무효로 한다. 다만, 심신박약자가 보험계약을 체결하거나 제735조의3에 따른 단체보험의 피보험자가 될 때에 의사능력이 있는 경우에는 그러하지 아니하다.

65 단체보험에 대한 설명으로 틀린 것은?

① 단체의 규약에 따라 보험계약이 체결되어야 한다.

② 피보험자의 서면동의는 언제나 필요없다.

③ 보험증권은 보험계약자 1인에 대하여서만 교부하면 족하다.

④ 심신박약자를 피보험자로 할 수 있다.

정답 ②

해설 **상법 제735조의3(단체보험)** ① 단체가 규약에 따라 구성원의 전부 또는 일부를 피보험자로 하는 생명보험계약을 체결하는 경우에는 제731조를 적용하지 아니한다.
상법 제731조(타인의 생명의 보험) ① 타인의 사망을 보험사고로 하는 보험계약에는 보험계약 체결 시에 그 타인의 서면(「전자서명법」 제2조 제2호에 따른 전자서명이 있는 경우로서 대통령령으로 정하는 바에 따라 본인 확인 및 위조·변조 방지에 대한 신뢰성을 갖춘 전자문서를 포함한다)에 의한 동의를 얻어야 한다.

66 보험적립금반환에 대한 설명으로 틀린 것은?

① 피보험자의 고의사고로 인한 면책시 청구할 수 있다.

② 보험계약자의 고의사고로 인한 면책시 청구할 수 있다.

③ 피보험자의 중과실사고로 인한 면책시 청구할 수 있다.

④ 보험수익자의 중과실로 인한 면책시 청구할 수 있다.

정답 ②

해설 **상법 제736조(보험적립금 반환의무 등)** ① 제649조, 제650조, 제651조 및 제652조 내지 제655조의 규정에 의하여 보험계약이 해지된 때, 제659조와 제660조의 규정에 의하여 보험금액의 지급책임이 면제된 때에는 보험자는 보험수익자를 위하여 적립한 금액을 보험계약자에게 지급하여야 한다. 그러나 다른 약정이 없으면 제659조 제1항의 보험사고가 보험계약자에 의하여 생긴 경우에는 그러하지 아니하다.
상법 제659조(보험자의 면책사유) ① 보험사고가 보험계약자 또는 피보험자나 보험수익자의 고의 또는 중대한 과실로 인하여 생긴 때에는 보험자는 보험금액을 지급할 책임이 없다.

01 면책사유에 대한 설명 중 틀린 것은?

① 고의·중과실 사고면책은 법정면책사유이다.
② 전쟁위험 등의 면책은 법정면책사유이다.
③ 고의사고 면책은 절대적 면책사유이다.
④ 전쟁위험 등의 면책은 절대적 면책사유이다.

정답 ④

해설 전쟁위험 등은 상대적 면책사유이다.

02 면책사유에 대한 설명 중 맞는 것은?

① 면책사유 존재시 보험계약은 무효이다.
② 면책사유 존재시 보험계약은 종료된다.
③ 면책사유 존재시 보험자는 보험금 지급의무가 없다.
④ 면책사유 존재시 보험계약은 취소된다.

정답 ③

해설 상법 제659조(보험자의 면책사유) ① 보험사고가 보험계약자 또는 피보험자나 보험수익자의 고의 또는 중대한 과실로 인하여 생긴 때에는 보험자는 보험금액을 지급할 책임이 없다.

03 면책사유에 대한 설명 중 틀린 것은?

① 법정면책사유는 약관에 열거되어 있지 않더라도 적용된다.
② 약관상 면책사유는 공서양속과 상법 제663조에 위배되지 않는 한 유효하다.
③ 법정면책사유는 당사자간 특약으로 부책이 가능한 경우도 있다.
④ 보험계약자의 고의사고는 당사자간 특약으로 부책이 가능하다.

정답 ④

해설 고의사고는 당사자간 특약으로도 담보할 수 없다.

04 면책사유에 대한 설명 중 틀린 것은?

① 피보험자의 중과실사고는 면책이다.
② 중과실이란 통상인에게 요구되는 정도의 주의보다 약한 주의만 하였다면 그 결과를 예견할 수 있음에도 불구하고 주의하지 못한 것이라 판례는 보고 있다.
③ 생명보험은 보험수익자의 고의·중과실사고를 면책하고 있다.
④ 책임보험약관상 중과실사고를 담보조항은 유효하다.

[정답] ③

[해설] 고의사고는 손해보험과 인보험 모두 면책이다.

05 다음 약관의 내용 중 유효하지 않은 것은?

① 보험계약자, 피보험자의 중과실사고 면책
② 보험수익자의 고의사고 면책
③ 피보험자의 고의사고시 보험료적립금을 반환한다.
④ 둘 이상의 보험수익자 중 일부가 고의로 피보험자를 사망하게 한 경우 보험자는 다른 보험수익자에 대한 보험금 지급책임을 면한다.

[정답] ④

[해설] 상법 제732조의2(중과실로 인한 보험사고 등) ② 둘 이상의 보험수익자 중 일부가 고의로 피보험자를 사망하게 한 경우 보험자는 다른 보험수익자에 대한 보험금 지급책임을 면하지 못한다.

06 고의사고 면책에 대한 설명 중 틀린 것은?

① 고의란 자신의 행위에 의하여 일정한 결과가 발생하리라는 것을 인지함에도 불구하고 행하는 심리상태를 말한다.
② 미필적 고의는 포함되지 않는다.
③ 판례는 상해의 고의는 인정되나 사망의 고의는 인정되지 않는 사고의 경우 사망보험금을 지급해야 한다고 보고 있다.
④ 심신미약상태의 고의사고는 책임능력결여로 보아 면책사유로 보지 않는다.

[정답] ②

[해설] 미필적 고의도 포함된다.

07 대표자책임이론에 대한 설명 중 틀린 것은?

① 피보험자와 일정한 신분관계에 있는 제3자의 고의·중과실을 피보험자의 고의·중과실과 동일시하여 면책하는 이론이다.

② 피보험자와 생계를 같이하는 가족의 고의사고를 면책하는 것은 대표자책임이론을 적용한 것이다.

③ 대표자책임이론에 의하면 피보험자의 피용인의 고의·중과실사고는 부책이다.

④ 우리나라 판례에서는 대표자책임이론을 부정하고 있다.

정답 ③

해설 대표자책임이론에 의하면 피보험자의 피용인의 고의·중과실사고는 면책이다.

08 보험자 책임의 면책사유에 대한 설명 중 틀린 것은?

① 면책사유 존재의 입증책임은 보험자에게 있다.

② 정신질환에 의한 자살사고의 경우 정신질환에 대한 입증책임은 보험자에게 있다.

③ 생명보험 약관상 보험계약체결 2년 경과 후 자살담보조항은 유효하다.

④ 둘 이상의 보험수익자 중 일부가 고의로 피보험자를 사망하게 한 경우 보험자는 다른 보험수익자에 대한 보험금 지급책임을 면하지 못한다.

정답 ②

해설 입증책임은 피보험자 측에 있다.

09 면책사유에 대한 설명 중 틀린 것은?

① 상법상 전쟁위험 등으로 인한 면책조항은 임의법규이다.

② 전쟁이란 국제법상 전쟁을 의미한다.

③ 기타변란은 혁명, 내란, 사변, 폭동, 소요 이와 유사한 사태를 의미한다.

④ 축소 해석의 원칙을 적용한다.

정답 ②

해설 반드시 국제법상의 전쟁만을 의미하는 것은 아니다.

10 상법상 손해보험 면책사유에 대한 설명 중 틀린 것은?

① 보험계약자 또는 피보험자의 중과실사고는 담보대상이다.
② 보험목적의 성질이란 부패, 자연발아, 변색, 건조로 인한 중량감소 등을 의미한다.
③ 보험목적의 하자란 보험목적이 가지는 기능상·구조상 결함으로 보험기간 중 발생한 사고가 아니란 점에서 면책이다.
④ 자연소모란 예측가능한 통상손해를 뜻한다.

정답 ①

해설 보험계약자, 피보험자의 고의사고와 중과실사고 모두 면책사유이다.

11 운송보험 면책사유에 해당하지 않는 것은?

① 운송인의 고의·중과실사고
② 운송보조인의 고의·중과실사고
③ 송하인의 고의·중과실사고
④ 수하인의 고의·중과실사고

정답 ①

해설 상법 제692조(운송보조자의 고의, 중과실과 보험자의 면책) 보험사고가 송하인 또는 수하인의 고의 또는 중대한 과실로 인하여 발생한 때에는 보험자는 이로 인하여 생긴 손해를 보상할 책임이 없다.

12 해상보험 면책사유에 대한 설명 중 틀린 것은?

① 선박보험과 운임보험의 경우 감항능력의무 위반시 면책이다.
② 감항능력이란 안전하게 항해를 하기에 필요한 준비를 하고 서류를 비치하는 것을 말한다.
③ 물적·인적 감항능력 모두 충족해야 한다.
④ 감항능력의무는 보험계약 체결시 이행의무이다.

정답 ④

해설 상법 제706조(해상보험자의 면책사유) 보험자는 다음의 손해와 비용을 보상할 책임이 없다.
1. 선박 또는 운임을 보험에 붙인 경우에는 발항 당시 안전하게 항해를 하기에 필요한 준비를 하지 아니하거나 필요한 서류를 비치하지 아니함으로 인하여 생긴 손해

13 해상보험 면책사유에 대한 설명 중 틀린 것은?

① 감항능력위반과 사고 사이에 인과관계가 있어야 면책이 가능하다.

② 감항능력과 사고 사이에 인과관계가 없는 경우에도 보험자가 책임을 지지 아니한다는 약관규정은 무효이다.

③ 적하보험의 경우 용선자, 송하인 또는 수하인의 고의 또는 중대한 과실로 인하여 생긴 손해는 면책이다.

④ 도선료, 입항료, 등대료, 기타 선박 또는 적하에 관한 항해 중의 통상비용은 면책이다.

정답 ②

해설 상법 제663조(보험계약자 등의 불이익변경금지) 이 편의 규정은 당사자 간의 특약으로 보험계약자 또는 피보험자나 보험수익자의 불이익으로 변경하지 못한다. 그러나 재보험 및 해상보험 기타 이와 유사한 보험의 경우에는 그러하지 아니하다.

14 다음은 상법상 해상보험의 담보(Warranty)위반에 대한 설명 중 틀린 것은?

① 해상보험에서의 담보(Warranty)란 피보험자가 지켜야할 약속을 의미한다.

② 선박이 보험계약에서 정하여진 발항항이 아닌 다른 항에서 출항한 때에는 보험자는 책임을 지지 아니하다.

③ 선박 이로(離路)의 경우 선박이 손해발생 전에 원항로로 복귀하면 보험자 책임이 재개된다.

④ 피보험자가 정당한 사유 없이 발항 또는 항해를 지연한 때에는 보험자는 지체 이후의 사고에 대하여 책임을 지지 아니한다.

정답 ③

해설 상법 제701조의2(이로) 선박이 정당한 사유 없이 보험계약에서 정하여진 항로를 이탈한 경우에는 보험자는 그때부터 책임을 지지 아니한다. 선박이 손해발생 전에 원항로로 돌아온 경우에도 같다.

15 다음은 상법상 해상보험의 담보(Warranty)위반에 대한 설명 중 틀린 것은?

① 선박이 보험계약에서 정하여진 도착항이 아닌 다른 항에서 출항한 때에는 보험자는 책임을 지지 아니한다.

② 적하를 보험에 붙인 경우에 보험계약자 또는 피보험자의 책임 있는 사유로 인하여 선박을 변경한 때에는 그 변경후의 사고에 대하여 책임을 지지 아니한다.

③ 담보위반 사실과 보험사고 간에 인과관계가 있어야 면책이 가능하다.

④ 선박이 정당한 사유 없이 보험계약에서 정하여진 선로를 이탈한 경우에는 보험자는 그때부터 책임을 지지 아니한다.

정답 ③

해설 담보위반으로 인한 면책은 인과관계를 요하지 않는다.

16 해상보험에 대한 설명 중 틀린 것은?

① 선박 양도 후 사고는 면책이다.

② 선박의 선급을 변경시 보험자의 동의를 얻은 경우 변경 후 보험사고는 담보한다.

③ 선박을 새로운 관리로 옮긴 이후 사고는 면책이다.

④ 보험자 책임 개시 후 보험계약상 선박의 도착항이 변경된 경우 담보위반으로 계약이 종료된다.

정답 ④

해설 상법 제701조(항해변경의 효과) ① 선박이 보험계약에서 정하여진 발항항이 아닌 다른 항에서 출항한 때에는 보험자는 책임을 지지 아니한다.

② 선박이 보험계약에서 정하여진 도착항이 아닌 다른 항을 향하여 출항한 때에도 제1항의 경우와 같다.

③ 보험자의 책임이 개시된 후에 보험계약에서 정하여진 도착항이 변경된 경우에는 보험자는 그 항해의 변경이 결정된 때부터 책임을 지지 아니한다.

17 다음 설명 중 틀린 것은?

① 고지의무위반으로 인해 보험계약이 해지될 경우 보험자는 보험금 지급책임이 없다.
② 위험변경증가 통지의무위반으로 인해 보험계약이 해지될 경우 이미 지급한 보험금의 반환을 청구할 수 있다.
③ 위험유지의무위반으로 인해 보험계약이 해지될 경우 보험자는 보험금 지급책임이 없다.
④ 타보험계약 통지의무위반의 경우 면책은 아니나 해지는 가능하다.

정답 ④

해설 타보험계약 통지의무의 취지는 비례보상을 하기 위함일 뿐이다.

18 고지의무위반의 효과 중 틀린 것은?

① 보험자는 위반사실을 안 날로부터 1개월, 보험계약 체결일로부터 3년 이내에 면책권의 행사가 가능하다.
② 고지의무위반과 보험사고 사이에 인과관계 있을 경우에 한하여 면책할 수 있다.
③ 인과관계 부존재의 입증책임은 보험계약자 측에 있다.
④ 인과관계 존재의 입증책임은 보험자에게 있다.

정답 ①

해설 보험자는 위반사실을 안 날로부터 1개월, 보험계약 체결일로부터 3년 이내에 해지권의 행사가 가능하다.

19 위험의 현저한 변경증가의 효과에 대한 설명 중 틀린 것은?

① 객관적 위험의 현저한 변경증가의 경우 면책할 수 있다.
② 주관적 위험의 현저한 변경증가의 경우 면책할 수 없다.
③ 위험의 현저한 변경증가에 대한 입증책임은 보험자에게 있다.
④ 위험의 현저한 변경증가와 보험사고와 인과관계 존재의 입증책임은 보험자에게 있다.

정답 ②

해설 객관적·주관적 위험의 현저한 변경증가의 경우 보험사고와의 인과관계 존재시 면책이 가능하다.

20 다음 설명 중 틀린 것은?

① 보험사고발생 통지를 하지 않은 경우 보험계약 해지 후 면책이다.
② 보험사고발생 통지를 하지 않은 경우 그로인해 증가된 손해만 면책이다.
③ 배상청구사실 통지를 하지 않은 경우 그로인해 증가된 손해만 면책이다.
④ 배상청구사실 통지를 하지 않은 경우 사전에 보험사고발생 통지가 이루어졌다면 의무위반이 아니다.

정답 ①

해설 보험사고발생 통지의무위반의 경우 위반으로 인해 증가된 손해만 면책이다.

21 보험계약의 무효사유가 아닌 것은?

① 보험계약 체결 당시 이미 보험사고가 발생한 경우
② 타인의 사망보험에서 타인의 서면동의 부존재
③ 심신박약자의 자기의 사망보험계약
④ 사기에 의한 초과보험

정답 ③

해설 상법 제732조(15세 미만자 등에 대한 계약의 금지) 15세 미만자, 심신상실자 또는 심신박약자의 사망을 보험사고로 한 보험계약은 무효로 한다. 다만, 심신박약자가 보험계약을 체결하거나 제735조의3에 따른 단체보험의 피보험자가 될 때에 의사능력이 있는 경우에는 그러하지 아니하다.

22 보험계약의 무효사유에 대한 설명으로 틀린 것은?

① 선량한 풍속 기타 사회질서에 위반하는 보험계약은 무효이다.
② 상법 제663조를 위반한 약관조항이 있는 경우 보험계약은 무효이다.
③ 사기에 의한 중복보험은 무효이다.
④ 15세 미만자의 사망보험계약은 무효이다.

정답 ②

해설 해당 약관조항이 무효이다.

23 보험계약의 무효사유가 아닌 것은?

① 주관적 위험의 현저한 변경 또는 증가
② 심신상실자의 사망보험계약
③ 심신박약자의 사망보험계약
④ 보험계약 당시 피보험이익의 부존재

[정답] ①

[해설] 주관적 위험의 현저한 변경 또는 증가는 해지나 보험료 증액 또는 면책사유에 해당한다.

24 보험계약의 무효에 대한 설명으로 틀린 것은?

① 미성년자의 사망을 보험사고로 하는 보험계약은 무효이다.
② 보험계약 당시에 보험사고가 발생할 수 없는 것인 때에 그 계약은 무효로 한다.
③ 보험사고가 객관적으로 확정되어 있더라도 주관적으로 미확정되어 있다면 무효가 아니다.
④ 당사자 약정이 있다면 보험사고가 보험계약 체결 전에 발생한 경우라도 무효가 아니다.

[정답] ①

[해설] 상법 제732조(15세 미만자 등에 대한 계약의 금지) 15세 미만자, 심신상실자 또는 심신박약자의 사망을 보험사고로 한 보험계약은 무효로 한다. 다만, 심신박약자가 보험계약을 체결하거나 제735조의3에 따른 단체보험의 피보험자가 될 때에 의사능력이 있는 경우에는 그러하지 아니하다.

25 보험계약의 무효의 효과가 아닌 것은?

① 보험계약자와 피보험자가 선의·무과실인 경우 기지급보험료의 반환이 가능하다.
② 보험계약이 처음부터 없는 것으로 본다.
③ 보험료반환청구권의 소멸시효는 3년이다.
④ 보험수익자의 선의는 기지급보험료 반환청구 조건이 되지 않는다.

[정답] ④

[해설] 상법 제648조(보험계약의 무효로 인한 보험료반환청구) 보험계약의 전부 또는 일부가 무효인 경우에 보험계약자와 피보험자가 선의이며 중대한 과실이 없는 때에는 보험자에 대하여 보험료의 전부 또는 일부의 반환을 청구할 수 있다. 보험계약자와 보험수익자가 선의이며 중대한 과실이 없는 때에도 같다.

26 무효사유로 틀린 것은?

① 보험약관교부 설명의무위반으로 인한 취소
② 보험사고의 주관적 확정
③ 사기의 초과보험으로 인한 취소
④ 전부보험료 지체 후 1개월 경과

정답 ④

해설 상법 제650조(보험료의 지급과 지체의 효과) ① 보험계약자는 계약 체결 후 지체 없이 보험료의 전부 또는 제1회 보험료를 지급하여야 하며, 보험계약자가 이를 지급하지 아니하는 경우에는 다른 약정이 없는 한 계약 성립 후 2월이 경과하면 그 계약은 해제된 것으로 본다.

27 위험의 현저한 변경·증가에 대한 내용으로 틀린 것은?

① 보험자는 보험료의 증액을 청구할 수 있다.
② 보험료증액 청구권의 제척기간을 2월로 하는 약관조항은 무효이다.
③ 주관적 위험의 현저한 변경증가의 경우 보험자가 당사자 약정이 없으면 그 사실을 안 날로부터 2월이 경과하면 그 계약은 해제된 것으로 본다.
④ 보험료 증액은 장래에 대해서만 효력이 있다.

정답 ③

해설 상법 제653조(보험계약자 등의 고의나 중과실로 인한 위험증가와 계약해지) 보험기간 중에 보험계약자, 피보험자 또는 보험수익자의 고의 또는 중대한 과실로 인하여 사고발생의 위험이 현저하게 변경 또는 증가된 때에는 보험자는 그 사실을 안 날부터 1월 내에 보험료의 증액을 청구하거나 계약을 해지할 수 있다.

28 보험료 감액에 대한 설명으로 틀린 것은?

① 보험계약 당사자가 특별위험을 예기하여 보험료의 액을 정한 경우 그 위험이 소멸한 경우에는 보험계약자가 보험료의 감액을 청구 할 수 있다.
② 초과보험의 경우 보험료의 감액을 청구할 수 있다.
③ 초과보험의 경우 보험금액의 감액을 청구할 수 있다.
④ 보험료 감액청구권은 보험계약자에게, 보험금액 감액청구권은 보험자에게 있다.

정답 ④

해설 보험료·보험금액 감액청구권 모두 보험계약자와 보험자에게 있다.

29 보험계약의 변경에 대한 내용으로 틀린 것은?

① 성립된 계약의 내용은 법률불소급의 원칙에 따라 당사자간 합의로 변경될 수 없으며, 보험료의 증감에 대해서만 변경이 가능하다.

② 표준약관이 개정될 경우 그 효력은 이전 보험계약에 영향을 미치지 않는다.

③ 법령이 개정될 경우 그 효력은 이전 보험계약에 영향을 미치지 않는다.

④ 보험계약자 보호를 위해 금융위원회에서 인정되는 경우라면 개정약관의 효력이 이전 보험계약에 영향을 미칠 수 있다.

정답 ①

해설 보험계약의 내용은 변경될 수 있다.

30 초과보험에 대한 내용으로 틀린 것은?

① 보험금액이 보험가액을 현저하게 초과한 경우 보험자는 보험료의 감액을 청구할 수 있다.

② 보험금액이 보험가액을 현저하게 초과한 경우 보험계약자는 보험금액의 감액을 청구할 수 있다.

③ 보험가액이 보험기간 중에 현저하게 감소하여 보험금액이 보험가액을 현저하게 초과한 경우 피보험자는 보험료의 감액을 청구할 수 있다.

④ 보험가액이 보험기간 중에 현저하게 감소하여 보험금액이 보험가액을 현저하게 초과한 경우 보험자는 보험금액의 감액을 청구할 수 있다.

정답 ③

해설 보험료의 감액청구는 보험계약자 또는 보험자가 할 수 있다.

31 보험금청구권의 양도에 대한 내용으로 틀린 것은?

① 보험사고발생 후라면 일반채권과 동일하다.

② 보험사고발생 전이라면 법령과 공서양속에 위배되지 않는 한 유효하다.

③ 자기의 타인을 위한 사망보험계약에서는 피보험자의 서면동의가 필요하다.

④ 타인의 사망보험계약에서는 피보험자의 서면동의가 필요하다.

정답 ③

해설 **상법 제731조(타인의 생명의 보험)** ① 타인의 사망을 보험사고로 하는 보험계약에는 보험계약 체결 시에 그 타인의 서면(「전자서명법」 제2조 제2호에 따른 전자서명 또는 제2조 제3호에 따른 공인전자서명이 있는 경우로서 대통령령으로 정하는 바에 따라 본인 확인 및 위조·변조 방지에 대한 신뢰성을 갖춘 전자문서를 포함한다)에 의한 동의를 얻어야 한다.

② 보험계약으로 인하여 생긴 권리를 피보험자가 아닌 자에게 양도하는 경우에도 제1항과 같다.

32 보험목적의 양도에 대한 내용으로 틀린 것은?

① 양수인은 양도인의 보험계약 상의 권리와 의무를 승계하는 것으로 본다.
② 상법상 보험계약 승계조항은 양수인의 무보험상태를 방지하기 위함이다.
③ 양도는 포괄승계가 아닌 특정승계를 의미한다.
④ 강제경매에 의한 소유권 이전도 상법상 양도조항을 적용한다.

정답 ①

해설 상법 제679조(보험목적의 양도) ① 피보험자가 보험의 목적을 양도한 때에는 양수인은 보험계약 상의 권리와 의무를 승계한 것으로 추정한다.

33 보험목적의 양도에 대한 내용으로 틀린 것은?

① 판결에 의한 소유권이전도 상법상 양도조항을 적용한다.
② 배상책임은 원칙적으로 양도조항이 적용되지 않는다.
③ 상해보험은 당사자 약정이 있을 경우 양도가 가능하다.
④ 선박보험에서는 보험계약 종료사유에 해당한다.

정답 ③

해설 인보험은 보험목적이 사람이기 때문에 양도가 불가능하다.

34 보험목적의 양도에 대한 내용으로 틀린 것은?

① 우리 상법은 승계추정주의를 채택하고 있다.
② 양도시 양수인에게는 통지의무가 부여된다.
③ 자동차보험의 경우 보험자의 승낙을 얻은 경우에 한하여 보험계약을 승계한다.
④ 자동차보험의 경우 보험자가 양수인으로부터 양수사실을 통지받은 때에는 지체 없이 낙부를 통지하여야 하고 통지받은 날부터 30일 내에 낙부의 통지가 없을 때에는 승낙한 것으로 본다.

정답 ④

해설 상법 제726조의4(자동차의 양도) ① 피보험자가 보험기간 중에 자동차를 양도한 때에는 양수인은 보험자의 승낙을 얻은 경우에 한하여 보험계약으로 인하여 생긴 권리와 의무를 승계한다.
② 보험자가 양수인으로부터 양수사실을 통지받은 때에는 지체 없이 낙부를 통지하여야 하고 통지받은 날부터 10일 내에 낙부의 통지가 없을 때에는 승낙한 것으로 본다.

35 다음의 내용 중 틀린 것은?

① 보험목적의 양도는 물건의 물권적 이전을 요건으로 한다.
② 보험목적의 양도시 양수인이 보험계약의 승계를 거부할 경우 실효된다.
③ 기존의 보험계약을 변경하는 경우 보험계약자는 증권의 재교부를 청구할 수 있다.
④ 보험계약자가 증권의 재교부를 청구하는 경우 그 증권의 작성비용은 보험계약자의 부담으로 한다.

정답 ③

해설 상법 제640조(보험증권의 교부) ① 보험자는 보험계약이 성립한 때에는 지체 없이 보험증권을 작성하여 보험계약자에게 교부하여야 한다. 그러나 보험계약자가 보험료의 전부 또는 최초의 보험료를 지급하지 아니한 때에는 그러하지 아니하다.
② 기존의 보험계약을 연장하거나 변경한 경우에는 보험자는 그 보험증권에 그 사실을 기재함으로써 보험증권의 교부에 갈음할 수 있다.

36 다음 중 보험계약이 실효되지 않는 경우는?

① 양수인의 보험계약 승계거부
② 보험기간의 종료
③ 보험자 파산선고 후 보험계약자가 해지하지 않고 1개월이 경과한 경우
④ 보험계약의 해지

정답 ③

해설 상법 제654조(보험자의 파산선고와 계약해지) ① 보험자가 파산의 선고를 받은 때에는 보험계약자는 계약을 해지할 수 있다.
② 제1항의 규정에 의하여 해지하지 아니한 보험계약은 파산선고 후 3월을 경과한 때에는 그 효력을 잃는다.

37 보험계약의 실효사유가 아닌 것은?

① 최초보험료 부지급 후 1개월 경과
② 잔존보험금제도에서 보험금액이 일정비율 이하가 될 때
③ 보험목적의 멸실
④ 피보험이익의 소멸

정답 ①

해설 상법 제650조(보험료의 지급과 지체의 효과) ① 보험계약자는 계약 체결 후 지체 없이 보험료의 전부 또는 제1회 보험료를 지급하여야 하며, 보험계약자가 이를 지급하지 아니하는 경우에는 다른 약정이 없는 한 계약 성립 후 2월이 경과하면 그 계약은 해제된 것으로 본다.

38 보험계약의 실효에 대한 내용으로 틀린 것은?

① 선박을 새로운 관리에 옮긴 때에는 보험계약이 종료된다.
② 보험사고발생 후 임의해지의 경우 미경과보험료의 반환을 하지 아니할 수 있다.
③ 타인을 위한 보험의 경우 보험증권 소지 또는 타인의 동의가 있어야 임의해지가 가능하다.
④ 보험자는 당사자 특약이 있는 경우 임의해지권이 있다.

정답 ④

해설 보험자는 임의해지권이 인정되지 않는다.

39 해지에 의한 보험계약의 실효에 대한 내용으로 틀린 것은?

① 계속보험료 부지급은 보험계약 해지사유이다.
② 고지의무위반은 보험자가 그 위반사실을 안 날로부터 1개월, 계약 체결일로부터 3년 이내 계약을 해지할 수 있다.
③ 보험계약자는 기납입보험료 반환을 청구할 수 있다.
④ 보험계약의 체결 당시에 하물을 적재할 선박을 지정하지 아니한 경우에 선박 확정시 보험계약자 또는 피보험자가 보험자에게 통지하지 아니한 경우 보험자는 그 사실을 안 날로부터 1개월 내에 계약을 해지 할 수 있다.

정답 ③

해설 기납입보험료는 보험계약이 무효일 경우 청구할 수 있다.

40 취소에 의한 보험계약의 실효에 대한 내용으로 틀린 것은?

① 민법상 사기에 의한 계약은 무효이다.
② 사기에 의한 초과보험의 경우 보험계약은 무효다.
③ 보험자가 약관교부설명의무를 위반한 경우 보험계약자의 취소권 제척기간은 1개월이다.
④ 사기로 인한 초과보험의 경우 보험자는 그 사실을 안 때까지의 보험료를 청구할 수 있다.

정답 ③

해설 약관교부설명의무위반으로 인한 보험계약자의 취소권 제척기간은 계약성립일로부터 3개월이다.

41 운송보험에 대한 설명 중 틀린 것은?

① 다른 약정이 없으면 운송인이 운송물을 수령한 때로부터 수하인에게 인도될 때까지를 보험기간으로 한다.

② 상법상 운송보험은 육상운송을 의미하며 하천, 호수, 항만에서의 사고를 포함한다.

③ 미평가보험일 경우 보험가액불변경주의를 적용한다.

④ 희망이익은 당사자 특약이 있을 때에만 가액에 산입한다.

정답 ②

해설 항만은 해당하지 않는다.

42 운송보험에 대한 설명 중 틀린 것은?

① 운송물에 대한 이익을 피보험이익으로 한다.

② 타인을 위한 보험도 가능하다.

③ 운송에 이용되는 용구는 보험의 목적에 포함된다.

④ 운임도 피보험이익 될 수 있다.

정답 ③

해설 운송에 이용되는 용구는 보험의 목적에 포함되지 않는다.

43 운송보험에 대한 설명 중 틀린 것은?

① 운송물의 보험가액은 발송한 때와 곳의 가액과 도착지까지의 운임 기타의 비용으로 한다.

② 운송물의 도착으로 얻을 이익의 가액을 정하지 않은 경우 보험금액을 가액으로 추정한다.

③ 운송 중 발생한 신체손해에 관한 담보는 운송보험이 아니다.

④ 상법에서는 포괄적 책임방식을 적용하고 있다.

정답 ②

해설 **상법 제689조(운송보험의 보험가액)** ① 운송물의 보험에 있어서는 발송한 때와 곳의 가액과 도착지까지의 운임 기타의 비용을 보험가액으로 한다.

② 운송물의 도착으로 인하여 얻을 이익은 약정이 있는 때에 한하여 보험가액 중에 산입한다.

44 운송보험증권의 기재사항이 아닌 것은?

① 운송용구의 종류와 연식
② 운송물의 수령과 인도의 장소
③ 운송기간을 정한 때에는 그 기간
④ 보험계약자의 주소와 성명 또는 상호

정답 ①

해설 상법 제690조(운송보험증권) 운송보험증권에는 제666조에 게기한 사항 외에 다음의 사항을 기재하여야 한다.
1. 운송의 노순과 방법
2. 운송인의 주소와 성명 또는 상호
3. 운송물의 수령과 인도의 장소
4. 운송기간을 정한 때에는 그 기간
5. 보험가액을 정한 때에는 그 가액

45 운송보험의 면책에 대한 설명 중 틀린 것은?

① 송하인의 고의 또는 중대한과실로 인한 사고는 면책이다.
② 수하인의 고의 또는 중대한과실로 인한 사고는 면책이다.
③ 운송의 노순이나 방법을 변경한 경우 그 변경 시점부터 보험자는 보상책임을 지지 않는다.
④ 용선자는 운송보험과 관련이 없다.

정답 ③

해설 상법 제691조(운송의 중지나 변경과 계약효력) 보험계약은 다른 약정이 없으면 운송의 필요에 의하여 일시 운송을 중지하거나 운송의 노순 또는 방법을 변경한 경우에도 그 효력을 잃지 아니한다.

46 운송보험에 대한 설명 중 맞는 것은?

① 운송물을 수령한 후에 보험계약이 체결된 경우 운송물 수령 시부터 보험자 책임을 개시시키는 당사자 약정은 효력이 없다.
② 보험가액불변경주의를 채택하여 협정보험가액이 적용된다.
③ 운송물 소유자를 위한 보험으로 타인을 위한 보험으로만 운영된다.
④ 운송보조자의 고의 또는 중과실 사고일 경우 보험자는 면책이다.

정답 ④

해설 상법 제692조(운송보조자의 고의, 중과실과 보험자의 면책) 보험사고가 송하인 또는 수하인의 고의 또는 중대한 과실로 인하여 발생한 때에는 보험자는 이로 인하여 생긴 손해를 보상할 책임이 없다.

47 운송보험에 대한 설명 중 틀린 것은?

① 운송보험의 보험기간은 운송물이 운송중인 기간으로 운송물의 이동 외에 수하인에게 도착할 때까지의 보관기간은 포함되지 않는다.
② 보험자가 운송물을 수령하였어도 최초의 보험료가 미지급되었다면 보험자 책임은 개시되지 않는다.
③ 당사자 특약이 있다면 최초보험료가 미지급되었다 하더라도 운송물을 수령한 때로부터 보험자 책임의 개시가 가능하다.
④ 운송물의 인도가 불가능하여 경매하는 경우 일반적으로 수하인에게 인도되었으리라 예상되는 시점에 보험기간이 종료된다고 본다.

정답 ①

해설 상법 제688조(운송보험자의 책임) 운송보험계약의 보험자는 다른 약정이 없으면 운송인이 운송물을 수령한 때로부터 수하인에게 인도할 때까지 생길 손해를 보상할 책임이 있다.

48 자동차보험에 대한 설명 중 틀린 것은?

① 피보험자가 자동차를 소유, 사용 또는 관리하는 동안에 발생한 사고로 인하여 생긴 손해를 보상할 책임이 있다.
② 보험의 목적인 자동차를 피보험자동차라 한다.
③ 피보험자의 제3자에 대한 법률상 배상책임도 피보험이익이 될 수 있다.
④ 제3자의 중과실사고는 면책대상이다.

정답 ④

해설 상법 제659조(보험자의 면책사유) ① 보험사고가 보험계약자 또는 피보험자나 보험수익자의 고의 또는 중대한 과실로 인하여 생긴 때에는 보험자는 보험금액을 지급할 책임이 없다.

49 자동차보험증권의 기재사항에 대한 설명으로 틀린 것은?

① 자동차보유자의 성명과 생년월일
② 피보험자동차의 등록번호, 차대번호
③ 차량가액은 언제나 확정적이어야 한다.
④ 피보험자동차의 차형연식과 기계장치

정답 ③

해설 상법 제726조의3(자동차보험증권) 자동차보험증권에는 제666조에 게기한 사항 외에 다음의 사항을 기재하여야 한다.
1. 자동차소유자와 그 밖의 보유자의 성명과 생년월일 또는 상호
2. 피보험자동차의 등록번호, 차대번호, 차형년식과 기계장치
3. 차량가액을 정한 때에는 그 가액

50 자동차보험에 대한 설명 중 틀린 것은?

① 피보험자가 보험기간 중에 자동차를 양도한 때에는 양수인은 양도인의 보험계약상의 권리와 의무를 승계 추정한다.

② 보험자가 양수인으로부터 양수사실을 통지받은 때에는 지체 없이 낙부의 통지를 해야 한다.

③ 양수사실 통지 후 10일이 경과하면 승낙한 것으로 본다.

④ 보험계약의 승계는 보험자의 승낙을 얻은 경우에만 가능하다.

정답 ①

해설 상법 제726조의4(자동차의 양도) ① 피보험자가 보험기간 중에 자동차를 양도한 때에는 양수인은 보험자의 승낙을 얻은 경우에 한하여 보험계약으로 인하여 생긴 권리와 의무를 승계한다.

② 보험자가 양수인으로부터 양수사실을 통지받은 때에는 지체 없이 낙부를 통지하여야 하고 통지받은 날부터 10일 내에 낙부의 통지가 없을 때에는 승낙한 것으로 본다.

51 자동차보험에 대한 설명 중 틀린 것은?

① 자동차손해배상보장법은 보험계약법의 특별법 지위에 있다.

② 의무보험은 자동차손해배상보장법에 의해 가입이 강제된다.

③ 자동차손해배상보장법에 의해 자동차의 양도일로부터 일정기간에 대하여 기간에 대하여 양수인은 의무보험에 관한 양도인의 권리와 의무를 승계한다.

④ 양도 후 사고에 대하여, 양도인이 가입한 甲 보험회사가 양수인이 새롭게 乙 보험회사에 가입한 사실을 모르고 피해자에게 자동차손해배상보장법에 따른 보험금을 지급한 경우, 만약 피해자의 乙 보험회사에 대한 보험금청구권이 시효로 소멸되었다면 甲 보험회사는 乙 보험회사에 대하여 구상권을 행사할 수 없다.

정답 ④

해설 피해자의 보험금청구권은 이미 실현이 되었으므로 구상권 행사가 가능하다.

52 화재보험에 대한 설명 중 틀린 것은?

① 화재보험의 보험자는 화재로 인하여 생긴 손해를 보상할 책임이 있다.
② 화재의 소방 또는 손해의 감소에 필요한 조치로 인해 필요 또는 유익하였던 비용은 보험금액을 초과해도 보상한다.
③ 하나의 보험의 목적물에 복수의 피보험이익이 존재할 수 있다.
④ 피보험자의 중과실로 인한 화재는 면책이다.

[정답] ②

[해설] 화재의 소방 또는 손해의 감소에 필요한 조치로 인해 필요 또는 유익하였던 비용은 보험금액 한도 내에서 보상한다.

53 화재보험 증권에 대한 기재사항 중 틀린 것은?

① 건물을 보험의 목적으로 한 때에는 그 소재지, 구조, 용도
② 동산을 보험의 목적으로 한 때에는 그 존치한 장소의 상태와 용도
③ 보험가액을 정한 때에는 그 가액
④ 피보험자의 직업

[정답] ④

상법 제685조(화재보험증권) 화재보험증권에는 제666조에 게기한 사항 외에 다음의 사항을 기재하여야 한다.
1. 건물을 보험의 목적으로 한 때에는 그 소재지, 구조와 용도
2. 동산을 보험의 목적으로 한 때에는 그 존치한 장소의 상태와 용도
3. 보험가액을 정한 때에는 그 가액

54 화재보험에 대한 설명 중 옳은 것은?

① 보험의 목적은 유체물인 동산에 한한다.
② 피보험이익이 명확하지 않을 경우 소유자이익으로 본다.
③ 부동산보험의 경우 미등기건물은 보험의 목적이 될 수 없다.
④ 화재의 소방·감소조치 손해의 보상은 보험계약자 또는 피보험자의 조치만이 그 대상이다.

[정답] ②

[해설] 화재보험의 피보험이익은 그 목적물은 동일하더라도 피보험자의 지위에 따라 소유자이익, 임차인이익, 담보권자이익이 될 수 있으며, 피보험이익이 명확하지 않으면 소유자의 피보험이익으로 본다.

55 화재보험에 대한 설명 중 틀린 것은?

① 상법은 집합보험에 관한 규정을 두고 있다.

② 총괄보험의 경우 보험사고발생시 현존한 물건은 보험의 목적에 포함된 것으로 본다.

③ 집합보험의 경우 피보험자의 가족과 사용인을 위하여서도 체결한 것으로 본다.

④ 총괄보험에서 보험목적물의 일부가 제3자에게 판매된 경우 상법상 보험목적의 양도에 해당한다.

정답 ④

해설 총괄보험은 특정되어 있지 않은 보험이므로 상법상 보험목적의 양도를 적용하기 어렵다.

56 다음 중 화재보험에서 보상하는 경우는?

① 히터 과열로 인한 손해

② 화재로 인한 연기에 그을린 손해

③ 화재로 인해 안전한 곳에 대피시켜 놓은 물건의 도난 손해

④ 보험계약자의 중과실로 인한 손해

정답 ②

해설 상법 제683조(화재보험자의 책임) 화재보험계약의 보험자는 화재로 인하여 생긴 손해를 보상할 책임이 있다.

57 위험보편의 원칙에 대한 설명 중 틀린 것은?

① 선행위험이 담보위험이면 후행위험과 상관없이 보상한다.

② 선행위험이 면책위험이면 후행위험과 상관없이 면책이다.

③ 선행위험이 면책위험이면 후행위험의 담보 여부에 따라 보상이 결정된다.

④ 선행위험이 비담보위험이면 후행위험의 담보 여부에 따라 보상이 결정된다.

정답 ③

해설

선행위험	후행위험	담보 여부
담보위험	상관없이	담 보
면책위험	상관없이	면 책
비담보위험	담보위험	담 보
	면책위험	면 책

58 화재보험에 대한 설명 중 틀린 것은?

① 화재에 대한 상법상 정의는 존재하지 않는다.

② 화재보험에서의 화재란 사회통념상 화재로 인정할 수 있는 성질과 동일한 규모를 가진 화력의 연소작용에 의하여 생긴 화재를 의미한다.

③ 화재보험은 보험의 목적에 대해 보험증권에 명시하도록 되어있다.

④ 화재보험약관에서 보험계약자 측이 보험금청구권에 관한 서류 또는 증거를 위·변조한 경우 보험자가 보험계약을 해지할 수 있도록 하는 약관은 보험계약자 등의 불이익변경금지 원칙을 적용하여 무효이다.

[정답] ④

[해설] 상법에는 보험금청구권 관련 서류 또는 증거 위·변조에 대한 조항이 없으므로 불이익변경금지 원칙이 적용될 여지가 없다.

59 화재보험에 대한 설명 중 틀린 것은?

① 보험자는 화재로 인하여 생긴 손해에 대해 보상책임을 진다.

② 자동차는 화재보험의 담보대상에서 제외된다.

③ 벼락, 누전 등으로 인해 발생한 화재사고도 보상대상이다.

④ 화재의 원인이 면책사유에 의한 것일 경우에도 원인을 묻지 않고, 화재사고라면 보상대상이다.

[정답] ④

[해설] 위험보편의 원칙에 따라 면책대상이다.

60 화재보험에 대한 설명 중 틀린 것은?

① 보험의 목적 중 일부가 집합된 물건에서 완전히 분리된 때에는 그때부터 보험의 목적에서 제외된다.

② 토지도 화재보험의 담보대상이 된다.

③ 보험의 목적에 근접한 물건에 화재가 발생하여 보험의 목적이 그을려지거나 타는 듯 한 손해도 담보한다.

④ 보험가액을 정한 경우 보험증권에 기재하여야 한다.

[정답] ②

[해설] 토지는 화재보험의 담보대상이 아니다.

61 책임보험에 대한 설명 중 틀린 것은?

① 책임보험계약의 보험자는 보험계약자가 보험기간 중의 사고로 인하여 피보험자에게 배상할 책임을 진 경우에 이를 보상할 책임이 있다.

② 피보험자가 경영하는 사업에 관한 책임을 보험의 목적으로 한 때에는 그 사업을 감독하는 자의 책임도 보험의 목적에 포함된 것으로 한다.

③ 상법상 보험계약자, 피보험자의 고의·중과실사고는 면책이다.

④ 책임보험 표준약관에서는 보험계약자, 피보험자의 중과실사고를 담보한다.

정답 ①

해설 책임보험계약의 보험자는 피보험자가 보험기간 중의 사고로 인하여 제3자에게 배상할 책임을 진 경우에 이를 보상할 책임이 있다.

62 상법상 책임보험에 대한 설명 중 틀린 것은?

① 피보험자가 제3자의 청구를 방어하기 위하여 지출한 재판상 필요비용은 보험의 목적에 포함된다.

② 피보험자는 보험자에 대하여 방어비용의 선급을 청구할 수 있다.

③ 재판 외의 필요비용은 보상하지 않는다.

④ 방어비용은 보험금액을 한도로 한다.

정답 ③

해설 상법 제720조(피보험자가 지출한 방어비용의 부담) ① 피보험자가 제3자의 청구를 방어하기 위하여 지출한 재판상 또는 재판 외의 필요비용은 보험의 목적에 포함된 것으로 한다. 피보험자는 보험자에 대하여 그 비용의 선급을 청구할 수 있다.
② 피보험자가 담보의 제공 또는 공탁으로써 재판의 집행을 면할 수 있는 경우에는 보험자에 대하여 보험금액의 한도 내에서 그 담보의 제공 또는 공탁을 청구할 수 있다.
③ 제1항 또는 제2항의 행위가 보험자의 지시에 의한 것인 경우에는 그 금액에 손해액을 가산한 금액이 보험금액을 초과하는 때에도 보험자가 이를 부담하여야 한다.

63 책임보험에 대한 설명 중 틀린 것은?

① 피보험자가 담보의 제공으로 재판의 집행을 면할 수 있는 경우에는 보험자에 대하여 담보의 제공을 청구할 수 있다.

② 피보험자가 공탁으로써 재판의 집행을 면할 수 있는 경우에는 보험자에 대하여 공탁을 청구할 수 있다.

③ 방어비용이 보험자의 지시에 의한 것인 경우에는 그 금액에 손해액을 가산한 금액이 보험금액을 초과하는 때에도 보험자가 이를 부담한다.

④ 피보험자가 제3자의 청구를 방어하기 위하여 지출한 재판상 필요하고 유익한 비용은 보험의 목적에 포함된 것으로 한다.

정답 ④

해설 피보험자가 제3자의 청구를 방어하기 위하여 지출한 재판상 또는 재판 외의 필요비용은 보험의 목적에 포함된 것으로 한다.

64 책임보험에 대한 설명 중 틀린 것은?

① 피보험자가 보험자의 지시 없이 방어행위를 한 경우, 보험자는 보험금액 한도 내에서 방어비용과 손해액을 부담한다.

② 보험자의 방어의무 해태로 인해 피보험자의 손해가 증가된 경우, 보험자는 그 가중된 손해를 보상할 책임이 있다.

③ 방어비용의 인정은 손해배상청구를 필수요건으로 하며, 반드시 재판상 청구일 필요는 없다.

④ 방어비용의 지출은 보험자의 사전동의가 필요하다.

정답 ④

해설 방어비용의 지출은 보험자의 사전동의를 요하지 않는다.

65 상법상 책임보험에서의 통지의무에 대한 설명 중 틀린 것은?

① 피보험자가 제3자로부터 배상청구를 받았을 때에는 지체 없이 보험자에게 통지를 발송하여야 한다.

② 피보험자의 제3자에 대한 채무가 확정된 때에는 약정기간이 없으면 확정일로부터 10일 내에 보험자에게 그 통지를 발송해야 한다.

③ 보험자가 제3자로부터 직접청구를 받은 경우 피보험자에게 이를 통지하여야 한다.

④ 보험계약자와 피보험자가 보험사고의 발생을 안 때에는 지체 없이 보험자에게 그 통지를 발송해야 한다.

정답 ②

해설 상법 제723조(피보험자의 변제 등의 통지와 보험금액의 지급) ① 피보험자가 제3자에 대하여 변제, 승인, 화해 또는 재판으로 인하여 채무가 확정된 때에는 지체 없이 보험자에게 그 통지를 발송하여야 한다.
② 보험자는 특별한 기간의 약정이 없으면 전항의 통지를 받은 날로부터 10일 내에 보험금액을 지급하여야 한다.
③ 피보험자가 보험자의 동의 없이 제3자에 대하여 변제, 승인 또는 화해를 한 경우에는 보험자가 그 책임을 면하게 되는 합의가 있는 때에도 그 행위가 현저하게 부당한 것이 아니면 보험자는 보상할 책임을 면하지 못한다.

66 책임보험에 대한 설명 중 틀린 것은?

① 피보험자는 제3자로부터 받은 배상청구에 대해 보험자에게 통지할 의무가 있다.

② 배상청구사실 통지의무는 보험사고발생 통지의무와 유사한 성질을 가진다.

③ 피보험자가 배상청구사실 통지의무를 해태하여 손해가 증가된 경우 그 증가된 손해를 보상할 책임이 없다.

④ 배상청구사실 통지의무는 보험계약자 또는 피보험자가 지는 의무이다.

정답 ④

해설 상법 제722조(피보험자의 배상청구 사실 통지의무) ① 피보험자가 제3자로부터 배상청구를 받았을 때에는 지체 없이 보험자에게 그 통지를 발송하여야 한다.
② 피보험자가 제1항의 통지를 게을리하여 손해가 증가된 경우 보험자는 그 증가된 손해를 보상할 책임이 없다. 다만, 피보험자가 제657조 제1항의 통지를 발송한 경우에는 그러하지 아니하다.

67 책임보험에 대한 설명 중 틀린 것은?

① 피보험자가 제3자와의 재판으로 채무가 확정된 때에는 지체 없이 보험자에게 그 통지를 발송하여야 한다.

② 피보험자가 재판 외의 방법으로 제3자에 대하여 변제, 승인, 화해를 한 경우에도 보험자에게 지체 없이 그 통지를 발송하여야 한다.

③ 보험자의 동의 없는 제3자와의 채무확정은 당사자간 약정이 없는 한 면책이다.

④ 채무확정통지를 받은 보험자는 당사자간 약정이 없는 한 통지를 받은 날로부터 10일 내에 보험금액을 지급하여야 한다.

정답 ③

해설 피보험자가 보험자의 동의 없이 제3자에 대하여 변제, 승인 또는 화해를 한 경우에는 보험자가 그 책임을 면하게 되는 합의가 있는 때에도 그 행위가 현저하게 부당한 것이 아니면 보험자는 보상할 책임을 면하지 못한다.

68 책임보험에 대한 설명 중 맞는 것은?

① 상법상 직접청구권은 보험자의 동의를 얻어야 행사할 수 있다.

② 보험자는 피보험자가 책임을 질 사고로 인하여 생긴 손해에 대하여 제3자가 그 배상을 받기 전에는 보험금액의 전부 또는 일부를 피보험자에게 지급하지 못한다.

③ 제3자는 피보험자가 책임을 질 사고로 입은 손해에 대하여 보험가액의 한도 내에서 보험자에게 직접 보상을 청구할 수 있다.

④ 당사자 특약이 있을 경우 직접청구를 받은 보험자는 피보험자가 보험사고에 관하여 가지는 항변으로 제3자에게 대항할 수 있다.

정답 ②

해설 상법 제724조(보험자와 제3자와의 관계) ① 보험자는 피보험자가 책임을 질 사고로 인하여 생긴 손해에 대하여 제3자가 그 배상을 받기 전에는 보험금액의 전부 또는 일부를 피보험자에게 지급하지 못한다.
② 제3자는 피보험자가 책임을 질 사고로 입은 손해에 대하여 보험금액의 한도 내에서 보험자에게 직접 보상을 청구할 수 있다. 그러나 보험자는 피보험자가 그 사고에 관하여 가지는 항변으로써 제3자에게 대항할 수 있다.
③ 보험자가 제2항의 규정에 의한 청구를 받은 때에는 지체 없이 피보험자에게 이를 통지하여야 한다.
④ 제2항의 경우에 피보험자는 보험자의 요구가 있을 때에는 필요한 서류·증거의 제출, 증언 또는 증인의 출석에 협조하여야 한다.

69 책임보험의 직접청구권에 대한 설명 중 맞는 것은?

① 직접청구를 받은 보험자에 대하여 피보험자는 협조의무를 지닌다.
② 직접청구권은 피해자보호의 기능을 하기 때문에 당사자 약정이 없는 한 보험자가 제3자에게 대항할 수 없다.
③ 직접청구를 받은 보험자는 청구를 받은 날로부터 10일 이내 피보험자에게 이를 통지하여야 한다.
④ 보험자가 행한 손해배상은 피보험자의 손해배상채무에는 영향을 미치지 않는다.

정답 ①

해설 책임보험계약에서 보험자에 대한 피보험자의 협조의무란 피보험자가 보험사고로 인해 제3자에게 배상책임을 지는 경우 그 사고처리와 관련하여 보험자와 협조하여야 한다는 것을 말한다. 우리 상법에서 피보험자는 보험자의 요구가 있을 때에는 필요한 서류, 증거의 제출, 증언 또는 증인의 출석에 협조하여야 한다고 규정하고 있다.

70 책임보험에 대한 설명 중 틀린 것은?

① 타인의 물건을 보관하는 자가 그 지급할 손해배상을 위하여 그 물건을 보험에 붙인 경우에는 그 물건의 소유자는 보험자에 대하여 직접 그 손해의 보상을 청구할 수 있다.
② 상법상 중복보험에 관한 조항을 준용한다.
③ 상법상 책임보험의 규정은 그 성질에 반하지 아니하는 범위에서 재보험계약에 준용한다.
④ 책임보험은 적극보험이며 재산보험이고 손해보험에 속한다.

정답 ④

해설 책임보험은 소극보험, 재산보험, 손해보험에 속한다.

71 책임보험의 보험금청구권 소멸시효의 기산점은?

① 피보험자의 제3자에 대한 채무가 확정된 때
② 제3자에게 손해가 생긴 사고가 발생한 때
③ 피보험자가 제3자로부터 배상청구를 받은 때
④ 피보험자가 제3자에게 손해배상을 이행했을 때

정답 ①

해설 보험금청구권은 3년의 시효로 소멸(상법 제662조)하며, 제3자가 직접 청구를 하는 때에도 피보험자와 제3자 사이에 채무가 확정된 때로부터 3년이 지나면 시효로 소멸한다고 본다.

72 재보험에 대한 설명 중 틀린 것은?

① 그 성질에 반하지 않는 한 책임보험의 규정을 준용한다.
② 원보험자는 원보험계약자의 보험료 부지급을 이유로 재보험료의 지급을 거절할 수 없다.
③ 재보험금의 부지급을 이유로 원보험금의 지급을 거절할 수 있다.
④ 원보험자의 위험을 분산시키는 기능을 한다.

정답 ③

해설 원보험자는 재보험금의 부지급을 이유로 원보험금의 지급을 거절할 수 없다.

73 재보험에 대한 설명 중 틀린 것은?

① 상법상 대위권을 인정하고 있다.
② 국제적 위험 분산의 기능이 있다.
③ 기업보험의 일종으로 타보험에 비해 전문성을 요한다.
④ 상법의 규정을 당사자 특약으로 보험계약자와 피보험자에게 불리하게 변경할 수 없다.

정답 ④

해설 **상법 제663조(보험계약자 등의 불이익변경금지)** 이 편의 규정은 당사자 간의 특약으로 보험계약자 또는 피보험자나 보험수익자의 불이익으로 변경하지 못한다. 그러나 재보험 및 해상보험 기타 이와 유사한 보험의 경우에는 그러하지 아니하다.

74 재보험에 대한 설명 중 틀린 것은?

① 재보험은 사적자치의 원칙이 존중된다.
② 원보험 계약과 상관없이 책임보험계약으로 분류된다.
③ 원보험계약자의 재보험자에 대한 직접청구권은 인정되지 않는다.
④ 재보험자가 원보험 계약자에게 직접 보험료를 청구할 수 없다.

정답 ③

해설 원보험계약자의 재보험자에 대한 직접청구권은 당사자 약정이 있을 경우 인정된다.

75 보증보험에 대한 설명 중 틀린 것은?

① 피보험자의 제3자에 대한 채무불이행으로 인한 손해를 보상한다.

② 신용수단의 기능이 있다.

③ 피보험자가 입은 재산상의 손해를 보상하는 보험으로 손해보험에 속한다.

④ 그 성질에 반하지 않는 범위에서 보증채무에 관한 민법의 규정을 준용하다.

정답 ①

해설 상법 제726조의5(보증보험자의 책임) 보증보험계약의 보험자는 보험계약자가 피보험자에게 계약상의 채무불이행 또는 법령상의 의무불이행으로 입힌 손해를 보상할 책임이 있다.

76 보증보험에 대한 설명 중 틀린 것은?

① 채무자에 의해 보험계약이 체결되므로 도덕적 위험이 높다.

② 판례에 따르면 보증보험은 채무자의 채무불이행에 따른 배상책임을 보험자가 부담한다는 점에서는 책임보험과 유사한 성격을 가진다.

③ 보험계약자는 피보험자의 동의 없이 임의로 계약을 해지할 수 없다.

④ 보험계약자, 피보험자의 고의사고 면책은 적용되지 않는다.

정답 ④

해설 상법 제726조의6(적용 제외) ① 보증보험계약에 관하여는 제639조 제2항 단서를 적용하지 아니한다. ② 보증보험계약에 관하여는 보험계약자의 사기, 고의 또는 중대한 과실이 있는 경우에도 이에 대하여 피보험자에게 책임이 있는 사유가 없으면 제651조, 제652조, 제653조 및 제659조 제1항을 적용하지 아니한다.

77 보증보험에 대한 설명 중 틀린 것은?

① 보험계약자와 보험자는 피보험자에 대하여 연대하여 변제할 책임을 진다.

② 보험자는 보험계약자에 대하여 최고·검색의 항변권이 인정되지 않는다.

③ 보험금액이 보험가액을 현저히 초과한 보증보험의 경우 보험금액의 감액청구가 가능하다.

④ 보험계약자의 피보험자에 대한 계약상 채무불이행 또는 법령상 불법행위책임을 담보한다.

정답 ④

해설 보증보험계약의 보험자는 보험계약자가 피보험자에게 계약상의 채무불이행 또는 법령상의 의무불이행으로 입힌 손해를 보상할 책임이 있다.

78 보증보험에 대한 설명 중 틀린 것은?

① 타인을 위한 보험으로 상법 제639조 제2항의 보험계약자의 보험금액 청구권이 인정된다.

② 보험자가 보험계약자의 사기를 이유로 보험계약을 취소하더라도 그 취소를 이유로 피보험자에 대항할 수 없다.

③ 보험자는 피보험자의 사기 또는 고의·중과실을 이유로 해지 및 면책할 수 있다.

④ 상법상 보험계약자의 고지의무위반에 대한 규정을 적용하지 않는다.

정답 ①

해설 보험계약자의 보험금액 청구권은 인정되지 않는다.

79 보증보험에 대한 설명 중 틀린 것은?

① 보험자는 보험계약자의 채권에 의한 상계로 피보험자에게 대항할 수 있다.

② 피보험자의 채권이 타인에게 양도될 경우 피보험자의 보험금청구권도 함께 이전된다.

③ 보험금을 지급한 보험자는 피보험자의 이익을 해하지 않는 범위 내에서 보험계약자에 구상권을 가진다.

④ 중복보험의 경우 보험자 1인의 채무이행은 다른 보험자에게 영향을 미치지 않는다.

정답 ④

해설 중복보험의 경우 보험자 1인의 채무이행은 다른 보험자에게 영향을 미친다.

80 보증보험에 대한 설명 중 틀린 것은?

① 보험계약자의 피보험자에 대한 계약상 채무불이행 또는 법령상 의무불이행으로 인한 책임을 담보한다.

② 신용보험은 보증보험과 유사하나 자기를 위한 보험이다.

③ 보험계약자에 대한 구상권은 상법상 보험자대위에 의한 구상권이다.

④ 보증보험은 타인을 위한 보험이다.

정답 ③

해설 상법상 보험자대위의 구성권은 제3자에 대한 구상권이다.

81 해상보험에 대한 설명 중 틀린 것은?

① 보험자는 해상사업에 관한 사고로 인하여 생길 손해를 보상할 책임이 있다.
② 피보험자의 공동해손분담가액이 보험금액을 초과할 경우 초과액은 보상하지 않는다.
③ 구조료분담가액은 보험가액을 한도로 보상한다.
④ 특별비용은 보험금액 한도로 보상한다.

정답 ②

해설 상법 제694조(공동해손분담액의 보상) 보험자는 피보험자가 지급할 공동해손의 분담액을 보상할 책임이 있다. 그러나 보험의 목적의 공동해손분담가액이 보험가액을 초과할 때에는 그 초과액에 대한 분담액은 보상하지 아니한다.

82 해상보험에 대한 설명 중 틀린 것은?

① 보험자는 보험의 목적의 안전이나 보존을 위하여 지급할 특별비용을 보상할 책임이 있다.
② 실무상 영국법 준거조항을 둔 영문보험약관이 주로 사용되고 있다.
③ 하천, 호수에서의 사고는 담보대상이 아니다.
④ 수협중앙회 어선공제사업의 경우 해상보험에 해당하므로 보험계약자 불이익변경금지원칙의 적용이 배제된다.

정답 ④

해설 어선공제사업의 경우 상법 제663조의 해상보험에 해당하지 않는다는 것이 판례의 입장이다.

83 해상보험에 대한 설명 중 틀린 것은?

① 선박과 적하의 공동위험을 면하기 위한 처분비용은 당사자 특약이 있을 경우에만 보상한다.
② 희망이익이란 적하가 목적지에 무사히 도착하면 얻으리라고 기대되는 이익을 말한다.
③ 보험사고에 대해 상법은 해상사업에 관한 사고라 규정하여 포괄책임주의를 취하고 있다.
④ 보험가액 불변경주의를 적용하고 있다.

정답 ①

해설 당사자 특약이 없이도 보상한다.

84 해상보험증권 기재사항에 대한 설명 중 틀린 것은?

① 선박보험의 경우 선박의 명칭, 국적과 종류 및 항해의 범위
② 적하보험의 경우 적하의 종류, 선적항, 양륙항 및 출하지와 도착지를 정한 때에는 그 지명
③ 보험가액을 정한 때에는 그 가액
④ 보험증권의 작성지와 그 작성연월일

정답 ②

해설 **상법 제695조(해상보험증권)** 해상보험증권에는 제666조에 게기한 사항 외에 다음의 사항을 기재하여야 한다.
1. 선박을 보험에 붙인 경우에는 그 선박의 명칭, 국적과 종류 및 항해의 범위
2. 적하를 보험에 붙인 경우에는 선박의 명칭, 국적과 종류, 선적항, 양륙항 및 출하지와 도착지를 정한 때에는 그 지명
3. 보험가액을 정한 때에는 그 가액

85 해상보험의 보험기간에 대한 설명 중 틀린 것은?

① 항해단위로 선박을 보험에 붙인 경우에는 보험기간은 하물 또는 저하의 선적에 착수한 때에 개시한다.
② 불가항력으로 양륙이 지연될 경우 그 양륙이 보통 종료될 때에 종료된 것으로 한다.
③ 선적 후 보험계약이 체결된 선박보험의 경우 보험기간은 계약이 성립한 때에 개시한다.
④ 선박보험의 경우 하물 또는 적하를 양륙한 때에 보험기간이 종료한다.

정답 ②

해설 **상법 제700조(해상보험의 보험기간의 종료)** 보험기간은 제699조 제1항의 경우에는 도착항에서 하물 또는 저하를 양륙한 때에, 동조 제2항의 경우에는 양륙항 또는 도착지에서 하물을 인도한 때에 종료한다. 그러나 불가항력으로 인하지 아니하고 양륙이 지연된 때에는 그 양륙이 보통 종료될 때에 종료된 것으로 한다.

86 해상보험 면책사유에 대한 설명 중 틀린 것은?

① 선박이 정당한 사유 없이 항로를 이탈할 경우 그 계약은 즉시 효력을 잃는다.
② 선박이 보험계약에서 정한 발항항이 아닌 다른 항에서 출항한 때에는 보험자는 책임을 지지 않는다.
③ 적하보험에서 보험계약자 또는 피보험자의 책임 있는 사유로 인하여 선박을 변경한 때에는 그 변경 후의 사고에 대하여 책임을 지지 아니한다.
④ 보험자 동의 없이 선박의 선급을 새롭게 변경한 경우 보험계약은 즉시 종료한다.

[정답] ①

[해설] **상법 제701조의2(이로)** 선박이 정당한 사유 없이 보험계약에서 정하여진 항로를 이탈한 경우에는 보험자는 그때부터 책임을 지지 아니한다. 선박이 손해발생 전에 원항로로 돌아온 경우에도 같다.

87 해상보험 면책사유에 대한 설명 중 틀린 것은?

① 선박이 보험계약에서 정하여진 도착항이 아닌 다른 항을 향하여 출항한 경우 보험자는 책임을 지지 않는다.
② 피보험자가 정당한 사유 없이 발항을 지연한 때에는 보험자는 지체 후 사고에 대하여 책임을 지지 아니한다.
③ 보험자의 책임이 개시된 후에 보험계약에서 정하여진 도착항이 변경된 경우에는 보험자의 책임이 개시된 시점부터 보험자는 책임을 지지 아니한다.
④ 적하보험의 경우 수하인의 고의로 인하여 생긴 손해는 보상하지 않는다.

[정답] ③

[해설] **상법 제701조(항해변경의 효과)** ① 선박이 보험계약에서 정하여진 발항항이 아닌 다른 항에서 출항한 때에는 보험자는 책임을 지지 아니한다.
② 선박이 보험계약에서 정하여진 도착항이 아닌 다른 항을 향하여 출항한 때에도 제1항의 경우와 같다.
③ 보험자의 책임이 개시된 후에 보험계약에서 정하여진 도착항이 변경된 경우에는 보험자는 그 항해의 변경이 결정된 때부터 책임을 지지 아니한다.

88 해상보험에 대한 설명 중 맞는 것은?

① 해상보험은 책임보험의 일종으로 송·수하인의 중과실로 인한 손해를 담보한다.

② 도선료, 입항료, 등대료 등 항해 중의 통상비용은 면책사유에 해당한다.

③ 항만에서의 운송사고는 해상보험이 아닌 운송보험에서 담보한다.

④ 선박 양도시 양도인의 보험계약에 관한 권리·의무가 양수인에게 승계된 것으로 추정한다.

정답 ②

해설 제706조(해상보험자의 면책사유) 보험자는 다음의 손해와 비용을 보상할 책임이 없다.

1. 선박 또는 운임을 보험에 붙인 경우에는 발항 당시 안전하게 항해를 하기에 필요한 준비를 하지 아니하거나 필요한 서류를 비치하지 아니함으로 인하여 생긴 손해

2. 적하를 보험에 붙인 경우에는 용선자, 송하인 또는 수하인의 고의 또는 중대한 과실로 인하여 생긴 손해

3. 도선료, 입항료, 등대료, 검역료, 기타 선박 또는 적하에 관한 항해 중의 통상비용

89 해상보험에 대한 설명 중 틀린 것은?

① 선박의 보험에 있어서는 보험자의 책임이 개시될 때의 가액을 보험가액으로 한다.

② 적하의 보험에 있어서는 선적한 때와 곳의 적하의 가액과 선적 및 보험에 관한 비용을 보험가액으로 한다.

③ 적하의 도착으로 인하여 얻을 이익 또는 보수의 보험에 있어서는 계약으로 보험가액을 정하지 아니한 때에는 보험금액을 보험가액으로 한 것으로 추정한다.

④ 선박 연료의 경우 운임보험의 담보대상이다.

정답 ④

해설 운임보험은 운임이 담보의 대상이다.

90 적하보험에 대한 설명 중 맞는 것은?

① 출항 당시의 적하와 선박의 가액을 보험가액으로 한다.

② 보험기간은 선적시부터 양륙시까지이다.

③ 선박이 정당한 사유 없이 항로를 이탈할 경우 그 계약은 즉시 효력을 잃는다.

④ 보험의 목적인 적하가 훼손되어 양륙항에 도착한 경우 보험자는 그 훼손된 상태의 가액과 훼손되지 아니한 상태의 가액과의 비율에 따라 보험가액의 일부에 대한 손해를 보상할 책임이 있다.

정답 ④

해설 상법 제708조(적하의 일부손해의 보상) 보험의 목적인 적하가 훼손되어 양륙항에 도착한 때에는 보험자는 그 훼손된 상태의 가액과 훼손되지 아니한 상태의 가액과의 비율에 따라 보험가액의 일부에 대한 손해를 보상할 책임이 있다.

91 적하보험의 보험기간에 대한 설명 중 틀린 것은?

① 창고간 약관에서는 출하지에서 운송에 착수할 때 개시하고 도착지에서 인도될 때 책임이 종료된다.

② 하물이 선적에 착수할 때 개시하고 인도된 때 종료한다.

③ 출하지가 육상인 경우에는 선적에 착수할 때 개시한다.

④ 하물의 선적 후 보험계약을 체결할 때에는 보험계약이 성립될 때 책임이 개시된다.

정답 ③

해설 상법 제699조(해상보험의 보험기간의 개시) ① 항해 단위로 선박을 보험에 붙인 경우에는 보험기간은 하물 또는 저하의 선적에 착수한 때에 개시한다.

② 적하를 보험에 붙인 경우에는 보험기간은 하물의 선적에 착수한 때에 개시한다. 그러나 출하지를 정한 경우에는 그 곳에서 운송에 착수한 때에 개시한다.

③ 하물 또는 저하의 선적에 착수한 후에 제1항 또는 제2항의 규정에 의한 보험계약이 체결된 경우에는 보험기간은 계약이 성립한 때에 개시한다.

92 적하보험에 대한 설명으로 틀린 것은?

① 항해도중 불가항력으로 적하를 매각한 때에는 보험자는 그 대금에서 운임 기타 필요한 비용을 공제한 금액과 보험가액과의 차액을 보상하여야 한다.

② 매수인이 매각대금을 지급하지 않을 경우 보험자는 해당 금액을 피보험자에게 지급하고 매수인에게 구상청구할 수 있다.

③ 보험계약 체결 당시에 하물을 적재할 선박을 지정하지 아니한 경우에 보험계약자 또는 피보험자가 그 하물이 선적되었음을 안 때에는 지체 없이 보험자에 대하여 그 선박의 명칭, 국적과 하물의 종류, 수량과 가액의 통지를 발송하여야 한다.

④ 선박미확정 적하예정보험에서 보험계약자 또는 피보험자가 하물 선적 후 통지의무를 위반할 경우 그 즉시 계약은 실효된다.

정답 ④

해설 상법 제704조(선박미확정의 적하예정보험) ① 보험계약의 체결 당시에 하물을 적재할 선박을 지정하지 아니한 경우에 보험계약자 또는 피보험자가 그 하물이 선적되었음을 안 때에는 지체 없이 보험자에 대하여 그 선박의 명칭, 국적과 하물의 종류, 수량과 가액의 통지를 발송하여야 한다.
② 제1항의 통지를 해태한 때에는 보험자는 그 사실을 안 날부터 1월 내에 계약을 해지할 수 있다.

93 선박보험에 대한 설명 중 틀린 것은?

① 증권에 선박의 명칭, 국적과 종류 및 항해의 범위를 기재하여야 한다.

② 선박과 항해에 필요한 모든 물건을 보험의 목적으로 한다.

③ 보험기간은 선적에 착수 한 때 개시하여 하물 인도시 종료된다.

④ 선박의 양도, 선급변경, 관리변경은 계약종료사유에 해당한다.

정답 ③

해설 상법 제700조(해상보험의 보험기간의 종료) 보험기간은 제699조 제1항의 경우에는 도착항에서 하물 또는 저하를 양륙한 때에, 동조 제2항의 경우에는 양륙항 또는 도착지에서 하물을 인도한 때에 종료한다. 그러나 불가항력으로 인하지 아니하고 양륙이 지연된 때에는 그 양륙이 보통 종료될 때에 종료된 것으로 한다.

94 선박보험에 대한 설명 중 틀린 것을 모두 고르시오.

① 선박의 일부가 훼손되어 그 훼손된 부분의 일부를 수선한 경우에는 보험자는 수선에 따른 비용과 수선을 하지 아니함으로써 생긴 감가액을 보상할 책임이 있다.

② 선박의 일부훼손으로 그 전부를 수선한 경우 보험금액을 한도로 보상한다.

③ 선박의 일부가 훼손되었으나 이를 수선하지 아니한 경우에는 보험자는 그로 인한 감가액을 보험가액 한도로 보상한다.

④ 선박의 일부가 훼손되었으나 이를 수선하지 아니한 경우에는 보험자는 그로 인한 감가액을 보상할 책임이 있다.

정답 ③

해설 상법 제707조의2(선박의 일부손해의 보상) ① 선박의 일부가 훼손되어 그 훼손된 부분의 전부를 수선한 경우에는 보험자는 수선에 따른 비용을 1회의 사고에 대하여 보험금액을 한도로 보상할 책임이 있다.
② 선박의 일부가 훼손되어 그 훼손된 부분의 일부를 수선한 경우에는 보험자는 수선에 따른 비용과 수선을 하지 아니함으로써 생긴 감가액을 보상할 책임이 있다.
③ 선박의 일부가 훼손되었으나 이를 수선하지 아니한 경우에는 보험자는 그로 인한 감가액을 보상할 책임이 있다.

95 보험위부에 대한 설명으로 틀린 것은?

① 보험위부권은 형성권이다.

② 보험목적이 전부 멸실되고 보험금액이 전부 지급 될 경우 피보험자의 보험목적물에 대한 권리가 당연 이전된다.

③ 위부는 무조건이어야 한다.

④ 위부는 보험목적 전부에 대하여 하여야 한다.

정답 ②

해설 ②는 보험목적 대위에 관한 내용이다.

96 위부에 대한 설명 중 맞는 것은?

① 피보험자가 위부를 함에 있어서는 보험자에 대하여 보험의 목적에 관한 다른 보험계약의 내용을 통지하여야 한다.

② 위부는 보험목적 전부에 대하여 하여야 하므로 그 원인이 일부에 대하여 생긴 때에는 위부할 수 없다.

③ 보험가액의 일부를 보험에 붙인 경우 위부는 보험가액의 보험금액에 대한 비율에 따라서만 이를 할 수 있다.

④ 보험자는 위부에 조건을 붙일 수 있다.

정답 ①

해설 상법 제715조(다른 보험계약 등에 관한 통지) ① 피보험자가 위부를 함에 있어서는 보험자에 대하여 보험의 목적에 관한 다른 보험계약과 그 부담에 속한 채무의 유무와 그 종류 및 내용을 통지하여야 한다.
② 보험자는 제1항의 통지를 받을 때까지 보험금액의 지급을 거부할 수 있다.
③ 보험금액의 지급에 관한 기간의 약정이 있는 때에는 그 기간은 제1항의 통지를 받은 날로부터 기산한다.

97 위부에 대한 설명 중 틀린 것은?

① 보험자가 위부를 승인한 후에는 그 위부에 대하여 이의를 하지 못한다.

② 보험자가 위부를 불승인한 경우에 피보험자는 위부의 원인을 증명하지 아니하면 보험금액의 지급을 청구하지 못한다.

③ 보험자는 위부로 인하여 그 보험의 목적에 관한 피보험자의 모든 권리를 취득한다.

④ 위부를 한 때에는 보험자는 보험계약에 관한 서류를 보험계약자에게 교부하고 중요한 내용을 설명해 주어야 한다.

정답 ④

해설 상법 제718조(위부의 효과) ① 보험자는 위부로 인하여 그 보험의 목적에 관한 피보험자의 모든 권리를 취득한다.
② 피보험자가 위부를 한 때에는 보험의 목적에 관한 모든 서류를 보험자에게 교부하여야 한다.

98 보험위부에 대한 설명 중 틀린 것은?

① 피보험자가 위부를 하고자 할 때에는 상당한 기간 내에 보험자에 대하여 그 통지를 발송하여야 한다.

② 선박훼손 후 선장이 지체 없이 다른 선박으로 적하의 운송을 계속한 때에는 피보험자는 그 적하를 위부할 수 없다.

③ 보험자는 피보험자의 위부에 대하여 타보험계약의 통지를 받을 때까지 보험금액의 지급을 거부할 수 있다.

④ 타보험계약이 존재할 경우 보험금액 지급에 관한 약정기간이 있는 때에는 그 기간은 계약체결일로부터 기산한다.

정답 ④

해설 타보험계약이 존재할 경우 보험금액 지급에 관한 약정이 있는 때에는 그 기간은 보험자가 타보험계약 통지를 받은 날로부터 기산한다.

99 다음 중 위부의 원인에 해당하지 않는 것은?

① 선박의 점유상실로 이를 회복하기 위한 비용이 회복하였을 때의 가액을 초과하리라 예상될 경우

② 적하의 수선비용과 목적지까지의 운송비용의 합이 도착하는 때의 적하의 가액을 초과하리라 예상될 경우

③ 선박의 존부가 2월간 분명하지 아니할 경우

④ 선박을 수선하기 위한 비용이 수선하였을 때의 가액을 초과하리라 예상될 경우

정답 ③

해설 상법 제711조(선박의 행방불명) ① 선박의 존부가 2월간 분명하지 아니한 때에는 그 선박의 행방이 불명한 것으로 한다.

② 제1항의 경우에는 전손으로 추정한다.

100 해상보험에 대한 설명 중 맞는 것은?

① 선박의 존부가 2월간 분명하지 아니한 때에는 전손으로 간주하여 위부할 수 있다.
② 선박의 행방불명은 전손으로 추정하여 현실전손으로 전부보험금을 청구할 수 있다.
③ 선박의 존부가 1월간 분명하지 아니한 때에는 전손으로 추정하여 위부할 수 있다.
④ 선박의 행방불명은 전손으로 간주하여 현실전손으로 전부보험금을 청구할 수 있다.

정답 ②

해설 상법 제711조(선박의 행방불명) ① 선박의 존부가 2월간 분명하지 아니한 때에는 그 선박의 행방이 불명한 것으로 한다.
② 제1항의 경우에는 전손으로 추정한다.

101 인보험에 대한 설명 중 틀린 것은?

① 피보험자의 생명이나 신체에 관하여 보험사고가 발생할 경우를 담보한다.
② 보험계약으로 정하는 바에 따라 보험금이나 그 밖의 급여를 지급할 책임이 있다.
③ 보험가액 한도 내에서 약정한 금액을 지급한다.
④ 당사자 간의 약정에 따라 분할하여 지급할 수 있다.

정답 ③

해설 약정에 따라 보험금액 지급하거나 보험금액 한도 내에서 계약시 정한 금액을 지급한다.

102 인보험증권 기재사항으로 틀린 것은?

① 보험수익자는 특정되어야 한다.
② 보험계약의 종류
③ 피보험자
④ 보험기간을 정한 때에는 그 시기와 종기

정답 ①

해설 보험수익자가 반드시 특정될 필요는 없다.

103 인보험에 대한 설명 중 틀린 것은?

① 보험계약자와 피보험자는 손해의 방지와 경감을 위하여 노력하여야 한다.

② 사망보험은 보험사고의 발생 여부가 확정적이다.

③ 피보험이익은 존재하지 않는다.

④ 보험가액이 존재하지 않는다.

정답 ①

해설 손해방지의무는 손해보험의 의무이다.

104 인보험에 대한 설명 중 맞는 것은?

① 생명보험은 당사자 약정이 없는 한 분할지급만 가능하다.

② 보험자는 보험사고로 인하여 생긴 보험계약자 또는 보험수익자의 제3자에 대한 권리를 대위하여 행사하지 못한다.

③ 상해보험은 당사자 약정이 있는 경우 보험자는 언제나 피보험자의 제3자에 대한 권리를 대위할 수 있다.

④ 질병보험은 당사자 약정이 있는 경우 보험목적에 대한 대위가 가능하다.

정답 ②

해설 상법 제729조(제3자에 대한 보험대위의 금지) 보험자는 보험사고로 인하여 생긴 보험계약자 또는 보험수익자의 제3자에 대한 권리를 대위하여 행사하지 못한다. 그러나 상해보험계약의 경우에 당사자 간에 다른 약정이 있는 때에는 보험자는 피보험자의 권리를 해하지 아니하는 범위 안에서 그 권리를 대위하여 행사할 수 있다.

105 생명보험에 대한 설명 중 맞는 것은?

① 정액보험과 부정액보험의 이중적 성격을 가진다.

② 피보험자의 생존에 관한 보험은 상해·질병보험의 영역이다.

③ 타인의 사망을 보험사고로 하는 보험계약에서 타인의 서면동의가 없을 경우 보험자는 보험기간 중에 보험계약을 해지할 수 있고, 그 사실을 안 때까지의 보험료를 청구할 수 있다.

④ 타인의 사망보험의 경우 보험금청구권을 제3자에게 양도하고자 할 때에는 타인의 서면동의가 필요하다.

정답 ④

해설 상법 제731조(타인의 생명의 보험) ① 타인의 사망을 보험사고로 하는 보험계약에는 보험계약 체결 시에 그 타인의 서면(「전자서명법」 제2조 제2호에 따른 전자서명이 있는 경우로서 대통령령으로 정하는 바에 따라 본인 확인 및 위조·변조 방지에 대한 신뢰성을 갖춘 전자문서를 포함한다)에 의한 동의를 얻어야 한다.

② 보험계약으로 인하여 생긴 권리를 피보험자가 아닌 자에게 양도하는 경우에도 제1항과 같다.

106 타인의 사망보험에 대한 설명 중 틀린 것은?

① 피보험자는 자연인이어야 한다.
② 피보험자의 동의는 반드시 서면에 의한 동의여야 한다.
③ 당사자간 다른 약정이 없으면 최초의 보험료 납입 시부터 보험자 책임이 개시된다.
④ 피보험자의 동의가 없을 경우 최초의 보험료 납입 시부터 계약이 소멸된 것으로 본다.

정답 ④
해설 피보험자의 동의가 없을 경우 보험계약은 무효이다.

107 생명보험에 대한 설명 중 맞는 것은?

① 심신상실자를 피보험자로 한 생존보험계약은 무효이다.
② 미성년자의 사망을 보험사고로 하는 보험계약은 무효이다.
③ 심신박약자를 피보험자로 한 사망보험계약은 무효이다.
④ 미성년자가 법정대리인의 동의를 얻은 경우 사망보험의 피보험자가 될 수 있다.

정답 ③
해설 상법 제732조(15세 미만자 등에 대한 계약의 금지) 15세 미만자, 심신상실자 또는 심신박약자의 사망을 보험사고로 한 보험계약은 무효로 한다. 다만, 심신박약자가 보험계약을 체결하거나 제735조의3에 따른 단체보험의 피보험자가 될 때에 의사능력이 있는 경우에는 그러하지 아니하다.

108 인보험에 대한 설명 중 틀린 것은?

① 사망보험계약 당시 피보험자가 15세 미만이었다면, 비록 보험사고발생 시에 15세 이상이었다 할지라도 보험계약은 무효이다.
② 자기의 사망보험의 경우 심신상실자를 피보험자로 하는 보험계약은 무효이다.
③ 상해보험은 사망보험의 피보험자 자격제한 규정(상법 제732조)을 준용한다.
④ 심신박약자의 자기를 위한 사망보험은 유효하다.

정답 ③
해설 상법 제739조(준용규정) 상해보험에 관하여는 제732조를 제외하고 생명보험에 관한 규정을 준용한다.

109 인보험에 대한 설명 중 틀린 것은?

① 사망보험에서 피보험자가 심신박약자일 경우 단체보험의 피보험자가 될 때에 의사능력이 있는 경우 계약은 유효하다.
② 사망보험의 경우 피보험자의 중과실사고를 담보한다.
③ 상해보험은 보험수익자의 중과실사고를 담보하나 질병보험은 담보하지 않는다.
④ 둘 이상의 보험수익자 중 일부가 고의로 피보험자를 사망하게 한 경우 보험자는 다른 보험수익자에 대한 보험금 지급책임을 면하지 못한다.

정답 ③

해설 **상법 제739조의3(질병보험에 대한 준용규정)** 질병보험에 관하여는 그 성질에 반하지 아니하는 범위에서 생명보험 및 상해보험에 관한 규정을 준용한다.

110 다음 중 피보험자의 동의를 요하는 경우는?

① 타인의 사망보험에서 보험계약으로 생긴 권리를 피보험자에게 양도하는 경우
② 15세 미만자를 피보험자로 하는 사망보험계약
③ 자기의 사망보험계약에서 제3자를 보험수익자로 변경하는 경우
④ 타인의 사망보험에서 피보험자 이외의 자로 보험수익자를 변경하는 경우

정답 ④

해설 타인의 사망보험계약을 체결한 후 보험계약자가 보험수익자를 지정·변경하는 경우에도 피보험자를 보험수익자로 하지 않는 한 피보험자의 동의를 얻어야 한다(상법 제734조 제2항).

111 타인의 사망보험에 대한 설명 중 틀린 것은?

① 상법상 피보험자 동의 규정은 강행규정이다.
② 피보험자는 보험계약이 체결되기 전이라면 언제든지 동의를 철회할 수 있다.
③ 보험계약 체결시 보험설계사가 "피보험자의 동의를 얻지 아니하면 계약이 무효가 된다"는 약관조항을 설명하지 아니한 경우, 피보험자의 동의 없이 계약이 체결되었다 하더라도 보험자는 보험금 지급책임을 면하지 못한다.
④ 피보험자 동의는 보험계약의 성립요건이다.

정답 ③

해설 보험설계사는 보험자를 대리하지 않으므로 보험약관설명의무가 없다.

112 보험수익자 지정·변경에 대한 설명으로 틀린 것은?

① 보험수익자 지정·변경에 관한 권리는 보험계약자에게 있다.
② 보험수익자 미지정시 보험계약자가 사망한 경우 피보험자를 보험수익자로 한다.
③ 보험수익자 변경 전에 보험계약자가 사망한 경우 보험수익자의 권리가 확정된다.
④ 보험계약자가 사망할 경우 그 법정상속인이 보험수익자가 된다.

정답 ④

해설 상법 제733조(보험수익자의 지정 또는 변경의 권리) ① 보험계약자는 보험수익자를 지정 또는 변경할 권리가 있다.
② 보험계약자가 제1항의 지정권을 행사하지 아니하고 사망한 때에는 피보험자를 보험수익자로 하고 보험계약자가 제1항의 변경권을 행사하지 아니하고 사망한 때에는 보험수익자의 권리가 확정된다. 그러나 보험계약자가 사망한 경우에는 그 승계인이 제1항의 권리를 행사할 수 있다는 약정이 있는 때에는 그러하지 아니하다.
③ 보험수익자가 보험존속 중에 사망한 때에는 보험계약자는 다시 보험수익자를 지정할 수 있다. 이 경우에 보험계약자가 지정권을 행사하지 아니하고 사망한 때에는 보험수익자의 상속인을 보험수익자로 한다.
④ 보험계약자가 제2항과 제3항의 지정권을 행사하기 전에 보험사고가 생긴 경우에는 피보험자 또는 보험수익자의 상속인을 보험수익자로 한다.

113 보험수익자 지정·변경에 대한 설명으로 틀린 것은?

① 보험수익자가 보험기간 중 사망한 경우 다시 지정할 수 있다.
② 보험수익자 변경시 피보험자의 서면에 의한 동의가 반드시 필요하다.
③ 보험수익자가 보험기간 중 사망한 경우 새로이 지정되기 전에 보험계약자가 사망한 경우 보험수익자의 상속인을 보험수익자로 한다.
④ 보험수익자 지정·변경시 보험계약자는 보험자에게 그 통지를 발송해야 한다.

정답 ②

해설 상법 제734조(보험수익자지정권 등의 통지) ① 보험계약자가 계약 체결 후에 보험수익자를 지정 또는 변경할 때에는 보험자에 대하여 그 통지를 하지 아니하면 이로써 보험자에게 대항하지 못한다.
② 제731조 제1항의 규정은 제1항의 지정 또는 변경에 준용한다.
상법 제731조(타인의 생명의 보험) ① 타인의 사망을 보험사고로 하는 보험계약에는 보험계약 체결 시에 그 타인의 서면(「전자서명법」 제2조 제2호에 따른 전자서명이 있는 경우로서 대통령령으로 정하는 바에 따라 본인 확인 및 위조·변조 방지에 대한 신뢰성을 갖춘 전자문서를 포함한다)에 의한 동의를 얻어야 한다.
② 보험계약으로 인하여 생긴 권리를 피보험자가 아닌 자에게 양도하는 경우에도 제1항과 같다.

114 다음 사례에서 보험수익자는 누가 되는가?(복수정답 가능)

〈00사망보험〉	B : A의 배우자
	C : A의 자녀(10세)
보험계약자 : A	D : A의 부(父)
피보험자 : A	E : A의 모(母)
보험수익자 : 법정상속인	2019.1.1. : A와 B 이혼
보험기간 : 2010.1.1. ~ 2020.1.1.	2019.2.1. : A 사망

① B 　　　　　　　　　　② C
③ D 　　　　　　　　　　④ E

정답 ②

해설 보험사고(2019.2.1.) 전 A와 B가 이혼(2019.1.1.)하였으므로 보험사고발생 시점에서의 보험금청구권은 A의 법정상속인인 C에게 있다.

115 인보험에 대한 설명으로 틀린 것은?

① 계속보험료 미지급으로 계약이 해지된 경우 보험자는 보험수익자를 위해 적립한 금액을 보험계약자에게 지급하여야 한다.
② 보험계약자가 보험계약을 임의해지할 경우에도 보험자는 보험료적립금을 반환한다.
③ 피보험자의 고의로 인해 보험금 지급책임이 면책된 경우 보험자는 보험료적립금을 반환하지 않는다.
④ 보험계약자의 중과실 사고 면책의 경우 보험계약자는 당사자 약정을 통해 보험료적립금의 반환을 받을 수 있다.

정답 ③

해설 **상법 제736조(보험적립금 반환의무 등)** ① 제649조, 제650조, 제651조 및 제652조 내지 제655조의 규정에 의하여 보험계약이 해지된 때, 제659조와 제660조의 규정에 의하여 보험금액의 지급책임이 면제된 때에는 보험자는 보험수익자를 위하여 적립한 금액을 보험계약자에게 지급하여야 한다. 그러나 다른 약정이 없으면 제659조 제1항의 보험사고가 보험계약자에 의하여 생긴 경우에는 그러하지 아니하다.
상법 제659조(보험자의 면책사유) ① 보험사고가 보험계약자 또는 피보험자나 보험수익자의 고의 또는 중대한 과실로 인하여 생긴 때에는 보험자는 보험금액을 지급할 책임이 없다.

116 상해보험에 대한 설명으로 틀린 것은?

① 상해보험은 급격하고 우연한 외래의 사고를 그 요건으로 한다.

② 만취 후 구토물이 기도를 막아 사망한 경우 상해보험 담보대상이 된다.

③ 피보험자와 보험계약자가 동일인이 아닐 때에는 그 보험증권 기재사항 중 상법 제728조 제2호 (인보험증권)에 게기한 사항에 갈음하여 피보험자의 직무 또는 직위만을 기재할 수 있다.

④ 15세 미만자를 피보험자로 하는 보험계약은 무효이다.

정답 ④

해설 15세 미만자를 피보험자로 하는 사망보험계약이 무효이다.

117 상해보험에 대한 설명으로 틀린 것은?

① 피보험자가 무면허 · 만취운전 중 발생한 사고로 사망한 경우 보험금 지급책임이 있다.

② 피보험자의 도난운전 중 발생한 사고로 사망한 경우 면책이다.

③ 유독가스의 일시흡입으로 인한 중독증상은 상해사고에 해당한다.

④ 기왕증 환자의 경우 보험금의 감액이 가능하다.

정답 ②

해설 피보험자의 도난운전 중 발생한 사고 자체가 고의성과는 별개의 문제이므로 보상한다.

118 질병보험에 대한 설명으로 틀린 것은?

① 그 성질에 반하지 아니하는 범위에서 생명보험에 관한 규정을 준용한다.

② 그 성질에 반하지 아니하는 범위에서 상해보험에 관한 규정을 준용한다.

③ 교통사고로 인한 수술 후 그 합병증으로 인한 손해는 질병보험의 담보대상이다.

④ 보험료 납입일로부터 일정기간 이후 발병을 보험사고로 한다는 약정은 유효하다.

정답 ③

해설 교통사고 합병증으로 인한 손해는 상해보험의 담보대상이다.

119 단체보험에 대한 설명 중 틀린 것은?

① 단체의 대표자가 보험계약자가 된다.

② 사망보험시 피보험자의 서면에 의한 동의가 필요하다.

③ 보험료 절감의 효과가 있다.

④ 피보험자가 퇴직할 경우 피보험자의 자격을 상실한다.

정답 ②

해설 상법 제735조의3(단체보험) ① 단체가 규약에 따라 구성원의 전부 또는 일부를 피보험자로 하는 생명보험계약을 체결하는 경우에는 제731조를 적용하지 아니한다.

② 제1항의 보험계약이 체결된 때에는 보험자는 보험계약자에 대하여서만 보험증권을 교부한다.

③ 제1항의 보험계약에서 보험계약자가 피보험자 또는 그 상속인이 아닌 자를 보험수익자로 지정할 때에는 단체의 규약에서 명시적으로 정하는 경우 외에는 그 피보험자의 제731조 제1항에 따른 서면동의를 받아야 한다.

120 단체보험에 대한 설명 중 틀린 것은?

① 상법상 타인의 생명보험에 해당한다.

② 피보험자의 서면동의를 요하지 않는다.

③ 보험계약자가 본인을 보험수익자로 지정할 수 없다.

④ 보험자는 보험계약자에게만 보험증권을 교부하면 된다.

정답 ③

해설 보험계약자는 본인을 보험수익자로 지정할 수 있다.

121 단체보험에 대한 설명 중 맞는 것은?

① 질병에 관한 계약의 경우 구성원의 고지의무를 요한다.

② 상법상 단체보험에 관한 규약은 "보험가입에 관하여 대표자가 구성원을 위하여 일괄하여 보험계약을 체결한다"라는 취지의 내용이면 충분하다.

③ 단체의 구성원이 보험료의 일부를 분담하는 경우 그 구성원에게도 보험증권을 교부하여야 한다.

④ 판례는 근로자의 재해보상에 관한 일반적 규정으로도 단체보험의 규약이 존재한다고 본다.

정답 ②

해설 상법 제735조의3(단체보험) ① 단체가 규약에 따라 구성원의 전부 또는 일부를 피보험자로 하는 생명보험계약을 체결하는 경우에는 제731조를 적용하지 아니한다.

122 단체보험에 대한 설명 중 틀린 것은?

① 피보험자의 사망을 보험사고로 하는 단체보험에서 상법상 '규약'을 구비하지 못한 경우 피보험자의 서면에 의한 동의만이 허용된다.

② 단체보험계약에서 보험계약자가 피보험자 또는 그 상속인이 아닌 자를 보험수익자로 지정할 때에는 단체의 규약에서 명시적으로 정하는 경우 외에는 그 피보험자의 서면동의를 받아야 한다.

③ 단체구성원의 이익을 위하여 체결되므로 도덕적 위험이 적다.

④ 상해·질병사고는 담보가 불가하다.

정답 ④

해설 상법 제739조(준용규정) 상해보험에 관하여는 제732조를 제외하고 생명보험에 관한 규정을 준용한다.
상법 제739조의3(질병보험에 대한 준용규정) 질병보험에 관하여는 그 성질에 반하지 아니하는 범위에서 생명보험 및 상해보험에 관한 규정을 준용한다.

the Final
(더 파이널)

01 상법 제4편의 적용에 대한 설명으로 옳지 않은 것은?

① 상법 제4편의 규정은 영리보험 일반은 물론 그 성질에 반하지 아니하는 범위에서 상호보험과 공제에도 준용된다.

② 판례에 따르면 해상적하보험약관에 영국법 준거조항이 있는 경우에도 이것이 보험계약의 보험목적물 등 성립 여부에 관한 사항에까지 적용하기로 한 것으로는 볼 수 없다.

③ 2014년 개정된 상법 제4편의 규정은 법률불소급의 원칙에 따라 법 개정 전에 체결된 보험계약에는 전혀 그 적용이 없다.

④ 가계보험과 기업보험의 구분은 상법 제663조(불이익변경금지의 원칙)의 적용 여부와 관련하여 실익이 있다.

02 보험계약의 성립에 관한 상법의 태도로 옳지 않은 것은?

① 보험계약은 당사자 일방이 약정한 보험료를 지급하고 재산 또는 생명이나 신체에 불확정한 사고가 발생할 경우에 상대방이 일정한 보험금이나 그 밖의 급여를 지급할 것을 약정함으로써 효력이 생긴다.

② 보험계약자가 보험계약의 청약과 함께 중요사항에 대한 고지의무를 이행한 경우, 보험자는 20일 내에 그 상대방에 대하여 낙부의 통지를 발송하여야 한다.

③ 신체검사를 받아야 하는 인보험계약의 피보험자가 신체검사를 받지 않은 경우에는 보험자의 승낙 전에 보험사고가 발생하였더라도 보험자는 그 청약을 거절할 사유의 존재 여부에 관계없이 보상책임을 부담하지 않는다.

④ 보험자의 보상책임은 최초의 보험료의 지급을 받은 때로부터 개시되지만, 당사자의 약정으로 달리 정할 수 있다.

03 타인을 위한 보험계약에 대한 설명으로 옳지 않은 것은?

> 타인을 위한 보험계약은 보험계약자가 ① 그 타인의 대리인으로서가 아니라 자기의 이름으로 계약을 체결하는 것으로서 타인의 위임이 없어도 그 보험계약을 체결할 수 있다. 다만 ② 손해보험계약의 경우에 그 타인의 위임이 없는 경우에는 보험계약자는 이를 보험자에게 고지하여야 하고, 그 고지가 없는 때에는 타인이 그 보험계약이 체결되었다는 사유로 보험자에게 대항하지 못한다. 타인을 위한 보험계약에서 그 타인은 당연히 그 계약의 이익을 받는다. 따라서 ③ 특별한 사정이 없는 한 그 타인은 보험계약자의 동의가 없어도 임의로 권리를 행사하고 처분할 수 있다. 그러나 손해보험계약의 경우에 ④ 보험계약자가 그 타인에게 보험사고의 발생으로 생긴 손해의 보상을 한 때에는 보험계약자는 그 타인의 권리를 해하지 아니하는 범위 안에서 보험자에게 보험금액의 지급을 청구할 수 있다.

04 보험증권에 대한 설명으로 옳지 않은 것은?

① 보험증권을 멸실한 때에는 보험계약자는 자신의 비용부담으로 증권의 재교부를 청구할 수 있다.

② 보험료의 전부 또는 최초보험료의 지급이 있기 전까지 보험자는 증권의 교부를 거절할 수 있다.

③ 기존의 보험계약을 연장하는 경우에는 보험자는 그 보험증권에 그 사실을 기재함으로써 보험증권의 교부에 갈음할 수 있다.

④ 보험자가 보험증권의 교부의무를 위반한 경우에 보험계약자는 보험계약 성립일로부터 3월 내에 보험계약을 취소할 수 있다.

05 보험료반환청구권의 소멸시효에 대한 설명으로 옳지 않은 것은?(다툼이 있는 경우 판례에 의함)

① 타인의 서면동의를 받지 않고 체결된 타인의 사망보험계약에 있어서는 보험자의 위법성이 강하여 보험료를 최종적으로 납부한 시점부터 보험료반환청구권의 소멸시효가 진행된다.

② 상법상 보험료반환청구권의 소멸시효의 기산점에 대한 규정은 없다.

③ 무효인 보험계약에 기한 보험료반환청구권의 소멸시효는 특별한 사정이 없는 한 각 보험료를 납부한 때에 각 보험료에 대한 반환청구권의 소멸시효가 진행한다.

④ 보험계약자의 보험료반환청구권은 3년간 행사하지 아니하면 시효의 완성으로 소멸한다.

06 상법상 보험계약자가 가지는 임의해지권에 대한 설명으로 옳지 않은 것은?

① 보험사고가 발생하기 전에는 보험계약자는 언제든지 계약의 전부 또는 일부를 해지할 수 있다.

② 타인을 위한 보험계약의 경우에는 보험계약자는 그 타인의 동의를 얻지 아니하거나 보험증권을 소지하지 아니하면 보험계약을 해지할 수 없다.

③ 보험사고의 발생으로 보험자가 보험금을 지급한 후에 보험금액이 감액되지 않는 보험의 경우에는 그 보험사고가 발생한 후에는 임의해지권을 행사할 수 없다.

④ 보험계약자가 임의해지권을 행사하는 경우에 당사자 간에 다른 약정이 없으면 미경과보험료의 반환을 청구할 수 있다.

07 보험료 지급에 대한 상법의 태도이다. 옳지 않은 것으로만 묶인 것은?

> 보험료의 지급은 보험계약의 ⑤ <u>성립요건이다.</u> 보험계약자는 계약 체결 후 ⑥ <u>지체 없이</u> 보험료의 전부 또는 제1회 보험료를 지급하여야 한다. 이를 위반한 경우에는 다른 약정이 없으면 계약 성립 후 ⑥ <u>3월이 경과한 때</u>에 그 계약은 ⑧ <u>해제된 것으로 본다.</u> 계속보험료가 약정한 시기에 지급되지 아니한 때에는 보험자는 상당한 기간을 정하여 보험계약자에게 최고하고 그 기간 내에 지급하지 아니하면 그 계약을 ⑩ <u>해제할 수 있다.</u> 보험계약의 당사자가 특별한 위험을 예기하여 보험료의 액을 정한 경우에 보험기간 중 그 예기한 위험이 소멸한 때에는 ⑪ <u>보험계약자는 그 후의 보험료의 감액을 청구할 수 있다.</u>

① ㉠, ㉡, ㉣
② ㉠, ㉢, ㉤
③ ㉣, ㉤, ㉥
④ ㉠, ㉣, ㉥

08 보험계약의 부활에 관한 다음의 설명 중 옳은 것은?

① 해지예고부 최고약관에 의하여 보험계약이 무효 또는 실효되는 경우에는 보험계약의 부활을 청구할 수 없다.
② 보험자가 보험료환급금을 반환한 경우에는 보험계약자는 환급의 날로부터 3년 내에 부활의 청약을 하여야 한다.
③ 보험계약의 부활은 당사자 간의 합의에 의하여 종전의 보험계약을 다시 회복시키는 특수한 계약이므로, 종전 계약의 해지시점부터 부활시점 사이에 발생한 사고에 대하여 보험자에게 보상책임이 인정된다.
④ 보험자는 보험계약부활의 청약과 함께 보험료 상당액의 전부 또는 일부의 지급을 받은 때에는 다른 약정이 없으면 30일 내에 낙부의 통지를 발송하여야 한다.

09 상법상 고지의무제도에 대한 설명으로 옳지 않은 것은?

① 타인을 위한 손해보험계약에서 보험계약의 체결을 알고 있는 피보험자는 고지의무를 진다.

② 상법상 고지의무제도는 수동적 응답의무로서, 보험계약자는 보험자가 서면으로 질문한 사항에 대하여 성실하게 응답한 경우라면 고지의무 위반을 구성하지 않는다.

③ 판례에 의하면 고지의무자가 중요한 사항을 스스로 탐지하여 알려야 할 의무는 존재하지 않는다.

④ 판례에 의하면 보험계약자 등이 고지하여야 하는 중요한 사항이란 "객관적으로 보험자가 그 사실을 안다면 그 계약을 체결하지 않든가 또는 적어도 그런 조건으로는 계약을 체결하지 않으리라고 생각되는 사항"이다.

10 다음 중 보험계약의 무효사유에 해당하는 것으로만 묶인 것은?

> 가. 보험계약자가 보험사고를 가장하여 보험금을 취득할 목적으로 보험계약을 체결한 경우
> 나. 보험자가 파산선고를 받고 3월이 경과한 경우
> 다. 보험계약자가 고지의무를 위반한 경우
> 라. 사기로 인한 중복보험이 체결된 경우
> 마. 계속보험료가 최고기간 이후에도 지급되지 아니한 경우
> 바. 타인의 서면동의를 얻지 않고 그 타인의 사망보험 계약을 체결한 경우

① 가, 나, 라　　　　　　　　② 나, 다, 라

③ 가, 라, 바　　　　　　　　④ 가, 나, 바

11 상법상 제652조에서 규정한 위험의 현저한 변경증가에 대한 설명으로 옳은 것은?(다툼이 있는 경우 판례에 의함)

① 화재보험에 가입된 공장건물에 대한 근로자들의 점거와 장기간의 농성은 사고발생 위험의 현저한 증가 또는 변경이라고 볼 수 없다.

② 화재보험약관에서 규정하고 있는 '사고발생 위험의 현저한 증가 또는 변경시 통지의무' 조항에 대하여 보험자는 약관 명시·설명의무를 부담한다.

③ 보험계약자가 위험의 현저한 변경증가 사실을 통지한 때에는 보험자는 통지를 받은 날로부터 2월 내에 계약을 해지할 수 있다.

④ 보험계약 해지권 행사기간의 기산점은 보험계약자 등이 통지의무를 이행하지 아니한 사실을 보험자가 알게 된 날이다.

12 불이익변경금지조항에 관한 설명으로 옳지 않은 것은?(다툼이 있는 경우 판례에 의함)

① 보험계약 당사자의 지위의 불균형이 존재하는 경우 가계보험계약자를 보호하기 위하여 인정되는 것으로 보험자에게 불이익하게 변경된 약관조항은 유효하다.

② 해상위험을 담보한 어선공제약관에 대하여는 계약 당사자가 대등한 경제적 지위에 있다고 볼 수 없어 상법 제663조의 불이익변경금지의 원칙을 적용한다.

③ 재보험 및 해상보험 기타 이와 유사한 이른바 기업보험의 경우에는 보험계약자의 이익보호를 위한 법의 후견적 보호보다는 사적 자치에 따른 이익조정이 가능하도록 상법 제663조의 적용을 배제한다.

④ 고지의무위반이 있는 때에는 보험자가 보험계약의 해지권을 행사할 수 있는 기간을 계약 체결일로부터 5년으로 한다는 약정은 유효하다.

13 다음 중 보험계약에 대한 설명으로 옳지 않은 것은?(다툼이 있는 경우 판례에 의함)

① 타인의 사망을 보험사고로 하는 보험계약에는 보험계약 체결 시에 그 타인의 서면에 의한 동의를 얻어야 한다는 상법 제731조 제1항의 규정은 강행법규로서 이에 위반하여 체결된 보험계약은 무효이다.

② 위험의 현저한 증가나 변경시 보험계약자의 통지의무위반으로 인한 보험자의 해지권 행사기간의 기산점은 단순한 의심의 수준이 아니라 보험자가 조사·확인절차를 거쳐 보험계약자의 통지의무위반을 뒷받침하는 객관적인 근거를 확보함으로써 통지의무위반이 있음을 안 때에 비로소 진행한다.

③ 주피보험자의 호적상 또는 주민등록상 배우자만이 종피보험자로 가입할 수 있는 보험에서 '종피보험자가 보험기간 중 주피보험자의 배우자에 해당하지 아니하게 된 때에는 종피보험자의 자격을 상실한다'고 정한 약관조항은 거래상 일반적이고 공통적인 것이 아니어서 보험자의 명시·설명의무가 필요하다.

④ 피보험자가 정신질환 등으로 자유로운 의사결정을 할 수 없는 상태에서 사망의 결과를 발생케한 경우에는 보험자의 면책사유로 규정된 '자살'에 해당하지 않는다.

14 다음의 (   ) 안에 들어갈 기간이 순서에 따라 알맞게 짝지어진 것은?

> • 보험금 지급에 대한 약정기간이 없는 경우 보험자는 보험사고의 통지를 받은 후 지체 없이 지급할 보험금액을 정하고 그 정하여진 날부터 (㉠) 내에 피보험자 또는 보험수익자에게 보험금액을 지급하여야 한다.
> • 보험자가 보험계약자로부터 보험계약의 청약과 함께 보험료 상당액의 전부 또는 일부의 지급을 받은 때에는 (㉡) 내에 그 상대방에 대하여 낙부의 통지를 발송하여야 한다.
> • 보험자가 보험기간 중 보험계약자로부터 사고발생 위험의 현저한 변경증가에 대한 통지를 받은 때에는 (㉢) 내에 보험료의 증액을 청구하거나 계약을 해지할 수 있다.
> • 보험자가 파산의 선고를 받은 때에 보험계약자가 계약을 해지하지 않고 (㉣)이 경과한 때에는 그 보험계약은 효력을 잃는다.

① 10일, 30일, 1월, 2월
② 1월, 1월, 30일, 3월
③ 1월, 20일, 2월, 1월
④ 10일, 30일, 1월, 3월

15 손해보험에 관한 설명으로 옳지 않은 것은?

① 손해보험은 물건이나 재산상의 손해를 보상하는 측면에서 보상금액을 미리 정할 수 없는 부정액보험의 성격을 가진다.

② 상법상 손해보험의 종류에는 화재보험, 운송보험, 해상보험, 책임보험, 재보험, 자동차보험, 보증보험이 있다.

③ 손해보험은 원칙적으로 재산상 손해를 보험금액의 한도 내에서 실제로 발생한 손해만을 보상하는 실손보상적 성질을 가진다.

④ 손해보험에서 피보험자는 보험의 객체로서 보험금청구권을 가지는 자이다.

16 피보험이익에 관한 설명으로 옳지 않은 것은?(다툼이 있는 경우 판례에 의함)

① 피보험이익은 상법 제668조에서 보험계약의 목적이라고 표현하고 있으며, 보험계약의 대상인 보험의 목적과 구별된다.

② 우리나라에서 피보험이익은 손해보험에 특유한 것으로 인보험에서는 인정되지 않는다.

③ 화재보험계약에서 동산양도담보 설정자는 그 물건에 대한 보험사고가 발생한 경우 그 목적물에 관하여 피보험이익을 갖지 못한다.

④ 손해보험에서 피보험이익은 피보험자가 보험의 목적물에 대하여 가지는 경제적 이해관계를 의미하는 것으로 소유이익에 한하지 아니하고 담보이익, 사용수익이익 등도 포함한다.

17 손해보험에서 보험가액과 보험금액의 관계에 대한 설명으로 옳지 않은 것은?

① 기평가보험으로 인정되기 위한 당사자 사이의 보험가액의 합의는 명시적인 것이어야 하고, 동시에 반드시 협정가액 또는 약정가액이라는 용어를 사용하여야 한다.

② 초과보험은 보험금액이 보험계약의 목적의 가액을 현저하게 초과하는 보험을 말한다.

③ 동일한 보험계약의 목적과 동일한 사고에 관하여 수개의 보험계약이 동시 또는 순차로 체결된 경우 그 보험금액의 총액이 보험가액을 초과하는 보험을 중복보험이라 한다.

④ 일부보험이란 보험가액의 일부를 보험에 붙인 보험을 말한다.

18 보험가액이 12억원인 건물에 대하여 보험금액을 5억원, 10억원, 15억원으로 하는 보험계약을 갑, 을, 병 보험회사와 각각 체결하고, 사고 당시에도 이러한 보험계약이 유효하게 유지되고 있다면 상법에 의할 때 각 보험자가 분담하는 보험금액으로 옳은 것은?(보험계약자는 선의이고, 보험가액은 사고 당시에도 변화가 없음)

	갑	을	병
①	2억원	4억원	6억원
②	3억원	5억원	4억원
③	3억원	4억원	5억원
④	2억원	5억원	5억원

19 중복보험의 통지의무에 관한 설명으로 옳지 않은 것은?(다툼이 있는 경우 판례에 의함)

① 동일한 보험계약의 목적과 동일한 사고에 관하여 수개의 보험계약을 체결하고 있는 경우에는 보험계약자는 각 보험자에 대하여 각 보험계약의 내용을 통지하여야 한다.

② 상법은 중복보험 통지의무의 위반효과로서 당해 보험계약을 해지할 수 있는 것으로 규정하고 있다.

③ 다수의 보험계약의 체결사실에 대하여 통지하도록 규정한 취지는 부당한 이득을 얻기 위한 사기에 의한 보험계약의 체결을 사전에 방지하고 보험자로 하여금 보험사고발생시 손해의 조사 또는 책임의 범위에 대한 결정을 다른 보험자와 공동으로 할 수 있도록 하기 위한 것이다.

④ 손해보험에 있어서 타보험 가입사실은 상법 제652조 및 제653조의 통지의무의 대상이 되는 사고발생의 위험이 현저하게 변경 또는 증가된 때에 해당하지 않는다.

20 손해방지의무에 관한 설명으로 옳지 않은 것은?

① 손해방지의무는 보험사고의 발생을 요건으로 하므로 보험계약자 등은 보험사고가 발생한 때부터 이 의무를 부담한다.

② 상법상 손해방지의무를 부담하는 자는 보험계약자, 피보험자 및 피해자이다.

③ 손해방지의무란 손해의 방지와 손해의 경감을 위하여 노력하는 것을 말한다.

④ 손해방지를 위하여 필요 또는 유익하였던 비용과 보상액이 보험금액을 초과한 경우라도 보험자가 이를 부담한다.

21 보험목적에 관한 보험대위에 대한 설명으로 옳지 않은 것은?

① 상법상 보험목적에 대한 보험대위는 보험목적의 일부 멸실로는 발생하지 아니하고, 보험목적물이 전부 멸실한 경우에 발생한다.

② 보험가액의 일부를 보험에 붙인 경우에는 보험자가 취득할 권리는 보험금액의 보험가액에 대한 비율에 따라 이를 정한다.

③ 보험자가 해당 보험금 및 기타 보험급부를 전부 지급한 때에 발생한다.

④ 일부보험의 경우 보험금 전액을 지급한 보험자라 하더라도 일부보험의 특성상 보험목적에 관한 보험대위가 불가능하다.

22 제3자에 대한 보험대위에서 제3자의 범위에 속하는 자를 모두 고른 것은?(다툼이 있는 경우 판례에 의함)

> 가. 자동차보험에서 승낙피보험자
> 나. 주택화재보험에서 피보험자와 생계를 같이 하는 가족
> 다. 타인을 위한 보험에서 보험계약자
> 라. 피보험자나 보험계약자와 생계를 같이 하는 가족의 고의로 인한 사고에서 그 가족

① 가 ② 가, 나

③ 나, 다 ④ 다, 라

23 보험목적의 양도에 대한 상법 제679조에 관한 설명으로 옳지 않은 것은?(다툼이 있는 경우 판례에 의함)

① 보험의 목적의 양도인 또는 양수인은 보험자에 대하여 보험목적의 양도사실을 지체 없이 통지하여야 한다.
② 보험목적의 양도란 보험의 대상인 목적물을 개별적으로 타인에게 양도하는 것이다.
③ 피보험자가 보험의 목적을 양도한 때에는 양수인은 보험계약상의 권리와 의무를 승계한 것으로 추정한다.
④ 보험목적의 양도에 관한 상법 제679조의 규정은 강행규정이다.

24 화재보험에 대한 설명으로 옳지 않은 것은?(다툼이 있는 경우 판례에 의함)

① 화재보험계약의 보험자는 화재로 인하여 생길 손해를 보상할 책임을 부담한다.
② 집합된 물건을 일괄하여 보험의 목적으로 한 때에는 그 목적에 속한 물건이 보험기간 중에 수시로 교체된 경우에도 보험사고의 발생 시에 현존한 물건은 보험의 목적에 포함된 것으로 한다.
③ 집합된 물건을 일괄하여 보험의 목적으로 한 때에는 피보험자의 가족과 사용인의 물건도 보험의 목적에 포함된 것으로 한다.
④ 화재보험 목적물의 소유자와 담보권자의 피보험이익은 항상 보험목적물의 가액 전체에 미친다.

25 상법상 해상보험에 대한 설명으로 옳지 않은 것은?

① 해상보험의 보험자는 피보험자가 지급할 공동해손의 분담액을 보상할 책임이 있다. 그러나 보험의 목적의 공동해손분담가액이 보험가액을 초과할 때에는 그 초과액에 대한 분담액은 보상하지 아니한다.

② 보험자는 피보험자가 보험사고로 인하여 발생하는 손해를 방지하기 위하여 지급할 구조료를 보상할 책임이 있다. 그러나 보험의 목적물의 구조료분담가액이 보험가액을 초과할 때에는 그 초과액에 대한 분담액은 보상하지 아니한다.

③ 선박의 일부가 훼손되었으나, 이를 수선하지 아니한 경우에는 보험자는 그로 인한 감가액을 보상할 책임이 없다.

④ 해상보험의 보험자는 보험의 목적의 안전이나 보존을 위하여 지급할 특별비용을 보험금액의 한도 내에서 보상할 책임이 있다.

26 상법상 해상보험에서 위부에 대한 설명으로 옳지 않은 것은?

① 선박의 행방불명은 전손으로 추정되나, 보험위부의 원인은 아니다.

② 보험위부는 피보험자의 일방적 의사표시에 의하여 행사되는 형성권이므로 보험자의 승인은 위부의 요건이 아니다.

③ 보험자가 위부를 승인한 때에도 피보험자는 위부의 원인을 증명하지 아니하면 보험금액의 지급을 청구하지 못한다.

④ 피보험자가 위부를 함에 있어서는 보험자에 대하여 보험의 목적에 관한 다른 보험계약과 그 부담에 속한 채무의 유무와 그 종류 및 내용을 통지하여야 한다.

27 책임보험에 대한 설명으로 옳지 않은 것은?

① 책임보험계약의 보험자는 피보험자가 보험기간 중의 사고로 인하여 제3자에게 배상할 책임을 진 경우에 이를 보상할 책임이 있다.

② 책임보험은 가해자와 피해자를 보호하는 기능을 동시에 갖고 있다.

③ 피보험자가 담보의 제공 또는 공탁으로써 재판의 집행을 면할 수 있는 경우에는 보험자에 대하여 보험금액의 한도 내에서 그 담보의 제공 또는 공탁을 청구할 수 있다.

④ 피보험자가 경영하는 사업에 관한 책임을 보험의 목적으로 한 때에는 피보험자의 대리인 또는 그 사업감독자의 제3자에 대한 책임은 보험의 목적이 되지 못한다.

28 책임보험에서 피해자 직접청구권에 대한 설명으로 옳지 않은 것은?

① 제3자가 보험자에게 직접 보상을 청구한 경우에 보험자는 피보험자가 그 사고에 관하여 가지는 항변으로써 제3자에게 대항할 수 없다.

② 보험자는 피보험자가 책임을 질 사고로 인하여 생긴 손해에 대하여 제3자가 그 배상을 받기 전에는 보험금액의 전부 또는 일부를 피보험자에게 지급하지 못한다.

③ 보험자가 피해자로부터 보상청구를 받은 때에는 지체 없이 피보험자에게 이를 통지하여야 한다.

④ 피보험자는 보험자의 요구가 있을 때에는 필요한 서류·증거의 제출, 증언 또는 증인의 출석에 협조할 의무가 있다.

29 자동차보험증권에 기재하여야 할 사항을 모두 고른 것은?

> 가. 자동차소유자와 그 밖의 보유자의 성명과 생년월일 또는 상호
> 나. 피보험자동차의 등록번호, 차대번호, 차형연식과 기계장치
> 다. 차량가액을 정한 때에는 그 가액

① 가

② 가, 나

③ 가, 나, 다

④ 나, 다

30 자동차보험에 대한 설명으로 옳지 않은 것은?(다툼이 있는 경우 판례에 의함)

① 보험자가 보험계약자의 대리인과 자동차 보험계약을 체결하는 경우에는 그 대리인에게 보험약관을 설명함으로써 족하다.

② 피보험자가 보험기간 중에 자동차를 양도한 때에는 양수인은 보험자의 승낙을 얻은 경우에 한하여 보험계약으로 인하여 생긴 권리와 의무를 승계한다.

③ 보험자가 양수인으로부터 양수사실을 통지받은 때에는 지체 없이 낙부를 통지하여야 하고, 통지받은 날부터 14일 내에 낙부의 통지가 없을 때에는 승낙한 것으로 본다.

④ 자동차보험계약의 보험자는 피보험자가 자동차를 소유, 사용 또는 관리하는 동안에 발생한 사고로 인하여 생긴 손해를 보상할 책임이 있다.

31 인보험에서 인정되는 것은?

① 보험의 목적의 양도
② 보험계약자 변경
③ 피보험이익의 개념
④ 손해방지의무

32 인보험에 관한 설명으로 옳은 것은?

① 인보험은 정액보험이므로 자산운용성과에 따라 보험금액이 바뀌는 변액보험은 인보험이 아니라 펀드형 투자상품이다.
② 보험수익자가 피보험자의 유족인 때에는 인보험의 보험자는 피살된 피보험자의 사망보험금 지급 후, 유족이 가해자에 대하여 갖는 불법행위로 인한 손해배상청구권을 대위행사할 수 있다.
③ 보험금지급청구권의 소멸시효는 보험사고발생 시에 기산하는 것이 원칙이며, 시효의 중단이나 정지가 인정되지 아니한다.
④ 상해보험계약에서 보험자는 당사자 간에 약정이 있는 때에는 피보험자의 권리를 해하지 아니하는 범위 안에서 그 권리를 대위행사할 수 있다.

33 타인의 사망보험계약에 대한 설명으로 옳은 것은?(다툼이 있는 경우 판례에 의함)

① 피보험자가 보험계약 체결시 서면동의를 하면서 앞으로 1주일 이내에 체결되는 사망보험계약에 한하여 동의한다고 기재한 경우, 그 기간 내의 사망보험계약에 대하여는 따로 동의가 필요 없다.

② 청약시 피보험자가 휴대전화를 걸어와 동의한 후 보험계약 체결 다음날에 건강진단서를 제출하는 등 동의의사를 확실히 확인할 수 있는 때에는 동의로 인정된다.

③ 보험설계사가 서면동의에 대하여 설명하지 아니하여, 서면동의 없이 체결된 계약이라면 동의 요건은 계약의 내용에 편입되지 않으므로 보험사고발생 시에 보험금을 지급하여야 한다.

④ 피보험자는 그가 동의할 때 기초로 한 사정에 중대한 변경이 있는 경우에는 보험계약자가 승낙하지 않는 때에도 동의를 철회할 수 있다.

34 다음 중 유효한 계약은?

① 사망을 보험사고로 하는 보험계약에서 심신상실자가 보험계약 체결 시에 피보험자로 되는 데에 동의한 경우

② 15세 미만자가 의사능력을 갖고 자신을 피보험자로 하는 사망보험계약에 서면동의한 후 보험 사고발생 시에는 이미 성년에 이른 경우

③ 심신박약자가 보험계약 체결시 의사능력을 갖고 계약체결에 동의하였으나, 계약 체결 직후부터 의사능력이 없는 상태에서 보험사고가 발생한 경우

④ 태아를 피보험자로 하여 태아의 사산을 보험사고로 하는 보험계약이 친권자 전원의 동의 하에 체결된 경우

35 **생명보험과 상해보험의 차이로 옳지 않은 것은?**

① 사망은 언제인가 발생할 것이 확실하나, 상해는 발생 여부가 불확정적이다.

② 생명보험과 달리 상해보험 증권에는 타인의 상해보험계약에서 피보험자의 직무 또는 직위만을 기재할 수 있다.

③ 생명보험과 달리 상해보험에서는 일정한 조건 하에 청구권대위가 허용된다.

④ 인보험과 달리 상해보험은 상해로 입은 실손해를 보상하는 부정액보험만 허용된다.

36 **우리 상법상 인정되는 것은?**

① 보험수익자의 개입권행사에 의한 보험계약의 부활 청구

② 보장성 보험의 일정한도의 보험금액청구권을 압류금지채권으로 한 것

③ 약관에서 달리 배제하고 있지 아니하는 한 계약자배당을 청구할 권리

④ 인보험계약의 보험자가 약정에 따라 보험금을 연금으로 분할하여 지급하는 것

37 상해보험계약의 보험수익자에 대한 설명으로 옳지 않은 것은?(다툼이 있는 경우 판례에 의함)

① 보험계약자가 보험계약 체결 시에 상해보험의 수익자를 '상속인'이나 '배우자' 등으로 지정한 것은 유효하다.

② 보험계약자가 보험수익자를 지정하지 않고 사망한 때에는 그 승계인이 지정·변경권을 행사할 수 있다는 약정이 없는 한 피보험자를 보험수익자로 한다.

③ 보험수익자 지정 없이 상속인이 보험수익자로 되는 경우의 보험금청구권은 상속재산을 구성하므로 피상속인의 채무변제를 위한 책임재산이 된다.

④ 보험수익자가 보험존속 중에 사망한 때에는 보험계약자는 다시 보험수익자를 지정할 수 있으나 지정권을 행사하기 전에 보험사고가 생긴 경우에는 피보험자 또는 보험수익자의 상속인을 보험수익자로 한다.

38 상법상 허용되지 아니하는 '다른 약정'은?

① 보험사고가 보험계약자에 의하여 생긴 경우에도 보험자가 보험적립금 반환의무를 진다는 약정

② 보험사고가 전쟁 기타의 변란으로 인하여 생긴 때에도 보험자는 보험금 지급책임을 진다는 약정

③ 보험자가 보상할 손해액을 그 신품가액에 의하여 산정할 수 있다는 약정

④ 대리인에 의하여 보험계약을 체결하는 경우에 대리인이 안 사유를 그 본인이 안 것과 동일한 것으로 하지 않는다는 약정

39 질병보험에 관한 설명으로 옳지 않은 것은?(다툼이 있는 경우 판례에 의함)

① 상해사고를 통하여 발병한 때에는 상해보험을 통하여 보상이 가능하므로 질병보험은 상해보험의 일종이다.

② 질병보험에 관하여는 그 성질에 반하지 아니하는 범위에서 생명보험에 관한 규정을 준용한다.

③ 질병보험에 관하여는 그 성질에 반하지 아니하는 범위에서 상해보험에 관한 규정을 준용한다.

④ 질병보험의 보험사고를 계약 체결 후에 발병한 경우에 한정한다는 약관조항은 유효하다.

40 보증보험에 관하여 적용 또는 준용되는 규정이 아닌 것은?

① 상법상 책임보험계약상 피해자의 직접청구권

② 민법상 주채무자에 대한 보험자의 구상권

③ 보험자가 행사할 민법상 변제자 대위권

④ 민법상 보증인과 주채무자간 상계권

01 다음 중 대표자책임이론과 관련 있는 것은?

① 기업보험의 피보험자 확정
② 이득금지원칙의 적용
③ 임원배상책임보험의 보험료 결정
④ 보험자 면책의 논거

02 다음 설명 중 옳은 것은?(다툼이 있는 경우 판례에 따름)

① 사용 중인 기계(중고가격 1천만원)가 멸실된 경우 새 기계를 구입할 비용을 손해액으로 산정하기로 약정하여 신품가격 1천 5백만원을 보험금액으로 지급하는 것은 실손해 이상의 보상이어서 이득금지원칙에 반하는 것으로 무효이다.
② 상해보험은 상법상 인보험이므로 정액형 상품과 실손형 상품을 구별하지 않고, 생명보험에 관한 상법규정이 모두 준용된다.
③ 보험자는 약관에 없는 사항이라도 보험계약자가 알아야 할 중요사항은 보험계약 체결 시에 설명하여야 하며, 그 근거는 보험업법이 아니라 상법상 약관의 교부·설명의무에 있다.
④ 보험가입 당시 유흥업소에서 일하던 가정주부가 생명보험 가입시 직업란에 '가정주부'라고만 기재한 것은 비록 가정주부의 지위를 겸하고 있었다고 하더라도 고지의무위반이다.

03 다음 설명 중 옳지 않은 것은?

① 보험자는 일정한 보험상품을 특정하여 보험대리상의 보험증권 발행권한을 제한할 수 있다.

② 보험자는 보험대리상의 권한 제한을 이유로 그러한 제한이 있음을 알지 못하는 보험계약자에게 대항할 수 없다.

③ 보험대리상이 아니면서 특정한 보험자를 위하여 계속적으로 보험계약의 체결을 중개하는 자는 보험료수령권이 있으나, 이때 보험자가 작성한 영수증을 보험계약자에게 교부하여야 한다.

④ 보험중개사는 자신이 중개하는 보험계약의 제1회 보험료를 수령하여 보험자에게 전달하거나 보험자로부터 받을 중개수수료와 상계할 수 없다.

04 다음 설명 중 옳지 않은 것은?

① 소급보험은 보험계약 성립 이전의 어느 시기부터 보험기간이 시작되는 것으로 약정한 것이며, 최초보험료 지급 여부는 상관없다.

② 보험계약 당시에 이미 출항한 선박이 침몰한 사실을 보험자와 보험계약자가 알지 못한 채 적하보험계약을 체결하였다면 비록 피보험자가 침몰사실을 알고 있더라도 보험계약은 유효하다.

③ 보험계약자가 이미 전소한 사실을 알면서 건물을 다시 화재보험에 붙이는 계약은 보험사고가 이미 발생한 것이어서 무효이다.

④ 저당권자인 은행이 저당물을 화재보험에 가입할 것을 요구하여, 대출채무자가 존재하지 아니하는 가공의 건물을 보험에 붙인다면 그 보험계약은 보험사고가 발생할 수 없어 무효이다.

05 고지의무에 관한 설명으로 옳은 것은?(다툼이 있는 경우 판례에 의함)

① 멀리 사는 출가한 딸을 피보험자로 하는 보험계약을 체결하면서 딸이 갑상선결절진단을 받은 사실을 알지 못하여 고지하지 못하였다는 사안에서, 딸에게 전화로라도 적극적으로 확인하지 아니하였다고 하여 중대한 과실이 있다고 단정할 수는 없다.

② 위 사안에서 '예'와 '아니오' 중에서 택일하는 방식으로 고지하도록 되어있다면, 보험계약자가 '아니오'에 표기하여 답변한 것은 질문받은 사실의 부존재를 확인하는 것이라고 보아야 한다.

③ 청약서상 질문표의 질문에 정직하게 답변하였고 보험자가 보험계약 체결을 승낙한 이상 고지의무위반이 될 수 없으므로, 보험자는 "질병이 보험기간 개시 등의 일정시점 이후에 발생할 것"이라는 약관조항을 들어 보험금 지급을 거절할 수 없다.

④ 상법상 고지의무는 '보험계약 당시에' 이행하도록 규정되어 있으므로 보험계약자가 적격피보험체로서 전화로 청약하고 동시에 제1회 보험료를 송금한 후 승낙의제 전에 질병진단을 받았다면 그 사실을 숨긴 것은 고지의무위반이 아니다.

06 보험증권에 대한 설명으로 옳은 것은?(다툼이 있는 경우 판례에 의함)

① 보험계약자가 생명보험증권을 멸실 또는 현저히 훼손하거나 점유를 상실한 경우에 증권의 재교부를 받기 위해서는 공시최고절차를 밟아 제권판결을 받아야 한다.

② 보험증권이 보험계약자의 의사에 반하여 보험계약자의 구상의무에 관하여 담보를 제공한 제3자에게 교부되었다면 보험자는 보험증권 교부의무위반이 된다.

③ 단체보험계약에서 단체 구성원 또는 그 유족을 보험수익자로 지정한 때에는 보험증권을 단체 구성원 또는 그 유족에게 교부하여야 한다.

④ 보험증권 내용의 정부에 대하여 이의할 수 있음을 약정한 경우에 그 이의기간은 보험계약이 성립한 날로부터 1월을 내리지 못한다.

07 보험금청구자가 서류 또는 증거를 위조 또는 변조하여 과도한 보험금 지급을 청구하는 경우에 대한 설명으로 옳은 것은?(다툼이 있는 경우 판례에 의함)

① 상법은 이 경우 모든 보험금청구권이 아니라 피보험자가 허위청구를 한 당해 보험목적물에 대한 청구권만 상실하는 것으로 규정한다.

② 약관의 사기적 청구조항은 거래상 일반인들이 당연히 예상할 수 있는 내용이어서 보험계약 체결시 보험자가 고객에게 설명하지 않아도 된다.

③ 피보험자가 실손해액에 관한 증빙서류 구비의 어려움 때문에 구체적인 내용이 일부 사실과 다른 내용을 제출한 경우도 실손 이상으로 청구하면 사기적 청구로 본다.

④ 표준약관에 따르면 보험사기방지특별법에 의하여 형사처벌을 받은 자의 유죄판결의 기초가 된 청구는 사기적 청구로 간주된다.

08 수표에 의한 보험료 지급에 관하여 판례가 취하고 있는 입장은?

① 수표는 현금의 지급에 갈음하여 교부한 것이므로 수표를 받는 날부터 보험자의 책임은 개시되 지만 이는 해제조건부대물변제이므로 부도 시에는 보험료지급효과도 소급하여 소멸한다.

② 보험자가 수표를 받은 것은 보험료 지급을 미루어준 것으로 수표교부 시부터 보험자의 책임은 개시되지만 부도 시에는 그때부터 보험자의 책임도 소멸한다.

③ 수표와 어음은 부도확률이 다르므로 달리 보아야 하며, 전자는 해제조건부대물변제설에 따르 고, 후자는 유예설에 따라 보험자의 책임을 확정하여야 한다.

④ 수표가 보험료지급에 갈음하여 교부되면 교부 시부터 보험자 책임이 개시되지만 당사자 간의 의사가 분명하지 않을 때에는 지급을 위하여 교부한 것으로 보아야 한다.

09 보험료 지급의무에 관한 설명으로 옳지 않은 것은?(다툼이 있는 경우 판례에 의함)

① 보험계약자가 제1회 보험료를 지급하지 아니하는 경우에는 다른 약정이 없는 한 계약 성립 후 2월이 경과하면 그 계약은 해제된 것으로 보는데, 이때에 보험자는 따로 이행을 최고할 필요가 없다.

② 타인을 위한 보험계약에서 그 타인이 동거가족인 경우에도 보험자는 해지예고부 최고를 그 타인에게 따로 하여야 한다.

③ 타인을 위한 생명보험계약에서 오랫동안 피보험자가 실제로 보험료를 지급해왔다고 하여도 보험료 지급 지체 시의 해지예고부 최고는 보험계약자와 보험수익자에게 하여야 한다.

④ 피보험자가 타인의 명의를 빌려 보험계약을 체결한 후 보험료를 지급하여 왔다면 그 피보험자는 실질적인 보험계약자이므로 보험계약 해지시 해지환급금은 명의차용자에게 지급하여야 한다.

10 전쟁위험에 대한 설명으로 옳은 것은?(다툼이 있는 경우 판례에 의함)

① 전속보험설계사와 보험계약자가 개별 약정한 경우에는 전쟁위험을 담보할 수 있으나, 그와 같은 약정이 없으면 보험자는 전쟁위험으로 인한 보험사고에 대하여 면책한다.

② 전쟁위험담보를 개별 약정하거나 특약에 가입하는 보험계약자는 전쟁위험담보가 없는 보험계약자와 달리 추가보험료를 내야 한다.

③ 보험기간 중 전쟁위험이 소멸한 때에는 보험자는 그 후의 보험금의 감액을 청구할 수 있으며, 그 청구권은 형성권이다.

④ 대학생들이 집회참가를 봉쇄하는 경찰의 저지선을 뚫기 위하여 경찰차 내에 화염병을 투척한 것은 보험자의 면책사유인 전쟁 기타 이와 유사한 사태에 해당한다.

11 보험금청구권의 소멸시효에 관한 설명으로 옳지 않은 것은?(다툼이 있는 경우 판례에 의함)

① 보험금청구권의 소멸시효가 완성된 후라도 보험자가 시효완성을 주장하는 것이 신의칙에 반하는 특별한 사정이 있는 때에는 권리남용으로서 허용될 수 없다.

② 피보험자가 실종선고를 받은 경우 보험수익자의 보험금청구권의 소멸시효의 기산일은 피보험자가 사망한 것으로 보는 실종기간 만료일이 아니라 법원의 실종선고일이다.

③ 상해보험의 소멸시효의 기산점과 중단, 중단된 시효가 다시 진행하는 시기는 모두 민법규정이나 해석에 따라야 한다.

④ 상법에서 보험금액지급유예기간을 명정하고 있지만 보험금청구권의 소멸시효는 이 지급유예기간이 경과한 다음날부터 진행하는 것은 아니다.

12 상법 보험편이 개정된 2014.3.11.의 다음 날인 2014.3.12. 체결된 생명보험계약의 피보험자가 2015.3.11. 사망하는 보험사고가 발생한 경우, 이 사건의 사망보험금청구권의 소멸시효 완성일은?(단, 위의 각 날짜가 영업일인지 여부는 고려하지 않으며 청구권행사의 장애사유는 없다고 전제함)

① 2017.3.10.

② 2018.3.10.

③ 2020.3.10.

④ 2016.3.10.

13 다음 중 상법상 보험계약자 등의 불이익변경금지원칙과 관련하여 허용되지 아니하는 것은?(표준약관의 규정은 고려하지 않음)

① 항공기기체보험에서 고지의무위반 시의 계약해지권 행사 기간을 2년으로 규정한 약관조항

② 자살은 고의사고이므로 보험계약 체결 시부터 자살할 의도가 명백하였던 피보험자가 자살한 때에는 보험효력발생일로부터 2년이 경과하여 자살한 때에도 보험금을 지급하지 아니하겠다는 생명보험 약관조항

③ 단체가 사망보험계약을 체결할 당시 피보험자인 15세 미만의 자가 단체보험의 구성원으로서 의사능력이 있었다면 사망사고발생시점에서 15세를 넘어 선 경우에는 당해 보험계약은 유효한 것으로 본다는 약관조항

④ 생명보험계약자가 보험증권의 멸실 또는 현저한 훼손으로 인하여 증권의 재교부를 청구할 때에 증권작성의 비용을 보험자가 부담하겠다는 취지의 약관조항

14 대법원 전원합의체의 약관대출에 대한 설명으로 옳은 것은?

① 대출금에 대하여 이자계산이 이루어지고 보험기간 내에 변제가 이루어지므로 특수한 금전소비대차계약이다.

② 대출금의 경제적 실질은 보험자가 장차 지급하여야 할 보험금이나 해약환급금을 미리 지급하는 것이므로 선급에 해당한다.

③ 보험계약자를 대상으로 이루어지지만 모든 보험계약자가 약관대출을 실행하는 것은 아니므로 보험계약과는 별개의 독립된 계약이다.

④ 상법의 규정보다 엄격한 대출 및 상환조건을 약관에서 정하는 경우 보험계약자에게 불이익변경이 될 수 있다.

15 손해보험에서 보험가액의 결정에 관한 설명으로 옳지 않은 것은?(다툼이 있는 경우 판례에 의함)

① 당사자 간에 보험가액을 정한 때에는 그 가액을 사고발생 시의 가액으로 정한 것으로 추정한다.

② 운송보험, 선박보험, 적하보험 등은 보험가액불변경주의를 택하고 있다.

③ 보상최고한도액을 기재한 것만으로는 기평가보험이 되지 않는다.

④ 기평가보험계약의 경우에는 추가보험계약으로 평가액을 감액 또는 증액할 수 없다.

16 중복보험에 관한 설명으로 옳은 것은?(다툼이 있는 경우 판례에 의함)

① 중복보험이 성립하려면 동일한 보험계약의 목적에 관하여 보험사고 및 피보험자, 그리고 보험기간이 완전히 일치하여야 한다.

② 중복보험계약을 체결한 수인의 보험자 중 그 1인에 대한 권리의 포기는 다른 보험자의 권리의무에 영향을 미친다.

③ 보험계약자가 통지의무를 게을리 하였다는 사유만으로 사기로 인한 중복보험계약이 체결되었다고 추정되지 않는다.

④ 중복보험이 성립되면 각 보험자는 보험가액의 한도에서 연대책임을 부담한다.

17 상법상 방어비용에 관한 설명으로 옳지 않은 것은?(다툼이 있는 경우 판례에 의함)

① 피보험자가 제3자의 청구를 방어하기 위하여 지출한 재판상 또는 재판 외의 필요비용 및 필요 또는 유익하였던 비용은 보험의 목적에 포함된 것으로 한다.

② 피보험자는 보험자에 대하여 그 비용의 선급을 청구할 수 있다.

③ 피보험자가 담보의 제공 또는 공탁으로써 재판의 집행을 면할 수 있는 경우에는 보험자에 대하여 보험금액의 한도 내에서 그 담보의 제공 또는 공탁을 청구할 수 있다.

④ 피보험자가 지급한 소송비용, 변호사비용, 중재, 화해 또는 조정에 관한 비용을 보험자의 사전 동의 없이 지급한 경우에 피보험자의 방어비용으로 볼 수 없다는 약관조항은 상법 제663조에 의하여 무효이다.

18 보증보험계약에 대한 설명으로 옳지 않은 것은?

① 보증보험계약의 경우에 보험계약자가 그 타인에게 보험사고의 발생으로 생긴 손해의 배상을 한 때에는 보험계약자는 그 타인의 권리를 해하지 아니하는 범위 안에서 보험자에게 보험금액의 지급을 청구할 수 있다.

② 보증보험계약의 보험자는 보험계약자가 피보험자에게 계약상의 채무불이행 또는 법령상의 의무불이행으로 입힌 손해를 보상할 책임이 있다.

③ 보증보험계약은 그 성질에 반하지 아니하는 한 보증채무에 관한 「민법」의 규정을 준용한다.

④ 보증보험계약은 보험계약자에게 사기, 고의 또는 중대한 과실이 있는 경우에도 이에 대하여 피보험자에게 책임 있는 사유가 아닌 한 보험자는 보험금액의 지급책임을 면하지 못한다.

19 책임보험에 관한 설명으로 옳은 것은?

① 책임보험의 경우에도 중복보험에 관한 상법규정이 준용됨으로 피보험자가 동일한 사고로 제3자에게 배상책임을 짐으로써 입은 손해를 보상하는 수개의 책임보험계약이 동시 또는 순차적으로 체결된 경우에 그 보험금액의 총액이 피보험자의 제3자에 대한 손해배상액을 초과하는 경우, 각 보험자는 보험금액의 범위 내에서 연대책임을 부담한다.

② 피보험자가 보험자의 지시에 의하여 제3자의 청구를 방어하기 위하여 지출한 재판상 또는 재판 외의 필요비용에 손해액을 가산한 금액이 보험가액을 초과하는 때에도 보험자는 이를 부담한다.

③ 보험자는 피보험자가 책임을 질 사고로 인하여 생긴 손해에 대하여 제3자가 그 배상을 받기 전이라도 제3자의 피해구제를 위해 보험금액의 전부 또는 일부를 피보험자에게 지급할 수 있다.

④ 제3자는 피보험자가 책임을 질 사고로 입은 손해에 대하여 보험가액의 한도 내에서 보험자에게 직접 보상을 청구할 수 있다.

20 운송보험에 관한 설명으로 옳지 않은 것은?

① 운송보험계약의 보험기간은 운송인이 운송물을 수령한 때로부터 수하인에게 인도될 때까지이다.

② 운송보험증권은 요식증권이기 때문에 상법에 규정된 기재사항의 일부를 기재하지 않으면 보험계약은 무효이다.

③ 운송보험계약 중 보험계약자나 피보험자의 고의 또는 중대한 과실로 위험이 현저하게 변경·증가되었음이 입증된 때에는 보험자는 계약을 해지할 수 있다.

④ 운송보험계약은 다른 약정이 없으면 운송의 필요에 의하여 일시 운송을 중지하거나 운송의 노순 또는 방법을 변경하더라도 보험계약은 유효하다.

21 해상보험계약상 보험자의 면책사유에 관한 설명으로 옳지 않은 것은?

① 선박 또는 운임을 보험에 붙인 경우에는 발항 당시 안전하게 항해를 하기에 필요한 준비를 하지 아니하거나 필요한 서류를 비치하지 않음으로 생긴 손해

② 적하를 보험에 붙인 경우에는 용선자, 송하인 또는 수하인의 고의 또는 중대한 과실로 생긴 손해

③ 적하보험에서 운송인의 감항능력 주의의무위반으로 생긴 손해

④ 보험약관상 공제소손해면책약관이 규정되어 있다면 보험사고로 인하여 생긴 손해가 보험가액의 일정한 비율 또는 일정한 금액 이하인 소손해

22 해상보험에 있어 항해의 변경과 항로의 변경에 관한 설명 중 옳지 않은 것은?

① 선박보험계약에서 정한 발항항을 변경하는 경우에 보험자는 면책된다.

② 선박보험계약에서 책임개시 후 보험계약에서 정하여진 도착항이 보험계약자의 책임 없는 사유인 전쟁이나 항구의 봉쇄로 변경된 경우 보험자는 그 후의 사고에 대하여 면책된다.

③ 선박이 인명구조나 불가항력 없이 보험계약에서 정하여진 항로를 이탈한 경우에 보험자는 그때부터 면책된다.

④ 적하보험에서 선박을 변경한 경우에 그 변경이 보험계약자 또는 피보험자의 책임 있는 사유로 인한 경우에는 보험자는 그 변경 후의 사고에 대하여 면책된다.

23 보험자대위에 관한 설명으로서 옳지 않은 것은?(다툼이 있는 경우 판례에 의함)

① 보험자가 대위에 의하여 취득한 권리는 상법 제662조의 소멸시효가 적용되지 아니하고 개별 채권의 소멸시효에 관한 규정이 적용된다.

② 상법 제682조 소정의 "제3자의 행위"란 피보험이익에 대하여 손해를 일으키는 행위를 의미하며, 제3자의 고의 · 과실은 묻지 아니한다.

③ 자동차종합보험 보통약관에 "피보험자를 위하여 자동차를 운전 중인 자"도 피보험자의 개념에 포함시킨다는 규정이 있다하더라도 자동차종합보험에 가입한 피보험자의 피용운전기사는 상법 제682조의 제3자에 해당한다.

④ 상법 제682조 소정의 "제3자의 행위"란 불법행위뿐만 아니라 채무불이행 또는 적법행위도 포함한다.

24 보험위부에 관한 설명으로 옳지 않은 것은?

① 보험위부가 이루어지면 보험자는 그 보험의 목적에 관한 피보험자의 모든 권리를 취득하며, 일부보험의 경우에도 같다.

② 위부에 대한 보험자의 승인은 입증상의 문제일 뿐 위부의 요건이 아니다.

③ 선박이 보험사고로 인하여 심하게 훼손되어 이를 수선할 경우에 그 비용이 보험가액을 초과하리라고 예상될 때에는 피보험자는 보험의 목적을 보험자에게 위부하고 보험금액의 전부를 청구할 수 있다.

④ 위부는 어떤 조건이나 기한을 정할 수 없다.

25 책임보험에 있어 피보험자의 변제 등의 통지와 보험금액의 지급에 관한 설명으로 옳지 않은 것은?

① 피보험자가 제3자에 대하여 변제, 승인, 화해 또는 재판으로 인하여 채무를 이행한 때에는 지체 없이 보험자에게 그 통지를 발송하여야 한다.

② 피보험자가 보험자의 동의 없이 독자적으로 제3자에 대하여 변제, 승인 또는 화해를 한 경우에 그 행위가 현저하게 부당한 것이 아니면 보험자는 면책되지 아니한다.

③ 보험자는 특별한 기간의 약정이 없으면, 피보험자가 제3자와의 채무확정을 통지 받은 날로부터 10일 이내에 보험금액을 지급하여야 한다.

④ 보험자는 피보험자가 제3자와 채무확정시 보험금액의 지급에 관하여 약정기간이 있는 경우에는 그 기간 내에 보험금액을 지급하여야 한다.

26 화재보험에 관한 설명으로 옳지 않은 것은?

① 화재보험자는 화재의 소방 또는 손해의 감소에 필요한 조치로 인하여 생긴 손해를 보상할 책임이 있다.

② 집합된 물건을 일괄하여 보험의 목적으로 한 때에는 그 목적에 속한 물건이 보험기간 중에 수시로 교체된 경우에도 보험계약의 체결 시에 현존한 물건은 보험의 목적에 포함된 것으로 한다.

③ 화재보험증권에는 무효와 실권의 사유를 기재하여야 한다.

④ 보험자가 보상할 손해의 범위에 관하여는 화재와 손해와의 사이에 상당인과관계가 있어야 한다는 것이 통설이다.

27 손해보험에서 보험계약자와 피보험자의 손해방지·경감의무에 관한 설명으로서 옳지 않은 것은?(다툼이 있는 경우 판례에 의함)

① 보험자가 손해방지비용을 부담하지 아니한다는 비용상환의무배제약관조항이나 손해방지비용과 보상액의 합계액이 보험금액을 넘지 않는 한도 내에서만 보상한다는 약관조항은 상법 제680조에 위배되어 무효이다.

② 피보험자의 보험자에 대한 소송통지의무는 피보험자의 손해방지·경감의무에 해당하며, 이는 보험자에게 소송에 관여할 기회를 주기 위한 것으로, 보험자는 적정손해액 이상의 손해액에 대하여는 보상의무가 없다.

③ 손해방지·경감의무를 부담하는 시기에 관하여 명문의 규정이 없다면, 약관에 의하여 대체로 보험사고가 생긴 때와 이와 동일시할 수 있는 상태가 발생한 때부터 이를 부담한다.

④ 보험사고가 발생하였다 하더라도 피보험자의 법률상 책임 여부가 판명되지 아니한 상태에서는 피보험자는 손해확대 방지를 위한 긴급한 행위를 하여서는 아니 되며, 비록 손해방지비용이 발생하였다 하더라도 보험자는 손해방지비용을 부담하지 아니한다.

28 상해보험과 질병보험에 관한 설명으로 옳지 않은 것은?(다툼이 있는 경우 판례에 의함)

① 만취상태에서 잠을 자다가 구토 중에 구토물이 기도를 막아 피보험자가 사망한 경우에, 상해보험의 외래성이 인정되지 않는다.

② 상해보험에서 담보되는 위험으로서 상해는 그 사고의 원인이 피보험자 신체의 외부로부터 작용하는 것을 말하고, 신체의 질병 등과 같은 내부적 원인에 기한 것은 질병보험의 대상이 된다.

③ 피보험자가 방안에서 술에 취한 채 선풍기를 틀어놓고 자다가 사망한 경우에, 주취와 선풍기를 틀고 잔 것은 모두 외래의 사고로 해석한다.

④ 질병보험에 관하여는 상해보험과 유사하다는 점을 고려하여 상해보험의 규정을 일부 준용토록 하고 있다.

29 다음 중 인보험계약에 관한 설명으로 옳지 않은 것은?

① 보험계약자 등의 고의로 인한 사고에 대해서 생명보험자는 책임을 부담하지 않는다.

② 피보험자가 자살한 경우에 보험금을 지급하는 생명보험 약관 규정은 보험계약자 등의 불이익 변경금지원칙에 반하는 것이 아니다.

③ 승낙전 사고 담보의 요건과 관련하여, 인보험의 경우 피보험자가 적격피보험체가 아니라는 사실은 청약을 거절할 사유에 해당되지 않는다.

④ 사망을 보험사고로 하는 인보험계약에서 사고가 보험수익자의 중대한 과실로 인한 경우에는 보험자 면책이 인정되지 않는다.

30 약관의 유·무효에 관한 설명으로 옳지 않은 것은?(다툼이 있는 경우 판례에 의함)

① 자동차 무면허운전면책약관이 보험사고가 전체적으로 보아 고의로 평가되는 행위로 인한 경우에는 유효한 것으로 적용될 수 있지만, 중과실로 평가되는 행위로 인한 사고에 대하여는 효력이 없는 것으로 보아야 한다.

② 음주운전자의 경우는 비음주운전자의 경우에 비하여 보험사고발생의 가능성이 많음은 부인할 수 없는 일이나 그 정도의 사고발생 가능성에 관한 개인차는 보험에 있어서 구성원 간의 위험의 동질성을 해칠 정도는 아니라는 근거 하에, 음주운전면책약관에 대하여 한정적 무효라고 본다.

③ 피보험자가 운전안전띠를 착용하지 않은 것이 보험사고의 발생원인으로서 고의에 의한 것이라고 할 수 없으므로 이 사건 미착용감액약관은 상법 규정들에 반하여 무효인 것으로 본다.

④ 계속보험료 지급 지체의 경우 보험자의 최고 후 해지권 행사의 법규는 보험계약자에게 보험료 미납사실을 알려주어 이를 납부할 기회를 줌으로써 불측의 손해를 방지하고자 하는 차원에서, 보험료의 납입을 최고하면서 보험료가 납입되지 않고 납입유예기간을 경과하면 별도의 의사표시 없이 보험계약이 해지되는 해지예고부최고약관은 무효인 것으로 본다.

31 생명보험계약에 관한 설명으로 옳지 않은 것은?

① 사망과 생존에 관한 보험사고가 발생한 경우 보험금액을 지급해야 할 의무가 있는 자는 생명 보험자이다.

② 생명보험자에 대하여 보험료를 지급해야 할 의무가 있는 자는 자연인으로서 보험계약자이어 야 한다.

③ 생명보험에서 피보험자는 생존이나 사망에 관하여 보험이 붙여진 자로 자연인만을 의미한다.

④ 생명보험에서 보험금청구권을 행사하는 자는 보험수익자로서 그 수에 제한이 없는 것이 원칙 이다.

32 생명보험증권에 관한 설명으로 옳지 않은 것은?

① 생명보험증권에는 보험계약의 종류가 기재되어야 한다.

② 생명보험계약이 체결된 후 보험계약자가 보험료를 지급하지 아니하면 보험자는 보험증권을 교부할 필요가 없다.

③ 생명보험증권에 보험수익자를 기재하는 경우에는 그 주소와 성명을 기재하는 것으로 족하다.

④ 생명보험증권은 보험계약에 관한 증거증권에 해당한다.

33 보험수익자의 지정·변경에 관한 설명으로 옳지 않은 것은?

① 보험수익자의 지정·변경권은 형성권에 해당하므로, 보험자에게 대항하기 위해서는 보험자에게 통지하여야 한다.

② 보험수익자가 보험 존속 중에 사망한 때에는 보험계약자는 다시 보험수익자를 지정할 수 있다.

③ 보험기간 중 보험수익자가 사망한 후 보험계약자가 보험수익자 지정권을 행사하지 않고 사망한 경우에, 보험수익자의 상속인이 보험수익자가 된다.

④ 보험계약자가 계약체결 후에 보험수익자를 지정 또는 변경하고 이를 보험자에 대하여 통지하지 않은 경우에는, 그 효력이 발생하지 아니하므로 그 지정 또는 변경 자체가 무효이다.

34 타인을 위한 생명보험계약에 대한 설명으로 옳지 않은 것은?

① 타인을 위한 생명보험은 보험계약자가 자신을 피보험자로 하여 계약을 체결하는 자기의 생명보험계약으로 할 수 있다.

② 타인을 위한 생명보험계약에서 그 타인의 권리가 발생하기 위해서는 수익의 의사표시를 필요로 한다.

③ 타인을 위한 생명보험은 보험계약자가 자신이 아닌 타인을 피보험자로 하여 계약을 체결하는 타인의 생명보험계약으로 할 수 있다.

④ 타인을 위한 보험도 보험료 지급의무는 보험계약자가 부담하는 것이 원칙이지만, 피보험자 또는 보험수익자는 보험료를 지급해야 하는 경우도 있다.

35 인보험에 관한 설명으로 옳지 않은 것은?(다툼이 있는 경우 판례에 의함)

① 보험계약 체결 시에 보험자가 특정 약관조항에 대한 설명의무를 위반하여 해당 약관조항이 배제되고 나머지 부분으로 계약이 존속하게 된 경우에 보험계약의 내용은 나머지 부분의 보험약관에 대한 해석을 통하여 확정되어야 하고, 만일 보험계약자가 확정된 보험계약의 내용과 다른 내용을 보험계약의 내용으로 주장하려면 보험자와의 사이에 다른 내용을 보험계약의 내용으로 하는 합의가 있었다는 사실을 증명해야 한다.

② 피보험자가 사고로 추간판탈출증을 입고, 그 외에 신경계 장애인 경추척수증 및 경추척수증의 파생 장해인 우측 팔, 우측 손가락, 좌측 손가락의 각 운동장해를 입은 사건에서, 위 사고로 인한 피보험자의 후유장해 지급률은 우측 팔, 우측 손가락 및 좌측 손가락 운동장해의 합산 지급률과 신경계 장해인 경추척수증의 지급률 중 더 높은 지급률을 구한 다음, 그 지급률에 추간판탈출증의 지급률을 합하여 산정해야 한다.

③ 생명보험계약을 체결한 보험계약자이자 피보험자가 계약의 책임개시일로부터 2년 후 자살 후 보험수익자가 재해사망특약에 기한 보험금지급청구를 한 경우, 보험자가 특약에 기한 재해사망보험금 지급의무가 있음에도 지급을 거절하였다면, 보험수익자의 재해사망보험금청구권이 시효의 완성으로 소멸하였더라도 보험자의 소멸시효 항변은 권리남용에 해당한다.

④ 보험금을 지급하지 않는 경우의 하나로 "피보험자가 고의로 자신을 해친 경우. 그러나 피보험자가 정신질환상태에서 자신을 해친 경우와 계약의 책임개시일로부터 2년이 경과된 후에 자살하거나 자신을 해침으로써 제1급의 장해상태가 되었을 때는 그러하지 아니하다"라고 규정한 약관조항과 관련하여, 위 조항은 고의에 의한 자살 또는 자해는 원칙적으로 재해사망특약의 보험사고인 재해에 해당하지 않지만, 예외적으로 단서에 정하는 요건에 해당하면 이를 보험사고에 포함시켜 보험금 지급사유로 본다는 것이다.

36 인보험에 대한 설명으로 옳지 않은 것은?

① 질병보험계약의 보험자는 피보험자의 질병에 관한 보험사고가 발생할 경우에 보험금이나 그 밖의 급여를 지급할 책임이 있다.

② 상법의 규정에 따르면 상해보험에 관하여는 상법 제732조를 제외하고 생명보험에 관한 규정을 준용한다.

③ 사망을 보험사고로 한 보험계약에서는 사고가 보험계약자 등의 중대한 과실로 인하여 발생한 경우에도 보험자는 보험금 지급책임이 있다.

④ 단체보험계약은 반드시 그 구성원인 피보험자 전원의 서면동의가 있어야 효력이 발생한다.

37 생명보험계약에서 피보험자의 사망사고에 관한 설명으로 옳지 않은 것은?(다툼이 있는 경우 판례에 의함)

① 자살면책기간이 경과한 후 피보험자가 자살한 경우에 생명보험약관에 따르면 피보험자의 자살이 고의로 인한 보험사고일지라도, 보험자는 보험금 지급책임을 진다.

② 피보험자가 술에 취한 나머지 판단능력이 극히 저하된 상태에서 신병을 비관하는 넋두리를 하고 베란다에서 뛰어내린다는 등의 객기를 부리다가 마침내 음주로 인한 병적인 명정으로 인하여 충동적으로 베란다에서 뛰어내려 사망한 경우에 이는 보험약관상 재해에 해당하지 않아 사망보험금의 지급대상이 되지 않는다.

③ 판단능력을 상실 내지 미약하게 할 정도로 술에 취한 피보험자가 출입이 금지된 지하철역 승강장의 선로로 내려가 지하철역을 통과하는 전동열차에 부딪혀 사망한 경우, 이러한 피보험자의 사망은 보험사고에 해당한다.

④ 피보험자가 자살 전날 우울증 진단을 받았고 평소 정신과 치료를 받은 적은 없지만 유서 등을 미리 준비한 경우라 하면, 자유로운 의사결정을 할 수 있는 상태에서 자살한 것으로 볼 수 있다.

38 자동차보험에 대한 설명으로 옳지 않은 것은?

① 대물배상책임보험이란 피보험자가 자동차의 사고로 타인의 재화에 손해를 일으켜 제3자에게 배상책임을 짐으로써 입은 손해를 보험자가 보상하는 책임보험이고, 여기에는 자동차에 싣고 있는 물건 또는 운송 중인 물건에 생긴 손해도 포함된다.

② 대인배상책임보험이란 자동차의 운행 또는 소유·사용·관리 중에 있는 제3자에게 사망 또는 상해를 입힌 사고로 말미암아 피보험자가 제3자에게 배상책임을 짐으로써 입은 손해를 보험자가 보상하는 책임보험이다.

③ 자동차보험계약이라 함은 피보험자가 자동차를 소유, 사용 또는 관리하는 동안에 발생한 사고로 인하여 생길 손해의 보상을 목적으로 하는 손해보험계약이다.

④ 무보험자동차상해보험은 자동차보험의 대인배상II에 가입되지 아니하거나, 대인배상II에 의하여 보호되지 아니하는 자동차 사고로 손해를 입은 피보험자를 보호하기 위한 보험이다.

39 인보험에 관한 설명으로 옳은 것은?

① 인보험계약의 보험사고는 상해와 질병이며, 보험사고가 발생할 경우에 보험금 지급책임이 있다.

② 단체생명보험의 경우 구성원이 단체에서 탈퇴하면, 그 구성원에 대한 보험관계는 자동으로 개인보험으로 전환된다.

③ 상해보험계약은 당사자 간의 다른 약정이 있더라도 보험자의 제3자에 대한 보험대위를 인정하지 아니한다.

④ 타인의 사망을 보험사고로 하는 보험계약에서 피보험자의 서면동의를 얻도록 한 상법의 규정은 강행규정이다.

40 상해보험과 관련된 내용 중 옳지 않은 것은?(다툼이 있는 경우 판례에 의함)

① 피보험자가 원룸에서 에어컨을 켜고 자다 사망한 경우, 최근의 의학적 연구와 실험 결과 등에 비추어 망인의 사망 원인이 에어컨에 의한 저체온증이라거나 망인이 에어컨을 켜 둔 채 잠이 든 것과 사망 사이에 상당한 인과관계가 있다고 볼 수 없고, 이 경우 의사의 사체 검안만으로 망인의 사망 원인을 밝힐 수 없음에도 부검을 반대하여 사망의 원인을 밝히려는 증명책임을 다하지 않은 유족이 그로 인한 불이익을 감수해야 한다.

② 종합건강검진을 위하여 전신마취제인 프로포폴을 투여받고 수면내시경 검사를 받던 중 검사 시작 5분 만에 프로포폴의 호흡억제 작용으로 호흡부전 및 의식불명 상태가 되어 사망한 사건에서, 질병 등을 치료하기 위한 외과적 수술 등에 기한 상해가 아니라 건강검진 목적으로 수면내시경 검사를 받다가 마취제로 투여된 프로포폴의 부작용으로 사망사고가 발생한 것으로 보아 보험자의 면책이 인정되지 않는다.

③ 지역병원에서 실시한 복부CT촬영 결과 후복막강에서 종괴가 발견되어 대학병원에 입원하여 후복막악성신생물 진단을 받아 종양절제수술을 받았다가 감염으로 인하여 상세불명의 패혈증과 폐렴을 원인으로 피보험자가 사망한 경우, 보험자가 보상하지 아니하는 질병인 암의 치료를 위한 개복수술로 인하여 증가된 감염의 위험이 현실화됨으로 발생한 것이므로, 이 사건 사고발생에 병원 의료진의 의료과실이 기여하였는지 여부와는 무관하게 이 사건 보험자는 면책된다.

④ 외래의 사고라는 것은 상해 또는 사망의 원인이 피보험자의 신체적 결함, 즉 질병이나 체질적 요인 등에 기인한 것이 아닌 외부적 요인에 의해 초래된 모든 것을 의미하고, 이러한 사고의 외래성 및 상해 또는 사망이라는 결과와 사이의 인과관계에 대하여는 보험자가 증명책임을 부담해야 한다.

01 보험계약의 성립에 관한 설명으로 옳지 않은 것은?

① 보험계약은 당사자 일방이 약정한 보험료를 지급하고 재산 또는 생명이나 신체에 불확정한 사고가 발생한 경우에 상대방이 일정한 보험금이나 그 밖의 급여를 지급할 것을 약정함으로써 효력이 생긴다.

② 보험계약은 낙성·쌍무, 유상·불요식 계약이라는 특성 외에 사행계약적 성격과 선의계약적 성격도 가지고 있다.

③ 보험자는 일정한 경우 승낙전 보험사고에 대해 보험계약상의 책임을 진다. 나아가 인보험계약의 피보험자가 신체검사를 받아야 하는 경우에 그 검사를 받지 아니한 경우에도 보험계약상의 책임을 부담한다.

④ 보험계약자의 청약에 대해 보험자는 승낙할지 여부를 자유롭게 결정할 수 있는 것이 원칙이다.

02 보험약관의 교부·설명의무에 관한 설명으로 옳지 않은 것은?

① 보험약관은 계약의 상대방이 계약내용을 선택할 수 있는 자유를 제약하는 측면이 있다.

② 보험약관은 보험자가 일방적으로 작성한다는 측면 등을 고려하여 입법적, 행정적, 사법적 통제가 가해진다.

③ 보험계약이 체결되고 나서 보험약관의 개정이 이루어진 경우 그 변경된 약관의 규정이 당해 보험계약에 적용되는 것이 당연한 원칙이다.

④ 상법에 의하면 보험자가 보험약관의 교부·설명의무를 위반한 경우에는 보험계약자는 보험계약이 성립한 날부터 3개월 이내에 그 계약을 취소할 수 있다.

03 타인을 위한 보험에 관한 설명으로 옳지 않은 것은?

① 타인을 위한 보험이란 타인이 보험금청구권자인 피보험자 또는 보험수익자가 되는 보험계약을 말한다.

② 타인을 위한 보험계약의 경우 그 타인의 수익의 의사표시가 있어야 보험계약이 성립한다.

③ 타인을 위한 손해보험에서 타인은 피보험이익을 가져야 한다.

④ 타인을 위한다는 의사표시가 분명하지 않은 경우에는 자기를 위한 보험계약으로 추정한다는 것이 통설이다.

04 고지의무에 관한 설명으로 옳지 않은 것은?

① 고지의무제도의 인정근거에 관하여 학설은 신의성실설, 최대선의설, 기술적 기초설 등 다양하게 대립하고 있다.

② 통설은 고지의무의 법적 성질을 간접의무로 해석한다.

③ 보험자가 서면으로 질문한 사항은 중요한 사항으로 추정한다.

④ 판례는 일관하여 인보험에서 다른 보험자와의 보험계약의 존재 여부에 대하여 서면으로 질문하였더라도 고지의무의 대상이 아니라고 보았다.

05 소멸시효에 관한 설명으로 옳지 않은 것은?(다툼이 있는 경우 판례에 의함)

① 보험사고가 발생하여 그 당시의 장해상태에 따라 산정한 보험금을 지급받은 후에 당초의 장해상태가 악화된 경우, 추가로 지급받을 수 있는 보험금청구권의 소멸시효는 당초의 보험사고가 발생한 때부터 진행한다.

② 보험료 및 적립금의 반환청구권은 3년간 행사하지 아니하면 시효의 완성으로 소멸한다.

③ 보험자의 소멸시효 주장이 신의칙에 반하거나 권리남용에 해당하는 경우에는 소멸시효의 주장을 할 수 없다.

④ 보험사고가 발생한 것인지 여부가 객관적으로 분명하지 아니하여 보험금청구권자가 과실 없이 보험사고의 발생을 알 수 없었던 경우에는 보험사고의 발생을 알았거나 알 수 있었던 때로부터 소멸시효가 진행한다.

06 보험자의 면책사유에 관한 설명으로 옳지 않은 것은?

① 면책사유란 보험자가 보상책임을 지기로 한 보험사고가 발생하였으나 일정한 원인으로 보험자가 면책되는 경우 그 원인을 말한다.

② 담보배제사유는 보험자가 보험계약에서 인수하지 않은 위험을 가리킨다는 점에서 면책사유와 구별된다.

③ 면책사유에는 법정면책사유와 약정면책사유가 있다.

④ 보험사고가 전쟁 기타의 변란으로 인하여 생긴 때에는 다른 약정이 있더라도 보험자는 보험금액을 지급할 책임이 없다.

07 통지의무에 관한 설명으로 옳지 않은 것은?(다툼이 있는 경우 판례에 의함)

① 보험기간 중에 보험계약자, 피보험자나 보험수익자가 사고발생의 위험이 현저하게 변경 또는 증가된 사실을 안 때에는 지체 없이 보험자에게 통지하여야 한다.

② 보험기간 중에 보험계약자, 피보험자 또는 보험수익자의 고의 또는 중대한 과실로 인하여 사고발생의 위험이 현저하게 변경 또는 증가된 때에는 보험자는 그 사실을 안 날로부터 1월 내에 보험료 증액 등을 청구할 수 있다.

③ 위험변경증가는 일정상태의 계속적 존재를 전제로 하고, 일시적 위험의 증가에 그친 경우에는 통지의무를 부담하지 아니한다.

④ 화재보험에서 근로자들이 폐업신고에 항의하면서 공장을 상당기간 점거하여 외부인의 출입을 차단하고 농성하는 행위는 현저한 위험변경증가로 본다.

08 상법 제663조의 보험계약자 등의 불이익변경금지에 관한 설명으로 옳지 않은 것은?(다툼이 있는 경우 판례에 의함)

① 상법 제663조는 상법 제정 시부터 존재하는 규정이고, 1991년 상법 개정 시에 재보험 및 해상보험 기타 이와 유사한 보험의 경우에 동 조항이 적용되지 않는다고 개정하였다.

② 불이익하게 변경된 약관인지 여부는 당해 특약의 내용으로만 판단할 것이 아니라 당해 특약을 포함하여 계약 내용의 전체를 참작하여 상법의 규정과 비교 형량하여 종합적으로 판단한다.

③ 수출보험, 금융기관종합보험 등은 상법 제663조의 적용대상이라고 보지 않는다.

④ 상법 제663조에 의하면 상법 보험편의 규정은 당사자 간의 특약으로 보험계약자나 피보험자에게 불이익한 것으로 변경하지 못하지만 보험수익자에게 불이익한 것으로 변경하는 것은 가능하다.

09 보험계약의 부활에 관한 설명으로 옳지 않은 것은?

① 보험계약의 부활은 계속보험료의 지급지체로 인하여 보험계약이 해지되거나 고지의무위반으로 인하여 보험계약이 해지된 경우에 한하여 인정된다.

② 보험계약의 부활이 되기 위해서는 보험계약이 해지된 후 해지환급금이 지급되지 않아야 한다.

③ 보험계약자는 보험계약이 해지된 후 일정한 기간 내에 연체보험료에 약정이자를 붙여 보험자에게 지급하고 계약의 부활을 청구할 수 있다.

④ 부활계약을 새로운 계약으로 볼 경우 보험계약자는 고지의무를 부담하게 된다.

10 보험료 지급의무에 관한 설명으로 옳지 않은 것은?

① 보험료 지급의무는 보험계약의 당사자인 보험계약자가 부담하는 것이 원칙이다.

② 보험료 지급채무는 제3자도 변제할 수 있다.

③ 보험료의 지급장소에 대해 상법은 보험자의 영업소라고 규정하고 있다.

④ 최초의 보험료를 지급하지 않은 경우 다른 약정이 없는 한 보험계약이 성립한 후 2월이 경과하면 계약이 해제된 것으로 본다.

11 다음 설명으로 옳지 않은 것은?(다툼이 있는 경우 판례에 의함)

> 甲은 보험자와 보험대리점 위탁계약을 체결하고 있는 보험대리상이다. 乙은 독립적으로 보험계약의 체결을 중개하는 자이다. 丙은 보험자를 위하여 계속적으로 보험계약의 체결을 중개하는 자이다.

① 甲은 보험계약자 등으로부터 고지・통지의무를 수령 할 수 있는 권한이 있으나, 乙과 丙은 그러한 권한이 없고, 특별히 위임을 받은 경우에는 고지 및 통지를 수령할 수 있다.

② 甲은 보험계약의 체결을 대리하는 자라는 점에서 보험계약의 체결을 중개하는 乙 및 丙과는 다른 법적 지위를 갖는다.

③ 甲은 보험계약자에게 보험계약의 체결, 변경, 해지 등 보험계약에 관한 의사표시를 할 수 있는 권한을 가진다.

④ 乙과 丙은 독립된 사업자가 아니고 보험자의 피용자라는 점에서 동일한 법적 지위를 갖는다.

12 다음의 설명으로 옳지 않은 것은?

① 동일한 보험계약의 목적과 동일한 사고에 관하여 수개의 보험계약을 체결하는 경우에 보험계약자는 각 보험자에게 보험계약의 내용을 통지하여야 한다.

② 보험사고로 인하여 상실된 피보험자가 얻을 이익이나 보수는 당사자 간에 다른 약정이 없으면 보험자가 보상할 손해액에 산입한다.

③ 당사자 간에 보험가액을 정하지 아니한 때에는 사고발생 시의 가액을 보험가액으로 한다.

④ 운송보험계약의 경우 보험사고가 운송보조자의 고의 또는 중대한 과실로 인하여 발생한 때에는 이로 인한 손해에 대하여 보험자는 면책이다.

13 손해방지의무에 관한 설명으로 옳은 것은?(다툼이 있는 경우 판례에 의함)

① 해상보험에서 보험자는 보험의 목적의 안전과 보존을 위하여 지급할 특별비용을 보험가액의 한도에서 보상하여야 한다.

② 손해방지의무는 보험사고가 발생하면 개시된다.

③ 보험계약자와 피보험자가 경과실 또는 중과실로 손해방지의무를 위반한 경우 보험자는 그 의무위반이 없다면 방지 또는 경감될 수 있으리라고 인정되는 손해에 대하여 배상을 청구하거나 지급할 보험금과 상계하여 이를 공제한 나머지 금액만을 보험금으로 지급할 수 있다.

④ 손해방지비용은 손해의 방지와 경감을 위한 비용을 의미하므로, 보험자가 보상하는 비용은 필요비에 한정한다.

14 책임보험에 관한 설명으로 옳지 않은 것은?

① 책임보험계약은 보험사고가 보험기간 중에만 발생하면 약관에 따라 보험금 청구는 보험기간이 종료한 이후에도 가능하다.

② 피보험자가 동일한 사고로 제3자에게 배상책임을 짐으로써 입은 손해를 보상하는 수개의 책임보험계약이 동시 또는 순차로 체결된 경우에 그 보험금액의 총액이 피보험자의 제3자에 대한 손해배상액을 초과하는 때에는 중복보험의 규정이 준용된다.

③ 제3자는 피보험자가 책임을 질 사고로 입은 손해에 대하여 보험금액의 한도 내에서 보험자에게 직접 보상을 청구할 수 있으며, 이 경우 보험자는 피보험자가 그 사고에 관하여 가지는 항변으로써 제3자에게 대항할 수 없다.

④ 피보험자가 제3자에 대하여 변제, 승인, 화해 또는 재판으로 인하여 채무가 확정된 때에는 지체 없이 보험자에게 이를 통지하여야 한다.

15 선박보험증권의 기재사항으로 옳지 않은 것은?

① 선박의 명칭
② 선적항·양륙항·출하지·도착지
③ 선박의 국적과 종류
④ 협정보험가액

16 보험자의 청구권대위에 관한 설명으로 옳지 않은 것은?(다툼이 있는 경우 판례에 의함)

① 보험자의 청구권대위를 인정하는 이유는 이득금지원칙의 실현, 부당한 면책의 방지에 있다.
② 인보험은 청구권대위가 적용되지 않으므로, 상해보험의 경우 당사자의 약정이 있더라도 청구권대위가 적용되지 아니한다.
③ 청구권대위는 보험금을 손익상계로 공제하지 않는 것을 전제로 한다.
④ 청구권대위가 성립하기 위해서는 제3자의 가해행위가 있어야 하고, 그로 인해 손해가 발생하고, 보험자가 피보험자에게 보험금을 지급하여야 한다.

17 다음의 설명으로 옳지 않은 것은?

① 타인을 위한 손해보험계약의 경우에 그 타인의 위임이 없는 때에는 보험계약자는 이를 보험자에게 고지하여야 하고, 이를 고지하지 않은 경우 타인이 그 보험계약이 체결된 사실을 알지 못하였다는 사유로 보험자에게 대항하지 못한다.

② 계속보험료의 미납으로 보험자가 보험계약을 해지하였으나 해지환급금이 지급되지 않은 경우라면 보험계약자는 일정한 기간 내에 연체보험료에 약정이자를 붙여 보험자에게 지급하고 그 계약의 부활을 청구할 수 있다.

③ 보험자는 보험금액의 지급에 관하여 약정기간이 없는 경우에는 보험계약자 또는 피보험자의 보험사고발생의 통지를 받은 후 지체 없이 지급할 보험금액을 정하고 그 정하여진 날부터 10일 이내에 보험금액을 지급하여야 한다.

④ 당사자 간에 보험가액을 정한 때에는 그 가액은 사고발생 시의 가액으로 정한 것으로 본다.

18 잔존물대위와 보험위부의 비교에 관한 설명으로 옳지 않은 것은?

① 잔존물대위의 경우 보험의 목적 전부가 멸실된 경우 보험금액의 전부를 피보험자에게 지급한 보험자가 보험목적에 대한 피보험자의 권리를 취득한다.

② 잔존물대위의 경우 보험의 목적이 물리적으로 멸실하거나 또는 본래의 경제적 가치를 상실할 정도로 훼손된 경우에도 전손으로 볼 수 있다.

③ 보험위부의 경우 선박의 존부가 1개월간 분명하지 않은 때 그 선박의 행방이 불명한 것으로 하고 이를 전손으로 추정한다.

④ 보험위부에서 보험자가 위부를 승인하지 아니한 때에 피보험자는 위부의 원인을 증명하지 아니하면 보험금액의 지급을 청구하지 못한다.

19 피보험자인 甲은 보험자와 보험가액이 1억원인 자신소유의 건물에 대하여 보험금액을 6천만원으로 하는 화재보험에 가입하였다. 그러나 제3자인 乙의 방화로 6천만원의 손해가 발생하였다. 이에 따라 보험자는 일부보험 법리에 따라 보험가액 비율(6/10)인 3천 6백만원을 甲에게 지급하였다. 그런데 乙의 변제자력이 4천만원인 경우를 가정하였을 때 피보험자우선설(차액설)에 따라 보험자가 乙에게 청구할 수 있는 금액은 얼마인가?

① 1천 6백만원
② 2천 4백만원
③ 3천만원
④ 4천만원

20 화재보험에 관한 설명으로 옳지 않은 것은?

① 보험자는 화재손해 감소에 필요한 조치로 인하여 생긴 손해에 대하여는 다른 약정이 있는 경우에 한하여 보상할 책임이 있다.
② 보험자는 화재의 소방에 필요한 조치로 인하여 생긴 손해를 보상할 책임이 있다.
③ 건물을 보험의 목적으로 한 화재보험증권에는 그 소재지뿐만 아니라 그 구조와 용도도 기재하여야 한다.
④ 집합된 물건을 일괄하여 화재보험의 목적으로 한 때에는 피보험자의 사용인의 물건도 보험의 목적에 포함된 것으로 한다.

21 해상보험계약에 있어 보험자가 책임을 지지 아니하는 사유에 해당하지 않는 것은?

① 항해변경
② 이 로
③ 선박의 변경
④ 선장의 변경

22 해상보험에 관한 설명으로 옳지 않은 것은?

① 보험자는 피보험자가 선박의 일부가 훼손되었음에도 불구하고 이를 수선하지 아니하였다면 그로 인한 선박의 감가액을 보상할 책임은 없다.

② 보험의 목적인 적하에 일부손해가 생긴 경우 보험자는 그 손해가 생긴 상태의 가액과 정상가액과의 차액의 정상가액에 대한 비율을 보험가액에 곱하여 산정한 금액에 대해 보상책임을 부담한다.

③ 항해 도중에 불가항력으로 보험의 목적인 적하를 매각한 때에는 보험자는 그 대금에서 운임 기타 필요한 비용을 공제한 금액과 보험가액과의 차액을 보상하여야 한다.

④ 보험계약의 체결 당시에 하물을 적재할 선박을 지정하지 아니한 경우에 보험계약자 또는 피보험자가 그 하물이 선적되었음을 안 때에는 지체 없이 보험자에 대하여 그 선박의 명칭, 국적과 하물의 종류, 수량과 가액의 통지를 발송하여야 한다.

23 단체보험에 있어 피보험자의 동의에 관한 설명으로 옳지 않은 것은?(다툼이 있는 경우 판례에 의함)

① 단체가 구성원의 전부 또는 일부를 피보험자로 하는 생명보험계약을 체결함에 있어서, 상법 제735조의3에서 규정하고 있는 '규약'을 구비하지 못한 경우, 피보험자의 서면동의가 있었던 시점부터 보험계약으로서의 효력이 발생한다.

② 타인의 사망을 보험사고로 하는 단체보험계약에 있어서, 보험계약의 유효요건으로서 피보험자가 서면으로 동의의 의사를 표시하거나 그에 갈음하는 규약의 작성에 동의하여야 하는 종기는 보험계약 체결 시까지이다.

③ 상법 제735조의3에서 규정하고 있는 규약이나 상법 제731조에서 규정하고 있는 서면동의 없이 단체보험계약을 체결한 자가 그 보험계약의 무효를 주장하는 것은 신의칙 또는 금반언의 원칙에 반한다.

④ 상법 제735조의3에서 단체보험의 유효요건으로 요구하는 '규약'의 의미는 단체협약, 취업규칙, 정관 등 그 형식을 막론하고 단체보험의 가입에 관한 단체내부의 협정에 해당하는 것으로서, 반드시 당해 보험가입과 관련한 상세한 사항까지 규정하고 있을 필요는 없다.

제2과목

24 상법상 보험대리상이 아니면서 특정한 보험자를 위하여 계속적으로 보험계약의 체결을 중개하는 자의 권한으로 바르게 짝지어진 것은?

> 가. 보험자가 작성한 영수증을 교부함으로써 보험계약자로부터 보험료를 수령할 수 있는 권한
> 나. 보험자가 작성한 보험증권을 보험계약자에게 교부할 수 있는 권한
> 다. 보험계약자로부터 청약의 의사표시를 수령할 수 있는 권한
> 라. 보험계약자에게 보험계약의 해지의 의사표시를 할 수 있는 권한

① 가, 나   ② 가, 나, 다
③ 가, 나, 다, 라   ④ 다, 라

25 상법상 인보험에 관한 설명으로 옳지 않은 것은?

① 인보험은 피보험자의 생명이나 신체에 관한 보험사고를 담보한다.

② 인보험은 생명보험, 상해보험, 질병보험으로 구분할 수 있다.

③ 인보험계약에 있어 보험금은 당사자 간의 약정에 따라 분할하여 지급할 수 있다.

④ 생명보험에는 중복보험에 관한 규정이 존재한다.

26 타인의 사망보험에 관한 설명으로 옳지 않은 것은?(다툼이 있는 경우 판례에 의함)

① 타인의 사망을 보험사고로 하는 보험계약에 있어서 보험설계사가 보험계약자에게 피보험자인 타인의 서면동의를 얻어야 하는 사실에 대한 설명의무를 위반하여 보험계약이 무효로 된 경우, 보험회사는 보험업법 제102조 제1항에 따라 보험계약자에게 보험금 상당액의 손해배상책임을 부담한다.

② 보험계약자가 보험계약 체결 당시 보험계약청약서 및 약관의 내용을 검토하여 피보험자의 서면동의를 받아야 할 주의의무를 게을리 하였다면, 과실상계가 적용될 수 있다.

③ 피보험자의 서면동의 없이 체결된 타인의 사망을 보험사고로 하는 보험계약은 무효이다. 그러나 피보험자의 추인으로 보험계약이 유효로 될 여지는 있다.

④ 타인의 사망을 보험사고로 하는 보험계약에서 요구되는 피보험자인 타인의 동의에 포괄적 동의, 묵시적 동의 및 추정적인 동의는 제외된다.

27 상해보험에 관한 설명으로 옳지 않은 것은?

① 상해보험에서는 보험사고의 시기와 보험사고의 발생 여부가 불확정적이다.

② 15세 미만자, 심신상실자 또는 심신박약자의 상해를 보험사고로 한 보험계약은 무효이다.

③ 상해보험계약의 보험자는 신체의 상해에 관한 보험사고가 발생할 경우에 보험금액 기타의 급여를 지급할 책임이 있다.

④ 상해보험에 있어서 피보험자와 보험계약자가 동일인이 아닐 경우에는 보험증권의 기재사항 중에서 피보험자의 주소·성명 및 생년월일에 갈음하여 피보험자의 직무 또는 직위만을 기재할 수 있다.

28 보험수익자의 지정 또는 변경에 관한 설명으로 옳지 않은 것은?

① 보험수익자의 지정 또는 변경의 권리는 보험계약자에게 있다.

② 보험계약자가 보험수익자 지정권을 행사하지 아니하고 사망한 경우에는 피보험자를 보험수익자로 한다.

③ 보험계약자가 보험수익자 변경권을 행사하지 아니하고 사망한 경우에는 보험수익자의 권리가 확정된다.

④ 보험수익자가 보험존속 중에 사망한 경우에는 보험계약자는 다시 보험수익자를 지정할 수 있다. 이 경우에 보험계약자가 지정권을 행사하지 아니하고 사망한 때에는 보험계약자의 상속인을 보험수익자로 한다.

29 보험적립금 반환의무에 관한 설명으로 옳은 것은?

① 보험적립금 반환의무는 고지의무위반으로 계약이 해지된 경우에는 적용되지 아니한다.

② 보험적립금청구권은 2년의 시효로 소멸한다.

③ 계속보험료의 지급지체로 보험계약이 해지된 경우에는 보험자는 보험수익자를 위하여 적립한 금액을 보험계약자에게 지급하여야 한다.

④ 보험계약자의 고의로 인한 보험사고의 경우에도 보험자는 보험적립금 반환의무를 부담한다.

30 재보험에 관한 설명으로 옳지 않은 것은?

① 재보험계약은 원보험계약의 효력에 영향을 미치지 아니한다.

② 책임보험에 관한 규정은 그 성질에 반하지 아니하는 범위에서 재보험계약에 준용될 수 있다.

③ 재보험자가 원보험계약자에게 보험금을 지급하면 지급한 재보험금의 한도 내에서 원보험자가 제3자에 대해 가지는 권리를 대위취득한다.

④ 원보험계약의 보험자가 보험금 지급의무를 이행하지 않을 경우 피보험자 또는 보험수익자는 재보험자에게 직접 보험금 지급청구권을 행사할 수 있다.

31 보증보험에 관한 설명으로 옳지 않은 것은?(다툼이 있는 경우 판례에 의함)

① 보증보험은 보험계약자의 계약상의 채무불이행 또는 법령상의 의무불이행으로 인하여 피보험자가 입은 손해를 담보하기 위한 보험이다.

② 보증보험은 손해보험계약의 일종이다.

③ 이행보증보험의 보험자는 민법 제434조를 준용하여 보험계약자의 채권에 의한 상계로 피보험자에게 대항할 수 있고, 그 상계로 피보험자의 보험계약자에 대한 채권이 소멸되는 만큼 보험자의 피보험자에 대한 보험금지급채무도 소멸된다.

④ 이행보증보험계약에 의하여 보험자가 피보험자에게 담보하는 채무이행의 내용은 채권자와 채무자 사이에서 체결된 주계약에 의하여 정하여지고, 이러한 주계약을 전제로 이행보증보험계약이 성립되므로, 그 주계약은 반드시 이행보증보험계약을 체결할 당시 확정적으로 유효하게 성립되어 있어야 한다.

32 손해액 산정기준에 관한 설명으로 옳지 않은 것은?

① 보험자가 보상할 손해액은 그 손해가 발생한 때와 곳의 가액에 의하여 산정한다.

② 손해액의 산정에 관한 비용은 보험자 및 보험계약자의 공동부담으로 한다.

③ 손해액의 산정에 관하여 당사자 간에 별도의 약정이 있는 경우에는 신품가액에 의하여 산정할 수 있다.

④ 손해액의 산정에 관해서는 기본적으로 손해보험의 대원칙인 실손보상의 원칙이 적용된다.

33 보험계약의 해지에 관한 설명으로 옳지 않은 것은?

① 보험계약자는 보험사고의 발생 여부와 상관없이 언제든지 보험계약의 전부 또는 일부를 해지할 수 있다.

② 보험사고의 발생으로 보험자가 보험금을 지급한 때에도 보험금액이 감액되지 아니한 보험의 경우에는 보험계약자는 그 사고발행 후에도 보험계약을 해지할 수 있다.

③ 보험자가 파산선고를 받은 때에는 보험계약자는 계약을 해지할 수 있다.

④ 보험자가 고지의무위반 사실을 알았거나 중대한 과실로 인하여 알지 못한 경우에는 계약을 해지할 수 없다.

34 다음의 사례와 해석원칙을 바르게 연결한 것은?(다툼이 있는 경우 판례에 의함)

〈사 례〉

가. 면책약관에 의하면 식중독에 의한 사망에 대해 보상하지 아니한다고 규정하고 있었다. 그런데 보험대리점은 비브리오균에 의한 식중독으로 사망한 경우에도 보험금이 지급된다고 설명하였다. 이에 따라 법원은 당사자 사이에 명시적으로 약관의 내용과 달리 약정한 경우에는 약관의 구속력이 배제된다고 보았다.

나. 무면허운전 면책조항은 무면허운전이 보험계약자나 피보험자의 지배 또는 관리가 가능한 상황에서 이루어진 경우에 한하여 적용되는 것으로 수정해석 할 필요가 있다.

다. 수술의 의미를 구체적으로 명확하게 제한하지 않고 있으므로, 가는관을 대동맥에 삽입하여 이를 통해 약물 등을 주입하는 색전술도 넓은 의미의 수술에 포함될 수 있다.

〈해석원칙〉

Ⓐ 작성자 불이익의 원칙

Ⓑ 개별약정 우선의 원칙

Ⓒ 효력유지적 축소해석의 원칙

① 가 - Ⓐ, 나 - Ⓑ, 다 - Ⓒ

② 가 - Ⓑ, 나 - Ⓐ, 다 - Ⓒ

③ 가 - Ⓑ, 나 - Ⓒ, 다 - Ⓐ

④ 가, 나 - Ⓒ, 다 - Ⓑ

35 초과보험에 관한 설명으로 옳지 않은 것은?

① 보험가액이 보험기간 중에 현저하게 감소된 때에는 보험자 또는 보험계약자는 보험료와 보험금액의 감액을 청구할 수 있다.

② 중복보험으로 보험금액이 현저하게 보험가액을 초과하는 경우에 초과보험이 된다.

③ 현저한 초과는 보험료 및 보험금액의 감액에 영향을 줄 정도의 초과를 의미한다.

④ 보험료감액 청구 후 보험료의 감액은 소급효가 인정된다.

36 자동차보험에 관한 설명으로 옳지 않은 것은?(다툼이 있는 경우 판례에 의함)

① 기명피보험자란 피보험자동차를 소유·사용·관리하는 자 중에서 보험계약자가 지정하여 보험증권의 기명피보험자란에 기재되어 있는 피보험자를 말한다.

② 전혼이 사실상 이혼상태에 있는 등 특별한 사정이 있더라도 사실혼 배우자는 친족피보험자에 포함되지 아니한다.

③ 기명피보험자로부터 피보험자동차를 임대받아 운행하는 자는 피보험자동차를 사용 또는 관리하는 자에 해당한다.

④ 대리운전의 경우 자동차보유자와 대리운전업자 모두 운행자성이 인정될 수 있다.

37 질병보험에 관한 설명으로 옳지 않은 것은?(다툼이 있는 경우 판례에 의함)

① 질병보험은 상법상 제3보험이다.
② 질병보험에 대하여 그 성질에 반하지 아니하는 범위에서 생명보험 및 상해보험에 관한 규정을 준용한다.
③ 신체의 질병 등과 같은 내부적 원인에 기한 것은 상해보험이 아니라 질병보험 등의 대상이 된다.
④ 질병보험계약의 보험자는 피보험자의 질병에 관한 보험사고가 발생한 경우 보험금이나 기타 급여를 지급할 책임이 있다.

38 다음 설명으로 옳지 않은 것은?

① 보험기간은 보험계약기간보다 장기일 수 없다.
② 청약서를 작성하는 경우라 하더라도 보험계약은 불요식계약이다.
③ 당사자 간에 특약이 있을 경우에는 초회보험료를 납입하지 않아도 보험기간이 개시될 수 있다.
④ 보험계약이 해지된 이후에 발생한 보험사고에 대하여 보험자는 보험금을 지급할 책임이 없다.

39 중복보험에 관한 설명으로 옳지 않은 것은?(다툼이 있는 경우 판례에 의함)

① 수개의 보험계약의 보험계약자가 동일할 필요는 없으나 피보험자가 동일인일 것이 요구된다.

② 각 보험계약의 보험기간은 전부 공통될 필요는 없고 중복되는 기간이 존재하면 중복보험이 인정될 수 있다.

③ 중복보험에 관한 상법의 규정은 강행규정이 아니므로, 각 보험계약의 당사자는 각개의 보험계약이나 약관을 통하여 중복보험에 있어서의 피보험자에 대한 보험자의 보상책임 방식이나 보험자들 사이의 책임분담방식에 대하여 상법의 규정과 다른 내용으로 약정할 수 있다.

④ 중복보험이 성립되면 각 보험자는 보험가액의 한도에서 연대책임을 부담한다.

40 보험계약의 무효로 인한 보험료 반환청구에 관한 설명으로 옳지 않은 것은?

① 인보험의 경우 보험계약자와 보험수익자가 선의이며 중대한 과실이 없을 경우에 인정된다.

② 손해보험의 경우 보험계약자와 피보험자가 선의이며 중대한 과실이 없을 경우에 인정된다.

③ 보험자가 보험계약을 체결할 때 보험약관의 교부·설명의무를 위반하여 보험계약자가 보험계약이 성립한 날부터 3개월 이내에 보험계약을 취소하는 경우에는 보험계약자에게 보험료 반환청구권이 인정되지 아니한다.

④ 보험계약의 일부가 무효인 경우에도 보험료 반환청구권이 발생할 수 있다.

01 보험약관의 해석원칙에 관한 설명으로 옳지 않은 것은?

① 보험약관의 내용은 개별적인 계약체결자의 의사나 구체적 사정을 고려함 없이 평균적 고객의 이해가능성을 기준으로 그 문언에 따라 객관적이고 획일적으로 해석하여야 한다.

② 보험계약 당사자가 명시적으로 보험약관과 다른 개별약정을 하였다면 그 개별약정이 보통약관에 우선한다.

③ 보험약관은 신의성실의 원칙에 따라 공정하게 해석되어야 한다.

④ 약관조항이 다의적으로 해석될 여지가 없더라도 계약자 보호의 필요성이 있을 때 우선적으로 작성자불이익의 원칙을 적용할 수 있다.

02 보험계약자의 고지의무 위반사실과 보험사고발생 사실 간에 인과관계가 없는 경우의 해결방법으로 옳지 않은 것은?(다툼이 있는 경우 판례에 의함)

① 보험자는 보험계약을 해지할 수 있다.

② 보험자는 이미 발생한 보험사고에 대한 보험금을 지급하여야 한다.

③ 판례에 의하면 인과관계 부존재에 대한 증명책임은 당사자 간에 달리 정한 바 없으면 보험계약자에게 있다.

④ 보험자는 이미 지급한 보험금에 대하여는 반환할 것을 청구할 수 있다.

03 피보험이익과 관련된 설명으로 옳은 것은?

① 보험계약은 금전으로 산정할 수 있는 이익에 한하여 피보험이익으로 할 수 있다.

② 피보험이익은 적법한 이익이어야 하고, 계약 체결 시에 확정할 수 있는 것이어야 한다.

③ 물건보험에서 피보험이익에 대한 평가가액은 보험계약 체결 시에 정하여야 한다.

④ 상법은 보험계약자가 타인의 생명보험계약을 체결하는 경우에 피보험자에 대한 피보험이익의 존재를 요한다.

04 손해보험에서 손해액의 산정기준에 관한 설명으로 옳지 않은 것은?

① 보험자가 보상할 손해액은 그 손해가 발생한 때와 곳의 가액을 기준으로 한다.

② 보험자가 보상할 손해액을 산정할 때 이익금지의 원칙에 따라 신품가액에 의한 손해액은 인정되지 아니한다.

③ 손해액의 산정에 관한 비용은 보험자가 부담한다.

④ 보험가액불변경주의를 적용하여야 하는 보험에서는 상법상의 손해액의 산정기준에 관한 규정이 적용되지 아니한다.

05 보험계약자의 보험료 지급의무에 관한 설명 중 옳지 않은 것은?(다툼이 있는 경우 판례에 의함)

① 보험계약자는 보험계약 체결 후 보험료의 전부 또는 제1회 보험료를 지급하지 아니한 경우에는 다른 약정이 없는 한 계약 성립 후 2월이 경과하면 그 계약은 해제된 것으로 본다.

② 보험자가 제1회 보험료로 선일자수표를 받고 보험료가수증을 준 경우에 선일자수표를 받은 날로부터 보험자의 책임이 개시된다.

③ 계속보험료의 지급이 없는 경우에 상당한 기간을 정하여 보험계약자에게 최고하지 않더라도 보험계약은 당연히 효력을 잃는다는 보험약관조항은 상법규정에 위배되어 무효이다.

④ 특정한 타인을 위한 보험의 경우에 보험계약자가 보험료의 지급을 지체한 때 보험자는 그 타인에 대하여 상당한 기간을 정하여 보험료의 지급을 최고한 후가 아니면 그 계약을 해제 또는 해지하지 못한다.

06 甲은 자신 소유의 보험가액 1억원의 건물에 대하여 乙 보험회사와 보험금액 9,000만원, 丙 보험회사와 보험금액 6,000만원의 화재보험계약을 순차적으로 체결하였다. 甲은 두 보험의 보험기간 중에 보험목적에 대한 화재로 인하여 5,000만원의 실손해를 입었다. 다음은 각 보험자의 책임액과 그 한도에 관한 설명이다. (   ) 안에 들어갈 금액을 ㉠, ㉡, ㉢, ㉣의 순서에 따라 올바르게 묶인 것은?(단, 당사자 간에 중복보험과 일부보험에 관하여 다른 약정이 없다고 가정함)

> 乙은 (㉠), 丙은 (㉡)의 보상책임을 지고,
> 乙은 (㉢), 丙은 (㉣)의 한도 내에서 연대책임을 진다.

① 3,000만원, 2,000만원, 4,500만원, 3,000만원
② 3,000만원, 2,000만원, 9,000만원, 6,000만원
③ 5,000만원, 4,000만원, 9,000만원, 6,000만원
④ 4,500만원, 3,000만원, 4,500만원, 3,000만원

07 초과보험에 대한 설명으로 옳지 않은 것은?

① 보험금액이 보험계약의 목적의 가액을 현저하게 초과한 때에는 보험자 또는 보험계약자는 보험료와 보험금액의 감액을 청구할 수 있다.

② 보험료의 감액은 장래에 대해서만 그 효력이 있다.

③ 초과보험인지를 판단하는 보험가액은 보험사고발생 당시의 가액에 의하여 정한다.

④ 초과보험계약이 보험계약자의 사기로 인하여 체결된 때에는 그 계약은 무효로 한다.

08 책임보험에서의 피해자 직접청구권에 관한 설명으로 옳지 않은 것은?(다툼이 있는 경우에 판례에 의함)

① 직접청구권의 법적 성질에 관하여 최근 대법원은 보험자가 피보험자의 피해자에 대한 손해배상채무를 병존적으로 인수한 것으로 본다.

② 보험자는 피보험자가 사고에 대하여 가지는 항변사유로써 제3자(피해자)에게 대항할 수 있다.

③ 보험자가 피보험자에 대해 보험금을 지급하면 피해자의 직접청구권은 발생하지 아니하므로 보험자가 피보험자와의 관계에서 보험금 상당액을 집행공탁하였다면 피해자의 직접청구권은 소멸된다.

④ 공동불법행위자의 보험자 중 일부가 피해자의 손해배상금을 보험금으로 모두 지급함으로써 공동으로 면책되었다면, 그 손해배상금을 지급한 보험자가 다른 공동불법행위자의 보험자에게 직접 구상권을 행사할 수 있다.

09 재보험에 관한 다음의 설명 중 옳지 않은 것은?

① 원보험자는 손해보험계약이든 인보험계약이든 보험계약자의 동의 없이 다른 보험자와 재보험계약을 체결할 수 있다.

② 원보험자는 인수위험에 대하여 일정액을 초과하는 부분에 대하여 재보험에 부보할 수도 있고, 일정비율로 부보할 수도 있다.

③ 재보험자는 원보험료 미지급을 이유로 재보험금의 지급을 거절할 수 있다.

④ 재보험자가 보험자대위에 의하여 취득한 제3자에 대한 권리행사는 재보험자가 이를 직접 행사하지 아니하고 원보험자가 수탁자의 지위에서 자기명의로 권리를 행사하여 그 회수한 금액을 재보험자에게 재보험금 비율에 따라 교부하는 방식에 의하여 이루어지는 것이 상관습이다.

10 손해보험계약에서 손해방지의무와 관련된 설명으로 옳지 않은 것은?(다툼이 있는 경우 판례에 의함)

① 손해보험계약에서 보험계약자와 피보험자는 보험사고발생 후에 손해의 방지와 경감을 위하여 노력하여야 한다.

② 보험계약자 또는 피보험자가 손해경감을 위해 지출한 필요, 유익한 비용은 보험금액의 범위 내에서 보험자가 부담한다.

③ 보험사고의 발생 전에 사고발생 자체를 미리 방지하기 위해 지출한 비용은 손해방지비용에 포함되지 않는다.

④ 책임보험에서 피보험자가 제3자로부터 청구를 방지하기 위해 지출한 방어비용은 손해방지비용과 구별되는 것이므로 약관에 손해방지비용에 관한 별도의 규정을 두더라도 그 규정이 당연히 방어비용에 적용된다고 할 수 없다.

11 보험자의 보조자에 관한 설명으로 옳지 않은 것은?(다툼이 있는 경우에 판례에 의함)

① 보험목적인 건물에서 영위하고 있는 업종이 변경된 경우 보험설계사가 업종변경 사실을 알았다고 하더라도 보험자가 이를 알았다거나 보험계약자가 보험자에게 업종변경 사실을 통지한 것으로 볼 수 없다.

② 자동차보험의 체약대리상이 계약의 청약을 받으면서 보험료를 대납하기로 약정한 경우 이 약정일에 보험계약이 체결되었다 하더라도 보험자가 보험료를 수령한 것으로 볼 수 없다.

③ 보험자의 대리상이 보험계약자와 보험계약을 체결하고 그 보험료수령권에 기하여 보험계약자로부터 1회분 보험료를 받으면서 2, 3회분 보험료에 해당하는 약속어음을 교부받은 경우 그 대리상이 해당 약속어음을 횡령하였다 하더라도 그 변제수령은 보험자에게 미치게 된다.

④ 보험설계사는 특정 보험자를 위하여 보험계약의 체결을 중개하는 자일 뿐 보험자를 대리하여 보험계약을 체결할 권한이 없고 보험계약자 또는 피보험자가 보험자에 대하여 하는 고지를 수령할 권한이 없다.

12 청구권대위에 관한 설명으로 옳은 것은?(다툼이 있는 경우 판례에 의함)

① 보험자가 대위권을 행사하기 위해서는 제3자의 행위로 인하여 보험사고가 발생하여야 한다. 이때 제3자의 행위는 불법행위에 한한다.

② 보험자가 대위권을 행사하기 위해서는 적법한 보험금의 지급이 있어야 하고, 이 보험금액의 지급은 전부 지급하여야 한다.

③ 타인을 위한 보험계약에서 보험계약자도 제3자에 포함되는지 여부에 관하여 판례는 보험계약자가 제3자에 포함되지 않는다고 본다.

④ 제3자가 보험계약자 또는 피보험자와 생계를 같이 하는 가족인 경우에 그 가족의 고의사고를 제외하고는 보험자는 청구권대위를 행사하지 못한다.

13 보험계약과 관련된 설명으로 옳지 않은 것은?(다툼이 있는 경우 판례에 의함)

① 보험모집종사자가 설명의무를 위반하여 고객이 보험계약의 중요사항에 관하여 제대로 이해하지 못한채 착오에 빠져 보험계약을 체결한 경우, 그러한 착오가 동기의 착오에 불과하더라도 그러한 착오를 일으키지 않았더라면 보험계약을 체결하지 않았을 것이 명백하다면, 이를 이유로 보험계약을 취소할 수 있다.

② 타인을 위한 생명보험이나 상해보험계약은 제3자를 위한 계약의 일종으로 보며, 이 경우 특별한 사정이 없는 한 보험자가 이미 제3자에게 급부한 것이 있더라도 보험자는 계약무효 등에 기한 부당이득을 원인으로 제3자를 상대로 그 반환을 청구할 수 있다.

③ 생명보험계약에서 보험계약자의 지위를 변경하는데 보험자의 승낙이 필요하다고 정하고 있는 경우 보험계약자는 보험자의 승낙없이 일방적인 의사표시인 유증을 통하여 보험계약상의 지위를 이전할 수 있다.

④ 보험금의 부정취득을 목적으로 다수의 보험계약이 체결된 경우에 민법 제103조 위반으로 인한 보험계약의 무효와 고지의무 위반을 이유로 한 보험계약의 해지나 취소가 각각의 요건을 충족하는 경우 보험자가 보험계약의 무효, 해지 또는 취소를 선택적으로 주장할 수 있다.

14 甲은 乙을 피보험자, 자신을 보험수익자로 하는 생명보험계약을 보험자 丙과 체결하였다. 乙의 서면동의가 필요 없다는 보험모집인 丁의 설명을 듣고 乙의 서면동의 없이 보험자와 이 생명보험계약을 체결하였다. 아래의 설명 중 옳은 것만으로 묶인 것은?(다툼이 있는 경우 판례에 의함)

> 가. 丁의 잘못된 설명은 보험계약의 내용으로 편입되어 당해 생명보험계약은 유효하다.
> 나. 乙의 서면동의가 없으므로 당해 보험계약은 무효이다.
> 다. 만약 乙이 사망한다면 甲은 보험자 丙에게 보험금 지급청구를 할 수 있다.
> 라. 甲은 丙에 대하여 丁의 불법행위로 인한 손해배상청구를 할 수 있다.

① 가, 다　　　　　　　　　② 나, 라
③ 가, 다, 라　　　　　　　④ 나

15 상해보험에 관한 설명 중 옳은 설명으로만 묶인 것은?(다툼이 있는 경우 판례에 의함)

> 가. 실손보장형(비정액형) 상해보험에 대하여 중복보험의 원리를 적용할 것인지 여부에 논란이 있으나, 판례는 중복보험의 법리를 준용하고 있다.
> 나. 상해를 보험사고로 하는 상해보험계약에서 사고가 보험계약자 또는 피보험자나 보험수익자의 중대한 과실로 인하여 발생한 경우에 보험자는 보험금 지급책임이 없다.
> 다. 상해보험은 인보험에 속하기 때문에 보험자대위권을 인정하는 당사자 간의 약정은 무효이다.
> 라. 15세 미만자, 심신상실자 또는 심신박약자의 상해를 보험사고로 하는 상해보험계약은 유효이다.

① 가, 라
② 나, 다
③ 가, 다
④ 나, 라

16 상법상 보험자에 대한 통지의무를 명시적으로 규정하고 있지 않은 것은?

① 보험기간 중에 보험계약자, 피보험자가 사고발생의 위험이 현저하게 변경 또는 증가된 사실을 안 때에는 지체 없이 보험자에게 통지하여야 한다.

② 보험기간 중에 보험계약자, 피보험자 또는 보험수익자의 고의 또는 중대한 과실로 위험이 증가된 때에는 지체 없이 보험자에게 통지하여야 한다.

③ 동일한 보험계약의 목적과 동일한 사고에 관하여 수개의 보험계약을 체결하는 경우에 보험계약자는 각 보험자에 대하여 각 보험계약의 내용을 통지하여야 한다.

④ 책임보험에서 피보험자가 제3자로부터 배상청구를 받은 때에는 지체 없이 보험자에게 그 통지를 발송하여야 한다.

17 보험목적의 양도에 관한 설명으로 옳지 않은 것은?

① 보험목적의 양도가 있는 경우에 양수인은 보험계약상의 권리와 의무를 승계한 것으로 추정한다.

② 물건보험의 목적에 대한 매매계약 체결만으로 보험계약상의 권리와 의무의 승계 추정을 받는다.

③ 승계추정의 법리는 물건보험에 한하여 적용되는 것이 원칙이므로 자동차보험 중 자기신체보험에 대해서는 적용되지 않는다.

④ 자동차보험의 경우에 보험자의 승낙을 얻으면 자동차의 양도와 함께 보험계약관계도 승계된다.

18 인보험의 보험대위에 관한 설명으로 옳지 않은 것은?(다툼이 있는 경우 판례에 의함)

① 인보험에서는 제3자에 대한 보험대위가 금지되는 것이 원칙이다.

② 손해보험형 상해보험계약에서 보험대위의 약정이 없는 경우 피보험자가 제3자로부터 손해배상을 받았다면 보험자는 보험금을 지급할 의무가 없다.

③ 보험약관으로 상해보험의 제3자에 대한 청구권대위를 인정할 수 있다.

④ 잔존물대위를 인정할 여지가 없다.

19 보험계약법상 이득금지의 원칙과 가장 거리가 먼 것은?

① 사기에 의한 초과보험의 무효
② 보험자대위
③ 신가보험
④ 중복보험에서 비례주의에 의한 보상

20 甲은 배우자 乙을 피보험자로, 피보험자의 법정상속인을 보험수익자로 지정한 생명보험계약을 체결하였다. 다음의 설명 중 옳지 않은 것은?

① 甲이 乙의 서면동의 없이 생전증여의 대용수단으로 '법정상속인'을 보험수익자로 한 생명보험계약의 체결은 무효이다.
② 甲은 보험존속 중에 보험수익자를 변경할 수 있다.
③ 법정상속인 중 1인의 고의로 피보험자 乙이 사망한 경우에 보험자는 다른 법정상속인(수익자)에게 보험금 지급을 거부할 수 있다.
④ 甲이 보험사고발생 전에 보험수익자를 법정상속인이 아닌 제3자로 변경하였으나, 이를 보험자에게 통지하지 아니하였다면 보험자가 법정상속인에게 보험금을 지급하였다 하더라도 보험계약자는 보험자에 대하여 대항하지 못한다.

21 보증보험에 관한 설명으로 옳지 않은 것은?(다툼이 있는 경우 판례에 의함)

① 보증보험계약의 보험자는 보험계약자가 피보험자에게 계약상의 채무불이행 또는 법령상의 의무불이행으로 입힌 손해를 보상할 책임이 있다.

② 보증보험이 담보하는 채권이 양도되면 당사자 사이에 다른 약정이 없는 한 보험금청구권도 그에 수반하여 채권양수인에게 함께 이전된다.

③ 보증보험계약에 관하여는 보험계약자의 사기, 고의 또는 중대한 과실로 인한 고지의무위반이 있는 경우에도 이에 대하여 피보험자의 책임이 있는 사유가 없으면 보험자는 고지의무위반을 이유로 보험계약의 해지권을 행사할 수 없다.

④ 보증보험의 보험자는 보험계약자에 대하여 민법 제441조의 구상권을 행사할 수 없다.

22 손해보험과 인보험에 공통으로 적용되는 보험원리의 설명으로 옳지 않은 것은?

① 보험사고가 발생한 경우 보험자는 보험계약자가 실제로 입은 손해를 보상하여야 한다는 원칙으로 고의사고 유발을 방지하기 위한 수단적 원리

② 위험단체의 구성원이 지급한 보험료의 총액과 보험자가 지급하는 보험금 총액이 서로 일치하여야 한다는 원리

③ 동일한 위험에 놓여있는 다수의 경제주체가 하나의 공동준비재산을 형성하여 구성원 중에 우연하고도 급격한 사고를 입은 자에게 경제적 급부를 행한다는 원리

④ 보험사고의 발생을 장기간 대량 관찰하여 발견한 일정한 법칙에 따라 위험을 측정하여 보험료를 산출하는 기술적 원리

23 보험증권에 관한 설명으로 옳지 않은 것은?(다툼이 있는 경우 판례에 의함)

① 보험증권은 증거증권성이 인정된다.

② 보험증권은 보험계약자의 청구에 의하여 보험계약자에게 교부된다.

③ 보험증권에는 무효와 실권사유를 기재하여야 한다.

④ 보험증권이 멸실 또는 현저하게 훼손된 경우 보험계약자는 자신의 비용으로 증권의 재교부를 청구할 수 있다.

24 상법상 손해보험과 인보험에 관한 설명으로 옳은 것은?

① 모든 손해보험에서는 보험가액의 개념이 존재하지만, 인보험에서는 존재하지 않는다.

② 실손보상의 원칙은 손해보험과 생명보험에 모두 적용한다.

③ 손해보험은 부정액보험이지만, 인보험은 부정액보험이 인정되지 않는다.

④ 손해보험에는 중복보험에 관한 규정이 존재하지만, 인보험에서는 그러한 규정이 없다.

25 화재보험증권에 기재하여야 할 사항으로 옳은 것을 모두 고른 것은?

> 가. 보험의 목적
> 나. 피보험자의 주소, 성명, 상호
> 다. 보험계약 체결의 장소
> 라. 동산을 보험의 목적으로 한 때에는 그 존치한 장소의 상태와 용도
> 마. 보험계약자의 주민등록번호

① 가, 나, 라   ② 가, 나, 마
③ 나, 다, 마   ④ 나, 라, 마

26 다음의 설명 중 옳지 않은 것은?

① 손해보험의 보장대상은 재산상의 손해를 그 대상으로 한다.
② 생명보험의 보장대상은 사람의 사망을 그 대상으로 하는 것이지, 생존을 대상으로 하는 것이 아니다.
③ 상해보험은 발생한 손해를 보상한다는 측면에서 손해보험적인 요소를 가지고 있다.
④ 생명보험은 정해진 급부만을 대상으로 한다는 측면에서 정액보험에 해당한다.

27 인보험에서 단체보험에 대한 설명으로 옳지 않은 것은?(다툼이 있는 경우 판례에 의함)

① 단체보험의 경우 보험계약자가 회사인 경우 그 회사에 대하여만 보험증권을 교부한다.

② 단체 구성원의 전부를 피보험자로 하는 단체보험을 체결하는 경우 규약에 따라 타인의 서면동의를 받지 않아도 된다.

③ 단체보험계약에서 보험계약자가 피보험자 또는 그 상속인이 아닌 자를 보험수익자로 지정할 때에는 단체규약에서 정함이 없어도 그 피보험자의 동의를 받을 필요가 없다.

④ 단체보험에 관한 상법 규정은 단체생명보험뿐만 아니라 단체상해보험에도 적용된다.

28 보험계약자 등의 불이익변경금지에 대한 설명으로 옳은 것은?

① 보험계약자, 피보험자 및 보험수익자를 불이익하게 변경하는 것을 금지하고자 하는 목적이 있다.

② 상법은 이를 명시적으로 규정하고 있지 않지만, 이를 해석론을 통하여 도출하고 있다.

③ 개인보험에서 인정되는 것과 마찬가지로 해상보험의 경우에도 상대적 강행규정은 인정된다.

④ 보험계약자가 개인이 아닌 기업인 재보험의 경우에 상대적 강행규정은 적용된다.

29 보험계약에 대한 설명 중 옳지 않은 것은?

① 소급보험계약에서는 보험기간이 보험계약기간보다 장기이다.

② 승낙전 보호제도가 적용될 경우 보험기간이 보험계약기간보다 장기이다.

③ 장래보험계약에서는 보험기간과 보험계약기간이 반드시 일치하여야 할 필요가 없다.

④ 소급보험계약에서는 초회보험료가 납입되기 전에도 청약 이전 사고에 대해서 보상할 책임이 있다.

30 보험계약법상 고지의무에 대한 설명으로 옳지 않은 것은?

① 고지의무는 간접의무에 해당한다.

② 고지의무를 위반한 경우에 보험자는 그 이행을 강제할 수 없다.

③ 고지의무를 위반한 경우에 보험자는 손해배상청구권을 행사할 수 있다.

④ 고지의무를 위반한 경우에 보험자는 보험계약을 해지할 수 있다.

31 해상보험에 있어서 적하의 매각으로 인한 손해보상과 관련하여 옳은 것은?

① 항해 도중에 송하인의 고의 또는 중과실로 적하를 매각한 경우 보험자는 그 대금에서 운임 기타 필요비용을 공제한 금액과 보험가액과의 차액을 보상하여야 한다.

② 항해 도중에 송하인의 지시에 따라 적하를 매각한 경우 보험자는 그 대금에서 운임 기타 필요비용을 공제한 금액과 보험가액과의 차액을 보상하여야 한다.

③ 항해 도중에 불가항력으로 적하를 매각한 경우 보험자는 그 대금에서 운임 기타 필요비용을 공제한 금액과 보험가액과의 차액을 보상하여야 한다.

④ 항해 도중에 적하의 가격폭락 우려가 있어 적하를 매각한 경우 보험자는 그 대금에서 운임 기타 필요비용을 공제한 금액과 보험가액과의 차액을 보상하여야 한다.

32 보험약관의 교부·설명의무에 관한 설명으로 옳지 않은 것은?(다툼이 있는 경우 판례에 의함)

① 보험자가 약관의 설명의무를 위반한 경우 보험계약자는 일정한 기간 내에 보험계약을 취소할 수 있다.

② 설명의무위반시 보험자가 일정한 기간 내에 취소를 하지 아니하면 보험약관에 있는 내용이 계약의 내용으로 편입되는 것으로 본다.

③ 보험자는 보험계약 체결시 보험계약자에게 해당 보험약관을 교부하는 동시에 설명해야 할 의무를 부담한다.

④ 보험약관을 보험계약자에게 설명해야 할 부분은 약관 전체를 의미하는 것이 아니라, 약관의 중요한 내용을 설명하는 것으로 족하다.

33 생명보험계약상 보험계약자의 보험수익자 지정·변경권을 설명한 것으로 옳지 않은 것은?(다툼이 있는 경우 판례에 의함)

① 보험수익자는 그 지정행위 시점에 반드시 특정되어 있어야 하는 것은 아니고 보험사고발생 시에 특정될 수 있으면 충분하다.

② 사망보험에서 보험수익자를 지정 또는 변경하는 경우 타인의 서면동의를 받지 않으면, 해당 보험계약은 무효가 된다.

③ 보험수익자가 보험존속 중 사망한 때에 보험계약자는 다시 보험수익자를 지정할 수 있지만, 피보험자가 사망하면 재지정권을 행사할 수 없다.

④ 보험계약자가 타인을 피보험자로 하고 자신을 보험수익자로 지정한 상태에서 보험존속 중 보험수익자가 사망한 경우 보험수익자의 상속인이 보험수익자로 된다.

34 해상보험에 관한 다음 설명 중 옳은 것은?

① 선박보험은 보험자의 책임이 개시될 때의 선박가액을 보험가액으로 한다.

② 적하보험은 선적한 때와 곳의 적하의 가액과 선적 및 보험에 관한 비용을 보험가액으로 추정한다.

③ 적하의 도착으로 인하여 얻을 이익 또는 보수의 보험은 계약으로 보험가액을 정하지 아니한 때에는 보험금액을 보험가액으로 정한 것으로 본다.

④ 항해단위로 선박을 보험에 붙인 경우에는 보험기간은 하물 또는 저하의 선적에 착수한 때 개시되고, 인도한 때 종료된다.

35 보험계약의 부활에 관한 설명으로 옳지 않은 것은?

① 보험계약의 부활은 계속보험료의 부지급으로 인하여 계약이 해지된 경우에 발생한다.

② 보험계약자가 부활을 청구할 경우 연체보험료에 약정이자를 보험자에게 지급하여야 한다.

③ 보험계약이 부활되면 부활시점부터 계약의 효력이 발생한다.

④ 고지의무위반으로 보험계약이 해지된 경우에도 부활이 인정된다.

36 보험계약자 등의 고의 또는 중대한 과실로 보험사고가 발생한 경우에 관한 설명이다. 옳지 않은 것은?(다툼이 있는 경우 판례에 의함)

① 상법 보험편 통칙에 따르면 보험사고가 보험계약자 또는 피보험자나 보험수익자의 고의 또는 중대한 과실로 인하여 생긴 때에는 보험자는 보험금 지급책임이 없다.

② 피보험자의 자살은 고의에 의한 사고이므로 체약 후 일정한 기간이 도과한 후에 발생한 경우에 한해 보험자의 책임을 인정하는 약관은 민법 제103조 선량한 풍속 기타 사회질서에 반하여 무효이다.

③ 사망보험 또는 상해보험에서 보험사고가 보험계약자 또는 피보험자나 보험수익자의 중대한 과실로 발생한 경우에도 보험자는 보험금 지급책임이 있다.

④ 보증보험에서 보험계약자의 고의로 보험사고가 야기된 경우에도 피보험자가 공모한 바가 없으면 보증보험자는 보험금 지급책임이 있다.

37 상법상 보험자가 보험계약을 해지할 수 있는 사유로 옳지 않은 것은?

① 계속보험료 미지급
② 보험계약자 또는 피보험자의 고의 또는 중과실에 의한 고지의무위반
③ 보험계약자의 고의 또는 중과실로 인한 위험의 현저한 변경·증가
④ 보험계약자 등의 보험사고 통지의무위반

38 보험계약법상 청약거절사유에 대한 대법원 판례의 설명 중 옳지 않은 것은?

① 청약거절사유란 보험계약의 청약이 이루어진 바로 그 종류의 보험에 관하여 해당 보험자가
   마련하고 있는 객관적인 보험인수기준에 의해 인수할 수 없는 위험상태 또는 사정을 말한다.
② 승낙전 보험사고에 대하여 보험계약의 청약을 거절할 사유가 없어서 보험자의 보험계약상의
   책임이 인정되면, 보험사고발생 사실을 보험자에게 고지하지 아니하였다는 사정은 청약을 거
   절할 사유가 될 수 없다.
③ 청약거절사유는 보험자가 위험을 측정하여 보험계약의 체결 여부 또는 보험료율을 결정하는
   데 영향을 미치는 사실들을 의미한다.
④ 피보험자는 청약거절사유의 존재에 대하여 입증책임을 부담한다.

39 별도의 특약이 없는 한 해상보험자의 보상책임의 범위에 속하지 않는 손해는?

① 선박충돌로 발생한 피보험자의 제3자에 대한 손해배상책임
② 보험의 목적이나 보존을 위해 지급할 특별비용
③ 피보험자가 부담하는 해난구조료분담액
④ 피보험자가 지급하여야 할 공동해손분담액

40 무보험자동차에 의한 상해보험에 관한 설명이다. 옳지 않은 것은?(다툼이 있는 경우 판례에 의함)

① 무보험자동차에 의한 상해보험은 상해보험으로서의 성질과 함께 손해보험으로서의 성질도 갖고 있는 손해보험형 상해보험이다.
② 무보험자동차에 의한 상해보험에서 보험금 산정기준과 방법은 보험자의 설명의무의 대상이다.
③ 무보험자동차에 의한 상해보험은 손해보험형 상해보험이므로 당사자 사이에 다른 약정이 있으면 보험자는 피보험자의 권리를 해하지 아니하는 범위 안에서 피보험자의 배상의무자에 대한 손해배상청구권을 대위행사할 수 있다.
④ 하나의 사고에 대해 수개의 무보험자동차에 의한 상해보험계약이 체결되고 그 보험금액의 총액이 피보험자가 입은 실손해액을 초과하는 때에는 중복보험조항이 적용된다.

01 다음 중 甲이 보험금의 지급을 청구할 수 있는 경우로서 옳은 것은?

① 甲이 무진단계약의 청약과 함께 월납보험료 10만원 중 9만원을 지급하고 보험자의 승낙을 기다렸으나, 30일 내에 낙부통지를 받지 못한 상태에서 31일째 되는 날에 보험사고가 발생한 경우

② 甲이 화재보험계약의 청약을 하면서 보험료 전액을 지급하고 7일 만에 인수거절의 통지를 받은 상태에서 10일째 되는 날에 화재가 발생한 경우

③ 甲이 신체검사가 필요한 질병보험에 가입하면서 월납보험료 전액을 지급하였으나, 신체검사를 받지 않은 상태에서 청약일로부터 90일이 경과하고 암진단을 받은 경우

④ 甲이 자동차보험계약의 청약을 하며 보험료 전액을 지급하였으나, 보험자가 낙부통지를 하지 않은 상태에서 청약 다음 날 보험사고가 발생하고 보험자가 특히 청약을 거절할 사유가 없는 경우

02 다음 설명 중 옳은 것은?(다툼이 있는 경우 판례에 의함)

① 보험계약은 청약과 승낙의 의사표시의 합치로 성립하며, 그때부터 계약의 효력이 발생하고 다른 약정이 없다면 보험자의 보상책임이 개시된다.

② 상법에 따르면 보험계약자는 연체보험료에 약정이자를 붙여 지급하고, 그 계약의 부활을 청구할 수 있으므로 부활계약은 요물계약이다.

③ 계속적 보험거래관계에 있어서 약관이 보험계약자에게 불리하게 변경된 사실을 고지하지 않은 채 새로운 계약이 체결된 경우의 계약은 종전 약관에 따라 체결된 것으로 본다.

④ 상법에 "당사자 간에 다른 약정이 없으면"이라는 표현이 있는 경우에 한하여 구체적인 당사자 간에 개별약정이 가능하다.

03 상법상 약관의 중요사항에 대한 명시·설명의무가 면제되는 경우가 아닌 것은?(다툼이 있는 경우 판례에 의함)

① 자동차보험계약의 보험계약자가 해당 약관상 주운전자의 나이나 보험경력 등에 따라 보험요율이 달라진다는 사실을 잘 알고 있는 경우

② 보험계약자 또는 피보험자가 보험금청구에 관한 서류 또는 증거를 위조하거나 변조한 경우 보험금청구권이 상실된다는 약관조항

③ 보험가입 후 피보험자가 이륜자동차를 사용하게 된 경우에 보험계약자 또는 피보험자가 지체 없이 이를 보험자에게 알릴 의무가 있다는 약관조항

④ 상법 제726조의4가 규정하는 자동차의 양도로 인한 보험계약상의 권리·의무의 승계조항을 풀어서 규정한 약관조항

04 상법상 보험금청구권자에게 입증책임이 있는 경우가 아닌 것은?(다툼이 있는 경우 판례에 의함)

① 위험변경증가 시의 통지의무위반에 있어서 위험변경 증가가 보험사고의 발생에 영향을 미치지 아니하였다는 사실

② 보험계약자나 그 대리인이 약관내용을 충분히 알지 못하므로 계약 체결시 보험자가 약관내용을 설명하여야 한다는 사실

③ 상해보험계약에 있어서 피보험자가 심신상실 등 자유로운 의사결정을 할 수 없는 상태에서 스스로 사망의 결과를 초래한 사실

④ 상해보험계약에 있어서 사고가 우연하게 발생하였다는 점 및 사고의 외래성과 상해라는 결과와의 사이에 인과관계가 있다는 사실

05 상법상 고지의무에 관한 설명으로 옳지 않은 것은?(다툼이 있는 경우 판례에 의함)

① 생명보험계약의 피보험자가 직업을 속인 경우, 지급할 보험금은 실제 직업에 따라 가입이 가능하였던 한도 이내로 자동감축된다는 약관조항은 상법상 고지의무위반 시의 해지권 행사요건을 적용하지 않는 취지라면 무효이다.

② 한 건의 보험계약에서 보험금 부정취득 목적·고지의무 위반·사기행위가 경합하는 경우 보험자는 어떤 권한을 행사할지를 선택할 수 있다.

③ 고지의무를 완전히 이행하였더라도 약관의 계약전 발병부담보조항에 의하여 보험금 지급이 거절될 수 있다.

④ 냉동창고건물을 화재보험에 가입시킬 당시 보험의 목적인 건물이 완성되지 않아 잔여공사를 계속하여야 한다는 사실은 고지할 필요가 없다.

06 고지의무에 관하여 우리 상법이 채택한 것은?

① 고지의무 이행 방법으로 수동적 답변의무

② 고지의무위반의 효과로서 비례감액주의

③ 고지의무자에 피보험자 포함

④ 보험수익자에 대한 해지의 의사표시도 유효

07 상법상 타인을 위한 보험계약에 대한 설명으로 옳지 않은 것은?(다툼이 있는 경우 판례에 의함)

① 보험계약 체결을 위임한 바 없는 타인도 수익의 의사표시 없이 당연히 권리를 취득한다.

② 계약 체결시점에서 타인을 위한다는 의사표시는 명시적으로 존재하여야 한다.

③ 보험자는 타인을 위한 보험계약에 기한 항변으로 타인에게 대항할 수 있다.

④ 손해보험계약의 경우 타인은 피보험이익을 가진 자이어야 한다.

08 보험증권에 대한 설명으로 옳은 것은?

① 단체보험의 보험수익자가 단체구성원이나 그의 상속인인 경우에는 보험수익자에게 보험증권을 교부할 수 있다.

② 타인을 위한 보험계약의 보험계약자는 증권을 소지한 경우에는 그 타인의 동의 없이도 계약을 해지할 수 있다.

③ 적하보험증권은 완전유가증권이므로 상법이 열거한 해상보험증권의 기재사항을 모두 기재하여야 한다.

④ 약관상 이의기간이 경과하면 보험증권의 기재내용은 확정되므로 명백한 오기에 대하여도 이의할 수 없다.

09 다음 예문의 해석으로 옳은 것은?(다툼이 있는 경우 판례에 의함)

> 사망 또는 제1급 장해의 발생을 보험사고로 하는 보험계약의 피보험자 甲은 보험계약 체결 직전에 이미 근긴장성 근이양증 진단을 받았다. 이 병은 제1급 장해발생을 필연적으로 야기하고, 또한 건강상태가 일반적인 자연적 속도 이상으로 급격히 악화되어 사망에 이를 개연성이 매우 높다.

① 보험사고는 계약 체결 시에 불확정적이어야 하는데 甲은 필연적으로 사망 또는 제1급 장해로 이어질 질병의 확정진단을 이미 받았으므로 보험계약은 무효이다.
② 甲은 자신의 병에 대하여 알았으나, 보험자가 피보험자의 질병사실을 알지 못하였다면 보험사고의 주관적 불확정으로 소급보험이 인정된다.
③ 보험계약 체결 시에 보험사고 그 자체가 발생한 것은 아니므로 보험계약은 유효하고, 다만 고지의무 위반만 문제될 수 있다.
④ 甲의 질병은 보험기간 중에 진행되었으므로 보험자는 보험사고가 보험기간 경과 후에 발생한 때에도 보험금 지급책임을 진다.

10 보험자의 면책사유에 관한 설명으로 옳은 것은?(다툼이 있는 경우 판례에 의함)

① 약정 면책사유는 원칙적으로 설명의무의 대상이라는 점에서 법정 면책사유의 경우와 다르다.
② 보증보험에서 보험계약자의 고의로 보험사고를 야기한 경우에 보증보험자는 보험금 지급책임이 없다.
③ 고의사고 면책을 규정한 상법 조항은 보험제도의 악용을 막기 위한 것으로 절대적 강행규정이다.
④ 손해보험약관에서 고의사고면책만 규정한 경우에도 보험자는 상법의 고의·중과실 면책조항을 들어 중과실 사고라는 이유로 면책을 주장할 수 있다.

11 다음 설명 중 옳은 것은?(다툼이 있는 경우 판례에 의함)

① 당사자 간에 보험금 지급의 약정기간이 있는 경우에는 그 기간이 경과한 다음 날부터 소멸시효가 진행한다.

② 보험자가 보험금청구권자의 청구에 대하여 보험금 지급책임이 없다고 잘못 알려 준 경우에는 사실상의 장애가 소멸한 때부터 시효기간이 진행한다.

③ 보험사고발생 여부가 분명하지 아니하여 보험금청구권자가 과실 없이 보험사고의 발생을 알 수 없었던 때에는 보험사고의 발생을 알았거나 알 수 있었던 때로부터 소멸시효가 진행한다.

④ 책임보험에서 약관이 달리 정한 경우가 아니라면 피보험자가 제3자로부터 손해배상청구를 받은 시점에서 보험금청구권의 소멸시효가 진행한다.

12 보험계약자가 미경과보험료의 반환을 청구할 수 없는 경우는?

① 보험사고발생 전 보험계약자에 의한 계약 일부 해지 시에 당사자 간에 다른 약정이 없는 경우

② 보험사고발생 전 보험료 지급 지체를 이유로 보험자가 보험계약을 해지한 경우

③ 보험자가 파산선고를 받아 보험계약자가 보험계약을 해지하는 경우

④ 보험자가 보험계약 체결 후 위험변경증가의 통지를 받고, 이를 이유로 보험계약을 해지하는 경우

13 다음 중 보험료 미지급에 관한 설명으로 옳지 않은 것은?

① 다른 약정이 없는 한 계약 체결 후 보험료의 전부 또는 제1회 보험료의 지급 없이 2월이 경과하면 그 보험계약은 해제된 것으로 보기 때문에 보험자는 별도로 해제의 의사표시를 할 필요가 없다.

② 특정한 타인을 위한 보험의 경우에 보험계약자가 보험료의 지급을 지체한 때에는 보험자는 그 타인에게도 상당한 기간을 정하여 보험료의 지급을 최고한 후가 아니면 그 계약을 해제하지 못한다.

③ 계속보험료가 약정한 시기에 지급되지 아니한 때에는 보험자는 상당한 기간을 정하여 보험계약자에게 최고하고 그 기간 내에 지급되지 아니한 때에는 그 계약을 해지할 수 있다.

④ 제1회 보험료 부지급을 이유로 보험계약이 해제되는 경우 계약 성립 후 해제 전에 발생한 보험사고에 대하여 보험금을 지급하는 약정은 무효이다.

14 타인의 사망을 보험사고로 하는 보험계약에서 타인의 동의서면에 포함되는 전자문서의 요건으로 옳지 않은 것은?

① 전자문서에 보험금 지급사유, 보험금액, 보험수익자의 신원, 보험기간이 적혀 있을 것

② 전자서명을 하기 전에 전자서명을 할 사람을 직접 만나서 전자서명을 하는 사람이 보험계약에 동의하는 본인임을 확인하는 절차를 거쳐 작성될 것

③ 전자문서 및 전자서명의 위조·변조 여부를 확인할 수 있을 것

④ 전자문서에 전자서명을 한 후에 그 전자서명을 한 사람이 보험계약에 동의한 본인임을 확인할 수 있도록 공인전자서명 등 금융위원장이 고시하는 요건을 갖추어 작성될 것

15 다음 중 약관대출(또는 보험계약대출)에 관한 설명으로 옳은 것은 몇 개인가?(다툼이 있는 경우 판례에 의함)

> • 대출은 보험계약자가 낸 지급보험료 합계액 범위 내에서 실행될 수 있다.
> • 현행 생명보험표준약관의 약관대출규정은 상법규정을 그대로 수용한 것이다.
> • 약관대출의 법적 성질은 소비대차가 아니라, 장차 지급할 보험금 등의 선급으로 본다.
> • 보험자의 약관대출금채권은 양도·입질·압류·상계의 대상이 된다.

① 1개   ② 2개
③ 3개   ④ 4개

16 상법상 손해보험자가 보상할 손해액에 관한 설명으로 옳지 않은 것은?

① 보험자가 보상할 손해액은 그 손해가 발생한 때와 곳의 가액에 의하여 산정한다.
② 보험계약 당사자 간에 약정이 있는 때에는 그 신품가액에 의하여 보험자가 보상할 손해액을 산정할 수 있다.
③ 보험사고로 인하여 상실된 피보험자가 얻을 이익이나 보수는 보험자가 보상할 손해액에 산입한다.
④ 보험자가 보상할 손해액의 산정에 관한 비용은 보험자의 부담으로 한다.

17 상법상 보험가액에 관한 설명으로 옳지 않은 것은?

① 운송물의 보험에 있어서는 발송한 때와 곳의 가액과 도착지까지의 운임 기타 비용을 보험가액으로 한다.

② 선박의 보험에 있어서는 보험자의 책임이 개시될 때의 선박가액을 보험가액으로 한다.

③ 적하의 보험에 있어서는 도착할 때와 곳의 적하의 가액과 선적 및 보험에 관한 비용을 보험가액으로 한다.

④ 적하의 도착으로 인하여 얻을 이익 또는 보수의 보험에 있어서는 계약으로 보험가액을 정하지 아니한 때에는 보험금액을 보험가액으로 한 것으로 추정한다.

18 甲은 자기가 소유한 보험가액 1,000만원인 도자기의 파손에 대하여 乙 보험회사와 400만원, 丙 보험회사와 600만원, 丁 보험회사와 1,000만원을 보험금액으로 하여 각각 손해보험계약을 체결하였다. 이후 도자기가 사고로 전부 파손되어 보험금을 청구하였다. 아래 설명 중 옳지 않은 것은?(단, 당사자 간에 중복보험과 일부보험에 관하여 다른 약정이 없다고 가정함)

① 乙 보험회사는 200만원의 보상책임을 진다.

② 丙 보험회사는 600만원의 한도 내에서 연대책임을 진다.

③ 丁 보험회사는 500만원의 보상책임을 진다.

④ 甲이 丁 보험회사에 대한 보험금 청구를 포기한 경우 乙 보험회사와 丙 보험회사는 각각 400만원, 600만원의 보상책임을 진다.

19 상법상 각종 비용의 부담에 관한 설명으로 옳지 않은 것은?

① 보험계약자가 보험자에 대하여 보험증권의 재교부를 청구한 경우 그 증권작성의 비용은 보험계약자의 부담으로 한다.

② 손해보험계약의 보험계약자와 피보험자가 손해의 방지와 경감을 위하여 지출한 필요 또는 유익하였던 비용은 보험금액을 초과한 경우라도 보험자가 이를 부담한다.

③ 해상보험자는 보험계약자와 피보험자가 보험의 목적의 안전이나 보존을 위하여 지급할 특별비용을 보험금액의 한도 내에서 보상할 책임이 있다.

④ 책임보험계약에서 피보험자가 제3자의 청구를 방어하기 위하여 지출한 재판상 또는 재판 외의 필요비용은 그 행위가 보험자의 지시에 의하지 아니한 경우에도 그 금액에 손해액을 가산한 금액이 보험금액을 초과하는 때에도 보험자가 이를 부담하여야 한다.

20 상법상 보험목적의 양도에 관한 설명으로 옳지 않은 것은?

① 손해보험에서 피보험자가 보험의 목적을 양도한 때에는 양수인은 보험계약상의 권리와 의무를 승계한다.

② 손해보험에서 피보험자가 보험의 목적을 양도한 경우에 양도인 또는 양수인은 보험자에 대하여 지체 없이 그 사실을 통지하여야 한다.

③ 선박을 보험에 붙인 경우에는 보험의 목적인 선박을 양도할 때 그 보험계약은 종료하나 보험자의 동의가 있는 때에는 그러하지 아니하다.

④ 자동차보험에서 피보험자가 보험기간 중에 자동차를 양도한 때에는 양수인은 보험자의 승낙을 얻은 경우에 한하여 보험계약으로 인하여 생긴 권리와 의무를 승계한다.

21 상법상 집합보험에 관한 설명으로 옳지 않은 것은?

① 집합보험에 관한 규정은 손해보험 통칙에 규정되어 있다.

② 집합된 물건을 일괄하여 보험의 목적으로 한 때에는 피보험자의 가족과 사용인의 물건도 보험의 목적에 포함된 것으로 한다.

③ 집합보험계약은 피보험자의 가족 또는 사용인을 위하여서도 체결한 것으로 본다.

④ 집합된 물건을 일괄하여 보험의 목적으로 한 때에는 그 목적에 속한 물건이 보험기간 중에 수시로 교체된 경우에도 보험사고의 발생 시에 현존한 물건은 보험의 목적에 포함한 것으로 한다.

22 상법상 운송보험에 관한 설명으로 옳지 않은 것은?

① 운송보험계약의 보험자는 다른 약정이 없으면 운송인이 운송물을 수령한 때로부터 수하인에게 인도할 때까지 생길 손해를 보상할 책임이 있다.

② 운송물의 보험에 있어서는 발송한 때와 곳의 가액과 도착지까지의 운임 기타의 비용을 보험가액으로 한다.

③ 운송보험계약은 다른 약정이 없으면 운송의 노순 또는 방법을 변경한 경우 그 효력을 잃는다.

④ 보험사고가 송하인 또는 수하인의 고의 또는 중대한 과실로 인하여 발생한 때에는 보험자는 이로 인하여 생긴 손해를 보상할 책임이 없다.

23 상법상 해상보험의 면책사유에 관한 설명으로 옳지 않은 것은?

① 선박이 보험계약에서 정하여진 발항항이 아닌 다른 항에서 출항한 때에는 보험자는 책임을 지지 아니한다.

② 선박이 보험계약에서 정하여진 도착항이 아닌 다른 항을 향하여 출항한 때에는 보험자는 책임을 지지 아니한다.

③ 선박이 정당한 사유 없이 보험계약에서 정하여진 항로를 이탈한 경우에는 보험자는 그때부터 책임을 지지 아니한다. 다만, 선박이 손해발생 전에 원항로로 돌아온 경우에는 그러하지 아니하다.

④ 피보험자가 정당한 사유 없이 발항 또는 항해를 지연한 때에는 보험자는 발항 또는 항해를 지체한 이후의 사고에 대하여 책임을 지지 아니한다.

24 상법상 책임보험에 관한 설명으로 옳지 않은 것은?

① 책임보험계약은 금전으로 산정할 수 있는 이익을 보험계약의 목적으로 하고 있다.

② 피보험자가 경영하는 사업에 관한 책임을 보험의 목적으로 한 때에는 피보험자의 대리인 또는 그 사업 감독자의 제3자에 대한 책임도 보험의 목적에 포함된 것으로 한다.

③ 책임보험의 피보험자는 제3자로부터 배상청구를 받았을 때에는 지체 없이 보험자에게 그 통지를 발송하여야 한다.

④ 책임보험계약은 피보험자가 보험기간 중의 사고로 인하여 제3자에게 배상할 책임을 그 보험가액으로 한다.

25 책임보험계약의 보험자와 제3자와의 관계에 관하여 상법상 명시적으로 규정하고 있지 않은 것은?

① 보험자는 피보험자가 책임을 질 사고로 인하여 생긴 손해에 대하여 제3자가 그 배상을 받기 전에는 보험금액의 전부 또는 일부를 피보험사에게 지급하지 못한다.

② 제3자는 피보험자가 책임을 질 사고로 입은 손해에 대하여 보험금액의 한도 내에서 보험자에게 직접 보상을 청구할 수 있다.

③ 제3자가 보험자에게 직접보상을 청구할 경우 보험자는 피보험자가 그 사고에 관하여 가지는 항변으로써 제3자에게 대항할 수 있다.

④ 제3자가 보험자에게 직접보상을 청구할 경우 보험자는 피보험자에 대하여 가지는 항변으로써 제3자에게 대항할 수 있다.

26 다음 중 자동차보험증권에 반드시 기재해야 하는 사항을 모두 모아놓은 것은?

> 가. 자동차소유자와 그 밖의 보유자의 성명과 생년월일 또는 상호
> 나. 자동차운전자의 성명과 생년월일
> 다. 피보험자동차의 등록번호, 차대번호, 차형연식과 기계장치
> 라. 차량가액을 정한 때에는 그 가액

① 가, 나, 다   ② 가, 다, 라
③ 나, 다, 라   ④ 가, 나, 다, 라

27 자동차보험에서 자동차의 양도에 관한 설명으로 옳지 않은 것은?

① 피보험자가 보험기간 중에 자동차를 양도한 때에는 양수인은 보험자의 승낙을 얻은 경우에 한하여 보험계약으로 인하여 생긴 권리와 의무를 승계한다.

② 피보험자가 보험기간 중에 자동차를 양도한 때에는 그 양수인은 보험자에게 지체 없이 양수사실을 통지하여야 한다.

③ 보험자가 양수인으로부터 양수사실을 통지받은 때에는 지체 없이 낙부를 통지하여야 한다.

④ 보험자가 양수인으로부터 양수사실을 통지받은 날부터 10일 내에 낙부의 통지가 없을 때에는 승낙한 것으로 본다.

28 타인의 사망보험계약에 대한 설명으로 옳지 않은 것은?(다툼이 있는 경우 판례에 의함)

① 타인의 사망을 보험사고로 하는 보험계약에는 보험계약 체결 시에 그 타인의 서면에 의한 동의를 얻어야 하나, 단체보험의 경우에는 일정한 경우에 타인의 개별적 서면동의를 요하지 아니한다.

② 타인의 사망보험계약 체결시 청약서상에 보험모집인이 피보험자의 서명을 대신한 경우에 이 보험계약은 무효이다.

③ 피보험자의 서면동의 없는 사망보험계약은 무효이지만, 무효인 보험계약도 피보험자가 추인하면 소급하여 효력이 인정된다.

④ 타인의 동의는 각 보험계약에 개별적으로 서면에 의하여야 하고, 포괄적 동의 또는 묵시적이거나 추정적 동의만으로는 부족하다.

29 甲은 배우자 乙을 피보험자로, '상속인'을 보험수익자로 하여 보험자 丙과 생명보험계약을 체결하였다. 그 후 甲은 乙을 살해하였다. 이 경우에 관한 설명 중 옳은 것은?(다툼이 있는 경우 판례에 의함)

① 甲이 보험수익자를 '상속인'과 같이 추상적으로 지정하는 경우에는 보험수익자의 보험금청구권은 상속재산이나, 상속인 중 일부를 구체적으로 성명을 특정하여 지정하는 경우에는 고유재산이 된다.

② 丙은 甲을 포함한 모든 상속인에게 보험금 전액을 지급하여야 한다.

③ 丙은 지급보험금의 범위 내에서 甲에 대하여 보험대위를 행사할 수 있다.

④ 丙은 甲을 제외한 나머지 상속인에 대한 보험금 지급책임을 면하지 못한다.

30 동일인이 다수의 보험계약을 체결한 경우에 관한 설명으로 옳지 않은 것은?(다툼이 있는 경우 판례에 의함)

① 보험계약자가 다수의 보험계약을 통하여 보험금을 부정취득할 목적으로 생명보험계약을 체결하였다면 선량한 풍속 기타 사회질서에 반하여 무효이다.

② 보험자가 생명보험계약을 체결하면서 다른 보험계약의 존재 여부를 청약서에 기재하여 질문하였다 하더라도 다른 보험계약의 존재 여부 등 계약적 위험은 고지의무의 대상이 아니다.

③ 손해보험계약에 있어서 동일한 보험계약의 목적과 동일한 사고에 관하여 수개의 보험계약을 체결하는 경우에 보험계약자는 각 보험자에 대하여 각 보험계약의 내용을 통지하여야 한다.

④ 손해보험계약에 있어서 중복보험계약을 체결한 사실은 고지의무의 대상인 중요한 사항에 해당되지 않는다.

31 보험사고의 우연성에 관한 설명으로 옳은 것은?(다툼이 있는 경우 판례에 의함)

> 가. 피보험자가 술에 취한 상태에서 출입이 금지된 지하철역 승강장의 선로로 내려가 전동열차에 부딪혀 사망한 사안에서 피보험자에게 중과실이 있더라도 보험약관상의 우발적 사고에 해당한다.
>
> 나. 피보험자가 자유로운 의사결정을 할 수 없는 상태에서 자살로 사망한 경우에 그 사망은 고의에 의하지 않은 우발적 사고라고 할 수 있다.
>
> 다. 급격하고 우연한 외래의 사고를 보험사고로 하는 상해보험에 가입한 피보험자가 술에 취하여 자다가 구토로 인한 구토물이 기도를 막음으로써 사망한 경우에 보험약관상의 급격과 우연성은 충족되므로 보험자로서는 보험금을 지급할 의무가 있다.
>
> 라. 암으로 인한 사망 및 상해로 인한 사망을 보험사고로 하는 보험계약에서 "피보험자가 보험계약일 이전에 암 진단이 확정되어 있었던 경우 보험계약을 무효로 한다"는 약관 조항은 피보험자가 상해로 사망한 경우에도 유효하다.

① 가, 다
② 나, 라
③ 가, 나, 다
④ 가, 나, 다, 라

32 생명보험표준약관상 보험계약상의 권리에 관한 설명으로 옳지 않은 것은?

① 보험자는 피보험자에게 약정상의 보험사고가 발생한 경우에 보험수익자에게 약정한 보험금을 지급한다.

② 보험계약자는 해지환급금 범위 내에서 약관대출(보험계약대출)을 받을 수 있다.

③ 보험계약자는 계약이 소멸하기 전에 언제든지 계약을 해지할 수 있으며, 이 경우 보험자는 해지환급금을 보험수익자에게 지급한다.

④ 보험자는 금융감독원장이 정하는 방법에 따라 보험자가 결정한 배당금을 보험계약자에게 지급한다.

33 상법상 보험수익자 지정·변경에 관한 설명으로 옳지 않은 것은?

① 보험계약자는 보험수익자 지정 또는 변경할 권리를 가지고, 이 권리는 형성권으로서 보험자의 동의를 요하지 않는다.

② 사망보험에서 보험수익자를 지정 또는 변경할 때에는 보험자에게 통지하지 않으면 이로써 보험자에게 대항하지 못하고, 피보험자의 서면동의를 얻어야 한다.

③ 보험계약자가 보험수익자를 지정하고 변경권을 행사하지 않은채 사망하면 특별한 약정이 없는 한 보험수익자의 권리가 확정된다.

④ 보험수익자가 보험존속 중에 사망한 때에는 보험수익자의 상속인이 보험수익자로 확정되며, 이때에 보험수익자의 상속인의 지위는 승계취득이 아니라 원시취득이다.

34 단체생명보험에 관한 설명으로 옳지 않은 것은?(다툼이 있는 경우 판례에 의함)

① 단체생명보험은 단체가 구성원의 전부 또는 일부를 피보험자로 하여 체결하는 생명보험이다.

② 보험계약자가 회사인 경우 보험증권은 회사에 대하여만 교부되지만, 회사는 보험수익자가 되지 못한다.

③ 구성원이 단체를 퇴사하면 보험료를 계속 납입하였더라도 피보험자의 지위는 상실한다.

④ 회사의 규약에 따라 단체생명보험계약이 체결되면 피보험자의 개별적 서면동의가 필요 없지만, 규약이 갖추어지지 않으면 피보험자인 구성원의 서면동의를 갖추어야 보험계약으로서 효력이 발생한다.

35 다음 중 보험계약이 무효인 경우로만 묶인 것은?(제시된 이외의 사정은 고려하지 않음)

> 가. 심신상실자의 서면동의하에 그를 피보험자로 하는 사망보험계약이 체결된 경우
> 나. 계약 체결시 의사능력이 있는 심신박약자를 서면동의 없이 피보험자로 하는 사망보험계약이 체결된 경우
> 다. 피보험자가 될 때 의사능력이 있는 단체구성원을 규약에 따라 그의 동의 없이 그를 피보험자로 하는 단체사망보험계약이 체결된 경우
> 라. 만 15세 미만인 자녀를 피보험자로 하는 실손형(비정액형) 상해보험계약이 체결된 경우
> 마. 만 15세 미만인 자녀를 그의 서면동의를 받아 피보험자로 하는 사망보험계약이 체결된 경우

① 가, 나, 다   ② 가, 나, 마

③ 나, 다, 라   ④ 가, 라, 마

36 보험자 면책에 관한 설명으로 옳지 않은 것은?(다툼이 있는 경우 판례에 의함)

① 손해보험의 경우 보험사고가 보험계약자 또는 피보험자의 고의 또는 중대한 과실로 생긴 때에는 보험자는 보험금액을 지급할 책임이 없다.

② 사망을 보험사고로 한 보험계약에서는 사고가 보험계약자 또는 피보험자나 보험수익자의 중대한 과실로 인하여 발생한 경우에 보험자는 지급의무를 부담한다.

③ 동일한 자동차사고로 인해 피해자에 대하여 손해배상책임을 지는 피보험자가 복수로 존재하는 경우, 각 피보험자마다 면책조항의 적용 여부를 개별적으로 가려 보상책임 유무를 결정해야 한다.

④ 상법상 고의에 의한 보험사고는 면책사유이므로, 자유로운 의사결정으로 할 수 없는 상태에서 스스로 사망한 사고에 대하여 보상한다는 약관조항은 무효이다.

37 재보험에 관한 설명으로 옳지 않은 것은?(다툼이 있는 경우 판례에 의함)

① 원보험계약과 재보험계약은 법률상 독립된 별개의 계약이므로 재보험계약은 원보험계약의 효력에 영향을 미치지 아니한다.

② 책임보험에 관한 규정은 그 성질에 반하지 아니하는 범위 내에서 재보험계약에 준용한다.

③ 재보험자가 원보험자에게 재보험금을 지급하면 그 지급한 금액의 범위 내에서 원보험자의 보험자대위권이 재보험자에 이전한다.

④ 보험자대위에 의하여 취득한 제3자에 대한 권리는 재보험자가 이를 직접 자기 명의로 그 권리를 행사하며, 이를 통하여 회수한 금액을 원보험자와 비율에 따라 교부하는 방식으로 이루어지는 것이 상관습이다.

38 보험계약 당사자 간의 특별한 약정의 효력에 관한 설명이다. 옳지 않은 것으로만 묶인 것은?(다툼이 있는 경우 판례에 의함)

> 가. 보험자의 책임은 원칙적으로 최초보험료의 지급을 받은 때부터 개시하는데, 당사자 간의 다른 약정을 할 수 있다.
> 나. 보험증권의 교부가 있은 날로부터 14일 내에 한하여 그 증권의 정부에 관한 이의를 할 수 있음을 약정할 수 있다.
> 다. 보험계약 성립 전에 보험사고가 이미 발생하였더라도 당사자 쌍방과 피보험자가 이를 알지 못한 때에는 보험자가 책임을 진다는 약정을 할 수 있다.
> 라. 상해보험계약을 체결할 때에 태아를 상해보험의 피보험자로 할 것을 당사자 간에 약정을 할 수 없다.
> 마. 보험가액의 일부를 보험에 붙인 경우에 보험자가 보험금액의 한도 내에서 그 손해액을 보상한다는 약정을 할 수 있다.

① 나, 다   ② 나, 라

③ 다, 라, 마   ④ 가, 마

39 보험계약의 해지에 관한 설명으로 옳은 것은?

① 보험계약 당사자는 보험사고가 발생하기 전에는 언제든지 보험계약을 해지할 수 있다.

② 보험자가 보험계약자 등의 고지의무위반을 이유로 보험계약을 해지하는 경우, 보험사고가 발생한 후에는 보험계약을 해지할 수 없다.

③ 보험사고의 발생으로 보험자가 보험금액을 지급한 때에도 보험금액이 감액되지 아니하는 보험의 경우에는 보험계약자는 그 사고발생 후에도 보험계약을 해지할 수 있다.

④ 보험기간 중에 사고발생의 위험이 변경 또는 증가된 사실을 보험계약자가 보험자에게 지체 없이 통지한 경우에는 보험자는 보험계약을 해지할 수 없다.

40 보험금청구권의 소멸시효에 관한 설명으로 옳지 않은 것은?(다툼이 있는 경우 판례에 의함)

① 보험금 지급에 관하여 약정기간이 없는 경우에는 보험사고발생을 통지 받은 후 지체 없이 지급할 보험금액을 정하고, 그 정하여진 날부터 10일이 경과한 다음 날부터 보험금청구권의 소멸시효가 개시된다.

② 보험자의 보험금청구권의 소멸시효의 주장이 신의성실의 원칙에 반하거나 권리남용에 해당하는 경우에는 보험자는 소멸시효의 완성을 주장할 수 없다.

③ 도급계약에서 정한 채무를 이행하지 않은 경우의 손해를 보상하는 보증보험계약에서 보험금 청구권의 소멸시효는 도급계약에서 정한 채무가 이행되지 않은 때부터 진행되는 것이 아니라, 도급계약이 해제된 때 또는 도급계약을 해제할 수 있었던 상당한 기간이 경과한 때부터 진행한다.

④ 책임보험의 보험금청구권의 소멸시효는 약관에 다른 정함이 없는 한, 피보험자의 제3자에 대한 법률상의 손해배상책임이 상법 제723조 제1항이 정하고 있는 변제, 승인, 화해 또는 재판의 방법 등에 의하여 확정됨으로써 그 보험금청구권을 행사할 수 있는 때부터 진행한다.

01 보험계약의 성립에 관한 설명으로 옳지 않은 것은?

① 보험계약의 성립은 보험계약자의 보험료 지급과는 직접적인 관계가 없다.

② 보험자가 낙부통지의무를 해태한 경우 그 보험계약은 정상적으로 체결된 것으로 추정한다.

③ 손해보험계약의 경우 보험자가 보험계약자로부터 보험계약의 청약과 함께 보험료 상당액의 전부 또는 일부의 지급을 받는 경우에는 특별히 다른 약정이 없는 한 보험자는 30일 내에 보험계약자에게 낙부통지를 발송하여야 한다.

④ 보험계약의 청약을 받은 보험자가 승낙하였다 하더라도 당사자 간에 다른 약정이 없으면 최초 보험료를 납입할 때까지 보험자의 책임은 개시되지 않는다.

02 상법상 보험약관의 교부·설명의무에 대한 설명으로 옳지 않은 것은?(다툼이 있는 경우 판례에 의함)

① 보험자는 보험계약자의 대리인에게 보험약관을 교부하거나 설명할 수도 있다.

② 약관의 규제에 관한 법률이 규정하는 약관의 명시·설명의무와 중복 적용될 수 있다.

③ 약관 조항 가운데 이미 법령에 의하여 정하여진 것을 되풀이 하거나 부연하는 정도에 불과한 사항도 이를 설명하여야 한다.

④ 보험청약서나 안내문의 송부만으로는 그 약관에 대한 보험자의 설명의무를 이행하였다고 추인하기에는 부족하다.

03 타인을 위한 보험계약에 대한 설명으로 옳지 않은 것은?(다툼이 있는 경우 판례에 의함)

① 타인을 위한 손해보험계약의 경우, 타인의 위임이 없더라도 성립할 수 있다.

② 보험계약자가 체결한 단기수출보험의 보험약관이 보상계약자의 수출대금회수불능에 따른 손실만을 보상하는 손실로 규정하고 있을 뿐이고, 보험금수취인이 입은 손실의 보상에 대해서는 아무런 규정이 없다면, 그 보험계약은 타인을 위한 보험계약으로 볼 수 없다.

③ 손해보험계약에서 보험의 목적물과 위험의 종류만 정해져 있을 뿐, 피보험자 및 피보험이익이 명확하지 않은 경우, 보험계약서 및 당사자 간의 보험계약의 내용으로 삼은 약관의 내용, 보험계약 체결 경위와 과정, 보험회사의 실무처리 관행 등을 전반적으로 참작하여 타인을 위한 보험계약인지 여부를 결정하여야 한다.

④ 타인을 위한 손해보험계약에서 보험계약자는 청구권대위의 제3자가 될 수 없다.

04 상법상 고지의무에 대한 설명으로 옳지 않은 것은?(다툼이 있는 경우 판례에 의함)

① 상법상 고지의무는 보험계약자와 피보험자가 되는 것이 원칙이나, 경우에 따라서는 이들의 대리인이 고지의무를 이행할 수도 있다.

② 보험금을 부정취득할 목적으로 다수의 보험계약이 체결된 경우에 보험자는 각각의 요건이 충족되었을 때에는 민법 제103조 위반으로 보험계약의 무효와 고지의무위반을 이유로 한 보험계약의 해지는 물론이고, 민법의 일반원칙에 따라 취소를 주장할 수도 있다.

③ 상법에서 정한 중요한 사항에 대한 고지의무위반 여부에 대한 판단은 보험계약이 성립한 시점을 기준으로 한다.

④ 피보험차량의 실제 소유 여부는 중요한 사항에 해당되므로, 보험계약자가 이를 고지하지 않은 경우, 보험자는 고지의무위반을 이유로 보험계약을 해지할 수 있다.

05 보험계약의 무효와 취소에 대한 설명으로 옳지 않은 것은?(다툼이 있는 경우 판례에 의함)

① 보험계약 체결 당시에 보험사고가 이미 발생하였거나 발생할 수 없는 경우 그 보험계약은 무효로 한다는 상법 제644조의 규정은 강행규정으로 당사자 간의 사이의 협정에 의하여 달리 정할 수 없다.

② 보험계약의 무효란 보험계약이 성립한 때부터 당연히 법률상 효력이 발생하지 않는 것을 의미한다.

③ 보험자가 보험계약이 유효함을 전제로 보험료를 징수하고도 보험사고발생 이후에 비로소 피보험자의 서면동의가 없었다는 사유를 내세워 보험계약 무효를 주장하는 것은 신의성실 또는 금반언의 원칙에 반한다.

④ 甲이 乙의 명의를 도용하여 보험회사와 보증보험계약을 체결하고, 그 보험증권을 이용하여 금융기관으로 乙의 명의로 차용한 금원을 상환하지 않아 보증보험회사가 보험금을 지급한 경우, 그 보험계약을 무효로 보아 보험회사는 부당이득 반환청구를 할 수 있다.

06 손해보험계약에서 보험의 목적이 확장되는 경우에 대한 설명으로 옳지 않은 것은?

① 보험자의 책임이 개시될 때의 선박가액을 보험가액으로 하는 선박보험에서 선박의 속구, 연료, 양식 기타 항해에 필요한 모든 물건은 보험의 목적에 포함된 것으로 한다.

② 집합된 물건을 일괄하여 보험의 목적으로 한 때에는 피보험자의 가족과 사용인의 물건도 보험의 목적에 포함된 것으로 한다.

③ 피보험자가 경영하는 사업에 관한 책임을 보험의 목적으로 한 경우에는 그 사업감독자의 제3자에 대한 책임도 보험의 목적에 포함되나 피보험자의 대리인의 제3자에 대한 책임은 보험의 목적에 포함되지 않는다.

④ 책임보험에서 피보험자가 제3자의 청구를 방어하기 위하여 지출한 재판상 또는 재판 외의 필요비용은 보험의 목적에 포함된 것으로 한다.

07 상법상 보험계약의 해지에 대한 설명으로 옳지 않은 것은?

① 자기를 위한 보험계약의 경우, 계약자는 보험사고발생 전에는 언제든지 보험계약의 전부를 해지할 수 있으며, 일부 해지도 가능하다.

② 계속보험료 지급 지체시 보험자는 상당한 기간을 정하여 보험계약자에게 이행을 최고하고 그 기간 내에 보험료가 지급되지 아니한 때에는 해당 보험계약을 해지할 수 있다.

③ 보험계약 체결 당시에 보험계약자가 고의 또는 과실로 인하여 중요한 사항을 고지하지 않았다면 보험자는 그 사실을 안 날로부터 1월 내에, 계약을 체결한 날로부터 3년 내에 한하여 해당 보험계약을 해지할 수 있다.

④ 보험자가 파산선고를 받은 때에는 보험계약자는 계약을 해지할 수 있다.

제1과목

08 상법상 보험계약의 부활에 대한 설명으로 옳지 않은 것은?(다툼이 있는 경우 판례에 의함)

① 보험계약이 부활될 경우 해지 또는 실효되기 전의 보험계약은 효력을 회복하여 보험계약이 유효하게 존속하게 된다. 이 경우 만약 보험계약이 해지되고 부활되기 이전에 보험사고가 발생하였다면 보험자는 보험금을 지급하여야 한다.

② 보험계약자는 일정한 기간 내에 보험자에게 연체보험료에 약정이자를 붙여 지급하고 해당 보험계약의 부활을 청구할 수 있다.

③ 보험계약상의 일부 보험금에 관한 약정 지급사유가 발생한 후에 그 보험계약이 계속보험료 미납으로 해지 또는 실효되었다는 보험회사 직원의 말만 믿고 해지환급금을 수령하였다면 보험계약의 부활을 청구할 수 있다.

④ 보험계약의 부활은 계속보험료를 납입하지 않아 보험계약이 해지되었으나, 해지환급금은 지급되지 않은 경우에 인정되는 제도이다.

09 상법상 보험계약자 등의 불이익변경금지의 원칙에 대한 설명으로 옳지 않은 것은?(다툼이 있는 경우 판례에 의함)

① 이 원칙은 사적 자치의 원칙에 대한 예외 규정으로 보아야 한다.

② 보험계약자 등의 불이익변경금지의 원칙에 위반하여 체결된 보험계약은 불이익하게 변경된 약관조항에 한하여 무효가 된다.

③ 수협중앙회가 실시하는 비영리 공제사업의 하나인 어선공제사업은 소형 어선을 소유하며 연안어업 또는 근해어업을 종사하는 다수의 영세어민을 주된 가입 대상으로 하고 있다면 불이익변경금지의 원칙의 적용 대상이 될 수 있다.

④ 불이익변경금지의 원칙은 재보험에도 적용된다.

10 보험계약자이자 피보험자인 A는 건물에 대하여 보험가액을 1억원으로 하여 甲 보험회사와 보험금액을 1억원, 乙 보험회사와 보험금액을 6천만원, 丙 보험회사와 보험금액을 4천만으로 하는 화재보험계약을 각각 체결하였다. 그 후 화재로 인하여 해당 건물에 5천만원의 손해가 발생하였다. 보험계약자인 A가 위 3건의 보험계약을 사기로 체결하지 않았고, 당사자간 다른 약정이 없다고 가정하였을 경우, 각 보험회사가 A에게 지급하여야 하는 보험금으로 옳은 것은?

① 甲 : 25,000,000원   乙 : 15,000,000원   丙 : 10,000,000원
② 甲 : 25,000,000원   乙 : 13,000,000원   丙 : 12,000,000원
③ 甲 : 50,000,000원   乙 : 50,000,000원   丙 : 40,000,000원
④ 甲 : 100,000,000원   乙 : 60,000,000원   丙 : 40,000,000원

11 상법상 위험변경·증가에 대한 설명으로 옳지 않은 것은?(다툼이 있는 경우 판례에 의함)

① 보험기간 중에 보험계약자 또는 피보험자가 사고발생의 위험이 현저하게 변경 또는 증가된 사실을 안 때에는 지체 없이 보험자에게 통지하여야 하는데, 만약 이를 해태한 경우에는 보험자는 그 사실을 안 날로부터 1개월 내에 보험계약을 해지할 수 있다.

② 보험기간 중에 보험계약자, 피보험자 또는 보험수익자의 고의 또는 중과실로 인하여 사고발생의 위험이 현저하게 증가된 때에는 보험자는 그 사실을 안 날로부터 1월 내에 보험계약을 해지할 수 있다.

③ 화재보험계약을 체결한 후에 피보험건물의 구조와 용도에 상당한 변경을 가져오는 증축 또는 개축공사를 허였다면 이는 위험변경·증가에 해당된다.

④ 생명보험계약에 다수 가입하였다는 사실은 상법 제652조 소정의 사고발생의 위험이 현저하게 변경 또는 증가된 경우에 해당된다.

12 손해보험계약에서 실손보상의 원칙을 구현하기 위한 내용으로 옳은 것은 모두 묶은 것은?

> 가. 선의의 중복보험에서 비례주의
> 나. 신가보험
> 다. 손해보험계약에서 잔존물대위
> 라. 선의의 초과보험
> 마. 기평가보험

① 가, 다
② 가, 나, 라
③ 가, 다, 라
④ 가, 나, 다, 라

13 피보험이익에 대한 설명으로 옳지 않은 것은?

① 손해보험계약에서 보험기간 중에 피보험이익이 소멸되면 보험계약도 종료된다.

② 현존하는 이익뿐만 아니라 장래에 속하는 이익이나 조건부 이익이어도 보험사고발생 전까지 확정될 수 있다면 피보험이익으로 할 수 있다.

③ 동일한 보험의 목적에 대하여 여러 개의 피보험이익이 존재할 수 있으나, 각각의 피보험이익의 귀속 주체는 동일해야 한다.

④ 상법에서는 피보험이익을 보험계약의 목적으로 정의하고 있다.

14 보험가액에 관한 설명으로 옳지 않은 것은?

① 보험가액은 피보험이익의 금전적 평가액을 말한다.

② 보험가액은 보험자가 보상할 법률상의 최고한도액이다.

③ 사고발생 시의 가액이 계약 당사자 간의 협정보험가액을 현저하게 초과하는 때에는 사고발생 시의 가액을 보험가액으로 한다.

④ 운송보험의 보험가액은 운송물을 발송한 때와 곳의 가액 외에 도착지까지의 운임, 기타 비용도 포함한다.

15 보관자의 책임보험에 대한 설명으로 옳지 않은 것은?

① 임차인 기타 타인의 물건을 보관하는 자가 그 지급할 손해배상을 위하여 그 물건을 보험에 붙인 경우를 말한다.
② 보험자가 보험계약자가 되고 소유자를 피보험자로 하는 계약이다.
③ 물건의 소유자는 보험자에 대하여 직접 그 손해의 보상을 청구할 수 있다.
④ 보관자책임보험은 자기를 위한 보험계약이다.

16 상법상 보험계약에 대한 설명으로 옳지 않은 것은?

① 소급보험계약에서는 보험기간이 보험계약기간보다 장기이다.
② 승낙전 보호제도가 적용될 경우 보험기간이 보험계약기간보다 장기이다.
③ 보험계약에서는 보험기간과 보험계약기간이 반드시 일치할 필요가 없다.
④ 소급보험계약에서는 다른 약정이 없는 한 초회보험료가 납입되기 전에도 청약 이전에 발생한 사고에 대해서 보상할 책임이 있다.

17 상법상 보험계약자의 간접의무에 대한 설명으로 옳지 않은 것은?

① 직접의무와 구별되는 의무에 해당한다.
② 간접의무를 위반한 경우에 상대방은 그 이행을 강제할 수 없다.
③ 간접의무를 위반한 경우에 상대방은 손해배상청구권을 행사할 수 있다.
④ 간접의무를 위반한 경우에 보험자는 계약 관계를 종료시킬 수 있다.

18 공동불법행위에 대한 구상권 행사와 관련한 설명으로 옳지 않은 것은?(다툼이 있는 경우 판례에 의함)

① 공동불법행위자 중의 1인에 대한 보험자로서 자신의 피보험자에게 손해방지비용을 모두 상환한 보험자는 다른 공동불법행위자의 보험자가 부담하여야할 부분에 대해 직접 구상권을 행사할 수 있다.
② 공동불법행위자들과 각각 보험계약을 체결한 보험자들은 각자 그 피보험자 또는 보험계약자에 대한 관계뿐만 아니라, 그와 보험계약관계가 없는 다른 공동불법행위자에 대한 관계에서도 그들이 지출한 손해방지비용의 상환의무를 부담한다.
③ 보험자들 상호간의 손해방지비용의 상환의무는 진정연대책무의 관계에 있다.
④ 피보험자의 차량소유자의 관리상의 과실과 그 차량의 무단운전자의 과실이 경합되어 교통사고가 발생한 경우, 차량소유자인 피보험자의 보험자가 무단운전자의 부담부분을 배상하면 보험자는 그 부담 부분의 비율에 따라 무단운전자에게 구상권을 행사할 수 있다.

19 자동차보험계약상 기명피보험자에 대한 설명으로 옳지 않은 것은?(다툼이 있는 경우 판례에 의함)

① 기명피보험자란 피보험자동차를 소유, 사용, 관리하는 자 중에서, 보험계약자가 지정하여 보험증권의 기명피보험자란에 기재되어 있는 피보험자를 말한다.

② 실제 차주가 지입한 회사를 피보험자로 하여 보험계약을 체결하는 경우, 실제 차주가 기명피보험자이고, 지입한 회사는 승낙피보험자이다.

③ 경찰서 소속의 관용차량에 대한 보험계약 체결시 경찰서장을 피보험자로 기재하여 보험계약을 체결한 경우, 기명피보험자는 국가이고, 경찰서 직원은 승낙피보험자이다.

④ 자동차를 매매하고 소유권이전등록을 하지 않은 사이에 매도인이 가입했던 자동차보험계약의 보험기간이 만료되어, 매수인이 보험자와 자동차보험계약을 체결하면서 기명피보험자 명의를 보험자의 승낙을 얻어 자동차등록원부상의 소유명의인으로 하였다면 실질적인 피보험자는 매수인이다.

20 피보험자의 감항능력 주의의무에 대한 설명으로 옳지 않은 것은?(다툼이 있는 경우 판례에 의함)

① 보험증권에 영국의 법률과 관습에 따르기로 하는 규정과 아울러 감항증명서 발급을 담보한다는 내용의 명시적 규정이 있는 경우, 이 규정에 따라야 한다.

② 당사자들이 약정을 통해 감항능력 주의의무위반과 손해 사이에 인과관계가 없더라도 보험자가 면책된다고 합의하였다면, 그 합의 내용은 효력을 갖는다.

③ 선박 또는 운임을 보험에 붙인 경우, 보험자는 발항 당시에 안전하게 항해를 하기에 필요한 준비를 하지 않거나 필요한 서류를 비치하지 않음으로써 발생한 손해에 대해 면책된다.

④ 적하보험의 경우, 보험자는 선박의 감항능력 주의의무위반으로 생긴 손해에 대해 면책된다.

21 총괄보험에 관한 설명으로 옳은 것은?

① 보험의 목적의 전부 또는 일부가 보험기간 중에 교체될 것이 예정된 특정보험이다.

② 보험계약 체결시 보험가액을 정하지 않는 것이 일반적이다.

③ 보험기간 중에 보험금액을 변경하지 않는 것이 원칙이다.

④ 보험사고의 발생 시에 현존하지 않은 물건도 보험의 목적에 포함될 수 있다.

22 해상보험계약의 준거법약관에 관한 설명으로 옳지 않은 것은?(다툼이 있는 경우 판례에 의함)

① 해상보험계약의 준거법약관은 해상보험의 보험금 분쟁에 대한 보험자의 책임 유무와 보험금 정산에 관한 사항은 영국의 법률과 관습에 따르도록 규정한 것이다.

② 해상보험계약의 준거법약관은 당사자 자치(party autonomy)의 원칙에 근거하고 있다.

③ 해상보험계약의 준거법약관을 통해 외국법을 준거법으로 지정한 경우, 약관의 규제에 관한 법률이 국제적 강행규정으로서 적용되는 것은 아니다.

④ 영국법의 적용을 받는 영국 런던 보험자협회에서 규정한 갑판적재약관(On-Deck Clause)의 담보범위에 관한 내용은 약관의 규제에 관한 법률 제3조 제3항 및 제4항의 입법 취지에 따라, 고객이 약관의 내용을 충분히 알고 있다 하더라도 고객에게 약관의 내용을 따로 설명하여야 한다.

21 ② 22 ④ 정답

23 보험위부에 대한 설명으로 옳지 않은 것은?(다툼이 있는 경우 판례에 의함)

① 추정전손의 판단 기준시점은 위부통지 시의 사실관계가 아니고, 보험금 청구소송의 제소 시에 존재하는 사실관계에 의하여 그 여부가 판단된다.

② 추정전손을 판단하는 주요 근거로의 선박수리비는 해당 보험사고로 인하여 발생한 손해에 한정되어야 하며, 보험사고로 인하여 발생하지 않은 수리비는 제외된다.

③ 선박이 좌초 후 선원들이 하선으로 인해 원주민이 선박을 약탈하는 손해가 발생한 경우, 원주민의 약탈은 선행하는 주된 보험사고인 좌초에 기인하여 발생한 것이 아닌 선원의 부주의에 의한 별건의 손해로서 추정전손의 계산에 포함되지 않는다.

④ 선박이 수선불능이며, 다른 선박으로 적하의 운송을 할 수 없는 경우에는 원칙적으로 선박에 적재된 적하도 위부할 수 있다.

24 다음 설명으로 옳지 않은 것은?

① 재보험계약은 손해보험계약이지만, 그 재보험계약의 원보험계약은 생명보험계약일 수 있다.

② 자동차 운행에 따르는 위험을 담보하는 보험은 기업보험일수도 있고, 가계보험일 수도 있다.

③ 강제보험은 사업자의 배상자력을 확보하기 위한 것으로 모두 책임보험이며, 기업보험이다.

④ 사망보험은 정액보험이며, 변액보험도 자산운용성과에 따라 지급보험금이 달라질 뿐이므로 비정액보험은 아니다.

25 대법원 판례의 설명으로 옳지 않은 것은?

① 평균적인 고객의 이해가능성을 기준으로 객관적이고 획일적으로 해석한 결과 약관 조항이 일의적으로 해석되는 경우 작성자불이익의 원칙이 적용되지 않는다.

② 자동차손해배상보장법 제3조의 '다른 사람'의 범위에 자동차를 운전하거나 운전에 보조에 종사하는 자는 이에 해당하지 않는다.

③ 무보험자동차에 의한 상해보험 특약은 상해보험의 성질과 함께 손해보험의 성질도 갖고 있는 손해보험형 상해보험이므로, 하나의 사고에 관하여 여러 개의 무보험상해담보 특약이 체결되고, 그 보험금액의 총액이 피보험자의 손해액을 초과하더라도 상법 제672조 제1항은 준용되지 아니한다.

④ 보험자는 피보험자와 체결한 상해보험의 특별약관에 "피보험자의 동일 신체 부위에 또 다시 후유장해가 발생하였을 경우에는 기존 후유장해에 대한 후유장해보험금이 지급된 것으로 보고 최종 후유장해에 해당되는 후유장해보험금에서 이미 지급받은 것으로 간주한 후유장해보험금을 차감한 나머지 금액을 지급한다"는 사안에서 정액보험인 상해보험에서는 기왕장애가 있는 경우에도 약정 보험금 전액을 지급하는 것이 원칙이며, 예외적으로 감액규정이 있는 경우에만 보험금을 감액할 수 있다.

26 물건보험에서 보험목적의 양도에 관한 설명으로 옳지 않은 것은?

① 보험목적의 양도가 있는 경우에 양수인은 보험계약상의 권리와 의무를 승계한 것으로 추정한다.

② 보험목적에 대한 매매계약 체결만으로는 권리와 의무의 승계 추정을 받지 못한다.

③ 보험목적의 양도에 관한 규정은 물건보험에 한하여 적용되는 것이 원칙이므로, 자동차보험 중 자기신체 보험에 대해서는 적용되지 않는다.

④ 자동차보험의 경우에 자동차의 양도와 함께 보험계약관계도 양수인에게 승계된다.

27 단체생명보험에 대한 설명으로 옳지 않은 것은?

① 단체생명보험의 경우 보험계약자가 회사일 때에는 그 회사에 대하여만 보험증권을 교부한다.

② 보험계약의 체결 이후에 보험수익자를 지정 또는 변경하는 경우, 단체규약에 명시적으로 정한 경우 외에는 피보험자의 개별적 서면동의를 받아야 한다.

③ 단체가 규약에 따라 구성원의 전부를 피보험자로 하는 단체생명보험계약을 체결하는 경우, 단체 구성원의 사망을 보험사고로 하는 보험계약에서도 타인의 서면동의를 받지 않아도 된다.

④ 심신상실자 또는 심신박약자가 단체생명보험의 피보험자가 될 경우, 보험계약 체결시 의사능력이 있는 경우에 그 보험계약은 유효하다.

28 타인의 생명보험계약에서 피보험자의 동의에 관한 설명으로 옳지 않은 것은?(다툼이 있는 경우 판례에 의함)

① 피보험자의 동의는 타인의 사망보험계약에서 도박보험의 위험성과 피보험자 살해의 위험성 및 공서양속 침해의 위험성을 배제하기 위하여 마련된 강행규정이며, 보험계약의 효력발생요건이다.

② 타인의 생명보험계약 체결 시에 피보험자의 서면동의를 얻도록 규정한 것은 그 동의의 시기과 방식을 명확히 함으로써 분쟁의 소지를 없애려는 취지이므로, 피보험자의 동의는 서면으로 개별적으로 이루어져야 하며, 포괄적인 동의 또는 묵시적이거나 추정적 동의만으로는 부족하다.

③ 피보험자의 동의는 회사의 퇴사 등과 같이 서면동의의 전제가 되는 사정에 중대한 변경이 생긴 경우에는 그 동의를 철회할 수도 있다.

④ 피보험자의 동의요건에 관하여 보험자는 설명의무를 부담하며, 이러한 설명의무를 위반하여 피보험자의 동의 없이 체결된 타인의 사망보험계약에 대하여 보험계약자는 취소할 수 있다.

29 약관조항의 효력에 관한 설명으로 옳지 않은 것은?(다툼이 있는 경우 판례에 의함)

① 재해로 인한 사망사고와 암 진단의 확정 및 그와 같이 하는 보험계약에서 피보험자가 보험계약일 이전에 암 진단이 확정되어 있는 경우에는 보험계약이 무효라는 약관조항은 유효하다.

② 보험기간 개시전 사고로 신체장해가 있었던 피보험자에게 동일 부위에 상해사고로 새로운 후유장해가 발생한 경우에 최종 후유장해보험금에서 기존 신체장해에 대한 후유장해보험금을 차감하고 지급하기로 하는 약관조항은 유효하다.

③ 전문직업인 배상책임보험약관에서 해당 보험계약에 따른 보험금지급의 선행조건으로서 피보험자가 제3자로부터 손해배상청구를 받은 경우 소정 기간 이내에 그 사실을 보험자에게 서면으로 통지하여야 한다는 약관조항은 약관의 규제에 관한 법률 제7조 제2호에 의하여 무효이다.

④ 계속보험료의 지급 지체가 있는 경우에 상법 제650조상의 해지절차 없이 보험자가 보험계약에 대하여 실효 처리하는 실효예고부최고 약관규정은 무효이다.

30 보험수익자 지정·변경에 관한 설명으로 옳지 않은 것은?(다툼이 있는 경우 판례에 의함)

① 보험계약자가 보험수익자를 지정하는 경우에 지정시점에 보험수익자가 특정되어야 하는 것은 아니고, 보험사고발생 당시에 특정될 수 있는 것으로 충분하다.

② 보험계약자는 특정인을 지정할 수 있을 뿐만 아니라, 불특정인을 지정할 수도 있다.

③ 보험수익자 변경권은 형성권으로서 보험계약자가 보험자나 보험수익자의 동의를 받지 않고 자유로이 행사 할 수 있고, 그 행사에 의해 변경의 효력이 즉시 발생한다.

④ 보험수익자 변경행위는 상대방 있는 단독행위이므로, 보험수익자 변경의 의사표시가 보험자에게 도달하여야 보험수익자 변경의 효과는 발생한다.

31 생명보험계약에서 보험자가 보험료적립금 반환의무를 부담하지 않게 되는 경우는?(단, 보험료 적립금의 반환에 관하여 특별한 약정이 없다고 가정함)

① 보험사고의 발생 전에 보험계약자가 보험계약을 임의 해지한 경우
② 보험계약자의 고의에 의하여 보험사고가 발생하여 보험자가 면책된 경우
③ 피보험자 또는 보험수익자의 고의에 의하여 보험사고가 발생하여 보험자가 면책된 경우
④ 고지의무위반을 이유로 보험자가 보험계약을 해지한 경우

32 상해보험계약의 보험사고에 관한 설명으로 옳지 않은 것은?(다툼이 있는 경우 판례에 의함)

① 상해보험에서는 급격하고도 우연한 외래의 사고로 신체에 상해를 입은 경우를 보험사고로 한다.
② 피보험자가 술에 취한 상태에서 지하철역 승강장의 선로로 내려가 지하철역을 통과하는 전동열차에 부딪혀 사망한 경우에는 피보험자의 중과실로 인한 사고로 상해사고의 우연성이 인정되지 않는다.
③ 피보험자가 농작업 중 과로로 지병인 고혈압이 악화되어 뇌졸중으로 사망한 경우에는 상해사고에 해당되지 않는다.
④ 사고의 급격성, 외래성 및 사고와 신체손상과의 인과관계에 관한 증명책임은 보험금청구권자가 부담한다.

33 인보험에 관한 설명이다. 사망보험, 상해보험 모두에 해당하는 경우로 옳은 것은?(다툼이 있는 경우 판례에 의함)

① 도덕적 위험, 보험의 도박화 등에 대처하기 위하여 피보험자가 보험목적에 대하여 일정한 경제적 이익을 가질 것을 요한다.

② 보험계약자 또는 피보험자나 보험수익자의 중대한 과실로 인하여 보험사고가 발생한 경우에 보험자는 보험금 지급책임이 있다.

③ 보험계약 당사자 간에 보험자대위에 관한 약정이 유효하다.

④ 중복보험의 규정을 준용할 수 있다.

34 보험금반환 또는 보험료반환청구 등에 관한 설명이다. 옳지 않은 것은?(다툼이 있는 경우 판례에 의함)

① 보험계약의 전부 또는 일부가 무효인 경우에 보험계약자와 피보험자가 선의이며, 중대한 과실이 없는 때에는 보험자에 대하여 보험료의 전부 또는 일부의 반환을 청구할 수 있다. 보험계약자와 보험수익자가 선의이며, 중대한 과실이 없는 때에도 같다.

② 보험계약자는 보험사고발생 전에는 언제든지 보험계약을 해지할 수 있는데, 이 경우에 보험계약자는 당사자 간에 다른 약정이 없으면 미경과보험료의 반환을 청구할 수 있다.

③ 상법 제731조 제1항을 위반하여 무효인 보험계약에 따라 납부한 보험료에 대한 반환청구권은 특별한 사정이 없는 한 보험료를 납부한 때에 발생하여 행사할 수 있다고 할 것이므로, 이 보험료 반환청구권의 소멸시효는 특별한 사정이 없는 한 각 보험료를 납부한 때부터 진행한다.

④ 보험계약자가 다수의 보험계약을 통하여 보험금을 부정취득할 목적으로 보험계약을 체결한 경우, 보험수익자가 타인인 때에는 이미 보험수익자에게 급부한 보험금의 반환을 구할 수 없다.

35 보험계약관계의 종료사유(무효, 취소, 해제, 해지)에 관한 설명이다. 보험계약관계의 종료사유 중 장래에 대해서만 효력이 상실되는 것만으로 묶은 것은?(다른 약정은 없는 것으로 가정함)

가. 손해보험에서 사기에 의한 초과보험, 중복보험
나. 15세 미만자를 피보험자로 하는 사망보험
다. 보험약관 교부·설명의무위반으로 인한 보험계약관계의 종료
라. 보험계약 체결 후 보험료의 전부 또는 제1회 보험료를 계약성립일로부터 2월 경과 시까지 미납한 경우
마. 위험변경증가로 인한 보험계약관계의 종료
바. 생명보험표준약관상 중대사유로 인한 보험계약관계의 종료

① 가, 다
② 라, 마
③ 가, 나
④ 마, 바

36 재보험에 관한 설명으로 옳지 않은 것은?(다툼이 있는 경우 판례에 의함)

① 책임보험에 관한 규정은 그 성질에 반하지 않는 범위 내에서 재보험계약에 준용된다.
② 재보험자가 원보험자에게 보험금을 지급하면 지급한 재보험금의 한도 내에서 원보험자가 제3자에 대하여 가지는 권리를 대위취득한다.
③ 재보험자가 보험자대위에 의하여 취득한 제3자에 대한 권리의 행사는 재보험자가 이를 직접 하지 아니하고, 원보험자가 재보험자의 수탁자의 지위에서 자기명의로 권리를 행사하여 그로써 회수한 금액을 재보험자에게 재보험금의 비율에 따라 교부하는 방식으로 이루어지는 것이 상관습이다.
④ 재보험자의 보험자대위에 의한 권리는 원보험자가 제3자에 대한 권리행사의 결과로 취득한 출자전환 주식에 대하여는 미치지 아니한다.

37 책임보험에 관한 설명으로 옳은 것은?(다툼이 있는 경우 판례에 의함)

① 책임보험에서 배상청구가 보험기간 내에 발생하면 배상청구의 원인인 사고가 보험기간 개시 전에 발생하더라도 보험자의 책임을 인정하는 배상청구기준 약관은 유효하다.

② 책임보험계약에서는 보험가액을 정할 수 없으므로, 수 개의 책임보험계약이 동시 또는 순차적으로 체결된 경우에 그 보험금액의 총액이 피보험자의 제3자에 대한 손해배상액을 초과한 경우라도 중복보험의 법리를 적용할 수 없다.

③ 보험사고에 관한 학설 중 손해사고설에 따르면, 제3자에 대해 책임지는 원인사고를 보험사고로 보기 때문에 피보험자가 제3자로부터 배상청구를 받을 때에는 보험자에게 통지를 발송할 필요가 없다.

④ 책임보험의 목적은 피보험자의 제3자에 대한 손해배상책임에 한하므로, 제3자의 청구를 막기 위한 방어비용은 보험의 목적에 포함되지 않는다.

38 책임보험에서 피해자 직접청구권에 관한 설명으로 옳지 않은 것은?(다툼이 있는 경우 판례에 의함)

① 직접청구권의 법적 성질은 보험자가 피보험자의 피해자에 대한 손해배상채무를 병존적으로 인수한 것으로서 피해자가 보험자에 대하여 가지는 손해배상청구권이고, 이에 대한 지연손해금에 관하여는 상사법정이율이 아닌 민사법정이율이 적용된다.

② 책임보험에서 보험자의 채무인수는 피보험자의 부탁에 따라 이루어지는 것이므로, 보험자의 손해배상채무와 피보험자의 손해배상채무는 연대채무관계에 있다.

③ 피해자의 직접청구권에 따라 보험자가 부담하는 손해배상채무는 보험계약을 전제로 하는 것으로서 보험계약에 따른 보험자의 책임한도액의 범위 내에서 인정되어야 한다.

④ 피해자의 직접청구권에 따라 보험자가 부담하는 손해배상채무는 보험계약을 전제로 하는 것으로서 피해자의 손해액을 산정함에 있어서도 약관상의 지급기준에 구속된다.

39 상해보험계약은 일반적으로 상해로 인한 사망보험, 상해로 인한 후유장해보험, 상해로 인한 치료비 등 실비를 지급하는 치료비보험으로 구성된다. 이에 관한 설명으로 옳지 않은 것은?(다툼이 있는 경우 판례에 의함)

① 상해보험계약의 경우에 보험자대위권을 인정하는 당사자 간의 약정은 무효이다.

② 상해사망보험(정액형)에서는 보험계약자 또는 피보험자나 보험수익자의 중대한 과실로 인하여 보험사고가 발생한 경우에 보험자는 보험금 지급책임이 있다.

③ 치료비보험은 실손보장형(비정액형)보험으로서 이에 관하여는 중복보험의 원리를 준용한다.

④ 만15세 미만자, 심신상실자 또는 심신박약자의 치료비 보험계약은 유효이다.

40 약관대출(보험계약대출)에 관한 설명으로 옳은 것은?(다툼이 있는 경우 판례에 의함)

① 상법 명문의 규정에 의하면 보험계약자는 해지환급금의 범위 내에서 약관대출을 받을 수 있다.

② 약관대출계약은 보험계약과 일체를 이루는 하나의 계약이 아니라, 보험계약과 독립된 별개의 계약이다.

③ 약관대출금은 보험자가 장래에 지급할 보험금이나 해지환급금을 미리 지급하는 선급에 해당한다.

④ 보험자가 보험금 또는 해지환급금 등 약관상 지급채무가 발생한 경우에 대출원리금을 상계한 후 지급하기로 약정한 특수한 금전소비대차계약이다.

01 다음 중 상법 제4편(보험)의 규정이 적용되거나 준용되는 경우가 아닌 것은?

① 상호보험   ② 무역보험

③ 자가보험   ④ 공 제

02 보험계약자, 피보험자, 보험수익자에 관한 설명으로 옳지 않은 것은?

① 보험계약자가 대리인에 의하여 보험계약을 체결한 경우에 대리인이 안 사유는 그 본인이 안 것과 동일한 것으로 한다.

② 만 15세인 미성년자를 피보험자로 하는 사망보험계약은 그의 서면동의를 받은 경우에도 당연 무효이다.

③ 타인을 위한 손해보험계약에서 피보험자는 원칙적으로 보험료 지급의무를 지지 아니하지만, 보험계약자가 파산선고를 받거나 보험료의 지급을 지체한 때에는 피보험자가 보험계약상 권리를 포기하지 아니하는 한 그 보험료를 지급할 의무가 있다.

④ 타인을 위한 생명보험계약에서 보험수익자는 원칙적으로 보험료 지급의무를 지지 아니하지만, 보험계약자가 파산선고를 받거나 보험료의 지급을 지체한 때에는 보험수익자가 보험계약상 권리를 포기하지 아니하는 한 그 보험료를 지급할 의무가 있다.

03 보험계약의 성립에 관한 설명으로 옳은 것은?

① 보험계약의 체결을 원하는 보험계약자는 청약서를 작성하여 이를 보험자에게 제출하여야 하므로 보험계약은 요식계약성을 가진다.

② 보험자가 보험계약자로부터 보험계약의 청약을 받은 경우 보험료의 지급 여부와 상관없이 30일 내에 보험계약자에 대하여 그 청약에 대한 낙부의 통지를 발송하여야 한다.

③ 보험자가 청약에 대한 낙부통지의무를 부담하는 경우 정해진 기간 내에 낙부의 통지를 해태한 때에는 승낙한 것으로 추정된다.

④ 보험계약자가 보험자에게 보험료의 전부 또는 제1회 보험료를 지급하는 것은 보험자의 책임개시요건에 불과할 뿐 보험계약의 성립요건은 아니다.

04 보험기간, 보험계약기간에 관한 설명으로 옳지 않은 것은?(다툼이 있는 경우 판례에 의함)

① 보험기간은 당사자의 약정에 의해 정하고 보험증권에 기재하여야 한다.

② 보험기간 내에 보험사고가 생긴 경우에는 보험기간이 지나 손해가 발생하였더라도 보험자가 보험금을 지급하여야 한다.

③ 보험계약기간은 보험계약이 성립하여 소멸할 때까지의 기간이다.

④ 소급보험계약은 보험계약기간이 보험기간보다 앞서 시작된다.

05 보험약관의 해석에 관한 설명으로 옳지 않은 것은?(다툼이 있는 경우 판례에 의함)

① 보험자가 약관의 내용과 다른 설명을 하였다면 그 설명내용이 구두로 합의된 개별약정으로서 개별약정 우선의 원칙에 따라 보험계약의 내용이 된다.

② 약관의 내용은 획일적으로 해석할 것이 아니라, 개별적인 계약 체결자의 의사나 구체적인 사정을 고려하여 주관적으로 해석해야 한다.

③ 약관조항의 의미가 명확하게 일의적으로 표현되어 있어 다의적인 해석의 여지가 없을 때에는 작성자불이익의 원칙이 적용될 여지가 없다.

④ 면책약관의 해석에 있어서는 제한적이고 엄격하게 해석하여 그 적용범위가 확대적용 되지 않도록 하여야 한다.

06 보험증권에 관한 설명으로 옳지 않은 것은?

① 보험자는 보험계약이 성립한 때에는 지체 없이 보험증권을 작성하여 보험계약자에게 교부하여야 하며, 보험계약자가 보험료의 전부 또는 최초의 보험료를 지급하지 아니한 때에도 그러하다.

② 기존의 보험계약을 연장하거나 변경한 경우에는 보험자는 그 보험증권에 그 사실을 기재함으로써 보험증권의 교부에 갈음할 수 있다.

③ 보험계약의 당사자는 보험증권의 교부가 있은 날로부터 일정한 기간 내에 한하여 그 증권내용의 정부에 관한 이의를 할 수 있음을 약정할 수 있다. 이 기간은 1월을 내리지 못한다.

④ 보험증권을 멸실 또는 현저하게 훼손한 때에는 보험계약자는 보험자에 대하여 증권의 재교부를 청구할 수 있다. 그 증권작성의 비용은 보험계약자의 부담으로 한다.

07 보험약관의 교부·설명의무에 관한 설명으로 옳지 않은 것은?

① 보험자는 보험약관의 교부·설명의무를 부담하며, 보험자의 보험대리상도 이 의무를 부담한다.

② 보험계약자의 대리인과 보험계약을 체결한 경우에도 보험약관의 교부·설명은 반드시 보험계약자 본인에 대하여 하여야 한다.

③ 상법에 규정된 보험계약자의 통지의무와 동일한 내용의 보험약관에 대해서는 보험자가 별도로 설명할 필요가 없다.

④ 보험약관의 교부·설명의무를 부담하는 시기는 보험계약을 체결할 때이다.

08 고지의무위반의 요건에 관한 설명으로 옳지 않은 것은?(다툼이 있는 경우 판례에 의함)

① 고지의무위반이 되려면 보험계약자 또는 피보험자에게 고지의무위반에 대한 고의 또는 과실이 있어야 한다.

② 고지의무위반의 주관적 요건에 해당하는지 여부는 보험계약의 내용, 고지하여야 할 사실의 중요도, 보험계약의 체결에 이르게 된 경위, 보험자와 피보험자 사이의 관계 등 제반 사정을 참작하여 사회통념에 비추어 개별적·구체적으로 판단하여야 한다.

③ 보험계약자 또는 피보험자가 중요한 사항에 관하여 사실과 달리 고지한 것 이외에 중요한 사항에 관한 사실을 알리지 않은 것도 고지의무위반이 된다.

④ 고지의무위반의 요건에 해당한다는 입증책임은 고지의무위반을 이유로 계약을 해지하려는 보험자가 원칙적으로 부담한다.

09 고지의무위반의 효과에 관한 설명으로 옳지 않은 것은?

① 고지의무위반이 있는 경우 보험자는 그 사실을 안 날로부터 1월 내에, 계약을 체결한 날로부터 3년 내에 한하여 계약을 해지할 수 있다.

② 고지의무를 위반한 사실이 보험사고발생에 영향을 미치지 아니하였음이 증명된 경우 보험자는 보험금을 지급할 책임이 있다.

③ 고지의무를 위반한 사실이 보험사고발생에 영향을 미치지 아니하였음이 증명된 경우 보험자는 계약을 해지할 수 없다.

④ 판례에 따르면 보험자가 보험약관의 교부·설명의무를 위반한 경우에는 보험계약자 또는 피보험자의 고지의무위반을 이유로 보험계약을 해지할 수 없다고 한다.

10 상법상 보험금액의 지급에 관한 규정이다. A, B에 들어갈 것을 모은 것으로 옳은 것은?

> 보험자는 보험금액의 지급에 관하여 약정기간이 없는 경우에는 보험사고발생의 통지를 받은 후 (A) 지급할 보험금액을 정하고 그 정하여진 날부터 (B) 내에 피보험자 또는 보험수익자에게 보험금액을 지급하여야 한다.

① A − 지체 없이, B − 10일

② A − 지체 없이, B − 10영업일

③ A − 상당한 기간을 정하여, B − 10일

④ A − 상당한 기간을 정하여, B − 10영업일

11 상법상 소멸시효 기간이 3년인 것을 모두 모은 것은?

> 가. 보험금청구권
> 나. 보험료청구권
> 다. 보험료반환청구권
> 라. 적립금반환청구권

① 가, 나 　　　　　　　　　　　② 가, 나, 다
③ 가, 다, 라 　　　　　　　　　　④ 가, 나, 다, 라

12 보험료에 관한 설명으로 상법상 명시된 규정이 있지 않은 것은?

① 보험계약의 당사자가 특별한 위험을 예기하여 보험료의 액을 정한 경우에 보험기간 중 그 예기한 위험이 소멸한 때에는 보험계약자는 그 후의 보험료의 감액을 청구할 수 있다.

② 보험계약의 전부 또는 일부가 무효인 경우에 보험계약자와 피보험자가 선의이며 중대한 과실이 없는 때에는 보험자에 대하여 보험료의 전부 또는 일부의 반환을 청구할 수 있다.

③ 보험사고가 발생하기 전 보험계약자가 보험계약을 임의해지하는 경우 당사자 간에 다른 약정이 없으면 보험계약자는 미경과보험료의 반환을 청구할 수 있다.

④ 보험계약자 또는 피보험자가 고지의무를 위반하여 이를 이유로 보험자가 보험계약을 해지하는 경우 보험사고가 발생하기 전이라면 보험계약자는 보험료의 전부 또는 일부의 반환을 청구할 수 있다.

13 보험료의 지급과 지체의 효과에 관한 설명으로 옳지 않은 것은?

① 보험계약자는 계약 체결 후 지체 없이 보험료의 전부 또는 제1회 보험료를 지급하여야 하며, 보험계약자가 이를 지급하지 아니하는 경우에는 다른 약정이 없는 한 계약 성립 후 1월이 경과하면 그 계약은 해제된 것으로 본다.

② 계속보험료가 약정한 시기에 지급되지 아니한 때에는 보험자는 상당한 기간을 정하여 보험계약자에게 최고하고 그 기간 내에 지급되지 아니한 때에는 그 계약을 해지할 수 있다.

③ 특정한 타인을 위한 보험의 경우에 보험계약자가 보험료의 지급을 지체한 때에는 보험자는 그 타인에게도 상당한 기간을 정하여 보험료의 지급을 최고한 후가 아니면 그 계약을 해제 또는 해지하지 못한다.

④ 판례에 따르면 계속보험료가 약정한 시기에 지급되지 아니한 때 일정한 유예기간이 경과하면 보험자의 최고나 해지의 의사표시 없이 자동적으로 계약의 효력이 상실되는 약관의 내용은 보험법의 상대적 강행법규성에 위배되어 무효라고 한다.

14 의무위반의 효과로서 보험자가 그 보험계약을 해지할 수 있다고 상법상 명시하지 않은 것은?

① 보험계약 당시에 보험계약자 또는 피보험자가 고의 또는 중대한 과실로 인하여 중요한 사항을 고지하지 아니하거나 부실의 고지를 한 경우

② 보험기간 중에 보험계약자 또는 피보험자가 사고발생의 위험이 현저하게 변경 또는 증가된 사실을 안 때에는 지체 없이 보험자에게 통지하여야 하는 의무를 해태한 경우

③ 보험계약자, 피보험자 또는 보험수익자가 보험사고의 발생을 안 때에는 지체 없이 보험자에게 그 통지를 발송하여야 하는 의무를 해태한 경우

④ 보험기간 중에 보험계약자, 피보험자 또는 보험수익자의 고의 또는 중대한 과실로 인하여 사고발생의 위험이 현저하게 변경 또는 증가된 경우

15 상법상 보험계약자의 임의해지권에 관한 설명으로 옳지 않은 것은?

① 보험사고가 발생하기 전에는 보험계약자는 언제든지 계약의 전부 또는 일부를 해지할 수 있다.

② 타인을 위한 보험계약의 경우에는 보험계약자는 그 타인의 동의를 얻지 아니하거나 보험증권을 소지하지 아니하면 그 계약을 해지하지 못한다.

③ 보험사고의 발생으로 보험자가 보험금을 지급한 후에 보험금액이 감액되는 보험의 경우에는 그 보험사고가 발생한 후에도 임의해지권을 행사할 수 있다.

④ 보험계약자가 임의해지권을 행사하는 경우에 당사자 간에 다른 약정이 없으면 미경과보험료의 반환을 청구할 수 있다.

16 상법상 보험계약의 부활에 관한 설명으로 옳지 않은 것은?(다툼이 있는 경우 판례에 의함)

① 계속보험료의 부지급으로 인하여 보험계약이 해지되거나 실효되었을 경우에 발생한다.

② 보험계약자가 해지환급금을 반환받은 경우에는 부활을 청구할 수 없다.

③ 보험계약이 해지된 시점부터 부활이 되는 시점 사이에 발생한 보험사고에 대하여 보험자는 책임을 지지 않는다.

④ 부활계약 체결 시의 보험약관이 법률에서 정한 내용과 달리 규정되어 부활 후에도 적용될 경우 보험자는 원칙적으로 해당 약관의 내용에 대하여 설명의무를 이행할 필요가 없다.

17 보험계약의 소멸사유에 관한 설명으로 옳은 것은?

① 보험자가 파산선고를 받은 경우 보험계약자가 해지하지 않은 보험계약은 파산선고 후 1월을 경과한 때에 소멸한다.

② 보험기간 내에 보험사고가 발생하지 않았다면 보험기간이 만료되어도 보험계약은 소멸하지 않는다.

③ 보험의 목적이 보험기간 중 보험사고 이외의 원인으로 멸실되었다면 보험계약은 소멸한다.

④ 보험사고가 발생하는 경우 보험금액이 지급되면 보험계약은 소멸한다.

18 손해보험계약에서 실손보상 원칙에 관한 설명으로 옳지 않은 것은?(다툼이 있는 경우 판례에 의함)

① 손해보험계약에서는 피보험자가 이중이득을 얻는 것을 막기 위해 실손보상 원칙이 철저히 준수된다.

② 약정보험금액을 아무리 고액으로 정한다 하더라도 지급되는 보험금은 보험가액을 초과할 수 없다.

③ 손해보험계약에 있어 제3자의 행위로 인하여 생긴 손해에 대하여 제3자의 손해배상에 앞서 보험자가 먼저 보험금을 지급한 때에는 피보험자의 제3자에 대한 손해배상청구권은 소멸되지 아니하고 지급된 보험금액의 한도에서 보험자에게 이전된다.

④ 보험계약을 체결할 당시 당사자 사이에 미리 보험가액에 대해 합의를 하지 않은 미평가보험이나 신가보험 등은 실손보상 원칙의 예외에 해당한다.

19 중복보험에 관한 설명으로 옳지 않은 것은?(다툼이 있는 경우 판례에 의함)

① 중복보험이란 수개의 보험계약의 보험계약자가 동일할 필요는 없으나 피보험자는 동일해야 하며, 각 보험계약의 기간은 전부 공통될 필요는 없고 중복되는 기간에 한하여 중복보험으로 본다.

② 보험목적의 양수인이 그 보험목적에 대한 1차 보험계약과 피보험이익이 동일한 보험계약을 체결한 사안에서 1차 보험계약에 따른 보험금청구권에 질권이 설정되어 있어 보험사고가 발생할 경우에 보험금이 그 질권자에게 귀속될 가능성이 많아 1차 보험을 승계할 이익이 거의 없다면, 양수인이 체결한 보험은 중복보험에 해당하지 않는다.

③ 중복보험은 동일한 목적과 동일한 사고에 관하여 수개의 보험계약이 체결된 경우를 말하므로, 산업재해보상보험과 자동차종합보험(대인배상보험)은 보험의 목적과 보험사고가 동일하다고 볼 수 없는 것이어서 사용자가 산업재해보상보험과 자동차종합보험에 가입하였다고 하더라도 중복보험에 해당하지 않는다.

④ 수 개의 손해보험계약이 동시 또는 순차로 체결된 경우에 그 보험금액의 총액이 보험가액을 초과한 때에는 중복보험 규정에 따라 보험자는 각자의 보험금액의 한도에서 연대책임을 지는데, 이러한 보험자의 보상책임 원칙은 강행규정으로 보아야 한다.

20 손해보험계약에서 보험자는 보험사고로 인하여 생긴 피보험자의 재산상의 손해를 보상할 책임이 있으며, 보험사고와 피보험자가 직접 입은 재산상의 손해 사이에는 상당인과관계가 있어야 한다는 것이 판례와 통설의 견해이다. 이때 상당인과관계에 관한 설명으로 옳지 않은 것은?(다툼이 있는 경우 판례에 의함)

① 화재보험에 가입한 경우 화재가 발생하여 이를 진압하기 위해 뿌려진 물에 의해 보험의 목적물에 손해가 생긴 경우 보험사고와 손해 사이에는 상당인과관계가 인정되므로 보험자는 보상의무가 있다.

② 보험자가 벼락 등의 사고로 특정 농장 내에 있는 돼지에 대하여 생긴 손해를 보상하기로 하는 손해보험계약을 체결한 경우, 벼락으로 인해 농장에 전기공급이 중단되어 돼지들이 질식사 하더라도 벼락에 의한 손해발생의 확률은 현저히 낮으므로 위 벼락과 돼지들의 질식사 사이에 상당한 인과관계가 있다고 인정하기 힘들다.

③ 화재로 인한 건물수리 시에 지출한 철거비와 폐기물처리비는 화재와 상당인과관계가 있는 건물수리비에 포함된다.

④ 근로자가 평소 누적된 과로와 연휴동안의 과도한 음주 및 혹한기의 노천작업에 따른 고통 등이 복합적인 원인이 되어 심장마비를 일으켜 사망하였다면 그 사망은 산업재해보상보험법 상 소정의 업무상 사유로 인한 사망에 해당한다.

21 보험계약자와 피보험자의 손해방지·경감의무에 관한 설명으로 옳지 않은 것은?(다툼이 있는 경우 판례에 의함)

① 손해의 방지와 경감을 위해 소요된 필요 또는 유익한 비용과 보험자가 사고손해에 대해 지급한 손해액의 합계액이 약정보험금을 초과한 경우라도 보험자는 이를 부담한다.

② 정액보험의 경우에는 약정된 보험사고가 발생하면 손해의 크기를 산정할 필요 없이 약정된 보험금액을 지급하면 되기 때문에 손해방지의무가 적용되지 않는다.

③ 약관에 손해방지비용을 보험자가 부담하지 않기로 하거나 제한을 두는 것은 불이익변경금지의 원칙에 위배되지 아니하며, 유효하다.

④ 보험계약자와 피보험자가 고의 또는 중과실로 손해방지의무를 위반한 경우 보험자는 손해방지의무 위반과 상당인과관계가 있는 손해에 대하여 배상을 청구하거나 지급할 보험금과 상계하여 이를 공제한 나머지 금액만을 보험금으로 지급할 수 있다.

22 보험목적의 양도에 관한 설명으로 옳지 않은 것은?(다툼이 있는 경우 판례에 의함)

① 조건이나 기한 등의 제한으로 인해 보험계약의 효력이 발생하지 않더라도 보험목적의 양도 규정은 유효하게 적용된다.

② 보험자가 보험계약에 대해 취소권이나 해지권을 가지고 있는 경우 보험의 목적이 양도된 후에도 보험자는 양수인에 대하여 취소권과 해지권을 행사할 수 있다.

③ 보험목적의 양도 규정은 유상양도이든 무상양도이든 불문하고 적용되지만, 양도에 의한 채권계약만으로는 부족하고 특정승계의 방법(개별적 의사표시)으로 보험의 목적에 대한 소유권이 양수인에게 이전되어야(물권적 양도) 보험계약관계가 양수인에게 이전된다.

④ 화재보험의 목적물이 양도된 경우 보험자는 보험목적의 양도로 인하여 보험목적물에 현저한 위험의 변경 또는 증가가 없다면 비록 보험계약자 또는 피보험자가 양도의 통지를 하지 않더라도 통지의무위반을 이유로 당해 보험계약을 해지할 수 없다.

23 甲은 자신소유의 보험가액 10억원 건물에 대해 보험료의 절감을 위해 보험금액을 5억원으로 정하고 특약으로 1차 위험담보조항(실손보상 특약)을 내용으로 보험자인 乙과 화재보험계약을 체결하였다. 그런데 화재보험기간 중 보험목적물에 화재가 발생하였고, 4억원의 손해가 발생하였다. 이때 乙이 甲에게 지급하여야 하는 보험금은 얼마인가?

① 5억원

② 4억원

③ 2억 5천만원

④ 2억원

24 해상보험의 피보험이익에 관한 설명으로 옳지 않은 것은?(다툼이 있는 경우 판례에 의함)

① 선박보험에 있어 피보험이익은 선박소유자의 이익 외에 담보권자의 이익, 선박임차인의 사용이익도 포함되므로 선박임차인도 추가보험의 보험계약자 및 피보험자가 될 수 있다.

② 적하보험은 선박에 의하여 운송되는 화물에 대한 소유자 이익을 피보험이익으로 한다.

③ 운임보험은 운송인이 해상위험으로 인해 받을 수 없게 된 운임을 피보험이익으로 한다.

④ 선비보험은 선박의 운항에 필요한 비용, 즉 도선료, 입항료, 등대료 등의 비용을 피보험이익으로 한다.

25 해상보험의 워런티(warranty)에 관한 설명으로 옳지 않은 것은?(다툼이 있는 경우 판례에 의함)

① 선박이 발항 당시 감항능력을 갖추고 있을 것을 조건으로 하여 보험자가 해상위험을 인수하였다는 것이 명백한 경우, 보험사고가 그 조건의 결여 이후에 발생한 경우에는 보험자는 조건 결여의 사실, 즉 발항 당시의 불감항 사실만을 입증하면 그 조건 결여와 손해발생 사이의 인과관계를 입증할 필요 없이 보험금 지급책임이 없다.

② 보험증권에 그 준거법을 영국의 법률과 관습에 따르기로 하는 규정과 아울러 감항증명서의 발급을 담보한다는 내용의 명시적 규정이 있는 경우, 부보선박이 특정 항해에 있어서 그 감항성을 갖추고 있음을 인정하는 감항증명서는 매 항해시마다 발급받아야 하는 것이 아니라, 첫 항차를 위해 출항하는 항해시 발급받으면 그 담보조건이 충족된다.

③ 2015년 영국보험법(The Insurance Act 2015)에 따르면 보험자는 워런티 위반일로부터 장래를 향해 자동적으로 보험자의 보상책임이 면제되는 것이 아니라 위반 내용의 치유시까지만 면책된다.

④ 2015년 영국보험법(The Insurance Act 2015)에 따르면 보험자는 보험계약자가 워런티의 불이행과 보험사고발생 사이에 인과관계가 없었음을 증명한 때에는 보험금 지급책임이 있다.

26 보험자의 면책사유에 관한 설명으로 옳지 않은 것은?(다툼이 있는 경우 판례에 의함)

① 법정 면책사유가 약관에 규정되어 있는 경우는 그 내용이 법령에 규정되어 있는 것을 반복하거나 부연하는 정도에 불과하더라도 이는 설명의무의 대상이 된다.

② 보험사고발생 전에 보험자가 비록 보험금청구권 양도 승낙 시나 질권설정 승낙 시에 면책사유에 대한 이의를 보류하지 않았다 하더라도 보험자는 보험계약상의 면책사유를 양수인 또는 질권자에게 주장할 수 있다.

③ 영국해상보험법상 선박기간보험에 있어 감항능력 결여로 인한 보험자의 면책요건으로서 피보험자의 '악의(privity)'는 영미법상의 개념으로서 감항능력이 없다는 것을 적극적으로 아는 것뿐 아니라, 감항능력이 없을 수도 있다는 것을 알면서도 이를 갖추기 위한 조치를 하지 않고 그대로 내버려두는 것까지 포함한 개념이다.

④ 소손해면책은 분손의 경우에만 적용되며, 그 손해가 면책한도액을 초과하는 경우 보험자는 손해의 전부를 보상해야 한다.

27 책임보험계약상 보험자의 손해보상의무에 관한 설명으로 옳지 않은 것은?(다툼이 있는 경우 판례에 의함)

① 자동차손해배상보장법에 기초한 대인배상 I 에서 보험계약자나 피보험자의 고의에 의한 사고와 관련하여 피해자는 보험자에게 보험금 지급청구를 할 수 있고, 보험자는 지급의무를 부담한다.

② 피해자와 피보험자 사이에 판결에 의하여 확정된 손해액은 그것이 피보험자에게 법률상 책임이 없는 부당한 손해라 하더라도 보험자는 원본이든 지연손해금이든 피보험자에게 지급할 의무가 있다.

③ 변제, 승인, 화해 또는 재판 등에 의한 확정책임이 없으면 보험자는 보험금채무의 이행지체에 빠지지 않는다.

④ 피보험자가 보험금을 청구하기 위해서는 그 금액이 확정되어야 그 권리를 행사할 수 있으며, 보험금청구권을 행사할 수 있는 때로부터 진행하여 3년의 시효에 걸린다.

제1과목

28 책임보험계약상 제3자의 직접청구권의 소멸시효에 관한 설명으로 옳지 않은 것은?(다툼이 있는 경우 판례에 의함)

① 피해자가 보험자에게 갖는 직접청구권은 피해자가 보험자에게 가지는 손해배상청구권이므로 민법 제766조에 따라 피해자 또는 그 법정대리인이 그 손해 및 가해자를 안 날로부터 3년간 이를 행사하지 아니하면 시효로 소멸한다.

② 보험사고가 발생한 것인지의 여부가 객관적으로 분명하지 아니하여 보험금청구권자가 과실 없이 보험사고의 발생을 알 수 없었던 경우에는 보험금청구권자가 보험사고의 발생을 알았거나 알 수 있었던 때로부터 소멸시효가 진행한다.

③ 불법행위로 인한 손해배상청구권의 단기소멸시효의 기산점인 '손해 및 가해자를 안 날'이란 손해의 발생, 위법한 가해행위의 존재, 가해행위와 손해의 발생과의 상당인과관계가 있다는 사실을 인식한 것으로 족하고, 현실적이고 구체적인 인식까지 요하는 것은 아니다.

④ 제3자가 보험자에 대하여 직접청구권을 행사한 경우에 보험자가 제3자와 손해배상금액에 대하여 합의를 시도하였다면 보험자는 그때마다 손해배상채무를 승인한 것이므로 제3자의 직접청구권의 소멸시효는 중단된다.

29 자동차손해배상보장법상 운행자에 관한 설명으로 옳지 않은 것은?(다툼이 있는 경우 판례에 의함)

① 운행지배란 현실적인 지배에 한하며, 사회통념상 간접지배 내지는 지배가능성이 있다고 볼 수 있는 경우는 포함되지 아니한다.

② 운행자란 자동차관리법의 적용을 받는 자동차와 건설기계관리법의 적용을 받는 건설기계를 자기의 점유·지배 하에 두고 자기를 위하여 사용하는 자를 말한다.

③ 여관이나 음식점 등의 공중접객업소에서 주차 대행 및 관리를 위한 주차요원을 일상적으로 배치하여 이용객으로 하여금 주차요원에게 자동차와 시동열쇠를 맡기도록 한 경우에 위 자동차는 공중접객업소가 보관하는 것으로 보아야 하고, 위 자동차에 대한 자동차 보유자의 운행지배는 떠난 것으로 볼 수 있다.

④ 제3자가 무단히 자동차를 운전하다가 사고를 내었다 하더라도 그 운행에 있어 소유자의 운행지배와 운행이익이 완전히 상실되었다고 볼 만한 특별한 사정이 없는 경우 소유자는 그 사고에 대하여 자동차손해배상보장법상 소정의 운행자로서 책임을 부담한다.

30 다음의 설명으로 옳지 않은 것은?(다툼이 있는 경우 판례에 의함)

① 외국법을 준거법으로 정함으로써 공서양속에 반하는 경우 또는 보험계약자의 이익을 부당하게 침해하는 경우에는 외국법 준거약관의 효력을 부인할 수 있다.

② 자동차손해배상보장법 제3조의 '다른 사람(타인)'이란 '자기를 위하여 자동차를 운행하는 자 및 당해 자동차의 운전자를 제외한 그 이외의 자'를 지칭하므로, 자동차를 현실로 운전하거나 운전의 보조에 종사한 자는 이에 해당하지 않는다.

③ 무보험자동차에 의한 상해담보특약은 상해보험의 성질과 함께 손해보험의 성질도 갖고 있는 손해보험형 상해보험이지만 하나의 사고에 관하여 여러 개의 무보험상해담보특약이 체결되고 그 보험금액의 총액이 피보험자의 손해액을 초과하였다하더라도 중복보험 규정은 준용되지 아니한다.

④ 정액보험형 상해보험에서 기왕장해가 있는 경우에도 약정 보험금 전액을 지급하는 것이 원칙이고 예외적으로 감액규정이 있는 경우에만 보험금을 감액할 수 있으므로, 기왕장해 감액규정과 같이 후유장해보험금에서 기왕장해에 해당하는 보험금 부분을 감액하는 약관 내용은 보험자의 설명의무가 인정된다.

31 타인을 위한 생명보험계약에 관한 설명으로 옳지 않은 것은?(다툼이 있는 경우 판례에 의함)

① 타인을 위한 생명보험계약은 보험계약자가 생명보험계약을 체결하면서 자기 이외의 제3자를 보험수익자로 지정한 계약을 말한다.

② 보험수익자를 수인의 상속인으로 지정한 경우 각 상속인은 균등한 비율에 따라 보험금청구권을 가진다.

③ 보험수익자를 상속인으로 지정한 경우 그 보험금청구권은 상속인의 고유재산에 속하게 된다.

④ 보험수익자를 상속인으로 기재하였다면 그 상속인이란 피보험자의 민법상 법정상속인을 의미한다.

32 질병보험에 관한 설명으로 옳지 않은 것은?

① 질병보험은 보험사고의 원인이 신체의 질병과 같은 내부적 원인에 기인하는 것을 담보한다.

② 질병보험에 관하여는 그 성질에 반하지 않는 한 생명보험 및 상해보험의 일부 규정을 준용한다.

③ 질병보험의 보험금 지급은 정액방식으로만 가능하다.

④ 질병보험은 상법상 인보험에 속하며, 보험업법상으로는 제3보험에 속한다.

33 인보험에 관한 설명으로 옳지 않은 것은?(다툼이 있는 경우 판례에 의함)

① 인보험계약의 보험자는 피보험자의 생명 또는 신체에 관하여 보험사고가 발생할 경우 보험금을 지급한다.

② 인보험계약에서 보험금은 당사자 간의 약정에 따라 분할지급이 가능하다.

③ 무보험자동차에 의한 상해담보특약에서 당사자 간에 별도 약정이 있는 경우 보험자는 피보험자의 권리를 해하지 않는 범위 내에서 피보험자의 배상의무자에 대한 손해배상청구권을 대위행사 할 수 있다.

④ 인보험증권에는 상법 제666조에 게기된 사항 외에 보험계약의 종류, 피보험자 및 보험계약자의 직업과 성별을 기재하여야 한다.

34 인보험계약에서 보험자대위에 관한 설명으로 옳지 않은 것은?(다툼이 있는 경우 판례에 의함)

① 생명보험계약의 보험자는 보험사고로 인해 발생한 보험계약자의 제3자에 대한 권리를 대위하여 행사하지 못한다.

② 인보험계약에서 피보험자 등은 자신이 제3자에 대해서 가지는 권리를 보험자에게 양도할 수 없다.

③ 인보험계약에서는 잔존물대위가 인정되지 않는다.

④ 상해보험계약의 경우 당사자 간에 별도의 약정이 있는 경우에는 피보험자의 권리를 해하지 않는 범위 안에서 보험자에게 청구권대위가 인정된다.

35 상해보험에 관한 설명으로 옳지 않은 것은?(다툼이 있는 경우 판례에 의함)

① 상해보험계약의 보험자는 피보험자의 신체의 상해에 관하여 보험사고가 생길 경우에 보험금액 기타의 급여를 할 책임이 있다.

② 주로 질병이나 내부적 원인에 기인한 것은 상해보험의 보험사고에서 제외되므로, 피보험자가 농작업 중 과로로 인하여 지병인 고혈압이 악화되어 뇌졸중으로 사망하였다면 이는 상해보험의 보장대상으로 볼 수 없다.

③ 피보험자가 술에 만취하여 지하철 승강장 아래 선로에 서서 선로를 따라 걸어가다가 승강장 안으로 들어오는 전동차에 부딪혀 사망한 경우, 이는 상해보험의 보험사고의 요건인 우발적인 사고로 볼 수 있다.

④ 출생 전의 태아는 상해보험의 피보험자가 될 수 없다.

36 甲은 乙을 피보험자로, 丙과 丁을 보험수익자로 지정하여 보험회사와 생명보험계약을 체결하였다. 다음 설명 중 옳지 않은 것은?(다툼이 있는 경우 판례에 의함)

① 甲이 처음부터 乙을 살해할 목적으로 보험계약을 체결한 후 乙을 살해하였을 경우 보험회사는 보험금 지급의무가 없다.

② 丙이 고의로 乙을 살해한 경우 丙과 丁은 보험금을 지급받을 수 없다.

③ 생명보험표준약관에 따르면 乙이 보험계약의 보장개시일로부터 2년이 경과한 이후에 자살한 경우 丙과 丁은 보험금을 지급받을 수 있다.

④ 乙이 甲과 부부싸움 중 극도의 흥분되고 불안한 정신적 공황상태에서 베란다 밖으로 몸을 던져 사망한 경우 丙과 丁은 보험금을 지급받을 수 있다.

37 보험수익자의 지정·변경에 관한 설명으로 옳지 않은 것은?

① 보험수익자의 지정·변경권은 보험계약자가 자유롭게 행사할 수 있는 형성권이며, 상대방 없는 단독행위이다.

② 보험계약자가 보험수익자의 지정권을 행사하지 아니하고 사망한 경우에는 특별한 약정이 없 는 한 피보험자가 보험수익자가 된다.

③ 보험계약자가 보험수익자의 지정권을 행사하기 이전에 피보험자가 사망한 경우에는 보험계약 자의 상속인이 보험수익자가 된다.

④ 보험수익자가 사망한 후 보험계약자가 보험수익자를 지정하지 아니하고 사망한 경우에는 보 험수익자의 상속인을 보험수익자로 한다.

38 상해보험계약에서 보험자의 보험금 지급의무가 발생하지 않는 경우에 해당하는 것을 모두 고른 것은?(다툼이 있는 경우 판례에 의함)

> 가. 피보험자가 욕실에서 페인트칠 작업을 하다가 평소 가지고 있던 고혈압 증세가 악화되어 뇌교출혈 을 일으켜 장애를 입게 된 보험사고
> 나. 피보험자가 만취된 상태에서 건물에 올라갔다가 구토 중에 추락하여 발생한 보험사고
> 다. 자동차상해보험계약에서 피보험자의 중대한 과실로 해석되는 무면허로 인하여 발생한 보험사고
> 라. 자동차상해보험계약에서 피보험자의 중대한 과실로 해석되는 안전띠 미착용으로 인하여 발생한 보험사고

① 가
② 가, 나
③ 가, 나, 다
④ 가, 나, 다, 라

39 甲은 乙을 피보험자로 하여 그의 서면동의를 받아 보험회사와 보험계약을 체결하였다. 다음 설명 중 옳지 않은 것은?

① 법정대리인의 동의 없이 만 15세인 甲이 성년인 乙을 피보험자로 하여 사망보험계약을 체결한 경우 그 보험계약은 무효가 된다.

② 甲이 사망보험계약을 체결할 당시 乙이 심신상실자였다면 그 보험계약은 무효가 된다.

③ 甲이 사망보험계약을 체결할 당시 乙이 의사능력이 없는 심신박약자였다면 그 보험계약은 무효가 된다.

④ 甲이 사망보험계약을 체결할 당시 乙이 만 14세였다면 그 보험계약은 무효가 된다.

40 단체생명보험에 관한 설명으로 옳지 않은 것은?(다툼이 있는 경우 판례에 의함)

① 피보험자인 직원이 퇴사한 이후에 사망한 경우, 만약 회사가 그 직원의 퇴사 후에도 보험료를 계속 납입하였다면 피보험자격은 유지된다.

② 단체의 규약에 따라 구성원을 피보험자로 하는 생명보험계약을 체결한 때에는 보험자는 보험계약자에게만 보험증권을 교부하면 된다.

③ 단체규약에 단순히 근로자의 채용 및 해고, 재해부조 등에 관한 사항만 규정하고 있고, 보험가입에 관하여는 별다른 규정이 없는 경우에는 피보험자의 동의를 받아야 한다.

④ 단체생명보험은 타인의 생명보험계약이다.

01 보험계약에 대한 설명 중 옳지 않은 것은?(다툼이 있는 경우 판례에 의함)

① 소급보험에서 보험계약 체결일 이전 보험기간 중 에 발생한 보험사고에 대하여 보험자는 최초 보험료를 지급받기 전에도 보상할 책임이 있다.

② 보험자의 보험계약상 책임은 당사자간에 다른 약정이 없으면 최초의 보험료의 지급을 받은 때로부터 개시한다.

③ 가계보험의 경우 상법 보험편의 규정은 당사자간의 특약으로 보험계약자 또는 피보험자나 보험수익자의 불이익으로 변경하지 못한다.

④ 보험계약은 청약과 승낙에 의한 합의만으로 성립하는 불요식의 낙성계약이다.

02 보험대리상에 대한 설명 중 옳지 않은 것은?

① 보험대리상은 보험계약자로부터 보험료를 수령하고, 보험자가 작성한 보험증권을 보험계약자에게 교부할 권한이 있다.

② 보험대리상은 보험계약자로부터 청약, 고지, 통지, 해지, 취소 등 보험계약에 관한 의사표시를 수령할 수 있는 권한이 있다.

③ 보험대리상은 보험계약자에게 보험계약의 체결, 변경, 해지 등 보험계약에 관한 의사표시를 할 수 있는 권한이 있다.

④ 보험자는 보험대리상의 권한 중 일부를 제한할 수 있지만 보험대리상은 대리권을 전제로 하기 때문에 보험계약 체결의 대리권은 제한할 수 없다.

03 보험 관련 판례에 대한 설명으로 옳은 것은?

① 자동차종합보험계약을 체결하는 경우 피보험자동차의 양도에 따른 통지의무를 규정한 보험약관은 거래상 일반인들이 보험자의 개별적인 설명 없이도 충분히 예상할 수 있는 사항이라고 할 수 없으므로 그 내용을 개별적으로 명시·설명하여야 한다.

② 상법 제680조 제1항 본문에서 정한 피보험자의 손해방지의무에서 손해는 피보험이익에 대한 구체적인 침해의 결과로 생기는 손해뿐만 아니라 보험자의 구상권과 같이 보험자가 손해를 보상한 후에 취득하게 되는 이익을 상실함으로써 결과적으로 보험자에게 부담되는 손해까지 포함한다.

③ 보험계약자 측이 입원치료를 사유로 보험금을 청구하여 이를 지급받았으나 그 입원치료의 전부 또는 일부가 필요하지 않은 것으로 밝혀져 보험계약의 기초가 되는 신뢰관계가 파괴되었다면, 보험자는 보험계약을 해지할 수 있다.

④ 보험계약자가 피보험자의 상속인을 보험수익자로하여 체결한 생명보험계약에서 보험수익자로 지정된 상속인 중 1인이 자신에게 귀속된 보험금청구권을 포기한 경우 그 포기한 부분은 다른 상속인에게 귀속된다.

04 보험약관에 "보험금청구권자가 보험금을 청구하면서 증거를 위조 또는 변조하는 등 사기 기타 부정한 행위를 한 때에는 보험자는 보험금을 지급할 책임이 없다."라는 조항이 있는 경우 이에 대한 설명으로 옳지 않은 것은?(다툼이 있는 경우 판례에 의함)

① 보험목적의 가치에 대한 견해 차이 등으로 보험계약자가 보험목적의 가치를 다소 높게 신고한 경우 보험자는 면책되지 않는다.

② 보험계약자가 화재로 9억원 상당의 수의와 삼베가 소실되었다고 주장하면서 상당한 양의 허위 증거서류를 제출한 경우 실제로 9억원 상당의 수의와 삼베에 손해가 있었더라도 보험자는 면책된다.

③ 보험목적이 수개이고 보험금청구권자가 동일인인 경우 그중 하나의 보험목적에 대하여 사기적인 방법으로 보험금을 청구하더라도 다른 보험목적에는 그 면책의 효력이 미치지 않는다.

④ 보험자는 보험계약자에게 보험약관을 교부하고 그 약관의 중요한 내용을 설명하여야 하는데, 위 약관조항은 설명의무의 대상이 아니다.

05 보험자의 면책사유에 관한 설명 중 옳지 않은 것은?(다툼이 있는 경우 판례에 의함)

① 사망을 보험사고로 한 보험계약에서 사고가 보험계약자 또는 피보험자나 보험수익자의 고의로 인하여 발생한 경우에 보험자는 면책되는데, 보험자의 책임이 개시된 시점부터 2년이 경과한 이후 자살에 대하여 보험자가 보상책임을 진다는 보험약관은 무효이다.

② 보험사고가 전쟁 기타의 변란으로 인하여 생긴 때에는 당사자간에 다른 약정이 없으면 보험자는 보험금을 지급할 책임이 없다.

③ 손해보험에서 보험목적의 성질, 하자 또는 자연소모로 인한 손해는 보험자가 이를 보상할 책임이 없다.

④ 보험약관상 약정면책사유는 원칙적으로 보험약관의 교부·설명의무의 대상이다.

06 상법상 보험약관의 교부·설명의무에 관한 설명으로 옳지 않은 것은?(다툼이 있는 경우 판례에 의함)

① 보험계약자가 보험계약을 체결할 때 보험자는 보험계약자에게 보험약관을 교부하고 그 약관의 중요한 내용을 설명하여야 한다.

② 보험계약자가 충분히 잘 알고 있는 내용에 대하여도 보험자는 설명의무가 있다.

③ 보험자가 보험약관의 교부·설명의무를 위반한 경우 보험계약자는 보험계약이 성립한 날부터 3개월 내에 그 계약을 취소할 수 있다.

④ 피보험자가 오토바이 사용자인 경우 가입할 수 없도록 한 상해보험의 약관조항에 대하여 보험자가 설명의무를 이행하지 않아서 보험계약자 또는 피보험자가 고지의무를 위반한 경우 보험자는 고지의무 위반을 이유로 보험계약을 해지할 수 없다.

07 보험계약자 등의 위험변경증가에 대한 통지의무에 관한 설명으로 옳지 않은 것은?(다툼이 있는 경우 판례에 의함)

① 위험변경증가는 일정상태의 계속적 존재를 전제로 하지만 일시적 위험변경의 경우에도 통지의무를 부담한다.

② 보험계약자 또는 피보험자가 위험변경증가 통지의무를 해태한 경우 보험자는 그 사실을 안 날로부터 1월 내에 한하여 보험계약을 해지할 수 있다.

③ 보험자는 위험변경증가의 통지를 받은 때에는 1월 내에 보험료의 증액을 청구하거나 계약을 해지할 수 있다.

④ 인보험계약을 체결한 후 다른 인보험계약을 다수 가입하였다는 사정만으로 보험계약자 또는 피보험자에게 위험변경증가에 대한 통지의무가 있다고 볼 수 없다.

08 상법상 보험계약자 등은 보험기간 중 고의 또는 중대한 과실로 사고발생의 위험을 현저 하게 변경 또는 증가시키지 않을 의무를 부담하는데, 이에 관한 설명으로 옳지 않은 것은?(다툼이 있는 경우 판례에 의함)

① 사고발생의 위험이 현저하게 변경 또는 증가된 사실이라 함은 그 변경 또는 증가된 위험이 보험계약의 체결 당시에 존재하고 있었다면 보험자가 보험계약을 체결하지 않았거나 적어도 그 보험료로는 보험을 인수하지 않았을 것으로 인정되는 정도의 것을 말한다.

② 보험수익자가 이 의무를 위반한 경우 상법 제653조에 따라 지체 없이 보험자에게 통지하여야 한다.

③ 보험계약자 등이 이 의무위반이 있는 경우 보험자는 그 사실을 안 날로부터 1월 내에 보험료의 증액을 청구하거나 계약을 해지할 수 있다.

④ 피보험자의 직종에 따라 보험금 가입한도에 차등이 있는 생명보험계약에서 피보험자가 위험이 현저하게 증가된 직종으로 변경한 경우 이는 상법 제653조상의 위험의 현저한 변경·증가에 해당한다.

09 상법상 보험계약자 등이 보험사고 발생을 안 때에는 지체 없이 보험자에게 그 통지를 발송할 의무가 있는데 이에 관한 설명으로 옳지 않은 것은?

① 보험계약자 또는 피보험자나 보험수익자 중 어느 한 사람이라도 통지하면 의무를 이행한 것으로 본다.

② 보험계약자 등이 통지의무를 해태함으로써 손해가 증가된 경우에는 보험자는 그 증가된 손해를 보상할 책임이 없다.

③ 보험계약자 등이 통지의무를 해태한 경우 보험자는 그 사실을 안 날로부터 1월 내에 계약을 해지할 수 있다.

④ 보험자는 보험금액의 지급에 관하여 약정기간이 없는 경우에는 상법 제657조 제1항의 통지를 받은 후 지체 없이 지급할 보험금액을 정하고 그 정하여진 날부터 10일 내에 피보험자 또는 보험수익자에게 보험금을 지급하여야 한다.

10 보험계약자의 고지의무 위반사실이 보험사고 발생에 영향을 미치지 아니하였음이 증명된 경우에 대한 설명으로 옳지 않은 것은?(다툼이 있는 경우 판례에 의함)

① 보험자는 고지의무 위반을 이유로 보험사고 발생 후에도 보험계약을 해지할 수 있다.

② 보험자는 이미 발생한 보험사고에 대한 보험금을 지급하여야 한다.

③ 보험자는 보험사고 발생 시까지의 보험료를 청구할 수 없다.

④ 생명보험약관에서 보험자가 인과관계의 존재를 입증한다고 정하는 경우 그 약정은 유효하다.

11 상법상 보험계약의 해지에 관한 설명으로 옳지 않은 것은?(당사자간에 다른 약정이 없다고 가정함)

① 자기를 위한 보험에서 보험계약자는 보험사고가 발생하기 전에는 언제든지 계약의 전부 또는 일부를 해지할 수 있다.

② 보험사고의 발생으로 보험자가 보험금액을 지급한 때에도 보험금액이 감액되지 아니하는 보험의 경우에는 보험계약자는 그 사고발생 후에도 보험계약을 해지할 수 있다.

③ 보험계약자가 보험사고가 발생하기 전 계약을 해지한 경우 보험료불가분의 원칙에 따라 미경과보험료의 반환을 청구할 수 없다.

④ 타인을 위한 보험에서 보험계약자는 그 타인의 동의를 얻지 아니하거나 보험증권을 소지하지 아니하면 그 계약을 해지하지 못한다.

12 보험계약의 부활에 관한 설명으로 옳지 않은 것은?(다툼이 있는 경우 판례에 의함)

① 계속보험료 부지급을 이유로 보험계약이 적법하게 해지되었지만 해지환급금이 지급되지 아니한 경우 보험계약자는 일정한 기간 내에 연체보험료에 약정이자를 붙여 보험자에게 지급하고, 그 계약의 부활을 청구할 수 있다.

② 보험계약자가 적법하게 보험계약의 부활을 청구하면 그 청구의 의사표시가 보험자에 도달하는 즉시 보험계약은 부활된다.

③ 보험약관의 "보험계약 실효 후 부활 전에 발생한 보험사고에 대하여는 보험금을 지급하지 않는다."는 조항은 상법 제663조의 불이익변경금지의 원칙에 반하지 않는다.

④ 보험계약 체결시의 보험약관이 법률에서 정한 내용과 달리 규정되어 부활 후에도 적용될 경우 보험자는 원칙적으로 해당 약관에 대하여 설명의무를 이행하여야 한다.

제2과목

13 상법상 보험계약의 무효에 관한 설명으로 옳은 것은?

① 보험계약 체결 당시에 보험사고가 발생할 수 없는 경우 당사자 쌍방이 이를 알았다면 그 계약은 무효이다.

② 보험계약자의 사기 없이 보험금액이 보험가액을 현저하게 초과한 손해보험계약을 체결한 때에는 그 초과된 부분은 무효이므로 보험계약자는 무효인 부분에 대한 보험료의 반환을 청구할 수 있다.

③ 보험계약자의 사기로 보험금액이 보험가액을 현저하게 초과한 손해보험계약을 체결한 때에는 그 전부가 무효이므로 보험자는 그 사실을 안 때까지의 보험료를 청구할 수 없다.

④ 손해보험계약의 전부가 처음부터 무효인 경우 보험계약자는 그 무효인 사실을 알았더라도 보험자에 대하여 기 지급한 보험료 전부의 반환을 청구할 수 있다.

14 타인을 위한 보험계약에 관한 설명으로 옳지 않은 것은?(다툼이 있는 경우에는 판례에 의함)

① 보험계약자는 타인의 위임이 없더라도 그 타인을 위하여 보험계약을 체결할 수 있다.

② 손해보험에서 보험계약자는 청구권대위의 제3자의 범위에서 배제되지 않는다.

③ 손해보험에서 보험계약자가 그 타인에게 보험사고의 발생으로 생긴 손해의 배상을 한 때에는 보험계약자는 그 타인의 권리를 해하지 아니하는 범위 안에서 보험자에게 보험금액의 지급을 청구할 수 있다.

④ 보험계약자가 타인의 생활상 부양을 목적으로 타인을 보험수익자로 하는 생명보험계약을 체결하였는데, 위 보험계약이 민법 제103조 소정의 선량한 풍속 기타 사회질서에 반하여 무효로 되더라도, 보험자가 이미 보험수익자에게 보험금을 급부한 경우에는 그 반환을 청구할 수 없다.

15 손해보험에서 실손보상원칙의 예외에 해당하는 것을 모두 묶은 것은?

> 가. 기평가보험(사고발생시의 가액을 현저히 초과하지 아니하는 경우)
> 나. 이득금지
> 다. 제3자에 대해 가지고 있는 권리의 대위
> 라. 신가보험
> 마. 선박보험에서의 보험가액불변경주의

① 가, 나, 다
② 가, 나, 라
③ 가, 다, 마
④ 가, 라, 마

16 손해보험계약상 보험의 목적에 대한 설명으로 옳지 않은 것은?(다툼이 있는 경우 판례에 의함)

① 영업책임보험에서 피보험자의 대리인의 제3자에 대한 책임은 보험의 목적에 해당하지 않는다.
② 선박보험에서 선박의 속구, 연료, 양식 기타 항해에 필요한 모든 물건은 보험의 목적에 포함된 것으로 한다.
③ 책임보험에서 피보험자가 제3자의 청구를 방어하기 위해 지출한 재판상 또는 재판 외의 필요 비용은 보험의 목적에 포함된 것으로 한다.
④ 화재보험에서 집합된 물건을 일괄하여 보험의 목적으로 한 때에는 피보험자의 가족과 사용인의 물건도 보험의 목적에 포함된 것으로 한다.

17 보험계약자와 피보험자가 동일인인 A는 건물의 화재보험가입을 위해 보험가액을 1억원으로 하여 甲보험회사에 보험금액을 1억원, 乙보험회사에는 보험금액을 6천만원 , 丙보험 회사에 보험금액을 4천만원으로 하는 계약을 체결하였다. 보험가입 후 해당 건물에 화재가 발생하였고 건물이 전손되었다. 각 보험자가 A에게 지급하여야 하는 보험금으로 옳게 묶은 것은?(위 3건의 보험계약은 사기로 체결되지 않았고, 당사자간에 다른 약정이 없다고 가정함)

① 甲: 5천만원   乙: 2천 5백만원   丙: 2천 5백만원
② 甲: 5천만원   乙: 3천만원   丙: 2천만원
③ 甲: 4천만원   乙: 4천만원   丙: 2천만원
④ 甲: 3천 5백만원   乙: 3천 5백만원   丙: 3천만원

18 손해방지비용에 대한 설명으로 옳지 않은 것은?(다툼이 있는 경우 판례에 의함)

① 손해방지의무의 이행을 위해 필요 또는 유익하였던 비용과 보험계약에 따른 보상액의 합계액이 보험금액을 초과한 경우라도 보험자는 이를 부담한다.
② 보험사고 발생 이전에 손해의 발생을 방지하기 위해 지출된 비용은 손해방지비용에 포함되지 않는다.
③ 보험사고 발생시 또는 보험사고가 발생한 것과 같이 볼 수 있는 경우에 피보험자의 법률상 책임 여부가 판명되지 아니한 상태에서 피보험자가 손해확대방지를 위해 긴급한 행위로서 필요 또는 유익한 비용을 지출하였다면 이는 보험자가 부담하여야 한다.
④ 보험계약에 적용되는 보통약관에 손해방지비용과 관련한 별도의 규정이 있다면, 그 규정은 당연히 방어비용에 대하여도 적용된다고 할 수 있다.

19 청구권대위에 대한 설명으로 옳지 않은 것은?(다툼이 있는 경우 판례에 의함)

① 보험자의 제3자에 대한 보험자대위가 인정되기 위해서는 보험자가 피보험자에게 보험금을 지급할 책임이 있고 이에 따라 보험금이 지급된 경우에 한한다.

② 정액보험인 인보험의 경우에는 청구권대위가 인정되지 않는다. 다만 상해보험계약의 경우에 당사자간에 다른 약정이 있는 때에는 보험자는 피보험자의 권리를 해하지 아니하는 범위안에 서 그 권리를 대위하여 행사할 수 있다.

③ 피보험자의 입장에서 볼 때 공동불법행위자는 제3자에 포함되지 않으므로, 보험자는 손해배 상금을 지급하여 다른 공동불법행위자들이 공동면책된 경우라 하더라도 공동불법행위자들에 대한 피보험자의 구상권을 대위 행사할 수 없다.

④ 보험사고를 야기한 제3자가 보험계약자 또는 피보험자와 실질적으로 공동생활을 함께하는 가족, 즉 동거가족인 경우 그 가족의 과실로 인해 손해가 생겼다면, 보험자대위는 적용되지 않는다.

20 선박의 감항능력에 대한 설명으로 옳지 않은 것은?(다툼이 있는 경우 판례에 의함)

① 선박 또는 운임을 보험에 붙인 경우에 발항 당시 안전하게 항해를 하기에 필요한 준비를 하지 아니하거나 필요한 서류를 비치하지 아니함으로써 인하여 생긴 손해에 대해 보험자는 면책된다.

② 적하보험의 경우에는 선박의 감항능력 흠결에 따른 면책이 적용되지 아니한다.

③ 감항능력은 특정한 항해에서 통상적인 위험을 견딜 수 있는 능력을 의미하므로 선박의 감항능 력 판단에 있어 절대적·확정적 기준이 된다.

④ 출항준비를 하는 자가 위험지역이 표시된 최신 해도를 비치하지 아니하였고, 이를 알고 있음 에도 불구하고 그대로 출항하였다면 감항능력 결여로서 보험자는 면책된다.

21 다음은 상법 제666조 손해보험증권에 반드시 기재되어야 하는 사항을 나열한 것이다. 이에 해당하지 않은 것으로 묶인 것은?

가. 보험사고의 성질
나. 보험기간을 정한 때에는 그 시기와 종기
다. 무효와 실권의 사유
라. 보험자의 상호와 주소
마. 보험목적의 소재지, 구조와 용도
바. 보험가액을 정한 때에는 그 가액

---

① 가, 다, 라
② 나, 다, 마
③ 다, 라, 바
④ 라, 마, 바

22 자동차손해배상보장법 제3조의 운행자성에 대한 설명으로 옳지 않은 것은?(다툼이 있는 경우 판례에 의함)

① 절취운전의 경우 자동차 보유자는 원칙적으로 자동차를 절취 당하였을 때 운행지배와 운행이익을 잃어버린다.

② 자동차의 보유자가 음주 기타 운전 장애사유 등으로 인하여 일시적으로 타인에게 대리운전을 시킨 경우, 대리운전자의 과실로 인하여 발생한 차량사고의 피해자에 대한 관계에서는 자동차의 보유자가 객관적, 외형적으로 운행지배와 운행이익을 가지고 있다.

③ 절취운전 중 사고가 일어난 시간과 장소 등에 비추어 볼 때에 자동차 보유자의 운행지배와 운행이익이 잔존하고 있다고 평가할 수 있는 경우라면 자동차를 절취당한 자동차보유자에게 운행자성을 인정할 수 있다.

④ 호텔이나 유흥음식점에서의 차량 보관 등을 하는 경우 업소에 맡긴 차량을 주차관리자가 차량 소유자의 승낙 없이 운전하다가 사고를 야기한 경우, 차량소유자는 차량에 대한 운행지배를 상실하지 않는다.

23 해상보험에 대한 설명으로 옳지 않은 것은?(다툼이 있는 경우 판례에 의함)

① 선박보험에 있어 피보험이익은 선박소유자의 이익 외에 담보권자의 이익, 선박임차인의 사용이익도 포함되므로 선박임차인도 추가보험의 보험계약자 및 피보험자가 될 수 있다.

② 적하보험에 있어 적하는 해상운송의 객체가 될 수 있는 것으로서 경제적 가치가 있어야 하며, 살아있는 동물은 운송계약에 있어 면책사유에 해당하므로 운송은 가능하나 적하에 포함되지 않는다.

③ 선비보험이란 선박의 의장 기타 선박의 운항에 요하는 모든 비용에 대해 가지는 피보험이익에 대한 보험이다.

④ 불가동손실보험은 해난사고로 인해 선박소유자 등이 입게 되는 간접손해가 선박보험에 의해 담보되지 않으므로 이를 보상하기 위한 보험이다.

24 예정보험에 대한 설명으로 옳지 않은 것은?(다툼이 있는 경우 판례에 의함)

① 예정보험이란 계약체결 당시에 보험계약의 주요 원칙에 대해서만 일단 합의를 하고 적하물의 종류나 이를 적재할 선박, 보험금액 등 보험증권에 기재되어야 할 보험계약 내용의 일부가 확정되지 않은 보험을 말한다.

② 화물을 적재할 선박이 미확정된 상태에서 보험계약을 체결한 후 보험계약자 또는 피보험자가 당해 화물이 선적되었음을 안 때에는 이를 지체 없이 보험자에 대하여 선박의 명칭, 국적과 화물의 종류, 수량과 가액의 통지를 발송하여야 한다.

③ 선박미확정의 적하예정보험에 있어 보험계약자 등이 통지의무를 위반한 때에 보험자는 그 사실을 안 날로부터 1월 내에 계약을 해지할 수 있다.

④ 포괄적 예정보험은 일정한 기간 동안 일정한 조건에 따라 정해지는 다수의 선적화물에 대해 포괄적·계속적으로 보험의 목적으로 하므로 화주는 개개 화물의 운송의 경우라 하더라도 그 명세를 보험자에게 통지할 필요가 없다.

25 책임보험에 있어 제3자의 직접청구권에 대한 설명으로 옳지 않은 것은?(다툼이 있는 경우 판례에 의함)

① 책임보험에서 피해자의 직접청구권은 약관에서 이를 인정하는 경우에 한하여 인정된다.

② 피해자의 직접청구권에 따라 보험자가 부담하는 손해배상 채무는 보험계약을 전제로 하는 것으로서 보험계약에 따른 보험자의 책임 한도액의 범위 내에서 인정된다.

③ 피해자에게 인정되는 직접청구권의 법적 성질은 피해자가 보험자에 대하여 가지는 손해배상 청구권이지 피보험자의 보험자에 대한 보험금청구권의 변형 내지는 이에 준하는 권리가 아니다.

④ 직접청구권의 소멸시효기간은 피해자의 손해배상청구권의 소멸시효기간과 동일하다.

26 자동차보험에 있어 승낙피보험자에 대한 설명으로 옳지 않은 것은?(다툼이 있는 경우 판례에 의함)

① 렌터카 회사로부터 차량을 빌린 경우 차량을 빌린 사람은 승낙피보험자이다.

② 자동차를 매수하고 소유권이전등록을 마치지 아니한 채 자동차를 인도받아 운행하면서 매도 인과의 합의 아래 그를 피보험자로 한 자동차종합보험계약을 체결하였다 하더라도 매수인은 기명피보험자의 승낙을 얻어 자동차를 사용 또는 관리하는 승낙피보험자로 볼 수 없다.

③ 승낙피보험자는 기명피보험자로부터 명시적·개별적 승낙을 받아야만 하는 것이 아니고, 묵시적·포괄적인 승낙이어도 무방하다.

④ 보험계약의 체결 후에 매매가 이루어져 기명피보험자인 매도인이 차량을 인도하고 소유권이 전등록을 마친 경우 그 기명피보험자는 운행지배를 상실한 것이므로, 매수인이 기명피보험자 의 승낙을 얻어서 자동차를 사용 또는 관리 중인 승낙피보험자로 볼 수 없다.

27 보증보험에 있어 보상책임에 대한 설명으로 옳지 않은 것은?(다툼이 있는 경우 판례에 의함)

① 보증보험자는 보험계약자의 채무불이행 등으로 인하여 피보험자가 입은 모든 손해를 보상하는 것이 아니라 약관에서 정한 절차에 따라 보험금액의 한도 내에서 피보험자가 실제로 입은 손해를 보상한다. 단 정액보상에 대한 합의가 당사자 사이에 있는 경우에는 약정된 정액금을 지급한다.

② 보증보험계약 체결 당시에 이미 주계약상의 채무불이행 발생이 불가능한 경우에는 보증보험계약은 무효이므로 선의의 제3자라 하더라도 보증보험계약의 유효를 주장할 수 없다.

③ 보증보험에 있어서의 보험사고는 불법행위 또는 채무불이행 등으로 발생하는 것이고 불법행위나 채무불이행 등은 보험계약자의 고의 또는 과실을 그 전제로 하나, 보험계약자에게 고의 또는 중대한 과실이 있는 경우 보험자의 면책을 규정한 상법의 규정은 보증보험에도 적용된다.

④ 피보험자가 정당한 이유 없이 사고발생을 통지하지 않거나 보험자의 협조요구에 응하지 않음으로 인해 손해가 증가되었다면 보험자는 이러한 사실을 입증함으로써 증가된 손해에 대한 책임을 면할 수 있다.

28 인보험에 관한 설명으로 옳지 않은 것은?

① 보험자가 피보험자의 생명 또는 신체에 관하여 보험사고가 생길 경우에 보험계약으로 정하는 바에 따라 보험금이나 기타 급여를 지급하고, 이에 대하여 상대방은 보험료를 지급할 것을 약정하는 보험계약이다.

② 생명보험은 정액보험의 형태로만 운영되고, 상해·질병보험은 부정액보험의 형태로도 운영될 수 있다.

③ 보험금은 일시지급 또는 분할지급으로 할 수 있다.

④ 모든 자연인은 보험의 목적이 될 수 있다.

29 피보험이익과 관련한 설명으로 옳지 않은 것은?(다툼이 있는 경우 판례에 의함)

① 피보험이익이란 보험의 목적에 대하여 보험사고의 발생여부에 따라 피보험자가 가지게 되는 경제적 이익 또는 이해관계를 의미한다.

② 무보험자동차에 의한 상해를 담보하는 보험은 상해보험의 성질을 가지고 있으므로, 이 경우에는 중복보험의 법리가 적용되지 않는다.

③ 상법상 생명보험에서는 피보험이익 및 보험가액은 존재하지 않기 때문에 중복보험의 문제가 발생하지 않는다.

④ 상법은 손해보험에 관하여 피보험이익을 인정하는 규정을 두고 있는 반면, 인보험에서는 별도의 규정이 없다.

30 인보험에서 보험자 대위에 관한 설명으로 옳은 것은?(다툼이 있는 경우 판례에 의함)

① 인보험에서 보험자는 보험사고로 인하여 생긴 보험계약자 또는 보험수익자의 제3자에 대한 권리를 대위하여 행사할 수 있다.

② 자기신체사고 자동차보험은 그 성질상 상해보험에 속한다고 할 것이므로, 그 보험계약상 타 차량과의 사고로 보험사고가 발생하여 피보험자가 상대차량이 가입한 자동차보험 또는 공제계약의 대인배상에 의한 보상을 받을 수 있는 경우에 자기신체사고에 대하여 약관에 정해진 보험금에서 대인배상으로 보상받을 수 있는 금액을 공제한 액수만을 지급하기로 약정되어 있어 결과적으로 보험자대위를 인정하는 것과 같은 결과가 초래하는바, 이 계약은 제3자에 대한 보험대위를 금지한 상법 제729조를 피보험자에게 불이익하게 변경한 것이다.

③ 상해보험의 경우 보험자와 보험계약자 또는 피보험자 사이에 피보험자의 제3자에 대한 권리를 대위하여 행사할 수 있다는 취지의 약정이 없는 한, 피보험자가 제3자로부터 손해배상을 받더라도 이에 관계없이 보험자는 보험금을 지급할 의무가 있고, 피보험자의 제3자에 대한 권리를 대위하여 행사할 수도 없다.

④ 제3자에 대한 보험대위를 금지한 상법 제729조 본문의 규정 취지상 정액보상 방식의 인보험에서 피보험자 등은 보험자와의 다른 원인관계나 대가관계 등에 의하여 자신의 제3자에 대한 권리를 보험자에게 양도하는 것은 불가능하다.

31 타인의 생명보험계약에서 피보험자의 동의의 철회에 관한 설명으로 옳지 않은 것은?(다툼이 있는 경우 판례에 의함)

① 피보험자는 계약성립 전까지 동의를 철회할 수 있다.

② 보험수익자와 보험계약자의 동의가 있을 경우 계약의 효력이 발생한 후에도 피보험자는 동의를 철회할 수 있다.

③ 계약 성립 이후에는 피보험자가 서면동의를 할 때 전제가 되었던 사정에 중대한 변경이 있는 경우에도 피보험자는 동의를 철회할 수 없다.

④ 동의 행위 자체에 흠결이 있었다면 민법의 원칙에 따라 그 동의에 대해 무효 또는 취소를 주장할 수 있다.

32 보험자의 면책에 관한 설명으로 옳지 않은 것은?(다툼이 있는 경우 판례에 의함)

① 사망을 보험사고로 한 보험계약에서는 사고가 보험계약자 또는 피보험자나 보험수익자의 중대한 과실로 인하여 발생한 경우 보험자는 면책되지 않는다.

② 생명보험에서 보험계약자가 처음부터 피보험자를 살해하여 보험금을 편취할 목적으로 보험계약을 체결한 경우라면 이러한 보험계약은 반사회질서 법률행위로서 무효가 된다.

③ 둘 이상의 보험수익자 중 일부가 고의로 피보험자를 사망하게 한 경우에는 다른 보험수익자에 대한 보험금 지급책임도 면책된다.

④ 피보험자가 타인의 졸음운전으로 인하여 중상해를 입고 병원에 후송되었으나 피보험자가 수혈을 거부함으로써 사망에 이른 경우, 수혈거부 행위가 사망의 유일한 원인 중 하나였다는 점만으로는 보험자가 그 보험금의 지급책임을 면할 수는 없다.

33 타인의 생명보험과 피보험자의 동의에 관한 설명으로 옳지 않은 것은?

① 타인의 생명보험이란 보험계약자가 제3자를 피보험자로 하여 체결한 생명보험계약이다.

② 타인의 생명보험계약이 성립한 후 보험수익자를 새롭게 지정·변경하려면 피보험자의 동의가 필요하다.

③ 타인의 생명보험에서 피보험자의 동의방식으로는 서면동의 외에도 전자서명법 및 동법 시행령에 따른 전자서명이나 전자문서도 포함된다.

④ 피보험자의 동의를 얻어 성립된 보험계약으로 인한 권리를 피보험자가 아닌 제3자에게 양도하는 경우에는 피보험자의 동의가 필요 없다.

34 단체보험에 관한 설명으로 옳지 않은 것은?(다툼이 있는 경우 판례에 의함)

① 단체생명보험은 어느 특정회사 또는 공장 등의 단체 구성원 전부 또는 일부를 포괄적으로 피보험자로 하여 그의 생사를 보험사고로 하는 보험계약을 말한다.

② 단체보험에서는 구성원이 단체에 가입·탈퇴함으로써 당연히 피보험자의 자격을 취득하거나 상실한다.

③ 단체생명보험은 타인의 생명보험계약의 일종으로 볼 수 있다.

④ 회사의 직원이 퇴사한 후에 사망하는 보험사고가 발생한 경우 회사가 퇴사한 후에도 직원에 대한 보험료를 계속 납입하였다면 원칙적으로 단체보험의 해당 피보험자 자격은 유지된다.

35 보험수익자의 지정·변경권에 관한 설명으로 옳은 것은?

① 보험계약자가 보험수익자를 지정·변경하는 것은 반드시 서면에 의하여야 한다.

② 보험계약자가 보험수익자 지정권을 행사하지 않고 사망한 경우에는 피보험자를 보험수익자로 한다.

③ 보험계약자가 수익자를 지정한 후에 변경권을 행사하지 않고 사망한 경우에는 보험계약자의 상속인이 보험수익자가 된다.

④ 보험 존속 중 지정된 보험수익자가 사망하는 경우 보험계약자는 보험수익자를 재지정할 수 있는데, 이 경우 보험계약자가 지정권을 행사하지 않고 사망한 경우에는 보험계약자의 상속인을 보험수익자로 한다.

36 상해보험계약에서 보험자의 책임에 관한 설명으로 옳지 않은 것은?(다툼이 있는 경우 판례에 의함)

① 상해사망보험계약에서 면책약관으로 "선박승무원, 어부, 사공, 그 밖에 선박에 탑승하는 것을 직무로 하는 사람이 직무상 선박에 탑승하고 있는 동안 상해 관련 보험금 지급사유가 발생한 때에는 보험금을 지급하지 않는다."는 내용을 규정하고 있다면, 선원인 피보험자가 선박에 기관장으로 승선하여 조업차 출항하였다가 선박의 스크루에 그물이 감기게 되자 선장의 지시에 따라 잠수장비를 착용하고 바다에 잠수하여 그물을 제거하던 중 사망한 경우 보험자는 면책된다.

② 후유장해보험금의 청구권 소멸시효는 후유장해로 인한 손해가 발생한 때로부터 진행하고, 그 발생시기는 소멸시효를 주장하는 자가 입증하여야 한다.

③ 상해보험에 있어 계약체결 전에 이미 존재하였던 기왕증 또는 체질의 영향에 따라 상해가 중하게된 때에는 보험자는 약관에 별도의 규정이 없다 하더라도 피보험자의 체질 또는 소인 등이 보험사고의 발생 또는 확대에 기여하였다는 사유를 들어 보험금을 감액할 수 있다.

④ 상해보험에서 기여도에 따른 감액조항이 보험약관에 명시되어 있는 경우 그 사고가 후유증이라는 결과 발생에 대하여 기여하였다고 인정되는 기여도에 따라 그에 상응한 배상액을 가해자에게 부담시켜야 할 것이므로 그 기여도를 정함에 있어서는 기왕증의 원인과 정도, 기왕증과 후유증과의 상관관계, 피해자의 연령과 직업 및 건강상태 등 제반사정을 종합적으로 고려하여 합리적으로 판단하여야 한다.

37 인보험계약에서 중과실면책에 관한 설명으로 옳지 않은 것은?(다툼이 있는 경우 판례에 의함)

① 피보험자가 비록 음주운전 중 보험사고를 당하였다고 하더라도 그 사고가 고의에 의한 것이 아닌 이상 보험자는 음주운전 면책약관을 내세워 보험금 지급을 거절할 수 없다.

② 사망보험의 중과실면책 조항은 상해보험계약과 질병보험계약에도 준용된다.

③ 인보험계약 당사자가 보험계약자 등의 중과실로 인한 보험사고에 대해 보험자가 면책되도록 하는 약정을 하였다면 이러한 약정은 상법 제663조 불이익변경금지 위반으로 무효이다.

④ 무면허 운전은 고의적인 범죄행위이고, 그 고의는 직접적으로 사망이나 상해에 관한 것이어서 보험자는 면책된다.

38 질병보험에 관한 설명으로 옳지 않은 것은?(다툼이 있는 경우 판례에 의함)

① 질병보험계약의 보험자는 피보험자의 질병에 관한 보험사고가 발생할 경우 보험금이나 그 밖의 급여를 지급할 책임이 있다.

② 질병보험은 보험의 목적이 신체라는 점에서 생명보험과 유사하지만 보험사고가 불확정적이고 부정액방식으로 운영도 가능하다는 점에서는 손해보험의 성격도 가지고 있다.

③ 상해보험에서 담보되는 위험으로서 상해란 외부로 부터의 우연한 돌발적인 사고로 인한 신체의 손상을 뜻하므로, 그 사고의 원인이 피보험자의 신체의 외부로부터 작용하는 것을 말하고, 신체의 질병 등과 같은 내부적 원인에 기한 것은 상해보험에서 제외되고 질병보험 등의 대상이 된다.

④ 질병보험에 관하여는 그 성질에 반하지 않는 한 생명보험 및 상해보험뿐만 아니라 손해보험에 관한 규정을 준용한다.

39 생명보험계약 관계자에 관한 설명으로 옳지 않은 것은?(다툼이 있는 경우 판례에 의함)

① 생명보험계약의 당사자는 보험자와 보험계약자이다.

② 생명보험계약에서 보험계약자의 지위를 변경하는데 보험자의 승낙이 필요하다고 정하고 있는 경우, 보험계약자는 보험자의 승낙이 없는 한 일방적인 의사표시만으로 보험계약상의 지위를 이전할 수는 없다.

③ 피보험자는 자연인이어야 하며, 계약 체결시부터 확정되어 있을 필요는 없다.

④ 보험수익자는 추상적으로 지정될 수도 있고, 상법상 수익자가 될 수 있는 특별한 자격이 있는 것도 아니다.

40 소멸시효에 관한 설명으로 옳지 않은 것은?(다툼이 있는 경우 판례에 의함)

① 보험계약자가 다수의 계약을 통하여 보험금을 부정 취득할 목적으로 체결한 보험계약이 민법 제103조에 의하여 무효인 경우, 보험금에 대한 부당이득반환청구권에 대하여는 2년의 소멸시효기간이 적용된다.

② 무효인 보험계약에 따라 납부한 보험료에 대한 반환청구권은 특별한 사정이 없는 한 각 보험료를 납부한 시점부터 소멸시효가 진행된다.

③ 보험료채권의 지급확보를 위하여 수표를 받은 경우, 수표에 대한 소송상의 청구는 보험료채권의 소멸시효 중단의 효력이 있다.

④ (구) 상법 제662조에서 보험금청구권에 대하여 2년의 단기소멸시효를 규정하면서 그 기산점을 별도로 정하지 않은 것은 보험금청구권자의 재산권을 침해하지 않는다.

01 상법 제663조(보험계약자 등의 불이익변경금지)에 관한 설명으로 옳은 것은?(다툼이 있는 경우 판례에 의함)

① 보험계약자가 보험증권 멸실로 인하여 증권의 재교부를 청구하는 경우 증권작성의 비용을 보험자가 부담한다는 약관조항은 보험계약자 등의 불이익변경금지에 해당한다.

② 어선공제는 해상보험과 유사하므로 어선공제약관은 보험계약자 등의 불이익변경금지 원칙의 적용 대상에 해당하지 않는다.

③ 판례는 기업보험과 가계보험을 구분하는 기준을 보험계약자의 종류에서 구하고 있다.

④ 항공기기체보험에서 고지의무위반시 계약해지권 행사기간을 계약 체결일로부터 5년으로 규정한 약관조항은 불이익변경금지에 해당된다.

02 보험계약에 관한 설명으로 옳지 않은 것은?

① 보험계약의 체결은 별도의 형식을 필요로 하지 않는다.

② 보험계약은 부합계약성을 띤다.

③ 보험계약이 성립하기 위해서는 보험증권의 교부가 필요하다.

④ 보험자의 책임개시는 보험료의 납입을 전제로 하는 것이 원칙이다.

03 보험의 목적에 관한 설명으로 옳지 않은 것은?

① 개별물건과 집합물건은 보험의 목적이 될 수 있다.

② 인보험에서 피보험자는 자연인이어야 한다.

③ 지식재산권은 손해보험의 대상이 될 수 없다.

④ 보험의 목적은 보험사고의 대상을 의미하므로 보험계약을 체결하는 목적과는 구별된다.

제1과목

04 소급보험에 관한 설명으로 옳은 것은?

① 보험계약자가 소급기간 내에 사고가 발생한 것을 알고서 계약을 체결한 경우라도 보험계약의 효력은 발생한다.

② 소급보험의 경우 보험료 선급의 원칙이 적용되지 않는다.

③ 소급보험은 보험계약기간이 보험기간보다 장기이다.

④ 소급보험은 보험계약의 성립 이전의 일정한 시기를 보험기간의 시기로 한다.

05 보험자의 보험약관에 대한 설명의무의 대상에 해당하는 것을 모두 고른 것은?(다툼이 있는 경우 판례에 의함)

> 가. 상해보험에서 외과적 수술, 그 밖의 의료처치로 인한 손해를 보장하지 아니한다는 내용의 면책 규정
> 나. 업무용 자동차보험에 있어서 피보험자동차의 양도에 관한 통지의무 규정
> 다. 상해보험에서 기왕장해에 대한 감액 규정
> 라. 화물자동차 운수사업에 따라 반드시 가입하여야 하는 적재물배상책임보험약관에서 차량이 육상 운송과정이 아닌 선박으로 해상구간을 이동하는 경우의 사고는 보험사고에서 제외된다는 규정
> 마. 주택보증보험계약에서 입주자 모집공고 승인이 취소된 경우 보증계약을 취소하고 잔여 보증기간에 대한 보증료를 환불한다는 규정
> 바. 연금보험에서 연금액의 변동가능성에 관한 규정

① 가, 나, 다
② 가, 다, 바
③ 나, 마, 바
④ 다, 마, 바

06 보험약관의 설명의무위반의 효과에 관한 설명으로 옳은 것은?(다툼이 있는 경우 판례에 의함)

① 보험자가 보험약관의 설명의무에 위반하여 보험계약을 체결한 때 보험계약자가 그 약관에 규정된 고지의무를 위반한 경우 보험자는 이를 이유로 보험계약을 해지할 수 있다.
② 보험자가 약관의 설명의무를 위반한 경우 보험계약자는 일정한 기간 내에 보험계약을 해제할 수 있다.
③ 보험자의 보험약관 설명의무위반시 보험계약자가 보험계약을 취소하지 않았다고 하더라도 그 위반의 하자가 치유되는 것은 아니다.
④ 보험자가 보험계약자에게 설명하여야 할 부분은 약관전체를 의미한다.

07 보험계약자 등의 고지의무에 관한 설명으로 옳지 않은 것은?(다툼이 있는 경우 판례에 의함)

① 보험자가 서면으로 질문한 사항은 중요한 사항으로 추정한다.

② 현저한 부주의로 중요한 사항임을 알지 못한 것에 대하여도 고지의무위반이 된다.

③ 고지의무위반으로 인하여 해지하는 경우 인보험자는 보험수익자를 위하여 적립한 금액을 지급하여야 한다.

④ 다른 사정이 없는 한 보험자가 보험수익자에게 해지의 통지를 한 경우 그 효력이 있다.

08 보험료의 감액 또는 증액 청구에 관한 설명으로 옳은 것은?

① 보험기간 중 특별하게 예기한 위험이 소멸한 경우라도 보험계약자는 보험료의 감액을 청구할 수 없다.

② 손해보험계약에서 보험금액이 보험가액을 현저하게 초과하거나 보험가액이 보험기간 중에 현저하게 감소된 경우 보험계약자만이 보험료의 감액을 청구할 수 있다.

③ 보험기간 중에 사고발생의 위험이 현저하게 변경·증가된 경우에는 보험자는 그 사실을 안 날로부터 1월 내에 보험료의 증액을 청구할 수 있다.

④ 보험사고가 발생하기 전에 보험계약자는 언제든지 보험료의 감액을 청구하거나 보험계약을 해지할 수 있다.

09 보험계약상 보험료의 지급지체의 효과에 관한 설명으로 옳은 것은?

① 해지예고부 최고는 보험료의 부지급을 정지조건으로 하여 미리 해지의 의사표시를 하는 것이다.

② 보험료의 지급기일이 도래하기 전에 보험료의 지급에 관한 안내장을 보험계약자에게 보내는 것은 상법상 최고로서의 효력이 있다.

③ 해지예고부 최고를 일반우편으로 송부하는 것으로 그 우편물이 보험계약자 측의 주소지에 도달하였다고 추정할 수 있다.

④ 계약이 성립한 후 보험계약자가 제1회 보험료를 미지급한 경우 이를 이유로 계약을 해지하기 위해서는 이행의 최고를 요건으로 한다.

10 타인을 위한 보험계약에 관한 설명으로 옳은 것은?

① 타인을 위한 보험계약의 경우 타인은 보험계약자의 동의 없이는 보험금청구권을 행사할 수 없다.

② 타인을 위한 손해보험의 경우 타인의 위임이 없는 때에는 보험계약자는 이를 보험자에게 고지하지 않아도 된다.

③ 보험계약자가 보험료의 지급을 지체한 때에는 보험수익자는 그 권리를 포기하지 아니하는 한 보험료를 지급할 의무가 있다.

④ 타인을 위한 인보험의 경우 그 타인을 구체적으로 특정하여야 한다.

11 계약 성립 전에 보험사고가 발생한 경우 보험계약의 청약자를 보호하기 위한 상법 제638조의2의 규정에 관한 설명으로 옳은 것은?

① 승낙기간의 경과 전에 보험사고가 발생한 경우에는 보험자의 승낙이 의제되지 않는다.

② 약관상 청약철회규정을 둔 경우에 보험계약자가 청약을 철회하더라도 보험자는 낙부통지의무를 부담한다.

③ 신체검사가 필요한 인보험계약의 경우에는 신체검사를 받은 날부터 통지기간이 기산된다.

④ 승낙기간의 경과로 보험자의 승낙이 의제되기 위해서는 보험계약자와 보험자간에 상시 거래관계를 요건으로 한다.

12 보험사고발생의 현저한 변경 또는 증가에 해당하지 않는 것은?(다툼이 있는 경우 판례에 의함)

① 자동차보험계약 체결 후 피보험자동차의 구조가 현저히 변경된 경우

② 화재보험의 목적인 공장건물에 대한 근로자의 점거, 농성이 장기간 계속되고 있는 경우

③ 화재보험계약 체결 후에 건물의 구조와 용도에 상당한 변경을 가져오는 증·개축 공사를 시행한 경우

④ 영업용 자동차보험계약에서 보험가입자인 렌터카회사가 피보험차량을 지입차주로 하여금 렌터카회사의 감독을 받지 않고 독자적으로 렌터카 영업을 하도록 허용한 경우

13 A와 B에 들어갈 것을 모은 것으로 옳은 것은?

> 보험료청구권은 (A)년간, 보험금청구권은 (B)년간 행사하지 아니하면 시효의 완성으로 소멸한다.

① A : 1, B : 3
② A : 2, B : 3
③ A : 3, B : 3
④ A : 3, B : 2

14 다음 설명 중 옳지 않은 것은?(다툼이 있는 경우 판례에 의함)

① 상해보험에 가입한 피보험자가 오토바이 운행사실을 알리지 않은 것은 상법상 위험변경·증가시의 통지의무위반에 해당한다고 명시한 약관조항은 법령에 정해진 것을 되풀이한 것에 불과하므로 보험자는 해당 약관조항에 대하여 설명할 의무가 없다.

② 장해분류표에서 "심한 추간판탈출증"을 "추간판을 2마디 이상 수술하고 … 하지의 현저한 마비 또는 대소변의 장해가 있는 경우"라고 정의한 경우 피보험자가 추간판을 2마디 이상 수술하였다는 사정만으로 "심한 추간판탈출증"에 해당한다고 본 것은 잘못이다.

③ 보험계약자가 보험금부정취득 목적으로 체결한 다수보험 계약이 선량한 풍속 기타 사회질서에 반하여 무효인 경우 보험자의 지급보험금에 대한 부당이득반환청구권의 소멸시효는 5년이다.

④ 모텔 투숙객의 방에서 화재가 발생한 경우, 객실의 지배는 투숙객이 아닌 숙박업자에게 있으므로 발생원인이 불명한 화재로 인하여 객실에 발생한 손해는 숙박업자에게 귀속되고, 숙박업자에게 보험금을 지급한 보험자가 투숙객의 배상책임보험자에게 구상권을 행사할 수는 없다.

15 다음 설명 중 옳지 않은 것은?(다툼이 있는 경우 판례에 의함)

① 피보험자가 소형트럭 차량 운행 중 비가 내리자 시동을 켠 채 운전석 지붕에 올라가 적재함에 방수비닐을 덮다가 미끄러져 추락하는 사고로 후유장해를 입은 경우 피보험자동차의 운행으로 인한 자기신체사고로 보아야 한다.

② 원인불명의 화재사고에서, 화재로 인한 임차인의 임차목적물 부분의 손해에 대하여는 임차인이 귀책사유가 없음을 입증하여야 한다.

③ 원인불명의 화재사고에서, 화재가 임차목적물에서 발생하여 임차하지 않은 목적물까지 타버린 경우에 임차하지 않은 부분의 손해에 대하여는 임대인에게 입증책임이 있다.

④ 보험자는 이른바 임의비급여 진료를 받은 피보험자들에게 지급한 보험금에 대하여 해당 진료비를 받은 병원을 상대로 채권자대위소송을 통해 부당이득반환을 받을 수 있다.

16 자기신체사고보험 및 자동차상해보험특약에 관한 설명으로 옳지 않은 것은?(다툼이 있는 경우 판례에 의함)

① 자기신체사고보험은 '인보험'의 일종이다.

② 자동차상해보험 중 피보험자가 상해의 결과 사망하여 사망보험금 항목의 보험금이 지급되어도 그 부분이 생명보험이 되는 것은 아니다.

③ 음주운전면책조항은 자기신체사고보험에서 유효한 것과 달리 피해자의 구제를 강조하는 자동차상해보험특약에서는 무효이다.

④ 자동차상해보험특약은 자동차종합보험의 자기신체사고보험을 대체하여 피보험자가 보상받는 것을 주된 목적으로 한다.

17 복수의 무보험자동차 상해보험이 중복보험에 해당하는 경우의 구상관계에 관한 설명으로 옳지 않은 것은?(다툼이 있는 경우 판례에 의함)

① 중복보험의 합계금의 총액이 피보험자가 입은 하나의 사고로 인한 손해액을 초과하는 경우 보험자는 각자의 보험금액 한도에서 '부진정' 연대책임을 지고, 각 보험자는 각자의 보험금액에 따른 보상책임을 진다.

② 중복보험자 가운데 하나가 단독으로 피보험자에게 보험약관에서 정한 보험금 지급기준에 따라 정당하게 산정된 보험금을 지급하였다면 다른 보험자를 상대로 각자의 보험금액비율에 따른 분담금의 지급을 청구할 수 있다.

③ 단독으로 보험금을 지급한 보험자는 당사자간에 보험자대위에 동의하는 약정이 있는 때에 한하여 피보험자의 권리를 해하지 아니하는 범위 안에서 그 권리를 대위하여 행사할 수 있다.

④ 단독으로 보험금을 지급한 보험자는 보험자대위청구권과 중복보험 분담금청구권이 그 요건을 모두 갖춘 경우라도 분담금청구권을 먼저 행사하여야 한다.

18 상법상 피보험이익에 관한 설명으로 옳은 것은?(다툼이 있는 경우 통설 · 판례에 의함)

① 보험계약의 유효를 전제로 보험료를 받은 보험자가, 보험사고발생 후에 비로소 피보험이익이 없다는 이유로 보험계약의 무효를 주장하여도 특별한 사정이 없는 한 신의칙위반은 아니다.

② 창고보험처럼 보험기간 중에 물건의 수시교체가 이루어지는 총괄보험의 경우는 사고발생시에도 피보험이익의 객체를 확정할 수 없지만 화재나 도난에 대한 대비책으로 적법한 보험제도이다.

③ 피보험이익은 보험계약 성립의 절대적 요건이므로 피보험이익이 없어 보험계약이 무효가 되는 경우라면 보험자는 보험계약자에게 고의가 있어도 보험료를 반환하여야 한다.

④ 조건부이익은 보험계약 체결시에 확정할 수 있어야 피보험이익으로 인정된다는 점에서 장래의 이익과 다르다.

19 상법상 일부보험에 관한 설명으로 옳지 않은 것은?

① 당사자간에 다른 약정이 없는 때에는 보험자는 보험금액의 보험가액에 대한 비율에 따라 보상할 책임을 진다.

② 분손의 경우에 다른 약정이 없는 때에는 손해액에 부보비율을 곱하여 산출되는 금액을 지급한다.

③ 보험계약 체결 이후 보험의 목적의 물가 상승으로 보험금액이 보험가액에 미달하는 자연적 일부보험의 경우는 일부보험으로 다룰 수 없다는 견해가 있다.

④ 비율보험에는 일부보험에 관한 상법 규정이 준용된다.

20 다음 중 옳지 않은 것은?(다툼이 있는 경우 통설·판례에 의함)

① 손해보험사고의 발생에 보험계약자 등의 고의 또는 중과실이 있는 경우 보험자가 면책되지만 상법에 보험사고에 대한 과실상계조항은 없다.

② 손해보험계약상 보험계약자와 피보험자의 손해방지와 경감의무위반의 효과에 대하여 상법은 규정하는 바 없다.

③ 이득금지원칙의 취지에 따라, 보험자가 보상할 손해는 손익상계가 이루어진 후의 금액이다.

④ 약관에서 보험계약자 등이 고의로 손해방지의무를 위반하여 손해를 증가시킨 경우에 이를 배상하도록 규정한다면 이는 보험계약자 등의 불이익변경금지원칙에 따라 무효이다.

21 보험가액 불변동주의와 무관한 것은?

① 운송보험
② 신가보험
③ 선박보험
④ 적하보험

22 보증보험에 관한 설명으로 옳지 않은 것은?

① 보험기간을 주계약의 하자담보책임기간과 동일하게 정한 경우 특단의 사정이 없으면 하자담보기간 내에 발생한 하자에 대하여는 비록 보험기간이 종료된 후에 보험사고가 발생하였다고 하여도 보증보험자가 책임을 진다.
② 보증보험은 언제나 타인을 위한 보험계약으로서, 보험자가 계약을 해지할 때에는 보험약관에 별도의 정함이 없는 한 피보험자가 아니라 보험계약자에 대하여 해지권을 행사하여야 한다.
③ 보증보험은 그 실질이 민법의 보증이므로 보증보험계약에 관하여는 보증채무에 관한 민법의 규정을 모두 준용한다.
④ 보증보험의 보험사고는 보험계약자의 고의 또는 과실을 전제로 하는 불법행위 또는 채무불이행 등으로 발생하는 것이므로 보험자가 면책되지 아니하나, 피보험자의 고의사고의 경우에는 보험자가 면책된다.

23 잔존물대위와 보험위부를 설명한 것으로 옳지 않은 것은?

① 잔존물대위는 보험의 목적에 현실전손이 발생하여야 하며, 손해에 대하여 전부 보상한 보험자가 법률상 당연히 대위권을 취득한다.

② 보험위부는 피보험자의 특별한 의사표시가 있어야 하며, 위부권은 형성권이다.

③ 잔존물대위와 달리 보험위부는 해상보험에서 인정되며, 두 가지 모두 인보험에 적용될 수 없다.

④ 보험자가 위부를 승인하지 아니한 때에도 피보험자는 위부의 원인을 증명하지 않고 보험금액의 지급을 청구할 수 있다.

24 해상보험에 관한 설명으로 옳은 것은?

① 선박이 정당한 사유 없이 보험계약에서 정한 항로를 이탈한 경우라도 손해발생 전에 원항로로 돌아온 경우에는 보험자는 그 후에 발생한 보험사고에 대하여 보상하여야 한다.

② 적하를 보험에 붙인 경우에 보험계약자 또는 피보험자의 책임 있는 사고로 인하여 선박을 변경한 때에는 그 변경 후의 사고에 대하여 책임을 지지 아니한다.

③ 항해 도중에 불가항력으로 보험의 목적인 적하를 매각한 때에는 매수인이 그 대금을 지급하는 한 보험자는 따로 보상할 책임이 없다.

④ 보험자는 보험의 목적의 안전이나 보존을 위하여 지급할 특별비용이 보험금액의 한도를 넘더라도 보상할 책임이 있다.

25 다음 빈칸에 들어갈 것을 모은 것으로 옳은 것은?

> 선박의 존부가 (   ) 분명하지 아니한 때에는 그 선박의 행방이 불명한 것으로 한다. 이 경우에는
> (   )으로 (   )한다.

① 2월간 – 분손 – 추정
② 2월간 – 전손 – 추정
③ 3월간 – 분손 – 간주
④ 3월간 – 전손 – 간주

26 방어비용에 관한 설명 중 옳지 않은 것은?(다툼이 있는 경우 판례에 의함)

① 피보험자가 피해자인 제3자의 청구를 방어하기 위하여 지출한 재판상 또는 재판 외의 필요비용은 보험의 목적에 포함된 것으로 하며, 피보험자는 그 선급을 청구할 수 있다.
② 피보험자가 담보의 제공 또는 공탁으로써 재판의 집행을 면할 수 있는 경우에는 보험자에 대하여 보험금액의 한도 내에서 그 담보의 제공 또는 공탁을 청구할 수 있다.
③ 재판 또는 담보제공행위가 보험자의 지시에 의한 것인 경우에는 그 금액에 손해액을 가산한 금액이 보험금액을 초과하는 때에도 보험자가 이를 부담하여야 한다.
④ 방어비용에 관한 상법 규정은 임의규정으로서 약관에서 어떤 경우에나 피보험자의 방어비용을 전면적으로 부정하는 것으로 해석되는 규정을 두는 것도 가능하다.

27 책임보험계약상 피해자의 직접청구권에 관한 설명으로 옳지 않은 것은?

① 직접청구권을 인정한 상법 제724조 제2항은 강행규정이므로 직접청구권을 부인하거나 그 행사를 어렵게 하는 약관조항은 무효이다.

② 피해자는 피보험자에 대한 손해배상청구권을 전제로 직접청구권을 가지므로 직접청구권은 부종성이 있으며, 보험자는 피해자에게 책임관계상 항변을 원용할 수 있다.

③ 피해자가 피보험자로부터 배상을 받지 못한 상태에서 보험자가 보험금을 임의로 지급한 경우에 그 지급 자체는 유효하고 보험자는 피해자에게 보험금 지급 사실을 들어 항변할 수 있다.

④ 다수의 피해자가 존재하고 총 피해액의 합계가 책임보험 한도액을 초과하는 경우, 다수의 직접청구권자들 사이에는 권리의 우선순위가 없으므로 피해자 각자가 자기 권리의 전부를 주장할 수 있고, 보험자는 누구에게라도 유효한 변제를 할 수 있다.

28 동일인이 다수의 생명보험계약을 체결한 경우 그 사실에 대한 고지 또는 통지에 관한 설명으로 옳지 않은 것은?(다툼이 있는 경우 판례에 의함)

① 보험자가 생명보험계약을 체결하면서 다른 보험계약의 존재 여부를 청약서에 기재하여 질문하였다고 하더라도 다른 보험계약의 존재 여부는 고지의무의 대상이 아니다.

② 생명보험계약을 체결한 후 다른 생명보험계약을 다수 가입하였다는 사정만으로 보험계약자 또는 피보험자에게 위험변경증가에 대한 통지의무가 있다고 볼 수 없다.

③ 보험계약 체결 후 동일한 위험을 담보하는 보험계약을 체결할 경우에 이를 통지하도록 하고, 이 통지의무를 위반한 경우에 보험자는 그 보험계약을 해지할 수 있다는 약정은 유효하다.

④ 보험자가 다른 보험계약의 존재 여부에 관한 고지의무위반을 이유로 보험계약을 해지하려면 보험계약자 또는 피보험자가 다른 보험계약의 존재를 알고 있는 것 외에 그것이 고지를 요하는 중요한 사항에 해당한다는 사실을 알고도 또는 중대한 과실로 알지 못하여 고지의무를 다하지 아니한 사실을 입증하여야 한다.

29 약관대출과 계약자배당에 관한 설명으로 옳지 않은 것은?(다툼이 있는 경우 판례에 의함)

① 약관대출금은 보험자가 장래에 지급할 보험금이나 해지환급금을 미리 지급하는 선급금과 같은 성격이다.

② 약관대출계약은 보험계약과 별개의 독립계약이 아니라, 보험계약과 일체를 이루는 하나의 계약이다.

③ 계약자배당금은 보험료산정에 있어 예정기초율과 실제와의 차이에서 발생하는 잉여금을 정산, 환원하는 것으로서 주주에게 배당하는 이익배당과 구별된다.

④ 사차익, 이차익, 비차익 등 이원(利源)별로 발생한 이익이 있다면 보험계약자에게 구체적인 계약자배당청구권이 당연히 발생한다.

30 甲은 남편 乙을 피보험자로, 아들 丙을 보험수익자로 하는 생명보험계약을 보험자와 체결하였다. 이 보험계약의 보험수익자에 관한 설명으로 옳지 않은 것은?(다른 약정이나 가정은 전제하지 않고, 상법 제733조만 적용함)

① 甲이 丙을 보험수익자로 지정하고 변경권을 행사하지 아니하고 사망하면 丙의 보험수익자로서의 권리가 확정된다.

② 丙이 보험존속 중에 사망하고, 甲이 재지정권을 행사하지 아니하고 사망하면 丙의 상속인이 보험수익자가 된다.

③ 丙이 보험존속 중에 사망한 때에는 丙의 상속인이 보험수익자가 된다.

④ 丙이 보험존속 중에 사망하고 甲이 재지정권을 행사하기 전에 乙이 사망한 경우에는 丙의 상속인이 보험수익자가 된다.

31 甲은 자신을 피보험자, 남편 乙을 보험수익자로 하는 사망보험계약을 체결하였다. 그 후 보험기간 중에 보험수익자를 법정상속인으로 변경한 후 사망하였다. 이 보험계약에 관한 설명으로 옳은 것은?(다른 약정이 없다고 가정하고, 다툼이 있는 경우 판례에 의함)

① 甲이 보험수익자를 변경하는 행위는 보험자의 동의가 있어야 유효하다.

② 甲이 보험수익자 중 1인의 고의에 의하여 사망하였다면 보험자는 다른 보험수익자에 대한 보험금 지급책임을 면하지 못한다.

③ 보험수익자로 변경·지정된 수인의 법정상속인 중 1인이 보험금청구권을 포기한 경우 그 포기한 부분은 당연히 다른 상속인에게 귀속된다.

④ 甲이 사망할시에 법정상속인이 수인인 경우에 보험금청구권이 보험수익자의 고유재산이므로 각 상속인은 균등한 비율로 보험금청구권을 갖는다.

32 인보험계약에서 담보되는 보험사고에 관한 설명으로 옳지 않은 것은?(다툼이 있는 경우 판례에 의함)

① 암 진단이 확정되어 있음에도 불구하고 암으로 인한 사망을 보험사고로 하여 체결된 보험계약은 보험사고가 확정된 암과 관련하여 발생한 경우에 한하여 보험계약이 무효이다.

② 암 진단의 확정 및 그와 같이 확진이 된 암을 직접적인 원인으로 한 사망을 보험사고의 하나로 하는 보험계약에서 피보험자가 보험계약일 이전에 암 진단이 확정되어 있었던 경우에는 보험계약을 무효로 한다는 약관조항은 유효하다.

③ 부부싸움 중 극도로 흥분되고 불안한 정신적 공황상태에서 베란다 밖으로 몸을 던져서 사망한 경우, 이 사고는 우발적인 우연한 사고다.

④ 상해보험계약에 의하여 담보되는 보험사고의 우연성에 관하여 보험금청구권자에게 그 입증책임이 있다.

33 甲이 남편 乙을 피보험자로, 자신을 보험수익자로 하는 사망보험계약을 체결하였다. 이 과정에서 보험설계사는 약관상의 피보험자의 서면동의조항(상법 제731조)에 관하여 설명하지 않은 채 乙의 동의 없이 서명을 위조하였다. 이 보험계약에 관한 설명으로 옳지 않은 것은?(다툼이 있는 경우 판례에 의함)

① 타인의 사망을 보험사고로 하는 보험계약에 있어서 보험계약 체결시 그 乙의 서면동의를 얻어야 한다는 상법 규정은 강행법규로서 이 규정을 위반한 보험계약은 무효이다.

② 서면동의조항을 위반하여 계약을 체결한 자가 스스로 무효를 주장한다고 해도 이러한 주장이 신의성실의 원칙 또는 금반언의 원칙에 반하는 것은 아니다.

③ 甲이 모집과정에서 보험설계사의 주의의무 해태 내지 불법행위로 인하여, 보험사고에도 불구하고 보험금을 지급받지 못하게 되었다면, 보험자는 보험계약자에게 그 보험금 상당의 손해를 배상할 책임이 있다.

④ 乙이 보험계약 성립 이후에 이 계약을 추인한다면 그 보험계약이 유효하고 甲은 보험사고발생시 보험자에 대하여 보험금청구권을 행사할 수 있다.

34 생명보험자의 면책사유에 관한 설명으로 옳지 않은 것은?(다툼이 있는 경우 판례에 의함)

① 사망보험계약에서 자살을 면책사유로 규정한 경우, 그 자살은 사망자가 자기의 생명을 끊는다는 것을 의식하고 그것을 목적으로 의도적으로 자기 생명을 절단하여 사망의 결과를 발생케 한 행위를 의미한다.

② 생명보험에서 피보험자가 정신질환 등으로 자유로운 의사 결정을 할 수 없는 상태에서 사망의 결과를 발생케 한 경우에는 보험자는 면책되지 않는다.

③ 보험사고의 발생에 기여한 복수의 원인이 존재하는 경우, 그중 하나가 피보험자 등의 고의행위임을 주장하여 보험자가 면책되기 위해서는 그 행위가 공동원인의 하나이었다는 점을 증명하면 족하다.

④ 생명보험약관에서 '피보험자가 고의로 자신을 해친 경우'를 보험자의 면책사유로 규정하고 있는 경우, 보험자가 보험금 지급책임을 면하기 위해서는 면책사유에 해당하는 사실을 입증할 책임이 있다.

35 단체생명보험에 관한 설명으로 옳지 않은 것은?(다툼이 있는 경우 판례에 의함)

① 피보험자가 보험사고 이외의 사고로 사망하거나 퇴직 등으로 단체의 구성원으로서 자격을 상실하면 그에 대한 단체보험계약에 의한 보호는 종료된다.

② 단체보험계약은 단체 구성원이 보험수익자가 되는 타인을 위한 보험계약이어야 한다.

③ 단체규약으로 피보험자 또는 그 상속인이 아닌 자를 보험수익자로 지정한다는 명시적인 정함이 없는 경우, 피보험자의 서면동의 없이 피보험자 또는 그 상속인이 아닌 자를 보험수익자로 지정하였다면 그 지정은 무효이다.

④ 단체보험계약자인 회사의 직원이 퇴사 후 사망하는 보험사고가 발생한 경우, 회사가 그 직원에 대한 보험료를 퇴직 후 계속 납입하였더라도 퇴사와 동시에 단체보험의 피보험자의 지위가 종료되는데 영향을 미치지 아니한다.

36 인보험에서 보험자대위에 관한 설명으로 옳지 않은 것은?(다툼이 있는 경우 판례에 의함)

① 생명보험계약에서는 잔존물대위나 청구권대위가 인정되지 않는다.

② 상해보험계약의 경우 당사자 사이의 약정에 의하여 보험자는 피보험자의 권리를 해하지 않는 범위 안에서 보험사고로 인하여 생긴 보험계약자 또는 보험수익자의 제3자에 대한 권리를 대위하여 행사할 수 있다.

③ 자기신체사고 자동차보험에서 타 차량의 사고로 보험사고가 발생하여 피보험자가 상대 차량 자동차보험에 의한 보상을 받을 수 있는 경우에 약관에 정한 보험금에서 상대 차량 자동차보험 대인배상에서 보상받을 수 있는 금액을 공제한 액수만 지급하기로 한 약정은 결과적으로 보험자대위를 인정하는 것과 같은 결과를 초래하여 효력이 없다.

④ 상해보험의 경우 대위권에 관한 약정이 없는 한, 피보험자가 제3자로부터 손해배상을 받더라도 이에 관계없이 보험자는 보험금을 지급할 의무가 있고, 피보험자의 제3자에 대한 권리를 대위하여 행사할 수도 없다.

37 보험료적립금의 반환에 관한 설명으로 옳지 않은 것은?

① 보험사고발생 전에 보험계약자에 의해 임의로 계약이 해지되는 경우에 일반보험에서 보험자는 원칙적으로 미경과보험료만 반환하면 되지만, 장기인 생명보험에서는 저축적 요소가 포함되어 보험료적립금 반환의 문제가 발생할 수 있다.

② 보험기간 중에 보험계약이 해지되어 보험자의 지급책임이 면제된 경우에 보험자는 보험수익자를 위하여 적립한 금액을 보험수익자에게 지급하도록 하고 있다.

③ 보험료적립금 반환청구권은 3년간 행사하지 아니하면 시효의 완성으로 소멸한다.

④ 보험료적립금 반환사유 중에 보험사고가 보험계약자의 고의로 인해 발생하여 보험자가 보험금 지급책임을 면하게 된 때에 당사자간에 다른 약정이 없는 한, 보험자는 보험료적립금 반환의무를 부담하지 않는다.

38 보험증권에 관한 설명으로 옳지 않은 것은?

① 보험금청구권자가 보험증권을 제시하지 않았으나, 그가 정당한 권리자임을 입증한 경우 보험자는 보험금 지급책임이 있다.

② 보험증권은 보험계약자의 고지의무위반, 보험료의 부지급 등으로 인해 보험계약이 해지되면 증권소지인에게 영향을 미친다.

③ 보험증권은 보험계약의 성립을 증명하기 위하여 발행하는 증거증권이 아니라, 보험계약상의 권리의무가 발생하는 설권증권이다.

④ 타인을 위한 보험에서 그 타인의 동의를 얻거나 보험증권을 소지한 경우에 한하여 계약을 해지할 수 있다.

39 보험계약과 관련된 통지의무에 관한 설명으로 옳지 않은 것은?

① 보험계약자 또는 피보험자나 보험수익자는 보험사고의 발생을 안 때에 지체 없이 보험자에게 그 통지를 발송하여야 한다.

② 보험사고 통지의무를 해태함으로 인하여 손해가 증가된 때에는 보험자는 그 증가된 손해를 보상할 책임이 없다.

③ 책임보험에서 피보험자가 제3자로부터 배상청구를 받은 때에도 그 통지를 발송하여야 하고, 통지를 게을리하여 손해가 증가된 경우에도 보험자는 그 증가된 손해를 보상할 책임이 있다.

④ 책임보험에서 피보험자가 제3자에 대하여 변제, 승인, 화해 또는 재판으로 인하여 채무가 확정된 때에는 지체 없이 보험자에게 그 통지를 발송하여야 한다.

40 보험자의 면책사유에 관한 설명으로 옳은 것은?(다툼이 있는 경우 판례에 의함)

① 보험사고가 보험계약자 또는 피보험자나 보험수익자의 고의 또는 중대한 과실로 인하여 생긴 때에는 보험자는 보험금액을 지급할 책임이 없다고 규정하고 있는 상법 제659조는 보증보험에도 적용된다.

② 보험사고가 보험계약자 또는 피보험자나 보험수익자의 고의 또는 중대한 과실로 인하여 생긴 때에는 보험자는 보험금 지급책임이 없으므로 손해보험에서 고의만 면책으로 하고, 중과실 사고에 대하여 보험자의 책임을 인정하는 약정은 효력이 없다.

③ 보험계약자 또는 피보험자의 친족이나 피용인 등의 고의 또는 중과실을 보험계약자 등의 고의 또는 중과실과 동일한 것으로 보고 보험자를 면책시키는 대표자책임이론은 판례상 일반적으로 인정되고 있다.

④ 손해보험에서 복수의 피보험자가 있는 경우, 면책사유가 그중 일부의 피보험자에 대하여 적용되는 경우에 이러한 면책사유는 당해 피보험자에게만 개별적으로 적용된다.

늘 갈망하고 우직하게 나아가라.

- 스티브 잡스 -

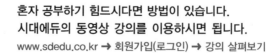

제2과목

손해사정이론

Essential(에센셜)

Drill(드릴)

the Final(더 파이널)

손해사정사 정석 Ⅰ

Essential
(에센셜)

보험에서의 위험

Q1 보험에서 담보하는 위험의 특징에 해당하지 않는 것은?

① 다수가 결합가능한 동질의 위험일 것

② 손실에 대한 예측이 가능할 것

③ 도덕적 위험이 적은 것

④ 우연적이며 발생확률이 낮고 손실의 심도가 크지 않는 위험

> **Note.**
>
> 정답 **❹**

도덕적 위태와 역선택

Q2 다음 중 도덕적 위태(moral hazard)와 역선택(adverse selection)의 공통점에 해당하지 않는 것은?

① 정보비대칭성이 원인이다.

② 피보험자의 위험특성 정보와 관련 있다.

③ 보험자에게 초과손해를 초래할 수 있다.

④ 보험사업의 안정성을 저해하게 된다.

> **Note.**
>
> 정답 **❷**

보험의 원리원칙

Q3 어떤 보험상품에서 p = 보험료, q = 보험금액, m = 보험가입자의 수, n = 보험사고 발생건수라 할 때, 급부·반대급부균등의 원칙을 표현한 것으로 옳은 것은?

① $pq = mn$

② $np = mq$

③ $p = \dfrac{n}{m}q$

④ $p = \dfrac{m}{n}q$

Note.

정답 ❸

최대선의 원칙

Q4 다음 중 최대선의 원칙의 실현이라 할 수 없는 것은?

① 사기로 인한 보험계약의 무효
② 알릴의무위반으로 인한 해지
③ 제3자에 대한 보험자대위
④ 손해방지의무

Note.

정답 ❸

보험과 다른 제도

Q5 다음 설명 중 옳지 않은 것은?

① 보험은 사행성을 갖고 있다.

② 보험은 기존 리스크를 대상으로 하고, 투기는 리스크를 새로이 창출한다.

③ 보험은 사전적 확률을 근거로 하고, 복권은 사후적 확률은 근거로 한다.

④ 보험은 주로 순수위험(Risk)을 대상으로 하고, 복권은 투기위험(Risk)을 대상으로 한다.

정답 ❸

포괄-열거 위험담보

Q6 열거위험담보계약과 포괄위험담보계약에 대한 다음 설명 중 옳지 않은 것은?

① 열거위험담보계약에서는 필요한 위험만을 선택하여 가입할 수 있다.

② 열거위험담보계약에서 보험자로부터 손해보상을 받기 위해서 피보험자는 손해의 발생사실만을 입증하면 된다.

③ 포괄위험담보계약에서는 다른 보험계약에서 담보된 위험이 중복 가입될 가능성이 있다.

④ 포괄위험담보계약이 열거위험담보계약보다 일반적으로 담보범위가 넓고 보험료가 비싸다.

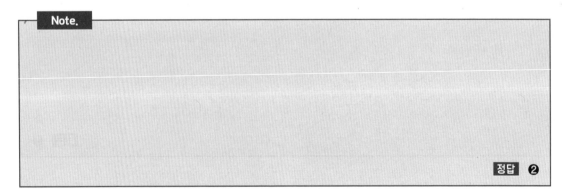

정답 ❷

보험계약의 부문

Q7 「골동품, 서화 등은 손실발생시 손해액 산정이 곤란하기 때문에 담보에서 제외한다」에서 규정하고 있는 면책사유로 옳은 것은?

① 면책손인(excluded peril)
② 면책재산(excluded property)
③ 면책손실(excluded losses)
④ 면책지역(excluded locations)

Note.

정답 ❷

Note.
• 진술(Representation) : 계약체결에 있어 전제가 된 사항으로 계약의 부수적 기능을 수행한다.
• 보증(Warranty) : 계약상 지켜야할 의무이자 약속으로 보증내용이 사실과 다르거나 지켜지지 않을 경우 보험금 지급을 거절할 수 있다.

보험계약의 일반적인 요건

Q8 다음 중 보험계약이 유효한 법적 계약으로서 성립되기 위하여 갖추어야 할 일반적인 요건으로 적합하지 않은 것은?

① 적법한 양식(legal form)
② 교환되는 가치(consideration)의 존재
③ 계약 당사자의 법적행위능력(competent parties)
④ 계약 목적의 합법성(legal purpose)

Note.

정답 ❶

PART 02 위험과 위험관리

Theme 1 위험이란

1. 위 험

(1) 손해발생의 불확실성

(2) 위태 + 손인 + 손해

(3) 위험(R) = 빈도(F) × 심도(S)

2. 손해발생의 불확실성

(1) 손해 : 사고로 인한 경제적(금전으로 평가할 수 있는) 지출

① 가치감소

② 사용손실 : 사용(가동)하지 못하여 발생하는 수익(소득)의 손실

③ 수리·대체비용

④ 특별비용 : 사고발생 후 복구하기까지의 영업손해, 회복비용

(2) 불확실성(= 우연성)

발생 여부, 발생시기, 손해액 등

3. 위태 + 손인 + 손해

(1) 위태 : 손해의 발생가능성을 증가시키는 제반사항

① 실제적(물리적)위태 : 실제하는 환경이나 행위(例 주유소에서 주유 중 흡연)

② 도덕적 위태 : (例 보험을) 악용하려는 심리

③ 방관적(정신적) 위태 : 위험관리를 태만하게 되는 심리

④ 법률적 위태 : 법률을 악용하여 발생하는 위태(例 무과실책임주의, 집단소송)

(2) 손인 : 손해의 발생원인

① 담보위험 : 보험약관에서 담보하는 위험

② 면책위험 : 보험약관에서 면책하는 위험

③ 비담보위험 : 보험약관에 명시되어 있지 않은 위험

4. 위험(R) = 빈도(F) × 심도(S)

(1) 위험(Risk) = 빈도(Frequency ; 사고발생확률) × 심도(Severity ; 손해액)

(2) 위험(Risk) = 위험(대비)비용(Cost) = 보험료(Premium)

5. 위험의 분류(= 손인의 분류)

(1) 순수위험 / 투기위험

① 순수위험 : 이익의 발생가능성 없이 손해만을 발생시키는 위험

② 투기위험 : 손해와 이익의 가능성을 동시에 내포하고 있는 위험

(2) 주관적 위험 / 객관적 위험

① 주관적 위험 : 본인에게만 존재하는 위험

② 객관적 위험(보험에서 담보) : 동일한 위험이 타인에게도 존재

(3) 근원적 위험 / 특정적 위험

① 근원적 위험 : 사회전체에 영향을 미치는 위험(예 전쟁, 천재지변, 경제공황)

② 특정적 위험(보험에서 담보) : 특정 집단이나 개인에게 국한된 위험

(4) 동태적 위험 / 정태적 위험

① 동태적 위험 : 사회변화와 밀접한 위험(물가상승, 소비변화)

② 정태적 위험(보험에서 담보) : 사회변화와 무관한 위험

(5) 단일 위험 / 누적 위험

① 단일 위험 : 독립된 위험

② 누적 위험 : 밀집되거나 연관된 위험으로 인수조건제한, 재보험, 공동보험 등의 방법을 통해 보험가입(예 밀집된 시장)

제2과목

Theme 2 위험관리

1. 위험관리의 목적

(1) 사전적(事前的. Before) 목적

① 자원 활용의 효율성 증가 : '최소비용으로 최대효과'

② 심리적 안정, 신용증가

③ 보험가입시 유리한 조건 형성(예 보험료 인하)

(2) 사후적(事後的. After) 목적

지속적 영업활동, 수익 안정성 증가

2. 위험관리의 효과

(1) PML(Probable Maximum Loss ; 최대추정손해액)의 감소

(2) 보험료 산출의 정밀성 증가

(3) (영업, 경영)활동의 안정성 증가

(4) 향후 위험관리비용 감소

3. PML — MPL

(1) PML(Probable Maximum Loss ; 최대추정손해액)

① 사고발생시 손해를 감소시킬 수 있는 '통상적 조건(예 방화벽, 소방장치)'을 고려

② PML < 실제가치(가액)

③ 장점 : 보다 현실적인 손해액 산정이 가능하므로 보험에서(보험가액, 보험료 등 결정시) 주로 적용한다.

④ 단점 : 주관적 판단 요소의 개입 가능성이 크다.

(2) MPL(Maximum Possible Loss ; 최대가능손해액)

① 이론적으로 가능한 '최악의 조건'에서의 최대 손해

② MPL = 실제가치(가액)

③ 장점 : 객관성이 높다.

④ 단점 : 비현실성이 높다.

Note.

VaR(Value at Risk ; 최대예상손해액)
JP Morgan에서 최초로 개발한 리스크 계량화 지표로서, 주가, 금리, 환율 등의 위험요소에 대한 변동성을 분석하여 산출한 자산가치의 최대손실을 의미한다.

Note.

기대효용이론

Theme 3 위험관리기법

Ⅰ. 통제기법

1. 엔지니어링 기법 / 인간공학적 기법

(1) 엔지니어링 기법

위험통제에서 외형적 요소를 강조하는 기법이다. 예를 들어 해당 건물의 구조나 소방시설, 주변 환경 등을 통제요소로 둔다.

(2) 인간공학적 기법

위험통제에서 인간의 행동과 심리적 요소를 강조하는 기법이다. 예를 들어 안전교육이나 위험관리에 대한 동기부여 등을 통제요소로 둔다. 도미노 이론이 대표적 인간공학적 기법이다.

2. 도미노 이론(Heinrich)

(1) 의 의

사고는 인간의 불안전한 행위를 중심으로 일어나는 여러 단계의 연쇄적 사건에 의해 발생한다. 따라서 중간단계(요소)를 제거하는 것, 그 중에서도 인간의 과실과 같은 개인적 결함에 대한 위험요소를 제거하고 관리하는 것을 중시하며, 꼭 손해가 발생하지 않더라도 원인이 되는 중간단계를 찾아 원인을 분석하는 것이 중요하다.

(2) 단 점

불가항력이나 천재지변 등에 대한 적용이 어렵다.

(3) 도미노이론 5단계

1단계	2단계	3단계	4단계	5단계
• 선천적(환경적) 결함 • 환경, 유전 등	• 개인적 결함 • 인간의 과실 • 안전무시, 무모한 행동 등	• 불안전한 행동 또는 상태 • 물리적 또는 기계적 위험 상태 • 위 태	사 고	손 해

참고　신도미노 이론(Bird)

1단계	2단계		3단계	4단계	5단계
통제, 관리 부족	기본원인		• 불안전한 행동 또는 상태 • 물리적 또는 기계적 위험상태 • 위 태	사 고	손 해
	개인적 요인	작업상 요인			
		• 기계결함 • 작업기준 미미			

Note.

사슬개념 · 에너지방출이론 · ToR

Ⅱ. 재무기법

1. 보유

(1) 경상비 처리

위험의 빈도와 심도가 낮고, 기업규모가 크고 재정건전성이 좋은 경우 적용하는 방법이다. 단점은 고심도 사고에 대한 대비가 어렵다.

(2) 적립금

경상비 처리에 비해 고심도 사고에 대한 대비율을 높일 수 있다(그러나 기본적으로 위험을 '보유'하는 방법은 고심도 사고에 대한 대비가 충분하기 어렵다).

(3) 자가보험(Self-Insurance)

마치 보험에 가입한 것처럼 스스로 위험을 대비하는 형태로 장점은 ① 부가보험료를 절약하고, ② 자원(자금)활용성을 높이며, ③ 위험관리의 적극성이 증가한다. 그러나 단점으로는 ① 고심도 사고에 대한 대비가 어렵고, ② 전문보험서비스가 제공되지 않으며, ③ 자가보험조직을 운영해야 하는 부담이 있다.

(4) 종속보험사(Captive-Insurance)

자회사 형태의 보험사로 장점은 ① 보험료 절감, ② 이익캡티브를 통한 이익추구, ③ 재보험가입에 유리한 조건형성, ④ 세제 혜택 등이 있다. 단점은 ① 모회사에 재정부담을 줄 수 있고, ② 기업조직으로의 법적의무, 제재, 과세 부담, ③ 대재해에 대한 대비가 어렵다는 점이 있다.

2. 전가

(1) 비보험적 전가

① 예 : 보증계약, 책임인수계약, 책임면제계약, 계약상 가중책임 등
② 장점 : 보험에 가입하기 어려운 다양한 위험을 대비할 수 있고, 보험료에 대한 비용을 활용할 수 있다.
③ 단점 : 위험대비에 대한 전문성이 떨어진다.

(2) 보험

① 장점 : 위험대비에 대한 전문성을 갖출 수 있고, 보험의 이점을 누릴 수 있다.
② 단점 : 보험가입이 어려운 위험이 존재할 경우 대비하기 어렵고, 보험료가 비용으로 발생한다.

Note.

위험관리성향

Note.

ART(Alternative Risk Transfer)

보험요율과 경영

Theme 1 준비금 · 경영평가

Ⅰ. 준비금

(1) 책임준비금

보험회사가 보험계약자와 약정한 보험금이나 환급금 등의 지급을 이행하기 위하여 적립하는 부채로서 보험회사 부채의 대부분을 차지하고, 보험계약자 보호를 위하여 법적의 그 적립을 강제하고 있다.

① 보험계약부채
② 재보험계약부채
③ 투자계약부채

(2) 비상위험준비금(손해보험)

예상사고율을 초과하는 위험에 대비하여 책임준비금에 추가하여 적립하는 금액으로 당해 사업연도 보험료 합계액의 50/100(보증보험 150/100) 범위 안에서 금융위원회가 정하는 기준에 따라 계상하여야 한다.

Ⅱ. 경영평가

1. 손해율

(1) 의 의

1회계연도 동안의 보험료 수입과 발생손해액의 비율로 순보험료 적정성의 지표가 된다.

손해율	(발생손해액 / 경과보험료) × 100(%)
발생손해액	지급보험금(손해사정비용 포함) − 기초 지급준비금 + 기말 지급준비금

(2) 산정방법

① 원수 손해율

(해당연도 지급보험금 / 해당연도 수입보험료) × 100	
장 점	계산이 간편하다.
단 점	각 보험계약기간에 대한 보험료와 보험금이 일정하지 않을 경우 정확도가 떨어진다.

② 경과연도 손해율

(해당연도 책임기간 中 발생손해액 / 해당연도 책임기간 中 경과보험료) × 100	
장 점	원수 손해율보다 정확하다.
단 점	발생손해액과 경과보험료를 산정해야 하므로 원수손해율보다 복잡하다.

③ 증권연도 손해율

(해당연도 계약의 발생손해액 / 해당연도 계약의 경과보험료) × 100	
장 점	가장 정확하다.
단 점	책임기간 종료 전에는 정확성이 떨어진다.

2. 사업비율

보험자의 사업비용이 보험료에서 차지하는 비율로 보험경영 효율성을 평가하는 지표

사업비율 = 발생사업비 / 수입보험료

3. 합산비율

보험경영 최종 수익성 평가의 최종지표

손해율 + 사업비율	
흑 자	100% 미만(98% ~ 100%가 이상적)
적 자	100% 초과

Theme 2   보험요율

1. 보험요율

보험료 산정의 기초가 되는 비율 = 보험금액에 대한 보험료의 비율 = 위험단위당 가격

2. 요율산정의 원칙

(1) 규제상 원칙(보험소비자 보호)

충분성	보험료는 모든 손실을 지급할 수 있을 정도로 충분하여야 한다.
적정성	실제 손실에 비해 과도해서는 안 된다.
공평성	동일 위험에는 동일한 보험요율이 적용되어야 한다.

(2) 경영상 원칙

안정성	안정적으로 유지될 수 있어야 한다.
단순성	적용을 함에 있어 쉽고 간편해야 한다.
탄력성	위험과 각종 환경변화에 탄력적으로 대응할 수 있어야 한다.
손해방지유도	소비자들의 손해방지를 유도할 수 있도록 하여야 한다.

3. 구 성

(1) 영업보험료

$$순보험료 + 부가보험료 = 순보험료 / (1 - 사업비율)$$

(2) 영업보험요율

순(위험)보험요율		보험금 지급을 위해 산출되는 요율
부가보험요율	사업비율	• 사업경비에 대한 요율 • 보험자의 사전적 통제(영업전략 등)가 가능하다.
	이익률	• 적정 지급능력유지와 영리를 위한 요율 • 통상 영업보험요율의 5%

4. 요율산정 방법

(1) 집단요율(등급요율)

의 의	유사한 위험을 가진 가입자들을 위험등급에 따라 분류한 뒤 동일한 위험을 가진 집단에 대해 평균치 요율을 동일하게 적용하는 것
종 류	• 순보험료법 • 손해율법
장 점	• 신속, 간편 • 비용↓ • 보험요율 충분성 확보 용이
단 점	• 평균치 요율 적용으로 공평성・적정성↓ • 위험집단의 세분화 추세로 인해 집단의 크기가 감소하고 이에 따라 대수의 법칙에 대한 정확성이 떨어지고 있다.

① 순보험료법 : 최초의 요율을 구하는 방법

$$발생손해액 + 손실처리비용 / 위험단위 수$$

> **기출**
>
> 자동차보험에 30만대의 차량이 가입되어 있고 지난 1년간 발생된 손실 및 손실처리경비의 합이 300억원이라고 할 경우 위험단위당 순보험료를 구하시오.
>
> **정답** 300억원 / 30만대 = 10만원/대

② 손해율법 : 기존요율을 수정하는 방법

조정률	(실제손해율 − 기대손해율) / 기대손해율
실제손해율	(발생손해액 + 손실처리비용) / 경과보험료
기대손해율	(기대손해액 + 기대손실처리비용) / 총보험료

예 제

다음 A보험회사의 2019년도 결산보고를 통해 2020년도 보험요율 조정률을 구하시오.

- 예상손해율 60%
- 실제손해 및 손해처리경비 200만원
- 경과보험료 400만원

정답 실제손해율 = 200만원 / 400만원 = 50%
기대손해율 = 60%
조정률 = (50% − 60%) / 60% = −16.7%(요율인하)

(2) 개별요율

개별 보험계약당 적용되는 요율로 집단요율의 공평성과 적정성 문제를 보완할 수 있다.

① 판단요율법 : 위험의 종류가 너무 다양하여 동질성을 갖추기 어렵고, 그에 따라 신뢰할 만한 통계자료 확보도 어려워 보험자의 판단에 의해 적용(주로 해상보험)

② 경험요율법

  ⓐ 과거 통계를 통해 표준보험요율 산정 후 이를 기준으로 위험에 따라 인상·인하

  ⓑ 단점 : 통계기간이 필요하기 때문에 신속한 대응이 어렵다.

③ 소급요율법

보험기간 개시시 표준보험료를 지불하고 보험기간 만료시 실제손해에 따라 추가보험료를 정산하는 방식이다.

> 보험자의 보험료 충분성 미확보 부담↓, 보험계약자의 보험료 낭비부담↓

④ 예정요율법

  ⓐ 동일위험 분류에 대한 기준보험요율 산정 후 각 위험의 특수성을 반영하여 최종요율을 산정

  ⓑ 장점 : 사고방지 유도(자동차보험, 화재보험, 배상책임보험 등)

  ⓒ 단점 : 비용↑, 집단세분화에 따른 문제↑

Theme 3　언더라이팅 · 손해사정

Ⅰ. 언더라이팅(Underwriting)

1. 의 의

보험자가 보험가입 신청된 위험을 선택하고 분류하는 일련의 과정

(1) 위험 선택

보험가입 신청자의 개별위험을 평가하여 인수 또는 거절을 결정하는 행위

(2) 위험 분류

선택된 개별위험을 유사한 집단으로 분류하는 과정

2. 기 능

(1) 역선택, 보험범죄 등 방지

(2) 적절한 보험료 산정

(3) 손해율↓, 수익성↑, 안정성↑

3. 원 칙

(1) 회사의 언더라이팅 기준 설립 · 준수

(2) 요율계층(집단)의 균형 유지

(3) 인수위험 형평성 유지 → 공평한 요율 적용

4. 수 행

정보수집 → 평가 → 결정 → 통보 → 감시

(1) 정보수집

① 설계사
② 청약서 질문표
③ 진단의
④ 실사(실제 · 직접조사)

(2) 평 가

① 보험요율 적정성
② 계약갱신 여부
③ 재보험 가능성 : 재보험 가능성이 낮고 거래조건이 나쁠수록 언더라이팅이 더 엄격해진다.

감독규제와 경제환경이 보험요율에 영향을 미치는 주기

감독규제 주기	영업이익↑ → 요율유지 또는 인상지연 → 영업이익·보험공급↓ → 요율↑ → 영업이익↑
경제적 주기	영업이익↑ → 사업확장·경쟁심화 → 요율↓ 탄력성 효과↓ (비탄력적) → 영업이익↓ → 요율↑ → 영업이익↑

(3) 결 정

① 인수 / 거절

② 조건부 인수

(4) 통보 · 감시

① 인수 결정의 통보

② 감 시

(5) 손해사정과의 관계

① 계약조건 이행 여부 점검

② 미흡한 언더라이팅의 보완(보험금 누수 방지)

③ 다음 언더라이팅에 반영

Ⅱ. 손해사정

1. 손해사정사의 의무

(1) 손해사정서의 교부 및 설명의무

① 보험자가 선임할 경우 : 보험자에게만 교부

② 가입자가 선임할 경우 : 보험자, 가입자에게 교부

(2) 허위 · 은폐 등 금지행위에 대한 책임

① 민사적 책임 : 피해자에 대한 손해배상

② 형사적 책임

③ 행정적 책임 : 등록취소, 영업정지 등

2. 업 무

(1) 검정(Survey)

① 사실관계 확인

② 기초정보 수집

③ 사고, 손해액, 계약사항 등 조사

(2) 정산(Adjustment)

① 검정에서 확인된 손해액을 기초로 약관상 보험금 결정

② 지급 및 구상

3. 손해사정비용

(1) 종 류

① 손해조사비 : 보수, 감정료, 출장비 등

② 증빙서 발급비용

③ 기타 : 교통비, 통신비 등

(2) 부 담

① 원칙 : 보험자 부담(상법 제676조 제2항)

② 피보험자 부담

ⓐ 열거위험담보방식

ⓑ 피보험자가 손해사정사를 선임한 경우

③ 항목별 부담 여부

ⓐ 증빙서류 발급비용 : 보상하지 않는다(주장책임의 원리).

ⓑ 기타비용 : 개별적 판단

4. 이재(사고)조사협조 조항

(1) 원보험계약

① 상법상 의무 : 통지의무, 손해방지의무, 대위권 협조의무 등

② 그 밖에 약관조항 존재

(2) 재보험계약

① 일반적 원칙 : 원보험자(출재보험자)의 결과에 따름(Follow the fortune clause)

② 협의처리조항(Claim cooperation clause)

ⓐ 사고금액이 크고 재보험자(수재보험자)의 지분이 큰 경우

ⓑ 재보험자의 전문성이 필요한 경우

PART 04 재물보험

Theme 1 손해보상(공통)

I. 손 해

1. 통상손해 · 특별손해

(1) 통상손해

사고로 인해 피해자에게 당연히 발생할 것으로 추정되는 손해로 법률상 배상책임은 원칙적으로 통상손해를 기준으로 한다.

(2) 특별손해

통상손해를 넘는 특별한 사정으로 인한 손해로서 가해자가 사고 당시 알고 있었거나 알 수 있었던 피해자의 손해를 말한다.

2. 구 분

(1) 재물배상 손해

① 적극손해 : 수리비 등
② 소극손해 : 사용손실 손해 등

(2) 대인배상 손해

① 적극손해 : 치료비, 장례비, 간병비 등
② 소극손해 : 휴업손해액, 상실소득액 등
③ 위자료 : 정신적 손해

> **Note.**
>
> 직접손해 / 간접손해, 전손 / 분손

> **Note.**
>
> 공제(Deductible)

Theme 2 재물보험 종류

Ⅰ. 화재보험

1. 보험의 목적

(1) 당연물건(자동담보 목적물)

① 건물의 부속물, 부착물

② 집합보험 : 피보험자의 가족 또는 사용인의 물건(상법 제686조)

(2) 명기물건(기재가 필요한 물건)

① 화폐, 유가증권, *인지 등

② 귀금속, 귀중품

③ 원고, 설계도, 모형, 소프트웨어

*인지 : 수수료나 세금 따위를 낸 것을 증명하기 위하여 서류에 붙이는 종이 표

2. 지급보험금의 계산

(1) 요구부보비율 80%(화재보험 표준약관 제9조)

보험금액 ≥ 보험가액의 80%	보험가입금액을 한도로 손해액 전액. 그러나 보험가입금액이 보험가액보다 클 때에는 보험가액을 한도로 한다.
보험금액 < 보험가액의 80%	손해액 × (보험가입금액 / 보험가액의 80%)

(2) 초과보상 가능한 항목

① 손해방지비용

② 잔존물 보전비용

③ 대위권 보전비용

④ 보험자 협조비용

Ⅱ. 기업휴지보험

1. 의 의

사고로 사업이 중단되어 발생하는 사업적 손실을 보상하는 간접손실보험이다.

2. 보상하는 손해

(1) 이 익

사업이 지속되었을 경우 실현되었을 순이익

(2) 비 용

중단기간 중 계속 지출되는 비용

(3) 손해경감조치비용

복구기간을 줄이는 피보험자의 노력

※ **복구기간** : 사고발생 시부터 사고전 수준으로 원상회복되기까지의 기간

3. 간접 기업휴지보험

피보험자 소유·조업·통제하지 않는 다른 사업장의 손실로 인하여 피보험자의 사업이 중단될 때의 손해를 보상하는 보험

Theme 3 타보험약관조항 계산

01 보험금액 비례분담방식

보험금액	甲보험사 100	乙보험사 200	丙보험사 300
손해 150			
손해 200			
손해 600			

해설

보험금액	甲보험사 100	乙보험사 200	丙보험사 300
손해 150	150 × 100/600 = 25	150 × 200/600 = 50	150 × 300/600 = 75
손해 200	200 × 100/600 = 33.3	200 × 200/600 = 66.6	200 × 300/600 = 100
손해 600	600 × 100/600 = 100	600 × 200/600 = 200	600 × 300/600 = 300

02 독립책임액 분담방식

보험금액	甲보험사 100	乙보험사 200	丙보험사 300
손해 150			
손해 200			
손해 600			

해설

보험금액	甲보험사 100		乙보험사 200		丙보험사 300	
손해 150	독립책임액	100	독립책임액	150	독립책임액	150
	150 × 100/400 = 37.5		150 × 150/400 = 56.25		150 × 150/400 = 56.25	
손해 200	독립책임액	100	독립책임액	200	독립책임액	200
	200 × 100/500 = 40		200 × 200/500 = 80		200 × 200/500 = 80	
손해 600	독립책임액	100	독립책임액	200	독립책임액	300
	600 × 100/600 = 100		600 × 200/600 = 200		600 × 300/600 = 300	

03 초과액 분담방식

보험금액	甲보험사 300	乙보험사 500(초과액분담약관)
손해 200		
손해 350		
손해 900		

해설

보험금액	甲보험사 300	乙보험사 500(초과액분담약관)
손해 200	200	0
손해 350	300	50
손해 900	300	600 → 500(한도적용)

04 균등액 분담방식

보험금액	甲보험사 100	乙보험사 200	丙보험사 300
손해 300			
손해 600			
손해 700			

해설

보험금액	甲보험사 100	乙보험사 200	丙보험사 300
손해 300	100	100	100
손해 600	100	100 + 100 = 200	100 + 100 + 100 = 300
손해 700	100	100 + 100 = 200	100 + 100 + 100 = 300 (한도적용)

Theme 1 **법률상 배상책임**

1. 불법행위 책임

(1) 의 의

> **민법 제750조(불법행위의 내용)**   고의 또는 과실로 인한 위법행위로 타인에게 손해를 가한 자는 그 손해를 배상할 책임이 있다.

(2) 성립요건

객관적 요건	위법성 : 가해자의 위법한 행위가 있을 것
	손해발생
	인과관계 : 위법행위와 피해자 손해 간의 인과관계가 존재할 것
주관적 요건	가해자의 고의 또는 과실이 존재할 것
	가해자에게 책임능력이 존재할 것

① 위법행위

ⓐ 의의 : 타인의 법적이익을 침해하는 행위

ⓑ 조각사유 : 정당방위, 긴급피난

> **민법 제761조(정당방위, 긴급피난)**   ① 타인의 불법행위에 대하여 자기 또는 제3자의 이익을 방위하기 위하여 부득이 타인에게 손해를 가한 자는 배상할 책임이 없다. 그러나 피해자는 불법행위에 대하여 손해의 배상을 청구할 수 있다.
> ② 전항의 규정은 급박한 위난을 피하기 위하여 부득이 타인에게 손해를 가한 경우에 준용한다.

② 고 의

어떠한 행위가 일정한 결과를 발생시킨다는 것을 알면서도 행하는 것으로 미필적 고의를 포함한다.

③ 과 실

어떠한 행위가 일정한 결과의 발생을 예견할 수 있음에도 부주의로 그것을 인식하지 못한 것으로 대부분의 배상책임보험에서 담보하고 있다.

④ 책임능력

ⓐ 의의 : 자기의 행위에 대한 결과와 그에 따른 법률상의 책임을 인지할 수 있는 능력

ⓑ 불인정하는 경우 : 15세 미만자, 심신상실자

2. 계약상 배상책임(= 채무불이행 책임)

(1) 의 의

채무자가 계약상 의무를 불이행함으로써 채권자에게 지는 책임

> **민법 제390조(채무불이행과 손해배상)** 채무자가 채무의 내용에 좇은 이행을 하지 아니한 때에는 채권자가 손해배상을 청구할 수 있다. 그러나 채무자의 고의나 과실없이 이행할 수 없게 된 때에는 그러하지 아니하다.

(2) 성립요건

객관적 요건	위법성 : 가해자의 계약상 의무위반 행위가 있을 것
	손해발생
	인과관계 : 의무위반과 채권자의 손해간 인과관계가 존재할 것
주관적 요건	가해자의 고의 또는 과실이 존재할 것
	가해자에게 책임능력이 존재할 것

(3) 유 형

이행지체, 불완전이행, 이행불능

참 고 불법행위책임 vs 계약상 배상책임

	불법행위 책임	계약상 배상책임
의 의	법령상 위법행위로 인한 책임	계약상 의무불이행으로 인한 책임
효 과	손해배상청구권	① 채무이행청구권 ② 지연청구권 ③ 손해배상청구권
소멸시효	① 손해 및 가해자를 안 날~3년 ② 불법행위일~10년	10년(*상사채권 5년)
입증책임	피해자가 가해자의 고의 또는 과실과 손해 간의 인과관계를 증명해야 한다.	채무자가 본인의 무과실을 입증해야 한다.
적 용	제3자 배상책임보험	보관자 배상책임보험

*상사(商事) : 상행위로 인하여 발생한 채권

3. 계약상 가중책임(Contractual liability)

(1) 의 의

우연한 사고로 인한 법률상 배상책임이 아닌 제3자와의 사적인 계약을 통해 지게 되는 배상 책임

참고	계약상 가중책임과 계약상 배상책임의 차이

민법 제390조 계약상 배상책임은 계약당사자가 해당 계약의 의무를 불이행하였을 때 부담하는 책임지만 계약상 가중책임은 계약당사자가 아닌 제3자와 별도의 계약을 통해 그 계약을 이행함으로써 생기는 책임이다.

(2) 종 류

① 제3자의 법률상 배상책임을 인수하는 계약책임
  ⓐ Assumption of liability
  ⓑ Hold harmless clauses(책임인수조항)
② 법률상 배상책임액을 초과하는 금액을 지불하는 계약책임

(3) 배상책임보험에서의 보상

① 원 칙

면책이다. 기본적으로 채무불이행 책임보험은 A(피보험자, 채무자)가 채권자에게 배상책임을 지는 사고가 발생하면 보험자가 보상하는 것이다. 그러나 계약상 가중책임은 채권자(B)가 불특정 다수에게 배상책임을 지는 사고가 발생하면 그 책임을 A가 대신 지겠다는 계약을 맺고 그로 인한 A의 책임을 말한다. 그런데 만약 이 책임을 보험에 가입할 수 있다고 해보자. 보험자는 채권자(B)와 불특정 다수의 관계에서 발생할 수 있는 불특정한 사고의 종류와 발생가능성에 대한 정보를 얻을 수도 없고, 이를 사후적확률로 판단할 수도 없다. 보험자는 그저 A가 어떤 사고로 인해 지는 책임을 보상해줄 뿐이다. 따라서 보험자의 보상책임이 무한히 확대될 우려가 있게 된다.

② 예외(담보계약 ; Insured Contracts)
  ⓐ 도급공사 계약
  ⓑ 주택임대차 계약

4. 징벌적 배상책임

(1) 의 의

가해자의 악의가 더해진 행위로 손해가 발생한 경우 이를 징계, 방지하기 위하여 법률적 배상책임과는 별도로 적용되는 책임으로 영미법상 발전된 이론이다.

(2) 배상책임보험에서의 보상(KOR)

① 손해의 전보가 목적이 아니고, ② 악의적 행위를 보상한다는 것에 공서약속에 반하므로 면책하고 있다.

Theme 2 　과실상계

Ⅰ. 과실상계 · 손익상계

1. 과실상계

(1) 의 의

피해자의 사고에 대한 과실만큼 손해배상액에서 감액하는 것

(2) 요 건

① 피해자에게 과실이 존재할 것

② 과실과 사고 간에 인과관계가 존재할 것

③ 피해자에게 사리변별능력이 존재할 것

2. 손익상계

(1) 의 의

사고로 인하여 손해와 동시에 이익도 얻은 경우 그 이익을 손해배상액에서 공제하는 것

(2) 요 건

① 손해와 동시에 이익이 발생할 것

② 이익과 사고간의 인과관계가 존재할 것

③ 손해보전 목적의 이익일 것

3. 과실상계와 손익상계의 적용

과실상계 후 손익상계한다.

예제

최종 지급보험금을 구하시오.

- 피해자 손해액 : 1,000만원
- 가해자로부터 받은 위로금 : 100만원
- 피해자과실 : 20%

정답 1,000만원 × (1 − 0.2) − 100만원 = 700만원

Ⅱ. 과실책임·무과실책임

1. 과실책임주의(= 자기책임주의)

(1) 의 의

자기의 고의 또는 과실에 의한 행위에 대하여만 책임을 진다는 원칙으로 법률관계는 개인의 자유로운 의사를 바탕으로 이루어지므로 그 책임도 그의 의사에 의한 것이어야 한다는 것이다. 과실책임주의는 사적자치의 원칙과 함께 현대 민법의 기본원리로 개인의 자유로운 활동을 보장하려는 것이다.

(2) 입증책임

① 입증책임자 : 손해배상청구권자(= 피해자)
② 입증내용 : 가해자의 고의 또는 과실과 손해와의 인과관계 존재

(3) 배상책임보험 적용

① 과 실
대부분의 보험에서는 과실로 인한 손해를 담보한다.
② 고 의
면책(예외특약 : 인권침해, 무체물 담보)

2. 무과실책임주의

(1) 의 의

가해자의 행위와 손해간 인과관계만 있다면 그 행위에 고의 또는 과실이 없어도 가해자가 부담하게 되는 책임

(2) 취 지

가해자와 피해자의 사회적 불평등 해소

(3) 근거이론

① 위험책임주의
공공의 위험을 야기시키는 자는 그로 인하여 생기는 손해에 대한 책임을 부담하여야 한다.
예 제조업, 광업, 원자력 산업 등
② 보상책임주의
이익을 얻는 과정에서 타인에게 손해를 끼쳤다면 그 이익에서 배상함이 공평하다.
예 산재보험

(4) 입증책임

① 가해자 과실 추정
가해자에게 과실이 있다고 추정하고, 이를 통해 입증책임의 전환이 일어난다.
② 입증책임의 전환
가해자가 본인의 무과실을 주장하여야 한다.

(5) 배상책임보험 적용

① 산재보험

② 원자력 배상책임보험

③ 제조물 배상책임보험

Ⅲ. 과실책임 방어논리(= 가해자의 항변사유)

1. 기여과실(Contributory negligence)

피해자가 무과실일 경우에만 가해자에게 배상청구가 가능하다. 너무 엄격하여 거의 적용하지 않고 있다.

2. 명백한 최후회피기회(Last clear chance)

가해자가 최후회피의 기회가 있었음에도 불구하고 사고가 발생하였다면 배상청구가 가능하다. 기여과실에 대비되는 이론이다.

예 무단횡단은 위법이지만 가해자가 사고를 피할 수 있었다면 가해자의 책임이 인정된다.

3. 비교과실(상계과실 ; Comparative negligence)

(1) 의 의

피해자의 과실비율만큼 손해배상금에서 감액

(2) 종 류

① 순수 비교과실 : 언제나 과실비율을 적용

② 수정 비교과실 : '가해자 과실 > 피해자 과실'일 경우에만 가해자의 책임을 인정

예제

비교과실에 따른 A의 B에 대한 최종 배상금액은 얼마인가?

- A : 손해액 100만원, 과실비율 40%
- B : 손해액 200만원, 과실비율 60%

정답 (200만원 × 0.4) − (100만원 × 0.6) = 20만원

---

4. 리스크의 인식(위험의 인정 ; Assumption of risk)

특정 업무·활동에 따른 특정위험을 인지하고 있을 경우 해당 업무·활동 중 손해는 배상청구가 어렵다.

예 축구선수의 축구시합 중 부상

Ⅳ. 과실 수정법리

1. 전가 과실책임

특정 조건 하에서 한 사람의 과실이 다른 사람에게 전가될 수 있는 것

㉮ 사용자 책임, 책임무능력자에 대한 감독자 책임

2. 추정 과실책임

(1) 의 의

가해자에게 과실있다고 추정하고 입증책임이 전환되는 것

(2) 요 건

① 통상적으로 가해자에게 과실있다고 추정될 수 있는 상황

② 피해자의 상황에 대한 통제력 無

③ 피해자의 사고발생기여 無

3. 유혹(유인) 과실책임

사고가 발생할 수 있는 유인적 요소를 제공한 자의 책임

㉮ 어린이가 미관리 수영장에서 놀다 발생한 익사사고

(예외) 주택의 무단침입자에 대한 안전의무는 없다(어린이 제외).

4. 법정과실

법규의 위반사실만으로 과실이 인정되는 것으로 미국법에서 적용되고 있다.

Ⅴ. 가해자 과실산정이론(절대설 · 가해자 위법성설 · 상대설)

문제를 통해 설명해 보자. 아래 사항에 대해 '가해자의 최종 과실'을 구하면

> 손해액 : 100만원
> 가해자 과실 : 60%
> 피해자 과실 : 30%
> 원인미상, 불가항력요소 : 10%

만약 원인미상, 불가항력이라는 요소가 없다면 기본적으로 60%가 가해자의 과실이다. 하지만 원인 미상, 불가항력요소가 있다면 이것을 어떻게 적용할 것인가가 문제가 된다.

1. 절대설

(1) 원인미상, 불가항력요소 : 가해자 부담

(2) 현재 판례입장

(3) 자동차사고에서는 차 대 사람 사고일 때 적용한다.

(계산) 가해자 과실 : 60% + 10% = 70%

2. 가해자 위법성설

(1) 절대설의 반대입장

(2) 피해자 과실은 가해자의 위법성을 감소시키는 요소일 뿐이다.

(3) 원인미상, 불가항력적 요소 : 가해자 부담 無(= 피해자 부담)

(계산) 가해자 과실 : 60%

3. 상대설

(1) 원인미상, 불가항력요소 : 과실비율대로

(2) 자동차 사고 : 차 대 차 사고

(계산) 가해자 과실 : 60% + (10% × 60/90) ≒ 66.66%

Ⅵ. 교차책임주의 · 단일책임주의

1. 의 의

차 대 차 쌍방과실사고에서 자기차량손해와 대물배상손해를 산정하는 이론

2. 교차책임주의

	손 해	과 실
A(가해자)	200	80%
B(피해자)	100	20%

대물배상(A가 B에게 배상) : 100 × 80% = 80

자기차량손해(B가 본인 보험에서) : 20

3. 단일책임주의

	손 해	과 실
A(가해자)	200	80%
B(피해자)	100	20%

대물배상 : 300 × 80% − 200 = 40

자기차량손해 : 60

4. 비 교

	대물배상	자기차량손해
교 차	80	20
단 일	40	60

단일책임주의의 경우 가해자(A)는 본인과실(80)에 비해 과소(40)하게 책임을 지고, 피해자(B)는 본인과실(20)에 비해 과다(60)하게 책임지고 있다. 따라서 교차책임주의가 보다 합리적이다.

기타보험

Theme 1 재보험

1. 재보험 종류별 특징

(1) 임의 재보험

특 징	신규위험, 비통상적인 위험 등에 주로 적용한다.
장 점	원보험자가 계약별 임의적으로 출재할 수 있다.
단 점	① 재보험자 입장에서 원보험자의 역선택 위험이 존재한다. ② 재보험 처리시간, 비용, 절차 ↑

(2) 특약 재보험

① 비례적 재보험

원수보험자의 재무적 부담 완화와 인수능력을 향상시킨다.

ⓐ 비례 재보험

장 점	① 일정비율 이상을 재보험자에게 출재하기 때문에 원보험자 입장에서 신규위험, 비통상적인 위험 등을 담보하기에 적합하다. ② 전가율이 높고, 원보험자의 미경과보험료적립금 경감효과가 가장 크다. ③ 처리절차가 비교적 간편하다.
단 점	소액계약의 강제적 재보험 출재로 불필요한 보험료가 유출된다.

ⓑ 초과액 재보험

장 점	원보험회사가 일정범위 내의 위험을 담보하기 때문에 소액계약의 강제적 출제가 적다.
단 점	처리절차, 비용 ↑

② 비비례적 재보험(초과손해액 재보험)

장 점	① 원보험회사는 손해액의 크기에 상관 없이 보유액 이상의 손해를 입지 않게 되므로, 대형사고로부터 안정성을 확보할 수 있다. ② 보험물건별로 보유액과 출재액을 계산하지 않기 때문에 재보험 처리절차가 간편하고 비용이 적게 든다.
단 점	적정수준의 보유액을 결정하는데 고도의 전문성을 요한다.

2. 조 항

(1) Cut-through Clause(직접지급조항)

재보험자가 원보험자 대신 피보험자에게 재보험금을 직접 지급한다.

(2) Follow the Fortune Clause(운명추정조항)

보험사고처리에 관하여 재보험자는 담보범위 내에서 원보험자의 (악의 없는) 처리에 따라야한다.

(3) Claim Cooperation Clause(이재처리협조조항)

원보험자와 재보험자간 사고처리에 관한 협조조항이다.

(4) Arbitration Clause(중재조항)

분쟁이 발생할 경우 소송 대신 중재에 회부할 것을 약속하는 조항으로 소송으로 인한 시간과 비용을 절약할 수 있다.

3. 금융재보험(Finite risk reinsurance)

(1) 의 의

금융적 방법으로 위험을 전가하는 방식이다. 여러 방식이 존재하며 한 예로, 사고가 발생하였을 때 보험을 가입하여 보험금을 받고 후에 이자와 함께 보험료를 내는 방식이 있다.

(2) 장ㆍ단점

장 점	이익증가
단 점	• 실질적 위험 전가보다 재무제표의 일시적 개선으로 활용될 가능성 • 회계장부의 왜곡가능성

(3) 유 형

① 소급형 : 이미 발생한 사고를 대상

   ⓐ TDP(Time and Distance Policy) : 원보험계약과 무관하게 약정된 일자에 약정된 재보험금을 지급

   ⓑ LPT(Loss Portfolio Transfer) : 과거 원보험계약에서의 보험금 지급책임을 인수

     → 지급준비금 할인재보험, 손실금이전 재보험, 역진전준비금 재보험

   ⓒ ADC(Adeverse Development Covers) : IBNR 적립금액의 초과분을 인수

② 장래형

   ⓐ FQS(Financial Quota Shares) : 금융비례재보험 → 미경과보험료를 출재하고 이를 통해 발생할 재보험자의 이익을 미리 출재수수료로 받음으로써 일시적으로 재무건전성을 회복할 수 있다.

   ⓑ SLT(Spread Loss Treaties) : 보험료와 보험금을 보험기간 동안 배분하여 적용시키는 방식으로 언더라이팅 실적의 안정화가 주목적이다.

01 원보험회사(A)는 재보험회사(B)와 원보험보유한도 50억에 대하여 초과액재보험특약을 체결하였다. 아래 원보험계약에 대한 재보험금을 구하시오.

	가입금액	손해액
계약 1	100억	9억
계약 2	150억	9억

해설

	초과액	초과분 비율	재보험금	
계약 1	50억	1/2	9억 × 1/2	4.5억
계약 2	100억	2/3	9억 × 2/3	6억

02 원보험회사(A)는 재보험회사(B)와 출재율 20% 보유액 50억에 대하여 비례초과재보험특약을 체결하였다. 아래 원보험계약에 대한 재보험금을 구하시오.

	가입금액	손해액
계약 1	100억	300억
계약 2	150억	300억

해설

	재보험 비례부담액	잔여 손해액
계약 1	300억 × 20% = <u>60억</u>	300억 − (100억 + 60억) = 140억
계약 2	300억 × 20% = <u>60억</u>	300억 − (150억 + 60억) = 90억

	초과액	초과분 비율	초과액 재보험금
계약 1	100억 − 50억 = 50억	1/2	140억 × 1/2 = <u>70억</u>
계약 2	150억 − 50억 = 100억	2/3	90억 × 2/3 = <u>60억</u>

	최종 재보험금
계약 1	<u>60억</u> + <u>70억</u> = 130억
계약 2	<u>60억</u> + <u>60억</u> = 120억

1. 공동보험

(1) 의 의

① 복수 보험자의 공동보험

하나의 위험을 복수의 보험자가 인수하는 것이다. 일반적으로 간사회사(幹事會社)를 정하여 각 보험회사를 대표하여 보험계약자와 업무를 진행한다.

공동보험	재보험
각 보험자간 수평적 위험분산	원보험자 – 재보험자 수직적 위험분산

② 피보험자 – 보험자 공동보험조항

손실 발생시 피보험자로 하여금 손실의 일부를 부담하게 하는 조항이다. 보험계약자간 보험요율의 형평성을 유지하는데 목적이 있고, 위험관리를 유도함으로써 손실발생 방지의 효과를 거둘 수 있다.

예 요구부보비율 약관조항

2. 기업포괄 배상책임보험(Umbrella Policy)

기업활동에서 일어날 수 있는 모든 배상위험을 하나의 보험증권으로 담보하는 보험으로 국내에서는 그 적용이 미비하고 해외진출기업 등 비교적 대규모이고 광범위한 사업을 영위하는 기업에 적합하다 (개인 배상책임에 활용되기도 한다). 일반적으로 영업배상책임보험과 같은 기초담보증권을 소유하고 있을 것을 요건으로 하고, 보험사고발생시 기초담보증권에서 일차적으로 보상하고, 그 한도를 초과하는 손해를 보상하는 초과보험계약(Excess coverage)의 형태를 띤다.

3. 기업신용보험

기업이 정상적 사업과정에서 다른 기업과 신용 거래시 채무자의 파산 또는 지급불능으로 인한 외상매출금의 회수불능위험 등에 대한 비정상적 신용손실을 보상하는 보험이다. 기업의 불량채무손실을 감소시키고 거래 상대방이 지급불능시 효율적인 회수 및 구조서비스를 제공한다.

참 고   통상적 신용손실과 비정상적 신용손실

• 통상적 신용손실 : 총 매출액의 일정 퍼센트에 해당하는 손실
• 비정상적 신용손실 : 통상적 신용손실을 초과하는 손실

---

4. 권원보험(Title insurance)

부동산에 대한 권리를 보전해주는 보험으로 매입하고자 하는 부동산의 소유권과 이와 관련된 일체의 서류에 등기된 내용이 같다는 보증이다(소유자증권, 저당권자증권). 부동산 매입시 대금을 지불하고 얻게 되는 권리에 대한 하나의 보증수단으로 활용된다.

5. 풍수해보험

*풍수해보험이란 풍수해로 인해 주택, 온실(비닐하우스), 소상공인의 상가·공장이 피해를 입었을 때 보상받을 수 있는 보험이다. 행정안전부가 관장하고 민간보험사가 판매·운영하고 있으며, 보험료는 보험상품에 따라 70~92%를 국가에서 지원해주고 있다.

*풍수해 : 강풍과 물에 의한 재해를 모두 지칭하는 말

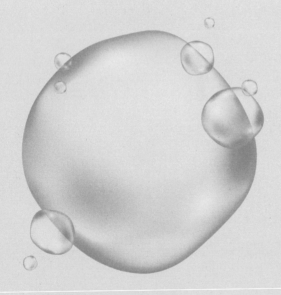

가장 빠른 지름길은
지름길을 찾지 않는 것이다.

- 다산 정약용 -

Drill
(드릴)

Basic Drill

LVup Drill

Basic Drill

01 대재해적 손실위험이 보험대상이 되기 어려운 이유에 대한 설명으로 옳지 않은 것은?

① 도덕적 위태와 가능성이 크다.
② 보험자 담보능력을 넘어설 수 있다.
③ 대수의 법칙 적용이 어렵다.
④ 손실에 대한 예측가능성이 낮다.

정답 ①

해설 대재해적 손실위험은 보험경영 목적상 보험대상이 되기 어렵다.

02 보험가능한 위험의 요건과 가장 거리가 먼 것은?

① 손실의 발생시기나 발생 그 자체가 우연적인 것
② 합리적으로 예견할 수 있을 정도로 다수이고 동질적인 것
③ 금전적인 가치로 측정할 수 있는 손실
④ 우연적이며 발생확률이 낮고 손실의 심도가 크지 않는 위험

정답 ④

해설 일반적으로 빈도는 낮고, 심도가 큰 위험이 보험에 담보하는 위험이다.

03 다음 보험가능 리스크의 요건 중 피보험이익의 원칙과 가장 관련이 깊은 것은?

① 다수의 동질적 리스크
② 손실의 우연성
③ 확정 가능한 손실 규모
④ 측정 가능한 손실 발생 확률

정답 ③

해설 피보험이익은 경제성, 확정성, 적법성을 원칙으로 한다.

04 다음 중 보험의 특성으로 보기 어려운 것은?

① 리스크의 분담
② 리스크의 전가
③ 우연적 손실의 보상
④ 도덕적 해이의 감소

정답 ④

해설 보험은 도덕적 해이가 증가하는 특성을 가진다.

05 다음 중 보험가능 리스크의 요건이 비교적 덜 엄격하게 적용되는 보험종목은?

① 고용보험 ② 화재보험
③ 상해보험 ④ 배상책임보험

정답 ①

해설 고용보험은 사회적 목적으로 운영되는 공보험으로 사보험이 가지는 위험의 일반적인 요건들이 덜 엄격하게 적용된다.

제2과목

06 어떤 보험상품에서 p = 보험료, q = 보험금액, m = 보험가입자의 수, n = 보험사고 발생건수라 할 때, 급부·반대급부균등의 원칙을 표현한 것으로 옳은 것은?

① $pq = mn$
② $np = mq$
③ $p = \dfrac{n}{m}q$
④ $p = \dfrac{m}{n}q$

정답 ③

해설 급부반대급부균등의 원칙
• 보험료 = 사고확률 × 보험금액
• 사고확률 = 보험사고 발생건수 / 보험가입자의 수

07 다음 중 보험료불가분의 원칙과 가장 밀접한 관련이 있는 개념은?

① 보험계약기간
② 보험기간
③ 보험책임기간
④ 보험료기간

정답 ④

해설 보험료불가분의 원칙
보험료기간에 해당하는 보험료는 나눌 수 없다.

08 다음 중 최대선의의 원칙 실현(principle of utmost good faith)을 위한 제도와 (관련하여) 가장 거리가 먼 것은?

① 고지(representation)
② 대위(subrogation)
③ 은폐(concealment)
④ 보증(warranty)

정답 ②

해설 대위(subrogation)는 이득금지의 원칙과 관련이 있다.

09 보험계약의 최대선의성의 원칙이 손해보험 계약상에 구현된 제도라고 할 수 없는 것은?

① 사기로 인한 중복보험시 보험계약의 무효
② 고지의무제도와 위험변경·증가시 통지의무
③ 보험자대위
④ 손해방지경감의무

정답 ③

해설 보험자대위는 이득금지의 원칙과 관련이 있다.

10 다음의 보험관련 원칙 중 도덕적 위태(moral hazard)를 완화 할 수 있는 원칙과 가장 거리가 먼 것은?

① 수지상등의 원칙
② 피보험이익의 원칙
③ 실손보상의 원칙
④ 대위변제의 원칙

정답 ①

해설 수지상등의 원칙은 보험료 산출과 관련된 원칙이다.

11 다음 중 도덕적 위태의 경감 또는 예방과 가장 관련이 깊은 것은?

① 전부보험
② 대체비용보험(replacement cost insurance)
③ 일부보험
④ 중복보험

정답 ③

해설 일부보험은 피보험자로 하여금 손해액의 일부를 부담하게 하여 도덕적 위태를 경감하는 기능을 한다.

12 다음 중 도덕적 위태를 방지할 수 있는 수단으로 적절하지 않은 것은?

① 실손보상제도의 운용
② 보험계약자의 해지권 인정
③ 보험 인수요건의 강화
④ 손해사정시의 조사 강화

정답 ②

해설 보험계약자의 해지는 도덕적 위험과 관련이 없다.

13 보험사기에 대한 설명으로 가장 적절하지 못한 것은?

① 사회전반적인 관용적 태도가 한 가지 원인이다.
② 우연한 사고와는 관계가 없다.
③ 적발시 처벌을 강화하면 줄일 수 있다.
④ 조사활동을 강화하면 줄일 수 있다.

정답 ②

해설 보험사기는 보험계약의 사행(우연한 이익을 기대하는)계약성에서 시작된다.

14 다음 중 역선택을 감소시키는 효과가 가장 큰 것은?

① 고지의무　　　　　　　　② 경험요율
③ 공동보험　　　　　　　　④ 보험자대위

정답 ①

해설 고지의무는 보험가입자의 역선택을 보험계약 체결 시에 직접적으로 감소시키는 기능을 한다.

15 보험의 도덕적 위험을 방지하기 위한 상법상 규정과 관계가 없는 것은?

① 보험계약자 등의 불이익변경금지
② 보험사고의 객관적·주관적 확정의 효과
③ 사기로 인한 초과보험의 무효
④ 손해방지의무

정답 ①

해설 보험계약자 등의 불이익변경금지는 보험자를 통제하기 위한 규정이다.

16 역선택 문제의 발생시점과 발생원인을 순서대로 바르게 배열한 것은?

	발생시점	발생원인
①	보험계약 체결이후	숨겨진 행동
②	보험계약 체결시점	숨겨진 행동
③	보험계약 체결이후	숨겨진 속성
④	보험계약 체결시점	숨겨진 속성

정답 ④

해설 역선택이란 A의 숨겨진 속성으로 B가 나쁜 선택을 하는 것이다.

17 다음 보험시장에서의 역선택에 대한 설명으로 옳지 않은 것은?

① 사후적 정보의 비대칭으로 발생한다.
② 중고 자동차 시장의 문제로 비유된다.
③ 불량위험체가 이익을 본다.
④ 역선택을 줄이기 위한 방법으로 고지의 의무조항이 있다.

정답 ①

해설 역선택은 사전적 정보의 비대칭으로 발생한다.

18 민영보험과 사회보험의 공통적인 특징으로 옳지 않은 것은?

① 우연한 사고로 인한 경제적 필요의 충족을 목적으로 한다.
② 다수 경제주체의 결합을 요건으로 한다.
③ 역선택의 문제가 발생한다.
④ 고의적 사고의 발생과 같은 도덕적 위태의 문제가 존재한다.

정답 ③

해설 사회보험은 역선택 문제가 발생할 여지가 적다.

19 보험과 도박을 비교한 다음 설명 중 옳지 않은 것은?

① 보험은 사전적 확률을 중심으로 하고 있으며, 도박은 사후적 확률에 기초하고 있다.
② 보험과 도박 모두 사행계약의 특성을 갖고 있다.
③ 보험은 이미 존재하고 있는 리스크를 대상으로 하고 있으나, 도박은 리스크를 새로이 창출한다.
④ 도박은 투기리스크의 성격을 갖고 있으나, 보험은 주로 순수리스크를 대상으로 한다.

정답 ①

해설 보험은 사후적 확률을 중심으로 하고 있으며, 도박은 사전적 확률을 기초로 하고 있다.

20 다음은 보험과 복권을 비교한 설명이다. 옳지 않은 것은?

① 보험은 기존의 리스크 전가이고, 복권은 새로운 리스크 창출이다.
② 보험은 사전적 확률에 근거하고, 복권은 사후적 확률에 근거한다.
③ 보험과 복권 모두 사행성 계약으로 분류된다.
④ 보험과 복권 모두 객관적 리스크로 볼 수 있다.

정답 ②

해설 보험은 사후적 확률에 근거하고, 복권은 사전적 확률에 근거한다.

21 다음 중 손해보험상품과 생명보험상품에 대한 설명으로 옳지 않은 것은?

① 손해보험은 실손보상 원리를 중시한다.
② 생명보험은 보험계약법상 인보험으로 분류한다.
③ 생명보험은 정액보험의 성격을 가진다.
④ 손해보험은 인명손실을 보상하지 아니한다.

정답 ④

해설 손해보험 중 책임보험은 인명손실을 보상하기도 한다.

22 다음 중 일반적으로 보험계약이 법적인 효력을 발휘하기 위하여 반드시 갖추어야 할 기본요건으로 적절하지 않은 것은?

① 청약과 승낙   ② 급 부
③ 합법적인 계약목적   ④ 적법한 양식

정답 ④

해설 보험계약은 일정한 형식을 요하지 않는 불요식 계약성을 가진다.

23 보험계약은 다수인을 상대로 동일한 내용의 계약을 체결하므로 정형화된 보험약관에 의하여 이루어진다. 이는 보험계약의 어떠한 법적 성질과 밀접한 관련이 있는가?

① 낙성계약성   ② 쌍무계약성
③ 선의계약성   ④ 부합계약성

정답 ④

해설 부합계약성
보험계약의 내용을 정형화한 약관을 통해 보험계약을 맺고 내용을 이행한다.

제2과목

24 보험계약의 부합계약성에 기인하여 계약자가 입을 수 있는 불이익을 방지하기 위한 수단과 거리가 먼 것은?

① 불이익변경금지의 원칙 ② 약관교부설명의무
③ 작성자불이익의 원칙   ④ 피보험이익의 원칙

정답 ④

해설 피보험이익은 부합계약성과 관련이 없다.

25 다음 중 보험계약의 부합계약성에 대한 설명으로 옳지 않은 것은?

① 보험계약내용이 전적으로 보험자에 의하여 준비된다.
② 불특정 다수와 동일한 내용의 계약을 대량으로 체결하는데 유리하다.
③ 계약내용의 정형화로 보험계약자 간의 형평성을 유지할 수 있다.
④ 계약내용이 모호할 경우 가급적이면 보험자에게 유리하게 해석한다.

정답 ④

해설 작성자불이익 해석의 원칙
보험약관의 작성자인 보험자에게 불리하게 해석한다.

26 다음에서 설명하는 보험증권의 법적성격은?

> 보험자는 보험금 등의 급여를 지급함에 있어 보험증권 제시자의 자격 유무를 조사할 권리는 있으나 의무는 없다. 그 결과 보험자는 보험증권을 제시한 사람에 대해 악의 또는 중대한 과실이 없이 보험금 등을 지급한 때에는 증권 제시자가 권리자가 아니라 하더라도 그 책임을 부담하지 않는다.

① 유가증권성　　　　　　　② 상환증권성
③ 증거증권성　　　　　　　④ 면책증권성

정답 ④

해설 보험증권은 보험자가 보험금 또는 기타의 급여를 함에 있어서 증권을 제시하는 자의 자격을 조사할 권리는 있어도 의무는 없는 면책증권이다.

27 다음 중 보험기간에 대한 설명으로 가장 적절하지 못한 것은?

① 보험사고 발생에 대한 시간적 제한을 의미한다.
② 보험계약기간과 일치한다.
③ 연월일시 등 일정한 시간으로 정해지지 않는 경우도 있다.
④ 보험자의 책임이 개시되어 종료될 때까지의 기간이다.

정답 ②

해설 보험계약기간은 청약과 승낙으로 개시되며, 보험기간은 보험료 지급 또는 당사자간 약정으로 개시된다.

28 보험기간이 보험계약기간보다 더 긴 경우는?

① 대기기간(waiting period)을 두고 있는 암보험
② 당사자 간의 약정에 의한 소급보험
③ 보험계약 성립 이후의 특정 시점을 책임개시일로 약정한 경우
④ 보험계약 성립 이후 최초보험료를 납입한 경우

[정답] ②

[해설] 당사자간 약정을 통한 소급보험의 보험기간은 보험계약 개시 전 시점부터 보험기간이 개시되므로 그 기간이 더 길다.

29 약관조항에 정확하게 합치되는 것은 아니지만 보통사람이라면 보상을 받을 것이라고 생각하는 보험사고와 관련하여 보험금 분쟁이 발생하였을 때 적용할 수 있는 원칙으로 가장 적합한 것은?

① 수기문언 우선효력의 원칙   ② 합리적 기대의 원칙
③ 동종제한의 원칙   ④ 작성자 불이익의 원칙

[정답] ②

[해설] 합리적 기대의 원칙

보험약관의 해석에 있어서 당사자의 합리적인 의도가 무엇인가를 찾아볼 수 있는 경우, 그러한 기대에 부합하도록 해석하여야 한다는 원칙이다.

30 타인을 위한 보험계약으로 볼 수 없는 것은?

① 창고업자가 자신이 보관하는 타인의 물건에 대하여 그 물건의 소유자를 피보험자로 하는 보험계약을 체결하는 것
② 임차인이 건물의 소유주를 피보험자로 하는 화재보험계약을 체결하는 것
③ 아버지가 자기의 사망을 보험사고로 하는 생명보험계약을 체결하면서 자녀를 보험수익자로 정하는 것
④ 타인 소유의 물건을 운송하는 자가 소유권자의 손해배상청구에 대비하기 위하여 보험에 가입하는 것

[정답] ④

[해설] 운송인이 피보험자가 되는 계약으로 자기를 위한 계약이다.

31 다음 중 소급보험과 승낙전 보호제도에 대한 설명으로 옳지 않은 것은?

① 양자 모두 보험계약이 성립하기전 일정 시점부터 보험자의 책임이 개시된다.

② 소급보험은 당사자의 합의에 의하여 효력이 발생하나, 승낙전 보호제도는 당사자의 합의에 관계없이 법률규정에 의하여 보호된다.

③ 소급보험은 보험계약이 성립되어야 적용되나, 승낙전 보호제도는 보험계약이 성립되기 전 단계에서 적용되는 제도이다.

④ 소급보험에서는 청약일 이후에야 보험자의 책임이 개시되나, 승낙전 보호제도에서는 보험자의 책임이 청약일 이전에 개시된다.

정답 ④

해설 소급보험은 청약일과 관계없이 당사자간 약정을 통해 보험자 책임이 개시되고, 승낙전 보호제도는 청약일 이후의 사고에 대해 보상된다.

32 다음 중 보험자가 입증하여야 하는 것이 아닌 것은?

① 사기에 의한 보험계약   ② 위험증가 통지의무위반

③ 고지의무위반   ④ 열거담보방식에서의 상당인과관계

정답 ④

해설 열거담보방식에서의 상당인과관계 입증은 피보험자 측에 있다.

33 다음 중 보험사고 발생시 권리관계의 존부를 판단함에 있어서 보험자가 입증할 내용으로 적절하지 않은 것은?

① 보험사고 및 사고로 인한 손해발생 사실

② 사기에 의한 초과·중복보험 해당 여부

③ 고지의무 및 통지의무위반 사실

④ 피보험자의 의무위반으로 인하여 증가된 손해

정답 ①

해설 보험사고와 손해간 인과관계 입증은 피보험자 측에 있다.

34 다음 중 보험자에 의한 보험계약의 해지사유에 해당하지 않는 것은?

① 계속보험료 미납
② 손해방지의무위반
③ 고지의무위반
④ 위험변경·증가 통지의무위반

정답 ②

해설 상법 제680조(손해방지의무) ① 보험계약자와 피보험자는 손해의 방지와 경감을 위하여 노력하여야 한다. 그러나 이를 위하여 필요 또는 유익하였던 비용과 보상액이 보험금액을 초과한 경우라도 보험자가 이를 부담한다.

35 다음 중 보험자가 보험계약을 해지할 수 있는 사유에 해당하지 않은 것은?

① 위험의 변경·증가 통지의무위반
② 계속보험료의 미지급
③ 사고발생의 통지의무위반
④ 고지의무위반

정답 ③

해설 상법 제657조(보험사고발생의 통지의무) ① 보험계약자 또는 피보험자나 보험수익자는 보험사고의 발생을 안 때에는 지체 없이 보험자에게 그 통지를 발송하여야 한다.
② 보험계약자 또는 피보험자나 보험수익자가 제1항의 통지의무를 해태함으로 인하여 손해가 증가된 때에는 보험자는 그 증가된 손해를 보상할 책임이 없다.

36 보험계약의 무효사유에 해당하지 않는 것은?

① 사기로 인한 초과보험
② 보험계약의 중대한 과실로 중요한 사항을 고지하지 아니한 경우
③ 심신상실자의 사망을 보험사고로 하는 보험계약
④ 타인의 서면동의 없이 그 타인의 사망을 보험사고로 하는 보험계약

정답 ②

해설 고지의무위반은 보험계약과 보험금 지급 면책사유이다.

37 다음 중 고의로 인한 보험사고의 면책요건에 해당하지 않는 것은?

① 상당인과관계의 존재
② 보험계약자의 행위
③ 피보험자의 행위
④ 피보험자 가족의 행위

정답 ④

해설 피보험자 가족의 행위는 면책사유에 해당하지 않는다.

38 다음 중 보험자의 보상책임이 면제되는 경우에 해당되지 않는 것은?

① 보험목적물의 고유하자
② 상해보험에서의 피보험자의 중과실
③ 화재보험에서 피보험자의 고의
④ 보험목적물의 자연소모

정답 ②

해설 인보험에서는 피보험자의 중과실에 대해 보상한다.

39 다음 중 보험계약법상에 규정된 손해보험에 공통적으로 적용되는 보험자의 법정면책사유에 해당하지 않는 것은?

① 보험계약자 등의 고의・중과실로 인하여 발생한 사고로 인한 손해
② 전쟁 기타 변란으로 인하여 발생한 사고로 인한 손해
③ 천재지변으로 인한 손해
④ 보험목적의 성질, 하자 또는 자연소모로 인한 손해

정답 ③

해설 **상법 제659조(보험자의 면책사유)** ① 보험사고가 보험계약자 또는 피보험자나 보험수익자의 고의 또는 중대한 과실로 인하여 생긴 때에는 보험자는 보험금액을 지급할 책임이 없다.
상법 제660조(전쟁위험 등으로 인한 면책) 보험사고가 전쟁 기타의 변란으로 인하여 생긴 때에는 당사자 간에 다른 약정이 없으면 보험자는 보험금액을 지급할 책임이 없다.
상법 제678조(보험자의 면책사유) 보험의 목적의 성질, 하자 또는 자연소모로 인한 손해는 보험자가 이를 보상할 책임이 없다.

40 다음 중 실손보상의 원칙의 예외와 거리가 먼 것은?

① 대체가격보험   ② 일부보험

③ 사망보험   ④ 기평가보험

정답 ②

해설 일부보험은 실손보상의 실현에 해당한다.

41 실손보상의 원칙과 가장 거리가 먼 것은?

① 보험자대위   ② 최대선의의 원칙

③ 피보험이익   ④ 타보험조항

정답 ②

해설 최대선의 원칙은 신의성실의 원칙과 관련이 있다.

42 다음 중 실손보상의 원칙(이득금지의 원칙)에서 이득의 기준이 되는 것은?

① 보험금액   ② 보험가입금액

③ 보험가액   ④ 보상한도금액

정답 ③

해설 보험가액과 피보험이익은 손해보험에서 실손보상을 실현하는 개념이다.

43 다음 중 실손보상의 원칙을 구현하기 위한 손해보험제도로 볼 수 없는 것은?

① 보험자대위제도   ② 기평가보험계약

③ 신구교환이익공제   ④ 손해액의 시가주의

정답 ②

해설 기평가보험은 실손보상원칙의 예외이다.

44 다음 중 피보험이익에 대한 설명으로 옳은 것은?

① 생명보험에서 피보험이익은 손실발생 시에 존재하여야 한다.
② 손해보험의 경우 피보험이익의 문제는 발생하지 않는다.
③ 피보험이익은 보험사고에 대하여 피보험자가 갖는 경제적 이해관계를 말한다.
④ 피보험이익은 보험의 목적을 의미한다.

정답 ③

해설 피보험이익이란 보험목적물에 손해가 발생하였을 때 피보험자가 갖는 경제적 이해관계를 말한다.

45 다음 중 피보험이익의 요건에 해당하지 않은 것은?

① 금전평가가능성   ② 적법성
③ 확정가능성   ④ 충분성

정답 ④

해설 피보험이익의 요건
금전평가가능성(경제성), 적법성, 확정가능성

46 다음 중 피보험이익에 관한 설명으로 옳지 않은 것은?

① 보험목적물의 가치를 말한다.
② 피보험이익의 원칙은 도덕적 위태를 감소시키는 기능을 한다.
③ 반드시 현존하는 이익일 필요는 없다.
④ 하나의 보험목적물에 복수의 피보험이익의 존재할 수 있다.

정답 ①

해설 보험목적물의 가치는 보험가액이다.

47 다음 중 손해보험의 피보험이익에 관한 설명으로 옳지 않은 것은?

① 보험사고발생시 누구도 피보험이익의 평가액 이상의 손해에 대하여 보상받을 수 없다.
② 한 개의 동일한 보험목적물에는 한 종류의 피보험이익만 존재할 수 있다.
③ 피보험이익이 없으면 보험도 없다.
④ 피보험이익은 보험자의 법정 최고 보상한도액이다.

정답 ②

해설 한 개의 동일한 보험목적물에 복수의 피보험이익이 존재할 수 있다.

48 다음 중 중복보험의 요건으로 옳지 않은 것은?

① 피보험이익이 서로 달라야 한다.
② 보험기간이 중복되어야 한다.
③ 보험금액의 합이 보험가액을 초과하여야 한다.
④ 동일한 목적물이어야 한다.

정답 ①

해설 피보험이익이 동일하여야 한다.

49 다음 중 타보험조항의 효과로 가장 거리가 먼 것은?

① 도덕적 위태 감소
② 실손보상의 원칙 유지
③ 피보험이익의 원칙 유지
④ 보험자간 손해분담

정답 ③

해설 타보험조항은 중복보험일 경우 비례보상을 통해 보험자간 손해를 분담하여 피보험자의 실손보상을 실현하기 위한 조항이다.

제2과목

50 다음 중 대위의 원칙을 적용하는 이유로 옳지 않은 것은?

① 피보험자의 손실통제활동을 유도한다.
② 피보험자 책임이 없는 손해로 인한 보험료 인상을 방지한다.
③ 이중보상을 방지한다.
④ 과실책임이 있는 자에게 배상책임을 지운다.

정답 ①
해설 대위와 손실통제는 관련이 없다.

51 상법상 잔존물대위에 대한 설명으로 옳지 않은 것은?

① 잔존물대위의 요건이 갖추어지면 보험자는 피보험자가 보험의 목적에 대해 가지는 피보험이익에 관한 모든 권리를 당연히 취득하게 된다.
② 보험자는 대위권의 행사를 포기할 수 있다.
③ 잔존물대위가 인정되기 위해서 보험자가 해당 보험금 및 기타 보상급여 전부를 지급해야 하는 것은 아니다.
④ 일부보험에서의 잔존물대위권은 보험금액의 보험가액에 대한 비율에 따라 정한다.

정답 ③
해설 잔존물대위는 목적물의 전부 멸실과 보험금의 전부 지급을 요건으로 한다.

52 다음 중 대위의 원칙에 대한 설명으로 옳지 않은 것은?

① 피보험자가 동일한 손실에 대한 책임 있는 제3자와 보험자로부터 이중보상을 받아 이익을 얻는 것을 방지할 목적으로 가지고 있다.
② 피보험자의 책임이 없는 손해로 인한 보험료 인상을 방지한다.
③ 과실이 있는 피보험자에게 손실발생의 책임을 묻는 효과가 있다.
④ 손해보험의 이득금지 원칙과 관련 있다.

정답 ③
해설 청구권대위
과실이 있는 제3자에게 손실발생의 책임을 묻는 효과가 있다.

53 다음에서 설명하는 보상책임에 관한 원칙은?

> (1) 손해의 결과에 대하여 선행하는 위험이 면책위험이 아닐 경우 보험자는 면책을 주장할 수 없다.
> (2) 화재보험에서 발화의 원인을 불문하고 그 화재로 인하여 보험목적물에 손해가 생긴 때에는 보험자는 그 손해를 보상할 책임이 있다.
> (3) 일반화재보험에서 폭발손해 자체는 화재로 인한 것이든 아니든 면책이지만, 폭발로 발생한 화재손해에 대해서는 보험자의 책임이 발생한다.

① 위험보편의 원칙   ② 위험개별의 원칙
③ 우선효력의 원칙   ④ 분담주의 원칙

정답 ①

해설 위험보편의 원칙
선행위험이 면책위험이 아니고, 선행위험이나 후행위험 중 하나만 담보위험이면 이로 인한 손해는 모두 보상한다는 원칙이다.

54 담보범위와 관련된 설명으로 가장 적절하지 못한 것은?

① 화재보험에서 폭발, 지진 등을 보장하는 것은 담보범위를 확대한 사례이다.
② 화재보험에서 기업휴지손해담보 특별약관은 담보범위를 확대한 사례이다.
③ 포괄책임주의에서는 면책위험을 추가함으로써 담보범위를 확대할 수 있다.
④ 열거책임주의에서는 담보위험을 축소함으로써 담보범위를 축소할 수 있다.

정답 ③

해설 포괄책임주의는 면책위험을 추가함으로써 담보범위를 축소할 수 있다.

55 열거위험담보계약과 포괄위험담보계약에 대한 다음 설명 중 옳지 않은 것은?

① 열거위험담보계약에서는 필요한 위험만을 선택하여 가입할 수 있다.
② 열거위험담보계약에서 보험자로부터 손해보상을 받기 위해서 피보험자는 손해의 발생사실만을 입증하면 된다.
③ 포괄위험담보계약에서는 다른 보험계약에서 담보된 위험이 중복가입될 가능성이 있다.
④ 포괄위험담보계약이 열거위험담보계약보다 일반적으로 담보범위가 넓고 보험료가 비싸다.

정답 ②

해설 열거위험담보계약에서 보험자로부터 손해보상을 받기 위해서는 피보험자는 손해의 발생과 열거된 위험 간의 인과관계를 입증하여야 한다.

56 다음 중 열거위험담보계약과 포괄위험담보계약에 대한 설명으로 옳지 않은 것은?

① 포괄위험담보계약은 면책위험을 제외한 모든 위험으로 인한 손해를 보상한다.

② 열거위험담보계약은 피보험자가 열거위험으로 인한 손해가 발생하였다는 사실을 입증해야 된다.

③ 포괄위험담보계약에서는 다른 보험계약에서 담보된 위험이 중복가입될 가능성이 있다.

④ 열거위험담보계약의 포괄위험담보계약보다 일반적으로 담보범위가 넓다.

정답 ④

해설 열거위험담보계약은 포괄위험담보계약보다 일반적으로 담보범위가 좁다.

57 운송보험에서 보험계약 당사자 사이에 보험가액에 대한 별도의 약정이 없을 때 보험가액에 포함되지 않는 것은?

① 운송물을 발송한 때와 장소에서의 가액

② 도착지까지의 운임

③ 도착지까지의 포장비

④ 희망이익

정답 ④

해설 상법 제689조(운송보험의 보험가액) ① 운송물의 보험에 있어서는 발송한 때와 곳의 가액과 도착지까지의 운임 기타의 비용을 보험가액으로 한다.

② 운송물의 도착으로 인하여 얻을 이익은 약정이 있는 때에 한하여 보험가액 중에 산입한다.

58 다음 중 예정보험에 관한 설명으로 적절하지 않은 것은?

① 예정보험은 보험계약을 체결할 당시에 보험증권에 기재할 보험계약의 내용이 일부가 확정되지 않은 보험계약으로서 아직 보험계약이 성립되지 않은 '보험계약의 예약'이며, 독립된 계약이라고 할 수 없다.

② 예정보험에는 개별예정보험과 포괄예정보험이 있다.

③ 선박미확정 적하예정보험은 예정보험 중 개별예정보험에 속한다.

④ 포괄예정적하보험을 체결해두면 만약 보험계약자가 화물선적의 통지를 누락한 경우에도 보험계약자나 피보험자의 고의 또는 중과실이 없는 한 보험자는 책임을 부담하므로 무보험상태에 빠질 위험은 없다.

정답 ①

해설 예정보험은 보험계약이 성립된 독립된 계약이다.

59 영국 해상보험법상의 보험위부에 대한 설명으로 적절하지 않은 것은?

① 위부의 통지는 서면으로 하든 구두로 하든 통지의 방법에는 아무런 제한이 없다.
② 위부의 통지는 위부를 한다는 의사표시만 명백하면 조건부로도 할 수 있다.
③ 위부의 통지가 보험자에 의해 승인된 이후에는 피보험자는 이를 철회할 수 없다.
④ 보험자가 위부를 승인한 후에는 보험자는 그 위부에 대하여 이의를 제기하지 못한다.

[정답] ②
[해설] 위부는 무조건이어야 한다.

60 다음 중 해상보험의 특성에 대한 설명으로 옳지 않은 것은?

① 영국의 해상보험법이 준거법이다.
② 기업보험성이 강하다.
③ 최대선의원칙이 적용되는 보험이다.
④ 개별요율 중 소급요율을 주로 적용한다.

[정답] ④
[해설] 해상보험은 주로 판단요율을 적용한다.

61 배상책임보험에서 담보하는 손해가 아닌 것은?

① 피보험자가 제3자에 대하여 법률상 손해배상책임을 짐으로써 입은 손해
② 피보험자가 사고발생 통지를 지연하여 증가된 손해
③ 피보험자가 제3자의 소송에 대하여 방어활동을 함으로써 소요된 비용
④ 피보험자의 협조의무 이행에 따른 비용

[정답] ②
[해설] 사고발생 통지 지연으로 인한 손해는 면책이다.

62 다음 중 배상책임보험의 사회적 기능과 역할을 확대시켜주는 주요 제도가 아닌 것은?

① 보험자대위제도　　　　　　　② 피해자 직접청구권
③ 의무보험제도　　　　　　　　④ 무과실책임주의

정답　①

해설　보험자대위는 사회적 기능과 관련이 없다.

63 책임보험의 일반적 성질과 거리가 먼 것은?

① 손해를 보상하는 손해보험의 성질을 가진다.
② 피해자가 보험자에게 손해의 전보를 직접 청구할 수 있다.
③ 피보험자에게 발생하는 적극적 손해를 보상하는 적극보험의 성질을 가진다.
④ 원칙적으로 보험가액이라는 개념이 존재하지 않는다.

정답　③

해설　책임보험은 소극보험에 속한다.

64 다음 중 보증보험에 대한 설명으로 가장 적절하지 않은 것은?

① 손해보험으로 분류된다.
② 타인을 위한 보험이다.
③ 대수의 법칙 적용을 기본원리로 하지 않는다.
④ 보험계약자의 고의로 인한 손실은 보상하지 않는다.

정답　④

해설　보증보험은 보험계약자의 고의로 인한 손실을 보상한다.

65 다음 중 보증보험에 대한 설명으로 옳지 않은 것은?

① 채권자를 위한 계약이다.
② 보험계약자 임의로 계약을 해지할 수 없다.
③ 대위변제가 목적이다.
④ 인위적인 보험사고에는 보험금을 지급하지 않는다.

정답　④

해설　인위적인 보험사고에도 보험금을 지급한다.

66 다음 중 재보험의 기능에 대한 설명으로 옳지 않은 것은?

① 보험수익의 안정성 유지
② 인수능력의 증대
③ 보험사고의 경감
④ 재난적 사고의 보장

정답 ③

해설 보험사고 경감과는 관련이 없다.

67 재보험에 관한 설명으로 가장 적절하지 못한 것은?

① 재보험을 이용하여 원보험회사는 최대가능손실(MPL)을 확정할 수도 있다.
② 재보험을 이용하여 원보험회사는 인수능력을 제고할 수 있다.
③ 재보험은 원보험이 손해보험이든 생명보험이든 손해보험의 성질을 가진다.
④ 재보험은 원보험계약의 효력에 영향을 미친다.

정답 ④

해설 **상법 제661조(재보험)** 보험자는 보험사고로 인하여 부담할 책임에 대하여 다른 보험자와 재보험계약을 체결할 수 있다. 이 재보험계약은 원보험계약의 효력에 영향을 미치지 아니한다.

68 다음 중 재보험에 대한 설명으로 옳지 않은 것은?

① 재보험은 원보험계약의 효력에 영향을 미친다.
② 재보험은 원보험자의 인수능력을 증가시킨다.
③ 재보험은 원수보험사의 수익의 안정을 가져올 수 있다.
④ 재보험은 언더라이팅의 중단시 활용될 수 있다.

정답 ①

해설 재보험계약은 원보험계약의 효력에 영향을 미치지 아니한다.

69 다음 손해사정 절차를 순서대로 올바르게 열거한 것은?

> ⓐ 사고통지의 접수   ⓑ 현장조사
> ⓒ 손해사정서 작성·교부   ⓓ 계약사항 확인
> ⓔ 대위 및 구상권 행사   ⓕ 손해액 및 보험금 산정
> ⓖ 보험금 지급

① ⓐ → ⓑ → ⓓ → ⓔ → ⓕ → ⓒ → ⓖ
② ⓐ → ⓑ → ⓔ → ⓓ → ⓕ → ⓒ → ⓖ
③ ⓐ → ⓓ → ⓑ → ⓕ → ⓒ → ⓖ → ⓔ
④ ⓐ → ⓔ → ⓓ → ⓑ → ⓒ → ⓕ → ⓖ

정답 ③

70 다음 중 손해사정의 업무단계를 일반적 손해사정 절차에 따라 순서대로 바르게 열거한 것은?

> ⓐ 사고통지의 접수   ⓑ 현장조사
> ⓒ 약관의 면·부책 내용 등 확인   ⓓ 계약사항 확인
> ⓔ 보험금 산정   ⓕ 대위 및 구상권 행상
> ⓖ 손해액 산정   ⓗ 보험금 지급

① ⓐ → ⓑ → ⓓ → ⓒ → ⓖ → ⓔ → ⓗ → ⓕ
② ⓐ → ⓑ → ⓓ → ⓒ → ⓔ → ⓖ → ⓗ → ⓕ
③ ⓐ → ⓓ → ⓒ → ⓑ → ⓖ → ⓔ → ⓗ → ⓕ
④ ⓐ → ⓓ → ⓒ → ⓑ → ⓔ → ⓖ → ⓗ → ⓕ

정답 ③

71 다음 중 손해사정업무에 해당하지 않는 것은?

① 사고원인 조사   ② 보상책임 유무판단
③ 보상한도 설정   ④ 보험금 산정

정답 ③

해설 보상한도는 보험가액 또는 보험금액에 의해 설정된다.

72 간접손해에 대한 설명으로 가장 적절하지 못한 것은?

① 담보위험의 직접적인 원인에 의하여 발생한 손해로 볼 수 없는 손해이다.

② 보험의 목적이나 피해물에 발생한 손해의 결과로서 2차적으로 발생한 손해이다.

③ 상실수익은 간접손해에 포함되지 않는다.

④ 결과적 손해로도 지칭된다.

정답 ③

해설 상실수익은 간접손해에 포함된다.

73 보험계약에서 제외부문(exclusions) 규정을 두는 이유로 적절하지 않은 것은?

① 도덕적 해이를 줄이고 손실의 규모와 귀속을 확정한다.

② 특수한 위험을 부보대상에서 제외시키기 위해 필요하다.

③ 중복보험을 방지하는데 사용되기도 한다.

④ 손실보상금액보다 손실처리비용이 많은 경우 합리적으로 처리하기 위해 필요하다.

정답 ④

해설 소손해 면책제도에 대한 설명이다.

74 보험계약의 기본요소 중 아래에서 설명하는 내용에 해당하는 부문은?

> 보험자로 하여금 보험금 지급 및 기타 서비스 제공에 대한 약속을 이행하게 하거나 제한하는 중요한 부문으로서, 여기에는 보험계약자나 피보험자가 보상을 받기 위하여 반드시 준수해야 할 일종의 의무 사항 또는 권리제한 등의 내용이 포함된다.

① 제외부문(exclusions)

② 조건부문(conditions)

③ 기재부문(declaration)

④ 보험가입합의문(Insuring agreement)

정답 ②

75 다음 중 전쟁 · 천재지변 등으로 인한 손해를 면책하는 내용은?

① 제외손인(excluded perils)
② 제외손실(excluded losses)
③ 제외재산(excluded property)
④ 제외지역(excluded locations)

정답 ①

76 보험계약의 선언(declaration)부문에 대한 설명으로 옳은 것은?

① 특정 손인(Peril)이나 손해 또는 재산 및 지역 등에 대하여 보험자의 책임이 면제되는 사항을 명시한 부문을 말한다.
② 보험에 가입한 재산 또는 사람에 대한 정보를 기술한 부문으로서, 일반적인 손해보험에서는 보험의 목적, 보험금액, 피보험자, 보험기간 등을 기재하고 있다.
③ 보험자로부터 보험계약자나 피보험자가 피해보상을 받기 위하여 반드시 준수해야 하는 의무 또는 권리제한 등이 포함된 부문이다.
④ 보험계약자와 보험자가 보험계약이 성립되었음을 확인하였다는 사실을 표시한 부문이다.

정답 ②

77 「골동품, 서화 등은 손실 발생시 손해액 산정이 곤란하기 때문에 담보에서 제외한다」에서 규정하고 있는 면책사유로 옳은 것은?

① 면책손인(excluded peril)
② 면책재산(excluded property)
③ 면책손실(excluded losses)
④ 면책지역(excluded locations)

정답 ②

LVup Drill

01 다음 중 위험에서의 손해(Loss)에 대한 설명 중 틀린 것은?

① 사고로 인한 경제적 지출 또는 가치감소를 의미한다.
② 사고로 인한 재물의 수리 또는 대체비용을 포함한다.
③ 특별비용은 기업휴지보험 등에서 담보하고 있다.
④ 가동손실은 보험에서 담보할 수 없는 손해이다.

정답 ④

해설 가동손실은 보험에서 담보가능한 손해이다.

02 다음 중 위태(Hazard)에 대한 설명 중 틀린 것은?

① 손해발생의 가능성을 높이는 제반사항을 의미한다.
② 무과실책임주의의 적용은 실제적 위태에 해당한다.
③ 주유소 옆에서 흡연하는 행위는 물리적 위태에 해당한다.
④ 위험관리태만은 방관적 위태에 해당한다.

정답 ②

해설 무과실책임주의의 적용은 법률적 위태에 해당한다.

03 A가 아래와 같은 통계를 가진 위험에 대해 자가보유를 하고자 할 때 마련해야 하는 위험대비비용(Cost)은 얼마인가?

	위험 1	위험 2	위험 3	위험 4
사고발생확률	0.5	0.4	0.3	0.2
손해액	10	5	10	5

해설 위험(R) = 위험대비비용(C) = 보험료(P)
= 빈도(F, 사고발생확률) × 심도(S, 손해액)
= (0.5 × 10) + (0.4 × 5) + (0.3 × 10) + (0.2 × 5)
= 5 + 2 + 3 + 1 = **11**

04 다음 중 위험의 분류에 대한 설명 중 틀린 것은?

① 순수위험은 오직 손해발생 보전에 대한 위험을 말한다.
② 근원적 위험은 개인의 심리에 기인한 위험을 말한다.
③ 정태적 위험은 사회변화와 무관한 위험을 말한다.
④ 누적 위험은 공동보험이나 재보험 등을 통해 담보하는 것이 일반적이다.

정답 ②

해설 근원적 위험은 사회적으로 영향을 미치는 위험을 말한다.

05 다음 중 위험관리의 효과에 대한 설명 중 틀린 것은?

① PML(Probable Maximum Loss)을 상승시키는 효과가 있다.
② 자원활용의 효율성을 높일 수 있다.
③ 기업의 안정적 영업활동에 기인한다.
④ 보험 가입시 유리한 조건으로 가입할 수 있다.

정답 ①

해설 위험관리는 PML을 낮추는 효과가 있다.

06 다음 중 위험의 측정에 대한 설명 중 틀린 것은?

① PML(Probable Maximum Loss)은 실제가치보다 낮게 측정된다.
② PML(Probable Maximum Loss)은 통상의 조건에서 손해액을 측정한다.
③ MPL(Maximum Possible Loss)은 실제가치보다 높게 측정된다.
④ MPL(Maximum Possible Loss)은 최악의 조건에서 손해액을 측정한다.

정답 ③

해설 MPL은 실제가치와 동일하게 측정된다.

07 ART(Alternative Risk Transfer)에 대한 설명으로 틀린 것은?

① 협의의 ART는 보험을 대체할 수 있는 순수위험의 전가수단을 의미한다.
② 전통적 보험시장의 한계극복의 기능을 한다.
③ 보험으로 인수 가능한 위험 중 고위험군만을 담보하기 위한 전가수단이다.
④ 보험과 금융시장의 연결이라는 장점을 가지고 있다.

[정답] ③

[해설] 고위험군만을 담보하기 위한 전가수단은 아니다.

08 한정위험계약(Finite Risk Contracts)에 대한 설명으로 틀린 것은?

① 장기계약시 초기 보험료가 비싸다.
② 적립된 기금을 통해 이자를 지급한다.
③ 보험자 부담한도를 초과하는 손실은 차기 보험계약 보험료에 가산된다.
④ 가입자에게 손해의 일부를 부담시키는 형태이다.

[정답] ①

[해설] 장기계약시 초기 보험료가 저렴하다.

09 복수종목보험(Multi-Line Insurance)에 대한 설명으로 틀린 것은?

① 하나의 보험계약으로 복수의 위험을 담보할 수 있다.
② 복수의 보험계약 체결에 비해 비용절감의 효과가 있다.
③ 가입자의 상황에 맞게 담보설정을 할 수 있는 장점이 있다.
④ 회계처리가 간편하다.

[정답] ④

[해설] 회계처리가 복잡하다.

10 조건부 자본조달계약(Contingent Capital)에 대한 설명으로 틀린 것은?

① 자본조달이 용이한 장점이 있다.

② 보험사고발생 후에는 자본조달이 불가능하다.

③ 기업경영자의 도덕적 위험을 경감시킬 수 있다.

④ 거래상대방에 대한 신용위험이 존재한다.

정답 ②

해설 보험사고발생 후에도 자본조달이 가능하다.

11 대재해채권(CAT bond)에 대한 설명으로 틀린 것은?

① 보험회사가 대재해채권을 발행하면 보험회사의 신용위험이 증가한다.

② 도입과 운용에 있어서 채권발행 및 유통비용, 운용비용 등이 발생한다.

③ 이 채권은 천재지변 등 대재해와 연동하여 이자와 원금이 변동될 수 있다.

④ 대재해의 발생확률 및 손실분포에 대한 객관적이고 과학적인 분석이 어려워 가격산정이 어렵다.

정답 ①

해설 보험회사가 대재해채권을 발행하면 보험회사의 신용위험이 감소한다.

12 대재해채권(Catastrophe bond)에 대한 설명으로 틀린 것은?

① 도덕적 위태의 가능성이 크다.

② 보험자 담보능력을 넘어설 수 있다.

③ 대수의 법칙 적용이 어렵다.

④ 손실에 대한 예측가능성이 낮다.

정답 ①

해설 도덕적 위태의 가능성이 적다.

13 다음 중 대재해로 인한 보험회사의 지급불능위험을 관리하기 위한 수단이라고 보기 어려운 것은?

① CAT bond
② 재보험
③ 면책조항
④ 자기부담금

정답 ④

14 보험회사 경영성과지표에 관한 설명 중 옳은 것은?

① 실제사업비율이 예정사업비율보다 낮으면 효율적 경영이 이루어졌다고 할 수 있다.
② 손해사정비용은 사업비율에 영향을 미친다.
③ 보험회사의 자산운용수익은 합산비율에 영향을 미친다.
④ 재보험거래 결과는 경과손해율에 영향을 미치지 않는다.

정답 ①

15 다음 보험회사에 대한 설명 중 옳지 않은 것은?

① 재무건전성은 지급능력으로 평가할 수 있다. 보험회사의 지급능력 확보에 중요한 요소는 책임준비금의 적립액과 지급여력금액이 있다.
② 경영성과를 판단하는 지표로는 경과손해율과 원수손해율이 있으며 일정기간 동안의 보험경영성과를 보다 잘 나타내는 지표는 경과손해율이다.
③ 사업비율은 보험회사의 경영효율성을 측정하는 기준으로서 실제사업비율이 예정사업비율보다 많을 경우에는 회사의 경영효율성이 부정적으로 평가된다.
④ 손해사정비용을 손해액에 포함시키는 경우에는 그 비용의 크기만큼 손해액이 증대되므로 보험회사의 손해율과 사업비율이 모두 악화된다.

정답 ④
해설 손해사정비용을 손해액에 포함시키는 경우 손해율은 악화되지만 사업비율은 개선된다.

16 다음은 B 손해보험회사의 2020 회계연도 요약 손익계산서이다. 주어진 경영정보만을 이용하여 산출한 2020 회계연도 말 현재 이 회사의 경과보험료는 얼마인가?

수입보험료	지급보험료	전기이월 미경과보험료	차기이월 미경과보험료
1,100억원	700억원	400억원	300억원

해설 경과보험료 = 전기이월 + (당기수입 − 당기지급) − 차기이월
= 400억원 + (1,100억원 − 700억원) − 300억원 = **500억원**

17 아래와 같은 자료를 기초로 2020 회계연도의 손해율을 계산하면 얼마인가?

OO주식회사(회계연도 시작 매년 1/1)

계약	보험기간	보험료 (일시납)	사고현황		
			사고일시	손해액	보험금 지급일
A	2020.05.01.~2021.04.30.	360만원	2020.10.10.	30만원	2020.10.20.
B	2020.10.01.~2021.09.30.	120만원	2020.10.25.	60만원	2021.04.05.
C	2021.07.01.~2022.06.30.	240만원	2021.10.05.	150만원	2021.10.18.

해설 2020 회계연도 손해율
- 보험료 : 240만원 + 30만원 = 270만원
- 보험금 : 60만원 + 30만원 = 90만원
- 손해율 : 90만원 / 270만원 = 약 33%

18 보험료의 구성에 관한 설명으로 틀린 것은?

① 부가보험료는 보험사업 영위에 필요한 재원을 조달하기 위한 것이다.
② 부가보험료는 손해사정비용을 포함한다.
③ 순보험료는 보험금 지급재원을 위한 것이다.
④ 순보험료는 손해율로 검증된다.

정답 ②
해설 부가보험료는 손해사정비용을 포함하지 않는다.

19 손해보험의 가격구성에 대한 설명으로 틀린 것은?

① 순보험료는 예정이익률을 산출하여 계산한다.
② 부가보험료를 결정할 때에 예정사업비율은 최근 1년 간의 사업비 실적을 참고한다.
③ 영업보험료는 순보험료와 부가보험료로 구성된다.
④ 부가보험료는 예정사업비율과 마진으로 구성된다.

정답 ①

해설 순보험료는 위험률을 산출하여 계산한다.

20 집단요율에 관한 설명으로 옳지 않은 것은?

① 집단요율은 적용이 간편하고 상대적으로 적은 비용으로 요율을 산출할 수 있다는 점이 최대 장점이다.
② 집단요율은 동일한 집단에 속하는 위험에 대해 일률적으로 그 집단내의 평균치 요율을 적용하기 때문에 집단 내 평균보다 우량한 위험을 보유한 구성원에게 불만이 있을 수 있다.
③ 이와 같은 불만은 위험집단 내의 소규모 세분화를 통해 극복할 수 있고, 집단의 평균사고율에 대한 신뢰도가 그대로 유지된다.
④ 집단요율은 동일한 집단에 속하는 위험에 대해서는 동일한 보험요율을 적용하는 것을 말하며, 동일한 요율은 평균치 요율을 의미한다.

정답 ③

해설 소규모 세분화를 통해 신뢰도는 감소한다.

21 다음 보험요율 산정원칙 중 재무건전성과 가장 관련 있는 것은?

① 안정성   ② 충분성
③ 공평성   ④ 비과도성

정답 ②

22 다음 중 손해보험의 개별요율에서 판단요율이 광범위하게 사용되는 보험으로 옳은 것은?

① 산재보험   ② 자동차보험
③ 해상보험   ④ 일반배상책임보험

정답 ③

23 보험요율 산정의 목적에 대한 설명 중 사업상 목적에 해당하지 않는 것은?

① 보험요율이 상당기간 안정적일 것
② 손실통제를 촉진할 수 있을 것
③ 손해발생의 추세에 대하여 탄력적일 것
④ 보험요율이 지나치게 차별적이지 않을 것

정답 ④

24 다음 중 감독규제상 요율산정의 원칙으로 틀린 것은?

① 예상손실이나 비용보다 과다하게 보험료를 책정해서는 안 된다.
② 보험계약자, 피보험자로 하여금 손실통제에 참여할 수 있는 요율구조를 갖추어야 한다.
③ 보험계약을 통해 보험자가 부담해야 할 손실에 대하여 장래에 충분히 이행할 수 있는 수준의 보험료를 책정해야 한다.
④ 동일하거나 유사한 위험에 대하여는 보험료를 차별하지 말고 동일하게 적용하여야 한다.

정답 ②

25 보험요율에 대한 설명으로 틀린 것은?

① 판단요율법은 피보험자의 손실경험이 반영되므로 손실통제를 유도하는 효과가 있다.
② 소급요율법은 보험기간의 개시 당시에는 표준보험료를 지불하고 보험기간 만료 후에 실제손해를 기준으로 추가보험료를 납입 또는 반환받는다.
③ 판단요율법은 특수한 위험의 경우에 언더라이터의 경험과 직관에 의하여 보험요율을 산정하는 방법이다.
④ 경험요율법은 과거 손실경험을 토대로 해당 등급의 평균손실보다 높으면 요율을 인상한다.

정답 ①
해설 판단요율법은 피보험자의 손실경험이 반영되지 않는다.

26 A 보험회사가 판매한 재산종합보험의 예정손해율은 50%였으나, 그 후 1년 간의 실제손해율이 80%로 확인되었다. 이 상품에 대해 앞으로 적용할 요율의 조정율은 얼마인가?(보험료 조정은 손해율법을 따르고, 신뢰도계수는 0.5를 적용한다)

(해설) 요율수정계수 = {(실제손해율 - 예상손해율)} / 예정손해율} × 신뢰도
= {(80% - 50%) / 50%} × 0.5 = **30%**

27 총손실 500억원, 총부보건수 100만건의 보험에 대하여 다음을 구하시오.

(1) 위험단위당 순보험료

(2) 총사고건수 10만건일 때의 손실빈도와 평균손실규모

(3) 사업비율 20%일 때 영업보험료

(해설) (1) 순보험료 = 총손실금액/총부보건수 = 500억원/100만건 = **5만원/건**
(2) 순보험료 = 빈도 × 심도 = 총사고건수/총부보건수 × 총손실액/총사고건수
= 10만건/100만건 × 500억원/10만건
따라서 빈도 = **10%**, 심도 = **1건당 평균 50만원**
(3) 총보험료 = 순보험료/(1 - 사업비율) = 5만원/(1 - 0.2) = **62,500원**

28 다음에 주어진 조건 하에서 순보험료방식에 따라 산출한 영업보험료는?(예정이율은 고려하지 않는다)

- 1년간 총발생손실액 : 300억원
- 총계약건수 : 50만건
- 예정사업비율 : 40%

(해설) 순보험료 = 300억원/50만건 = 6만원/건
영업보험료 = 6만원 / (1 - 0.4) = **10만원**

29 다음 보험에서 각 계약자가 납입하여야 할 적정보험료는?

> • 보험계약자 : 1,000명
> • 사업비율 : 20%
> • 과거 1년 사고건수 : 3건
> • 과거 1년 지급보험금 : 3,000만원
> • 과거 1년간 사고조사비용 : 500만원

해설 순보험료 = (3,000만원 + 500만원) / 1,000명 = 35,000원/명(= 빈도 × 심도로 해도 같다)
영업보험료 = 35,000원 / (1 - 0.2) = **43,750원**

30 다음 중 언더라이팅(Underwriting) 업무에 대한 설명으로 틀린 것은?

① 수익성 있는 보험계약을 하기 위함이다.
② 보험요율 인하에 도움을 준다.
③ 청약된 리스크를 분류, 선택하는 과정이다.
④ 보험사고로 인한 보험금 지급시 보험약관상 흠결 여부 판단을 주 업무로 한다.

정답 ④

해설 언더라이팅은 보험회사가 위험을 인수하거나 거절하는 과정이며, 위험을 인수할 경우 그 조건을 결정하는 것을 포함한다.

31 아래에서 설명하는 내용은 무엇에 관한 것인가?

> 보험요율의 적정성(rate adequacy)과 언더라이팅 손익(underwriting profits or losses)사이의 밀접한 관계에 따라 나타나는 보험요율과 손익의 기복현상으로서 주로 재산·배상책임분야에서 나타난다. 이는 감독기관의 규제·간섭에 의해 야기되기도 하고, 보험회사 간의 극심한 경쟁이나 보험수요 측면에서 보험가격의 비탄력성으로 인해 나타나기도 한다.

① 역선택(adverse selection)
② 시장세분화(market segmentation)
③ 수지상등의 원칙(equivalence principle)
④ 언더라이팅 주기(underwriting cycle)

정답 ④

32 손해사정업무는 통상 검정업무(survey)와 정산업무(adjustment)로 구분된다. 다음 중 검정업무에 해당하지 않는 것은?

① 보험계약사항의 확인　　　　　　② 현장조사 및 사고사실 확인

③ 대위 및 구상　　　　　　　　　　④ 손해액 산정

정답 ③

해설 대위 및 구상은 정산업무에 해당한다.

33 다음 중 독립손해사정사에게 금지되는 행위는?

① 손해발생시 사실의 확인, 보험약관 및 관계 법규 적용의 적정성 판단

② 보험회사에의 손해사정업무 수행과 관련된 의견 진술

③ 보험회사와의 보험금에 대한 합의 또는 절충

④ 손해사정업무와 관련된 서류의 작성·제출의 대행

정답 ③

34 다음 보험가액의 산정기준에 대한 설명으로 틀린 것은?

① 실제현금가치기준은 시가를 기준으로 보험가액을 산정한다.

② 재조달가기준은 재조달가액의 80%를 보험가액을 산정한다.

③ 완성가액기준은 완성가액을 기준으로 보험가액을 산정한다.

④ 부보비율조건부 실손보상특약은 보험가입금액이 보험가액의 일정비율 이상일 경우 실손보상하는 특약이다.

정답 ②

해설 재조달가기준은 재조달가액을 보험가액으로 산정한다.

35 다음 중 타보험 약관조항의 효과로 가장 거리가 먼 것은?

① 실손보상의 원칙 유지　　　　　　② 보험자간 손해분담

③ 도덕적 위태 감소　　　　　　　　④ 보험료의 충분성 확보

정답 ④

36 다음 전손에 대한 설명으로 틀린 것은?

① 현실전손은 목적물의 경제적, 물리적 멸실 등을 의미한다.
② 추정전손은 수리비가 가액을 초과할 때 적용한다.
③ 전손처리를 할 경우 전부보험금이 지급되고 보험계약이 종료된다.
④ 선박보험의 경우 자기부담금을 최종적으로 적용한다.

정답 ④

해설 선박보험의 경우 자기부담금을 적용하지 않는다.

37 다음 분손에 대한 설명으로 틀린 것은?

① 전부보험시 실손보상한다.
② 일부보험시 보험금액의 가액에 대한 비율로 보상한다.
③ 일부보험시 약정을 통해 보험금액 한도 내에서 실손보상이 가능하다.
④ 보험금액 체감주의는 주로 장기저축성보험에 적용된다.

정답 ④

해설 보험금액 체감주의는 주로 손해보험에 적용된다.

38 공제조항(Deductible)에 대한 설명으로 틀린 것은?

① 공제조항은 소손해의 보험금의 청구를 줄여 손해사정비용을 절감시킨다.
② 보험자의 보상액을 증가시키는 효과가 있다.
③ 보험료를 절감시키는 효과가 있다.
④ 피보험자의 위험관리를 유도할 수 있다.

정답 ②

해설 보험자의 보상액을 감소시키는 효과가 있다.

39 다음 계약에서 지급되는 보험금을 구하시오.

- 보험가입금액 : 1억원
- 프랜차이즈 공제 : 100만원
- 손해액 : 200만원

해설 200만원(∵ 손해액 200만원 > 프랜차이즈 공제 100만원)

40 다음 계약에서 지급되는 보험금을 구하시오.

(1) 사고당 공제액 200만원, 종합공제액 400만원
(2) 손해액
   ① 2021.01.03. : 100만원
   ② 2021.05.12. : 500만원
   ③ 2021.09.05. : 1,000만원

해설

	사고 1	사고 2	사고 3
손해액	100만원	500만원	1,000만원
공제액	100만원	200만원	100만원(소멸)
지급보험금	0원	300만원	900만원

41 다음 계약에서 지급되는 보험금을 구하시오.

(1) 손해액 9억원
(2) 보험가입금액
   ① 甲보험자 : 2억원
   ② 乙보험자 : 3억원
   ③ 丙보험자 : 5억원

(1) 균등액분담방식으로 구하라.

(2) 보험금액비례안분방식으로 구하라.

해설

(1)

	1차	2차	3차	계
甲 (2억원)	2억원			2억원
乙 (3억원)	2억원	1억원		3억원
丙 (5억원)	2억원	1억원	1억원	4억원

(2)① 甲 : 9억원 × 2/10 = 1.8억원
  ② 乙 : 9억원 × 3/10 = 2.7억원
  ③ 丙 : 9억원 × 5/10 = 4.5억원

42 다음 계약에서 지급되는 보험금을 구하시오.

> (1) 손해액 : 7억원
> (2) 각 계약별 지급보험금 계산식 동일
> (3) 보험가입금액
>   ① 甲보험 : 2억원
>   ② 乙보험 : 3억원
>   ③ 丙보험 : 5억원

해설
- 甲 : 7억원 $\times$ 2/10 = 1.4억원
- 乙 : 7억원 $\times$ 3/10 = 2.1억원
- 丙 : 7억원 $\times$ 5/10 = 3.5억원

43 다음 계약에서 지급되는 보험금을 구하시오.

> (1) 보험가액 : 800
> (2) 손해액 : 400
> (3) 독립책임액 안분방식
> (4) 보험가입금액
>   ① 甲보험사 : 200
>   ② 乙보험사 : 400
>   ③ 丙보험사 : 600

해설

	독립책임액	비 율	보험금
甲(200)	400 $\times$ 200/800 = 100	1/6	400 $\times$ 1/6 = 66.7
乙(400)	400 $\times$ 400/800 = 200	1/3	400 $\times$ 1/3 = 133.3
丙(600)	400 $\times$ 600/800 = 300	1/2	400 $\times$ 1/2 = 200

44 피보험자 갑은 자신이 소유하고 있는 건물(가액 : 5억 5천만원)을 A, B, C 3개 보험회사에 각각 보험 가입금액 1억원, 3억원, 2억원의 화재보험계약을 가입하였고, 3건의 보험계약 모두에서 담보하는 화재사고로 인하여 전손이 발생하였다. 동 사고에 대하여 균일부담방식에 의하면 A, B, C 보험자의 보상금액은 각각 얼마인가?

해설

	1차	2차	3차	계
A(1억원)	1억원			1억원
C(2억원)	1억원	1억원		2억원
B(3억원)	1억원	1억원	0.5억원	2.5억원

45 다음 계약에서 지급되는 보험금을 구하시오.

- 공동보험조항
- 요구부보비율 80% 적용 후 정액공제 500만원 적용
- 보험가액 : 10억원
- 보험가입금액 : 6억원
- 손해액 : 8,000만원

해설   8,000만원 × (6억원 / 10억원 × 0.8) − 500만원 = 6,000만원 − 500만원 = **5,500만원**

46 다음의 소멸성 공제 조항에서 설정해야 할 공제금액을 구하시오.

- 손실조정계수 1.05
- 손해액 2,100만원 이상부터 공제 소멸

해설   (2,100만원 − A) × 1.05 = 2,100만원
2,100만원 − A = 2,100만원 / 1.05
A = 2,100만원 − (2,100만원 / 1.05) = **100만원**

47 다음의 경우 순보험료를 구하시오.

• 프랜차이즈 공제 5,000만원				
손해액	0	4,000만원	6,000만원	1억원
사고확률	0.1	0.2	0.5	0.2

손해액	0	4,000만원	6,000만원	1억원
사고확률	0.1	0.2	0.5	0.2
순보험료	0	0	3,000만원	2,000만원

순보험료 = (6,000만원 × 0.5) + (1억원 × 0.2)
        = 3,000만원 + 2,000만원 = **5,000만원**

48 책임보험에 대한 설명으로 옳지 않은 것은?

① 간접손해를 보상하는 점에서 볼 때 소극보험에 해당한다.
② 과실책임주의를 근간으로 한다.
③ 손해보험의 일종이다.
④ 보험가액의 개념이 없기 때문에 초과·일부보험의 적용여지가 전혀 없다.

정답 ④
해설 보관자 책임보험의 경우 초과·일부보험이 가능하다.

49 쌍방 간의 과실로 보험사고가 발생하였을 경우 당사자들은 과실비율에 대한 규명없이 각자의
보험회사로부터 손실을 보상받을 수 있도록 하는 배상책임제도는?

① 손익상계제도
② 교차책임제도
③ 과실상계제도
④ 무과실책임제도

정답 ④

50 아래의 사례에서 피해자인 환자가 치과의사를 상대로 제기한 손해배상청구소송에서 주장할 수 있는 배상책임의 법리는?

> 치아를 뽑기 위해 치과의사를 방문한 환자가 일반적인 마취제를 사용하여 치료를 받은 후 마취에서 깨어났을 때 턱뼈가 부러져 있었다.

① 기여과실책임
② 전가과실책임
③ 최종적 명백한 기회
④ 과실추정의 원칙

정답 ④

51 보관자 배상책임보험에 대한 설명으로 틀린 것은?

① 피보험자는 보관자이다.
② 보관자의 자기를 위한 보험이다.
③ 불법행위책임법리를 근거로 한다.
④ 보험의 목적은 보관된 물건이다.

정답 ③

해설 보관자 배상책임보험은 채무불이행 책임을 근거로 한다.

52 다음 담보기준에 대한 설명으로 옳지 않은 것은?

① 사고발생일로부터 상당한 시일 경과 후에 사고발생 사실이 통지되어 손해배상청구가 제기된 경우에는 배상청구기준증권이 적합하다.
② 배상청구기준증권을 적용하는 약관은 의사배상책임보험이 대표적이다.
③ 환경오염에 의한 재해는 그 특성상 사고와 손해발생의 기간이 긴 경우가 많아 손해사고 기준증권이 적합하다.
④ 손해사고기준증권은 배상청구기준증권에 비하여 IBNR의 과다적립의 문제가 발생한다.

정답 ③

해설 배상청구기준증권이 적합하다.

53 중간이자 공제에 대한 설명 중 옳은 것은?

① 상실수익액에 대한 중간이자 공제는 약관에서 정하는 약관대출이자율을 적용한다.
② 여타의 조건이 동일한 경우 호프만 방식보다 라이프니츠 방식에서 배상금이 더 많이 산정된다.
③ 국가배상법에서는 5% 복리 할인법에 의거하여 배상금을 산정할 것을 규정하고 있다.
④ 중간이자 공제는 일시금 배상에 따른 과잉배상을 방지하기 위한 것이다.

정답 ④

54 손익상계에 대한 설명으로 옳지 않은 것은?

① 손익상계란 손해배상청구권자가 손해를 발생시킨 동일한 원인에 의하여 이익도 얻은 때에는 손해로부터 그 이익을 공제한 잔액을 배상할 손해로 하는 것을 의미한다.
② 불법행위로 인하여 손해와 더불어 이익이 생겼는데 피해자에게도 과실이 있는 경우 먼저 산정된 손해액에서 손익상계를 한 다음에 과실상계를 하여야 한다는 것이 확립된 판례의 입장이다.
③ 생명보험금이나 상해보험금은 손익상계의 대상이 되지 않는다.
④ 개별보험약관에서 동일한 보험사고로 타 법령이나 타보험 약관에서 보상받을 수 있는 경우, 이를 보상액에서 제외하거나 비례보상하는 경우도 넓은 의미의 손익상계개념에 포함시킬 수 있는 것으로 본다.

정답 ②
해설 과실상계 후 손익상계를 해야 한다.

55 징벌적 배상금에 대한 설명으로 틀린 것은?

① 보상적 배상금과 징벌적 배상금은 구분되는 개념이다.
② 징벌적 배상금이 법령에 의하여 정하여진 경우에는 배상책임보험의 담보대상이 된다.
③ 민사상 배상책임액은 일반적으로 경제적 손해와 정신적 손해(위자료)로 구성되며, 이들을 보상적 배상금으로 표현한다.
④ 징벌적 배상금은 피해자의 손해가 가해자의 고의, 비행 또는 악의적인 행위에 기인한 경우에 손해액의 보상 외에도 법원이 추가로 부과하는 배상액을 말한다.

정답 ②
해설 우리나라에서는 일반적으로 징벌적 배상금에 대해 담보대상으로 보지 않는다.

56 다음 특약재보험조항과 가장 관련 깊은 재보험의 형태는?

> 특약기간 중 재보험 보상한도액이 소진될 경우 이에 대한 복원 방식과 조건에 관한 내용을 규정한 조항

① 초과액재보험특약   ② 비례재보험특약
③ 초과손해액재보험특약   ④ 비례초과재보험특약

정답 ③

57 다음 항목 중 보험회사 지급여력금액에 포함되지 않는 것은?

① 책임준비금   ② 비상위험준비금
③ 후순위차입금   ④ 자본잉여금

정답 ①

58 보험기간 중 보험계약자나 피보험자의 행위로 위험이 증가되었을 때 증가되어있는 동안 보험효력이 일시정지되고, 위험이 원상회복하였을 때 보험효력이 재개되도록 하는 조항은?

① 유예(grace)기간 조항   ② 만약(if) 조항
③ 동안(while) 조항   ④ 유동(floater) 조항

정답 ③

59 다음 중 보험사기방지 특별법의 내용으로 옳지 않은 것은?

① 보험사기 행위로 보험금을 취득한 자에 대하여는 10년 이하의 징역 또는 2천만원 이하의 벌금에 처한다.
② 보험회사는 보험계약자 보험사기행위에 대한 합당한 근거가 존재할시 고발조치 할 수 있다.
③ 보험사기 미수범에 대하여도 보험사기죄를 적용할 수 있다.
④ 보험사기를 범한 자가 사기를 통해 취득한 금액이 일정금액 이상일 경우 가중처벌을 할 수 있다.

정답 ①
해설 10년 이하의 징역 또는 5천만원 이하의 벌금

60 아래 내용에 해당하는 조항은?

> 보험계약자나 피보험자가 고지의무를 위반하였을 경우에 보험자는 그 계약을 해지할 수가 있으나, 계약성립일에서 일정 기간 유효하게 지속된 계약에 대해서는 그 이후에 고지의무위반을 이유로 해지권을 행사하여 다툴 수 없다는 조항

① 계약구성조항   ② 불몰수조항
③ 금반언조항   ④ 불항쟁조항

정답 ④

---

61 산업재해보상보험에 대한 설명으로 옳지 않은 것은?

① 근로자재해배상책임보험의 성격을 가진다.
② 사회보험으로 근로복지공단에서 운영하고 있다.
③ 출퇴근 재해는 보상범위에 포함되지 않는다.
④ 장해급여와 유족급여는 연금으로 수급가능하다.

정답 ③

해설 출퇴근 재해는 보상범위에 포함된다.

---

62 국민건강보험에 대한 설명으로 옳지 않은 것은?

① 소득재분배 성격을 가지고 있다.
② 직장가입자와 지역가입자의 보험료 산정기준이 다르다.
③ 구상제도가 없다.
④ 공제(Deductible)제도가 있다.

정답 ③

해설 구상제도가 존재한다.

63 다음 내용에 해당하는 보험회사의 경영원칙은?

> 보험계약자가 납입한 보험료는 미래의 보험금으로 원활히 지급하기 위한 적립금 형태로 보전되어야 한다.

① 수익성   ② 공공성
③ 유동성   ④ 안전성

정답 ④

64 도미노이론의 단계 중 사고예방을 위해 가장 개선해야하는 단계는?

① 사회적 환경   ② 인간의 과실
③ 위 태   ④ 사 고

정답 ②

65 다음 구상권 행사의 절차를 순서대로 바르게 배열하시오.

> ⓐ 구상채권의 확보
> ⓑ 구상권 행사가치 존재 여부의 판단
> ⓒ 임의변제의 요청
> ⓓ 구상권 성립 여부의 확인
> ⓔ 소송의 제기, 구상청구금액 감액 합의 또는 포기 여부의 판단과 결정

정답 ⓓ → ⓑ → ⓐ → ⓒ → ⓔ

66 아래와 같은 사고에서 가해자의 법률상 배상책임액을 구하시오.

> (1) 피해자 과실 : 20%
> (2) 피해자 손해
>   ① 통상손해 : 200만원
>   ② 특별손해 : 100만원(사고 당시 가해자 인지 無)
> (3) 피해자가 사고와 관련하여 수령하게 된 손해보전 용도의 보상금 : 10만원

해설 (200만원 × 0.8) − 10만원 = **150만원**

67 비교과실에 따른 A의 B에 대한 최종 배상금액은 얼마인가?

> • A : 손해액 100만원, 과실비율 40%
> • B : 손해액 200만원, 과실비율 60%

[해설] (200만원 × 0.4) − (100만원 × 0.6) = **20만원**

68 A와 B의 쌍방과실로 인한 양측의 손해액과 과실비율이 다음과 같을 때 단일책임주의방식에 의한 상호 배상책임액 정산으로 옳은 것은?

> • A의 손해액/과실 : 500만원/60%
> • B의 손해액/과실 : 200만원/40%

[해설] A → B : 700만원 × 60% − 500만 = −80만원
B → A : 700만원 × 40% − 200만 = 80만원
따라서 B가 A에게 80만원 배상한다.

69 95%의 신뢰도를 적용하였을 때 PML은 얼마인가?

확 률	0.5	0.3	0.05	0.05	0.05	0.05
손 실	0원	300만원	500만원	700만원	800만원	1000만원

[해설] 확률이 0.95가 되는 지점의 최대추정손해액은 800만원이다.

70 아래 사고에 대하여 프랜차이즈 공제 100만원을 각각 적용할 경우 보험금의 합은?

사고발생	1차	2차	3차
손해액	50만원	200만원	300만원

[해설] 2차 100만원 + 3차 300만원 = **500만원**

71 예정손해율 50%, 실제손해율 80%, 신뢰도 0.5일 때 조정률은 얼마인가?

[해설] 조정률 = {(80 − 50) / 50} × 0.5 = **30%**

72 아래와 같은 초과손해액재보험특약의 재보험금 합계는?

(수정) 600,000 in excess of 400,000

구 분	지급보험금
사고 1	750,000
사고 2	350,000
사고 3	1,500,000
계	2,600,000

[해설] 750,000 − 400,000 = 350,000
350,000 − 400,000 = −50,000 → 0(초과액 없음)
1,500,000 − 400,000 = 1,100,000 → 600,000(한도적용)
계 : **950,000**

73 아래 손익계산서를 이용하여 현재 보험회사의 경과보험료를 구하시오.

수입보험료	지급보험료	전기이월 미경과보험료	차기이월 미경과보험료
1,100억원	700억원	400억원	300억원

[해설] 1,100억원 − 700억원 + 400억원 − 300억원 = **500억원**

74 보험가액 5억원, 보험금액 2억원, 80% 공동보험조항일 때 예상 지급보험금은?

손해액	5억원	3억원	1억원	0원
확 률	0.1	0.1	0.2	0.6

[해설] 보험가액 5억원 × 80% = 4억원 > 보험금액 2억원
따라서, 예상손해액 × 2억원/4억원
① (5억원 × 0.1) × 1/2 = 2,500만원 → 2,000만원(한도적용 2억원 × 0.1 = 2,000만원)
② (3억원 × 0.1) × 1/2 = 1,500만원
③ (1억원 × 0.2) × 1/2 = 1,000만원
계 : **4,500만원**

75 비례재보험특약, 출재율 20%, 특약한도액 50만원일 때 재보험금은?

원보험계약	1	2	3
손해액	150만원	200만원	300만원

(해설) 계약 1 : 150만원 × 0.2 = 30만원
계약 2 : 200만원 × 0.2 = 40만원
계약 3 : 300만원 × 0.2 = 60만원 → 50만원(한도적용)
계 : 120만원

76 단일책임주의를 적용하여 서로의 배상책임액을 정산하시오.

- A의 손해액 : 500만원
- B의 손해액 : 200만원
- A의 과실비율 : 60%
- B의 과실비율 : 40%

(해설) A → B : 700만원 × 60% − 500만원 = −80만원
B → A : 700만원 × 40% − 200만원 = 80만원
따라서 B → A 80만원

77 순보험료방식을 통해 영업보험료를 구하시오.

- 1년간 총발생손실액 : 300억원
- 총계약건수 : 50만건
- 예정사업비율 : 40%

(해설) **순보험료** : 300억원 / 50만건 = 60,000원
영업보험료 : 60,000원 / (1 − 0.4) = 100,000원

78 중복보험, 독립책임액분담방식, 손해액 6억원일 때 A 보험사의 지급보험금은?

- 보험가액 : 10억원
- A 보험사 : 보험금액 2억원, 실손보상
- B 보험사 : 보험금액 8억원, 실손보상

[해설]

	독립책임액	지급보험금
A보험사	2억원(실손보상)	6억원 × 1/4 = 1.5억원
B보험사	6억원(실손보상)	6억원 × 3/4 = 4.5억원

79 당해 회계연도 발생손해액은?

- 개별추산준비금 : 4,000만원
- 지급보험금 : 3,400만원
- IBNR준비금 : 3,400만원
- 장래손해조사비 : 530만원

[해설] 4,000만원 + 3,400만원 + 3,500만원 + 530만원 = **1억 1,430만원**

80 순보험료를 구하시오.

- 보험가액 : 1,000만원
- 보험금액 : 700만원
- 보상방식 : 비례보상

손실확률분포

손해액	0원	100만원	500만원	1,000만원
사고발생확률	0.7	0.1	0.1	0.1

[해설] ① (100만원 × 0.1) × 7/10 = 7만원
② (500만원 × 0.1) × 7/10 = 35만원
③ (1,000만원 × 0.1) × 7/10 = 70만원
계 : **112만원**

81 초과손해액특약재보험, 원수보험자 지급보험금 30억원일 때, 재보험금 회수 후 원보험자가 부담하게 되는 순보유손해금액은?

> 90% of 20억원 in excess of 5억원 per occurrence

[해설] **특약내용** : 1사고당 5억원을 초과하는 금액을 20억원 × 90% 한도로 지급
재보험금 : 30억원 − 5억원 = 25억원 → 18억원(한도적용)
잔여액 : 7억원
원보험자 순보유손해금액 : 5억원 + 7억원 = 12억원

82 보험금액 1억원, 손해 500만원일 때 다음 공제들을 각각 적용하여 보험회사가 보상할 금액을 구하시오.

> A. 정액 공제 : 200만원
> B. 프랜차이즈 공제 : 100만원
> C. 소멸성 공제 : 100만원, 조정계수 110%

[해설] **정액 공제** : 500만원 − 200만원 = 300만원 지급
프랜차이즈 공제 : 공제없음. 500만원 지급
소멸성 공제 : (500만원 − 100만원) × 110% = 440만원 지급

83 보험자가 지급할 보험금을 구하시오.

> • 보험가입금액 : 6억원
> • 가입당시 건물의 보험가액 : 8억원
> • 공동보험요구부보비율 : 80%
> • 정액공제 : 1억원(우선적용)
> • 발생손해액 : 5억원
> • 사고 당시 건물의 시가 : 10억원

[해설] 10억원 × 80% = 8억원 > 6억원(보험금액)
따라서 (5억원 − 1억원) × 6억원/8억원 = **3억원**

84 정액 공제 300만원일 때 순보험료는?

손해액	0원	500만원	700만원	900만원
확 률	0.6	0.2	0.15	0.05

[해설] ① (500만원 − 300만원) × 0.2 = 40만원
② (700만원 − 300만원) × 0.15 = 60만원
③ (900만원 − 300만원) × 0.05 = 30만원
계 : 130만원

85 피보험자가 부담할 금액은?

> • 보험금액 : 2,000만원
> • 소멸성 공제 적용
> • 공제금액 : 100만원
> • 손실조정계수 : 105%
> • 손해액 : 500만원

[해설] **지급보험금** : (500만원 − 100만원) × 105% = 420만원
피보험자 부담액 : 500만원 − 420만원 = 80만원

86 경과손해율을 구하시오.

> • 수입보험료 : 8,000만원
> • 전기이월 미경과보험료 : 4,000만원
> • 차기이월 미경과보험료 : 2,000만원
> • 지급보험금 : 6,000만원
> • 지급준비금 : 2,000만원
> • 손해조사비 : 500만원

[해설] **보험료 정산** : 8,000만원 + 4,000만원 − 2,000만원 = 1억원
발생손해액 : 6,000만원 + 2,000만원 + 500만원 = 8,500만원
경과손해율 : (8,500만원 / 1억원) × 100% = 85%

87 교차책임주의를 적용하여 각각의 배상책임액을 구하시오.

> • A의 손해액 : 600만원
> • B의 손해액 : 300만원
> • A의 과실비율 : 30%
> • B의 과실비율 : 70%

[해설] A → B : 300만원 × 30% = 90만원
B → A : 600만원 × 70% = 420만원

88 재보험의 기능과 관련 없는 것은?

① 보험회사의 지급여력비율을 높이는 역할을 한다.
② 재보험을 이용하여 원보험회사는 최대가능손실(MPL)을 확정할 수도 있다.
③ 재보험계약을 통하여 리스크 관리비용을 절감할 수 있다.
④ 미경과보험료적립금을 경감시켜서 보험회사의 부채부담을 줄이므로 재무건전성을 높일 수 있다.

[정답] ③
[해설] 재보험이 무조건 리스크 관리비용을 절감시킬 수 있는 것은 아니다.

89 다음 중 재보험에 대한 설명으로 틀린 것은?

① 재보험은 원보험자의 보험영업이익 안정화에 도움이 된다.
② 임의재보험은 자동재보험담보가 아니므로 재보험처리가 지연될 수 있다.
③ 특약재보험에서는 재보험자가 원보험자의 개별약정에 대하여 인수 여부를 결정한다.
④ 비비례적 재보험에서는 원보험계약에서 발생하는 사고의 손실규모를 기준으로 원보험자와 재보험자의 보상책임액이 결정된다.

[정답] ③
[해설] 특약재보험은 재보험자가 원보험자와 맺어진 특약을 통해 모든 재보험계약이 체결된다.

90 특약재보험에 대한 설명으로 옳지 않은 것은?

① 역선택의 위험이 증대된다.
② 재보험료 수입의 흐름이 비교적 일정하다.
③ 재보험거래의 불확실성이 감소하므로 원보험사 입장에서는 신속하게 원보험계약을 체결할 수 있다.
④ 원보험자의 언더라이팅 기능이 부실한 경우 재보험자의 손해율이 높아진다.

정답 ①

해설 역선택의 위험이 감소된다.

91 재보험에 대한 설명으로 틀린 것은?

① 재보험자의 보험금 지급책임 발생시기는 원보험자의 보험금 지급책임 발생 시이다.
② 그 성질에 반하지 않는 한 상법상 책임보험의 규정을 준용한다.
③ 원보험계약 피보험자의 재보험자에 대한 직접청구권이 인정되지 않는다.
④ 원보험자는 보험계약자로부터 보험료를 받지 못하였다는 이유로 재보험자에 대한 보험료 지급을 거절할 수 없다.

정답 ③

해설 당사자 약정을 통해 직접청구권이 인정될 수 있다.

92 다음 설명 중 틀린 것은?

① 재보험과 공동보험은 모두 다수의 보험자에게 위험을 전가시키는 방법이다.
② 공동보험은 하나의 보험계약에서 보험자간에 서로 인수하는 위험을 분배하는 방식이다.
③ 중복보험은 하나의 위험을 서로 다른 보험회사에서 서로 독립된 계약으로 인수하는 경우를 말한다.
④ 재보험은 횡적 위험분담방법이며, 공동보험은 종적 위험분담방법이다.

정답 ④

해설 재보험은 종적 위험분담방법이고, 공동보험은 횡적 위험분담방법이다.

93 다음 중 해당 보험종목의 초과손해액재보험특약의 내용에 통상적으로 지수조항(index clause)을 포함하고 있는 것은?

① 화재보험
② 적하보험
③ 선박보험
④ 배상책임보험

정답 ④

94 재보험에 대한 설명으로 틀린 것은?

① 원보험자는 재보험료 지급의무, 각종 통지의무, 손해방지의무 등을 부담한다.
② 재보험을 출재하면 원보험자는 재보험 출재한 보험금액에 대하여 책임준비금을 계상하지 아니할 수 있다.
③ 피보험이익은 존재하지 않는다.
④ 대형위험의 국제적 분산이 가능하다.

정답 ③
해설 피보험이익이 존재한다.

95 특약재보험에 대한 설명으로 틀린 것은?

① 재보험처리에 비용과 시간이 절약된다.
② 출재사가 계약별로 자기의 보유를 임의로 조정·결정할 수 없다.
③ 재보험자 입장에서 역선택의 위험이 적고 재보험료 수입이 크다.
④ 통상적으로 인수가 이루어지지 않는 비표준위험을 대상으로 한다.

정답 ④
해설 표준위험을 대상으로 한다.

96 **특약재보험에 대한 설명으로 틀린 것은?**

① 비례적 재보험은 출재사와 재보험자의 보험료와 보험금의 분담이 비례적으로 이루어진다.

② 비비례적 재보험은 보험금액을 기준으로 책임을 분할하는 방법이다.

③ 비례적 재보험에서는 출재사와 재보험사 간의 보유위험금액의 비율에 따라 재보험료와 재보험금을 산정한다.

④ 비비례적 재보험은 원보험사가 적용한 원보험 요율을 기준으로 산정된 보험료에 비례하여 재보험료를 산정하는 것이 아니라 위험률과 재보험시장 여건에 따라서 상호 협의하여 결정한다.

정답 ②

해설 비비례적 재보험은 손해액을 기준으로 책임을 분할하는 방법이다.

97 **재보험에 대한 설명으로 틀린 것은?**

① 비례적 재보험은 지급보험금을 기준으로 원보험자와 재보험자간의 책임을 나눈다.

② 임의재보험은 원보험자가 재보험 여부를 자유롭게 결정할 수 있다.

③ 특약재보험은 시간과 절차가 임의재보험에 비하여 간단하다.

④ 임의특약재보험(F/O Facultative Obligatory Reinsurance)은 임의재보험과 특약재보험의 혼합형태이다.

정답 ①

해설 비례적 재보험은 재보험가입비율을 기준으로 한다.

98 **다음 재보험계약 중 원보험자의 미경과보험료적립금 경감 목적으로 가장 유용한 것은?**

① 비례재보험
② 초과액재보험
③ 초과손해액재보험
④ 초과손해율재보험

정답 ①

99 다음 특약재보험 중 가장 운영이 간편하고 지급여력비율을 개선할 수 있는 방법은?

① 임의의무재보험　　　　　　　　② 초과액재보험
③ 초과손해율재보험　　　　　　　④ 비례재보험

정답　④

---

100 다음 중 보증보험에 대한 설명으로 가장 적절하지 않은 것은?

① 대수의 법칙 적용을 기본원리로 하지 않는다.
② 손해보험으로 분류된다.
③ 타인을 위한 보험이다.
④ 보험계약자의 고의로 인한 손실을 보상하지 않는다.

정답　④
해설　보험계약자의 고의사고 손실도 보상한다.

---

101 일반보험과 보증보험의 차이점이 아닌 것은?

① 계약당사자　　　　　　　　　　② 보험료
③ 구상권　　　　　　　　　　　　④ 보험업법 적용

정답　④
해설　둘 다 보험업법의 적용을 받는다.

---

102 보증보험에 관한 설명으로 옳지 않은 것은?

① 판례는 보증보험이라도 보험사고의 우연성은 모든 보험담보의 필수적인 전제조건이기 때문에 보험계약자의 고의·중과실에 의한 면책조항이 적용된다고 할 수 있다.
② 공사이행보증보험도 보증보험의 영역에 포함된다.
③ 보증보험은 보험적인 요소와 민사보증적인 요소를 모두 가지고 있다.
④ 보증보험은 그 목적과 계약내용상 타인을 위한 보험의 형태가 될 수 밖에 없다.

정답　①
해설　보험계약자의 고의·중과실 면책조항이 적용되지 않는다.

103 다음 중 우리나라에 가장 먼저 도입된 사회보험은?

① 국민건강보험   ② 국민연금

③ 고용보험   ④ 산업재해보상보험

정답 ④

104 다음 중 산업재해보상보험에서 지급되는 보험급여가 아닌 것은?

① 요양급여   ② 실업급여

③ 장해급여   ④ 유족급여

정답 ②

해설 실업급여는 고용보험에서 지급되는 급여이다.

105 다음 중 공영보험에 관한 내용으로 옳지 않은 것은?

① 자동차대인배상Ⅰ도 큰 범주에서는 국가에 의한 정책성 보험이라 할 수 있다.

② 공영보험은 국가가 그 운용의 주체가 되는 보험이다.

③ 모든 공영보험의 보험료 산출은 조세결정과 같이 정책적 판단에 의한다.

④ 사회보험과 정책성보험으로 구성된다.

정답 ③

해설 우체국보험은 공영보험이면서 사보험이다.

106 각종 사회보험제도에 관한 설명으로 옳지 않은 것은?

① 국민건강보험은 국민 개별적으로 가입 여부를 결정할 수 있다.

② 국민건강보험과 노인장기요양보험의 운영주체는 단일화되어 있다.

③ 노인장기요양보험은 고령화 사회에 따른 치매환자 증가 등 사회적 부담을 보험적으로 해결하기 위한 취지에서 비롯된 제도이다.

④ 고용보험은 65세 이상 근로자에게는 적용되지 않는다.

정답 ①

해설 국민건강보험은 의무보험이다.

107 다음 중 우리나라에서 현재 시행 중인 사회보험을 모두 고른 것은?

> ㉠ 고용보험   ㉡ 산업재해보상보험
> ㉢ 질병보험   ㉣ 간병보험
> ㉤ 장애인복지보험

① ㉠, ㉡ 　　　　　　　　　　　② ㉡, ㉤
③ ㉡, ㉣ 　　　　　　　　　　　④ ㉠, ㉤

정답　①

---

108 아래와 같은 초과손해액재보험특약에서 지급되는 재보험금은 모두 얼마인가?

> **특약내용**
> ㉠ 원보험자의 위험당 손실보유액 : 200만원
> ㉡ 재보험자의 위험당 특약한도액 : 1,000만원
>
> **손해사항**
> ㉠ 원보험계약 A : 손실액 500만원
> ㉡ 원보험계약 B : 손실액 1,500만원

해설

	원보험자	재보험자	재보험금 합
계약 A	200만원	300만원	1,300만원
계약 B	200만원	1,000만원	

---

109 원보험회사(A)는 재보험회사(B)와 원보험보유한도 50억원에 대하여 초과액재보험특약을 체결하였다. 아래 원보험계약에 대한 재보험금을 구하시오.

	가입금액	손해액
계약 1	100억원	9억원
계약 2	150억원	9억원

해설

	초과액(재보험출재)	초과분 비율	재보험금
계약 1	50억원	1/2	9억원 × 1/2 = **4.5억원**
계약 2	100억원	2/3	9억원 × 2/3 = **6억원**

110 보유액 25,000,000인 초과액재보험특약 하에서 다음 원보험계약 각각에 대하여 재보험료와 재보험금을 구하시오.

구 분	계약 A	계약 B	계약 C
보험가입금액	10,000,000	100,000,000	150,000,000
보험료	100,000	1,000,000	1,500,000
손해액	8,000,000	10,000,000	60,000,000
재보험료	(1)	(2)	(3)
재보험금	(4)	(5)	(6)

해설

	계약 A	계약 B	계약 C
재보험출재	0	75,000,000	125,000,000
초과분 비율	0	75/100	125/150
재보험료	0	1,000,000 × 75/100 = 750,000	1,500,000 × 125/150 = 125,000
재보험금	0	10,000,000 × 75/100 = 7,500,000	60,000,000 × 125/150 = 50,000,000

111 원보험회사(A)는 재보험회사(B)와 출재율 20% 보유액 50억원에 대하여 비례초과재보험특약을 체결하였다. 아래 원보험계약에 대한 재보험금을 구하시오.

	가입금액	손해액
계약 1	100억원	300억원
계약 2	150억원	300억원

해설

	재보험 비례부담액	잔여액
계약 1	300억원 × 20% = 60억원	300억원 − (100억원 + 60억원) = 140억원
계약 2	300억원 × 20% = 60억원	300억원 − (150억원 + 60억원) = 90억원

	초과액	초과분 비율	초과액 재보험금
계약 1	100억원 − 50억원 = 50억원	1/2	140억원 × 1/2 = 70억원
계약 2	150억원 − 50억원 = 100억원	2/3	90억원 × 2/3 = 60억원

	최종 재보험금
계약 1	60억원 + 70억원 = 130억원
계약 2	60억원 + 60억원 = 120억원

112 아래와 같은 비례분할재보험에서 지급되는 재보험금은 얼마인가?

> 비례분할재보험
> ㉠ 출재율 : 20%
> ㉡ 특약한도액 : 500,000원
>
> 원보험 계약
> 손해액(지급보험금) : 3,000,000원

[해설] 3,000,000원 × 20% = 600,000원 → 한도적용 : **500,000원**

113 다음 초과손해액재보험특약에서 지급되는 재보험금의 합계액은 얼마인가?

> 특약한도 : US$ 600,000 in excess of US$ 400,000

구 분	사고일자	지급보험금
사고 1	1/24	US$ 750,000
사고 2	2/17	US$ 350,000
사고 3	4/15	US$ 1,500,000
합 계		US$ 2,600,000

[해설] 사고 1 : US$ 750,000 − US$ 400,000 = US$ 350,000
사고 2 : US$ 350,000 − US$ 400,000 = 초과금액 0
사고 3 : US$ 1,500,000 − US$ 400,000 = US$ 1,100,000 → 한도적용 US$ 600,000
계 : **US$ 950,000**

114 甲 보험회사는 자사가 인수한 보험계약에 대하여 매 위험당 20% 출재, 특약한도액 50만원으로 하는 비례분할재보험특약을 운용하고 있다. 재보험계약 담보기간 중 아래와 같은 3건의 손해가 발생하였을 때 재보험자로부터 회수할 수 있는 재보험금은 얼마인가?

원보험계약	1	2	3
손해액	150만원	200만원	300만원

[해설] 계약 1 : 150만원 × 20% = 30만원
계약 2 : 200만원 × 20% = 40만원
계약 3 : 300만원 × 20% = 60만원 → 한도적용 50만원
계 : **120만원**

115 甲 보험회사는 A라는 보험계약자와 5,000만원짜리 보험계약을 체결하고 500만원의 보험료를 받았다. 甲 보험회사가 乙 재보험회사와 6 : 4 비례재보험계약을 체결하였을 때 이 계약에서 발생손실이 200만원일 때 甲 보험회사와 乙 재보험회사 각각의 인수금액과 수입보험료, 각 회사의 손실분담액을 계산하시오.

	인수금액	수입보험료	손실분담액
甲 보험회사	5,000만원 × 60% = 3,000만원	500만원 × 60% = 300만원	200만원 × 60% = 120만원
乙 보험회사	5,000만원 × 40% = 2,000만원	500만원 × 40% = 200만원	200만원 × 40% = 80만원

116 甲 원보험회사는 乙 재보험회사와 초과액재보험계약을 체결하였다. 甲과 乙 각각의 보유한도는 모두 10억원이며 甲이 15억원의 위험을 인수하였다. 해당 위험에서 12억원의 손해가 발생하였다면, 재보험자는 얼마의 책임을 부담하는가?

가입금액	재보험출재	초과분 비율	재보험금
15억원	5억원	5/15	12억원 × 5/15 = 4억원

117 초과손실재보험특약이 적용되는 두 개의 원보험계약에 대해 다음과 같은 지급책임이 있는 손실이 발생했을 때 각 계약에서 원보험자와 재보험자가 부담해야할 보험금액을 구하시오.

- 원보험 위험당 손실보유액 : 200만원
- 재보험 위험당 특약한도액 : 1,000만원
- 계약 1 손실액 : 500만원
- 계약 2 손실액 : 1,500만원

	원보험	재보험
계약 1	200만원	300만원
계약 2	200만원 + 300만원 = 500만원	1,300만원 → 한도적용 1,000만원

∴ 원보험자 : **700만원**, 재보험자 : **1,300만원**

참고

손해재보험특약의 복원조항

초과손해재보험특약에서는 금액을 기준으로 초과되는 손해를 재보험자가 담보한다. 따라서 특약기간 중 재보험금 지급으로 인하여 재보험자의 보상한도액이 소진될 경우 나머지 특약기간에 대하여 어떻게 할지(복원할지 안할지, 한다면 그 방식과 조건 등)에 관한 내용을 규정한 조항이 존재한다.

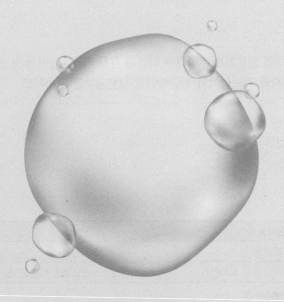

훌륭한 가정만한 학교가 없고,
덕이 있는 부모만한 스승은 없다.

－ 마하트마 간디 －

the Final
(더 파이널)

01 보험계약은 다수인을 상대로 동일한 내용의 계약을 체결하게 되므로 정형화된 보험약관에 의하여 이루어진다. 이는 보험계약의 어떠한 법적 성질과 밀접한 관련이 있는가?

① 낙성계약성
② 쌍무계약성
③ 선의계약성
④ 부합계약성

02 다음 보험가능 리스크(insurable risk)의 요건 중 피보험이익의 원칙과 가장 관련이 깊은 것은?

① 다수의 동질적 리스크
② 손실의 우연성
③ 확정 가능한 손실 규모
④ 측정 가능한 손실 발생 확률

03 어떤 보험상품에서 p = 보험료, q = 보험금액, m = 보험가입자의 수, n = 보험사고 발생건수라 할 때, 급부·반대급부균등의 원칙을 표현한 것으로 옳은 것은?

① $pq = mn$

② $np = mq$

③ $p = \dfrac{n}{m}q$

④ $p = \dfrac{m}{n}q$

제2과목

04 다음 중 보험의 특성으로 보기 어려운 것은?

① 리스크의 분담

② 리스크의 전가

③ 우연적 손실의 보상

④ 도덕적 해이의 감소

05 다음 중 보험가능 리스크(insurable risk)의 요건이 비교적 덜 엄격하게 적용되는 보험종목은?

① 고용보험
② 화재보험
③ 상해보험
④ 배상책임보험

06 개인이 보험을 구입하는 필요조건으로서 개인의 리스크 성향은 무엇인가?

① 리스크 선호형(risk-loving)
② 리스크 회피형(risk-averse)
③ 리스크 중립형(risk-neutral)
④ 리스크 성향과 관계없다.

07 다음 중 가해자의 과실에 따른 배상책임을 면제 또는 경감하기 위하여 적용하는 법리가 아닌 것은?

① 리스크의 감수(assumption of risk)

② 기여과실(contributory negligence)

③ 비교과실(comparative negligence)

④ 최종적 명백한 기회(last clear chance)

08 다음 중 우리나라에 가장 먼저 도입된 사회보험은?

① 국민건강보험

② 국민연금

③ 고용보험

④ 산업재해보상보험

09 다음 중 보험회사에 대한 재무건전성 감독을 위한 제도와 가장 거리가 먼 것은?

① 보험회계기준
② 지급여력제도
③ 경영실태평가
④ 보험상품공시제도

10 다음 중 피보험이익의 요건에 해당하지 않은 것은?

① 금전평가가능성
② 적법성
③ 확정가능성
④ 충분성

11 다음 중 재보험과 관련된 설명으로 옳지 않은 것은?

① 재보험은 원보험자의 보험영업이익 안정화에 도움이 된다.

② 임의재보험(facultative reinsurance)은 자동적 재보험 담보가 아니므로 재보험 처리가 지연될 수 있다.

③ 특약재보험(treaty reinsurance)에서는 재보험자가 원보험자의 개별 청약에 대하여 인수 여부를 결정한다.

④ 비비례적 재보험(non-proportional reinsurance)에서는 원보험계약에서 발생하는 사고의 손실 규모를 기준으로 원보험자와 재보험자의 보상책임액이 결정된다.

제2과목

12 다음 재보험계약 중 원보험자의 미경과보험료적립금 경감 목적으로 가장 유용한 것은?

① 비례재보험(quota share reinsurance)

② 초과액재보험(surplus share reinsurance)

③ 초과손해액재보험(excess of loss reinsurance)

④ 초과손해율재보험(stop loss reinsurance)

13 다음 중 보증보험에 대한 설명으로 가장 적절하지 않은 것은?

① 손해보험으로 분류된다.

② 타인을 위한 보험이다.

③ 대수의 법칙 적용을 기본원리로 하지 않는다.

④ 보험계약자의 고의로 인한 손실은 보상하지 않는다.

14 다음의 보험요율 산정원칙 중 보험회사의 재무건전성과 가장 관련이 있는 것은?

① 충분성(adequacy)

② 비과도성(non-excessiveness)

③ 안정성(stability)

④ 공정 차별성(fair discrimination)

15 다음과 같은 속성의 리스크를 관리할 때 사용할 수 있는 리스크관리기법으로 가장 적절한 것은?

> • 최악의 손실이 미미한 수준이다.
> • 손실발생빈도가 낮다.

① 리스크회피(risk avoidance)
② 리스크보유(risk retention)
③ 손실감소(loss reduction)
④ 보험(insurance)

16 다음 중 자체보험자(captive insurer)를 설립하는 이유로 가장 거리가 먼 것은?

① 보험비용의 절약
② 자체 이익의 실현 가능성
③ 재보험 가입의 용이
④ 대재해리스크의 회피

17 보험계약에서 제외부문(exclusions) 규정을 두는 이유로 적절하지 않은 것은?

① 도덕적 해이를 줄이고 손실의 규모와 귀속을 확정한다.

② 특수한 위험을 부보대상에서 제외시키기 위해 필요하다.

③ 중복보험을 방지하는데 사용되기도 한다.

④ 손실보상금액보다 손실처리비용이 많은 경우 합리적으로 처리하기 위해 필요하다.

18 다음 중 배상책임보험의 사회적 기능과 역할을 확대시켜 주는 주요 제도가 아닌 것은?

① 보험자대위제도

② 피해자 직접청구권

③ 의무보험제도

④ 무과실책임주의

19 다음 중 진술(representation)과 보증(warranty)의 차이점에 대한 설명으로 옳지 않은 것은?

① 보증은 계약의 일부이다.
② 진술은 계약의 부수적 기능을 수행한다.
③ 진술과 보증 둘 다 해석의 융통성이 있다.
④ 보증내용이 사실과 다르거나 지켜지지 않을 경우 보험금 지급을 거절할 수 있다.

제2과목

20 다음은 보험가능 리스크(insurable risk)의 손실액 확률분포이다. 95%의 신뢰도를 적용했을 때 가능최대손실(probable maximum loss ; PML)은 얼마인가?

확 률	0.5	0.3	0.05	0.05	0.05	0.05
손 실	0원	300만원	500만원	700만원	800만원	1,000만원

① 1,000만원　　　　　　② 800만원
③ 700만원　　　　　　　④ 500만원

21 다음 중 리스크의 결합(risk pooling)에 대한 설명으로 옳지 않은 것은?

① 결합된 리스크단체 안에서 발생하는 손해를 상호 분담함으로써 리스크가 분산된다.

② 리스크결합을 통해 1인당 평균손실을 실제손실로 대체하는 효과가 발생한다.

③ 각 개인은 상대적으로 적은 금액으로 리스크에 따른 큰 손실발생에 대비할 수 있다.

④ 동질의 독립적인 리스크가 다수 결합될수록 객관적 리스크가 줄어들고 보험회사의 예측력은 높아진다.

22 다음 중 대재해채권(catastrophe bond)에 대한 설명으로 옳지 않은 것은?

① 보험회사가 대재해채권을 발행하면 보험회사의 신용위험이 증가한다.

② 도입과 운용에 있어서 채권 발행 및 유통비용, 운용비용 등이 발생한다.

③ 이 채권은 천재지변 등 대재해와 연동하여 이자와 원금이 변동될 수 있다.

④ 대재해의 발생확률 및 손실분포에 대한 객관적이고 과학적인 분석이 어려워 가격산정이 어렵다.

23 다음 중 산업재해보상보험에서 지급되는 보험급여가 아닌 것은?

① 요양급여

② 실업급여

③ 장해급여

④ 유족급여

24 다음은 동일 보험기간 동안에 발생한 3차례의 보험사고 내역이다.

사고발생	1차	2차	3차
손해액	50만원	200만원	300만원

위의 보험사고에 대해 프랜차이즈 공제(franchise deductible) 100만원이 각각 적용되는 경우 피보험자가 받을 보험금의 합계는 얼마인가?

① 300만원　　　　　　　② 350만원

③ 400만원　　　　　　　④ 500만원

25 리스크를 관리하는 방법은 크게 리스크통제(risk control)와 리스크재무(risk financing)로 대별될 수 있다. 다음 중 리스크재무에 해당하는 리스크관리기법은?

① 리스크회피(risk avoidance)
② 리스크보유(risk retention)
③ 손실통제(loss control)
④ 리스크분리(risk separation)

26 다음 리스크관리과정의 각 단계를 순서대로 바르게 열거한 것은?

> ㉮ 리스크의 평가(evaluating the risk)
> ㉯ 리스크관리기법의 실행(implementing the program)
> ㉰ 리스크관리기법의 선택(selecting techniques for handling risk)
> ㉱ 리스크의 인식(identifying the risk)

① ㉮ → ㉯ → ㉰ → ㉱
② ㉮ → ㉱ → ㉰ → ㉯
③ ㉱ → ㉮ → ㉰ → ㉯
④ ㉱ → ㉮ → ㉯ → ㉰

27 아래에서 설명하는 재보험특약서 조항과 가장 관련이 있는 특약재보험의 형태는?

> 특약기간 중 보험사고의 발생에 따른 재보험금 지급으로 인하여 재보험 보상한도액(limit of liability)의 일부 또는 전부가 소진될 경우에 잔여 특약기간에 대하여 이의 복원에 대한 방식과 조건에 관한 내용을 규정한 조항

① 초과액재보험특약(surplus share reinsurance treaty)
② 비례재보험특약(quota share reinsurance treaty)
③ 초과손해액재보험특약(excess of loss reinsurance treaty)
④ 비례재보험과 초과액재보험의 혼합특약(combined quota share & surplus share reinsurance treaty)

28 보험계약의 기본요소 중 아래에서 설명하는 내용에 해당하는 부문은?

> 보험자로 하여금 보험금 지급 및 기타 서비스 제공에 대한 약속을 이행하게 하거나 제한하는 중요한 부문으로서, 여기에는 보험계약자나 피보험자가 보상을 받기 위하여 반드시 준수해야 할 일종의 의무사항 또는 권리제한 등의 내용이 포함된다.

① 제외부문(exclusions)
② 조건부문(conditions)
③ 기재부문(declaration)
④ 보험가입합의문(insuring agreement)

29 열거책임주의 방식의 보험증권에서 담보위험을 열거한 다음에 "기타 일체의 위험(all other perils)"이라는 총괄적 문언(general words)을 부가한 경우, 이 부분에 대한 해석기준을 제시한 영국판례의 해석원칙은?

① 통상적 의미의 해석원칙(rules as to "ordinary meaning")
② 동종제한의 원칙(principle of ejusdem generis)
③ 합리적인 기대의 원칙(doctrine of reasonable expectation)
④ 보험증권 전체로서의 해석원칙

30 다음은 보험자의 보상책임 유무를 결정함에 있어서 손인(peril)과 손해(loss)와의 관계, 즉 인과관계(causation)를 규명하는 원칙들 가운데 하나이다. 이 입장에 해당하는 인과관계에 대한 학설은?

> 일정한 사실이 어떤 결과를 발생하게 한 조건을 구성하는 경우, 실제 발생한 특정한 경우뿐만 아니라 일상경험에서 판단하여 다른 일반적인 경우에도 동일한 결과를 발생시킬 것으로 인정되는 조건을 적당조건으로 간주하여, 그 적당조건만을 결과의 원인으로 한다는 주장

① 근인설   ② 상당인과관계설
③ 개연설   ④ 최유력조건설

31 보험증권 해석의 주요한 일반 원칙들 가운데 아래 두 가지 설명에 적합한 해석원칙의 명칭이 바르게 짝지어진 것은?

> (가) 보험증권의 해석원칙 중에서 가장 기본이 되는 원칙으로서, 이와 같은 기본원칙에 대하여 다른 모든 해석원칙은 이를 확인하기 위한 보조원칙에 불과하다.
>
> (나) 보험증권의 해석에 관한 일반적인 모든 원칙을 적용한 후에도 보험증권에 관하여 아직도 애매한 문제가 존재하는 경우 최종적으로 적용되는 해석원칙이다.

	(가)	(나)
①	합리적인 해석의 원칙	문맥에 의한 의미제한의 원칙
②	계약당사자 의사 우선의 원칙	문서작성자 불이익의 원칙
③	보험증권 전체로서의 해석 원칙	통상적 의미의 원칙
④	수기문언 우선의 원칙	계약당사자 의사 우선의 원칙

32 사업중단보험(business interruption insurance)의 여러 형태 가운데 다음의 설명에 해당하는 보험종목은?

> 피보험자가 소유하거나 운영하는 기업이 아닌 다른 기업이 재해를 당함으로써 피보험자 기업의 영업이익에 손실을 끼칠 경우 이를 보상하는 보험이다.

① 추가비용보험(extra expense insurance)
② 임대가치보험(rental value insurance)
③ 리스보유이익보상보험(leasehold interest insurance)
④ 간접사업중단보험(contingent business interruption insurance)

33 다음 중 미경과보험료적립금에 관한 설명으로 적절치 않은 것은?

① 지급준비금과 함께 손해보험회사의 대표적인 부채항목이다.

② 보험회사에 납입된 보험료는 시간이 지남에 따라 경과보험료가 되고 미경과보험료 부분은 감소한다.

③ 보험계약 해지나 보험사고 발생시 해지환급금이나 보험금의 지급을 보장하기 위한 것이다.

④ 손해보험회사 책임준비금 중 미경과보험료적립금의 비중은 생명보험회사에 비해 상대적으로 작다.

34 보험과 도박을 비교한 다음 설명 중 옳지 않은 것은?

① 보험은 사전적 확률을 중심으로 하고 있으며, 도박은 사후적 확률에 기초하고 있다.

② 보험과 도박 모두 사행계약의 특성을 갖고 있다.

③ 보험은 이미 존재하고 있는 리스크를 대상으로 하고 있으나, 도박은 리스크를 새로이 창출한다.

④ 도박은 투기리스크의 성격을 갖고 있으나, 보험은 주로 순수리스크를 대상으로 한다.

35 다음 글에 나타난 내용과 가장 근접한 과실책임의 법리는 무엇인가?

> 일반적으로 부동산 소유자는 자신의 구내에 허락 없이 침입한 사람의 안전에 관한 주의의무는 없다고 본다. 그러나 지붕을 수리하기 위하여 세워둔 사다리에 이웃집 어린아이가 올라가다가 떨어져 다리를 다친 사례에서 부동산 소유자는 어린아이의 상해에 대하여 배상책임을 진다.

① 추정과실책임(resipsa loquitur)
② 유혹과실책임(attractive nuisance)
③ 전가과실책임(imputed negligence)
④ 가족용도주의(family purpose doctrine)

제2과목

36 다음 중 Umbrella 배상책임보험(Umbrella liability insurance)에 대한 설명으로 옳지 않은 것은?

① 기업의 배상책임리스크를 관리하는데 많이 이용되고 있으나, 개인의 배상책임에도 활용된다.
② 보험증권을 발급할 때 피보험자에게 영업배상책임보험(commercial general liability insurance)과 같은 기초담보증권을 소유하고 있을 것을 요구한다.
③ 기초담보증권이 일차적으로 손실을 보상하고 보상한도가 초과되면 이 umbrella 배상책임보험에서 보상하게 되는 초과보험계약(excess coverage)이다.
④ 기초담보증권에서 면책된 배상책임리스크까지 보상하는 것은 아니다.

37 보험계약은 그 계약이 비록 전위험담보(all-risks coverage) 조건이라 할지라도 손실의 보상을 제한하는 사항을 명시하게 된다. 다음 중 면책사유를 명시하는 대표적인 방법으로 적절치 않은 것은?

① 제외손실(excluded losses)
② 제외책임(excluded liabilities)
③ 제외손인(excluded perils)
④ 제외재산(excluded property)

38 A 보험회사가 판매한 재산종합보험의 예정손해율은 50%였으나, 그 후 1년 간의 실제손해율이 80%로 확인되었다. 이 상품에 대해 앞으로 적용할 요율의 조정률은 얼마인가?[조정은 손해율 방식(loss ratio method)을 따르고, 신뢰도계수(credibility factor)는 0.5를 적용함]

① 15% 인하
② 15% 인상
③ 30% 인하
④ 30% 인상

39 A 보험회사는 아래와 같은 초과손해액재보험특약(excess of loss reinsurance treaty)을 운영하고 있다.

특약 한도 : US$ 600,000 in excess of US$ 400,000

특약재보험의 보험기간 중 다음과 같이 보험금을 지급하였을 경우, A 보험회사가 재보험자로부터 회수하게 될 재보험금의 합계액은 얼마인가?

구 분	사고일자	지급보험금
사고 1	1월 24일	US$ 750,000
사고 2	2월 17일	US$ 350,000
사고 3	4월 15일	US$ 1,500,000
합 계		US$ 2,600,000

① US$ 550,000

② US$ 950,000

③ US$ 1,050,000

④ US$ 1,450,000

40 다음은 B 손해보험회사의 2015 회계연도 요약 손익계산서이다. 주어진 경영정보만을 이용하여 산출한 2015 회계연도 말 현재 이 회사의 경과보험료는 얼마인가?

수입보험료	지급보험료	전기이월 미경과보험료	차기이월 미경과보험료
1,100억원	700억원	400억원	300억원

① 300억원

② 400억원

③ 500억원

④ 600억원

01 손해배상금 산정 시의 중간이자 공제에 관한 다음 설명 중 옳은 것은?

① 상실수익액에 대한 중간이자 공제는 약관에서 정하는 약관대출이자율을 적용한다.

② 여타의 조건이 동일한 경우 호프만 방식보다 라이프니츠 방식에서 배상금이 더 많이 산정된다.

③ 국가배상법에서는 5% 복리할인법에 의거하여 배상금을 산정할 것을 규정하고 있다.

④ 중간이자 공제는 일시금 배상에 따른 과잉배상을 방지하기 위한 것이다.

02 역선택(adverse selection) 문제의 발생시점과 발생원인을 순서대로 바르게 배열한 것은?

	발생시점	발생원인
①	보험계약 체결이후	숨겨진 행동
②	보험계약 체결시점	숨겨진 행동
③	보험계약 체결이후	숨겨진 속성
④	보험계약 체결시점	숨겨진 속성

03 쌍방 간의 과실로 보험사고가 발생하였을 경우 당사자들은 과실비율에 대한 규명 없이 각자의 보험회사로부터 손실을 보상 받을 수 있도록 하는 배상책임제도는?

① 손익상계제도

② 교차책임제도

③ 과실상계제도

④ 무과실책임제도

04 다음에서 설명하는 보상책임에 관한 원칙은?

> • 손해의 결과에 대하여 선행하는 위험이 면책위험이 아닐 경우 보험자는 면책을 주장할 수 없다.
> • 화재보험에서 발화의 원인을 불문하고 그 화재로 인하여 보험목적물에 손해가 생긴 때에는 보험자는 그 손해를 보상할 책임이 있다.
> • 일반화재보험에서 폭발손해 자체는 화재로 인한 것이든 아니든 면책이지만, 폭발로 발생한 화재손해에 대해서는 보험자의 책임이 발생한다.

① 위험보편의 원칙

② 위험개별의 원칙

③ 우선효력의 원칙

④ 분담주의 원칙

05 다음 중 보험회사의 지급여력비율 산출시 지급여력금액 항목에 포함되지 않는 것은?

① 책임준비금
② 비상위험준비금
③ 후순위차입금
④ 자본잉여금

06 기대효용가설(expected utility hypothesis) 관점에서 개인의 보험구매의사결정에 관한 설명으로 적절하지 않은 것은?

① 위험회피형 개인은 부가보험료가 존재하더라도 보험을 구매할 수 있다.
② 위험중립형 개인은 부가보험료가 존재할 경우 보험을 구매하지 않는다.
③ 위험회피형 개인의 리스크 프리미엄(risk premium)이 부가보험료보다 크면 보험을 구매하지 않는다.
④ 위험선호형 개인은 부가보험료가 없더라도 보험을 구매하지 않는다.

07 다음은 보험에 대한 설명이다. (   ) 안에 들어갈 단어를 순서대로 바르게 배열한 것은?

> 계약자의 입장에서 보면 보험은 (   ) 제도이지만, 기술적인 측면에서 보면 보험은 다수의 위험단위를 집단화함으로써 개별 계약자의 손실에 대한 불확실성을 경감하는 (   ) 제도이다.

① 위험통제, 위험전가
② 위험전가, 위험결합
③ 위험분담, 위험전가
④ 위험전가, 위험보유

08 보험회사의 경영성과지표에 관한 다음 설명 중 가장 적절한 것은?

① 보험회사의 자산운용수익은 합산비율에 영향을 미친다.
② 실제사업비율이 예정사업비율보다 낮으면 효율적 경영이 이루어졌다고 할 수 있다.
③ 재보험거래 결과는 경과손해율에 영향을 미치지 않는다.
④ 손해사정비용은 사업비율에 영향을 미친다.

09 보험기간 중 보험계약자나 피보험자의 행위로 위태가 증가되었을 때 이 위태가 증가된 상태에 있는 한 보험효력이 일시 정지되고, 증가된 위태가 제거되거나 원상으로 복귀되었을 때 보험효력이 재개되도록 규정하는 계약조항은?

① grace period clause('유예기간' 조항)
② if clause('만약' 조항)
③ while clause('동안' 조항)
④ floater clause('유동' 조항)

10 다음에서 설명하는 보험계약의 법적 성격은?

> 보험자의 관점에서 볼 때 동일한 보험목적물이라도 피보험자가 누구냐에 따라 손실 발생 위험이 달라지는 것이기 때문에 보험계약의 내용이 달라질 수 있고 계약의 인수가 거절될 수도 있다.

① 인적계약(personal contract)
② 부합계약(adhesive contract)
③ 조건부계약(conditional contract)
④ 사행계약(aleatory contract)

11 다음 중 기업신용보험(commercial credit insurance)에 대한 설명으로 옳지 않은 것은?

① 기업신용보험은 기업이 다른 기업과의 신용거래에 따른 외상매출금의 회수불능위험을 관리하는 보험으로서 기업의 신용손실을 보상하는 것이다.

② 기업신용보험은 비정상적 신용손실(abnormal credit loss)이 아니라 정상적 사업과정에서 발생하는 통상적 신용손실(normal credit loss)을 보상하는 것이다.

③ 기업신용손실의 원인은 채무자의 파산 또는 지급불능이어야 하고, 그 밖의 원인에 의한 신용손실은 보상에서 제외된다.

④ 기업신용보험은 기업의 불량채무손실을 감소시키고 거래 상대방의 지급불능시 효율적인 회수 및 구조서비스를 제공한다.

제2과목

12 책임보험의 일반적 성질과 거리가 가장 먼 것은?

① 손해를 보상하는 손해보험의 성질을 가진다.

② 피해자가 보험자에게 손해의 전보를 직접 청구할 수 있다.

③ 피보험자에게 발생하는 적극적 손해를 보상하는 적극보험의 성질을 가진다.

④ 원칙적으로 보험가액이라는 개념이 존재하지 않는다.

13 다음 손실통제(loss control) 활동 중 손실감소(loss reduction)에 해당하는 것은?

① 안전교육
② 금연과 금주
③ CCTV 설치
④ 에어백 설치

14 보험가입 후 위험관리를 소홀히 한다거나 사고발생 후 적극적으로 손해방지활동을 하지 않는 것은 다음 중 무엇에 해당하는가?

① 실체적 위태(physical hazard)
② 도덕적 위태(moral hazard)
③ 정신적 위태(morale hazard)
④ 법률적 위태(legal hazard)

15 다음 중 위험보유의 형태라 할 수 없는 것은?

① 공제조항(deductible clause)

② 자가보험(self-insurance)

③ 캡티브보험(captive insurance)

④ 타보험조항(other insurance)

16 다음 중 전쟁·천재지변 등으로 인한 손해를 면책하는 내용은?

① 제외손인(excluded perils)

② 제외손실(excluded losses)

③ 제외재산(excluded property)

④ 제외지역(excluded locations)

17 다음 중 피보험이익에 관한 설명으로 옳지 않은 것은?

① 보험목적물의 가치를 말한다.

② 피보험이익의 원칙은 도덕적 위태를 감소시키는 기능을 한다.

③ 반드시 현존하는 이익일 필요는 없다.

④ 하나의 보험목적물에 복수의 피보험이익이 존재할 수 있다.

18 다음 중 보험자가 보험계약을 해지할 수 있는 사유에 해당하지 않는 것은?

① 위험의 변경·증가 통지의무위반

② 계속보험료의 미지급

③ 사고발생의 통지의무위반

④ 고지의무위반

19 다음 중 공동보험조항(co-insurance clause)에 대한 설명으로 적절하지 않은 것은?

① 손실발생시 피보험자로 하여금 손실의 일부를 부담하게 하는 조항이다.

② 보험계약자간 보험요율의 형평성을 유지하는데 주된 목적이 있다.

③ 소액보상청구를 줄임으로써 손실처리비용을 감소시킬 수 있다.

④ 위험관리를 유도함으로써 손실발생 방지의 효과를 거둘 수 있다.

20 다음은 보험가액 5억원인 주택의 화재발생시 손해액에 대한 확률분포이다. 80% 공동보험조항 하에서 보험가입금액을 2억원으로 했을 때 예상 지급보험금은 얼마인가?

손해액	5억원	3억원	1억원	0원
확 률	0.1	0.1	0.2	0.6

① 1,600만원

② 4,000만원

③ 4,500만원

④ 5,000만원

21 A 보험회사는 자사가 인수한 보험계약에 대하여 매 위험당 20% 출재, 특약한도액 50만원으로 하는 비례분할 재보험특약(quota share reinsurance treaty)을 운용하고 있다. 재보험계약 담보기간 중 아래와 같은 3건의 손해가 발생하였을 때 재보험자로부터 회수할 수 있는 재보험금은 얼마인가?

원보험계약	1	2	3
손해액	150만원	200만원	300만원

① 120만원
② 130만원
③ 520만원
④ 530만원

22 다음 중 소급보험과 승낙전 보호제도에 대한 설명으로 옳지 않은 것은?

① 양자 모두 보험계약이 성립하기 전 일정 시점부터 보험자의 책임이 개시된다.
② 소급보험은 당사자의 합의에 의하여 효력이 발생하나, 승낙전 보호제도는 당사자의 합의에 관계없이 법률규정에 의하여 보호된다.
③ 소급보험은 보험계약이 성립되어야 적용되나, 승낙전 보호제도는 보험계약이 성립되기 전 단계에서 적용되는 제도이다.
④ 소급보험에서는 청약일 이후에야 보험자의 책임이 개시되나, 승낙전 보호제도에서는 보험자의 책임이 청약일 이전에 개시된다.

23 자가보험(self-insurance)에 대한 다음 설명 중 옳지 않은 것은?

① 보험자의 전문적인 위험관리서비스를 받을 수 있다.

② 부가보험료를 절감할 수 있어 위험비용을 낮출 수 있다.

③ 대수의 법칙에 의하여 미래손실을 비교적 정확하게 예측할 수 있는 경우에 활용된다.

④ 보험료가 사외로 유출되지 않아 유동성을 확보하고 투자이익을 얻을 수 있는 이점이 있다.

24 이미 사고는 발생하였으나 아직 보험회사에 보고되지 아니한 손해에 대하여 보험회사가 미래에 청구될 보험금 지급에 충당하기 위하여 적립하는 준비금은?

① 우발적준비금

② IBNR준비금

③ 미경과보험료준비금

④ 비상위험준비금

25 손해사정업무는 통상 검정업무(survey)와 정산업무(adjustment)로 구분된다. 다음 중 검정업무에 해당하지 않는 것은?

① 보험계약사항의 확인
② 현장조사 및 사고사실 확인
③ 대위 및 구상
④ 손해액 산정

26 열거위험담보계약(named-perils policy)과 포괄위험담보계약(all-risks policy)에 대한 다음 설명 중 옳지 않은 것은?

① 열거위험담보계약에서는 필요한 위험만을 선택하여 가입할 수 있다.
② 열거위험담보계약에서 보험자로부터 손해보상을 받기 위해서 피보험자는 손해의 발생사실만을 입증하면 된다.
③ 포괄위험담보계약에서는 다른 보험계약에서 담보된 위험이 중복 가입될 가능성이 있다.
④ 포괄위험담보계약이 열거위험담보계약보다 일반적으로 담보범위가 넓고 보험료가 비싸다.

27 사건발생기준(occurrence basis) 배상책임보험과 배상청구기준(claims-made basis) 배상책임보험에 대한 다음 설명 중 옳지 않은 것은?

① 사건발생기준 배상책임보험은 불법행위와 그 결과가 시간적으로 근접해 있을 때 적용이 용이하다.

② 배상청구기준 배상책임보험은 보험기간 중에 피보험자로부터 청구된 사고를 기준으로 배상책임을 결정한다.

③ 사건발생기준 배상책임보험은 장기성 배상책임(long-tail liability)의 특성을 갖는 전문직 배상책임보험 등에 적용된다.

④ 배상청구기준 배상책임보험에서는 보험급부 여부를 결정할 때 보험사고를 둘러싼 분쟁을 줄일 수 있다.

28 다음 중 보험료불가분의 원칙과 가장 밀접한 관련이 있는 개념은?

① 보험계약기간
② 보험기간
③ 보험책임기간
④ 보험료기간

29 금융재보험(finite reinsurance)을 소급형(retrospective)과 장래형(prospective)으로 구분할 때 다음 중 장래형 금융재보험에 해당하는 것은?

① 지급준비금할인 재보험(Time and Distance Policy ; TDP)
② 보험금분산특약 재보험(Spread Loss Treaties ; SLT)
③ 손실금이전 재보험(Loss Portfolio Transfers ; LPT)
④ 역진전 준비금담보(Adverse Development Covers ; ADC)

30 실손보상의 원칙에서의 실제현금가치(actual cash value)에 대한 일반적인 계산식으로 옳은 것은?

① 보험가액 − 감가상각액
② 보험금액 − 감가상각액
③ 보험가액 − 대체비용 − 감가상각액
④ 대체비용 − 감가상각액

31 다음 중 보험업법을 통하여 보험사업을 감독하고 규제하는 이유로 가장 적절한 것은?

① 보험계약자의 도덕적 위태 문제 완화

② 역선택 문제 완화

③ 정부의 실패에 대한 대응

④ 보험상품에 관한 정보 면에서 불리한 위치에 있는 소비자 보호

32 다음에서 설명하는 보험증권의 법적 성격은?

> 보험자는 보험금 등의 급여를 지급함에 있어 보험증권 제시자의 자격 유무를 조사할 권리는 있으나 의무는 없다. 그 결과 보험자는 보험증권을 제시한 사람에 대해 악의 또는 중대한 과실이 없이 보험금 등을 지급한 때에는 증권제시자가 권리자가 아니라 하더라도 그 책임을 부담하지 않는다.

① 유가증권성　　　　　　　② 상환증권성

③ 증거증권성　　　　　　　④ 면책증권성

33 다음 중 우리나라에서 현재 시행 중인 사회보험을 모두 고른 것은?

ⓐ 고용보험	ⓑ 산업재해보상보험
ⓒ 질병보험	ⓓ 간병보험
ⓔ 장애인복지보험	

① ⓐ, ⓑ

③ ⓑ, ⓓ

② ⓑ, ⓔ

④ ⓐ, ⓔ

34 다음 중 해당 보험종목의 초과손해액재보험특약(excess of loss reinsurance treaty)의 내용에 통상적으로 지수조항(index clause)을 포함하고 있는 것은?

① 화재보험(fire insurance)

② 적하보험(cargo insurance)

③ 선박보험(hull insurance)

④ 일반배상책임보험(general liability insurance)

35 다음 중 보험사기방지특별법의 내용으로 옳지 않은 것은?

① 보험사기행위로 보험금을 취득한 자에 대하여는 10년 이하의 징역 또는 2천만원 이하의 벌금에 처한다.

② 보험회사는 보험계약자 등의 행위가 보험사기행위로 의심할 만한 합당한 근거가 있는 경우에는 관할 수사기관에 고발 등의 필요한 조치를 취하여야 한다.

③ 보험사기 미수범에 대하여도 보험사기죄를 적용하여 처벌한다.

④ 보험사기를 범한 자가 그 범죄행위로 인하여 취득한 보험사기 이득액이 일정금액 이상일 때에는 가중처벌을 하고 그 이득액 이하에 상당하는 벌금도 병과할 수 있다.

36 보험계약이 체결되고 일정한 기간이 경과한 후에는 보험계약자의 착오나 허위진술 등을 이유로 보험자가 보험금의 지급을 거절할 수 없음을 규정하고 있는 약관조항은?

① 계약구성조항(entire contract clause)

② 불몰수조항(non-forfeiture clause)

③ 금반언조항(estoppel clause)

④ 불항쟁조항(incontestable clause)

37 아래의 사례에서 피해자인 환자가 치과의사를 상대로 제기한 손해배상청구소송에서 주장할 수 있는 배상책임의 법리는?

> 치아를 뽑기 위해 치과의사를 방문한 환자가 일반적인 마취제를 사용하여 치료를 받은 후 마취에서 깨어났을 때 턱뼈가 부러져 있었다.

① 기여과실책임(contributory negligence)
② 전가과실책임(imputed negligence)
③ 최종적 명백한 기회(last clear chance)
④ 과실추정의 원칙(res ipsa loquitur)

38 아래에서 설명하는 내용은 무엇에 관한 것인가?

> 보험요율의 적정성(rate adequacy)과 언더라이팅 손익(underwriting profits or losses) 사이의 밀접한 관계에 따라 나타나는 보험요율과 손익의 기복현상으로서 주로 재산·배상책임보험분야에서 나타난다. 이는 감독기관의 규제·간섭에 의해 야기되기도 하고, 보험회사 간의 극심한 경쟁이나 보험수요 측면에서의 보험가격의 비탄력성으로 인해 나타나기도 한다.

① 역선택(adverse selection)
② 시장세분화(market segmentation)
③ 수지상등의 원칙(equivalence principle)
④ 언더라이팅 주기(underwriting cycle)

39 A와 B의 쌍방과실로 인한 양측의 손해액과 과실비율이 다음과 같을 때 단일책임주의(principle of single liability) 방식에 의한 상호 배상책임액 정산으로 옳은 것은?

• A의 손해액 : 500만원
• B의 손해액 : 200만원
• A의 과실비율 : 60%
• B의 과실비율 : 40%

① A가 B에게 120만원을 배상하여야 한다.
② A가 B에게 140만원을 배상하여야 한다.
③ B가 A에게 80만원을 배상하여야 한다.
④ B가 A에게 200만원을 배상하여야 한다.

40 다음에 주어진 조건 하에서 순보험료방식(pure premium method)에 따라 산출한 영업보험료는?(단, 예정이익률은 고려하지 않는다)

• 1년간 총발생손실액 : 300억원
• 총계약건수 : 50만건
• 예정사업비율 : 40%

① 36,000원
② 60,000원
③ 84,000원
④ 100,000원

01 도덕적 위태(moral hazard)를 감소시키기 위해 보험자가 활용하는 방법으로 볼 수 없는 것은?

① 보험자와 피보험자의 공동보험(coinsurance)

② 공제(deductible)

③ 엄격한 위험인수(underwriting)

④ 재보험(reinsurance)

02 산업재해보상보험에 대한 설명으로 옳지 않은 것은?

① 근로자재해배상책임보험의 성격을 가진다.

② 사회보험으로 근로복지공단에서 운영하고 있다.

③ 출퇴근 재해는 보상범위에 포함되지 않는다.

④ 장해급여와 유족급여는 연금으로 수급가능하다.

03 국민건강보험에 대한 설명으로 옳지 않은 것은?

① 소득재분배 성격을 가지고 있다.
② 직장가입자와 지역가입자의 보험료 산정기준이 다르다.
③ 구상제도가 없다.
④ 공제(deductible) 제도가 있다.

04 운송보험에서 보험계약 당사자 사이에 보험가액에 대한 별도의 약정이 없을 때, 보험가액에 포함되지 않는 것은?

① 운송물을 발송한 때와 장소에서의 가액
② 도착지까지의 운임
③ 도착지까지의 포장비
④ 희망이익

05 보험회사가 위험인수 방침을 설정할 때 고려해야 하는 사항과 거리가 먼 것은?

① 인수능력
② 규 제
③ 재보험
④ 자산운용

06 과실상계에 대한 설명으로 옳지 않은 것은?

① 과실상계란 손해배상책임을 정함에 있어서 손해발생이나 손해확대에 대한 피해자의 과실을 참작하는 제도를 말한다.
② 고액의 배상액을 공평분담의 견지에서 감액함으로써 위자료와 함께 손해배상액 산정에 있어서 조정 기능을 한다.
③ 과실상계율은 자기과실에 대한 비율로서 손해배상액 산정시 통상적으로 자기부담부분을 의미한다.
④ 피해자의 과실은 의무위반에 한정되지 않고 사회통념상 신의성실의 원칙에 따라 요구되는 약한 부주의를 포함한다.

07 손해율 산정방식 중 경과손해율(incurred-to-earned basis loss ratio)에 해당하는 것은?

① $\dfrac{\text{지급보험금}}{\text{경과보험료}}$

② $\dfrac{\text{지급보험금}}{\text{수입보험료}}$

③ $\dfrac{\text{발생손해액}}{\text{경과보험료}}$

④ $\dfrac{\text{발생손해핵}}{\text{수입보험료}}$

08 자동차보험의 대물배상보험금 중 간접손해에 포함되지 않는 것은?

① 대차료
② 자동차 시세하락 손해
③ 휴차료
④ 영업손실

09 우리나라에서 채택하고 있는 위험기준자기자본제도(Risk Based Capital ; RBC) 하에서 지급여력기준금액의 산출식을 옳게 표기한 것은?(단, R은 위험액을 나타냄)

① $\sqrt{(운영R)^2 + (금리R + 시장R)^2 + (신용R)^2} + 보험R$

② $\sqrt{(보험R)^2 + (금리R + 신용R)^2 + (시장R)^2} + 운영R$

③ $\sqrt{(운영R)^2 + (금리R + 신용R)^2 + (시장R)^2} + 보험R$

④ $\sqrt{(보험R)^2 + (금리R + 시장R)^2 + (신용R)^2} + 운영R$

10 풍수해보험에 대한 설명으로 옳은 것은?

① 보험계약자가 보험료를 전액 부담한다.
② 행정안전부에서 관장하고 민영보험사가 운영한다.
③ 지진담보특약을 추가하지 않으면 지진으로 인한 손해를 보상받지 못한다.
④ 농작물과 농업시설, 농가주택을 대상으로 하며 공동주택은 가입할 수 없다.

11 대재해위험을 자본시장의 투자자들에게 전가하는 대체위험전가(Alternative Risk Transfer ; ART)의 방법이 아닌 것은?

① 금융재보험(financial reinsurance)

② 대재해채권(catastrophe bond)

③ 사이드카(sidecar)

④ 대재해옵션(catastrophe option)

제2과목

12 다음은 피보험자 갑의 동일한 보험목적물에 대한 보험사별 보험가입현황이다. 손해액이 6억원일 때, 타보험계약에 대하여 책임한도분담조항(독립책임액분담 조항)을 적용하는 경우 A 보험사의 지급보험금은 얼마인가?

> • 보험가액 : 10억원
> • A 보험사 : 보험금액 2억원, 실손보상
> • B 보험사 : 보험금액 8억원, 실손보상

① 1억 2,000만원　　　　　　　　② 1억 5,000만원

③ 4억 5,000만원　　　　　　　　④ 4억 8,000만원

13 다음은 어떤 보험회사의 영업 첫 해의 연도 말 회계관련 자료이다. 이 자료를 토대로 산출한 당해 회계연도 발생손해액은 얼마인가?

- 개별추산준비금(case reserve) : 4,000만원
- 지급보험금(paid loss) : 3,400만원
- IBNR준비금 : 3,500만원
- 장래손해조사비 : 530만원
---

① 3,400만원
② 8,030만원
③ 1억 900만원
④ 1억 1,430만원

14 상법상 잔존물대위에 대한 설명으로 옳지 않은 것은?

① 잔존물대위의 요건이 갖추어지면 보험자는 피보험자가 보험의 목적에 대해 가지는 피보험이익에 관한 모든 권리를 당연히 취득하게 된다.
② 보험자는 대위권의 행사를 포기할 수 있다.
③ 잔존물대위가 인정되기 위해서 보험자가 해당 보험금 및 기타 보상급여 전부를 지급해야 하는 것은 아니다.
④ 일부보험에서의 잔존물 대위권은 보험금액의 보험가액에 대한 비율에 따라 정한다.

15 다음의 사례에서 경기장 운영자가 주장할 수 있는 법리는?

> 야구경기장에서 경기를 관람하는 도중에 파울볼(foul ball)에 맞아 상해를 입은 관객이 경기장 운영자에게 상해에 대한 배상을 요구하였다.

① 기여과실(contributory negligence)
② 상계과실(comparative negligence)
③ 리스크의 인정(assumption of risk)
④ 최종적 명백한 기회(last clear chance)

16 다음 중 개별요율 산정방식이 아닌 것은?

① 예정표요율(schedule rating)
② 등급요율(class rating)
③ 경험요율(experience rating)
④ 소급요율(retrospective rating)

17 보험계약 조건 및 손실확률분포가 다음과 같을 때 순보험료(net premium)는 얼마인가?

- 보험가액 : 1,000만원
- 보험금액 : 700만원
- 보상방식 : 비례보상
- 손실확률분포

손해액	0원	100만원	500만원	1,000만원
사고발생확률	0.7	0.1	0.1	0.1

① 112만원
② 130만원
③ 160만원
④ 210만원

18 타인을 위한 보험계약으로 볼 수 없는 것은?

① 창고업자가 자신이 보관하는 타인의 물건에 대하여 그 물건의 소유자를 피보험자로 하는 보험계약을 체결하는 것
② 임차인이 건물의 소유주를 피보험자로 하는 화재보험계약을 체결하는 것
③ 아버지가 자기의 사망을 보험사고로 하는 생명보험계약을 체결하면서 자녀를 보험수익자로 정하는 것
④ 타인 소유의 물건을 운송하는 자가 소유권자의 손해배상청구에 대비하기 위하여 보험에 가입하는 것

19 보험계약의 부합계약성에 기인하여 계약자가 입을 수 있는 불이익을 방지하기 위한 수단과 거리가 먼 것은?

① 불이익변경금지의 원칙
② 약관교부설명의무
③ 작성자불이익의 원칙
④ 피보험이익의 원칙

제2과목

20 민영보험과 사회보험의 공통적인 특징으로 옳지 않은 것은?

① 우연한 사고로 인한 경제적 필요의 충족을 목적으로 한다.
② 다수 경제주체의 결합을 요건으로 한다.
③ 역선택의 문제가 발생한다.
④ 고의적 사고의 발생과 같은 도덕적 위태의 문제가 존재한다.

21 다음 설명내용에 적합한 보험회사의 자산운용원칙은?

> 보험회사의 자산은 대부분 보험계약자가 선납한 보험료로 구성되며, 이것은 미래의 보험금을 원활히
> 지급하기 위한 법정적립금(legal reserve)의 형태로 보전되어야 한다. 따라서 보험회사의 자산운용에
> 있어서 이 원칙을 희생하는 다른 원칙의 추구는 의미가 없기 때문에 다른 어느 원칙보다 중요하다고
> 할 수 있다. 전통적으로 자산운용에 대한 정부의 감독·규제는 이 원칙에 초점이 맞추어져 왔다.

① 수익성
② 공공성
③ 유동성
④ 안전성

22 영국 해상보험법상의 보험위부(abandonment)에 대한 설명으로 적절하지 않은 것은?

① 위부의 통지는 서면으로 하든 구두로 하든 통지의 방법에는 아무런 제한이 없다.
② 위부의 통지는 위부를 한다는 의사표시만 명백하면 조건부로도 할 수 있다.
③ 위부의 통지가 보험자에 의해 승인된 이후에는 피보험자는 이를 철회할 수 없다.
④ 보험자가 위부를 승인한 후에는 보험자는 그 위부에 대하여 이의를 제기하지 못한다.

23 확률 또는 표준편차와 같은 통계적 방법에 의해 측정이 가능한지의 여부에 따라 분류한 위험의 종류는?

① 순수위험(pure risk), 투기적 위험(speculative risk)

② 객관적 위험(objective risk), 주관적 위험(subjective risk)

③ 동태적 위험(dynamic risk), 정태적 위험(static risk)

④ 본원적 위험(fundamental risk), 특정위험(particular risk)

제2과목

24 출재사인 원보험자의 파산 시에 재보험자가 원보험계약의 피보험자에게 직접 재보험금을 지급할 수 있도록 규정한 재보험계약 조항은?

① Cut-Through Clause

② Follow the Fortune Clause

③ Claim Co-operation Clause

④ Arbitration Clause

25 다음에 열거한 구상권 행사의 절차를 순서대로 바르게 배열한 것은?

> ⓐ 구상채권의 확보
> ⓑ 구상권 행사가치 존재 여부의 판단
> ⓒ 임의변제의 요청
> ⓓ 구상권 성립 여부의 확인
> ⓔ 소송의 제기, 구상청구금액 감액 합의 또는 포기 여부의 판단과 결정

① ⓐ → ⓒ → ⓓ → ⓑ → ⓔ
② ⓑ → ⓓ → ⓒ → ⓐ → ⓔ
③ ⓒ → ⓔ → ⓑ → ⓓ → ⓐ
④ ⓓ → ⓑ → ⓐ → ⓒ → ⓔ

26 재물손해보험에서 피보험이익의 존재시기에 대한 설명으로 옳은 것은?

① 보험계약 체결시점에만 존재하면 된다.
② 손해가 발생하는 시점에는 반드시 존재해야 한다.
③ 보험계약 체결시점에는 물론 손해발생시점을 포함하여 반드시 보험기간 동안 계속하여 존재해야 한다.
④ 피보험자의 동의만 있으면 보험계약이 성립하고 피보험이익의 문제는 발생하지 않는다.

27 권원보험(title insurance)에 대한 설명으로 옳지 않은 것은?

① 권원보험에는 소유자증권(owner's policy)과 저당권자 증권(mortgagee policy)이 있다.

② 보험료는 증권이 발급될 때 한 번만 납입하면 되고 추가보험료의 납입은 없다.

③ 증권발급 이후에 생긴 부동산의 소유권 하자로 인한 경제적 손실을 보상한다.

④ 부보금액은 부동산 구매가격이며, 손해가 발생하면 부보금액까지 현금으로 보상한다.

28 다음 중 독립손해사정사에게 금지되는 행위는?

① 손해발생 사실의 확인, 보험약관 및 관계 법규 적용의 적정성 판단

② 보험회사에의 손해사정업무 수행과 관련된 의견 진술

③ 보험회사와의 보험금에 대한 합의 또는 절충

④ 손해사정업무와 관련된 서류의 작성·제출의 대행

29 보험사기의 유형 중 연성사기(soft fraud)에 대한 설명으로 옳지 않은 것은?

① 보험증권에서 보상되는 재해, 상해, 화재 등 손해발생을 의도적으로 조작하는 행위를 말한다.

② 연성사기는 기회주의적 사기(opportunity fraud)라고도 불린다.

③ 합법적인 보험금 청구를 함에 있어서 사고금액을 과장 또는 확대함으로써 부당한 이득을 취하려는 일체의 행위를 말한다.

④ 보험회사에 의해 보험인수가 거절될 자가 보험에 인수될 가능성을 높이려는 악의적 행위도 포함된다.

30 손해보험회사의 비상위험준비금에 대한 설명으로 옳지 않은 것은?

① 대화재, 태풍, 지진 등 재난적 손해에 대비하기 위하여 적립하는 금액이다.

② 외국보험회사국내지점은 국내에서 체결한 계약에 관하여 적립한 비상위험준비금에 상당하는 자산을 국내에 보유하여야 한다.

③ 하나의 계약기간에는 발생할 것으로 예상되지 않을 수 있으나, 언젠가는 지급이 예상되는 금액이므로, 재무상태표 상의 부채항목으로 인식된다.

④ 보험회사의 경영측면에서 비상위험준비금을 많이 적립할 수 있다는 것은 보험회사의 재무건전성이 높다는 것을 의미하기도 한다.

31 보험계약의 선언(declaration) 부문에 대한 설명으로 옳은 것은?

① 특정 손인(peril)이나 손해 또는 재산 및 지역 등에 대하여 보험자의 책임이 면제되는 사항을 명시한 부문을 말한다.

② 보험에 가입한 재산 또는 사람에 대한 정보를 기술한 부문으로서, 일반적인 손해보험에서는 보험의 목적, 보험금액, 피보험자, 보험기간 등을 기재하고 있다.

③ 보험자로부터 보험계약자나 피보험자가 피해보상을 받기 위하여 반드시 준수해야 하는 의무 또는 권리 제한 등이 포함된 부문이다.

④ 보험계약자와 보험자가 보험계약이 성립되었음을 확인하였다는 사실을 표시한 부문이다.

제2과목

32 다음과 같이 초과손해액 특약재보험(excess of loss treaty cover)에 가입한 경우 하나의 보험사고로 인한 원수보험자의 지급보험금이 30억원일 때, 동 사고에 대해 보험금 회수 후 출재사인 원수보험자가 부담하게 되는 순보유손해금액은 얼마인가?

90% of 20억원 in excess of 5억원 per occurrence

① 12억원   ② 13억원

③ 17억원   ④ 18억원

33 피보험자 A는 보험금액이 1억원인 보험에 가입 후 보험기간 중 발생한 1건의 보험사고로 500만 원에 해당하는 손실을 입었다. 다음과 같은 3가지 공제(deductible) 조건하에서 보험회사가 보상해야 할 금액은 각각 얼마인가?

A. 정액 공제(straight deductible) 200만원
B. 프랜차이즈 공제(franchise deductible) 100만원
C. 소멸성 공제(disappearing deductible) 100만원, 보상 조정계수 110%

	A	B	C
①	200만원	100만원	110만원
②	300만원	500만원	450만원
③	300만원	400만원	440만원
④	300만원	500만원	440만원

34 PML(probable maximum loss)과 MPL(maximum possible loss)에 대한 설명으로 옳지 않은 것은?

① MPL은 최악의 시나리오를 가상하여 추정한 최대손해액을 말한다.
② 보험회사가 위험의 인수 여부 및 조건을 결정하고, 보험료를 산출하는 기초로 사용하는 개념도 MPL이다.
③ EML(estimated maximum loss)은 MPL과 동의어로 쓰기도 한다.
④ PML의 결정에는 손해액의 확률분포에 대한 위험관리자의 주관적인 선택이 개입된다.

35 손실통제의 이론과 기법으로서 소위 에너지방출이론(energy release theory)에 대한 설명으로 옳지 않은 것은?

① 손실통제의 기본방향은 기계적 접근방법에 두는 것이 바람직하다는 주장에 바탕을 두어 사고 발생의 물리적, 기계적 측면을 강조하고 있다.

② 사고의 발생은 근본적으로 에너지가 갑자기 급격하게 방출됨으로써 에너지를 통제하지 못한 결과에 기인한 것이라고 한다.

③ 하돈(William Haddon, Jr.)에 의하여 주장되었다.

④ 사고의 궁극적 원인을 경영관리의 문제라고 지적하고, 손실통제의 노력은 안전규칙의 강화, 안전교육훈련의 증가에 집중되어야 한다고 본다.

36 다음은 위험결합(risk pooling) 개념으로서 보험을 정의한 것이다. (   ) 안에 들어갈 용어들을 바르게 짝지은 것은?

> 보험이란 단순히 말해서 위험의 결합으로 (A)을 (B)으로 전환시키는 사회적 제도라고 할 수 있다. 즉, 보험은 다수의 동질적 위험을 한 곳에 모으는 위험결합을 통해서 가계나 기업의 (C)을 (D)로 대체하는 제도라고 할 수 있다.

	A	B	C	D
①	불확실성	확실성	실제손실	평균손실
②	확실성	불확실성	실제손실	평균손실
③	확실성	불확실성	평균손실	실제손실
④	불확실성	확실성	평균손실	실제손실

37 보험계약의 최대선의성의 원칙이 손해보험 계약상에 구현된 제도라고 할 수 없는 것은?

① 사기로 인한 중복보험시 보험계약의 무효
② 고지의무제도와 위험변경증가시 통지의무
③ 보험자대위
④ 손해방지경감의무

38 보험계약의 무효사유에 해당하지 않는 것은?

① 사기로 인한 초과보험
② 보험계약자의 중대한 과실로 중요한 사항을 고지하지 아니한 경우
③ 심신상실자의 사망을 보험사고로 하는 보험계약
④ 타인의 서면동의 없이 그 타인의 사망을 보험사고로 하는 보험계약

39 다음은 상법 제653조의 내용이다. 밑줄 친 내용과 가장 가까운 개념은?

> 보험기간 중에 보험계약자, 피보험자 또는 보험수익자의 <u>고의 또는 중대한 과실로 인하여 사고 발생의 위험이 현저하게 변경 또는 증가된 때에는</u> 보험자는 그 사실을 안 날부터 1월 내에 보험료의 증액을 청구하거나 계약을 해지할 수 있다.

① 위태(hazard)
② 손인(peril)
③ 손실(loss)
④ 불확실성(uncertainty)

제2과목

40 일반적으로 방사능오염을 제외손인(excluded peril)으로 하고 있는 이유는 보험 가능한 위험의 특정 요건이 충족되지 않기 때문이다. 이에 해당하는 위험의 특성으로 적절한 것은?

① 위험의 확정성
② 위험의 동질성
③ 위험의 독립성
④ 위험의 우연성

01 다음 중 물리적 위태(physical hazard)를 통제하기 위한 제도로 적절한 것은?

① 소손해 면책제도
② 대기기간
③ 위험변경증가 통지의무
④ 고의사고 면책제도

02 아래에서 설명하는 내용은 무엇에 관한 것인가?

> 통상적인 조건이 지켜지지 않는 최악의 조건하에서 위험이 목적물에 초래할 것으로 예상되는 이론적인 최대 규모의 손실을 말하며, 그 이상의 손실 발생 가능성은 거의 없다.

① PML(probable maximum loss)
② MPL(maximum possible loss)
③ EML(estimated maximum loss)
④ VAR(value at risk)

03 다음 중 자가보험(self-insurance)의 장점으로 적절하지 않은 것은?

① 보험료를 구성하는 부가보험료 등 보험경비를 절약할 수 있다.

② 보험기금의 재투자로 인한 추가이득이 가능하다.

③ 위험보유에 따른 심리적인 부담으로 위험관리 활동이 촉진될 수 있다.

④ 대재해 등 심도가 큰 위험에 대비하기 위하여 적합한 방식이다.

제2과목

04 다음 중 손해보험의 피보험이익에 관한 설명으로 옳지 않은 것은?

① 보험사고발생시 누구도 피보험이익의 평가액 이상의 손해에 대하여 보상받을 수 없다.

② 한 개의 동일한 보험목적물에는 한 종류의 피보험이익만 존재할 수 있다.

③ 피보험이익이 없으면 보험도 없다.

④ 피보험이익은 보험자의 법정 최고 보상한도액이다.

05 「골동품, 서화 등은 손실 발생시 손해액 산정이 곤란하기 때문에 담보에서 제외한다」에서 규정하고 있는 면책사유로 옳은 것은?

① 면책손인(excluded perils)
② 면책재산(excluded property)
③ 면책손실(excluded losses)
④ 면책지역(excluded locations)

06 다음 중 실손보상의 원칙을 구현하기 위한 손해보험제도로 볼 수 없는 것은?

① 보험자대위제도
② 기평가보험계약
③ 신구교환이익공제
④ 손해액의 시가주의

07 다음 중 보험계약의 부합계약성에 대한 설명으로 옳지 않은 것은?

① 보험계약 내용이 전적으로 보험자에 의하여 준비된다.
② 불특정 다수와 동일한 내용의 계약을 대량으로 체결하는데 유리하다.
③ 계약내용의 정형화로 보험계약자 간의 형평성을 유지 할 수 있다.
④ 계약내용이 모호할 경우 가급적이면 보험자에게 유리하게 해석한다.

08 보험계약자 A가 자신이 소유하는 건물을 대상으로 화재보험에 가입하였는데 보험계약 내용 및 발생손해액은 다음과 같다. 보험자가 피보험자에게 지급하여야 할 보험금은 얼마인가?

- 보험가입금액 : 6억원
- 가입 당시 건물의 보험가액 : 8억원
- 공동보험요구비율 : 80%
- 정액 공제 : 1억원(우선 적용)
- 발생손해액 : 5억원
- 사고 당시 건물의 시가 : 10억원

① 2억 7천 5백만원
② 3억원
③ 3억 7천 5백만원
④ 4억원

09 보험기간 동안 사고발생확률과 예상손해액이 다음과 같은 보험목적물에 대하여 정액 공제 (straight deductible) 금액이 300만원으로 설정되어 있을 때 순보험료(net premium)는 얼마인가?

손해액	0원	500만원	700만원	900만원
확 률	0.6	0.2	0.15	0.05

① 100만원   ② 110만원

③ 130만원   ④ 150만원

10 다음 중 중복보험의 요건으로 옳지 않은 것은?

① 피보험이익이 서로 달라야 한다.
② 보험기간이 중복되어야 한다.
③ 보험금액의 합이 보험가액을 초과하여야 한다.
④ 동일한 목적물이어야 한다.

11 다음 중 보험사고발생시 권리관계의 존부를 판단함에 있어서 보험자가 입증할 내용으로 적절하지 않은 것은?

① 보험사고 및 사고로 인한 손해발생 사실
② 사기에 의한 초과, 중복보험 해당 여부
③ 고지의무 및 통지의무위반 사실
④ 피보험자의 의무위반으로 인하여 증가된 손해

12 다음 중 과실배상책임에 따른 손해배상에서 가해자가 항변할 수 있는 법리와 관련 없는 것은?

① 비교과실(comparative negligence)
② 리스크의 인식(assumption of risk)
③ 기여과실(contributory negligence)
④ 연대배상책임(joint and several liability)

13 다음 중 배상책임에서 무과실책임주의가 확대될 때 보험산업에 미치는 영향으로 적절하지 않은 것은?

① 피해자 보호 증진
② 도덕적 위험의 감소
③ 보험시장의 확대
④ 손해율의 상승

14 다음 중 캡티브 보험사(captive insurer) 설립의 이점으로 거리가 먼 것은?

① 재보험료를 절감할 수 있다.
② 부가비용(loading)을 절감할 수 있다.
③ 모기업의 재정적인 부담을 줄일 수 있다.
④ 부가수입에 대한 투자를 통하여 투자수익을 창출할 수 있다.

15 다음 중 재보험에 대한 설명으로 옳지 않은 것은?

① 재보험은 원보험계약의 효력에 영향을 미친다.

② 재보험은 원보험자의 인수능력을 증가시킨다.

③ 재보험은 원수보험사의 수익의 안정을 가져올 수 있다.

④ 재보험은 언더라이팅의 중단시 활용될 수 있다.

16 다음 위험관리의 목적 중 손해발생 후의 목적(post loss objectives)으로 옳은 것은?

① 사고발생의 우려와 심리적 불안의 경감

② 영업활동의 지속

③ 손실방지를 위한 각종 규정의 준수

④ 사고발생 가능성의 최소화

17 다음 중 대위의 원칙(principle of subrogation)에 대한 설명으로 옳지 않은 것은?

① 피보험자가 동일한 손실에 대한 책임 있는 제3자와 보험자로부터 이중보상을 받아 이익을 얻는 것을 방지할 목적을 가지고 있다.

② 피보험자의 책임이 없는 손해로 인한 보험료 인상을 방지한다.

③ 과실이 있는 피보험자에게 손실발생의 책임을 묻는 효과가 있다.

④ 손해보험의 이득금지 원칙과 관련 있다.

18 피보험자 갑이 동일한 피보험이익에 대하여 A, B 두 보험회사에 각각 보험금액 2,000만원, 8,000만원의 보험계약을 체결하고, 보험기간 중 6,000만원의 손해가 발생하였다. 다음 중 초과부담조항(excess insurance clause을 적용했을 때 B 보험회사의 손실부담액은 얼마인가?(단, A 보험회사가 1차 보험자임)

① 2,000만원   ② 4,000만원

③ 6,000만원   ④ 8,000만원

19 다음 중 손해사정의 업무단계를 일반적 손해사정 절차에 따라 순서대로 바르게 열거한 것은?

ⓐ 사고통지의 접수   ⓑ 현장조사
ⓒ 약관의 면·부책 내용 등 확인   ⓓ 계약사항의 확인
ⓔ 보험금 산정   ⓕ 대위 및 구상권 행사
ⓖ 손해액 산정   ⓗ 보험금 지급

---

① ⓐ → ⓑ → ⓓ → ⓒ → ⓖ → ⓔ → ⓗ → ⓕ
② ⓐ → ⓑ → ⓓ → ⓒ → ⓔ → ⓖ → ⓗ → ⓕ
③ ⓐ → ⓓ → ⓒ → ⓑ → ⓖ → ⓔ → ⓗ → ⓕ
④ ⓐ → ⓓ → ⓒ → ⓑ → ⓔ → ⓖ → ⓗ → ⓕ

20 다음 중 최대선의의 원칙(principle of utmost good faith)의 실현을 위한 제도에 해당하지 않는 것은?

① 고지(representation)의무
② 은폐(concealment)금지
③ 대위(subrogation)
④ 보증(warranty)

21 다음 중 일반적으로 배상청구기준(claims-made basis)을 사용하는 배상책임보험을 모두 고른 것은?

ⓐ 회계사배상책임보험	ⓑ 제조물배상책임보험
ⓒ 자동차손해배상책임보험	ⓓ 의사배상책임보험

① ⓐ, ⓑ, ⓒ
③ ⓑ, ⓒ, ⓓ
② ⓐ, ⓑ, ⓓ
④ ⓐ, ⓒ, ⓓ

22 보험계약 조건 및 발생손해액이 다음과 같을 때 피보험자가 부담해야 할 금액은?

- 보험금액 : 2,000만원
- 소멸성 공제(disappearing deductible)방식 적용
- 공제금액 : 100만원
- 손실조정계수 : 105%
- 손해액 : 500만원

① 80만원
③ 400만원
② 100만원
④ 420만원

23 다음 위험관리기법 중 위험금융기법(risk financing technique)에 해당하는 것은?

① 위험회피
② 보험가입
③ 손실통제
④ 위험분리

제2과목

24 다음은 A 보험회사의 2018년도 회계자료이다. 경과손해율(%)은 얼마인가?

- 수입보험료 : 8,000만원
- 전기이월 미경과보험료 : 4,000만원
- 차기이월 미경과보험료 : 2,000만원
- 지급보험금 : 6,000만원
- 지급준비금 : 2,000만원
- 손해조사비 : 500만원

① 70% ② 75%
③ 85% ④ 142%

25 다음 중 손실의 발생가능성과 발생빈도를 줄이는 손실예방기법으로 적합하지 않은 것은?

① 음주단속
② 홍수에 대비한 댐 설치
③ 자동차 에어백 장착
④ 휘발성 물질 주변에서의 금연

26 다음 중 대체가격보험에 대한 설명으로 옳지 않은 것은?

① 대체가격보험은 인위적인 사고유발이 우려되는 보험에 한해서 인정되고 있다.
② 대체가격보험은 보험사고가 발생한 경우 감가상각을 하지 않고 피보험목적물과 동종, 동형, 동질의 신품을 구입하는데 소요되는 비용을 지급하는 보험이다.
③ 신가보험이라고도 한다.
④ 대체가격보험은 실손보상 원칙의 예외로서 이용되는 보험이다.

27 다음 중 열거위험담보계약(named-perils policy)과 포괄위험담보계약(all-risks policy)에 대한 설명으로 옳지 않은 것은?

① 포괄위험담보계약은 면책위험을 제외한 모든 위험으로 인한 손해를 보상한다.

② 열거위험담보계약은 피보험자가 열거위험으로 인한 손해가 발생하였다는 사실을 입증해야 된다.

③ 포괄위험담보계약에서는 다른 보험계약에서 담보된 위험이 중복 가입될 가능성이 있다.

④ 열거위험담보계약이 포괄위험담보계약보다 일반적으로 담보범위가 넓다.

제2과목

28 A와 B의 쌍방과실로 인한 양측의 손해액과 과실비율이 다음과 같을 때 교차책임주의(principle of cross liability)방식에 의한 각각의 배상책임액으로 옳은 것은?

- A의 손해액 : 600만원
- B의 손해액 : 300만원
- A의 과실비율 : 30%
- B의 과실비율 : 70%

① A가 B에게 90만원을, B는 A에게 420만원을 배상하여야 한다.

② A가 B에게 420만원을, B는 A에게 90만원을 배상하여야 한다.

③ B가 A에게 600만원을 배상하여야 한다.

④ A가 B에게 300만원을 배상하여야 한다.

29 다음 중 도덕적 위태(moral hazard)를 방지할 수 있는 수단으로 적절하지 않은 것은?

① 실손보상제도의 운용
② 보험계약자의 해지권 인정
③ 보험 인수요건의 강화
④ 손해사정시의 조사 강화

30 다음 중 책임준비금에 해당되지 않는 항목은?

① 지급준비금
② 비상위험준비금
③ 계약자배당준비금
④ 미경과보험료적립금

31 다음 중 실손보상의 원칙에서 실제가치(actual cash value) 산정에 대한 개념으로 옳은 것은?

① 보험사고발생 당시 담보된 물건의 수리비용에서 감가상각을 제한 액수
② 보험계약 체결 당시 담보된 물건의 수리비용에서 감가상각을 제한 액수
③ 보험사고발생 당시 담보된 물건의 대체비용에서 감가상각을 제한 액수
④ 보험계약 체결 당시 담보된 물건의 대체비용에서 감가상각을 제한 액수

32 국민건강보험의 보장성을 높일 때 민영보험 시장에 미치는 영향으로 가장 거리가 먼 것은?

① 국민건강보험의 비급여 항목을 급여화 하면, 관련 민영보험의 보험금 지급액이 감소 가능하다.
② 국민건강보험의 본인부담률의 인하는 관련 민영보험 보험금 지급액과 관련성이 약하다.
③ 국민건강보험의 보장성을 확대하면 관련 민영보험의 손해율은 낮아질 수 있다.
④ 국민건강보험의 보장성 확대는 관련 민영보험 상품의 보험료 인하 요구를 받을 수 있다.

33 다음 중 사회보험으로 운영되는 노인장기요양보험에 대한 설명으로 옳지 않은 것은?

① 보험급여에는 재가급여, 시설급여, 특별현금급여 등이 있다.

② 피보험자는 65세 이상 노인으로 한정한다.

③ 노인장기요양보험의 보험료는 국민건강보험 보험료에 장기요양보험료율을 곱하여 산정한다.

④ 재원 중 일부는 국고에서 지원된다.

34 다음 중 보험자가 피보험자와 공동으로 위험을 인수한다는 의미에서의 공동보험조항(co-insurance clause)에 대한 설명으로 옳지 않은 것은?

① 보험가액에 대한 보험가입금액의 비율이 낮을수록 보험가입금액 대비 보험료 비율은 높아진다.

② 보험금 지급액은 보험가입금액을 초과할 수 없다.

③ 공동보험 요구비율이 보험가액의 80%인 경우, 손해액의 80% 이상은 보상하지 않는다.

④ 보험가입금액은 보험계약자가 결정한다.

35 다음은 보험과 복권을 비교한 설명이다. 옳지 않은 것은?

① 보험은 기존의 리스크 전가이고, 복권은 새로운 리스크 창출이다.

② 보험은 사전적 확률에 근거하고, 복권은 사후적 확률에 근거한다.

③ 보험과 복권 모두 사행성 계약으로 분류된다.

④ 보험과 복권 모두 객관적 리스크로 볼 수 있다.

제2과목

36 다음 중 보험시장에서의 역선택(adverse selection)에 대한 설명으로 옳지 않은 것은?

① 사후적 정보의 비대칭으로 발생한다.

② 중고 자동차 시장(lemon market)의 문제로 비유된다.

③ 불량위험체가 이익을 본다.

④ 역선택을 줄이기 위한 방법으로 고지의무 조항이 있다.

37 다음 중 해상보험의 특성에 대한 설명으로 옳지 않은 것은?

① 영국의 해상보험법이 준거법이다.

② 기업보험성이 강하다.

③ 최대선의 원칙이 적용되는 보험이다.

④ 개별요율 중 소급요율을 주로 적용한다.

38 다음 중 보증보험에 대한 설명으로 옳지 않은 것은?

① 채권자인 제3자를 위한 계약이다.

② 보험계약자 임의로 계약을 해지할 수 없다.

③ 대위변제가 목적이다.

④ 인위적인 보험사고에는 보험금을 지급하지 않는다.

39 다음 중 손실통제이론 중 도미노이론이 사고예방을 위한 연쇄관계 차단을 위해서 가장 필요하다고 주장하는 개선 단계는?

① 사회적 환경
② 인간의 과실
③ 위 태
④ 사 고

제2과목

40 다음 중 손해보험상품과 생명보험상품에 대한 설명으로 옳지 않은 것은?

① 손해보험은 실손보상 원리를 중시한다.
② 생명보험은 보험계약법상 인보험으로 분류한다.
③ 생명보험은 정액보험의 성격을 가진다.
④ 손해보험은 인명손실을 보상하지 아니한다.

01 다음 중 보험가능 리스크의 요건에 해당하지 않는 것은?

① 손실발생은 우연적이고, 고의적이 아니어야 한다.

② 손실은 한정적이어야 한다.

③ 손실발생확률은 측정가능해야 한다.

④ 손실은 대재해적(catastrophic)이어야 한다.

02 상법상 보험목적에 관한 보험대위(잔존물대위)의 경우에 보험자가 피보험자의 권리를 취득하는 시기는?

① 보험사고가 발생한 때

② 보험사고발생 사실을 통지받은 때

③ 피보험자가 보험금을 청구한 때

④ 보험금액 전부를 지급한 때

03 "연금저축 계좌를 설정하는 계약, 퇴직보험계약, 변액보험계약 등의 보험계약에 대하여 그 준비금에 상당하는 자산의 전부 또는 일부를 그 밖의 자산과 구분하여 이용하기 위한 계정"에 대한 보험업법상의 명칭은?　　　　　　　　　　　　　　　　　　　　　　　[기출수정]

① 특별계정
② 장기자산계정
③ 금융자산계정
④ 구분계리계정

04 산업재해보험법상 진폐(분진을 흡입하여 폐에 생기는 섬유증식성 변화를 주된 증상으로 하는 질병)에 따른 보험급여의 종류에 해당하지 않는 것은?　　　　　　　　　　　[기출수정]

① 장해급여
② 간병급여
③ 장례비
④ 직업재활급여

05 재보험계약실무에서 초과손해액재보험(XOL ; excess of loss reinsurance)계약 체결시 아래의 전제조건 하에 출재사의 과거 실적(보유보험료 대비 XOL 재보험금 회수액)을 기초로 재보험요율을 산정하는 방식은?

> • 보험사고의 발생 빈도 및 심도에 영향을 미치는 요소는 불변이다.
> • 계약의 구성이 대체로 동일하다.
> • 경제적·사회적 여건이 동일하다.

① burning cost rating 방식
② exposure rating 방식
③ retrospective rating 방식
④ simulation rating 방식

06 다음 중 질병·상해보험 표준약관상 보험금 지급사유가 성립되기 위하여 갖추어야 할 상해사고의 요건에 해당하지 않는 것은?

① 경제성(monetary)
② 우연성(accidental)
③ 급격성(violent)
④ 외래성(external)

07 현행 제조물책임법에 규정된 징벌적 손해배상(punitive damages)에 대한 설명으로 옳지 않은 것은?

① 제조업자의 악의적인 불법행위에 대한 제재적 성격이 반영된 것이기 때문에 공급업자에게는 적용되지 않는다.

② 징벌적 손해배상책임은 피해자가 입은 손해의 10배를 넘지 아니하는 범위로 한다.

③ 피해자의 생명 또는 신체에 중대한 손실이 발생한 경우에만 적용되고, 단순 재산상의 손해에 관하여는 징벌적 손해배상을 받을 수 없다.

④ 배상액을 정할 때 법원은 고의성의 정도, 해당 제조물의 결함으로 인하여 발생한 손해의 정도 등의 제반 사항을 고려하여야 한다.

08 아래 사례에서 질병·상해보험 표준약관상의 규정에 따라 계산한 피보험자의 현재 보험나이는?(단, 계약의 무효에 적용하는 나이계산 방식은 무시하고, 기타 일반적인 경우에 적용하는 보험나이를 계산할 것)

• 피보험자 생년월일 : 1999년 10월 2일
• 현재(계약일) : 2020년 4월 13일

① 20년   ② 20년 6월
③ 20년 7월   ④ 21년

09 아래에서 설명하는 손해보상의 방법은?

> 보험자와 피보험자의 의견이 상반되어 중재로도 원만한 해결이 이루어지지 않는다면 소송이 제기될 수도 있으므로, '여타 보험에 영향을 미침이 없이'라는 조건으로 앞으로는 그와 유사한 클레임을 제기 하지 않겠다는 약속 하에 손해액의 전부 혹은 일부를 지급하는 방식

① 특혜지불(ex-gratia payment)
② 특례지급(without prejudice settlement)
③ 타협정산(compromised settlement)
④ 대부금 형식의 보상(loan form payment)

10 다음 중 책임보험에서 피해자(제3자)의 직접청구권에 관한 설명으로 옳지 않은 것은?

① 대법원은 직접청구권의 법적성질을 피해자가 보험자에게 가지는 손해배상청구권으로 보고 있다.
② 보험자가 피해자로부터 직접 청구를 받은 때에는 지체 없이 피보험자에게 이를 통지하여야 한다.
③ 피보험자의 보험금청구권과 피해자의 직접청구권이 경합하는 경우에는 피보험자의 보험금청 구권이 우선한다.
④ 보험자는 피보험자가 사고에 관하여 가지는 항변으로써 피해자에게 대항할 수 있다.

11 아래 보기 중 묵시담보(implied warranty)에 해당하는 것을 모두 고른 것은?

ⓐ 안전담보(warranty of good safety)
ⓑ 적법담보(warranty of legality)
ⓒ 협회(항로정한 ; 航路定限)담보(institute warranties)
ⓓ 선비담보(disbursement warranties)
ⓔ 감항담보(warranty of seaworthiness)
ⓕ 중립담보(warranty of neutrality)

① ⓐ, ⓑ, ⓒ, ⓓ, ⓔ, ⓕ
② ⓐ, ⓑ, ⓔ, ⓕ
③ ⓑ, ⓔ, ⓕ
④ ⓑ, ⓔ

12 다음 중 공동해손(general average)의 성립요건으로 적절하지 않은 것은?

① 공동해손행위의 목적은 공동의 위험에 처한 해상사업단체(common maritime adventure)의 공동안전을 위한 것이어야 한다.
② 위험은 현실적(real)이고 절박(imminent)해야 한다.
③ 희생이나 비용은 의도적(intentional)인 행위에 의해 발생 또는 지출된 것이어야 한다.
④ 희생이나 비용은 통상적(ordinary)인 것이어야 하고, 합리적(reasonable) 행위에 의해 발생한 것이어야 한다.

13 법률적 배상책임에 대한 금전보상과 관련하여 아래 보기에서 설명하고 있는 손해의 종류를 올바르게 짝지은 것은?

> ⓐ 고통·괴로움, 정신적 피해, 위자료의 손실 등 구체적으로 그 양을 측정할 수 없는 손해에 대한 보상
> ⓑ 의료비용, 소득손실, 손상재산의 수리비용 등 일반적으로 쉽게 화폐로 측정할 수 있는 손해에 대한 보상
> ⓒ 실제 발생 피해를 보상하기 위한 목적이 아니라, 바람직하지 못한 행위를 한 가해자에게 예외적으로 형벌의 의미에서 의도된 보상

	ⓐ	ⓑ	ⓒ
①	징벌적 손해 (punitive damage)	일반손해 (general damage)	특별손해 (special damage)
②	징벌적 손해 (punitive damage)	특별손해 (special damage)	일반손해 (general damage)
③	특별손해 (special damage)	일반손해 (general damage)	징벌적 손해 (punitive damage)
④	일반손해 (general damage)	특별손해 (special damage)	징벌적 손해 (punitive damage)

14 다음 전문직배상책임보험(professional liability insurance)의 종류 중 그 분류기준이 나머지 셋과 다른 것은?

① 의사(doctors)배상책임보험
② 공인회계사(certifide public accountants)배상책임보험
③ 신탁자(fiduciaries)배상책임보험
④ 정보처리업자(data processors)배상책임보험

15 20 Line의 초과액재보험특약(surplus reinsurance treaty)을 운용하고 있는 출재보험사(A)가 보험가입금액이 US$ 5,000인 물건을 인수하였다. 손실규모가 US$ 3,000인 보험사고가 발생하였을 때 A사의 재보험회수금액은?[단, 동 물건에 대한 A사의 보유(retention)금액은 US$ 500이었음]

① US$ 1,500

② US$ 2,000

③ US$ 2,500

④ US$ 2,700

16 아래 리스크관리기법 중 리스크통제기법(risk control technique)에 해당하는 것을 모두 고른 것은?

ⓐ 리스크회피(risk avoidance)
ⓑ 리스크보유(risk retention)
ⓒ 리스크분리(risk separation)
ⓓ 보험(insurance)

---

① ⓐ, ⓑ

② ⓐ, ⓒ

③ ⓑ, ⓓ

④ ⓒ, ⓓ

17 아래 보기 중 도덕적 위태(moral hazard)를 경감 또는 예방할 수 있는 원칙을 모두 고른 것은?

> ⓐ 수지상등의 원칙
> ⓑ 피보험이익의 원칙
> ⓒ 대위의 원칙
> ⓓ 위험보편의 원칙

① ⓐ, ⓑ
③ ⓐ, ⓓ

② ⓑ, ⓒ
④ ⓒ, ⓓ

18 다음 중 사고발생기준(occurrence basis) 배상책임보험에 대한 설명으로 옳지 않은 것은?

① 보험기간 중에 발생한 사고를 기준으로 보험자의 보상책임을 정하는 방식이다.
② 보험사고가 보험기간에 발생하면 보험기간이 종료한 후에 손해배상 청구를 하였더라도 보험금청구권이 소멸되지 않는 한 보험자는 보험금 지급책임을 진다.
③ 화재보험, 자동차손해배상책임보험 등에 적합한 방식이라 할 수 있다.
④ 보험급부의 여부를 결정할 때 보험사고의 파악을 둘러 싼 분쟁을 회피할 수 있다.

19 갑을기업은 A, B, C 3개 보험회사와 아래와 같이 보상한도를 달리하는 배상책임보험계약을 각각 체결하였다. 이후 3건의 보험계약 모두의 보험기간이 중복되는 시점에 보험사고로 1억 2,000만원의 손해가 발생하였을 때 보험회사별 보상책임액을 올바르게 짝지은 것은? [단, 타보험조항(other insurance clause)에 의한 보상배분은 균등액분담조항(contribution by equal share)방식에 따름]

보험사	A	B	C
보상한도액	1억 5,000만원	4,000만원	3,000만원

	A	B	C
①	8,500만원	2,000만원	1,500만원
②	7,000만원	3,000만원	2,000만원
③	6,000만원	3,000만원	3,000만원
④	5,000만원	4,000만원	3,000만원

20 아래 보험계약 사례에서 보험자가 지급하여야 할 보험금은 얼마인가?

> 한국화학(주)가 소유하는 화학공장에 공장화재보험을 가입했으며, 보험계약내용 및 발생손해액은 다음과 같다.
> • 보험가입금액 : 18억원
> • 가입 당시 화학공장물건의 보험가액 : 24억원
> • 발생손해액 : 8억원
> • 화재사고 당시 화학공장물건 보험가액 : 30억원

① 4억 8,000만원　　　　② 6억원
③ 6억 4,000만원　　　　④ 8억원

21 다음 중 기발생 미보고손해액(IBNR ; incurred but not reported)을 적립하지 않은 해당 회계연도에 대한 설명으로 옳지 않은 것은?

① 부채의 과소평가가 이루어진다.
② 보험회사의 재무건전성을 왜곡시킨다.
③ 적정한 보험료 산출을 저해한다.
④ 보험회사의 주주배당가능이익이 줄어든다.

22 아래 2019년도 말 A 보험회사의 회계자료를 토대로 산출한 경과손해율은?

ⓐ 수입보험료 : 9,000만원
ⓑ 전기이월 미경과보험료 : 5,000만원
ⓒ 차기이월 미경과보험료 : 4,000만원
ⓓ 지급준비금적립액 : 2,000만원
ⓔ 지급보험금 : 5,000만원
ⓕ 기발생 미보고손해액(IBNR) : 600만원
ⓖ 지급준비금 환입 : 200만원

① 70%
② 74%
③ 76%
④ 78%

23 다음 중 손해배상책임액의 산정과 관련하여 아래 사례에서 해당되는 것은?

> • 주최 측에서 체재비 전액을 부담하기로 한 공연 계약이 공연단의 귀책사유로 취소된 경우 공연단이
>   부담하는 채무불이행으로 인한 손해배상액은 주최 측이 입은 손해액에서 지급을 면한 체재비를 공제
>   하여야 한다.
> • 불법행위로 타인을 사망케 한 경우의 손해배상액은 피해자가 입은 손해액에서 피해자가 지출을 면하
>   게 된 장래의 생활비를 공제하여야 한다.

① 손익상계
② 과실상계
③ 배상액의 경감
④ 사정변경

제2과목

24 다음 손해사정업무 중 정산업무(adjustment)에 해당하지 않는 것은?

① 보험금 지급방법 결정
② 손해액 확인
③ 보험자 지급책임액 결정
④ 구상권 행사

25 5% 프랜차이즈 공제(franchise deductible)가 설정된 보험가입금액 100억원의 보험계약을 체결했다. 보험기간 중 보험사고로 8억원의 손실이 발생했을 때 보험금은 얼마인가?

① 0원

② 3억원

③ 5억원

④ 8억원

26 다음 중 보험의 사회적 기능으로 옳지 않은 것은?

① 불안 감소

② 손실을 회복할 수 있는 재원 마련

③ 신용 증대

④ 보험금 과잉 청구

27 다음 중 보험공제(insurance deductible)에 대한 설명으로 옳지 않은 것은?

① 소액 보상청구를 방지하기 위한 목적으로 이용된다.

② 보험공제 조항을 이용할 경우 보험료를 절감할 수 있다.

③ 일반적으로 재산보험, 자동차보험, 생명보험 등에서 많이 사용된다.

④ 보험공제의 금액이 클수록 피보험자가 손실방지를 위해 노력할 동기가 강화된다.

제2과목

28 아래에서 설명하고 있는 재보험계약 조항으로 옳은 것은?

> 출재사의 보험금 지급책임 부담 여부가 불분명한 상태에서 출재사가 선의로 업무를 처리하고, 재보험계약 담보범위에 포함될 경우 재보험자는 면책 여부를 엄밀히 따지지 않고 재보험계약상의 보상책임을 짐.

① 중재조항(arbitration clause)

② 클레임협조조항(claim co-operation clause)

③ 운명추종조항(follow the fortunes clause)

④ 통지조항(notification clause)

29 다음 중 보험목적의 양도에 대한 설명 중 옳지 않은 것은?

① 보험목적은 동산, 부동산 등 특정된 물건이어야 한다.

② 개별화되지 않는 집합보험은 양수인이 동의해야 보험권리 승계가 가능하다.

③ 자동차보험의 보험목적 양도시 보험자의 승낙을 얻은 경우에 한하여 보험계약상의 지위가 양수인에게 승계된다.

④ 보험목적 양도시 양도인 또는 양수인은 보험자에게 그 사실을 지체 없이 알려야 한다.

30 아래 보기 중 도덕적 위태(moral hazard)를 유발하는 원인을 모두 고른 것은?

ⓐ 부정적	ⓑ 무관심
ⓒ 부주의	ⓓ 사 기

① ⓐ, ⓑ   ② ⓐ, ⓓ

③ ⓑ, ⓒ   ④ ⓑ, ⓓ

31 철수가 현재 보유하고 있는 총 재산 120원에 대한 전부보험의 보험료는 20원이다. 철수의 효용함수는 $U(w) = \sqrt{w}$ 이고, 재산의 손실확률분포는 아래와 같다. 전부보험 가입시 철수의 기대효용은 얼마인가?

확 률	손실액
0.2	0
0.3	10
0.5	20

① 5   ② 10

③ 12   ④ 20

32 다음 중 보험증권에 대한 설명으로 옳지 않은 것은?

① 보험증권은 증거증권에 불과해 보험계약 당사자의 의사와 계약 체결 전후의 사정을 고려해 보험계약의 내용을 인정할 수 있다.

② 보험계약 당사자는 보험증권 교부가 있은 날로부터 일정한 기간 내에 한하여 증권내용의 정부 (正否)에 관한 이의를 제기할 수 있다.

③ 기존 보험계약을 연장하거나 변경하는 경우 보험자는 기존 보험증권에 그 사실을 기재함으로써 보험증권의 교부를 갈음할 수 있다.

④ 상법상 보험자는 보험계약이 성립한 경우 최초보험료의 수령 여부와 관계없이 보험계약자에게 보험증권을 지체 없이 교부해야 한다.

33 다음 중 세계 재보험시장 환경이 경성시장(hard market)화 될 때 나타나는 일반적인 현상이 아닌 것은?

① 연성시장(soft market)에 비해 낮은 손해율
② 재보험 인수기준 강화
③ 재보험사 담보력 감소
④ 재보험요율 상승

34 대체위험전가(ART) 방법 중 하나인 사이드카(sidecar)에 대한 설명으로 옳지 않은 것은?

① 대재해채권과 같은 보험연계증권의 한 형태이다.
② 전통적 재보험과 유사하나, 최소한의 서류 작업과 관리 비용으로 운영하기 용이하다.
③ 통상 excess of loss cover 구조로 운영된다.
④ 주로 제한된 범위의 단기 보험계약을 대상으로 대재해에 따른 재물손해를 담보한다.

35 다음 중 금융재보험에 대한 설명으로 옳지 않은 것은?

① 출재사로서는 담보력 안정화를 꾀할 수 있다.

② 재보험사의 책임한도를 제한하는 대신 투자 이익 등을 출재사와 공유한다.

③ 주로 지급준비금 등 장래 예상되는 출재사의 손해변동성을 관리하기 위한 목적으로 활용된다.

④ 통상 1년 이하의 단기계약으로 체결된다.

36 다음 중 S.G. 증권상의 소급보험조항으로 옳은 것은?

① 보험이익불공여조항(not to inure clause)

② 약인조항(consideration clause)

③ 멸실여부불문조항(lost or not lost clause)

④ 포기조항(waiver clause)

37 다음 중 손실의 발생과 크기가 시간요소(time element)와 관계있는 간접손실보험은?

① 기업휴지보험(business interruption insurance)

② 이익보험(profit insurance)

③ 외상매출금보험(accounts receivable insurance)

④ 기후보험(weather insurance)

38 다음 중 보험증권 문언 내용이 상호 모순, 충돌하는 경우에 그 해석과 적용의 효력이 우선하는 순서대로 나열한 것은?

① 인쇄문언 → 타자 및 스탬프문언 → 수기문언

② 타자 및 스탬프문언 → 수기문언 → 인쇄문언

③ 수기문언 → 타자 및 스탬프문언 → 인쇄문언

④ 수기문언 → 인쇄문언 → 타자 및 스탬프문언

39 다음 중 의무적 임의재보험(facultative obligatory cover)에 대한 설명으로 옳지 않은 것은?

① 재보험자는 수재 여부를 임의로 정할 수 있으나, 원보험자는 의무적으로 출재해야 한다.

② 통상 비례재보험특약이나 초과재보험특약의 재보험 담보력이 소진된 이후에 활용된다.

③ 재보험료와 재보험금이 불균형하고 특약의 손해율이 불규칙한 특징이 있다.

④ 특약재보험으로 출재하기에는 재보험계약의 양이 적거나 특정한 위험 분산 차원에서 활용된다.

40 다음 중 순수리스크(pure risk)에 해당하지 않는 것은?

① 코로나19로 인한 사망리스크

② 지구온난화에 따른 기후변화리스크

③ 황사로 인한 대기오염리스크

④ 환율 급변동에 따른 투자리스크

01 보험기간 내에 발생손실에 대한 피보험자의 자기부담금이 전혀 없을 수 있는 가입조건은?

① 소손해면책(franchise deductible)

② 건강보험의 공동보험약관(co-insurance clause)

③ 정액 공제(straight deductible)

④ 총액 공제(aggregate deductible)

02 리스크재무(risk financing)에 해당하지 않는 것은?

① 면책계약

② 하청계약

③ 선물계약

④ 보험계약

03 다음 중 손해사정사의 업무에 해당하지 않는 것은?

① 손해발생사실 확인
② 약관의 면·부책 내용 확인
③ 보상한도액 결정
④ 보험금 산정

제2과목

04 다음 중 건강보험에서 기왕증(pre – existing conditions)을 면책하는 이유에 해당하는 것은?

① 역선택 방지
② 도덕적 위태 감소
③ 보험료 절감
④ 정신적 위태 감소

05 다음 중 보험사기에 대한 설명으로 올바르지 않은 것은?

① 정신적 위태(morale hazard)와 구별된다.
② 우연한 사고와는 전혀 관계없다.
③ 적발시 제재수준을 높이면 줄일 수 있다.
④ 조사활동 강화를 통해 줄일 수 있다.

06 다음 중 보험가격에 대한 설명으로 올바르지 않은 것은?

① 미래기간의 발생원가 예측에 근거한다.
② 보험자의 통제 범위를 벗어나는 부분이 많다.
③ 집단전체의 평균원가개념이 적용된다.
④ 순보험료 산출시 규모의 경제 효과가 크다.

07 보험요율산정 목적 가운데 역선택(adverse selection) 감소효과와 관계가 깊은 것은?

① 충분성
② 비과도성
③ 안정성
④ 공평한 차별성

08 다음 중 도덕적 위태(moral hazard)와 역선택(adverse selection)의 공통점에 해당하지 않는 것은?

① 정보비대칭성이 원인이다.
② 피보험자의 위험특성정보와 관련 있다.
③ 보험자에게 초과손해를 초래할 수 있다.
④ 보험사업의 안정성을 저해하게 된다.

09 다음 중 타보험조항(other insurance clause)의 형태에 해당하지 않는 것은?

① 비례분할부담(pro rata liability clause)
② 균일부담(contribution by equal share)
③ 초과손실부담(excess of loss share contract)
④ 초과부담(primary and excess insurance)

10 다음 중 순수리스크 여부가 보험가능성의 일차적 기준이 되는 이유에 해당하는 것은?

① 영향 범위가 넓지 않다.
② 도덕적 위태가 상대적으로 적다.
③ 최대가능손실이 크지 않다.
④ 목적물의 개수가 많다.

11 다음 중 대기기간(waiting period)에 대한 설명으로 올바르지 않은 것은?

① 정보비대칭에 따른 문제 개선이 목적이다.

② 보험금 지급을 제한하는 효과가 있다.

③ 역선택 감소가 목적이다.

④ 피보험자 위험특성정보 수집이 목적이다.

제2과목

12 다음 중 특정 재산을 보험목적물에서 제외(excluded property)하는 일반적 이유에 해당하지 않는 것은?

① 다른 보험에서 담보되어서

② 도덕적 위태 가능성이 있어서

③ 정확한 손실액 측정이 어려워서

④ 보험가액이 커서

13 다음 보험계약 특성 중 보험자가 미리 마련한 보통보험약관을 매개로 체결되는 특성을 가리키는 것은?

① 유상계약

② 조건부계약

③ 부합계약

④ 낙성계약

14 다음 중 보험자의 제3자에 대한 대위의 목적에 해당하지 않는 것은?

① 실손보상의 원칙 유지

② 최대선의의 원칙 유지

③ 이중보상 방지

④ 보험료 부당 인상 방지

15 다음 중 원보험자의 재보험계약 효과에 해당하지 않는 것은?

① 손해의 변동성 감소

② 인수능력 확대

③ 이익 감소

④ 신상품 개발 촉진

제2과목

16 보험가능 리스크의 요건 중 한정적 손실(definite loss)이 요구하는 바와 거리가 먼 것은?

① 손실의 원인을 식별할 수 있어야 한다.

② 손실발생시점을 판단할 수 있어야 한다.

③ 손실발생장소를 식별할 수 있어야 한다.

④ 발생손실규모가 제한적이어야 한다.

17 다음 설명이 가리키는 것은?

> 보험수리적으로 공정한 보험료(actuarially fair premium) 하에서 리스크 회피형 개인은 전부보험(full insurance)을 선택한다.

① 베르누이 원칙(Bernoulli principle)
② 렉시스의 원리(Lexis' principle)
③ 세인트 피터스버그 역설(St. Petersburg paradox)
④ 그레샴의 법칙(Gresham's law)

18 프로스포츠선수 A는 부상을 당하지 않는 조건으로 연봉 75만 달러를 받지만 부상을 당하면 연봉은 없다. 이 선수의 연간 부상 확률은 0.1이다. A의 보유자산은 25만 달러이고 효용함수는 $U(w) = \sqrt{w}$ (w는 자산을 의미함)이다.
부상입었을 때 75만 달러의 보험금이 지급되는 보험에 가입하기 위해서 A가 지급할 수 있는 최대한도의 보험료는 얼마인가?

① 75,000 달러
② 75,500 달러
③ 97,000 달러
④ 97,500 달러

19 아래 사례에서 주택화재보험 보통약관에 따라 계산한 보험금은 얼마인가?

> • 보험가입금액 : 4억원
> • 보험기간 중 화재로 인한 손해액 : 7억원
> • 보험의 목적인 건물의 잔존물 해체 비용 : 6천만원
> • 화재 발생 당시의 보험가액 : 10억원

① 4억 1천만원
② 4억원
③ 3억 8천만원
④ 3억 5천만원

20 상법상 대위와 위부에 대한 설명으로 올바르지 않은 것은?

① 대위는 해상보험을 비롯한 모든 손해보험에 통용되지만, 위부는 해상보험에서만 적용된다.
② 제3자에 대한 대위권은 손실정도에 상관없이 보험자가 보험금을 지급하면 자동적으로 승계되지만, 위부는 추정전손을 성립시키기 위한 형식적인 요건이기 때문에 전손인 경우에만 해당된다.
③ 보험자는 보험금을 지급한 범위 내에서 제3자에 대한 대위권을 행사할 수 있지만, 위부가 성립되면 보험자는 잔존물에 대한 일체의 권리를 승계한다.
④ 보험자가 위부를 거절하고 분손 보험금을 지급하면 제3자에 대한 대위권을 승계하지 못한다.

21 리스크관리에 관한 설명으로 올바른 것은?

① 「제조물책임법」에서 설계상의 결함이라 함은 제조물이 원래 의도한 설계와 다르게 제조·가공됨으로써 안전하지 못하게 된 경우를 말한다.

② 캡티브 보험자(captive insurer)는 복수의 기업이 기금을 출연하여 기금 풀(pool)을 만들고, 사고를 당한 회원기업에게 기금 풀에서 손해를 보상해 주는 제도이다.

③ 리스크회피는 적극적인 리스크 관리수단으로, 빈도와 심도가 낮은 리스크에 적합하다.

④ 순수리스크인 지진과 태풍은 재무분야의 시장리스크와 유사한 개념인 근원적 리스크(fundamental risk)에 속한다.

22 다음 중 금반언(estoppel) 원칙의 적용과 가장 거리가 먼 것은?

① 보험계약을 체결할 때 협정보험가액에 동의한 후 보험자가 협정가액을 부인할 수 없다.

② 보험계약이 체결되고 3년이 경과한 후에 계약자가 잘못 진술한 내용을 근거로 보험자가 면책을 주장할 수 없다.

③ 보험자가 고지의무의위반을 안 날로부터 1개월 이내에 해약하지 않으면, 이후 고지의무위반의 효과에 기인하는 보험자의 해지권은 제한된다.

④ 보험자가 피보험자에게 보험의 목적을 수리하라고 말하여 피보험자가 그에 따름으로써 비용이 발생한 후에 보험자가 면책조항을 들어 보험금을 지급하지 못하겠다고 주장할 수 없다.

23 의무보험의 기대효과와 거리가 먼 것은?

① 도덕적 위태의 완화

② 역선택 문제의 완화

③ 거래비용의 절약

④ 피해자 구호 및 배상자력의 확보

제2과목

24 다음 중 보험계약이 유효한 법적 계약으로서 성립되기 위하여 갖추어야 할 일반적인 요건으로 적합하지 않은 것은?

① 적법한 양식(legal form)

② 교환되는 가치(consideration)의 존재

③ 계약 당사자의 법적 행위능력(competent parties)

④ 계약 목적의 합법성(legal purpose)

25 다음 중 보험자가 입증책임을 부담하는 것은?

① 고지의무위반과 사고 사이의 인과관계 부존재
② 위험변경통지의무의 위반요건
③ 열거위험담보계약에서 손해와 열거위험 사이의 인과관계
④ 보험자의 책임제한에 대한 항변사유

26 보험가능 리스크(insurance risk)의 요건 중 보험수요자 입장에서 보험이 효율적인 리스크관리 수단이 되기 위한 조건은?

① 한정적인 손실
② 손실의 우연성
③ 측정가능한 손실발생 확률
④ 심도가 크고 손실발생 확률이 낮은 리스크

27 아래는 「제조물책임법」상 손해배상청구권의 소멸시효 등에 관한 내용이다. ( ) 안에 들어갈 숫자를 순서대로 바르게 짝지은 것은?

> 이 법에 따른 손해배상의 청구권은 피해자 또는 그 법정대리인이 손해와 손해배상책임을 지는 자를 알게 된 날로부터 ( )년간 행사하지 아니하면 시효의 완성으로 소멸하고, 제조업자가 손해를 발생시킨 제조물을 공급한 날로부터 ( )년 이내에 행사하여야 한다.

① 1, 3
② 1, 10
③ 3, 5
④ 3, 10

28 「금융소비자보호법」상 금융상품판매업자 등의 금융상품 유형별 영업행위 준수사항에 해당되지 않는 것은?

① 설명의무
② 정합성 원칙
③ 적합성 원칙
④ 적정성 원칙

29 근로자재해보장책임보험에서 피해자가 사망한 경우 가해자가 배상해야 할 손해액 산정시 고려 요소로 볼 수 없는 것은?

① 생활비 공제
② 손익 공제
③ 중간이자 공제
④ 참여비율 공제

30 다음 중 비례재보험(proportional reinsurance) 방식이 아닌 것은?

① quota share treaty
② surplus share treaty
③ facultative obligatory cover
④ excess of loss cover

31 재보험계약 중 stop loss cover특약에 대한 설명으로 올바르지 않은 것은?

① 재보험계약 기간 중 출재사의 누적 손해율이 약정된 비율을 초과할 경우 재보험금이 지급된다.

② 개별 리스크 단위당 손해에 대한 출재사의 보유초과분을 담보함으로써 출재사의 보유손실금 액을 제한한다.

③ 출재사의 손해율을 목표 수준 아래로 유지시켜 보험영업실적을 안정화시키는 효과가 있다.

④ 손해율의 등락폭이 크고 연단위로 손해 패턴이 비교적 주기적인 농작물재해보험 등에 적합한 재보험방식이다.

제2과목

32 대체리스크전가(ART ; alternative risk transfer)방법 중 하나인 조건부자본(contingent capital)에 대한 설명으로 올바르지 않은 것은?

① 실제 손해발생시 사전에 정한 조건으로 자본을 조달할 수 있다.

② 손실보전이라는 보험의 특성을 지니고 있다.

③ 발생빈도가 낮고, 강도가 큰 사고에 대비하는데 적합하다.

④ 초과손해액재보험특약을 보완하는 방법으로 활용할 수 있다.

33 다음 중 파라메트릭(parametric) 보험에 대한 설명으로 올바르지 않은 것은?

① 실제 손해발생액보다 지급보험금이 적은 베이시스 리스크(basis risk)가 존재한다.
② 보험금 지급절차가 간편하여 전통형 보험상품에 비해 신속한 보험금 지급이 가능하다.
③ 보험사기 발생가능성이 전통형 보험상품에 비해 크다.
④ 보험가입 과정이 전통형 보험상품에 비해 간단하다.

34 「교통사고처리특례법」상 교통사고 발생시 보험회사의 피해자에 대한 우선 지급금액 범위로 올바르지 않은 것은?

① 통상의 치료비 전액
② 부상시 위자료 전액
③ 후유장애시 상실수익액의 전액
④ 대물배상 발생시 대물배상금의 50%

35 다음 중 자동차보험 대인배상에서 손익상계 대상이 아닌 것은?

① 국민연금급여
② 공무원연금급여
③ 상해보험금
④ 산재보험금

36 다음 중 상실수익액 산정시 사용되는 계수법에 대한 설명으로 올바르지 않은 것은?

① 호프만계수법은 중간이자를 복리로 계산한다.
② 라이프니츠계수법은 과잉배상 문제가 발생되지 않는다.
③ 라이프니츠계수법은 약관에서 적용되고, 호프만계수법은 법원에서 주로 사용되는 방법이다.
④ 호프만계수법은 인플레이션 상황에서 화폐가치의 하락분을 어느 정도 메울 수 있다.

37 다음 중 「민법」에서 규정한 상속 순위를 올바르게 나열한 것은?

> (가) 피상속인의 직계존속
> (나) 피상속인의 직계비속
> (다) 피상속인의 형제자매
> (라) 피상속인의 4촌 이내의 방계혈족

① (가) → (나) → (다) → (라)
② (나) → (가) → (다) → (라)
③ (가) → (다) → (나) → (라)
④ (나) → (가) → (라) → (다)

38 「산업재해보상보험법」에서 명시하고 있는 보험급여가 아닌 것은?

① 휴업급여
② 구직급여
③ 간병급여
④ 직업재활급여

39 보험계약준비금에 대한 설명 중 올바르지 않은 것은?

① 지급준비금은 매 결산 때 이미 발생한 보험사고에 대한 미지급 보험금액을 추산해 적립해야 하는 준비금이다.

② 비상위험준비금은 지진, 폭풍 등 대형재해 발생에 대비한 준비금으로 부채항목으로 계상한다.

③ 미경과보험료적립금은 차기 회계연도 이후 기간에 해당하는 보험료를 적립하는 것이다.

④ 책임준비금은 보험료에 대한 반대급부로 장래 보험금 지급책임을 다하기 위해 적립하는 준비금이다.

40 PML(probable maximum loss)에 대한 설명으로 올바르지 않은 것은?

① 적정한 보험료 산출의 기초로 활용된다.

② 보험인수 여부 및 조건결정의 판단기준이 된다.

③ 보험자가 보험가액을 결정할 때 사용하는 개념이다.

④ 리스크관리자의 리스크회피도가 낮을수록 커진다.

01 다음 중 인플레이션, 대량실업, 전쟁이나 내란 등과 같이 다수에게 영향을 초래하는 리스크는?

① 동태적 리스크(dynamic risk)
② 근원적 리스크(fundamental risk)
③ 투기적 리스크(speculative risk)
④ 특정 리스크(particular risk)

02 아래에서 설명하는 리스크요소 파악 방법은?

> • 조직 내에서의 일련의 기업활동을 일목요연하게 보여줌으로써 예기치 못한 사고가 업무간 상호관계를 어떻게, 어느 정도로 차단하게 되는가를 파악하는데 도움을 줄 수 있다.
> • 리스크요소 파악과정에서 애로점(bottle neck)이라고 파악되었던 부분에 실질적으로는 애로가 전혀 존재하지 않을 수도 있으므로 현장실사로 보완하는 것이 중요하다.

① 잠재손실 점검표(checklist)에 의한 방법
② 재무제표(financial statements) 등 기록에 의한 조사방법
③ 업무흐름도(flowchart) 방법
④ 표준화된 설문서(standardized questionnaire)에 의한 방법

03 아래 설명의 (   ) 안에 들어갈 용어를 순서대로 바르게 나열한 것은?

> 보험은 개별적 리스크와 집단적 리스크를 모두 감소시키는 기능을 갖고 있다. 개별적 리스크는 (   )
> 에 의하여, 집단적 리스크는 (   )에 의하여 효율적으로 감소된다.

① 전가, 결합   ② 손실통제, 보험

③ 결합, 전가   ④ 손실통제, 회피

04 아래에서 손해보험 보험사고의 요건을 모두 고른 것은?

> ⓐ 단체성   ⓑ 기술성
> ⓒ 우연성   ⓓ 임의성
> ⓔ 발생가능성

① ⓐ, ⓑ   ② ⓐ, ⓓ

③ ⓑ, ⓓ   ④ ⓒ, ⓔ

05 다음 중 고용보험법상 구직급여에 해당하는 것은?

① 상병급여   ② 광역구직활동비

③ 조기재취직수당   ④ 직업능력개발수당

06 다음 중 국민연금법상 가입자가 사망할 당시 그에 의하여 생계를 유지하고 있던 재(인정기준 충족) 중 유족연금을 지급받을 수 있는 유족의 순위를 바르게 나열한 것은?

① 배우자 - 부모 - 자녀 - 조부모 - 손자녀

② 배우자 - 자녀 - 부모 - 손자녀 - 조부모

③ 자녀 - 배우자 - 부모 - 손자녀 - 조부모

④ 자녀 - 배우자 - 부모 - 조부모 - 손자녀

07 다음 중 손해보험회사가 구분 적립해야 하는 책임준비금의 구성항목이 아닌 것은?

① 미경과보험료적립금
② 배당보험손실보전준비금
③ 보증준비금
④ 계약자이익배당준비금

08 아래에서 설명하는 보험을 통칭하는 명칭은?

> • 전통적 손해보험에서 보상하지 않는 리스크를 담보하는 보험으로 특정한 사건, 즉 날씨, 온도, 경기 결과 등을 전제로 예정된 사건이 현실화됐을 때 발생하는 금전적 손실을 보상하는 보험이다.
> • 대표적인 예로는 스포츠시상보험, 행사종합보험 등이 있다.

① 유니버설보험(universal insurance)
② 컨틴전시보험(contingency insurance)
③ 추가비용보험(extra expense insurance)
④ 특별복합손인보험(special multi-peril insurance)

09 「화재로 인한 재해보상과 보험가입에 관한 법률」 및 그 시행령에 규정된 내용으로 올바르지 않은 것은?

① 특수건물의 소유자는 화재로 인한 손해배상책임을 이행하기 위하여 손해보험회사가 운영하는 특약부(附) 화재보험에 가입하여야 한다.

② 현행 특수건물 소유자의 손해배상책임은 대인배상은 피해자 1인당 1억원, 대물배상은 1사고당 10억원을 한도액으로 한다.

③ 특수건물 소유자가 가입하여야 하는 화재보험의 보험금액은 시가에 해당하는 금액으로 한다.

④ 특수건물 소유자는 건축물의 사용승인 준공인가일 또는 소유권을 취득한 날로부터 30일 이내에 특약부(附) 화재보험에 가입하여야 한다.

10 무보험자동차 등에 의한 사고 피해자에 대하여 정부가 책임보험금액 한도 내에서 피해를 보상하는 근거가 되는 법률은?

① 교통사고처리특례법

② 도로교통법

③ 산업재해보상보험법

④ 자동차손해배상보장법

11 1982년 협회전쟁약관(적하)[Institute War Clauses(cargo), 1982]에서 담보하는 위험이 아닌 것은?

① 유기된 기뢰·어뢰·폭탄

② 전쟁·내란·혁명·모반·반란

③ 전쟁·내란 등의 위험으로 인해 발생한 포획·나포·억류·억지

④ 핵무기의 적대적 사용

12 아래의 내용 중 (　　) 안에 들어갈 보험종목은?

> 상법상 인보험에는 원칙적으로 제3자에 대한 보험대위가 인정되지 않는다. 그러나 (　　)계약의 경우에 당사자 간에 다른 약정이 있는 때에는 보험자는 피보험자의 권리를 해하지 아니하는 범위 안에서 그 권리를 대위하여 행사할 수 있다.

① 생명보험

② 상해보험

③ 질병보험

④ 생사혼합보험

13 아래와 같은 사유가 발생한 경우에 재보험사가 특약의 전체 또는 일부를 종료·취소할 수 있음을 규정하고 있는 특약재보험계약조항은?

> • 출재사의 합병이나 양도 등에 따른 경영진의 변화
> • 출재사의 자본금 감소
> • 출재사의 채무지급불능상황
> • 특약상의 출재사의 순보유분에 대한 별도의 재보험계약 체결

① commutation claus
② cut-through clause
③ interlocking clause
④ sudden death clause

14 아래의 상황에서 A건물이 입은 손실에 대한 보험자의 지급보험금은?

> **[보험계약]**
> 장소를 달리하는 A, B 두 사무실 건물을 보험목적물로 하여 보험가입금액 1,000만원인 국문화재보험 약관부(附) 포괄계약(blanket coverage)을 체결하였음.
> • 사고내역 : 보험기간 중 발생한 화재사고로 A건물에 300만원의 손실이 발생함.
> • 보험가액 : 사고발생시 확인된 금액은 A건물 900만원, B건물 600만원임.

① 180만원   ② 200만원
③ 250만원   ④ 300만원

15 20 line의 surplus특약(surplus reinsurance treaty)을 운영하고 있는 보험회사가 보험가입금액이 각각 US$ 200,000인 A와 B 2개의 계약을 인수하였다. A와 B에 대한 보유금액이 아래와 같을 때 동 특약에서의 출재금액은 각각 얼마인가?[단, 특약한도액(treaty limit)은 US$ 200,000이며, 특약한도액을 초과하는 부분에 대하여는 별도의 임의재보험방식으로 출재하는 것으로 가정한다]

구 분	A계약	B계약
보험가입금액	US$ 200,000	US$ 200,000
보유액(retention)	US$ 20,000	US$ 8,000
특약출재금액	( )	( )

① A계약 : US$ 200,000, B계약 : US$ 200,000
② A계약 : US$ 180,000, B계약 : US$ 200,000
③ A계약 : US$ 180,000, B계약 : US$ 192,000
④ A계약 : US$ 180,000, B계약 : US$ 160,000

16 다음 리스크관리기법 중 리스크재무(risk financing)에 해당하는 것을 모두 고른 것은?

ⓐ 손실통제(loss control)
ⓑ 리스크보유(risk retention)
ⓒ 보험계약을 통한 리스크전가(risk transfer)
ⓓ 리스크분리(risk separation)

① ⓐ, ⓑ
③ ⓒ, ⓓ
② ⓑ, ⓒ
④ ⓐ, ⓓ

17 다음 중 전문직배상책임보험에 대한 설명으로 올바르지 않은 것은?

① 의사, 변호사 등 전문직업인이 그 업무의 특수성으로 말미암아 타인에게 지게 되는 배상책임을 보장하는 보험상품을 말한다.

② 전문직배상책임보험은 일반적으로 사고발생기준이기 때문에 사고와 보상청구가 모두 보험기간 안에 이루어져야 한다.

③ 통상 1사고당 한도액과 함께 연간 총 보상한도액을 설정하고 있다.

④ 사람의 신체에 관한 전문직 리스크뿐만 아니라 변호사, 공인회계사 등의 과실, 태만 등으로 인한 경제적 손해도 담보한다.

18 다음 중 배상책임보험의 사회적 기능과 역할을 확대시켜주는 것을 모두 고른 것은?

ⓐ 피해자 직접청구권제도
ⓑ 의무보험제도
ⓒ 과실책임주의
ⓓ 보험자 대위제도
ⓔ 무과실책임주의

① ⓐ, ⓑ, ⓔ   ② ⓐ, ⓒ, ⓓ

③ ⓑ, ⓒ, ⓓ   ④ ⓑ, ⓓ, ⓔ

19 다음 중 실손보상 원칙에 대한 예외를 모두 고른 것은?

ⓐ 피보험이익 원칙	ⓑ 대체비용보험
ⓒ 보험자대위제도	ⓓ 손해액의 시가주의
ⓔ 기평가보험	ⓕ 과실상계 및 손익상계

① ⓐ, ⓑ

② ⓑ, ⓔ

③ ⓒ, ⓓ

④ ⓓ, ⓕ

20 피보험자 A는 보험금액이 2,000만원인 보험에 가입 후 보험기간 중 발생한 1건의 보험사고로 300만원에 해당하는 손실을 입었다. 다음과 같은 두 가지 보험공제(deductible) 조건 아래에서 보험자가 보상해야 할 금액은 각각 얼마인가?

> A. 정액 공제(straight deductible) 100만원
> B. 프랜차이즈 공제(franchise deductible) 200만원

	A	B
①	200만원	200만원
②	200만원	300만원
③	100만원	200만원
④	100만원	300만원

21 다음 손해사정업무 중 검정업무(survey)에 해당하는 것은?

① 보험자 지급책임액 결정
② 보험금 지급방법 결정
③ 손해액 확인 및 산정
④ 구상권(대위권) 행사

22 A보험회사가 판매한 재산보험의 예정손해율은 50%였으나, 그 후 요율조정대상기간의 평균 실제손해율이 40%일 때 차기에 적용할 예정손해율은 얼마인가?[단, 보험료 조정은 손해율 방식(loss ratio method)을 따르고 신뢰도계수(credibility factor)는 0.5를 적용함]

① 45% ② 50%
③ 55% ④ 60%

23 다음 중 배상책임보험의 일반적 성질에 대한 설명으로 올바르지 않은 것은?

① 피보험자가 제3자에게 법률상 손해배상책임을 부담함으로써 입게 되는 피보험자의 직접손해를 보상하는 적극보험의 성질을 가진다.

② 보관자의 책임보험과 같이 보험자의 책임이 일정한 목적물에 생긴 손해로 제한된 경우를 제외하고는 원칙적으로 보험가액이라는 개념이 존재하지 않는다.

③ 피해자인 제3자는 보험금액의 한도 내에서 보험자에게 손해의 전보를 직접 청구할 수 있다.

④ 보험자는 피보험자가 그 사고에 관하여 가지는 항변으로써 피해자인 제3자에게 대항할 수 있다.

24 다음 중 도덕적 위태(moral hazard) 감소 수단을 모두 고른 것은?

ⓐ 실손보상 원칙의 적용
ⓑ 책임보험의 보상한도 상향
ⓒ 재물보험의 공동보험조항(co-insurance clause) 부보비율 상향
ⓓ 보험공제(deductible) 금액 상향

① ⓐ, ⓒ   ② ⓐ, ⓓ
③ ⓑ, ⓒ   ④ ⓑ, ⓓ

25 국문화재보험계약에서 보험사고 발생시 보험자가 보상하는 다음의 비용손해 중 재물손해 보험금과의 합계가 보험가입금액을 초과하더라도 지급하는 비용이 아닌 것은?

① 손해방지비용　　　　　　　　② 잔존물제거비용
③ 대위권보전비용　　　　　　　　④ 잔존물보전비용

26 다음 중 보험업감독규정상 독립손해사정사의 금지행위가 아닌 것은?

① 보험금의 대리청구 행위
② 일정 보상금액의 사전약속 행위
③ 손해사정업무 관련 서류의 작성, 제출대행 행위
④ 보험금에 대한 보험사와의 합의 또는 절충 행위

27 다음 중 보험자가 입증책임을 부담하는 것을 모두 고른 것은?

ⓐ 위험변경·증가 통지의무위반
ⓑ 고지의무위반
ⓒ 열거위험담보방식에서의 인과관계 입증
ⓓ 보험사기

---

① ⓐ, ⓑ, ⓒ
② ⓐ, ⓑ, ⓓ
③ ⓐ, ⓒ, ⓓ
④ ⓑ, ⓒ, ⓓ

제2과목

28 아래 자료를 참고하여 순보험료법에 의해 산출한 순보험료는?

• 보험상품 : 주택화재보험
• 계약건수 : 동급의 동질 리스크 연간 10,000건
• 사고발생건수 : 연간 5건
• 1사고당 평균지급보험금 : 3,000만원

---

① 15,000원
② 30,000원
③ 150,000원
④ 300,000원

29 다음 중 고용보험에 대한 설명으로 올바르지 않은 것은?

① 65세 이후에 고용된 근로자도 적용 대상이다.
② 근로자의 직업능력을 개발하고 향상시킨다.
③ 국가의 직업지도와 직업소개 기능을 강화한다.
④ 별정우체국 직원은 적용 대상이 아니다.

30 다음 중 정태적 리스크(static risk)에 해당되는 것을 모두 고른 것은?

ⓐ 금리 리스크	ⓑ 시장 리스크
ⓒ 자연재해 리스크	ⓓ 전쟁 리스크

① ⓐ, ⓑ　　　　　　　　　　　② ⓒ, ⓓ
③ ⓐ, ⓒ　　　　　　　　　　　④ ⓑ, ⓓ

31 다음 중 손실통제의 연쇄개념(chain concept of loss control)을 이용한 손실통제의 체계적 수행절차를 순서대로 바르게 나열한 것은?

ⓐ 위태(hazard) 경감	ⓑ 구조 작업
ⓒ 손실 원천 봉쇄	ⓓ 손실 최소화

① ⓐ → ⓒ → ⓓ → ⓑ
② ⓐ → ⓒ → ⓑ → ⓓ
③ ⓒ → ⓐ → ⓑ → ⓓ
④ ⓒ → ⓐ → ⓓ → ⓑ

32 보험증권의 일반적인 법적 성격으로 적절하지 않은 것은?

① 면책증권성 ② 임의증권성
③ 요식증권성 ④ 증거증권성

33 아래 표는 부보가능한 리스크의 손실액 확률분포이다. 96% 신뢰도 적용시 PML(probable maximum loss) 값은?

손실액			확 률
0	~	50만원	0.04
50만원 초과	~	150만원	0.30
150만원 초과	~	300만원	0.40
300만원 초과	~	700만원	0.20
700만원 초과	~	1,200만원	0.02
1,200만원 초과	~	3,000만원	0.02
3,000만원 초과	~	5,000만원	0.02

① 150만원   ② 750만원

③ 950만원   ④ 1,200만원

34 Lloyd's S.G. Policy 위험약관(Perils Clause)상의 해상고유의 위험(perils of the seas)에 해당하지 않는 것은?

① 충돌(collision)   ② 화재(fire)

③ 좌초(stranding)   ④ 악천후(heavy weather)

35 다음 중 보험자의 면책사유가 아닌 것은?

① 자동차보험에서 지진으로 인한 자기차량 손해

② 상해보험에서 피보험자의 중과실로 인한 상해

③ 운송보험에서 운송보조자의 고의, 중과실로 인한 손해

④ 해상보험에서 도선료, 입항료 등 항해 중의 통상비용

36 아래 표에서 설명하는 재보험계약 방식은?

> 출재사가 사전에 출재 대상으로 정한 모든 리스크에 대해 정해진 비율로 재보험사에 출재하고, 재보험사는 이를 인수해야 한다.

① surplus reinsurance treaty

② quota share treaty

③ stop loss cover

④ excess of loss treaty

37 대체리스크전가기법 중 보험리스크를 증권화하거나 파생금융상품과 연계하여 자본시장에 전가하는 것은?

① finite reinsurance
② insurance-linked securities
③ captive insurance
④ contingent capital

38 다음 중 자동차손해배상보장법상의 가불금 지급에 대한 설명으로 올바르지 않은 것은?

① 가불금 청구권자는 보험가입자이다.
② 가불금 청구권자는 자동차보험진료수가에 대해 전액 지급을 청구할 수 있다.
③ 보험자는 가불금을 청구받은 날로부터 국토교통부령에서 정한 기한 내에 지급해야 한다.
④ 보험자는 지급한 가불금이 지급할 보험금을 초과하면 그 초과액의 반환을 청구할 수 있다.

39 다음 중 배상책임소송에서 피해자인 원고를 돕기 위하여 도입된 법리가 아닌 것은?

① 전가과실(imputed negligence)책임 또는 대리배상책임(vicarious liability)

② 연대배상책임(joint and several liability)

③ 최종적 명백한 기회(last clear chance)

④ 과실추정의 원칙(res ipsa loquitur)

40 다음 중 재보험의 기능으로 적절하지 않은 것은?

① 전문적 자문과 서비스 제공

② 인수능력 축소

③ 미경과보험료적립금 경감

④ 언더라이팅 이익 안정화

01 다음 중 사고의 구조에 대한 이론 가운데 도미노이론(domino theory)에 대한 설명으로 올바르지 않은 것은?

① 대부분의 사고가 5가지의 연쇄적 사건으로 구성되어 있다고 본다.

② 이 이론을 제시한 학자는 하인리히(H. W. Heinrich)이다.

③ 사건의 연쇄관계를 차단하면 사고를 예방할 수 있다고 한다.

④ 환경 내에 산재하는 물리적 위태를 줄이는 데 중점을 둔다.

02 아래에서 재난배상책임보험 보통약관상 보상하는 손해를 모두 고른 것은?

> ⓐ 피보험자의 과실유무를 불문하고 피보험자가 피해자에게 지급할 책임을 지는 법률상의 손해배상금
> ⓑ 피보험자가 지급한 소송비용, 변호사비용
> ⓒ 피보험자가 지급한 중재 또는 조정에 관한 비용
> ⓓ 보상한도액 내의 공탁보증보험료

① ⓑ, ⓓ

② ⓑ, ⓒ, ⓓ

③ ⓐ, ⓑ, ⓓ

④ ⓐ, ⓑ, ⓒ, ⓓ

03 다음 중 자동차보험약관상 보험사고 발생시 보험금청구 및 지급과 관련된 설명으로 올바르지 않은 것은?

① 피보험자동차를 도난당하였을 때에는 지체없이 그 사실을 경찰관서에 신고하여야 한다.

② 피해자의 응급조치 등 긴급조치를 위한 것이 아닌 한 손해배상의 청구를 받은 경우에는 미리 보험회사의 동의 없이 그 전부 또는 일부를 합의하여서는 안 된다.

③ 피보험자의 보험금청구가 손해배상청구권자의 직접청구와 경합할 때에는 보험회사가 손해배상청구권자에게 우선하여 보험금을 지급한다.

④ 보험회사는 보험금청구에 관한 서류를 받은 때에는 지체 없이 지급할 보험금을 정하고 그 정하여진 날로부터 15일 이내에 지급을 한다.

04 아래에서 설명하는 내용은 무엇에 관한 것인가?

> • 전통적 재보험과는 달리 저축 및 부가보험료를 함께 재보험사에 출재하므로 보험리스크에 더해 금리리스크, 해지리스크를 함께 이전한다.
> • 손익변동성 관리 및 자본비용 절감이 가능하며, 보험계약 포트폴리오를 조정하여 핵심사업에 역량을 집중할 수 있는 효익이 있다.

① 조건부자본
② 한정리스크계약
③ 보험스왑
④ 공동재보험

05 아래 내용은 다음 중 무엇에 관한 설명인가?

> - 이것은 계약 성립을 위해 계약당사자간에 서로 대가(對價)를 지불하는 것을 의미한다.
> - 피보험자측은 1회분 보험료의 납부와 보험증권에 명시되어 있는 여러 조건을 준수하는 것이고, 보험자 측은 손실보상, 손실예방 등에 관한 서비스를 제공하는 것이다.

① 담보(warranty)
② 진술(representation)
③ 특약(endorsements and riders)
④ 약인(consideration)

06 아래 설명의 (　) 안에 들어갈 용어를 순서대로 바르게 나열한 것은?

> 질병·상해보험 표준약관에서는 보험계약자가 보험수익자를 지정하지 않은 때 사망보험금은 (　), 기타 후유장해보험금 및 입원보험금·간병보험금 등은 (　)을(를) 각각 그 수익자로 한다고 규정하고 있다.

① 계약자, 피보험자
② 계약자, 피보험자의 법정상속인
③ 피보험자의 법정상속인, 피보험자
④ 피보험자의 법정상속인, 계약자

07 아래 설명의 (   ) 안에 들어갈 보험종목은?

상법상 (   )에 관한 규정은 그 성질에 반하지 아니하는 범위에서 재보험계약에 준용한다.

① 화재보험
② 해상보험
③ 책임보험
④ 특종보험

08 아래에서 설명하는 특약재보험 조항의 명칭은?

- 비례재보험특약임에도 불구하고 예외적으로 출재를 하지 않아도 되는 경우를 기술하고 있다.
- 예외적으로 인정되는 상황
  - 재보험사의 이익을 위해 특약출재 대신에 별도의 임의재보험으로 출재하는 경우
  - 감독기관이 정한 규정을 불가피하게 준수해야 하는 경우
  - 보험계약자의 특별 요구나 조건에 따른 경우
  - 출재금액이 최종단계에서 과다해질 것이 분명한 경우

① Outside Reinsurance Clause
② Counsel and Concur Clause
③ Interlocking Clause
④ Stability Clause

09 다음 중 고용보험법상의 취업촉진수당에 해당하지 않는 것은?

① 이주비
② 구직급여
③ 광역구직활동비
④ 조기재취업수당

10 다음 중 언더라이팅(underwriting)의 목적과 거리가 먼 것은?

① 역선택 방지와 적정요율의 합리적 적용
② 보험범죄의 방지
③ 보험사업의 수익성 확보
④ 보험계약의 부합계약성 유지

11 갑보험회사는 아래와 같은 초과손해액재보험특약(Excess of Loss Reinsurance Treaty)을 체결하였다. 특약기간 중 사고일자를 달리하는 3건의 손해가 발생하였을 때 갑보험회사가 지급받을 재보험금의 합계액은?

- 특약프로그램
  - 특약한도 US$ 1,000,000 in excess of US$ 500,000
  - 연간누적자기부담금 : US$ 1,000,000
  - 손해기준 : e.e.l.(each and every loss)
- 3건의 발생손해 내역
  A : US$ 750,000, B : US$ 1,000,000, C : US$ 1,200,000

① US$ 450,000
② US$ 950,000
③ US$ 1,450,000
④ US$ 1,950,000

12 보험가액이 10,000 원인 물건의 사고발생확률과 손해액이 아래 표와 같다. 이 때 보험가입금액을 4,000 원으로 하고 80% 공동보험조항이 첨부된 경우 이 물건의 영업보험료는?(단, 예정사업비율은 20%이며, 예정이익율은 고려하지 않음. 순보험료는 기대보험금으로 함)

손해액	0원	2,000원	5,000원	10,000원
확 률	0.85	0.1	0.04	0.01

① 100원
② 240원
③ 300원
④ 312.5원

13 다음의 적하보험 가입조건 중 포괄위험담보방식을 채택하고 있는 것은?

① ICC(WA)

② ICC(C)

③ ICC(A)

④ ICC(FPA)

14 아래 내용 중 자동차보험 보통약관상 '피보험자의 자녀'의 범위에 포함되는 것을 모두 고른 것은?

ⓐ 법률상의 혼인관계에서 출생한 자녀

ⓑ 양자 또는 양녀

ⓒ 사실혼관계에서 출생한 자녀

---

① ⓐ

② ⓐ, ⓑ

③ ⓐ, ⓒ

④ ⓐ, ⓑ, ⓒ

15 고가의 외제차가 증가한 주변 환경으로 인하여 선의의 자동차보험 가입자의 보험료 부담이 증가한 현상은 다음 중 어디에 해당하는가?

① 역선택(adverse selection)

② 도덕적 위태(moral hazard)

③ 외부불경제(external diseconomy)

④ 무임승차(free riding)

16 다음 중 보험소비자 보호를 위한 보험사업자에 대한 감독과 규제의 근거와 거리가 먼 것은?

① 보험원가의 불확실성과 그 계산의 기술적 복잡성

② 보험상품의 미래지향적 특성으로 인한 소비자 판단의 어려움

③ 정보의 비대칭이 초래하는 역선택(adverse selection) 문제

④ 보험계약자와 보험자간의 보험계약에 관한 전문성 격차

17 다음 중 법률상 의무보험이 아닌 것은?

① 가스사고배상책임보험
② 항공보험
③ 적재물배상책임보험
④ 생산물배상책임보험

18 다음 중 요구부보율 조건이 적용되는 계약조항은?

① 자동차보험의 정액공제조항
② 적하보험의 프랜차이즈공제조항
③ 건강보험의 공동보험조항
④ 화재보험의 공동보험조항

19 기대효용을 기준으로 의사결정을 하는 홍길동의 보유재산은 50, 보유재산의 사고발생 확률 0.2, 사고 시 잔여재산이 10일 때 재산의 기대가치는 아래 그림에서 A로 표시된다. 다음 중 이에 대한 설명으로 올바른 것은?

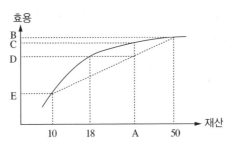

① 계리적으로 공정한 보험료가 부과되는 보험에 가입하였을 때 홍길동의 기대효용수준은 D이다.

② 홍길동이 지불할 의사가 있는 최대보험료는 30이다.

③ 부가보험료가 순보험료의 2.5배 이상이면 홍길동은 보험에 가입하지 않는다.

④ 홍길동의 리스크 프리미엄(risk premium)은 24이다.

20 아래에서 보험업법상 소액단기전문보험회사가 취급할 수 있는 보험종목은 모두 몇 개인가?

ⓐ 상해보험	ⓑ 질병보험
ⓒ 연금보험	ⓓ 간병보험
ⓔ 비용보험	ⓕ 날씨보험
ⓖ 책임보험	ⓗ 유리보험
ⓘ 자동차보험	ⓙ 동물보험

① 3

② 5

③ 7

④ 9

21 다음 중 추정전손으로 보험금 청구시 피보험자가 보험의 목적에 대한 전부의 권리를 보험자에게 양도하는 의사 표시는?

① 위부(abandonment)
② 대위(subrogation)
③ 권리포기(waiver)
④ 보험목적의 양도(assignment)

22 다음 중 보험계약의 인적계약 특성을 설명하고 있는 것은?

① 보험계약자가 보험료를 납부하지 않아도 계약이행을 강제하는 등의 조치를 취할 수 없다.
② 보험계약상 보험자는 손실보상이라는 약속이행의 전제조건으로 피보험자에게 보험약관에 명시되어 있는 여러 가지 조건을 만족시킬 것을 요구하고 있다.
③ 동일한 보험목적물이라도 보험계약자나 피보험자가 누구냐에 따라 손실발생의 위험이 달라지기 때문에 보험계약의 내용이 달라질 수 있다.
④ 보험계약은 통상 다수인을 상대로 체결되고, 보험의 기술성과 공동체성으로 인해 정형성이 요구된다.

23 다음 중 우리나라 산업재해보상보험제도에 관한 설명으로 올바른 것은?

① 상시 5인 이상의 근로자를 고용하는 모든 사업장을 대상으로 한다.

② 보험료는 사용자와 근로자가 각각 절반씩 부담한다.

③ 급여 종류로는 요양급여, 휴업급여, 장해급여, 분만급여 등이 있다.

④ 업무상 재해는 업무상 사고, 업무상 질병, 출퇴근 재해로 구분된다.

24 아래에서 주택화재보험 보통약관상 담보손인을 모두 고른 것은?

ⓐ 화 재	ⓑ 파 열
ⓒ 폭 발	ⓓ 지 진

① ⓐ

② ⓐ, ⓑ

③ ⓐ, ⓑ, ⓒ

④ ⓐ, ⓑ, ⓒ, ⓓ

25 아래는 홍길동이 동일한 피보험이익에 대하여 3개 보험사와 체결한 보험계약내역이다. 사고 발생시 보험가액 12억원, 손해액 6억원일 때 독립책임분담액 방식을 적용하면 보험사별 보상금액은 각각 얼마인가?

> • 갑보험사 : 보험금액 2억원, 실손보상
> • 을보험사 : 보험금액 4억원, 비례보상
> • 병보험사 : 보험금액 6억원, 50%요구부보조건부 실손보상

	갑	을	병
①	0.75억원	2.25억원	3억원
②	1억원	2억원	3억원
③	1.2억원	1.2억원	3.6억원
④	2억원	2억원	2억원

26 A회사는 공장에 10조원을 투자하는 안을 검토하고 있다. 1안은 한 지역에 10조원 전액을 투자하는 안이고, 2안은 5조원씩 두 지역에 투자하는 안이다. 지역별 사고발생 확률은 독립적이고 동일하다. 사고 발생 지역의 투자금액은 전부 멸실하는 것으로 가정한다. 리스크관리 관점에서의 설명으로 올바르지 않은 것은?

① 기대손실 면에서 1안이 유리하다.
② 손실의 변동성 면에서 2안이 유리하다.
③ 최대가능손실(maximum possible loss) 발생확률은 1안이 더 크다.
④ 분산지역 수가 증가하면 동일한 신뢰도 하에서 가능최대손실(probable maximum loss)을 축소할 수 있다.

27 다음 중 교통사고처리특례법상 12대 중과실사고(동법 제3조 제2항 단서에 의함)에 포함되지 않는 것은?

① 제한속도보다 시속 10km를 초과하여 운전한 경우
② 어린이 보호구역에서 안전운전유지의무를 위반하여 어린이의 신체를 상해에 이르게 한 경우
③ 철도건널목 통과방법을 위반하여 운전한 경우
④ 자동차의 화물이 떨어지지 않도록 필요한 조치를 하지 않고 운전한 경우

제2과목

28 다음 중 피보험이익에 관한 설명으로 올바르지 않은 것은?

① 재물보험의 피보험이익은 재산 소유권자에게만 존재한다.
② 피보험이익은 피보험자의 손실 크기를 측정하게 해준다.
③ 피보험이익은 도덕적 위태를 감소시킨다.
④ 피보험이익은 손실의 발생 시점에 반드시 존재해야 한다.

29 다음 중 보험마케팅의 특성에 관한 설명으로 올바르지 않은 것은?

① 보험사업의 가치사슬에서 판매가 차지하는 비중이 다른 사업에 비해 높고 판매비용이 상당하다.

② 보험상품은 소비자의 자발적 수요가 다른 일반상품에 비해 약하다.

③ 보험상품은 원가가 먼저 확정되고, 다음으로 유통비 등을 책정하여 최종 소비자 가격이 정해진다.

④ 보험회사는 보험마케팅을 수행함에 있어서 소비자 보호차원의 여러 가지 공적 규제를 받는다.

30 다음 중 인공위성 또는 아주 특수한 공장이나 구조물이 충족시키지 못하고 있는 보험가능요건은?

① 손실의 발생은 우연적이어야 하고 고의성이 없어야 한다.

② 상당수의 동질적 위험이 존재하여야 한다.

③ 담보하는 리스크가 합법적이어야 한다.

④ 손실은 확정적이고 측정이 가능해야 한다.

31 다음 보험요율의 산정방식 가운데 등급요율방식(class rating)에 해당하는 것은?

① 순보험료 방식(pure premium method)

② 판단요율 방식(judgement rating)

③ 소급요율 방식(retrospective rating)

④ 경험요율 방식(experience rating)

32 초과액재보험특약(surplus reinsurance treaty)상의 이익수수료조항에 따라 이익수수료를 산출할 때 지출항목(outgo)에 포함되지 않는 것은?(단, calendar year 방식에 따름)

① 출재수수료

② 재보험사 경비

③ 지급보험금

④ 전기이월미지급보험금

33 다음 중 보험업법상 보험회사의 자산운용원칙이 아닌 것은?

① 공익성
② 적정성
③ 유동성
④ 수익성

34 손해보험업의 보험종목 전부를 취급하는 손해보험회사가 질병사망을 담보하는 제3보험상품을
개발하는 경우에 이 상품이 갖추어야 할 요건으로 올바르지 않은 것은?

① 질병사망을 주계약(보통약관)에서 보장할 것
② 보험만기는 80세 이하일 것
③ 만기환급금은 납입보험료 합계액의 범위 이내일 것
④ 보험금액의 한도는 개인당 2억원 이내일 것

35 아래에서 설명하는 보험계약조항은?

> • 보험기간 중 특별한 조건을 위배하거나 위반했을 경우 보험효력을 종결시킴을 규정한 조항
> • 이 경우 일단 종결된 보험계약의 효력을 다시 살리기 위해서는 새로운 보험계약을 체결함이 통례임

① policy change clause('계약전환'조항)

② if clause('만약'조항)

③ while clause('동안'조항)

④ entire contract clause('계약구성'조항)

36 도로 상태가 좋지 않아 발생한 교통사고로 자동차가 파손되어 수리비를 지급하였다. 다음 중 위태(hazard)에 해당하는 것은?

① 도로 상태가 좋지 않은 것

② 교통사고

③ 자동차 파손

④ 수리비 지급

37 리스크관리기법에 대한 다음 설명 중 올바르지 않은 것은?

① 건물 내 개인용 전열기 사용금지는 손실예방에 해당한다.

② 건물 내 스프링클러 설치는 손실예방에 해당한다.

③ 건물 내 소화기 비치는 손실경감에 해당한다.

④ 건물 공사시 내연자재 사용은 손실경감에 해당한다.

38 다음 중 보험요율산정의 규제상 목적에 해당하지 않는 것은?

① 보험요율의 충분성(adequacy)

② 보험요율의 안정성(stability) 및 탄력성(flexibility)

③ 보험요율의 비과도성(inexcessiveness)

④ 보험요율의 공평한 차별성(fair discrimination)

39 다음 중 국민연금에서 지급되는 노령연금의 기본연금액을 결정하는 요인으로 올바르지 않은 것은?

① 전체가입자 소득수준
② 부양가족 수
③ 가입기간
④ 가입자 본인 소득수준

40 다음 중 실손보상원칙과 직접 관련이 없는 것은?

① 고지의무
② 피보험이익의 원칙
③ 타보험조항
④ 보험자대위

01 다음 중 대재해적 손실이 보험대상 리스크로 적합하지 않은 이유에 해당하는 것은?

① 확률적 동질성이 없다.
② 확률적 독립성이 없다.
③ 목적물의 수가 많지 않다.
④ 개별 손실규모가 크다.

02 다음 중 우리나라 고용보험 구직급여 지급일수에 한도가 있는 이유로 가장 타당한 것은?

① 역선택 감소
② 초과보상 방지
③ 소득재분배 효과
④ 도덕적 위태 감소

03 다음 중 장래에 대해서 보험계약의 효력을 소멸시키는 효과가 있는 것은?

① 계약의 해제
② 계약의 취소
③ 계약의 해지
④ 계약의 무효

04 다음 중 청구기준(claims-made basis) 배상책임보험에 대한 설명으로 올바르지 않은 것은?

① 손해에 대한 청구기간을 제한한다.
② 보험계약 체결 이후 발생한 사고가 대상이다.
③ 보험기간 내에 청구가 있어야 한다.
④ 보험담보의 모호성 내지 불확실성을 감소시킨다.

05 다음 보험계약의 법적 특성 중 '작성자불이익의 원칙'과 관계가 가장 깊은 것은?

① 부합계약

② 조건부계약

③ 불요식·낙성계약

④ 인적계약

06 다음 보험의 특성 중 타보험조항과 관계가 가장 깊은 것은?

① 손실의 집단화

② 실제 손실에 대한 보상

③ 리스크 분산

④ 리스크 전가

07 다음 중 보험계약의 법적 특성 가운데 하나인 조건부계약과 관계가 없는 것은?

① 보험약관의 설명의무
② 위험변경·증가의 통지의무
③ 보험사고발생의 통지의무
④ 손해방지의무

08 다음 중 역선택 감소 효과와 관계가 가장 깊은 것은?

① 경험요율
② 공동보험
③ 고지의무
④ 보험자대위

09 사고발생의 우연성이 결여되었기 때문에 보상에서 제외되는 손실(excluded losses)이 있다. 다음 중 이에 해당하지 않는 것은?

① 소모 및 마모
② 고유성질로 인한 손해
③ 운송물품에 생긴 흠집
④ 자연발화

10 다음 중 위태(hazard)와 거리가 가장 먼 것은?

① 어두운 계단
② 노후화된 전선
③ 소각장내 인화물질 보관
④ 환경오염

11 다음 중 손인(peril)에 해당하지 않는 것은?

① 소비자 기호 변화
② 흡연 습관
③ 전 쟁
④ 인플레이션

12 아래 가능최대손실(probable maximum loss ; PML)에 대한 설명에서 (　　) 안에 들어갈 단어 를 순서대로 바르게 나열한 것은?

> PML은 리스크관리자의 리스크회피도가 (　　), 손실 확률분포의 표준편차가 (　　) 커진다.

① 클수록, 클수록
② 클수록, 작을수록
③ 작을수록, 작을수록
④ 작을수록, 클수록

13 다음 중 도덕적 위태(moral hazard)에 해당하지 않는 것은?

① 보험금 수취 목적 방화

② 교통사고 유도

③ 건물의 부실 관리

④ 교통사고 상해 과장

14 다음 중 저빈도 – 고심도 리스크가 보험대상으로 적합한 이유와 거리가 가장 먼 것은?

① 보험료가 부담가능한 수준이어서

② 비용 효율성이 커서

③ 재무변동성 감소 효과가 커서

④ 예측 신뢰도가 높아서

15 다음 중 일반적으로 민영보험과 사회보험의 유사점에 해당하지 않는 것은?

① 리스크 전가
② 소득재분배 효과
③ 보험료 납부
④ 보험수리 적용

제2과목

16 다음 보험가능 리스크 요건 중 전염병 리스크가 충족시키기에 가장 어려운 것은?

① 다수의 리스크
② 우연한 손실
③ 한정적 손실
④ 동질적 리스크

17 다음 중 리스크에 대한 설명으로 올바르지 않은 것은?

① 통계적 측정 가능성을 기준으로 객관적 리스크와 주관적 리스크로 구분할 수 있다.

② 투기적 리스크의 특징은 손실가능성과 함께 이익가능성도 존재한다는 것이다.

③ 화산의 폭발, 지진 등은 동태적 리스크의 예이다.

④ 홍수, 폭설 등 자연재해는 순수리스크로 분류된다.

18 다음 중 언더라이팅(underwriting)의 기본원칙과 거리가 가장 먼 것은?

① 보험회사 고유의 언더라이팅 기준 준수

② 요율계층 내의 동질성 유지

③ 인수 리스크간의 형평성 유지

④ 보험판매의 적극적 유인 제공

19 아래 설명에서 안에 들어갈 보험종목을 순서대로 바르게 나열한 것은?

> 상법 제4편 보험의 규정은 당사자간의 특약으로 보험계약자 또는 피보험자나 보험수익자의 불이익으로 변경하지 못한다. 그러나 (   ) 및 (   ) 기타 이와 유사한 보험의 경우에는 그러하지 아니하다.

① 재보험, 해상보험
② 해상보험, 화재보험
③ 책임보험, 화재보험
④ 보증보험, 책임보험

20 아래 설명에서 (   ) 안에 들어갈 보험 관련자를 순서대로 바르게 나열한 것은?

> • 손해액의 산정에 관한 비용은 (   )의 부담으로 한다.
> • 보험증권을 멸실 또는 현저하게 훼손한 때는 보험계약자는 보험자에 대하여 증권의 재교부를 청구할 수 있다. 그 증권 작성의 비용은 (   )의 부담으로 한다.

① 보험자, 보험계약자
② 보험계약자, 보험자
③ 피보험자, 보험계약자
④ 보험자, 보험수익자

21 아래에서 책임보험계약의 성질에 속하는 것을 모두 고른 것은?

ⓐ 손해보험성	ⓑ 재산보험성
ⓒ 소극보험성	ⓓ 물건보험성

① ⓐ, ⓑ, ⓒ, ⓓ

② ⓐ, ⓒ

③ ⓑ, ⓒ

④ ⓐ, ⓑ, ⓒ

22 다음 중 피보험이익의 개념의 효용에 속하지 않는 것은?

① 보험자대위의 금지

② 초과보험 및 중복보험의 방지

③ 보험자 책임범위의 확정

④ 보험계약의 동일성을 구별하는 표준

23 다음 중 대재해 리스크로 인한 보험영업손실을 보전하기 위하여 손해보험회사가 적립하여야 하는 것은?

① 비상위험준비금
② 보험료적립금
③ 미경과보험료적립금
④ 책임준비금

24 다음 중 보험업법상 보험회사가 재무건전성을 유지하기 위하여 준수하여야 할 사항에 해당하지 않는 것은?

① 자본의 적정성에 관한 사항
② 자산의 건전성에 관한 사항
③ 사업비의 충분성에 관한 사항
④ 그 밖에 경영건전성 확보에 필요한 사항

25 다음 중 상법상 운송보험에 관한 설명으로 올바르지 않은 것은?

① 보험자는 다른 약정이 없으면 운송인이 운송물을 수령한 때로부터 운송물이 목적지에 도착할 때까지 생길 손해를 보상할 책임이 있다.

② 운송물의 도착으로 인하여 얻을 이익은 약정이 있는 때에 한하여 보험가액 중에 산입한다.

③ 보험계약은 다른 약정이 없으면 운송의 필요에 의하여 일시 운송을 중지한 경우에도 그 효력을 잃지 아니한다.

④ 보험사고가 수하인의 중대한 과실로 인하여 발생한 때에는 보험자는 이로 인하여 생긴 손해를 보상할 책임이 없다.

26 아래 신용보험 표준약관 제7조(변제 등의 충당순서) 제1항의 내용에서 [   ] 안에 들어 있는 항목을 순서대로 바르게 나열한 것은?

> 채무자가 변제한 금액 또는 보험회사의 담보권 행사·상계 또는 채권추심을 통해 회수한 금액이 채무자의 전체 채무 금액보다 적은 경우에는 [비용, 지급보험금(원금), 이자]의 순서로 충당하기로 한다.

① 비용, 지급보험금(원금), 이자

② 비용, 이자, 지급보험금(원금)

③ 지급보험금(원금), 비용, 이자

④ 지급보험금(원금), 이자, 비용

27 아래 주어진 조건에서 소멸성 공제(disappearing deductible) 방법을 적용한 보험자의 지급보험금은 얼마인가?(단, 보험자가 보상하는 사고에 의한 손실 발생이며, 주어진 조건 이외에 기타 사항은 고려하지 않음)

- 공제한도 : 50만원
  (단, 조정계수는 110%)
- 손실금액 : 600만원

---

① 545만원
② 550만원
③ 600만원
④ 605만원

28 다음 중 보험가입이 기업내 현금흐름의 사전적 개선효과를 가져오는 이유에 대한 설명으로 올바른 것은?

① 사업중단을 초래할 대규모 손실을 예방해 준다.
② 거액의 손실준비금 적립 필요성을 줄인다.
③ 공평한 비용 부과를 가능하게 한다.
④ 발생가능한 대규모 손실의 규모를 줄여준다.

29 다음 중 자동차시세하락손해를 보상하는 자동차보험 표준약관상의 보장종목은?

① 대인배상Ⅰ

② 자동차상해

③ 대물배상

④ 자기차량손해

30 다음 중 해상보험의 특성에 대한 설명으로 올바르지 않은 것은?

① 기업보험 성격이 짙다.

② 국제적 성격이 강하다.

③ 통상 미평가보험(unvalued policy)의 형태를 취한다.

④ 항해에 부수하는 육상에서의 위험도 담보한다.

31 선박 50척을 부보한 A 선주의 직전 보험기간 중의 기발생손해액이 3억원, 총보험료에서 차지하는 사업비율이 40%일 때 순보험료방식(pure premium method)으로 산출한 선박 1척당 총보험료는 얼마인가?(단, 선박 1척당 가액은 모두 동일하고, 영업이익률은 고려하지 않음)

① 360만원

② 600만원

③ 840만원

④ 1,000만원

32 고용보험법령상 적용 제외 근로자에 관한 아래 설명에서 (   ) 안에 들어갈 숫자를 순서대로 바르게 나열한 것은?

> 해당 사업에서 1개월간 소정근로시간이 (   )시간 미만인 근로자에게는 고용보험법을 적용하지 아니한다. 다만, 해당 사업에서 (   )개월 이상 계속하여 근로를 제공하는 근로자와 일용근로자는 법 적용 대상으로 한다.

① 15, 1

② 30, 1

③ 60, 3

④ 120, 3

33 아래에서 설명하는 재보험특약조항은?

> - 통상 배상책임보험 관련 초과손해액재보험(excess of loss reinsurance)특약에 적용함.
> - 보험기간 종료 후 일정 기간 이내에 발생한 사고 건에 대해 재보험자에게 통지할 것을 요구하고, 그 기간이 경과하면 재보험자의 책임이 존재하지 않음을 명시함.

① commutation clause

② sunset clause

③ counsel and concur clause

④ reports and remittance clause

34 다음 중 보험자의 구상권 행사에 대한 설명으로 올바르지 않은 것은?

① 보험자는 보험계약자의 동의가 없으면 구상권을 행사할 수 없다.

② 보험자의 구상권 행사로 손해율 경감 효과를 기대할 수 있다.

③ 보험자의 구상권 행사는 보험의 이득금지원칙을 실현하기 위한 것이다.

④ 보험자는 구상권 행사가 필요하지 않다고 판단하면 구상권 행사를 포기할 수 있다.

35 다음 중 비례재보험특약에서 특약출재기간이 종료된 경우에도 출재된 개별 원보험계약의 만기도래 또는 청산이 완전히 종결될 때까지 재보험자의 책임이 계속되는 재보험운영방식은?

① clean-cut 방식

② cut-off 방식

③ cut-through 방식

④ run-off 방식

제2과목

36 다음 중 일반적으로 'two-risk warranty'가 적용되는 재보험특약은?

① quota share reinsurance treaty

② surplus share reinsurance treaty

③ per risk excess of loss reinsurance treaty

④ per event excess of loss reinsurance treaty

37 다음 중 국민건강보험법 제53조(급여의 제한)상 보험급여의 제한 사유에 해당하지 않는 것은?

① 국외에 체류하는 경우
② 고의 또는 중대한 과실로 인한 범죄행위에 그 원인이 있는 경우
③ 고의 또는 중대한 과실로 공단이나 요양기관의 요양에 관한 지시에 따르지 아니한 경우
④ 업무 또는 공무로 생긴 질병·부상·재해로 다른 법령에 따른 보상 등을 받게 되는 경우

38 다음 중 quota share 재보험특약의 장점으로 올바르지 않은 것은?

① 과다 출재 가능성이 없다.
② 재보험 처리가 간편하다.
③ 출재수수료율이 높다.
④ 재보험 관리비용이 저렴하다.

39 다음 중 패키지보험(package insurance policy)의 부문별 담보위험에 해당하지 않는 것은?

① 기계위험담보(machinery breakdown cover)

② 사업복합형위험담보(business multi-line cover)

③ 배상책임위험담보(general liability cover)

④ 재산종합위험담보(property all risks cover)

40 아래는 기본형 실손의료보험(급여실손의료비) 표준약관 제3조(보험종목별 보상내용) (2) 질병급여 제4항의 내용 중 일부이다. (   ) 안에 들어갈 숫자를 순서대로 바르게 나열한 것은?(단, 종전 계약은 자동 갱신되지 않으며, 같은 보험회사의 보험상품에 재가입도 하지 않은 것으로 가정함)

> 피보험자가 통원하여 치료를 받던 중 보험계약이 종료되더라도 그 계속 중인 통원에 대해서는 보험계약 종료일 다음 날부터 (   )일 이내의 통원을 보상하며, 최대 (   )회 한도 내에서 보상한다.

① 30, 30

② 60, 30

③ 120, 60

④ 180, 90

시련은 기회가 될 수 있다.

- 류중일 -

제3과목

보험업법

Essential(에센셜)

Drill(드릴)

the Final(더 파이널)

Essential
(에센셜)

총 칙

1. 목적(제1조)

이 법은 보험업을 경영하는 자의 건전한 경영을 도모하고 보험계약자, 피보험자, 그 밖의 이해관계인'의 권익을 보호함으로써 보험업의 건전한 육성과 국민경제의 균형있는 발전에 기여함을 목적으로 한다.

2. 정의(제2조)

(1) 보험상품

위험보장을 목적으로 우연한 사건 발생에 관하여 금전 및 그 밖의 급여를 지급할 것을 약정하고 대가를 수수(授受)하는 계약(*대통령령으로 정하는 것은 제외)

① 생명보험상품

위험보장을 목적으로 사람의 생존 또는 사망에 관하여 약정한 금전 및 그 밖의 급여를 지급할 것을 약속하고 대가를 수수하는 계약으로서 대통령령으로 정하는 계약

② 손해보험상품

위험보장을 목적으로 우연한 사건(다목에 따른 질병·상해 및 간병은 제외한다)으로 발생하는 손해(계약상 채무불이행 또는 법령상 의무불이행으로 발생하는 손해를 포함한다)에 관하여 금전 및 그 밖의 급여를 지급할 것을 약속하고 대가를 수수하는 계약으로서 대통령령으로 정하는 계약

③ 제3보험상품

위험보장을 목적으로 사람의 질병·상해 또는 이에 따른 간병에 관하여 금전 및 그 밖의 급여를 지급할 것을 약속하고 대가를 수수하는 계약으로서 대통령령으로 정하는 계약

생명보험상품	1. 생명보험 계약	2. 연금보험계약(퇴직보험계약 포함)
손해보험상품	1. 화재보험계약	2. 해상보험계약(항공·운송보험계약 포함)
	3. 자동차보험계약	4. 보증보험계약
	5. 재보험계약	6. 책임보험계약
	7. 기술보험계약	8. 권리보험계약
	9. 도난보험계약	10. 유리보험계약
	11. 동물보험계약	12. 원자력보험계약
	13. 비용보험계약	14. 날씨보험계약
제3보험상품	1. 상해보험계약	
	2. 질병보험계약	
	3. 간병보험계약	

① 고용보험
② 건강보험
③ 국민연금
④ 장기요양보험
⑤ 산업재해보상보험
⑥ 선불식 할부계약

(2) 보험업

보험상품의 취급과 관련하여 발생하는 보험의 인수(引受), 보험료 수수 및 보험금 지급 등을 영업으로 하는 것으로서 생명보험업·손해보험업 및 제3보험업을 말한다.

① "생명보험업"이란 생명보험상품의 취급과 관련하여 발생하는 보험의 인수, 보험료 수수 및 보험금 지급 등을 영업으로 하는 것을 말한다.

② "손해보험업"이란 손해보험상품의 취급과 관련하여 발생하는 보험의 인수, 보험료 수수 및 보험금 지급 등을 영업으로 하는 것을 말한다.

③ "제3보험업"이란 제3보험상품의 취급과 관련하여 발생하는 보험의 인수, 보험료 수수 및 보험금 지급 등을 영업으로 하는 것을 말한다.

(3) 보험회사

① "보험회사"란 제4조에 따른 허가를 받아 보험업을 경영하는 자를 말한다.

② "상호회사"란 보험업을 경영할 목적으로 이 법에 따라 설립된 회사로서 보험계약자를 사원(社員)으로 하는 회사를 말한다.

③ "외국보험회사"란 대한민국 이외의 국가의 법령에 따라 설립되어 대한민국 이외의 국가에서 보험업을 경영하는 자를 말한다.

④ "자회사"란 보험회사가 다른 회사(「민법」 또는 특별법에 따른 조합을 포함한다)의 의결권 있는 발행주식(출자지분을 포함한다) 총수의 100분의 15를 초과하여 소유하는 경우의 그 다른 회사를 말한다.

⑤ "신용공여"란 대출 또는 유가증권의 매입(자금 지원적 성격인 것만 해당한다)이나 그 밖에 금융거래상의 신용위험이 따르는 보험회사의 직접적·간접적 거래로서 대통령령으로 정하는 바에 따라 금융위원회가 정하는 거래를 말한다.

⑥ "총자산"이란 재무상태표에 표시된 자산에서 영업권 등 대통령령으로 정하는 자산을 제외한 것을 말한다.

⑦ "자기자본"이란 납입자본금·자본잉여금·이익잉여금, 그 밖에 이에 준하는 것(자본조정은 제외한다)으로서 *대통령령으로 정하는 항목의 합계액에서 영업권, 그 밖에 이에 준하는 것으로서 **대통령령으로 정하는 항목의 합계액을 뺀 것을 말한다.

더 알아보기 * 대통령령으로 정하는 항목의 합계액
** 대통령령으로 정하는 항목의 합계액을 뺀 것(시행령 제4조)

자기자본을 산출할 때 합산하여야 할 항목 및 빼야할 항목은 다음 각 호의 기준에 따라 금융위원회가 정하여 고시한다.
- **합산하여야 할 항목** : 납입자본금, 자본잉여금 및 이익잉여금 등 보험회사의 자본충실에 기여하거나 영업활동에서 발생하는 손실을 보전할 수 있는 것
- **빼야 할 항목** : 영업권 등 실질적으로 자본 충실에 기여하지 아니하는 것

⑧ "동일차주"란 동일한 개인 또는 법인 및 이와 신용위험을 공유하는 자로서 ***대통령령으로 정하는 자를 말한다.

더 알아보기 *** 대통령령으로 정하는 자(시행령 제5조)

「독점규제 및 공정거래에 관한 법률」 제2조 제2호에 따른 기업집단에 속하는 회사를 말한다.

⑨ "대주주"란 「금융회사의 지배구조에 관한 법률」 제2조 제6호에 따른 주주를 말한다.
 ⓐ 최대주주 : 금융회사의의결권 있는 발행주식(출자지분을 포함한다) 총수를 기준으로 본인 및 그와 ****대통령령으로 정하는 특수한 관계가 있는 자(이하 "특수관계인"이라 한다)가 누구의 명의로 하든지 자기의 계산으로 소유하는 주식(그 주식과 관련된 증권예탁증권을 포함한다)을 합하여 그 수가 가장 많은 경우의 그 본인

더 알아보기 **** 대통령령으로 정하는 특수한 관계가 있는 자(금융회사의 지배구조에 관한 법률 시행령 제3조 제1항, 제2항)

① 법 제2조 제6호 가목에서 "대통령령으로 정하는 특수한 관계가 있는 자"란 본인과 다음 각 호의 어느 하나에 해당하는 관계가 있는 자(이하 "특수관계인"이라 한다)를 말한다.
1. 본인이 개인인 경우 : 다음 각 목의 어느 하나에 해당하는 자. 다만, 「독점규제 및 공정거래에 관한 법률 시행령」 제5조 제1항 제2호 가목에 따른 독립경영자 및 같은 목에 따라 공정거래위원회가 동일인관련자의 범위로부터 분리를 인정하는 자는 제외한다.
   가. 배우자(사실상의 혼인관계에 있는 사람을 포함한다)
   나. 6촌 이내의 혈족
   다. 4촌 이내의 인척
   라. 양자의 생가(生家)의 직계존속
   마. 양자 및 그 배우자와 양가(養家)의 직계비속
   바. 혼인 외의 출생자의 생모
   사. 본인의 금전이나 그 밖의 재산으로 생계를 유지하는 사람 및 생계를 함께 하는 사람
   아. 본인이 혼자서 또는 그와 가목부터 사목까지의 관계에 있는 자와 합하여 법인이나 단체에 100분의 30 이상을 출자하거나, 그 밖에 임원(업무집행책임자는 제외한다)의 임면 등 법인이나 단체의 중요한 경영사항에 대하여 사실상의 영향력을 행사하고 있는 경우에는 해당 법인 또는 단체와 그 임원(본인이 혼자서 또는 그와 가목부터 사목까지의 관계에 있는 자와 합하여 임원의 임면 등의 방법으로 그 법인 또는 단체의 중요한 경영사항에 대하여 사실상의 영향력을 행사하고 있지 아니함이 본인의 확인서 등을 통하여 확인되는 경우에 그 임원은 제외한다)

자. 본인이 혼자서 또는 그와 가목부터 아목까지의 관계에 있는 자와 합하여 법인이나 단체에 100분의 30 이상을 출자하거나, 그 밖에 임원의 임면 등 법인이나 단체의 중요한 경영사항에 대하여 사실상의 영향력을 행사하고 있는 경우에는 해당 법인 또는 단체와 그 임원(본인이 혼자서 또는 그와 가목부터 아목까지의 관계에 있는 자와 합하여 임원의 임면 등의 방법으로 그 법인 또는 단체의 중요한 경영사항에 대하여 사실상의 영향력을 행사하고 있지 아니함이 본인의 확인서 등을 통하여 확인되는 경우에 그 임원은 제외한다)

2. 본인이 법인이나 단체인 경우 : 다음 각 목의 어느 하나에 해당하는 자

가. 임 원

나. 「독점규제 및 공정거래에 관한 법률」에 따른 계열회사(이하 "계열회사"라 한다) 및 그 임원

다. 혼자서 또는 제1호 각 목의 관계에 있는 자와 합하여 본인에게 100분의 30 이상을 출자하거나, 그 밖에 임원의 임면 등 본인의 중요한 경영사항에 대하여 사실상의 영향력을 행사하고 있는 개인(그와 제1호 각 목의 관계에 있는 자를 포함한다) 또는 법인(계열회사는 제외한다), 단체와 그 임원

라. 본인이 혼자서 또는 본인과 가목부터 다목까지의 관계에 있는 자와 합하여 다른 법인이나 단체에 100분의 30 이상을 출자하거나, 그 밖에 임원의 임면 등 다른 법인이나 단체의 중요한 경영사항에 대하여 사실상의 영향력을 행사하고 있는 경우에는 해당 법인, 단체와 그 임원(본인이 임원의 임면 등의 방법으로 그 법인 또는 단체의 중요한 경영사항에 대하여 사실상의 영향력을 행사하고 있지 아니함이 본인의 확인서 등을 통하여 확인되는 경우에 그 임원은 제외한다)

② 제1항에도 불구하고 해당 금융회사가 「은행법」에 따른 은행(제2조 각 호에 해당하는 자를 포함한다. 이하 "은행"이라 한다), 「금융지주회사법」에 따른 금융지주회사(이하 "금융지주회사"라 한다)인 경우에는 다음 각 호의 구분에 따른 자를 특수관계인으로 한다.

1. 은행 : 「은행법 시행령」 제1조의4에 따른 특수관계인

2. 금융지주회사 : 「금융지주회사법 시행령」 제3조 제1항에 따른 특수관계인

3. 삭제 〈2017.10.17.〉

ⓑ 주요주주

• 누구의 명의로 하든지 자기의 계산으로 금융회사의 의결권 있는 발행주식 총수의 100분의 10이상의 주식(그 주식과 관련된 증권예탁증권 포함)을 소유한 자

• 임원(업무집행책임자 제외)의 임면(任免) 등의 방법으로 금융회사의 중요한 경영사항에 대하여 사실상의 영향력을 행사하는 주주로서 *****대통령령으로 정하는 자

더 알아보기 ***** 대통령령으로 정하는 자(금융회사의 지배구조에 관한 법률 시행령 제4조)

1. 혼자서 또는 다른 주주와의 합의·계약 등에 따라 대표이사 또는 이사의 과반수를 선임한 주주

2. 다음 각 목의 구분에 따른 주주

가. 금융회사가 「자본시장과 금융투자업에 관한 법률」 제8조 제1항에 따른 금융투자업자(겸영금융투자업자는 제외하며 이하 "금융투자업자"라 한다)인 경우 : 다음의 구분에 따른 주주

1) 금융투자업자가 「자본시장과 금융투자업에 관한 법률」에 따른 투자자문업, 투자일임업, 집합투자업, 집합투자증권에 한정된 투자매매업·투자중개업 또는 온라인소액투자중개업 외의 다른 금융투자업을 겸영하지 아니하는 경우 : 임원(「상법」 제401조의2 제1항 각 호의 자를 포함한다)인 주주로서 의결권 있는 발행주식 총수의 100분의 5 이상을 소유하는 사람

(4) 모 집

보험계약의 체결을 중개하거나 대리하는 것을 말한다.

① "보험설계사"란 보험회사·보험대리점 또는 보험중개사에 소속되어 보험계약의 체결을 중개하는 자[법인이 아닌 사단(社團)과 재단을 포함한다]로서 제84조에 따라 등록된 자를 말한다.

② "보험대리점"이란 보험회사를 위하여 보험계약의 체결을 대리하는 자(법인이 아닌 사단과 재단을 포함한다)로서 제87조에 따라 등록된 자를 말한다.

③ "보험중개사"란 독립적으로 보험계약의 체결을 중개하는 자(법인이 아닌 사단과 재단을 포함한다)로서 제89조에 따라 등록된 자를 말한다.

(5) 보험계약자

① 전문보험계약자 : 보험계약에 관한 전문성, 자산규모 등에 비추어 보험계약의 내용을 이해하고 이행할 능력이 있는 자로서 다음 각 목의 어느 하나에 해당하는 자를 말한다.

ⓐ 국 가

ⓑ 한국은행

ⓒ 주권상장법인

ⓓ *대통령령으로 정하는 금융기관

ⓔ **대통령령으로 정하는 자

더 알아보기 | * 대통령령으로 정하는 금융기관(시행령 제6조의2 제2항)

② 법 제2조 제19호 다목에서 "대통령령으로 정하는 금융기관"이란 다음 각 호의 금융기관을 말한다.

1. 보험회사
2. 「금융지주회사법」에 따른 금융지주회사
3. 「농업협동조합법」에 따른 농업협동조합중앙회
4. 「산림조합법」에 따른 산림조합중앙회
5. 「상호저축은행법」에 따른 상호저축은행 및 그 중앙회
6. 「새마을금고법」에 따른 새마을금고연합회
7. 「수산업협동조합법」에 따른 수산업협동조합중앙회
8. 「신용협동조합법」에 따른 신용협동조합중앙회
9. 「여신전문금융업법」에 따른 여신전문금융회사
10. 「은행법」에 따른 은행

11. 「자본시장과 금융투자업에 관한 법률」에 따른 금융투자업자(같은 법 제22조에 따른 겸영금융투자업자는 제외한다), 증권금융회사, 종합금융회사 및 자금중개회사
12. 「중소기업은행법」에 따른 중소기업은행
13. 「한국산업은행법」에 따른 한국산업은행
14. 「한국수출입은행법」에 따른 한국수출입은행
15. 제1호부터 제14호까지의 기관에 준하는 외국금융기관

더 알아보기 　**＊＊ 대통령령으로 정하는 자(시행령 제6조의2 제3항)**

③ 법 제2조 제19호 마목에서 "대통령령으로 정하는 자"란 다음 각 호의 자를 말한다.
1. 지방자치단체
2. 법 제83조에 따라 모집을 할 수 있는 자
3. 법 제175조에 따른 보험협회, 법 제176조에 따른 보험요율 산출기관 및 법 제178조에 따른 보험관계단체
4. 「한국자산관리공사 설립 등에 관한 법률」에 따른 한국자산관리공사
5. 「금융위원회의 설치 등에 관한 법률」에 따른 금융감독원(이하 "금융감독원"이라 한다)
6. 「예금자보호법」에 따른 예금보험공사 및 정리금융회사
7. 「자본시장과 금융투자업에 관한 법률」에 따른 한국예탁결제원 및 같은 법 제373조의2에 따라 허가를 받은 거래소(이하 "거래소"라 한다)
8. 「자본시장과 금융투자업에 관한 법률」에 따른 집합투자기구. 다만, 금융위원회가 정하여 고시하는 집합투자기구는 제외한다.
9. 「한국주택금융공사법」에 따른 한국주택금융공사
10. 「한국투자공사법」에 따른 한국투자공사
11. 삭제 〈2014.12.30.〉
12. 「기술보증기금법」에 따른 기술보증기금
13. 「신용보증기금법」에 따른 신용보증기금
14. 법률에 따라 공제사업을 하는 법인
15. 법률에 따라 설립된 기금(제12호와 제13호에 따른 기금은 제외한다) 및 그 기금을 관리·운용하는 법인
16. 해외 증권시장에 상장된 주권을 발행한 국내법인
17. 다음 각 목의 어느 하나에 해당하는 외국인
　　가. 외국 정부
　　나. 조약에 따라 설립된 국제기구
　　다. 외국 중앙은행
　　라. 제1호부터 제15호까지 및 제18호의 자에 준하는 외국인
18. 그 밖에 보험계약에 관한 전문성, 자산규모 등에 비추어 보험계약의 내용을 이해하고 이행할 능력이 있는 자로서 금융위원회가 정하여 고시하는 자

② 일반보험계약자

    ⓐ 전문보험계약자가 아닌 보험계약자

    ⓑ 전문보험계약자 중 ***대통령령으로 정하는 자가 일반보험계약자와 같은 대우를 받겠다는 의사를 보험회사에 서면으로 통지하는 경우 보험회사는 정당한 사유가 없으면 이에 동의하여야 하며, 보험회사가 동의한 경우에는 해당 보험계약자는 일반보험계약자로 본다.

> **더 알아보기**   *** 대통령령으로 정하는 자(시행령 제6조의2 제1항)
>
> ① 법 제2조 제19호 각 목 외의 부분 단서에서 "대통령령으로 정하는 자"란 다음 각 호의 자를 말한다.
>   1. 지방자치단체
>   2. 주권상장법인
>   3. 대통령령으로 정하는 금융기관에 준하는 외국금융기관
>   4. 법률에 따라 설립된 기금(기술신용보증기금과 신용보증기금에 따른 기금은 제외한다) 및 그 기금을 관리·운용하는 법인)
>   5. 해외 증권시장에 상장된 주권을 발행한 국내법인
>   6. 그 밖에 보험계약에 관한 전문성, 자산규모 등에 비추어 보험계약의 내용을 이해하고 이행할 능력이 있는 자로서 금융위원회가 정하여 고시하는 자

3. 보험계약의 체결(제3조)

누구든지 보험회사가 아닌 자와 보험계약을 체결하거나 중개 또는 대리하지 못한다. 다만, *대통령령으로 정하는 경우에는 그러하지 아니하다.

> **더 알아보기**   * 대통령령으로 정하는 경우[시행령 제7조 제1항, 제2항(보험회사가 아닌 자와 보험계약을 체결할 수 있는 경우)]
>
> ① 법 제3조 단서에 따라 보험회사가 아닌 자와 보험계약을 체결할 수 있는 경우는 다음 각 호의 어느 하나에 해당하는 경우로 한다.
>   1. 외국보험회사와 생명보험계약, 수출적하보험계약, 수입적하보험계약, 항공보험계약, 여행보험계약, 선박보험계약, 장기상해보험계약 또는 재보험계약을 체결하는 경우
>   2. 제1호 외의 경우로서 대한민국에서 취급되는 보험종목에 관하여 셋 이상의 보험회사로부터 가입이 거절되어 외국보험회사와 보험계약을 체결하는 경우
>   3. 대한민국에서 취급되지 아니하는 보험종목에 관하여 외국보험회사와 보험계약을 체결하는 경우
>   4. 외국에서 보험계약을 체결하고, 보험기간이 지나기 전에 대한민국에서 그 계약을 지속시키는 경우
>   5. 제1호부터 제4호까지 외에 보험회사와 보험계약을 체결하기 곤란한 경우로서 금융위원회의 승인을 받은 경우
> ② 제1항 제1호부터 제3호까지에 따라 체결할 수 있는 보험계약의 확인방법 및 외국보험회사의 대한민국에서의 보험계약의 체결 또는 모집방법 등에 관하여 필요한 사항은 금융위원회가 정하여 고시한다.

보험업의 허가 등

1. 허 가

(1) 보험업의 허가(제4조)

① 보험업을 경영하려는 자는 다음 각 호에서 정하는 보험종목별로 금융위원회의 허가를 받아야 한다.

생명보험업	1. 생명보험 2. 연금보험(퇴직보험 포함) 3. 그 밖에 대통령령으로 정하는 보험종목
손해보험업	1. 화재보험계약 2. 해상보험(항공 · 운송보험 포함) 3. 자동차보험 4. 보증보험 5. 재보험 6. 책임보험 7. 기술보험 8. 권리보험 9. 도난 · 유리 · 동물 · 원자력 보험 10. 비용보험 11. 날씨보험 12. 그 밖에 대통령령으로 정하는 보험종목
제3보험업	1. 상해보험 2. 질병보험 3. 간병보험 4. 그 밖에 대통령령으로 정하는 보험종목

② 제1항에 따른 허가를 받은 자는 해당 보험종목의 재보험에 대한 허가를 받은 것으로 본다. 다만, 제9조 제2항 제2호의 보험회사는 그러하지 아니하다.

③ 생명보험업이나 손해보험업에 해당하는 보험종목의 전부(제1항 제2호 라목에 따른 보증보험 및 같은 호 마목에 따른 재보험은 제외한다)에 관하여 제1항에 따른 허가를 받은 자는 제3보험 업에 해당하는 보험종목에 대한 허가를 받은 것으로 본다.

④ 생명보험업 또는 손해보험업에 해당하는 보험종목의 전부(제1항 제2호 라목에 따른 보증보험 및 같은 호 마목에 따른 재보험은 제외한다)에 관하여 제1항에 따른 허가를 받은 자는 경제질 서의 건전성을 해친 사실이 없으면 해당 생명보험업 또는 손해보험업의 종목으로 신설되는 보험종목에 대한 허가를 받은 것으로 본다.

⑤ 제3보험업에 관하여 제1항에 따른 허가를 받은 자는 제10조 제3호에 따른 보험종목을 취급할 수 있다.

⑥ 보험업의 허가를 받을 수 있는 자는 주식회사, 상호회사 및 외국보험회사로 제한하며, 제1항 에 따라 허가를 받은 외국보험회사의 국내지점(이하 "외국보험회사국내지점"이라 한다)은 이 법에 따른 보험회사로 본다.

⑦ 금융위원회는 제1항에 따른 허가에 조건을 붙일 수 있다.

⑧ 제7항에 따라 조건이 붙은 보험업 허가를 받은 자는 사정의 변경, 그 밖의 정당한 사유가 있는 경우에는 금융위원회에 그 조건의 취소 또는 변경을 신청할 수 있다. 이 경우 금융위원회는 2개월 이내에 조건의 취소 또는 변경 여부를 결정하고, 그 결과를 지체 없이 신청인에게 문서로 알려야 한다.

(2) 허가신청서 등의 제출(제5조)

① 허가를 받으려는 자는 신청서에 다음 각 호의 서류를 첨부하여 금융위원회에 제출하여야 한다. 다만, 보험회사가 취급하는 보험종목을 추가하려는 경우에는 ⓐ의 서류는 제출하지 아니할 수 있다.

ⓐ 정관

ⓑ 업무 시작 후 3년 간의 사업계획서(추정재무제표를 포함한다)

ⓒ 경영하려는 보험업의 보험종목별 사업방법서, 보험약관, 보험료 및 해약환급금의 산출방법서(이하 "기초서류"라 한다) 중 대통령령으로 정하는 서류(보험종목별 사업방법서)

ⓓ 제1호부터 제3호까지의 규정에 따른 서류 이외에 *대통령령으로 정하는 서류

더 알아보기 ┃ * 대통령령으로 정하는 서류(시행령 제9조 제3항 ~ 제5항)

③ 법 제5조 제4호에서 "대통령령으로 정하는 서류"란 다음 각 호의 구분에 따른 서류를 말한다. 이 경우 금융위원회는 「전자정부법」 제36조 제1항 또는 제2항에 따른 행정정보의 공동이용을 통하여 회사의 법인 등기사항증명서(외국보험회사를 제외한 주식회사 또는 상호회사의 경우만 해당한다)를 확인해야 한다.

1. 외국보험회사를 제외한 주식회사 또는 상호회사의 경우에는 다음 각 목의 서류. 다만, 취급하는 보험종목을 추가하려는 경우에는 가목부터 다목까지의 서류를 제출하지 아니할 수 있다.

   가. 발기인회의의 의사록

   나. 임원 및 발기인의 이력서 및 경력증명서

   다. 합작계약서(외국기업과 합작하여 보험업을 하려는 경우만 해당한다)

   라. 법 제9조 제1항 및 제2항에 따른 자본금 또는 기금의 납입을 증명하는 서류

   마. 재무제표와 그 부속서류

   바. 주주(상호회사의 경우에는 사원)의 성명 또는 명칭과 소유 주식수(상호회사의 경우에는 출자지분)를 적은 서류

   사. 그 밖에 법 또는 이 영에 따른 허가 요건의 심사에 필요한 서류로서 총리령으로 정하는 서류

2. 외국보험회사의 경우에는 다음 각 목의 서류. 다만, 취급하는 보험종목을 추가하려는 경우에는 나목, 라목 및 마목의 서류를 제출하지 않을 수 있다.

   가. 외국보험회사의 본점이 적법한 보험업을 경영하고 있음을 증명하는 해당 외국보험회사가 속한 국가의 권한 있는 기관의 증명서

   나. 대한민국에서 외국보험회사를 대표하는 자(이하 이 호에서 "대표자"라 한다)의 대표권을 증명하는 서류

   다. 외국보험회사 본점의 최근 3년 간의 재무상태표와 포괄손익계산서

   라. 법 제9조 제3항에 따른 영업기금의 납입을 증명하는 서류

   마. 대표자의 이력서 및 경력증명서

   바. 재무제표와 그 부속서류

   사. 그 밖에 법 또는 이 영에 따른 허가 요건의 심사에 필요한 서류로서 총리령으로 정하는 서류

④ 금융위원회는 법 제5조에 따른 허가신청을 받았을 때에는 2개월(법 제7조에 따라 예비허가를 받은 경우에는 1개월) 이내에 이를 심사하여 신청인에게 허가여부를 통지해야 한다.
⑤ 제4항에 따른 통지기간을 산정할 때 다음 각 호의 구분에 따른 기간은 통지기간에 산입(算入)하지 않는다.
1. 법 제4조 제1항에 따라 보험업의 허가를 받으려는 자 또는 그 허가를 받으려는 자의 대주주(법 제6조 제1항 제4호에 따른 대주주를 말한다)를 상대로 형사소송 절차가 진행되고 있거나 금융위원회, 공정거래위원회, 국세청, 검찰청 또는 금융감독원 등에서 조사·검사 등의 절차가 진행되고 있고, 소송이나 조사·검사 등의 내용이 법 제4조 제1항에 따른 허가에 중대한 영향을 미칠 수 있다고 인정되는 경우 : 그 소송이나 조사·검사 등과 관련하여 금융위원회가 정하여 고시하는 기간
2. 법 제5조에 따라 제출된 허가신청서 및 첨부서류의 흠결에 대하여 보완을 요구한 경우: 그 보완기간
3. 법 제6조에 따른 허가요건을 갖추었는지 확인하기 위하여 다른 기관 등에 필요한 자료를 요청한 경우 : 그 자료를 제공받는 데에 걸리는 기간
4. 그 밖에 법 제6조에 따른 허가요건의 심사를 진행하기 곤란하다고 인정되는 경우 : 금융위원회가 정하여 고시하는 기간

② 법 제5조에 따라 보험업의 허가를 신청하는 자는 금융위원회에 제출하는 신청서에 다음 각 호의 사항을 적어야 한다.
ⓐ 상 호
ⓑ 주된 사무소의 소재지
ⓒ 대표자 및 임원의 성명·주민등록번호 및 주소
ⓓ 자본금 또는 기금에 관한 사항
ⓔ 시설, 설비 및 인력에 관한 사항
ⓕ 허가를 받으려는 보험종목
③ 금융위원회는 법 제5조에 따른 허가신청을 받았을 때에는 2개월(법 제7조에 따라 예비허가를 받은 경우에는 1개월) 이내에 이를 심사하여 신청인에게 허가 여부를 통지하여야 한다. 다만, 신청서류의 보완 또는 실지조사에 걸린 기간은 통지기간에 산입(算入)하지 아니한다.

(3) 허가의 요건 등(제6조)

① 보험업의 허가를 받으려는 자(외국보험회사 및 제3항에 따라 보험종목을 추가하려는 보험회사는 제외한다)는 다음 각 호의 요건을 갖추어야 한다.
ⓐ 제9조 제1항 및 제2항에 따른 자본금 또는 기금을 보유할 것(후술)
ⓑ 보험계약자를 보호할 수 있고 그 경영하려는 보험업을 수행하기 위하여 필요한 전문 인력과 전산설비 등 물적(物的) 시설을 충분히 갖추고 있을 것. 이 경우 *대통령령으로 정하는 바에 따라 업무의 일부를 외부에 위탁하는 경우에는 그 위탁한 업무와 관련된 전문 인력과 물적 시설을 갖춘 것으로 본다.

＊ 대통령령으로 정하는 바(시행령 제10조 제1항, 제2항)

① 법 제6조 제1항 제2호에 따라 보험업의 허가를 받으려는 자가 갖추어야 하는 전문 인력 및 물적 시설의 세부 요건은 다음 각 호와 같다.
　1. 임원이 「금융회사의 지배구조에 관한 법률」 제5조 제1항에 따른 임원의 결격사유에 해당되지 아니하여야 하며, 허가를 받으려는 보험업에 관한 전문성과 건전성을 갖춘 보험 전문인력과 보험회사의 업무 수행을 위한 전산요원 등 필요한 인력을 갖출 것
　2. 허가를 받으려는 보험업을 경영하는 데에 필요한 전산설비를 구축하고 사무실 등 공간을 충분히 확보할 것
② 보험업의 허가를 받으려는 자가 다음 각 호의 어느 하나에 해당하는 업무를 외부에 위탁하는 경우에는 법 제6조 제1항 제2호 후단에 따라 그 업무와 관련된 전문 인력과 물적 시설을 갖춘 것으로 본다.
　1. 손해사정업무
　2. 보험계약 심사를 위한 조사업무
　3. 보험금 지급심사를 위한 보험사고 조사업무
　4. 전산설비의 개발·운영 및 유지·보수에 관한 업무
　5. 정보처리 업무

　　ⓒ 사업계획이 타당하고 건전할 것

시행령 제10조　③ 사업계획은 다음 각 호의 요건을 모두 충족하여야 한다.
　1. 사업계획이 지속적인 영업을 수행하기에 적합하고 추정재무제표 및 수익 전망이 사업계획에 비추어 타당성이 있을 것
　2. 사업계획을 추진하는데 드는 자본 등 자금의 조달방법이 적절할 것
　3. 사업방법서가 보험계약자를 보호하기에 적절한 내용일 것

　　ⓓ 대주주(최대주주의 특수관계인인 주주를 포함한다)가 「금융회사의 지배구조에 관한 법률」 제5조 제1항 각 호의 어느 하나에 해당하지 아니하고, 충분한 출자능력과 건전한 재무상태를 갖추고 있으며, 건전한 경제 질서를 해친 사실이 없을 것
② 보험업의 허가를 받으려는 외국보험회사는 다음 각 호의 요건을 갖추어야 한다.
　　ⓐ 제9조 제3항에 따른 영업기금을 보유할 것(후술)
　　ⓑ 국내에서 경영하려는 보험업과 같은 보험업을 외국 법령에 따라 경영하고 있을 것
　　ⓒ 자산상황·재무건전성 및 영업건전성이 국내에서 보험업을 경영하기에 충분하고, 국제적으로 인정받고 있을 것
　　ⓓ 제1항 제2호 및 제3호의 요건을 갖출 것(인력, 시설, 사업계획의 타당 건전)
③ 보험종목을 추가하여 허가를 받으려는 보험회사는 다음 각 호의 요건을 갖추어야 한다.
　　ⓐ 제1항 또는 제2항의 요건을 충족할 것(다만, 제1항 제4호의 허가 요건은 같은 호에도 불구하고 대통령령으로 정하는 완화된 요건을 적용한다)
　　ⓑ 대통령령으로 정하는 건전한 재무상태와 사회적 신용을 갖출 것

> **시행령 제10조**　⑥ "대통령령으로 정하는 건전한 재무상태와 사회적 신용"이란 다음 각 호의 구분에 따른 사항을 말한다.
> 1. 건전한 재무상태 : 보험회사의 보험금 지급능력과 경영건전성을 확보하기 위한 것으로서 금융위원회가 정하여 고시하는 재무건전성 기준을 충족할 수 있는 상태
> 2. 사회적 신용 : 다음 각 목의 요건을 모두 충족할 것. 다만, 그 위반 등의 정도가 경미하다고 인정되는 경우는 제외한다.
>   가. 최근 3년간 「금융회사의 지배구조에 관한 법률 시행령」 제5조에 따른 법령(이하 "금융관련법령"이라 한다), 「독점규제 및 공정거래에 관한 법률」 및 「조세범 처벌법」을 위반하여 벌금형 이상에 상당하는 형사처벌을 받은 사실이 없을 것
>   나. 최근 3년간 채무불이행 등으로 건전한 신용질서를 해친 사실이 없을 것
>   다. 「금융산업의 구조개선에 관한 법률」에 따라 부실금융기관으로 지정되거나 금융관련법령에 따라 허가·인가 또는 등록이 취소된 자가 아닐 것. 다만, 법원의 판결에 따라 부실책임이 없다고 인정된 자 또는 부실에 따른 경제적 책임을 부담하는 등 금융위원회가 정하여 고시하는 기준에 해당하는 자는 제외한다.
>   라. 「금융회사의 지배구조에 관한 법률」 제2조 제7호에 따른 금융관계법령에 따라 금융위원회, 외국 금융감독기관 등으로부터 지점이나 그 밖의 영업소의 폐쇄 또는 그 업무의 전부나 일부의 정지 이상의 조치를 받은 후 다음 구분에 따른 기간이 지났을 것
>   1) 업무의 전부정지 : 업무정지가 끝난 날부터 3년
>   2) 업무의 일부정지 : 업무정지가 끝난 날부터 2년
>   3) 지점이나 그 밖의 영업소의 폐쇄 또는 그 업무의 전부나 일부의 정지 : 해당 조치를 받은 날부터 1년

④ 허가유지

보험회사는 제1항 제2호의 요건을 대통령령으로 정하는 바에 따라 보험업의 허가를 받은 이후에도 계속하여 유지하여야 한다. 다만, 보험회사의 경영건전성을 확보하고 보험가입자 등의 이익을 보호하기 위하여 **대통령령으로 정하는 경우로서 금융위원회의 승인을 받은 경우에는 그러하지 아니하다.

더 알아보기　　** 대통령령으로 정하는 경우(시행령 제10조 제8항)

보험계약자의 이익 보호에 지장을 주지 아니하고 해당 보험회사의 경영효율성 향상 등을 위하여 불가피한 경우로서 다음 각 호의 요건을 모두 충족하는 경우를 말한다.
1. 개인정보 보호에 차질이 없을 것
2. 보험서비스 제공의 지연 등으로 인한 민원 발생의 우려가 없을 것
3. 보험계약과 관련한 신뢰성 있는 보험통계를 제때에 산출할 수 있을 것
4. 해당 보험회사에 대한 감독·검사 업무의 수행에 지장을 주지 아니할 것

---

⑤ 제1항부터 제4항까지의 규정에 따른 허가, 승인의 세부 요건에 관하여 필요한 사항은 대통령령으로 정한다.

(4) 예비허가(제7조)

① 제4조에 따른 허가(이하 "본허가"라 한다)를 신청하려는 자는 미리 금융위원회에 예비허가를 신청할 수 있다.

② 제1항에 따른 신청을 받은 금융위원회는 2개월 이내에 심사하여 예비허가 여부를 통지하여야 한다. 다만, 총리령으로 정하는 바에 따라 그 기간을 연장할 수 있다.

③ 금융위원회는 제2항에 따른 예비허가에 조건을 붙일 수 있다.

④ 금융위원회는 예비허가를 받은 자가 제3항에 따른 예비허가의 조건을 이행한 후 본허가를 신청하면 허가하여야 한다.

⑤ 예비허가의 기준과 그 밖에 예비허가에 관하여 필요한 사항은 총리령으로 정한다.

(5) 상호 또는 명칭(제8조)

① 보험회사는 그 상호 또는 명칭 중에 주로 경영하는 보험업의 종류를 표시하여야 한다.

② 보험회사가 아닌 자는 그 상호 또는 명칭 중에 보험회사임을 표시하는 글자를 포함하여서는 아니 된다.

(6) 자본금 또는 기금(제9조)

① 보험회사는 300억원 이상의 자본금 또는 기금을 납입함으로써 보험업을 시작할 수 있다. 다만, 보험회사가 제4조 제1항에 따른 보험종목의 일부만을 취급하려는 경우에는 50억원 이상의 범위에서 *대통령령으로 자본금 또는 기금의 액수를 다르게 정할 수 있다.

더 알아보기   *** 대통령령(시행령 제12조)**

① 보험종목의 일부만을 취급하려는 보험회사가 납입하여야 하는 보험종목별 자본금 또는 기금의 액수는 다음 각 호의 구분에 따른다.
1. 생명보험 : 200억원
2. 연금보험(퇴직보험을 포함한다) : 200억원
3. 화재보험 : 100억원
4. 해상보험(항공·운송보험을 포함한다) : 150억원
5. 자동차보험 : 200억원
6. 보증보험 : 300억원
7. 재보험 : 300억원
8. 책임보험 : 100억원
9. 기술보험 : 50억원
10. 권리보험 : 50억원
11. 상해보험 : 100억원
12. 질병보험 : 100억원
13. 간병보험 : 100억원
14. 제1호부터 제13호까지 외의 보험종목 : 50억원

② 제1항 제7호는 재보험을 전업(專業)으로 하려는 보험회사에 한정하여 적용한다. 다만, 취급하고 있는 보험종목에 대한 재보험을 하려는 경우에는 그러하지 아니하다.

③ 보험회사가 제1항 각 호의 보험종목 중 둘 이상의 보험종목을 취급하려는 경우에는 제1항 각 호의 구분에 따른 금액의 합계액을 자본금 또는 기금으로 한다. 다만, 그 합계액이 300억원 이상인 경우에는 300억원으로 한다.

---

② 제1항에도 불구하고 모집수단 또는 모집상품의 종류·규모 등이 한정된 보험회사로서 다음 각 호의 어느 하나에 해당하는 보험회사는 다음 각 호의 구분에 따른 금액 이상의 자본금 또는 기금을 납입함으로써 보험업을 시작할 수 있다.

ⓐ 전화·우편·컴퓨터통신 등 통신수단을 이용하여 **대통령령으로 정하는 바에 따라 모집을 하는 보험회사(제2호에 따른 소액단기전문보험회사는 제외한다) : 제1항에 따른 자본금 또는 기금의 3분의 2에 상당하는 금액

ⓑ 모집할 수 있는 보험상품의 종류, 보험기간, 보험금의 상한액, 연간 총보험료 상한액 등 대통령령으로 정하는 기준을 충족하는 소액단기전문보험회사 : 10억원 이상의 범위에서 대통령령으로 정하는 금액

더 알아보기 | **** 대통령령으로 정하는 바에 따라 모집을 하는 보험회사[시행령 제13조(통신판매전문보험회사)]**

① 법 제9조 제2항 제1호에서 "대통령령으로 정하는 바에 따라 모집을 하는 보험회사"란 총보험계약건수 및 수입보험료의 100분의 90 이상을 전화, 우편, 컴퓨터통신 등 통신수단을 이용하여 모집하는 보험회사(이하 "통신판매전문보험회사"라 한다)를 말한다.
② 통신판매전문보험회사가 제1항에 따른 모집비율을 위반한 경우에는 그 비율을 충족할 때까지 제1항에 따른 통신수단 외의 방법으로 모집할 수 없다.
③ 모집비율의 산정기준 등 통신수단을 이용한 모집에 필요한 사항은 금융위원회가 정하여 고시한다.

---

③ 외국보험회사가 대한민국에서 보험업을 경영하려는 경우에는 대통령령으로 정하는 영업기금을 제1항 또는 제2항의 자본금 또는 기금으로 본다.

(7) 보험업 겸영의 제한(제10조)

보험회사는 생명보험업과 손해보험업을 겸영(兼營)하지 못한다. 다만, 다음 각 호의 어느 하나에 해당하는 보험종목은 그러하지 아니하다.

① 생명보험의 재보험 및 제3보험의 재보험
② 다른 법령에 따라 겸영할 수 있는 보험종목으로서 대통령령으로 정하는 보험종목

> **시행령 제15조**　① 법 제10조 제2호에서 "대통령령으로 정하는 보험종목"이란 다음 각 호의 보험을 말한다. 다만, 법 제4조 제1항 제2호에 따른 손해보험업의 보험종목(재보험과 보증보험은 제외한다. 이하 이 조에서 같다) 일부만을 취급하는 보험회사와 제3보험업만을 경영하는 보험회사는 겸영할 수 없다.
> 1. 「소득세법」 제20조의3 제1항 제2호 각 목 외의 부분에 따른 연금저축계좌를 설정하는 계약
> 2. 「근로자퇴직급여 보장법」 제29조 제2항에 따른 보험계약 및 법률 제10967호 「근로자퇴직 급여 보장법」 전부개정법률 부칙 제2조 제1항 본문에 따른 퇴직보험계약

③ 대통령령으로 정하는 기준에 따라 제3보험의 보험종목에 부가되는 보험

> **시행령 제15조**　② 법 제10조 제3호에서 "대통령령으로 정하는 기준에 따라 제3보험의 보험종목에 부가되는 보험"이란 질병을 원인으로 하는 사망을 제3보험의 특약 형식으로 담보하는 보험으로서 다음 각 호의 요건을 충족하는 보험을 말한다.
> 1. 보험만기는 80세 이하일 것
> 2. 보험금액의 한도는 개인당 2억원 이내일 것
> 3. 만기 시에 지급하는 환급금은 납입보험료 합계액의 범위 내일 것

(8) 보험회사의 겸영업무(제11조)

보험회사는 경영건전성을 해치거나 보험계약자 보호 및 건전한 거래질서를 해칠 우려가 없는 금융업무로서 다음 각 호에 규정된 업무를 할 수 있다. 이 경우 보험회사는 ① 또는 ③의 업무를 하려면 그 업무를 시작하려는 날의 7일 전까지 금융위원회에 신고하여야 한다.

① 대통령령으로 정하는 금융 관련 법령에서 정하고 있는 금융업무로서 해당 법령에서 보험회사가 할 수 있도록 한 업무

시행령 제16조 ① 법 제11조 제1호에서 "대통령령으로 정하는 금융 관련 법령에서 정하고 있는 금융업무"란 다음 각 호의 어느 하나에 해당하는 업무를 말한다.

1. 「자산유동화에 관한 법률」에 따른 유동화자산의 관리업무
2. 삭제 〈2023.5.16.〉
3. 「한국주택금융공사법」에 따른 채권유동화자산의 관리업무
4. 「전자금융거래법」 제28조 제2항 제1호에 따른 전자금융이체업무[같은 법 제2조 제6호에 따른 결제중계시스템(이하 "결제중계시스템"이라 한다)의 참가기관으로서 하는 전자금융이체업무와 보험회사의 전자금융이체업무에 따른 자금정산 및 결제를 위하여 결제중계시스템에 참가하는 기관을 거치는 방식의 전자금융이체업무는 제외한다]
5. 「신용정보의 이용 및 보호에 관한 법률」에 따른 본인신용정보관리업

② 대통령령으로 정하는 금융업으로서 해당 법령에 따라 인가·허가·등록 등이 필요한 금융업무

시행령 제16조 ② 법 제11조 제2호에서 "대통령령으로 정하는 금융업"이란 다음 각 호의 업무를 말한다.

1. 「자본시장과 금융투자업에 관한 법률」 제6조 제4항에 따른 집합투자업
2. 「자본시장과 금융투자업에 관한 법률」 제6조 제6항에 따른 투자자문업
3. 「자본시장과 금융투자업에 관한 법률」 제6조 제7항에 따른 투자일임업
4. 「자본시장과 금융투자업에 관한 법률」 제6조 제8항에 따른 신탁업
5. 「자본시장과 금융투자업에 관한 법률」 제9조 제21항에 따른 집합투자증권에 대한 투자매매업
6. 「자본시장과 금융투자업에 관한 법률」 제9조 제21항에 따른 집합투자증권에 대한 투자중개업
7. 「외국환거래법」 제3조 제16호에 따른 외국환업무
8. 「근로자퇴직급여 보장법」 제2조 제13호에 따른 퇴직연금사업자의 업무
9. 보험업의 경영이나 법 제11조의2에 따라 보험업에 부수(附隨)하는 업무의 수행에 필요한 범위에서 영위하는 「전자금융거래법」에 따른 선불전자지급수단의 발행 및 관리 업무

③ 그 밖에 보험회사의 경영건전성을 해치거나 보험계약자 보호 및 건전한 거래질서를 해칠 우려가 없다고 인정되는 금융업무로서 대통령령으로 정하는 금융업무

(9) 보험회사의 부수업무(제11조의2)

① 보험회사는 보험업에 부수(附隨)하는 업무를 하려면 그 업무를 하려는 날의 7일 전까지 금융 위원회에 신고하여야 한다. 다만, 제5항에 따라 공고된 다른 보험회사의 부수업무(제3항에 따라 제한명령 또는 시정명령을 받은 것은 제외한다)와 같은 부수업무를 하려는 경우에는 신고를 하지 아니하고 그 부수업무를 할 수 있다.

② 금융위원회는 제1항 본문에 따른 신고를 받은 경우 그 내용을 검토하여 이 법에 적합하면 신고를 수리하여야 한다.

③ 금융위원회는 제1항에 따른 부수업무에 관한 신고내용이 다음 각 호의 어느 하나에 해당하면 그 부수업무를 하는 것을 제한하거나 시정할 것을 명할 수 있다.

ⓐ 보험회사의 경영건전성을 해치는 경우

ⓑ 보험계약자 보호에 지장을 가져오는 경우

ⓒ 금융시장의 안정성을 해치는 경우

④ 제3항에 따른 제한명령 또는 시정명령은 그 내용 및 사유가 구체적으로 적힌 문서로 하여야 한다.

⑤ 금융위원회는 제1항에 따라 신고받은 부수업무 및 제3항에 따라 제한명령 또는 시정명령을 한 부수업무를 *대통령령으로 정하는 방법에 따라 인터넷 홈페이지 등에 공고하여야 한다.

더 알아보기 * 대통령령으로 정하는 방법[시행령 제16조의2(부수업무 등의 공고)]

① 금융위원회는 보험회사가 법 제11조의2 제1항에 따라 보험업에 부수(附隨)하는 업무(이하 "부수업무"라 한다)를 신고한 경우에는 그 신고일부터 7일 이내에 다음 각 호의 사항을 인터넷 홈페이지 등에 공고하여야 한다.
  1. 보험회사의 명칭
  2. 부수업무의 신고일
  3. 부수업무의 개시 예정일
  4. 부수업무의 내용
  5. 그 밖에 보험계약자의 보호를 위하여 공시가 필요하다고 인정되는 사항으로서 금융위원회가 정하여 고시하는 사항
② 금융위원회는 법 제11조의2 제3항에 따라 부수업무를 하는 것을 제한하거나 시정할 것을 명한 경우에는 그 내용과 사유를 인터넷 홈페이지 등에 공고해야 한다.

(10) 겸영업무·부수업무의 회계처리(제11조의3)

보험회사가 제11조 및 제11조의2에 따라 다른 금융업 또는 부수업무를 하는 경우에는 *대통령령으로 정하는 바에 따라 그 업무를 보험업과 구분하여 회계처리하여야 한다.

더 알아보기 *** 대통령령으로 정하는 바(시행령 제17조 제1항)**

① 법 제11조의3에 따라 보험회사가 제16조 제1항 제1호부터 제3호까지, 제2항 제2호부터 제4호까지의 업무 및 부수업무(직전 사업연도 매출액이 해당 보험회사 수입보험료의 1천분의 1 또는 10억원 중 많은 금액에 해당하는 금액을 초과하는 업무만 해당한다)를 하는 경우에는 해당 업무에 속하는 자산·부채 및 수익·비용을 보험업과 구분하여 회계처리하여야 한다.
- 「자산유동화에 관한 법률」에 따른 유동화자산의 관리업무
- 「한국주택금융공사법」에 따른 채권유동화자산의 관리업무
- 「자본시장과 금융투자업에 관한 법률」 제6조 제6항에 따른 투자자문업
- 「자본시장과 금융투자업에 관한 법률」 제6조 제7항에 따른 투자일임업
- 「자본시장과 금융투자업에 관한 법률」 제6조 제8항에 따른 신탁업

---

(11) 외국보험회사 등의 국내사무소 설치 등(제12조)

① 외국보험회사, 외국에서 보험대리 및 보험중개를 업(業)으로 하는 자 또는 그 밖에 외국에서 보험과 관련된 업을 하는 자(이하 "외국보험회사 등"이라 한다)는 보험시장에 관한 조사 및 정보의 수집이나 그 밖에 이와 비슷한 업무를 하기 위하여 국내에 사무소(이하 "국내사무소"라 한다)를 설치할 수 있다.

② 외국보험회사 등이 제1항에 따라 국내사무소를 설치하는 경우에는 그 설치한 날부터 30일 이내에 금융위원회에 신고하여야 한다.

③ 국내사무소는 다음 각 호의 어느 하나에 해당하는 행위를 하여서는 아니 된다.
  ⓐ 보험업을 경영하는 행위
  ⓑ 보험계약의 체결을 중개하거나 대리하는 행위
  ⓒ 국내 관련 법령에 저촉되는 방법에 의하여 보험시장의 조사 및 정보의 수집을 하는 행위
  ⓓ 그 밖에 국내사무소의 설치 목적에 위반되는 행위로서 대통령령으로 정하는 행위

④ 국내사무소는 그 명칭 중에 사무소라는 글자를 포함하여야 한다.

⑤ 금융위원회는 국내사무소가 이 법 또는 이 법에 따른 명령 또는 처분을 위반한 경우에는 6개월 이내의 기간을 정하여 업무의 정지를 명하거나 국내사무소의 폐쇄를 명할 수 있다.

보험회사

Ⅰ. 주식회사

1. 자본감소

(1) 자본감소

회사가 자본금(자본의 총액)을 감소하는 것을 말한다.

(2) 절차(제18조)

① 주주총회 특별결의

출석한 주주의 의결권의 3분의 2이상의 수와 발생주식 총수의 3분의 1 이상의 수로써 하여야 한다(상법 제434조).

② 승 인

ⓐ 자본감소를 결의할 때 *대통령령으로 정하는 자본감소를 하려면 미리 금융위원회의 승인을 받아야 한다.

ⓑ 자본감소의 승인신청(시행규칙 제13조 제1항) : 주식회사인 보험회사는 자본감소의 승인을 받으려면 신청서에 다음의 서류를 첨부하여 금융위원회에 제출하여야 한다.

• 자본감소의 방법을 적은 서류
• 재산목록과 재무상태표
• 법에 따른 공고 및 이의제출 등 그 밖에 필요한 절차의 종료를 증명하는 서류

> **더 알아보기** **＊ 대통령령으로 정하는 자본감소(시행령 제23조의2)**
>
> 주식 금액 또는 주식 수의 감소에 따른 자본금의 실질적 감소를 말한다.

③ 공 고

결의를 한 날로부터 2주 이내에 결의요지와 재무상태표를 공고하여야 한다.

④ 이의제기

ⓐ 자본감소의 공고에는 보험계약자로서 이의가 있는 자는 일정한 기간 동안 이의를 제출할 수 있다는 뜻을 덧붙여야 한다. 다만, 그 기간은 1개월 이상으로 하여야 한다(제141조 제2항).

ⓑ 이의기간에 이의를 제기한 보험계약자가 보험계약자 총수의 10분의 1을 초과하거나 그 보험금액이 보험금 총액의 10분의 1을 초과하는 경우에는 자본감소를 하지 못한다(제141조 제3항).

ⓒ 이의를 제기한 보험계약자나 그 밖에 보험계약으로 발생한 권리를 가진 자에 대하여도 그 효력이 미친다(제151조 제3항).

제3과목

2. 조직변경

(1) 조직변경(제20조)

① 주식회사는 그 조직을 변경하여 상호회사로 할 수 있다.

② 제1항에 따른 상호회사는 제9조에도 불구하고 기금의 총액을 300억원 미만으로 하거나 설정하지 아니할 수 있다.

③ 제1항의 경우에는 손실 보전(補塡)에 충당하기 위하여 금융위원회가 필요하다고 인정하는 금액을 준비금으로 적립하여야 한다.

참 고 **손실보전준비금**

상호회사가 손실을 보전하기 위하여 각 사업연도의 잉여금 중에서 적립하는 준비금

---

(2) 절 차

① 주주총회 결의(제21조)

ⓐ 주식회사의 조직변경은 주주총회의 결의를 거쳐야 한다.

ⓑ 출석한 주주의 의결권은 3분의 2 이상의 수와 발행주식 총수의 3분의 1 이상의 수로써 하여야 한다(상법 제434조).

② 결의의 공고와 통지(제22조)

주식회사가 조직변경을 결의한 경우 그 결의를 한 날부터 2주 이내에 결의의 요지와 재무상태 표를 공고하고 주주명부에 적힌 질권자에게는 개별적으로 알려야 한다.

③ 이의제기(제141조 제2항, 제3항)

ⓐ 조직변경의 공고에는 보험계약자로서 이의가 있는 자는 일정한 기간 동안 이의를 제출할 수 있다는 뜻을 덧붙여야 한다. 다만, 그 기간은 1개월 이상으로 하여야 한다.

ⓑ 이의를 제기한 보험계약자가 보험계약자 총수의 10분의 1을 초과하거나 그 보험금액이 보험금 총액의 10분의 1을 초과하는 때에는 조직변경을 할 수 없다.

(3) 조직변경 결의 공고 후의 보험계약(제23조)

① 주식회사는 조직변경 결의의 공고를 한 날 이후에 보험계약을 체결하려면 보험계약자가 될 자에게 조직변경 절차가 진행 중임을 알리고 그 승낙을 받아야 한다.

② 제1항에 따른 승낙을 한 보험계약자는 조직변경 절차를 진행하는 중에는 보험계약자가 아닌 자로 본다.

(4) 보험계약자 총회(제24조)

① 소 집

조직변경 결의의 공고에 대하여 일정한 기간(1개월 이상의 기간)에 이의를 제출한 보험계약자의 수와 그 보험금이 보험계약자 총수 또는 보험금 총액의 1/10을 초과하지 아니하는 경우에는 이사는 상법 제232조에 따른 이의신청 절차가 끝난 후 7일 이내에 보험계약자 총회를 소집하여야 한다.

② 소집통지(상법 제353조)

ⓐ 총회의 소집에 대한 통지는 보험계약자 명부에 기재된 보험계약자의 주소 또는 보험계약자가 회사에 통지한 장소에 하면 된다.

ⓑ 통지 또는 최고는 보통 그 도달할 시기에 도달한 것으로 본다.

③ 보험계약자 총회 대행기관(제25조)

ⓐ 주식회사는 조직변경을 결의할 때 보험계약자 총회를 갈음하는 기관에 관한 사항을 정할 수 있다.

ⓑ 제1항에 따른 기관에 대하여는 보험계약자 총회에 관한 규정을 준용한다.

ⓒ 제1항에 따른 기관에 관한 사항을 정한 경우에는 그 기관의 구성방법을 조직변경 결의의 공고 내용에 포함하여야 한다.

④ 보험계약자 총회의 결의방법(제26조)

보험계약자 총회는 보험계약자 과반수의 출석과 그 의결권의 4분의 3 이상의 찬성으로 결의한다.

⑤ 보험계약자 총회에서의 보고(제27조)

주식회사의 이사는 조직변경에 관한 사항을 보험계약자 총회에 보고하여야 한다.

⑥ 보험계약자 총회의 결의 등(제28조)

ⓐ 보험계약자 총회는 정관의 변경이나 그 밖에 상호회사의 조직에 필요한 사항을 결의하여야 한다.

ⓑ 주식회사의 조직변경에 대한 주주총회의 결의로 변경할 수 있다. 이 경우 주식회사의 채권자의 이익을 해치지 못한다.

ⓒ 변경으로 주주에게 손해를 입히게 되는 경우에는 주주총회의 동의를 받아야 한다. 이 경우 제21조 제2항을 준용한다.

ⓓ 보험계약자 총회의 결의는 소집통지서에 그 뜻의 기재가 없는 경우에도 이를 할 수 있다.

(5) 조직변경의 등기(제29조)

① 등기시기

주식회사가 그 조직을 변경한 경우에는 변경한 날부터 본점과 주된 사무소의 소재지에서는 2주 이내에, 지점과 종(從)된 사무소의 소재지에서는 3주 이내에 주식회사는 해산의 등기를 하고 상호회사는 설립등기를 하여야 한다.

② 등기의 신청서에는 정관과 다음 각 호의 사항이 적힌 서류를 첨부하여야 한다.

ⓐ 조직변경의 결의

ⓑ 조직변경 결의의 공고

ⓒ 보험계약자총회의 결의 및 동의

ⓓ 조직변경(제141조 제3항)의 이의(異義)

ⓔ 상법 제232조(채권자의 이의)에 따른 절차를 마쳤음을 증명하는 내용

(6) 조직변경에 따른 입사(제30조)

주식회사의 보험계약자는 조직변경에 따라 해당 상호회사의 사원이 된다.

3. 우선취득과 우선변제권

(1) 보험계약자 등의 우선취득권(제32조)

① 보험계약자나 보험금을 취득할 자는 피보험자를 위하여 적립한 금액을 다른 법률에 특별한 규정이 없으면 주식회사의 자산에서 우선하여 취득한다.

② 특별계정이 설정된 경우에는 특별계정과 그 밖의 계정을 구분하여 적용한다.

(2) 예탁자산에 대한 우선변제권(제33조)

① 보험계약자나 보험금을 취득할 자는 피보험자를 위하여 적립한 금액을 주식회사가 이 법에 따른 금융위원회의 명령에 따라 예탁한 자산에서 다른 채권자보다 우선하여 변제를 받을 권리를 가진다.

② 특별계정이 설정된 경우에도 특별계정과 그 밖의 계정을 구분하여 적용한다.

Ⅱ. 상호회사

1. 설 립

(1) 상호회사

상호회사는 보험업법에 의하여 특유의 회사로 설립되는 사단법인으로서 보험계약자 상호 간의 상호보험을 목적으로 하고 있다.

(2) 특 징

① 보험계약자 상호간 보험업 영위를 위한 "사원의, 사원에 의한, 사원을 위한" 회사이다.

② 보험업법, 상법상 설립회사는 아니다.

③ 비영리 사단법인이다.

④ 최고의사결정기관 = 사원총회

⑤ 이익금은 사원에게 귀속

(3) 발기인

① 발기인이란 일반적으로 회사의 설립을 실질적으로 기획하고 관여한 자를 말하나, 실질적인 회사 설립의 관여 여부를 묻지 않고 정관에 발기인으로 기명날인 또는 서명한 자를 말한다.

② 발기인의 수는 최저 1인 이상이어야 한다. 발기인은 자연인이든 법인이든 관계없고 반드시 능력자임을 요하지 않는다.

(4) 정관기재(제34조)

상호회사의 발기인은 정관을 작성하여 다음 각 호의 사항을 적고 기명날인하여야 한다.

① 취급하려는 보험종목과 사업의 범위

② 명 칭

③ 사무소 소재지

④ 기금의 총액

⑤ 기금의 갹출자가 가질 권리

⑥ 기금과 설립비용의 상각 방법

⑦ 잉여금의 분배 방법

⑧ 회사의 공고 방법

⑨ 회사 성립 후 양수할 것을 약정한 자산이 있는 경우에는 그 자산의 가격과 양도인의 성명

⑩ 존립시기 또는 해산사유를 정한 경우에는 그 시기 또는 사유

(5) 명칭(제35조)

상호회사는 그 명칭 중에 상호회사라는 글자를 포함하여야 한다.

(6) 기금의 납입(제36조)

상호회사의 기금은 금전 이외의 자산으로 납입하지 못한다.

(7) 사원의 수(제37조)

상호회사는 100명 이상의 사원으로써 설립한다.

(8) 입사청약서(제38조)

① 발기인이 아닌 자가 상호회사의 사원이 되려면 입사청약서 2부에 보험의 목적과 보험금액을 적고 기명날인하여야 한다. 다만, 상호회사가 성립한 후 사원이 되려는 자는 그러하지 아니하다.

② 발기인은 제1항에 따른 입사청약서를 다음 각 호의 사항을 포함하여 작성하고, 이를 비치(備置)하여야 한다.

    ⓐ 정관의 인증 연월일과 그 인증을 한 공증인의 이름

    ⓑ 제34조 각 호의 사항

    ⓒ 기금 갹출자의 이름·주소와 그 각자가 갹출하는 금액

    ⓓ 발기인의 이름과 주소

    ⓔ 발기인이 보수를 받는 경우에는 그 보수액

    ⓕ 설립시 모집하려는 사원의 수

    ⓖ 일정한 시기까지 창립총회가 끝나지 아니하면 입사청약을 취소할 수 있다는 뜻

③ 상호회사 성립 전의 입사청약에 대하여는 *「민법」 제107조 제1항 단서를 적용하지 아니한다.

> **더 알아보기**　*「민법」 제107조 제1항
>
> 의사표시는 표의자가 진의 아님을 알고 한 것이라도 그 효력이 있다. 그러나 상대방이 표의자의 진의 아님을 알았거나 이를 알 수 있었을 경우에는 무효로 한다.

(9) 창립총회(제39조)

① 상호회사의 발기인은 상호회사의 기금의 납입이 끝나고 사원의 수가 예정된 수가 되면 그 날부터 7일 이내에 창립총회를 소집하여야 한다.

② 창립총회는 사원 과반수의 출석과 그 의결권의 4분의 3 이상의 찬성으로 결의한다.

(10) 설립등기(제40조)

① 상호회사의 설립등기는 창립총회가 끝난 날부터 2주 이내에 하여야 한다.

② 제1항에 따른 설립등기에는 다음 각 호의 사항이 포함되어야 한다.

    ⓐ 정관기재사항(제34조)

    ⓑ 이사와 감사의 이름 및 주소

    ⓒ 대표이사의 이름

    ⓓ 여러 명의 대표이사가 공동으로 회사를 대표할 것을 정한 경우에는 그 규정

③ 제1항과 제2항에 따른 설립등기는 이사 및 감사의 공동신청으로 하여야 한다.

참 고   **설립등기신청서 첨부서류(시행령 제25조)**

상호회사의 설립등기를 하려는 경우에는 등기신청서에 다음 각 호의 서류를 첨부하여야 한다.

1. 정 관
2. 사원명부
3. 사원을 모집하는 경우에는 각 사원의 입사청약서
4. 이사, 감사 또는 검사인의 조사보고서 및 그 부속서류
5. 창립총회의 의사록
6. 대표이사에 관한 이사회의 의사록

---

(11) 등기부(제41조)

관할 등기소에 상호회사 등기부를 비치하여야 한다.

(12) 배상책임(제42조)

이사가 다음 각 호의 어느 하나에 해당하는 행위로 상호회사에 손해를 입힌 경우에는 사원총회의 동의가 없으면 그 손해에 대한 배상책임을 면제하지 못한다.

① 위법한 이익 배당에 관한 의안을 사원총회에 제출하는 행위

② 다른 이사에게 금전을 대부하는 행위

③ 그 밖의 부당한 거래를 하는 행위

(13) 발기인에 대한 소송(제43조)

발기인의 고의 또는 과실로 법령 또는 정관에 위반한 행위를 하거나 그 임무를 게을리한 경우에는 회사에 대하여 연대하여 손해를 배상할 책임이 있다. 이러한 발기인의 손해배상책임은 총사원의 동의로 면제할 수 있다.

2. 사원의 권리와 의무

(1) 사원의 발생, 승계, 소멸

① 발 생

회사설립과 함께 사원이 되는 경우	• 발기인은 사원이 된다. • 발기인이 아닌 자가 입사청약서에 보험의 목적과 보험금액을 기재하고 기명날인하며 사원이 된다(제38조).
회사설립 후 사원이 되는 경우	보험계약자는 보험계약을 체결하면 사원의 자격을 당연히 취득한다.
특수한 원인으로 사원이 되는 경우	• 주식회사가 상호회사로 조직변경하면 보험계약자는 사원이 된다(제30조). • 보험계약이 이전된 경우 이전을 받은 보험회사가 상호회사인 경우에는 그 보험계약자는 그 상호회사에 입사한다(제147조). • 합병으로 인하여 설립 또는 존속되는 회사가 상호회사인 경우 보험계약자는 사원이 된다(제154조).

② 사원명부(제52조)

상호회사의 사원명부에는 다음의 사항을 적어야 한다.

ⓐ 사원의 이름과 주소

ⓑ 각 사원의 보험계약의 종류, 보험금액 및 보험료

③ 승 계

ⓐ 보험계약 이전 : 상호회사 → 상호회사

ⓑ 합병 : 상호회사 + 상호회사 = 상호회사

ⓒ 상 속

ⓓ 손해보험 목적의 양도 : 손해보험을 목적으로 하는 상호회사의 사원이 보험의 목적을 양도한 경우에는 양수인은 회사의 승낙을 받아 양도인의 권리와 의무를 승계할 수 있다(제51조).

ⓔ 생명보험계약 등의 승계 : 생명보험 및 제3보험을 목적으로 하는 상호회사의 사원은 회사의 승낙을 받아 타인으로 하여금 그 권리와 의무를 승계하게 할 수 있다(제50조).

④ 소 멸

ⓐ 보험계약 이전 : 상호회사 → 주식회사

ⓑ 합병 : 상호회사 + 주식회사 = 주식회사

ⓒ 해 산

ⓓ 퇴 사

• 정관에 의하여 정하진 사유의 발생

• 보험계약 관계 소멸

- 보험기간 경과

- 보험계약 해지

- 보험계약 무효와 실효

- 손해보험 목적의 양도

- 생명보험계약의 양도

ⓔ 사 망

(2) 퇴 사

① 퇴사이유(제66조)

ⓐ 상호회사의 사원은 다음 각 호의 사유로 퇴사한다.
- 정관으로 정하는 사유의 발생
- 보험관계의 소멸

ⓑ 상호회사의 사원이 사망한 경우에는 그 상속인이 그 지분을 승계하여 사원이 된다. 이 경우에 상속인이 수인인 때에는 사원의 권리를 행사할 자 1인을 정하여야 한다. 이를 정하지 아니한 때에는 회사의 통지 또는 최고는 그 중의 1인에 대하여 전원에 대하여 그 효력이 있다.

② 환급청구권(제67조)

ⓐ 상호회사에서 퇴사한 사원은 정관이나 보험약관으로 정하는 바에 따라 그 권리에 따른 금액의 환급을 청구할 수 있다.

ⓑ 퇴사한 사원이 회사에 대하여 부담한 채무가 있는 경우에는 회사는 제1항의 금액에서 그 채무액을 공제할 수 있다.

③ 환급기한 및 시효(제68조)

ⓐ 상호회사에서 퇴사한 사원의 권리에 따른 금액의 환급은 퇴사한 날이 속하는 사업연도가 종료한 날부터 3개월 이내에 하여야 한다.

ⓑ 퇴사원의 환급청구권은 환급기간이 지난 후 2년 동안 행사하지 아니하면 '시효로 소멸한다.

(3) 사원의 의무

① 간접책임(제46조)

상호회사의 사원은 보험계약에 의한 보험료 지급의무만을 부담할 뿐, 회사의 채권자에 대하여 직접적인 의무를 지지 아니한다.

② 유한책임(제47조)

상호회사의 채무에 관한 사원의 책임은 보험료를 한도로 한다. 따라서 그 외의 어떠한 의무도 부담하지 아니한다.

③ 상계금지(제48조)

상호회사의 사원은 보험료의 납입에 관하여 상계(相計)로써 회사에 대항하지 못한다. 다만, 회사에 대하여 보험계약자로서 가지는 보험금청구권과 보험료 납입의무와의 상계는 가능하다.

④ 보험금액 삭감(제49조)

상호회사는 정관으로 보험금액의 삭감에 관한 사항을 정하여야 한다. 상호회사 사원은 회사의 채무에 대하여 간접·유한책임을 지므로 회사의 경영부실로 인하여 파산 또는 해산의 위험이 있을 경우를 대비하기 위함이다. 보험금액의 삭감은 장래를 향하여 그 효력이 발생하므로 이미 발생한 보험사고로 인하여 보험금을 지급한 것과 보험사고가 발생하여 보험금을 지급할 의무가 있는 것에 대해서는 그 효력이 미치지 아니한다.

⑤ 보험계약자로서의 의무

상호회사 사원은 보험계약자이므로 계약자의 의무인 보험료 지급의무, 고지의무, 통지의무 등 상법상 의무와 약관상 의무를 진다.

3. 회사의 기관

(1) 사원총회 대행기관(제54조)

① 상호회사는 사원총회를 갈음할 기관을 정관으로 정할 수 있다.

② 제1항에 따른 기관에 대하여는 사원총회에 관한 규정을 준용한다.

③ 의결권(제55조)

상호회사의 사원은 사원총회에서 각각 1개의 의결권을 가진다. 다만, 정관에 특별한 규정이 있는 경우에는 그러하지 아니하다.

④ 총회소집청구권(제56조)

ⓐ 사원총회 소집은 이사회 결정이 원칙이다.

ⓑ 상호회사의 100분의 5 이상의 사원은 회의의 목적과 그 소집의 이유를 적은 서면을 이사에게 제출하여 사원총회의 소집을 청구할 수 있다. 다만, 이 권리의 행사에 관하여는 정관으로 다른 기준을 정할 수 있다.

ⓒ 사원총회 소집의 청구가 있는 후 지체 없이 총회소집의 절차를 밟지 아니한 때에는 청구한 사원은 법원의 허가를 얻어 총회를 소집할 수 있다. 이 경우 사원총회의 의장은 법원이 이해관계인의 청구나 직권으로 선임할 수 있다. 또한 사원총회는 회사의 업무와 재산 상태를 조사하게 하기 위하여 검사인을 선임할 수 있다.

(2) 서류의 비치와 열람 등(제57조)

① 상호회사의 이사는 정관과 사원총회 및 이사회의 의사록을 각 사무소에, 사원명부를 주된 사무소에 비치하여야 한다.

② 상호회사의 사원과 채권자는 영업시간 중에는 언제든지 제1항의 서류를 열람하거나 복사할 수 있고, 회사가 정한 비용을 내면 그 등본 또는 초본의 발급을 청구할 수 있다.

(3) 상호회사의 소수사원권의 행사(제58조)

상호회사에 관하여는 「금융회사의 지배구조에 관한 법률」 제33조를 준용한다. 이 경우 "발행주식 총수"는 "사원 총수"로, "주식을 대통령령으로 정하는 바에 따라 보유한 자"는 "사원"으로 본다.

4. 회사의 계산(제64조)

상법의 주식회사의 계산에 관한 규정이 준용된다.

(1) 손실보전준비금(제60조)

① 주식회사의 이익준비금과 같은 것으로 상호회사는 손실을 보전하기 위하여 각 사업연도의 잉여금 중에서 준비금을 적립하여야 한다.

② 제1항에 따른 준비금의 총액과 매년 적립할 최저액은 정관으로 정한다.

(2) 기금이자 지급 등의 제한(제61조)

① 상호회사는 손실을 보전하기 전에는 기금이자를 지급하지 못한다.

② 상호회사는 설립비용과 사업비의 전액을 상각(償却)하고 손실보전준비금을 공제하기 전에는 기금의 상각 또는 잉여금의 분배를 하지 못한다.

③ 상호회사가 제1항 또는 제2항을 위반하여 기금이자의 지급, 기금의 상각 또는 잉여금의 분배를 한 경우에는 회사의 채권자는 이를 반환하게 할 수 있다.

(3) 기금상각적립금(제62조)

상호회사가 기금을 상각할 때에는 상각하는 금액과 같은 금액을 적립하여야 한다.

(4) 잉여금의 분배(제63조)

상호회사의 잉여금은 정관에 특별한 규정이 없으면 각 사업연도 말 당시 사원에게 분배한다.

5. 정관의 변경(제65조)

상호회사의 정관을 변경하려면 사원총회의 결의를 거쳐야 한다.

6. 해 산

(1) 결의 및 공고(제69조 제1항)

상호회사의 해산은 사원총회의 특별결의(상법 제434조)에 의하며, 상호회사가 해산을 결의한 경우에는 그 결의가 제139조에 따라 인가를 받은 날부터 2주 이내에 결의의 요지와 재무상태표를 공고하여야 한다.

(2) 이의제기(제69조 제2항)

① 해산을 결의한 때에는 공고 후 1월 이상의 기간 내에 이의를 제출할 수 있다는 뜻을 덧붙여야 한다.

② 이의제출기간에 이의를 제기한 사원의 수가 사원총수의 10분의 1을 초과한 때에는 해산하지 못한다.

③ 상호회사가 사원총회대행기관에 의하지 아니하고 사원총회에서 해산을 결의를 한 경우에는 ①과 ②를 적용하지 아니한다.

(3) 해산공고(제69조 제2항)

상호회사가 해산한 경우에는 7일 이내에 그 취지를 공고하여야 한다. 해산하지 아니한 경우에도 역시 7일 이내에 공고하여야 한다.

(4) 해산등기(제70조 제1항)

합병과 파산의 경우 외에는 그 해산사유가 있은 날로부터 본점소재지에서는 2주간 내, 지점소재지에서는 3주간 내에 해산등기를 하여야 한다.

7. 청 산

(1) 청산(제71조)

상호회사가 해산한 경우에는 합병과 파산의 경우가 아니면 이 관의 규정에 따라 청산을 하여야 한다.

(2) 자산처분 순위 등(제72조 제1항)

상호회사의 청산인은 다음 각 호의 순위에 따라 회사자산을 처분하여야 한다.

① 일반채무의 변제

② 사원의 보험금액과 사원에게 환급할 금액의 지급

③ 기금의 상각

(3) 잔여자산 처분(제72조 제2항)

처분을 한 후 남은 자산은 상호회사의 정관에 특별한 규정이 없으면 잉여금을 분배할 때와 같은 비율로 사원에게 분배하여야 한다.

Ⅲ. 외국보험회사의 국내지점

1. 외국보험회사와 국내지점

(1) 외국보험회사

대한민국 이외의 국가의 법령에 의하여 설립되어 대한민국 이외의 국가에서 보험업을 영위하는 자를 말한다.

(2) 외국보험회사의 국내지점

금융위원회의 허가를 받아 보험업을 영위하는 자를 밀한다.

2. 외국보험회사국내지점에 대한 규제

(1) 외국보험회사국내지점의 허가취소(제74조)

① 금융위원회는 외국보험회사의 본점이 다음 각 호의 어느 하나에 해당하게 되면 그 외국보험회사국내지점에 대하여 청문을 거쳐 보험업의 허가를 취소할 수 있다.

ⓐ 합병, 영업양도 등으로 소멸한 경우

ⓑ 위법행위, 불건전한 영업행위 등의 사유로 외국감독기관으로부터 제134조 제2항에 따른 처분에 상당하는 조치를 받은 경우

ⓒ 휴업하거나 영업을 중지한 경우

② 금융위원회는 외국보험회사국내지점이 다음 각 호의 어느 하나에 해당하는 사유로 해당 외국보험회사국내지점의 보험업 수행이 어렵다고 인정되면 공익 또는 보험계약자 보호를 위하여 영업정지 또는 그 밖에 필요한 조치를 하거나 청문을 거쳐 보험업의 허가를 취소할 수 있다.

ⓐ 이 법 또는 이 법에 따른 명령이나 처분을 위반한 경우

ⓑ 「금융소비자 보호에 관한 법률」 또는 같은 법에 따른 명령이나 처분을 위반한 경우

ⓒ 외국보험회사의 본점이 그 본국의 법령을 위반한 경우

ⓓ 그 밖에 해당 외국보험회사국내지점의 보험업 수행이 어렵다고 인정되는 경우

③ 외국보험회사국내지점은 그 외국보험회사의 본점이 제1항 각 호의 어느 하나에 해당하게 되면 그 사유가 발생한 날부터 7일 이내에 그 사실을 금융위원회에 알려야 한다.

(2) 국내자산 보유의무(제75조)

외국보험회사국내지점은 대한민국에서 체결한 보험계약에 관하여 적립한 책임준비금 및 비상위험준비금에 상당하는 자산을 대한민국에서 보유하여야 한다. 이는 국내보험회사와 형평을 맞추고 자산을 국내에 보유토록 하여 국내보험계약자 및 피보험자, 기타 채권자 등에 대한 담보자산을 확보케함으로써 이들을 보호하기 위함이다.

참고　**외국보험회사국내지점의 자산보유 등**(시행령 제25조의2)

외국보험회사국내지점은 다음 각 호의 어느 하나에 해당하는 자산을 대한민국에서 보유하여야 한다.
1. 현금 또는 국내 금융기관에 대한 예금, 적금 및 부금
2. 국내에 예탁하거나 보관된 증권
3. 국내에 있는 자에 대한 대여금, 그 밖의 채권
4. 국내에 있는 고정자산
5. 미상각신계약비
6. 국내에 적립된 제63조 제2항에 따른 재보험자산
7. 제1호부터 제6호까지의 자산과 유사한 자산으로서 금융위원회가 정하여 고시하는 자산

---

(3) 국내대표자(제76조)

① 외국보험회사국내지점의 대표자는 회사의 영업에 관하여 재판상 또는 재판 외의 모든 행위를 할 권한이 있으며, 그 권한에 대한 제한은 선의의 제3자에게 대항하지 못한다.
② 외국보험회사국내지점의 대표자는 퇴임한 후에도 후임 대표자의 이름 및 주소에 관하여 등기가 있을 때까지는 계속하여 대표자의 권리와 의무를 가진다.
③ 외국보험회사국내지점의 대표자는 이 법에 따른 보험회사의 임원으로 본다.

(4) 잔무처리자(제77조)

① 보험업의 허가를 받은 외국보험회사의 본점은 보험업을 폐업하거나 해산한 경우 또는 대한민국에서의 보험업을 폐업하거나 그 허가가 취소된 경우에 금융위원회는 필요하다고 인정하면 잔무를 처리할 자를 선임하거나 해임할 수 있다.
② 외국보험회사의 잔무처리자는 회사의 영업에 관하여 재판상 또는 재판 외의 모든 행위를 할 권한이 있으며, 그 권한에 대한 제한은 선의의 제3자에게 대항하지 못한다. 또한 잔무처리자를 선임하는 경우에는 회사로 하여금 금융위원회가 정하는 보수를 지급하게 할 수 있다.
③ 금융위원회는 잔무처리자를 감독하기 위하여 보험회사의 잔무처리업무와 자산상황을 검사하고 자산의 공탁을 명하며, 그 밖에 잔무처리의 감독상 필요한 명령을 할 수 있다.

(5) 등기(제78조)

① 상호회사인 외국보험회사(이하 "외국상호회사"라 한다) 국내지점에 관하여는 *제41조를 준용한다.

> **더 알아보기**   *** 제41조**
>
> 관할 등기소에 상호회사 등기부를 비치하여야 한다.

② 외국상호회사국내지점이 등기를 신청하는 경우에는 그 외국상호회사국내지점의 대표자는 신청서에 대한민국에서의 주된 영업소와 대표자의 이름 및 주소를 적고 다음 각 호의 서류를 첨부하여야 한다.

ⓐ 대한민국에 주된 영업소가 있다는 것을 인정할 수 있는 서류

ⓑ 대표자의 자격을 인정할 수 있는 서류

ⓒ 회사의 정관이나 그 밖에 회사의 성격을 판단할 수 있는 서류

③ 제2항 각 호의 서류는 해당 외국상호회사 본국의 관할 관청이 증명한 것이어야 한다.

PART 04 모 집

Ⅰ. 모집종사자

1. 모 집

보험계약의 체결을 중개하거나 대리하는 것

2. 모집할 수 있는 자(제83조)

(1) 모집을 할 수 있는 자는 다음 각 호의 어느 하나에 해당하는 자이어야 한다.

① 보험설계사
② 보험대리점
③ 보험중개사
④ 보험회사의 임원(대표이사·사외이사·감사 및 감사위원은 제외) 또는 직원

(2) 금융기관보험대리점 등은 *대통령령으로 정하는 바에 따라 그 금융기관 소속 임직원이 아닌 자로 하여금 모집을 하게 하거나, 보험계약 체결과 관련한 상담 또는 소개를 하게 하고 상담 또는 소개의 대가를 지급하여서는 아니 된다.

> **더 알아보기** * 대통령령으로 정하는 바[시행령 제26조(모집할 수 있는 자)]
>
> ① 금융기관보험대리점 등 중 신용카드업자, 조합(「농업협동조합법」 제161조의12에 따라 설립된 농협생명보험 또는 농협손해보험이 판매하는 보험상품을 모집하는 경우로 한정)에 해당하는 자는 소속 임직원이 아닌 자로 하여금 모집을 하게 하거나, 보험계약 체결과 관련한 상담 또는 소개를 하게하고 상담 또는 소개의 대가를 지급할 수 있다.
> ② 제1항 제2호에 따라 보험을 모집하거나 보험계약을 상담 또는 소개하게 할 수 있는 조합의 소속임직원이 아닌 자는 보험설계사로서 구체적인 범위는 금융위원회가 정하여 고시한다.

3. 보험설계사

(1) **보험설계사**

보험회사·보험대리점 또는 보험중개사에 소속되어 보험계약의 체결을 중개하는 자(법인이 아닌 사단과 재단을 포함)로서 금융위원회에 등록된 자를 말한다.

(2) 등록(제84조)

① 보험회사·보험대리점 및 보험중개사(이하 "보험회사 등"이라 한다)는 소속 보험설계사가 되려는 자를 금융위원회에 등록하여야 한다.

② 다음 각 호의 어느 하나에 해당하는 자는 보험설계사가 되지 못한다.

ⓐ 피성년후견인 또는 피한정후견인

ⓑ 파산선고를 받은 자로서 복권되지 아니한 자

ⓒ 이 법 또는 「금융소비자 보호에 관한 법률」에 따라 벌금 이상의 형을 선고받고 그 집행이 끝나거나(집행이 끝난 것으로 보는 경우를 포함한다) 집행이 면제된 날부터 2년이 지나지 아니한 자

ⓓ 이 법 또는 「금융소비자 보호에 관한 법률」에 따라 금고 이상의 형의 집행유예를 선고받고 그 유예기간 중에 있는 자

ⓔ 이 법에 따라 보험설계사·보험대리점 또는 보험중개사의 등록이 취소(ⓐ 또는 ⓑ에 해당하여 등록이 취소된 경우는 제외한다)된 후 2년이 지나지 아니한 자

ⓕ 제5호에도 불구하고 이 법에 따라 보험설계사·보험대리점 또는 보험중개사 등록취소 처분을 2회 이상 받은 경우 최종 등록취소 처분을 받은 날부터 3년이 지나지 아니한 자

ⓖ 이 법 또는 「금융소비자 보호에 관한 법률」에 따라 과태료 또는 과징금 처분을 받고 이를 납부하지 아니하거나 업무정지 및 등록취소 처분을 받은 보험대리점·보험중개사 소속의 임직원이었던 자(처분사유의 발생에 관하여 직접 또는 이에 상응하는 책임이 있는 자로서 **대통령령으로 정하는 자만 해당한다)로서 과태료·과징금·업무정지 및 등록취소 처분이 있었던 날부터 2년이 지나지 아니한 자

더 알아보기 | **** 대통령령으로 정하는 자(시행령 제27조 제3항)**

1. 직무정지 이상의 조치를 받은 임원
2. 정직 이상의 조치를 받은 직원
3. 위의 제재를 받기 전에 사임 또는 사직한 사람

ⓗ 영업에 관하여 성년자와 같은 능력을 가지지 아니한 미성년자로서 그 법정대리인이 ⓐ부터 ⓖ까지의 규정 중 어느 하나에 해당하는 자

ⓘ 법인 또는 법인이 아닌 사단이나 재단으로서 그 임원이나 관리인 중에 ⓐ부터 ⓖ까지의 규정 중 어느 하나에 해당하는 자가 있는 자

ⓙ 이전에 모집과 관련하여 받은 보험료, 대출금 또는 보험금을 다른 용도에 유용(流用)한 후 3년이 지나지 아니한 자

③ 보험설계사의 구분·등록요건·영업기준 및 영업범위 등에 관하여 필요한 사항은 대통령령으로 정한다.

(3) 등록취소 등(제86조)

① 금융위원회는 보험설계사가 다음 각 호의 어느 하나에 해당하는 경우에는 그 등록을 취소하여야 한다.

    ⓐ 보험설계사 결격사유 해당(등록당시 포함)

    ⓑ 거짓이나 그 밖의 부정한 방법으로 제84조에 따른 등록을 한 경우

    ⓒ 이 법에 따라 업무정지 처분을 2회 이상 받은 경우

② 금융위원회는 보험설계사가 다음 각 호의 어느 하나에 해당하는 경우에는 6개월 이내의 기간을 정하여 그 업무의 정지를 명하거나 그 등록을 취소할 수 있다.

    ⓐ 모집에 관한 이 법의 규정을 위반한 경우

    ⓑ 보험계약자, 피보험자 또는 보험금을 취득할 자로서 제102조의2를 위반한 경우

    ⓒ 제102조의3을 위반한 경우

    ⓓ 이 법에 따른 명령이나 처분을 위반한 경우

    ⓔ 이 법에 따라 과태료 처분을 2회 이상 받은 경우

    ⓕ 「금융소비자 보호에 관한 법률」 제51조 제1항 제3호부터 제5호까지의 어느 하나에 해당하는 경우

    ⓖ 「금융소비자 보호에 관한 법률」 제51조 제2항 각 호 외의 부분 본문 중 대통령령으로 정하는 경우(업무의 정지를 명하는 경우로 한정한다)

③ 금융위원회는 제1항 또는 제2항에 따라 등록을 취소하거나 업무의 정지를 명하려면 보험설계사에 대하여 청문을 하여야 한다.

④ 금융위원회는 보험설계사의 등록을 취소하거나 업무의 정지를 명한 경우에는 지체 없이 그 이유를 적은 문서로 보험설계사 및 해당 보험설계사가 소속된 보험회사 등에 그 뜻을 알려야 한다.

(4) 모집제한(제85조)

① 보험회사 등은 다른 보험회사 등에 소속된 보험설계사에게 모집을 위탁하지 못한다.

② 보험설계사는 자기가 소속된 보험회사 등 이외의 자를 위하여 모집을 하지 못한다.

③ 다음 각 호의 어느 하나에 해당하는 경우에는 제1항 및 제2항을 적용하지 아니한다.

    ⓐ 생명보험회사 또는 제3보험업을 전업(專業)으로 하는 보험회사에 소속된 보험설계사가 1개의 손해보험회사를 위하여 모집을 하는 경우

    ⓑ 손해보험회사 또는 제3보험업을 전업으로 하는 보험회사에 소속된 보험설계사가 1개의 생명보험회사를 위하여 모집을 하는 경우

    ⓒ 생명보험회사나 손해보험회사에 소속된 보험설계사가 1개의 제3보험업을 전업으로 하는 보험회사를 위하여 모집을 하는 경우

④ 모집제한의 적용을 받지 않는 보험회사 및 보험설계사가 모집을 할 때 지켜야 할 사항은 대통령령으로 정한다.

① 보험설계사가 법 제85조 제3항에 따라 소속 보험회사 외의 보험회사를 위하여 모집(이하 "교차모집"이라 한다) 하려는 경우에는 교차모집을 하려는 보험회사의 명칭 등 금융위원회가 정하여 고시하는 사항을 적은 서류를 보험협회에 제출해야 한다.

② 교차모집을 하려는 보험설계사(이하 "교차모집보험설계사"라 한다)는 모집하려는 보험계약의 종류에 따라 등록요건을 갖추어 보험협회에 보험설계사 등록을 하여야 한다.

③ 교차모집보험설계사의 소속 보험회사 또는 교차모집을 위탁한 보험회사는 다음 각 호의 행위를 하여서는 아니 된다.

  1. 교차모집보험설계사에게 자사 소속의 보험설계사로 전환하도록 권유하는 행위

  2. 교차모집보험설계사에게 자사를 위하여 모집하는 경우 보험회사가 정한 수수료·수당 외에 추가로 대가를 지급하기로 약속하거나 이를 지급하는 행위

  3. 교차모집보험설계사가 다른 보험회사를 위하여 모집한 보험계약을 자사의 보험계약으로 처리하도록 유도하는 행위

  4. 교차모집보험설계사에게 정당한 사유 없이 위탁계약 해지, 위탁범위 제한 등 불이익을 주는 행위

  5. 교차모집보험설계사의 소속 영업소를 변경하거나 모집한 계약의 관리자를 변경하는 등 교차모집을 제약·방해하는 행위

  6. 그 밖에 보험계약자 보호와 모집질서 유지를 위하여 총리령으로 정하는 행위

④ 교차모집보험설계사는 다음 각 호의 어느 하나에 해당하는 행위를 하여서는 아니 된다.

  1. 업무상 알게 된 특정 보험회사의 정보를 다른 보험회사에 제공하는 행위

  2. 보험계약을 체결하려는 자의 의사에 반하여 다른 보험회사와의 보험계약 체결을 권유하는 등 모집을 위탁한 보험회사 중 어느 한 쪽의 보험회사만을 위하여 모집하는 행위

  3. 모집을 위탁한 보험회사에 대하여 회사가 정한 수수료·수당 외에 추가로 대가를 지급하도록 요구하는 행위

  4. 그 밖에 보험계약자 보호와 모집질서 유지를 위하여 총리령으로 정하는 행위

(5) 보험설계사 등의 교육(제85조의2)

① 보험회사 등은 *대통령령으로 정하는 바에 따라 소속 보험설계사에게 보험계약의 모집에 관한 교육을 하여야 한다.

① 법 제85조의2 제1항에 따라 보험회사, 보험대리점 및 보험중개사(이하 이 조에서 "보험회사 등"이라 한다)는 소속 보험설계사에게 법 제84조에 따라 최초로 등록(등록이 유효한 경우로 한정한다)한 날을 기준으로 2년마다(매 2년이 된 날부터 6개월 이내를 말한다) [별표 4] 제1호 및 제3호의 기준에 따라 교육을 해야 한다.

② 법인이 아닌 보험대리점 및 보험중개사는 **대통령령으로 정하는 바에 따라 제1항에 따른 교육을 받아야 한다.

더 알아보기 **＊＊ 대통령령으로 정하는 바[시행령 제29조의2 제2항(보험설계사 등의 교육)]**

② 법 제85조의2 제2항에 따라 법인이 아닌 보험대리점 및 보험중개사는 법 제87조 또는 제89조에 따라 등록한 날을 기준으로 2년마다(매 2년이 된 날부터 6개월 이내를 말한다) [별표 4] 제1호 및 제3호의 기준에 따라 교육을 받아야 한다.

---

③ 그 외 사항[시행령 제29조의2 제3항~제7항(보험설계사 등의 교육)]

> **시행령 제29조의2(보험설계사 등의 교육)** ③ 보험회사 등은 전년도 불완전판매 건수 및 비율이 금융위원회가 정하여 고시하는 기준 이상인 소속 보험설계사에게 제1항에 따른 교육과는 별도로 해당 사업연도에 [별표 4] 제2호의 기준에 따라 불완전 판매를 방지하기 위한 교육(이하 "불완전판매방지교육"이라 한다)을 해야 한다.
> ④ 전년도 불완전판매 건수 및 비율이 금융위원회가 정하여 고시하는 기준 이상인 법인이 아닌 보험대리점 및 보험중개사는 제2항에 따른 교육과는 별도로 [별표 4] 제2호의 기준에 따라 불완전판매방지교육을 받아야 한다.
> ⑤ 보험협회는 매월 제1항부터 제4항까지의 규정에 따른 교육 대상을 보험회사 등에 알려야 하며, 보험회사 등은 불완전판매 건수 등 보험협회가 교육 대상을 파악하기 위해 필요한 정보를 제공해야 한다.
> ⑥ 보험협회, 보험회사 등은 제1항부터 제4항까지의 규정에 따른 교육을 효율적으로 실시하기 위하여 필요한 단체를 구성·운영할 수 있다.
> ⑦ 제1항부터 제4항까지의 규정에 따른 교육의 세부적인 기준, 방법 및 절차, 제6항에 따른 단체의 구성 및 운영에 필요한 사항은 금융위원회가 정하여 고시한다.

(6) 보험설계사에 대한 불공정 행위 금지(제85조의3)

① 보험회사 등은 보험설계사에게 보험계약의 모집을 위탁할 때 다음 각 호의 행위를 하여서는 아니 된다.
  ⓐ 보험모집 위탁계약서를 교부하지 아니하는 행위
  ⓑ 위탁계약서상 계약사항을 이행하지 아니하는 행위
  ⓒ 위탁계약서에서 정한 해지요건 외의 사유로 위탁계약을 해지하는 행위
  ⓓ 정당한 사유 없이 보험설계사가 요청한 위탁계약 해지를 거부하는 행위
  ⓔ 위탁계약서에서 정한 위탁업무 외의 업무를 강요하는 행위
  ⓕ 정당한 사유 없이 보험설계사에게 지급되어야 할 수수료의 전부 또는 일부를 지급하지 아니하거나 지연하여 지급하는 행위
  ⓖ 정당한 사유 없이 보험설계사에게 지급한 수수료를 환수하는 행위
  ⓗ 보험설계사에게 보험료 대납(代納)을 강요하는 행위
  ⓘ 그 밖에 대통령령으로 정하는 불공정한 행위
② 제175조에 따른 보험협회(이하 "보험협회"라 한다)는 보험설계사에 대한 보험회사 등의 불공정한 모집위탁행위를 막기 위하여 보험회사 등이 지켜야 할 규약을 정할 수 있다.

① 보험회사는 고객을 직접 응대하는 직원을 고객의 폭언이나 성희롱, 폭행 등으로부터 보호하기 위하여 다음 각 호의 조치를 하여야 한다.
  1. 직원이 요청하는 경우 해당 고객으로부터의 분리 및 업무담당자 교체
  2. 직원에 대한 치료 및 상담 지원
  3. 고객을 직접 응대하는 직원을 위한 상시적 고충처리 기구 마련. 다만, 「근로자참여 및 협력증진에 관한 법률」 제26조에 따라 고충처리위원을 두는 경우에는 고객을 직접 응대하는 직원을 위한 전담 고충처리위원의 선임 또는 위촉
  4. 그 밖에 직원의 보호를 위하여 필요한 법적 조치 등 대통령령으로 정하는 조치
② 직원은 보험회사에 대하여 제1항 각 호의 조치를 요구할 수 있다.
③ 보험회사는 제2항에 따른 직원의 요구를 이유로 직원에게 불이익을 주어서는 아니 된다.

4. 보험대리점

(1) 보험대리점

① 보험회사를 위하여 보험계약의 체결을 대리하는 자(법인이 아닌 사단과 재단을 포함)로서 금융위원회에 등록된 자를 말한다.
② 보험업법은 체결대리점만 인정하고 있다.

(2) 등록(제87조)

① 보험대리점이 되려는 자는 개인과 법인을 구분하여 *대통령령으로 정하는 바에 따라 금융위원회에 등록하여야 한다.

더 알아보기 　* 대통령령으로 정하는 바[시행령 제30조 제1항(보험대리점의 구분 및 등록요건)]

① 법 제87조에 따른 보험대리점은 개인인 보험대리점(이하 "개인보험대리점"이라 한다)과 법인인 보험대리점(이하 "법인보험대리점"이라 한다)으로 구분하고, 각각 생명보험대리점·손해보험대리점[재화의 판매, 용역의 제공 또는 사이버몰(「전자상거래 등에서의 소비자보호에 관한 법률」 제2조 제4호에 따른 사이버몰을 말한다)을 통한 재화·용역의 중개를 본업으로 하는 자가 판매·제공·중개하는 재화 또는 용역과 관련 있는 보험상품을 모집하는 손해보험대리점(이하 "간단손해보험대리점"이라 한다)을 포함한다] 및 제3보험대리점으로 구분한다.

② 다음 각 호의 어느 하나에 해당하는 자는 보험대리점이 되지 못한다.
  ⓐ 보험설계사 결격사유
  ⓑ 보험설계사 또는 보험중개사로 등록된 자
  ⓒ 다른 보험회사 등의 임직원
  ⓓ 외국의 법령에 따라 제1호에 해당하는 것으로 취급되는 자
  ⓔ 그 밖에 경쟁을 실질적으로 제한하는 등 불공정한 모집행위를 할 우려가 있는 자로서 대통령령으로 정하는 자
③ 금융위원회는 제1항에 따른 등록을 한 보험대리점으로 하여금 금융위원회가 지정하는 기관에 **영업보증금을 예탁하게 할 수 있다.

④ 보험대리점의 구분, 등록요건, 영업기준 및 영업보증금의 한도액 등에 관하여 필요한 사항은 대통령령으로 정한다.

더 알아보기 **** 보험대리점의 영업보증금(시행령 제33조)**

① 법 제87조 제4항에 따른 보험대리점의 영업보증금은 1억원(법인보험대리점의 경우에는 3억원)의 범위에서 보험회사와 대리점이 협의하여 정할 수 있다. 다만, 금융기관보험대리점에 대해서는 영업보증금 예탁의무를 면제한다.

② 금융위원회는 보험계약자의 보호와 모집질서의 유지를 위하여 필요하다고 인정하면 제1항에도 불구하고 영업보증금의 증액을 명할 수 있다.

③ 보험대리점의 등록을 한 자는 제1항 및 제2항에 따른 영업보증금을 금융위원회가 지정하는 기관(이하 "영업보증금예탁기관"이라 한다)에 예탁하지 아니하고는 영업을 할 수 없다.

④ 제1항 및 제2항에 따른 영업보증금은 현금 또는 다음 각 호의 어느 하나에 해당하는 증권 등으로 예탁할 수 있다.
1. 거래소에 상장된 증권 중 금융위원회가 인정하는 증권
2. 금융위원회가 인정하는 보증보험증권
3. 금융위원회가 인정하는 기관이 발행한 지급보증서

⑤ 보험대리점의 등록을 한 자는 제4항에 따라 예탁된 증권 등이 그 평가액의 변동으로 제1항 및 제2항에 따른 금액에 미치지 못하게 되었거나 보험기간이 만료되었을 때에는 금융위원회가 정하는 기간 내에 그 부족한 금액을 보전하거나 제1항 및 제2항에 따른 영업보증금을 다시 예탁하여야 한다.

⑥ 제4항에 따라 예탁된 증권 등의 평가방법 및 평가액 결정은 「금융위원회의 설치 등에 관한 법률」에 따른 금융감독원장(이하 "금융감독원장"이라 한다)이 정하는 바에 따른다.

---

(3) 등록취소(제88조)

① 금융위원회는 보험대리점이 다음 각 호의 어느 하나에 해당하는 경우에는 그 등록을 취소하여야 한다.
  ⓐ 보험대리점 결격사유
  ⓑ 등록 당시 결격사유에 해당하는 자이었음이 밝혀진 경우
  ⓒ 거짓이나 그 밖에 부정한 방법으로 등록을 한 경우
  ⓓ 법인대리점 업무범위(제87조의3 제1항)을 위반한 경우
  ⓔ 자기계약의 금지의무(제101조)를 위반한 경우

② 금융위원회는 보험대리점이 다음 각 호의 어느 하나에 해당하는 경우에는 6개월 이내의 기간을 정하여 그 업무의 정지를 명하거나 그 등록을 취소할 수 있다.
  ⓐ 모집에 관한 이 법의 규정을 위반한 경우
  ⓑ 보험계약자, 피보험자 또는 보험금을 취득할 자로서 제102조의2를 위반한 경우
  ⓒ 제102조의3을 위반한 경우
  ⓓ 이 법에 따른 명령이나 처분을 위반한 경우
  ⓔ 「금융소비자 보호에 관한 법률」 제51조 제1항 제3호부터 제5호까지의 어느 하나에 해당하는 경우

ⓕ 「금융소비자 보호에 관한 법률」 제51조 제2항 각 호 외의 부분 본문 중 대통령령으로 정하는 경우(업무의 정지를 명하는 경우로 한정한다)

ⓖ 해당 보험대리점 소속 보험설계사가 ⓐ, ⓓ부터 ⓕ까지에 해당하는 경우

③ 청문 및 통지

금융위원회는 등록을 취소하거나 업무의 정지를 명하려면 보험대리점에 대하여 청문을 하여야 한다. 또한 등록을 취소하거나 업무의 정지를 명한 경우에는 지체 없이 그 이유를 적은 문서로 보험대리점 및 보험회사 등에 그 뜻을 알려야 한다.

5. 보험중개사

(1) 보험중개사

독립적으로 보험계약의 체결을 중개하는 자(법인이 아니 사단과 재단을 포함)로서 금융위원회에 등록을 한 자이다.

(2) 등록(제89조)

① 보험중개사가 되려는 자는 개인과 법인을 구분하여 대통령령으로 정하는 바에 따라 금융위원회에 등록하여야 한다.

② 다음 각 호의 어느 하나에 해당하는 자는 보험중개사가 되지 못한다.

　ⓐ 보험설계사 결격사유

　ⓑ 보험설계사 또는 보험대리점으로 등록된 자

　ⓒ 다른 보험회사 등의 임직원

　ⓓ 외국의 법령에 따라 보험설계사의 결격사유에 해당하는 것으로 취급되는 자

　ⓔ 그 밖에 경쟁을 실질적으로 제한하는 등 불공정한 모집행위를 할 우려가 있는 자로서 대통령령으로 정하는 자

　ⓕ 부채가 자산을 초과하는 법인

③ 금융위원회는 제1항에 따른 등록을 한 보험중개사가 보험계약 체결·중개와 관련하여 보험계약자에게 입힌 손해의 배상을 보장하기 위하여 보험중개사로 하여금 금융위원회가 지정하는 기관에 *영업보증금을 예탁하게 하거나 보험가입, 그 밖에 필요한 조치를 하게 할 수 있다.

④ 보험중개사의 구분, 등록요건, 영업기준 및 영업보증금의 한도액 등에 관하여 필요한 사항은 대통령령으로 정한다.

더 알아보기　*보험중개사의 영업보증금(시행령 제37조)

① 법 제89조 제3항에 따른 보험중개사의 영업보증금은 개인은 1억원 이상, 법인은 3억원 이상으로 하며, 그 구체적인 금액은 해당 보험중개사의 영업규모를 고려하여 총리령으로 정한다. 다만, 금융기관보험중개사에 대해서는 영업보증금 예탁의무를 면제한다.

② 금융위원회는 보험계약자의 보호와 모집질서의 유지를 위하여 필요하다고 인정하면 제1항에도 불구하고 최근 사업연도의 보험중개와 관련된 총수입금액의 5배의 범위에서 영업보증금의 증액을 명할 수 있다.

③ 금융위원회는 보험중개사가 다음 각 호의 어느 하나에 해당하는 경우에는 총리령으로 정하는 바에 따라 영업보증금의 전부 또는 일부를 반환한다.

1. 보험중개사가 보험중개 업무를 폐지한 경우
2. 보험중개사인 개인이 사망한 경우
3. 보험중개사인 법인이 파산 또는 해산하거나 합병으로 소멸한 경우
4. 법 제90조 제1항에 따라 등록이 취소된 경우
5. 보험중개사의 업무상황 변화 등으로 이미 예탁한 영업보증금이 예탁하여야 할 영업보증금을 초과하게 된 경우

④ 보험중개사의 영업보증금의 예탁방법 등에 관하여는 제33조 제3항부터 제6항까지의 규정을 준용한다.

⑤ 제1항에 따른 영업보증금의 산출기준 등 보험중개사의 영업보증금에 관하여 필요한 사항은 금융위원회가 정하여 고시한다.

(3) 등록취소(제90조)

① 금융위원회는 보험중개사가 다음 각 호의 어느 하나에 해당하는 경우에는 그 등록을 취소하여야 한다.

ⓐ 보험중개사 등록결격사유. 다만, 제89조 제2항 제5호의 경우 일시적으로 부채가 자산을 초과하는 법인으로서 대통령령으로 정하는 법인인 경우에는 그러하지 아니하다.

ⓑ 등록 당시 보험중개사 등록 결격사유에 해당하는 자이었음이 밝혀진 경우

ⓒ 거짓이나 그 밖의 부정한 방법으로 등록을 한 경우

ⓓ 법인보험중개사의 업무범위를 위반한 경우

ⓔ 자기계약금지를 위반한 경우

② 금융위원회는 보험중개사가 다음 각 호의 어느 하나에 해당하는 경우에는 6개월 이내의 기간을 정하여 그 업무의 정지를 명하거나 그 등록을 취소할 수 있다.

ⓐ 모집에 관한 이 법의 규정을 위반한 경우

ⓑ 보험계약자, 피보험자 또는 보험금을 취득할 자로서 보험사기행위를 한 경우(제102조의2를 위반)

ⓒ 보험중개사가 보험관계업무 종사자 등으로 하여금 보험사기행위를 하게 하는 경우(제102조의3을 위반)

ⓓ 이 법에 따른 명령이나 처분을 위반한 경우

ⓔ 「금융소비자 보호에 관한 법률」 제51조 제1항 제3호부터 제5호까지의 어느 하나에 해당하는 경우

ⓕ 「금융소비자 보호에 관한 법률」 제51조 제2항 각 호 외의 부분 본문 중 대통령령으로 정하는 경우(업무의 정지를 명하는 경우로 한정한다)

ⓖ 해당 보험중개사 소속 보험설계사가 ⓐ, ⓓ부터 ⓕ까지에 해당하는 경우

③ 청문 및 통지

금융위원회는 등록을 취소하거나 업무의 정지를 명하려면 보험중개사에 대하여 청문을 하여야 한다. 또한 등록을 취소하거나 업무의 정지를 명한 경우에는 지체 없이 그 이유를 적은 문서로 보험중개사 및 보험회사 등에 그 뜻을 알려야 한다.

① 법 제90조 제1항 제1호 단서에서 "대통령령으로 정하는 법인"이란 보험중개사의 사업 개시에 따른 투자비용의 발생, 급격한 영업환경의 변화, 그 밖에 보험중개사에게 책임을 물을 수 없는 사유로 보험중개사의 재산 상태에 변동이 생겨 부채가 자산을 초과하게 된 법인으로서 등록취소 대신 6개월 이내에 이를 개선하는 조건으로 금융위원회의 승인을 받은 법인을 말한다.

② 금융위원회는 제1항에 따라 승인을 받은 날부터 6개월이 지난 후에도 해당 보험중개사의 부채가 자산을 초과하는 경우에는 지체 없이 그 등록을 취소하여야 한다.

③ 제1항에 따른 승인의 방법 및 절차에 관하여 필요한 사항은 금융위원회가 정하여 고시한다.

(4) 보험중개사의 의무 등(제92조)

① 보험중개사는 보험계약의 체결을 중개할 때 그 중개와 관련된 내용을 *대통령령으로 정하는 바에 따라 장부에 적고 보험계약자에게 알려야 하며, 그 수수료에 관한 사항을 비치하여 보험계약자가 열람할 수 있도록 하여야 한다.

| 더 알아보기 | * 대통령령으로 정하는 바[시행령 제41조(보험중개사의 의무)] |

① 법 제92조 제1항에 따라 보험중개사가 장부에 적어야 할 사항은 다음 각 호와 같다.
  1. 「상법」 제96조에 따라 작성·교부하는 결약서(이하 "결약서"라 한다)의 기재사항으로서 금융위원회가 정하여 고시하는 사항
  2. 보험계약 체결의 중개와 관련하여 해당 보험중개사가 받은 수수료·보수와 그 밖의 대가
  3. 법 제101조에 따른 자기 또는 자기를 고용하고 있는 자를 보험계약자 또는 피보험자로 하는 보험계약의 체결을 중개한 경우에는 그 내용

② 법 제92조 제1항에 따라 보험중개사가 갖춰 두어야 할 장부 및 서류는 다음 각 호와 같다.
  1. 결약서 사본
  2. 제1항 제2호 및 제3호의 사항을 적은 서류
  3. 제3항에 따라 발급한 서류
  4. 보험회사와 중개업무계약을 체결하거나 보험계약자와 보수계약을 체결한 경우에는 그 계약서

③ 삭제 〈2021.3.23.〉

④ 보험중개사는 보험계약자가 요청하는 경우에는 보험계약 체결의 중개와 관련하여 보험회사로부터 받은 수수료·보수와 그 밖의 대가를 알려 주어야 한다.

⑤ 보험중개사는 제2항에 따라 갖춰 두고 있는 장부 또는 서류를 보험계약자나 이해당사자가 열람할 수 있도록 하고 보험계약자 등이 요청할 때에는 그 내용에 대한 증명서를 발급하여야 한다.

⑥ 제2항에 따른 장부 및 서류의 비치방법 등에 관하여 그 밖에 필요한 사항은 금융위원회가 정하여 고시한다.

② 보험중개사는 보험회사의 임직원이 될 수 없으며, 보험계약의 체결을 중개하면서 보험회사·보험설계사·보험대리점·보험계리사 및 손해사정사의 업무를 겸할 수 없다.

(5) 신고사항(제93조)

① 보험설계사·보험대리점 또는 보험중개사는 다음 각 호의 어느 하나에 해당하는 경우에는 지체 없이 그 사실을 금융위원회에 신고하여야 한다.

    ⓐ 보험설계사, 보험대리점, 보험중개사 등록을 신청할 때 제출한 서류에 적힌 사항이 변경된 경우

    ⓑ 보험설계사 결격사유

    ⓒ 모집업무를 폐지한 경우

    ⓓ 개인의 경우에는 본인이 사망한 경우

    ⓔ 법인의 경우에는 그 법인이 해산한 경우

    ⓕ 법인이 아닌 사단 또는 재단의 경우에는 그 단체가 소멸한 경우

    ⓖ 보험대리점 또는 보험중개사가 소속 보험설계사와 보험모집에 관한 위탁을 해지한 경우

    ⓗ 제85조 제3항에 따라 보험설계사가 다른 보험회사를 위하여 모집을 한 경우나, 보험대리점 또는 보험중개사가 생명보험계약의 모집과 손해보험계약의 모집을 겸하게 된 경우

② 제11항 제4호의 경우에는 그 상속인, 같은 항 제5호의 경우에는 그 청산인·업무집행임원이었던 자 또는 파산관재인, 같은 항 제6호의 경우에는 그 관리인이었던 자가 각각 제1항의 신고를 하여야 한다.

③ 보험회사는 모집을 위탁한 보험설계사 또는 보험대리점이 제1항 각 호의 어느 하나에 해당하는 사실을 알게 된 경우에는 제1항 및 제2항에도 불구하고 그 사실을 금융위원회에 신고하여야 한다.

④ 보험대리점 및 보험중개사에 관하여는 제3항을 준용한다. 이 경우 "보험설계사 또는 보험대리점"은 "보험설계사"로 본다.

6. 법인보험대리점·중개사

(1) 임원의 자격(제87조의2, 제89조의2)

① 다음 각 호의 어느 하나에 해당하는 자는 법인보험대리점·중개사의 임원(이사·감사 또는 사실상 이와 동등한 지위에 있는 자로서 대통령령으로 정하는 자를 말한다)이 되지 못한다.

    ⓐ 「금융회사의 지배구조에 관한 법률」 제5조 제1항 제1호·제2호 및 제4호에 해당하는 자

    ⓑ 제84조 제2항 제5호부터 제7호까지에 해당하는 자

    ⓒ 금고 이상의 실형을 선고받고 그 집행이 끝나거나(집행이 끝난 것으로 보는 경우를 포함한다) 집행이 면제된 날부터 3년이 지나지 아니한 자

    ⓓ 이 법 또는 「금융소비자 보호에 관한 법률」에 따라 벌금 이상의 형을 선고받고 그 집행이 끝나거나(집행이 끝난 것으로 보는 경우를 포함한다) 집행이 면제된 날부터 3년이 지나지 아니한 자

② 제1항에 따른 임원의 자격요건에 관하여 구체적인 사항은 대통령령으로 정한다.

(2) 업무범위 등(제87조의3, 제89조의3)

① 법인보험대리점·중개사는 보험계약자 보호 등을 해칠 우려가 없는 업무로서 *대통령령으로 정하는 업무 또는 보험계약의 모집업무 이외의 업무를 하지 못한다.

① 법인보험대리점은 다음 각 호의 어느 하나에 해당하는 업무를 하지 못한다.
1. 「방문판매 등에 관한 법률」에 따른 다단계판매업
2. 「대부업 등의 등록 및 금융이용자 보호에 관한 법률」에 따른 대부업 또는 대부중개업

② 법인보험대리점·중개사는 **경영현황 등 대통령령으로 정하는 업무상 주요 사항을 대통령령으로 정하는 바에 따라 공시하고 금융위원회에 알려야 한다.

② "경영현황 등 대통령령으로 정하는 업무상 주요 사항"이란 다음 각 호의 사항을 말한다.
1. 경영하고 있는 업무의 종류
2. 모집조직에 관한 사항
3. 모집실적에 관한 사항
4. 그 밖에 보험계약자 보호를 위하여 금융위원회가 정하여 고시하는 사항

7. 금융기관보험대리점

(1) 보험대리점 또는 보험중개사로 등록할 수 있는 금융기관(제91조)

① 「은행법」에 따라 설립된 은행
② 「자본시장과 금융투자업에 관한 법률」에 따른 투자매매업자 또는 투자중개업자
③ 「상호저축은행법」에 따른 상호저축은행
④ 그 밖에 다른 법률에 따라 금융업무를 하는 기관으로서 *대통령령으로 정하는 기관

① 법 제91조 제1항 제4호에서 "대통령령으로 정하는 기관"이란 다음 각 호의 기관을 말한다.
1. 「한국산업은행법」에 따라 설립된 한국산업은행
2. 「중소기업은행법」에 따라 설립된 중소기업은행
2의2. 삭제 〈2012.6.1.〉
3. 「여신전문금융업법」에 따라 허가를 받은 신용카드업자(겸영여신업자는 제외한다)
4. 「농업협동조합법」에 따라 설립된 조합 및 농협은행

(2) 보험상품 및 모집방법

① 보험상품의 범위(시행령 제40조 제2항, [별표 5])

금융기관보험대리점 등이 모집할 수 있는 보험상품의 범위는 다음과 같다.

생명보험	손해보험
가. 개인저축성 보험 　1) 개인연금 　2) 일반연금 　3) 교육보험 　4) 생사혼합보험 　5) 그 밖의 개인저축성 보험 나. 신용생명보험 다. 개인보장성 보험 중 제3보험(주계약으로 한정 　하고, 저축성 보험 특별약관 및 질병사망 특별 　약관을 부가한 상품 제외)	가. 개인연금 나. 장기저축성 보험 다. 화재보험(주택) 라. 상해보험(단체상해보험은 제외) 마. 종합보험 바. 신용손해보험 사. 개인장기보장성 보험 중 제3보험(주계약으로 　한정하고, 저축성보험 특별약관 및 질병사망 특 　별약관을 부가한 상품 제외)

다만, 「여신전문금융법」에 따라 허가를 받은 신용카드업자가 모집할 수 있는 보험상품의 범위는 금융기관 보험대리점 등이 아닌 보험대리점이 모집할 수 있는 보험상품의 범위와 같고, 같은 항 제4호에 따른 조합이 모집할 수 있는 보험상품의 범위는 법률 제10522호 「농업협동조합법」 일부개정법률 부칙 제15조 제8항에 따라 허가받은 것으로 보는 보험상품으로서 구체적인 보험상품의 범위는 금융위원회가 정하여 고시한다.

② 모집방법(시행령 제40조 제3항)

금융기관보험대리점 등은 다음 각 호의 어느 하나에 해당하는 방법으로 모집하여야 한다. 다만, ⓒ의 방법은 신용카드업자만 사용할 수 있다.

ⓐ 해당 금융기관보험대리점 등의 점포 내의 지정된 장소에서 보험계약자와 직접 대면하여 모집하는 방법

ⓑ 인터넷 홈페이지를 이용하여 불특정 다수를 대상으로 보험상품을 안내하거나 설명하여 모집하는 방법

ⓒ 전화, 우편, 컴퓨터통신 등의 통신수단을 이용하여 모집하는 방법

(3) 금융기관보험대리점 등에 대한 특례(제91조의2)

금융기관보험대리점 등에 대하여는 제87조의2 제1항(법인보험대리점 임원의 자격) 및 제87조의 3(법인보험대리점의 업무범위 등)을 적용하지 아니한다.

(4) 금융기관보험대리점 등의 영업기준(시행령 제40조 제4항~제12항)

① 금융기관보험대리점 등(신용카드업자는 제외한다)은 그 금융기관보험대리점 등의 본점·지점 등 점포별로 2명(보험설계사 자격을 갖춘 사람으로서 금융위원회가 정한 기준과 방법에 따라 채용된 사람은 제외한다)의 범위에서 금융위원회에 등록된 소속 임원 또는 직원으로 하여금 모집에 종사하게 할 수 있다.

② 금융기관보험대리점 등에서 모집에 종사하는 사람은 대출 등 불공정 모집의 우려가 있는 업무를 취급할 수 없다.

③ 금융기관보험대리점등(최근 사업연도 말 현재 자산총액이 2조원 이상인 기관만 해당한다. 제7항에서 같다)이 모집할 수 있는 1개 생명보험회사 또는 1개 손해보험회사 상품의 모집액은 매 사업연도별로 해당 금융기관보험대리점등이 신규로 모집하는 생명보험회사 상품의 모집총액 또는 손해보험회사 상품의 모집총액 각각의 100분의 25(제7항에 따라 보험회사 상품의 모집액을 합산하여 계산하는 경우에는 100분의 33)를 초과할 수 없다. 다만, 제1항 제3호에 따른 신용카드업자가 다음 각 호의 구분에 따른 요건을 충족하는 경우 해당 사업연도에 신규로 모집하는 생명보험회사 상품의 모집총액 또는 손해보험회사 상품의 모집총액 중 1개 생명보험회사 또는 1개 손해보험회사 상품의 모집액이 차지하는 비율의 상한은 100분의 50(제7항에 따라 보험회사 상품의 모집액을 합산하여 계산하는 경우에는 100분의 66)으로 한다.

〈개정 2023.12.29.〉

ⓐ 생명보험회사 상품 모집 직전 사업연도 말 현재 제1항 제3호에 따른 신용카드업자 각각이 신규로 모집한 생명보험회사 상품의 모집액을 생명보험회사별로 합산한 경우 그 합산 금액이 10억원 이상인 생명보험회사의 수가 4개 이하일 것

ⓑ 손해보험회사 상품 모집 직전 사업연도 말 현재 제1항 제3호에 따른 신용카드업자 각각이 신규로 모집한 손해보험회사 상품의 모집액을 손해보험회사별로 합산한 경우 그 합산 금액이 15억원 이상인 손해보험회사의 수가 4개 이하일 것

④ 1개 보험회사 상품의 모집액 산정시 금융기관보험대리점 등과 대리점계약을 체결한 보험회사(이하 "체약보험회사"라 한다)와 다음 각 호의 어느 하나에 해당하는 관계에 있는 보험회사 상품의 모집액은 합산하여 계산한다.

ⓐ 최대주주가 동일한 보험회사

ⓑ 체약보험회사 지분의 100분의 15 이상을 소유한 금융기관보험대리점 등이 지분의 100분의 15 이상을 소유한 보험회사

ⓒ 체약보험회사 지분의 100분의 15 이상을 소유한 금융기관보험대리점 등의 지주회사가 지분의 100분의 15 이상을 소유한 보험회사

ⓓ 제1호부터 제3호까지에 준하는 경우로서 금융위원회가 정하여 고시하는 관계에 있는 보험회사

⑤ 금융기관보험대리점 등은 해당 금융기관에 적용되는 모집수수료율을 모집을 하는 점포의 창구 및 인터넷 홈페이지에 공시하여야 하며 보험회사는 모집을 위탁한 금융기관보험대리점 등의 모집수수료율을, 보험협회는 전체 금융기관보험대리점 등의 모집수수료율을 각각 비교·공시하여야 한다.

⑥ 금융기관보험대리점 등은 보험계약의 체결을 대리하거나 중개할 때에는 금융위원회가 정하여 고시하는 바에 따라 다음 각 호의 모든 사항을 보험계약자에게 설명하여야 한다.

ⓐ 대리하거나 중개하는 보험계약의 주요 보장 내용

ⓑ 대리하거나 중개하는 보험계약의 환급금

ⓒ 그 밖에 불완전 판매를 방지하기 위하여 필요한 경우로서 금융위원회가 정하여 고시하는 사항

⑦ 세부기준·방법 등 그 밖에 금융기관보험대리점 등의 모집에 필요한 사항은 금융위원회가 정하여 고시한다. 다만, 「전자상거래 등에서의 소비자보호에 관한 법률」 등 소비자 관련 법령에서 규율하고 있는 사항에 대해서는 그러하지 아니하다.

⑧ 금융감독원장은 금융기관보험대리점 등의 모집총액과 제8항에 따른 모집수수료율 등에 관한 보고서를 금융기관보험대리점 등의 사업연도별로 작성하여야 한다.

⑨ 「농업협동조합법」에 따라 설립된 조합이 농업인을 대상으로 다음 각 호의 보험상품을 모집하는 경우에는 시행령 제40조 제3항, 제4항 또는 제6항을 적용하지 아니한다.

ⓐ 「농어업재해보험법」 제2조 제2호에 따른 농어업재해보험

ⓑ 「농어업인 삶의 질 향상 및 농어촌지역 개발촉진에 관한 특별법」 제3조 제3호에 따른 농어업인등의 복지증진 및 농어촌의 개발촉진 등을 위하여 정부나 지방자치단체가 보험료의 일부를 지원하는 보험상품으로서 금융위원회가 정하여 고시하는 보험상품

Ⅱ. 모집 관련 준수사항

1. 보험모집의 제한과 준수사항

(1) 보험안내자료(제95조)

① 모집을 위하여 사용하는 보험안내자료(이하 "보험안내자료"라 한다)에는 다음 각 호의 사항을 명백하고 알기 쉽게 적어야 한다.

ⓐ 보험회사의 상호나 명칭 또는 보험설계사·보험대리점 또는 보험중개사의 이름·상호나 명칭

ⓑ 보험 가입에 따른 권리·의무에 관한 주요 사항

ⓒ 보험약관으로 정하는 보장에 관한 사항

ⓓ 보험금 지급제한 조건에 관한 사항

ⓔ 해약환급금에 관한 사항

ⓕ 「예금자보호법」에 따른 예금자보호와 관련된 사항

ⓖ 그 밖에 보험계약자를 보호하기 위하여 대통령령으로 정하는 사항

② 보험안내자료에 보험회사의 자산과 부채에 관한 사항을 적는 경우에는 금융위원회에 제출한 서류에 적힌 사항과 다른 내용의 것을 적지 못한다.

③ 보험안내자료에는 보험회사의 장래의 이익 배당 또는 잉여금 분배에 대한 예상에 관한 사항을 적지 못한다. 다만, 보험계약자의 이해를 돕기 위하여 금융위원회가 필요하다고 인정하여 정하는 경우에는 그러하지 아니하다.

④ 방송·인터넷 홈페이지 등 그 밖의 방법으로 모집을 위하여 보험회사의 자산 및 부채에 관한 사항과 장래의 이익 배당 또는 잉여금 분배에 대한 예상에 관한 사항을 불특정 다수인에게 알리는 경우에는 제2항 및 제3항을 준용한다.

(2) 설명의무 등(제95조의2)

① 보험회사는 보험계약의 체결 시부터 보험금 지급 시까지의 주요 과정을 *대통령령으로 정하는 바에 따라 일반보험계약자에게 설명하여야 한다. 다만, 일반보험계약자가 설명을 거부하는 경우에는 그러하지 아니하다.

② 보험회사는 일반보험계약자가 보험금 지급을 요청한 경우에는 *대통령령으로 정하는 바에 따라 보험금의 지급절차 및 지급내역 등을 설명하여야 하며, 보험금을 감액하여 지급하거나 지급하지 아니하는 경우에는 그 사유를 설명하여야 한다.

보험회사는 법 제95조의2 제3항 본문 및 제4항에 따라 다음 각 호의 단계에서 중요 사항을 항목별로 일반보험계약자에게 설명해야 한다. 다만, 제1호에 따른 보험계약 체결 단계(마목에 따른 보험계약 승낙 거절시 거절사유로 한정한다), 제2호에 따른 보험금 청구 단계 또는 제3호에 따른 보험금 심사·지급 단계의 경우 일반보험계약자가 계약 체결 전에 또는 보험금 청구권자가 보험금 청구 단계에서 동의한 경우에 한정하여 서면, 문자메시지, 전자우편 또는 팩스 등으로 중요 사항을 통보하는 것으로 이를 대신할 수 있다.

1. 보험계약 체결 단계
   가. 보험의 모집에 종사하는 자의 성명, 연락처 및 소속
   나. 보험의 모집에 종사하는 자가 보험회사를 위하여 보험계약의 체결을 대리할 수 있는지 여부
   다. 보험의 모집에 종사하는 자가 보험료나 고지의무사항을 보험회사를 대신하여 수령할 수 있는지 여부
   라. 보험계약의 승낙절차
   마. 보험계약 승낙 거절시 거절 사유
   바. 「상법」 제638조의3 제2항에 따라 3개월 이내에 해당 보험계약을 취소할 수 있다는 사실 및 그 취소 절차·방법
   사. 그 밖에 일반보험계약자가 보험계약 체결 단계에서 설명 받아야 하는 사항으로서 금융위원회가 정하여 고시하는 사항

2. 보험금 청구 단계
   가. 담당 부서, 연락처 및 보험금 청구에 필요한 서류
   나. 보험금 심사 절차, 예상 심사기간 및 예상 지급일
   다. 일반보험계약자가 보험사고 조사 및 손해사정에 관하여 설명 받아야 하는 사항으로서 금융위원회가 정하여 고시하는 사항
   라. 그 밖에 일반보험계약자가 보험금 청구 단계에서 설명 받아야 하는 사항으로서 금융위원회가 정하여 고시하는 사항

3. 보험금 심사·지급 단계
   가. 보험금 지급일 등 지급절차
   나. 보험금 지급내역
   다. 보험금 심사 지연시 지연 사유 및 예상 지급일
   라. 보험금을 감액하여 지급하거나 지급하지 아니하는 경우에는 그 사유
   마. 그 밖에 일반보험계약자가 보험금 심사·지급 단계에서 설명 받아야 하는 사항으로서 금융위원회가 정하여 고시하는 사항

(3) 중복계약 체결 확인 의무(제95조의5)

① 보험회사 또는 보험의 모집에 종사하는 자는 *대통령령으로 정하는 보험계약을 모집하기 전에 보험계약자가 되려는 자의 동의를 얻어 모집하고자 하는 보험계약과 동일한 위험을 보장하는 보험계약을 체결하고 있는지를 확인하여야 하며 확인한 내용을 보험계약자가 되려는 자에게 즉시 알려야 한다.

"대통령령으로 정하는 보험계약"이란 실제 부담한 의료비만 지급하는 제3보험상품계약(이하 "실손의료보험계약" 이라 한다)과 실제 부담한 손해액만을 지급하는 것으로서 금융감독원장이 정하는 보험상품계약(이하 "기타손해보험계약"이라 한다)을 말한다. 다만, 다음 각 호의 보험계약은 제외한다.
1. 여행 중 발생한 위험을 보장하는 보험계약으로서 다음 각 목의 어느 하나에 해당하는 보험계약
   가. 「관광진흥법」 제4조에 따라 등록한 여행업자가 여행자를 위하여 일괄 체결하는 보험계약
   나. 특정 단체가 그 단체의 구성원을 위하여 일괄 체결하는 보험계약
2. 국외여행, 연수 또는 유학 등 국외체류 중 발생한 위험을 보장하는 보험계약

② 제1항의 중복계약 체결의 확인 절차 등에 관하여 필요한 사항은 **대통령령으로 정한다.

② 보험회사 또는 보험의 모집에 종사하는 자가 실손의료보험계약 또는 기타손해보험계약을 모집하는 경우에는 법 제95조의5 제1항에 따라 피보험자가 되려는 자가 이미 다른 실손의료보험계약 또는 보장내용이 동일한 기타손해보험계약의 피보험자로 되어 있는지를 확인하여야 한다.
③ 제2항에 따른 확인 결과, 피보험자가 되려는 자가 다른 실손의료보험계약 또는 보장내용이 동일한 기타손해보험계약의 피보험자로 되어 있는 경우에는 보험금 비례분담 등 보장금 지급에 관한 세부 사항을 안내하여야 한다.

(4) 통신수단을 이용한 모집·철회 및 해지 등 관련 준수사항(제96조)

① 전화·우편·컴퓨터통신 등 통신수단을 이용하여 모집을 하는 자는 제83조에 따라 모집을 할 수 있는 자이어야 하며, 다른 사람의 평온한 생활을 침해하는 방법으로 모집을 하여서는 아니 된다.
② 보험회사는 다음 각 호의 어느 하나에 해당하는 경우 통신수단을 이용할 수 있도록 하여야 한다.
ⓐ 보험계약을 청약한 자가 청약의 내용을 확인·정정 요청하거나 청약을 철회하고자 하는 경우
ⓑ 보험계약자가 체결한 계약의 내용을 확인하고자 하는 경우
ⓒ 보험계약자가 체결한 계약을 해지하고자 하는 경우(보험계약자가 계약을 해지하기 전에 안전성 및 신뢰성이 확보되는 방법을 이용하여 보험계약자 본인임을 확인받은 경우에 한정한다)
    ※ 보험계약자가 계약을 해지하기 전에 안전성 및 신뢰성이 확보되는 방법을 이용하여 보험계약자 본인이 통신수단을 이용한 계약해지를 청구하는 것이 확인될 때에는 통신수단을 이용한 보험계약 해지가 가능하도록 함으로써 고령자·장애인 등 사회취약계층의 편의성을 증진하려는 것임.
③ 제1항에 따른 통신수단을 이용하여 모집을 하는 방법과 제2항에 따른 통신수단을 이용한 청약 철회 등을 하는 방법에 관하여 필요한 사항은 대통령령으로 정한다.

2. 금지행위

(1) 보험계약의 체결 또는 모집에 관한 금지행위(제97조)

① 보험계약의 체결 또는 모집에 종사하는 자는 그 체결 또는 모집에 관하여 다음 각 호의 어느 하나에 해당하는 행위를 하여서는 아니 된다.

ⓐ 보험계약자 또는 피보험자로 하여금 이미 성립된 보험계약(이하 "기존보험계약"이라 한다)을 부당하게 소멸시킴으로써 새로운 보험계약(*대통령령으로 정하는 바에 따라 기존보험계약과 보장내용 등이 비슷한 경우만 해당한다)을 청약하게 하거나 새로운 보험계약을 청약하게 함으로써 기존보험계약을 부당하게 소멸시키거나 그 밖에 부당하게 보험계약을 청약하게 하거나 이러한 것을 권유하는 행위

> **더 알아보기** | **＊ 대통령령으로 정하는 바(시행령 제43조의2 제1항)**
>
> 이미 성립된 보험계약(이하 "기존보험계약"이라 한다)과 보장 내용 등이 비슷한 새로운 보험계약은 다음 각 호의 사항에 모두 해당하여야 한다. 다만, 기존보험계약 또는 새로운 보험계약의 보험기간이 1년 이하인 경우 또는 컴퓨터통신을 이용하여 새로운 보험계약을 체결하는 경우에는 그러하지 아니하다.
> 1. 기존보험계약과 새로운 보험계약의 피보험자가 같을 것
> 2. 기존보험계약과 새로운 보험계약의 위험보장의 범위가 법 제2조 제1호 각 목의 생명보험상품, 손해보험상품, 제3보험상품의 구분에 따라 비슷할 것

ⓑ 실제 명의인이 아닌 자의 보험계약을 모집하거나 실제 명의인의 동의가 없는 보험계약을 모집하는 행위

ⓒ 보험계약자 또는 피보험자의 자필서명이 필요한 경우에 보험계약자 또는 피보험자로부터 자필서명을 받지 아니하고 서명을 대신하거나 다른 사람으로 하여금 서명하게 하는 행위

ⓓ 다른 모집 종사자의 명의를 이용하여 보험계약을 모집하는 행위

ⓔ 보험계약자 또는 피보험자와의 금전대차의 관계를 이용하여 보험계약자 또는 피보험자로 하여금 보험계약을 청약하게 하거나 이러한 것을 요구하는 행위

ⓕ 정당한 이유 없이 「장애인차별금지 및 권리구제 등에 관한 법률」 제2조에 따른 장애인의 보험가입을 거부하는 행위

ⓖ 보험계약의 청약철회 또는 계약 해지를 방해하는 행위

② 보험계약의 체결 또는 모집에 종사하는 자가 다음 각 호의 어느 하나에 해당하는 행위를 한 경우에는 제1항 ⓐ를 위반하여 기존보험계약을 부당하게 소멸시키거나 소멸하게 하는 행위를 한 것으로 본다.

ⓐ 기존보험계약이 소멸된 날부터 1개월 이내에 새로운 보험계약을 청약하게 하거나 새로운 보험계약을 청약하게 한 날부터 1개월 이내에 기존보험계약을 소멸하게 하는 행위이다. 다만, 보험계약자가 기존 보험계약 소멸 후 새로운 보험계약 체결시 손해가 발생할 가능성이 있다는 사실을 알고 있음을 자필로 서명하는 등 ＊＊대통령령으로 정하는 바에 따라 본인의 의사에 따른 행위임이 명백히 증명되는 경우에는 그러하지 아니하다.

ⓑ 기존보험계약이 소멸된 날부터 6개월 이내에 새로운 보험계약을 청약하게 하거나 새로운 보험계약을 청약하게 한 날부터 6개월 이내에 기존보험계약을 소멸하게 하는 경우로서 해당 보험계약자 또는 피보험자에게 기존보험계약과 새로운 보험계약의 보험기간 및 예정 이자율 등 ***대통령령으로 정하는 중요한 사항을 비교하여 알리지 아니하는 행위

ⓒ 보험계약자는 보험계약의 체결 또는 모집에 종사하는 자(보험중개사는 제외한다)가 제1항 ⓐ를 위반하여 기존보험계약을 소멸시키거나 소멸하게 하였을 때에는 그 보험계약의 체결 또는 모집에 종사하는 자가 속하거나 모집을 위탁한 보험회사에 대하여 그 보험계약이 소멸한 날부터 6개월 이내에 소멸된 보험계약의 부활을 청구하고 새로운 보험계약은 취소할 수 있다.

ⓓ 보험계약의 부활의 청구를 받은 보험회사는 특별한 사유가 없으면 소멸된 보험계약의 부활을 승낙하여야 한다.

ⓔ 보험계약의 부활을 청구하는 절차 및 방법과 그 밖에 보험계약의 부활에 관하여 필요한 사항은 ****대통령령으로 정한다.

**** 대통령령[시행령 제45조(보험계약의 부활 청구 절차)]

① 법 제97조 제4항에 따라 소멸된 보험계약의 부활을 청구하고 새로운 보험계약을 취소하려는 보험계약자는 보험계약 부활청구서에 다음 각 호의 서류를 첨부하여 보험회사에 제출하여야 한다.
   1. 기존보험계약의 소멸을 증명하는 서류
   2. 새로운 보험계약의 보험증권
② 보험회사는 제1항에 따른 서류를 접수하였을 때에는 접수증을 발급하고 부활사유 및 제출된 서류의 기재사항 등을 확인하여야 한다.
③ 보험회사는 보험계약의 부활 청구를 받은 날(건강진단을 받는 계약의 경우에는 진단일)부터 30일 이내에 승낙 또는 거절의 통지를 하여야 하며 그 기간에 통지가 없을 때에는 승낙한 것으로 본다.
④ 법 제97조 제4항에 따른 소멸된 보험계약의 부활 및 새로운 보험계약의 취소의 효력은 다음 각 호의 요건을 충족하였을 때에 발생한다.
   1. 기존보험계약의 소멸로 인하여 보험계약자가 수령한 해약환급금의 반환
   2. 새로운 보험계약으로부터 보험계약자가 제급부금을 수령한 경우 그 반환
⑤ 법 제97조 제4항 및 제5항에 따른 보험계약의 부활 및 취소는 해당 보험계약이 같은 보험회사를 대상으로 한 계약에만 적용한다.
⑥ 금융위원회는 보험계약의 부활에 필요한 세부사항을 정하여 고시할 수 있다.

(2) 특별이익의 제공금지(제98조)

보험계약의 체결 또는 모집에 종사하는 자는 그 체결 또는 모집과 관련하여 보험계약자나 피보험자에게 다음 각 호의 어느 하나에 해당하는 특별이익을 제공하거나 제공하기로 약속하여서는 아니 된다.
① 금품(*대통령령으로 정하는 금액을 초과하지 아니하는 금품은 제외한다)

* 대통령령으로 정하는 금액(시행령 제46조)

보험계약 체결 시부터 최초 1년간 납입되는 보험료의 100분의 10과 3만원(보험계약에 따라 보장되는 위험을 감소시키는 물품의 경우에는 20만원) 중 적은 금액

② 기초서류에서 정한 사유에 근거하지 아니한 보험료의 할인 또는 수수료의 지급
③ 기초서류에서 정한 보험금액보다 많은 보험금액의 지급 약속
④ 보험계약자나 피보험자를 위한 보험료의 대납
⑤ 보험계약자나 피보험자가 해당 보험회사로부터 받은 대출금에 대한 이자의 대납
⑥ 보험료로 받은 수표 또는 어음에 대한 이자 상당액의 대납
⑦ 「상법」 제682조에 따른 제3자에 대한 청구권 대위행사의 포기

(3) 수수료 지급 등의 금지(제99조)

① 보험회사는 제83조에 따라 모집할 수 있는 자 이외의 자에게 모집을 위탁하거나 모집에 관하여 수수료, 보수, 그 밖의 대가를 지급하지 못한다. 다만, 다음 각 호의 어느 하나에 해당하는 경우에는 그러하지 아니다.

ⓐ 기초서류에서 정하는 방법에 따른 경우

ⓑ 보험회사가 대한민국 밖에서 외국보험사와 공동으로 원보험계약(原保險契約)을 인수하거나 대한민국 밖에서 외국의 모집조직(외국의 법령에 따라 모집을 할 수 있도록 허용된 경우만 해당한다)을 이용하여 원보험계약 또는 재보험계약을 인수하는 경우

ⓒ 그 밖에 대통령령으로 정하는 경우

② 보험중개사는 *대통령령으로 정하는 경우 이외에는 보험계약 체결의 중개와 관련한 수수료나 그 밖의 대가를 보험계약자에게 청구할 수 없다.

더 알아보기　　*** 대통령령으로 정하는 경우[시행령 제47조(수수료 지급 등의 금지 예외)]**

① 법 제99조 제3항에서 "대통령령으로 정하는 경우"란 보험계약 체결의 중개와는 별도로 보험계약자에게 특별히 제공한 서비스에 대하여 일정 금액으로 표시되는 보수나 그 밖의 대가를 지급할 것을 미리 보험계약자와 합의한 서면약정서에 의하여 청구하는 경우를 말한다.

② 보험중개사는 제1항에 따른 보수나 그 밖의 대가를 청구하려는 경우에는 해당 서비스를 제공하기 전에 제공할 서비스별 내용이 표시된 보수명세표를 보험계약자에게 알려야 한다.

(4) 금융기관보험대리점 등의 금지행위 등(제100조)

① 금융기관보험대리점 등은 모집을 할 때 다음 각 호의 어느 하나에 해당하는 행위를 하여서는 아니 된다.

ⓐ 대출 등 해당 금융기관이 제공하는 용역(이하 "대출 등"이라 한다)을 받는 자의 동의를 미리 받지 아니하고 보험료를 대출 등의 거래에 포함시키는 행위

ⓑ 해당 금융기관의 임직원(제83조에 따라 모집할 수 있는 자는 제외한다)에게 모집을 하도록 하거나 이를 용인하는 행위

ⓒ 해당 금융기관의 점포 외의 장소에서 모집을 하는 행위

ⓓ 모집과 관련이 없는 금융거래를 통하여 취득한 개인정보를 미리 그 개인의 동의를 받지 아니하고 모집에 이용하는 행위

ⓔ 그 밖에 ⓐ부터 ⓓ까지의 행위와 비슷한 행위로서 대통령령으로 정하는 행위

② 금융기관보험대리점 등은 모집을 할 때 다음 각 호의 사항을 지켜야 한다.

ⓐ 해당 금융기관이 대출 등을 받는 자에게 보험계약의 청약을 권유하는 경우 대출 등을 받는 자가 그 금융기관이 대리하거나 중개하는 보험계약을 체결하지 아니하더라도 대출 등을 받는데 영향이 없음을 알릴 것

ⓑ 해당 금융기관이 보험회사가 아니라 보험대리점 또는 보험중개사라는 사실과 보험계약의 이행에 따른 지급책임은 보험회사에 있음을 보험계약을 청약하는 자에게 알릴 것

ⓒ 보험을 모집하는 장소와 대출 등을 취급하는 장소를 보험계약을 청약하는 자가 쉽게 알 수 있을 정도로 분리할 것

ⓓ ⓐ부터 ⓒ까지의 사항과 비슷한 사항으로서 대통령령으로 정하는 사항

③ 금융기관보험대리점 등이나 금융기관보험대리점 등이 되려는 자는 보험계약 체결을 대리하거나 중개하는 조건으로 보험회사에 대하여 다음 각 호의 어느 하나의 행위를 하여서는 아니된다.

ⓐ 해당 금융기관을 계약자로 하는 보험계약의 할인을 요구하거나 그 금융기관에 대한 신용공여, 자금지원 및 보험료 등의 예탁을 요구하는 행위

ⓑ 보험계약 체결을 대리하거나 중개하면서 발생하는 비용 또는 손실을 보험회사에 부당하게 떠넘기는 행위

ⓒ 그 밖에 금융기관의 우월적 지위를 이용하여 부당한 요구 등을 하는 행위로서 대통령령으로 정하는 행위

④ 제3항에 따른 행위의 구체적 기준은 대통령령으로 정하는 바에 따라 금융위원회가 정한다.

(5) 자기계약의 금지(제101조)

① 보험대리점 또는 보험중개사는 자기 또는 자기를 고용하고 있는 자를 보험계약자 또는 피보험자로 하는 보험을 모집하는 것을 주된 목적으로 하지 못한다.

② 보험대리점 또는 보험중개사가 모집한 자기 또는 자기를 고용하고 있는 자를 보험계약자나 피보험자로 하는 보험의 보험료 누계액(累計額)이 그 보험대리점 또는 보험중개사가 모집한 보험의 보험료의 100분의 50을 초과하게 된 경우에는 그 보험대리점 또는 보험중개사는 제1항을 적용할 때 자기 또는 자기를 고용하고 있는 자를 보험계약자 또는 피보험자로 하는 보험을 모집하는 것을 그 주된 목적으로 한 것으로 본다.

(6) 「금융소비자 보험에 관한 법률」의 준용(제101조의2)

① 보험회사 임직원의 설명의무 및 부당권유행위 금지에 관하여는 「금융소비자 보호에 관한 법률」 제19조 제1항·제2항 및 제21조를 준용한다. 이 경우 "금융상품판매업자 등"은 "보험회사 임직원"으로 본다.

② 보험회사 임직원의 광고 관련 준수사항에 관하여는 「금융소비자 보호에 관한 법률」 제22조 제2항부터 제7항의 규정을 준용한다. 이 경우 "금융상품판매업자 등"은 "보험회사 임직원"으로 본다.

③ 보험회사 임직원의 제3자에 대한 모집위탁에 관하여는 「금융소비자 보호에 관한 법률」 제25조 제1항 각 호 외의 부분 및 같은 항 제2호를 준용한다. 이 경우 "금융상품판매대리·중개업자는"은 "보험회사 임직원은"으로, "금융상품판매대리·중개업자가 대리·중개하는 업무"는 "보험회사 임직원의 모집업무"로 한다.

3. 보험계약자의 권리

(1) 보험계약자 등의 의무(제102조의2)

보험계약자, 피보험자, 보험금을 취득할 자, 그 밖에 보험계약에 관하여 이해관계가 있는 자는 보험사기행위를 하여서는 아니 된다.

(2) 보험관계업무 종사자의 의무(제102조의3)

보험회사의 임직원, 보험설계사, 보험대리점, 보험중개사, 손해사정사, 그 밖에 보험관계업무에 종사하는 자는 다음 각 호의 어느 하나에 해당하는 행위를 하여서는 아니 된다.

① 보험계약자, 피보험자, 보험금을 취득할 자, 그 밖에 보험계약에 관하여 이해가 있는 자로 하여금 고의로 보험사고를 발생시키거나 발생하지 아니한 보험사고를 발생한 것처럼 조작하여 보험금을 수령하도록 하는 행위

② 보험계약자, 피보험자, 보험금을 취득할 자, 그 밖에 보험계약에 관하여 이해가 있는 자로 하여금 이미 발생한 보험사고의 원인, 시기 또는 내용 등을 조작하거나 피해의 정도를 과장하여 보험금을 수령하도록 하는 행위

(3) 영업보증금에 대한 우선변제권(제103조)

보험계약자나 보험금을 취득할 자가 보험중개사의 보험계약체결 중개행위와 관련하여 손해를 입은 경우에는 그 손해액을 제89조 제3항에 따른 영업보증금에서 다른 채권자보다 우선하여 변제받을 권리를 가진다.

제3과목 보험업법

자산운용

1. 자산운용의 원칙

(1) 자산운용의 원칙(제104조)

① 보험회사는 그 자산을 운용할 때 안정성·유동성·수익성 및 공익성이 확보되도록 하여야 한다.

② 보험회사는 선량한 관리자의 주의로써 그 자산을 운용하여야 한다.

(2) 금지 또는 제한되는 자산운용(제105조)

보험회사는 그 자산을 다음 각 호의 어느 하나에 해당하는 방법으로 운용하여서는 아니 된다.

① *대통령령으로 정하는 업무용 부동산이 아닌 부동산(저당권 등 담보권의 실행으로 취득하는 부동산은 제외한다)의 소유

> **더 알아보기** * 대통령령으로 정하는 업무용 부동산(시행령 제49조 제1항)
>
> 1. 업무시설용 부동산 : 영업장(연면적의 100분의 10 이상을 보험회사가 직접 사용하고 있는 것만 해당한다), 연수시설, 임원 또는 직원의 복리후생시설 및 이에 준하는 용도로 사용하고 있거나 사용할 토지·건물과 그 부대시설. 다만, 영업장은 원칙적으로 단일 소유권의 객체가 되는 부동산이어야 하며, 단일 건물에 구분 소유되어 있는 경우에는 다음 각 목의 요건을 모두 충족하여야 한다.
>   가. 구분소유권의 객체인 여러 개의 층이 연접해 있거나 물리적으로 하나의 부동산으로 인정할 수 있을 것
>   나. 부동산의 소유 목적, 경제적 효용 및 거래관행에 비추어 복수 부동산 취득의 불가피성이 인정될 것
> 2. 투자사업용 부동산 : 주택사업, 부동산임대사업, 장묘사업 등 사회복지사업, 도시재개발사업, 사회기반시설사업 등 공공성 사업과 해외부동산업을 위한 토지·건물 및 그 부대시설

② 「근로자퇴직급여 보장법」 제29조 제2항에 따른 보험계약 및 법률 제10967호 「근로자퇴직급여 보장법」 전부개정법률 부칙 제2조 제1항 본문에 따른 퇴직보험계약에 따라 설정된 특별계정을 통한 부동산의 소유

③ 상품이나 유가증권에 대한 투기를 목적으로 하는 자금의 대출

④ 직접·간접을 불문하고 해당 보험회사의 주식을 사도록 하기 위한 대출

⑤ 직접·간접을 불문하고 정치자금의 대출

⑥ 해당 보험회사의 임직원에 대한 대출(보험약관에 따른 대출 및 금융위원회가 정하는 소액대출은 제외한다)

⑦ 자산운용의 안정성을 크게 해칠 우려가 있는 행위로서 **대통령령으로 정하는 행위

1. 금융위원회가 정하는 기준을 충족하지 아니하는 외국환(「외국환 거래법」 제3조 제13호에 따른 외국환 중 대외지급수단, 외화증권, 외화채권만 해당한다) 및 파생금융거래(「외국환 거래법」 제3조 제9호에 따른 파생상품에 관한 거래로서 채무불이행, 신용등급 하락 등 계약 당사자 간의 약정된 조건에 의한 신용사건 발생시 신용위험을 거래 당사자 한쪽에게 전가(轉嫁)하는 거래 또는 이와 유사한 거래를 포함한다)
2. 그 밖에 자산운용의 안정성을 크게 해칠 우려가 있는 행위로서 금융위원회가 정하여 고시하는 행위

(3) 자산운용의 방법 및 비율(제106조)

① 보험회사는 일반계정(제108조 제1항 제1호 및 제4호의 특별계정을 포함한다)에 속하는 자산과 제108조 제1항 제2호에 따른 특별계정(이하 "특별계정"이라 한다)에 속하는 자산을 운용할 때 다음 각 호의 비율을 초과할 수 없다. 다만, 특별계정의 자산으로서 자산운용의 손실이 일반계정에 영향을 미치는 자산 중 대통령령으로 정하는 자산의 경우에는 일반계정에 포함하여 자산운용비율을 적용한다.

ⓐ 동일한 개인 또는 법인에 대한 신용공여

일반계정	총자산의 100분의 3
특별계정	각 특별계정 자산의 100분의 5

ⓑ 동일한 법인이 발행한 채권 및 주식 소유의 합계액

일반계정	총자산의 100분의 7
특별계정	각 특별계정 자산의 100분의 10

ⓒ 동일차주에 대한 신용공여 또는 그 동일차주가 발행한 채권 및 주식 소유의 합계액

일반계정	총자산의 100분의 12
특별계정	각 특별계정 자산의 100분의 15

ⓓ 동일한 개인·법인, 동일차주 또는 대주주(그의 특수관계인을 포함한다)에 대한 총자산의 100분의 1을 초과하는 거액 신용공여의 합계액

일반계정	총자산의 100분의 20
특별계정	각 특별계정 자산의 100분의 20

ⓔ 대주주 및 대통령령으로 정하는 자회사에 대한 신용공여

일반계정	자기자본의 100분의 40(자기자본의 100분의 40에 해당하는 금액이 총자산의 100분의 2에 해당하는 금액보다 큰 경우에는 총자산의 100분의 2)
특별계정	각 특별계정 자산의 100분의 2

ⓕ 대주주 및 대통령령으로 정하는 자회사가 발행한 채권 및 주식 소유의 합계액

일반계정	자기자본의 100분의 60(자기자본의 100분의 60에 해당하는 금액이 총자산의 100분의 3에 해당하는 금액보다 큰 경우에는 총자산의 100분의 3)
특별계정	각 특별계정 자산의 100분의 3

ⓖ 동일한 자회사에 대한 신용공여

일반계정	자기자본의 100분의 10
특별계정	각 특별계정 자산의 100분의 4

ⓗ 부동산의 소유

일반계정	총자산의 100분의 25
특별계정	각 특별계정 자산의 100분의 15

ⓘ 「외국환거래법」에 따른 외국환이나 외국부동산의 소유(외화표시 보험에 대하여 지급보험금과 같은 외화로 보유하는 자산의 경우에는 금융위원회가 정하는 바에 따라 책임준비금을 한도로 자산운용비율의 산정 대상에 포함하지 아니한다)

일반계정	총자산의 100분의 50
특별계정	각 특별계정 자산의 100분의 50

② 제1항 각 호에 따른 자산운용비율은 자산운용의 건전성 향상 또는 보험계약자 보호에 필요한 경우에는 *대통령령으로 정하는 바에 따라 그 비율의 100분의 50의 범위에서 인하하거나, 발행주체 및 투자수단 등을 구분하여 별도로 정할 수 있다.

> **더 알아보기** *** 대통령령으로 정하는 바(시행령 제50조 제3항)**
>
> 부동산 소유의 일반계정에 따른 부동산 소유에 대한 자산운용비율을 총자산의 100분의 15로 인하한다.

③ 제1항에도 불구하고 대통령령으로 정하는 금액(매분기말 기준으로 300억원) 이하의 특별계정에 대하여는 일반계정에 포함하여 자산운용비율을 적용한다.

(4) 자산운용 제한에 대한 예외(제107조)

1. 다음 각 호의 어느 하나에 해당하는 경우에는 제106조를 적용하지 아니한다. 〈개정 2022.12.31.〉
   ① 보험회사의 자산가격의 변동 등 보험회사의 의사와 관계없는 사유로 자산상태가 변동된 경우
   ② 보험회사에 적용되는 회계처리기준(「주식회사 등의 외부감사에 관한 법률」 제5조 제1항 제1호에 따른 회계처리기준을 말한다)의 변경으로 보험회사의 자산 또는 자기자본 상태가 변동된 경우
   ③ 다음 각 목의 어느 하나에 해당하는 경우로서 금융위원회의 승인을 받은 경우
      ⓐ 보험회사가 제123조에 따라 재무건전성 기준을 지키기 위하여 필요한 경우
      ⓑ 「기업구조조정 촉진법」에 따른 출자전환 또는 채무재조정 등 기업의 구조조정을 지원하기 위하여 필요한 경우
      ⓒ 그 밖에 보험계약자의 이익을 보호하기 위하여 필수적인 경우
2. 제1항에도 불구하고 제1항 제1호 또는 제2호의 사유로 자산운용비율을 초과하게 된 경우에는 해당 보험회사는 그 비율을 초과하게 된 날부터 다음 각 호의 구분에 따른 기간 이내에 제106조에 적합하도록 하여야 한다. 다만, *대통령령으로 정하는 사유에 해당하는 경우에는 금융위원회가 정하는 바에 따라 그 기간을 연장할 수 있다. 〈신설 2022.12.31.〉
   ① 제1항 제1호의 사유로 자산운용비율을 초과하게 된 경우 : 1년
   ② 제1항 제2호의 사유로 자산운용비율을 초과하게 된 경우 : 3년

보험회사가 자산운용비율의 한도를 초과하게 된 날부터 법 제107조 제2항에 따른 기간 이내에 한도를 초과하는 자산을 처분하는 것이 일반적인 경우에 비추어 해당 보험회사에 현저한 재산상의 손실이나 재무건전성의 악화를 초래할 것이 명백하다고 금융위원회가 인정하는 경우를 말한다.

(5) 특별계정의 설정 및 운용(제108조)

① 보험회사는 다음 각 호의 어느 하나에 해당하는 계약에 대하여는 *대통령령으로 정하는 바에 따라 그 준비금에 상당하는 자산의 전부 또는 일부를 그 밖의 자산과 구별하여 이용하기 위한 계정(이하 "특별계정"이라 한다)을 각각 설정하여 운용할 수 있다.

　ⓐ 「소득세법」 제20조의3 제1항 제2호 각 목 외의 부분에 따른 연금저축계좌를 설정하는 계약

　ⓑ 「근로자퇴직급여 보장법」 제29조 제2항에 따른 보험계약 및 법률 제10967호 「근로자퇴직급여 보장법」 전부개정법률 부칙 제2조 제1항 본문에 따른 퇴직보험계약

　ⓒ 변액보험계약(보험금이 자산운용의 성과에 따라 변동하는 보험계약을 말한다)

　ⓓ 그 밖에 금융위원회가 필요하다고 인정하는 보험계약

① 법 제108조 제1항에 따른 특별계정을 설정·운용하는 보험회사는 같은 항 각 호의 구분에 따른 보험계약별로 별도의 특별계정을 설정·운용하여야 한다.

② 보험회사는 특별계정의 효율적인 운용을 위하여 금융위원회가 필요하다고 인정하는 경우에는 법 제108조 제1항 각 호의 구분에 따른 보험계약별로 둘 이상의 특별계정을 설정·운용할 수 있다.

② 보험회사는 특별계정에 속하는 자산은 다른 특별계정에 속하는 자산 및 그 밖의 자산과 구분하여 회계처리하여야 한다.

③ 보험회사는 특별계정에 속하는 이익을 그 계정상의 보험계약자에게 분배할 수 있다.

④ 특별계정에 속하는 자산의 운용방법 및 평가, 이익의 분배, 자산운용실적의 비교·공시, 운용전문인력의 확보, 의결권 행사의 제한 등 보험계약자 보호에 필요한 사항은 **대통령령으로 정한다.

① 보험회사는 특별계정(법 제108조 제1항 제3호의 계약에 따라 설정된 특별계정은 제외한다)의 자산으로 취득한 주식에 대하여 의결권을 행사할 수 없다. 다만, 주식을 발행한 회사의 합병, 영업의 양도·양수, 임원의 선임, 그 밖에 이에 준하는 사항으로서 특별계정의 자산에 손실을 초래할 것이 명백하게 예상되는 사항에 관하여는 그러하지 아니하다.

② 보험회사는 법 제108조 제1항 제2호의 계약에 대하여 설정된 특별계정의 부담으로 차입(借入)할 수 없다. 다만, 각 특별계정별로 자산의 100분의 10의 범위에서 다음 각 호의 어느 하나에 해당하는 방법으로 차입하는 경우에는 그러하지 아니하다.

1. 「은행법」에 따른 은행으로부터의 당좌차월
2. 금융기관으로부터의 만기 1개월 이내의 단기자금 차입

3. 일반계정(특별계정에 속하는 보험계약을 제외한 보험계약이 속하는 계정을 말한다)으로부터의 만기 1개월 이내의 단기자금 차입. 이 경우 금리는 금융위원회가 정하여 고시하는 기준에 따른다.

4. 제1호부터 제3호까지에 준하는 방법으로서 금융위원회가 정하여 고시하는 방법

③ 보험회사는 특별계정의 자산을 운용할 때 다음 각 호의 어느 하나에 해당하는 행위를 하여서는 아니 된다.

1. 보험계약자의 지시에 따라 자산을 운용하는 행위

2. 변액보험계약에 대하여 사전수익률을 보장하는 행위

3. 특별계정에 속하는 자산을 일반계정 또는 다른 특별계정에 편입하거나 일반계정의 자산을 특별계정에 편입하는 행위. 다만, 다음 각 목의 어느 하나에 해당하는 행위는 제외한다.

가. 특별계정의 원활한 운영을 위하여 금융위원회가 정하여 고시하는 바에 따라 초기투자자금을 일반계정에서 편입받는 행위

나. 특별계정이 일반계정으로부터 만기 1개월 이내의 단기자금을 금융위원회가 정하여 고시하는 금리 기준에 따라 차입받는 행위

다. 법률 제7379호 「근로자퇴직급여 보장법」 부칙 제2조 제1항에 따른 퇴직보험계약을 같은 법 제16조 제2항에 따른 보험계약으로 전환하면서 자산을 이전하는 행위

라. 법 제108조 제1항 제3호의 계약에 따라 설정된 특별계정을 「자본시장과 금융투자업에 관한 법률」 제233조에 따른 모자형집합투자기구로 전환하면서 모집합투자기구로 자집합투자기구의 자산을 이전하는 행위

마. 그 밖에 가목부터 라목까지에 준하는 행위로서 금융위원회가 정하여 고시하는 행위

4. 보험료를 어음으로 수납하는 행위

5. 특정한 특별계정 자산으로 제3자의 이익을 꾀하는 행위

④ 보험회사의 자산가격의 변동, 담보권의 실행, 그 밖에 보험회사의 의사에 의하지 아니하는 사유로 자산상태에 변동이 있는 경우에는 법 제106조 제1항을 적용하지 아니한다. 이 경우 그 보험회사는 그 한도를 초과하게 된 날부터 1년 이내에 법 제106조 제1항에 적합하게 하여야 하고, 제51조에서 정하는 사유에 해당하는 경우에는 금융위원회가 그 기간을 연장할 수 있다.

더 알아보기　**** 대통령령[시행령 제56조(특별계정의 운용전문인력의 확보의무 등)**

① 특별계정(법 제108조 제1항 제3호의 계약에 따라 설정된 특별계정은 제외한다)을 설정·운용하는 보험회사는 특별계정의 공정한 관리를 위하여 특별계정의 관리 및 운용을 전담하는 조직과 인력을 갖춰야 한다. 다만, 특별계정을 통해 다음 각 호의 업무를 하는 경우에는 내부통제기준의 준수 여부에 대한 준법감시인의 확인을 거쳐 일반계정의 운용인력 및 조직을 이용할 수 있다.

1. 대출업무

2. 만기 1개월 이내의 단기상품 매매업무

3. 그 밖에 전담하는 조직과 인력이 없더라도 특별계정의 공정한 관리가 가능하다고 인정되는 업무로서 금융위원회가 정하여 고시하는 업무

② 법 제83조 제1항 각 호의 자가 변액보험계약을 모집하려는 경우에는 금융위원회가 정하여 고시하는 바에 따라 변액보험계약의 모집에 관한 연수과정을 이수하여야 한다.

---

(6) 다른 회사에 대한 출자 제한(제109조)

보험회사는 다른 회사의 의결권 있는 발행주식(출자지분을 포함한다) 총수의 100분의 15를 초과하는 주식을 소유할 수 없다. 다만, 제115조에 따라 금융위원회의 승인(같은 조 제1항 단서에 따라 승인이 의제되거나 같은 조 제2항 및 제3항에 따라 신고 또는 보고하는 경우를 포함한다)을 받은 자회사의 주식은 그러하지 아니하다.

(7) 자금지원 관련 금지행위(제110조)

① 보험회사는 다른 금융기관(「금융산업의 구조개선에 관한 법률」 제2조 제1호에 따른 금융기관을 말한다) 또는 회사와 다음 각 호의 행위를 하여서는 아니 된다.

   ⓐ 제106조와 제108조에 따른 자산운용한도의 제한을 피하기 위하여 다른 금융기관 또는 회사의 의결권 있는 주식을 서로 교차하여 보유하거나 신용공여를 하는 행위

   ⓑ 「상법」 제341조와 「자본시장과 금융투자업에 관한 법률」 제165조의3에 따른 자기주식 취득의 제한을 피하기 위한 목적으로 서로 교차하여 주식을 취득하는 행위

   ⓒ 그 밖에 보험계약자의 이익을 크게 해칠 우려가 있는 행위로서 대통령령으로 정하는 행위

② 보험회사는 제1항을 위반하여 취득한 주식에 대하여는 의결권을 행사할 수 없다.

③ 금융위원회는 제1항을 위반하여 주식을 취득하거나 신용공여를 한 보험회사에 대하여 그 주식의 처분 또는 공여한 신용의 회수를 명하는 등 필요한 조치를 할 수 있다.

(8) 금리인하 요구(제110조의3)

① 보험회사와 신용공여 계약을 체결한 자는 재산 증가나 신용등급 또는 개인신용평점 상승 등 신용상태 개선이 나타났다고 인정되는 경우 보험회사에 금리인하를 요구할 수 있다.

② 보험회사는 신용공여 계약을 체결하려는 자에게 제1항에 따라 금리인하를 요구할 수 있음을 알려야 한다.

③ 그 밖에 금리인하 요구의 요건 및 절차에 관한 구체적 사항은 대통령령으로 정한다.

(9) 대주주와의 거래제한 등(제111조)

① 보험회사는 직접 또는 간접으로 그 보험회사의 대주주(그의 특수관계인인 보험회사의 자회사는 제외한다)와 다음 각 호의 행위를 하여서는 아니 된다.

   ⓐ 대주주가 다른 회사에 출자하는 것을 지원하기 위한 신용공여

   ⓑ 자산을 대통령령으로 정하는 바에 따라 무상으로 양도하거나 일반적인 거래 조건에 비추어 해당 보험회사에 뚜렷하게 불리한 조건으로 자산에 대하여 매매·교환·신용공여 또는 재보험계약을 하는 행위

참고   **대주주와의 거래제한(시행령 제57조)**

① 법 제111조 제1항 제2호에 따라 보험회사는 직접 또는 간접으로 그 보험회사의 대주주와 다음 각 호의 행위를 하여서는 아니 된다.
1. 증권, 부동산, 무체재산권 등 경제적 가치가 있는 유형·무형의 자산을 무상으로 제공하는 행위
2. 제1호의 자산을 정상가격(일반적인 거래에서 적용되거나 적용될 것으로 판단되는 가격을 말한다)에 비하여 뚜렷하게 낮거나 높은 가격으로 매매하는 행위
3. 제1호의 자산을 정상가격에 비하여 뚜렷하게 낮은 가격의 자산과 교환하는 행위
4. 정상가격에 비하여 뚜렷하게 낮은 가격의 자산을 대가로 신용공여를 하는 행위
5. 정상가격에 비하여 뚜렷하게 낮거나 높은 보험료를 지급받거나 지급하고 재보험계약을 체결하는 행위

② 법 제111조 제1항 제2호를 적용할 때 같은 항 각 호 외의 부분에 따른 대주주에는 그와 「금융회사의 지배구조에 관한 법률 시행령」 제3조 제1항 각 호의 어느 하나에 해당하는 특수한 관계가 있는 자(이하 "특수관계인"이라 한다) 중 「상속세 및 증여세법」 제16조 제1항에 따른 공익법인 등에 해당하는 비영리법인 또는 단체(이하 "공익법인 등"이라 한다)는 포함되지 아니한다.

② 보험회사는 그 보험회사의 대주주에 대하여 대통령령으로 정하는 금액 이상의 신용공여를 하거나 그 보험회사의 대주주가 발행한 채권 또는 주식을 대통령령으로 정하는 금액 이상으로 취득하려는 경우에는 미리 이사회의 의결을 거쳐야 한다. 이 경우 이사회는 재적이사 전원의 찬성으로 의결하여야 한다.

③ 보험회사는 그 보험회사의 대주주와 다음 각 호의 어느 하나에 해당하는 행위를 하였을 때에는 7일 이내에 그 사실을 금융위원회에 보고하고 인터넷 홈페이지 등을 이용하여 공시하여야 한다.

ⓐ 대통령령으로 정하는 금액 이상의 신용공여

ⓑ 해당 보험회사의 대주주가 발행한 채권 또는 주식을 *대통령령으로 정하는 금액 이상으로 취득하는 행위

ⓒ 해당 보험회사의 대주주가 발행한 주식에 대한 의결권을 행사하는 행위

더 알아보기   *** 대통령으로 정하는 금액(시행령 제57조 제3항)**

법 제111조 제2항 전단 및 같은 조 제3항 제1호·제2호에서 "대통령령으로 정하는 금액"이란 단일거래금액(법 제111조 제2항 및 같은 조 제3항 제2호에 따른 대주주가 발행한 주식을 취득하는 경우에는 「자본시장과 금융투자업에 관한 법률」에 따른 증권시장·다자간매매체결회사 또는 이와 유사한 시장으로서 외국에 있는 시장에서 취득하는 금액은 제외한다)이 자기자본의 1천분의 1에 해당하는 금액 또는 10억원 중 적은 금액을 말한다. 이 경우 단일거래금액의 구체적인 산정기준은 금융위원회가 정하여 고시한다.

---

④ 보험회사는 해당 보험회사의 대주주에 대한 신용공여나 그 보험회사의 대주주가 발행한 채권 또는 주식의 취득에 관한 사항을 **대통령령으로 정하는 바에 따라 분기별로 금융위원회에 보고하고, 인터넷 홈페이지 등을 이용하여 공시하여야 한다.

더 알아보기   **** 대통령령이 정하는 바(시행령 제57조 제4항)**

법 제111조 제4항에 따라 보험회사는 매 분기 말 현재 대주주에 대한 신용공여 규모, 분기 중 신용공여의 증감액, 신용공여의 거래조건, 해당 보험회사의 대주주가 발행한 채권 또는 주식의 취득 규모, 그 밖에 금융위원회가 정하여 고시하는 사항을 매 분기 말이 지난 후 1개월 이내에 금융위원회에 보고하고, 인터넷 홈페이지 등을 이용하여 공시하여야 한다.

---

⑤ 보험회사의 대주주는 해당 보험회사의 이익에 반하여 대주주 개인의 이익을 위하여 다음 각 호의 어느 하나에 해당하는 행위를 하여서는 아니 된다.

ⓐ 부당한 영향력을 행사하기 위하여 해당 보험회사에 대하여 외부에 공개되지 아니한 자료 또는 정보의 제공을 요구하는 행위. 다만, 「금융회사의 지배구조에 관한 법률」 제33조 제7항(제58조에 따라 준용되는 경우를 포함한다)에 해당하는 경우는 제외한다.

ⓑ 경제적 이익 등 반대급부를 제공하는 조건으로 다른 주주 또는 출자자와 담합(談合)하여 해당 보험회사의 인사 또는 경영에 부당한 영향력을 행사하는 행위

ⓒ 제106조 제1항 제4호 및 제5호에서 정한 비율을 초과하여 보험회사로부터 신용공여를 받는 행위

ⓓ 제106조 제1항 제6호에서 정한 비율을 초과하여 보험회사에게 대주주의 채권 및 주식을 소유하게 하는 행위

ⓔ 그 밖에 보험회사의 이익에 반하여 대주주 개인의 이익을 위한 행위로서 ***대통령령으로 정하는 행위

더 알아보기 *** 대통령령으로 정하는 행위(시행령 제57조 제5항)

⑤ 법 제111조 제5항 제5호에서 "대통령령으로 정하는 행위"란 다음 각 호의 어느 하나에 해당하는 행위를 말한다.
1. 대주주의 경쟁사업자에 대하여 신용공여를 할 때 정당한 이유 없이 금리, 담보 등 계약조건을 불리하게 하도록 요구하는 행위
2. 보험회사로 하여금 제2항에 따른 공익법인 등에게 자산을 무상으로 양도하게 하거나 일반적인 거래 조건에 비추어 해당 보험회사에게 뚜렷하게 불리한 조건으로 매매·교환·신용공여 또는 재보험계약을 하게 하는 행위

⑥ 금융위원회는 보험회사의 대주주(회사만 해당한다)의 부채가 자산을 초과하는 등 재무구조가 부실하여 보험회사의 경영건전성을 뚜렷하게 해칠 우려가 있는 경우로서 대통령령으로 정하는 경우에는 그 보험회사에 대하여 다음 각 호의 조치를 할 수 있다.

ⓐ 대주주에 대한 신규 신용공여 금지

ⓑ 대주주가 발행한 유가증권의 신규 취득 금지

ⓒ 그 밖에 대주주에 대한 자금지원 성격의 거래제한 등 대통령령으로 정하는 조치

(10) 대주주 등에 대한 자료 제출 요구(제112조)

금융위원회는 보험회사 또는 그 대주주가 제106조(자산운용의 방법 및 비율) 및 제111조(대주주와의 거래제한 등)를 위반한 혐의가 있다고 인정되는 경우에는 보험회사 또는 그 대주주에 대하여 필요한 자료의 제출을 요구할 수 있다.

(11) 타인을 위한 채무보증의 금지(제113조)

보험회사는 타인을 위하여 그 소유자산을 담보로 제공하거나 채무보증을 할 수 없다. 다만, 이 법 및 *대통령령으로 정하는 바에 따라 채무보증을 할 수 있는 경우에는 그러하지 아니하다.

더 알아보기 * 대통령령으로 정하는 바[시행령 제57조의2(타인을 위한 채무보증 금지의 예외)]

① 보험회사는 법 제113조 단서에 따라 신용위험을 이전하려는 자가 신용위험을 인수한 자에게 금전 등의 대가를 지급하고, 신용사건이 발생하면 신용위험을 인수한 자가 신용위험을 이전한 자에게 손실을 보전해 주기로 하는 계약에 기초한 증권(「자본시장과 금융투자업에 관한 법률」 제3조 제2항 제1호에 따른 증권을 말한다) 또는 예금을 매수하거나 가입할 수 있다.
② 보험회사는 법 제113조 단서에 따라 법 제115조 제1항에 따른 자회사(외국에서 보험업을 경영하는 자회사를 말한다)를 위한 채무보증을 할 수 있다. 이 경우 다음 각 호의 요건을 모두 갖추어야 한다.
1. 채무보증 한도액이 보험회사 총자산의 100분의 3 이내일 것
2. 보험회사의 직전 분기 말 지급여력비율이 100분의 200 이상일 것
3. 보험금 지급 채무에 대한 채무보증일 것
4. 보험회사가 채무보증을 하려는 자회사의 의결권 있는 발행주식(출자지분을 포함한다) 총수의 100분의 50을 초과하여 소유할 것(외국 정부에서 최대 소유 한도를 정하는 경우 그 한도까지 소유하는 것을 말한다)

③ 금융위원회는 제2항 각 호의 요건을 갖추었는지를 확인하기 위하여 보험회사에 필요한 자료의 제출을 요청할 수 있다.

④ 제2항에 따른 채무보증 한도액, 지급여력비율의 산정 및 제3항에 따른 자료제출 요청 방법 등에 관한 구체적인 사항은 금융위원회가 정하여 고시한다.

(12) 자산평가의 방법 등(제114조)

보험회사가 취득·처분하는 자산의 평가방법, 채권 발행 또는 자금차입의 제한 등에 관하여 필요한 사항은 대통령령으로 정한다.

(13) 사채의 발행 등(제114조의2)

① 보험회사는 제123조에 따른 재무건전성 기준을 충족시키기 위한 경우 또는 적정한 유동성을 유지하기 위한 경우에는 다음 각 호의 어느 하나에 해당하는 방법으로 사채를 발행하거나 자금을 차입할 수 있다. 다만, 제3호는 「자본시장과 금융투자업에 관한 법률」 제9조 제15항 제4호에 따른 주권비상장법인인 보험회사(이하 "주권비상장보험회사"라 한다)만이 할 수 있다.

ⓐ 「자본시장과 금융투자업에 관한 법률」 제165조의11 제1항에 따른 사채 중 해당 사채의 발행 당시 객관적이고 합리적인 기준에 따라 미리 정하는 사유(이하 "예정사유"라 한다)가 발생하는 경우 그 사채의 상환과 이자지급 의무가 감면된다는 조건이 붙은 사채(이하 "상각형 조건부자본증권"이라 한다)의 발행

ⓑ 「자본시장과 금융투자업에 관한 법률」 제165조의11 제1항에 따른 사채 중 해당 사채의 발행 당시 예정사유가 발생하는 경우 보험회사의 주식으로 전환된다는 조건이 붙은 사채(이하 "보험회사주식 전환형 조건부자본증권"이라 한다)의 발행

ⓒ 「상법」 제469조 제2항, 제513조 및 제516조의2에 따른 사채와 다른 종류의 사채로서 해당 사채의 발행 당시 예정사유가 발생하는 경우 주권비상장보험회사의 주식으로 전환됨과 동시에 그 전환된 주식이 상장금융지주회사(해당 사채의 발행 당시 주권비상장보험회사의 발행주식 총수를 보유한 「자본시장과 금융투자업에 관한 법률」 제9조 제15항 제3호에 따른 주권상장법인인 금융지주회사를 말한다. 이하 같다)의 주식과 교환된다는 조건이 붙은 사채(이하 "금융지주회사주식 전환형 조건부자본증권"이라 한다)의 발행

ⓓ 「상법」에 따른 사채의 발행

ⓔ 그 밖에 제1호부터 제4호까지의 방법에 준하는 것으로서 대통령령으로 정하는 사채의 발행 및 자금의 차입

② 제1항에 따른 사채발행 및 자금차입에 관한 조건, 절차 및 제한사항 등에 관하여 필요한 사항은 대통령령으로 정한다.

(14) 상각형 조건부자본증권 및 보험회사주식 전환형 조건부자본증권의 발행절차 등(제114조의3)

① 상각형 조건부자본증권의 발행 등에 관하여는 「자본시장과 금융투자업에 관한 법률」 제165조의11 제2항 및 제314조 제8항을 준용한다.

② 보험회사주식 전환형 조건부자본증권의 발행 등에 관하여는 「자본시장과 금융투자업에 관한 법률」 제165조의6 제1항·제2항·제4항, 제165조의9, 제165조의11 제2항 및 제314조 제8항을 준용한다.

(15) 금융지주회사주식 전환형 조건부자본증권의 발행절차 등(제114조의4)

① 주권비상장보험회사가 금융지주회사주식 전환형 조건부자본증권을 발행하려면 주권비상장보험회사 및 상장금융지주회사는 각각의 정관으로 정하는 바에 따라 금융지주회사주식 전환형 조건부자본증권의 총액 등 대통령령으로 정하는 사항을 포함한 주식교환계약서를 작성하여 다음 각 호의 구분에 따른 절차를 거쳐야 한다.

    ⓐ 주권비상장보험회사의 경우 : 이사회의 의결

    ⓑ 상장금융지주회사의 경우 : 이사회의 의결과 「상법」 제434조에 따른 주주총회의 결의

② 주권비상장보험회사는 금융지주회사주식 전환형 조건부자본증권을 발행하는 경우 「주식·사채 등의 전자등록에 관한 법률」 제2조 제2호에 따른 전자등록의 방법으로 발행하여야 한다.

③ 주권비상장보험회사 및 상장금융지주회사는 주권비상장보험회사가 금융지주회사주식 전환형 조건부자본증권을 발행한 경우 「상법」 제476조에 따른 납입이 완료된 날부터 2주일 이내에 각각의 본점 소재지에서 금융지주회사주식 전환형 조건부자본증권의 총액 등 대통령령으로 정하는 사항을 등기하여야 한다.

④ 제1항 제2호에 따른 이사회의 의결이 있는 경우 그 의결에 반대하는 상장금융지주회사의 주주가 주주총회 전에 상장금융지주회사에 대하여 서면으로 그 의결에 반대하는 의사를 통지한 경우에는 그 주주총회의 결의일부터 20일 이내에 주식의 종류와 수를 적은 서면으로 상장금융지주회사에 대하여 자기가 소유하고 있는 주식의 매수를 청구할 수 있다. 이 경우 주식의 매수기간 및 매수가액의 결정 등에 관하여는 「상법」 제374조의2 제2항부터 제5항까지의 규정을 준용한다.

⑤ 주권비상장보험회사 및 상장금융지주회사는 주권비상장보험회사가 금융지주회사주식 전환형 조건부자본증권을 발행하는 날부터 제6항에 따른 효력발생일과 만기일 중 먼저 도래하는 날까지 전환 및 교환으로 인하여 새로 발행할 주식의 수를 유보하여야 한다.

⑥ 금융지주회사주식 전환형 조건부자본증권의 주권비상장보험회사 주식으로의 전환 및 그 전환된 주식의 상장금융지주회사 주식과의 교환은 예정사유가 발생한 날부터 15영업일 이내에 대통령령으로 정하는 날에 그 효력이 발생한다.

⑦ 「상법」 제355조 제1항에도 불구하고 주권비상장보험회사는 제6항에 따른 효력이 발생하는 경우에도 주권을 발행하지 아니할 수 있다.

⑧ 주권비상장보험회사가 금융지주회사주식 전환형 조건부자본증권을 발행한 이후 상장금융지주회사가 주권비상장보험회사를 지배(「금융지주회사법」 제2조 제1항 제1호에 따른 지배를 말한다)하지 아니하게 된 때에는 그 때까지 발행된 금융지주회사주식 전환형 조건부자본증권 중 예정사유가 발생하지 아니한 금융지주회사주식 전환형 조건부자본증권은 예정사유 및 전환의 조건이 동일한 보험회사주식 전환형 조건부자본증권으로 변경되는 것으로 본다. 다만, 제1항에 따른 주식교환계약서에서 달리 정한 경우에는 그러하지 아니하다.

⑨ 주권비상장보험회사 및 상장금융지주회사는 금융지주회사주식 전환형 조건부자본증권의 변경등기를 다음 각 호의 구분에 따라 각각의 본점 소재지에서 하여야 한다.

    ⓐ 제6항에 따른 전환·교환으로 인한 변경등기 : 같은 항에 따른 효력발생일부터 2주일 이내

    ⓑ 제8항에 따른 변경으로 인한 변경등기 : 같은 항에 따라 변경되는 날부터 2주일 이내

⑩ 금융지주회사주식 전환형 조건부자본증권의 발행에 관하여는「상법」제424조, 제424조의2 및 제429조부터 제432조까지의 규정과「자본시장과 금융투자업에 관한 법률」제165조의6 제1항·제2항·제4항, 제165조의9 및 제314조 제8항을 준용하며, 금융지주회사주식 전환형 조건부자본증권의 주권비상장보험회사 주식으로의 전환 및 그 전환된 주식의 상장금융지주회사 주식과의 교환에 관하여는「상법」제339조, 제348조, 제350조 제2항, 제360조의4, 제360조의7, 제360조의11, 제360조의12 및 제360조의14를 준용한다.

⑪ 제1항부터 제10항까지에서 규정한 사항 외에 정관에 규정하여야 하는 사항, 예정사유의 구체적인 기준, 그 밖에 금융지주회사주식 전환형 조건부자본증권의 발행 등에 필요한 세부 사항은 대통령령으로 정한다.

(16) 의결권 제한 등(제114조의5)

① 제114조의2 제1항 제2호 및 제3호에 따라 보험회사 또는 상장금융지주회사 주식으로 전환되어「금융회사의 지배구조에 관한 법률」제2조 제6호에 따른 대주주가 되는 자는 같은 법 제31조 제2항에 따른 금융위원회의 승인을 받을 때까지는 같은 조 제4항에 따라 그 의결권을 행사하지 못한다.

② 제1항에서 대주주가 되는 자는 주식 전환일로부터 1개월 이내에「금융회사의 지배구조에 관한 법률」제31조 제2항에 따라 금융위원회에 승인을 신청하여야 한다.

③ 금융위원회는 제1항에 따른 승인을 받지 못하거나, 제2항에 따라 승인을 신청하지 아니한 주식에 대하여「금융회사의 지배구조에 관한 법률」제31조에 따라 6개월 이내의 기간을 정하여 처분을 명할 수 있다.

2. 자회사

(1) 자회사

보험회사가 다른(「민법」또는 특별법에 따른 조합을 포함)의 의결권 있는 발행주식(출자지분을 포함) 총수의 100분의 15를 초과하여 소유하는 경우의 그 다른 회사를 말한다.

(2) 자회사의 소유(제115조)

① 보험회사는 다음 각 호의 어느 하나에 해당하는 업무를 주로 하는 회사를 금융위원회의 승인을 받아 자회사로 소유할 수 있다. 다만, 그 주식의 소유에 대하여 금융위원회로부터 승인 등을 받은 경우 또는 금융기관의 설립근거가 되는 법률에 따라 금융위원회로부터 그 주식의 소유에 관한 사항을 요건으로 설립 허가·인가 등을 받은 경우에는 승인을 받은 것으로 본다.
   ⓐ「금융산업의 구조개선에 관한 법률」제2조 제1호에 따른 금융기관이 경영하는 금융업
   ⓑ「신용정보의 이용 및 보호에 관한 법률」에 따른 신용정보업 및 채권추심업
   ⓒ 보험계약의 유지·해지·변경 또는 부활 등을 관리하는 업무
   ⓓ 그 밖에 보험업의 건전성을 저해하지 아니하는 업무로서 *대통령령으로 정하는 업무

"대통령령으로 정하는 업무"란 다음 각 호의 어느 하나에 해당하는 업무를 말한다.
1. 외국에서 하는 업무(제3항 제15호 각 목의 업무는 제외한다)
2. 기업의 후생복지에 관한 상담 및 사무처리 대행업무
2의2. 「신용정보의 이용 및 보호에 관한 법률」에 따른 본인신용정보관리업
3. 그 밖에 제3항 및 제4항에 따른 업무가 아닌 업무로서 보험회사의 효율적인 업무수행을 위해 필요하고 보험업과 관련되는 것으로 금융위원회가 인정하는 업무

② 제1항 본문에도 불구하고 보험업 경영과 밀접한 관련이 있는 업무 등으로서 **대통령령으로 정하는 업무를 주로 하는 회사를 미리 금융위원회에 신고하고 자회사로 소유할 수 있다.

1. 보험회사의 사옥관리업무
2. 보험수리업무
3. 손해사정업무
4. 보험대리업무
5. 보험사고 및 보험계약 조사업무
6. 보험에 관한 교육·연수·도서출판·금융리서치·경영컨설팅 업무
7. 보험업과 관련된 전산시스템·소프트웨어 등의 대여·판매 및 컨설팅 업무
8. 보험계약 및 대출 등과 관련된 상담업무
9. 보험에 관한 인터넷 정보서비스의 제공업무
10. 자동차와 관련된 긴급출동·차량관리·운행정보 등 부가서비스 업무
11. 보험계약자 등에 대한 위험관리 업무
12. 건강·장묘·장기간병·신체장애 등의 사회복지사업 및 이와 관련된 조사·분석·조언 업무
13. 「노인복지법」 제31조에 따른 노인복지시설의 설치·운영에 관한 업무 및 이와 관련된 조사·분석·조언 업무
14. 건강 유지·증진 또는 질병의 사전 예방 등을 위해 수행하는 업무
15. 외국에서 하는 다음 각 목의 업무
    가. 제1호부터 제14호까지의 규정에 따른 업무
    나. 보험업, 보험중개업무, 투자자문업, 투자일임업, 집합투자업 및 부동산업
    다. 「외국환거래법」에 따른 증권, 파생상품 및 채권에 투자하는 업무로서 금융위원회가 정하여 고시하는 업무

③ 제1항 본문에도 불구하고 보험회사는 자산운용과 밀접한 관련이 있는 업무로서 ***대통령령으로 정하는 업무를 주로 하는 회사를 금융위원회의 승인을 받지 아니하고 자회사로 소유할 수 있다. 이 경우 보험회사는 ****대통령령으로 정하는 기간 이내에 금융위원회에 보고하여야 한다.

④ 제1항 ⓐ에도 불구하고 보험회사의 대주주가 「은행법」 제16조의2 제1항에 따른 비금융주력자인 경우에는 그 보험회사는 「은행법」에 따른 은행을 자회사로 소유할 수 없다.

⑤ 보험회사가 소유하고 있는 자회사가 업무를 추가하거나 변경하는 경우에는 제1항부터 제3항까지의 규정을 준용한다.

⑥ 금융위원회는 제2항에 따른 신고를 받은 경우(제5항에 따라 준용되는 경우를 포함한다) 그 내용을 검토하여 이 법에 적합하면 신고를 수리하여야 한다.

⑦ 제1항부터 제3항까지의 규정에 따른 승인, 신고 또는 보고의 요건, 절차 등 필요한 사항은 대통령령으로 정한다.

(3) 자회사와의 금지행위(제116조)

보험회사는 자회사와 다음 각 호의 행위를 하여서는 아니 된다.

① 자산을 *대통령령으로 정하는 바에 따라 무상으로 양도하거나 일반적인 거래 조건에 비추어 해당 보험회사에 뚜렷하게 불리한 조건으로 매매·교환·신용공여 또는 재보험계약을 하는 행위

② 자회사가 소유하는 주식을 담보로 하는 신용공여 및 자회사가 다른 회사에 출자하는 것을 지원하기 위한 신용공여

③ 자회사 임직원에 대한 대출(보험약관에 따른 대출과 금융위원회가 정하는 소액대출은 제외한다)

(4) 자회사에 관한 보고의무 등(제117조)

① 보험회사는 자회사를 소유하게 된 날부터 15일 이내에 그 자회사의 정관과 *대통령령으로 정하는 서류를 금융위원회에 제출하여야 한다.

더 알아보기 * 대통령령으로 정하는 서류(시행령 제60조 제1항)

① 법 제117조 제1항에서 "대통령령으로 정하는 서류"란 다음 각 호의 서류를 말한다.
1. 정관
2. 업무의 종류 및 방법을 적은 서류
3. 주주현황
4. 재무상태표 및 포괄손익계산서 등의 재무제표와 영업보고서
5. 자회사가 발행주식 총수의 100분의 10을 초과하여 소유하고 있는 회사의 현황

---

② 보험회사는 자회사의 사업연도가 끝난 날부터 3개월 이내에 자회사의 재무상태표와 **대통령령으로 정하는 서류를 금융위원회에 제출하여야 한다.

더 알아보기 ** 대통령령으로 정하는 서류(시행령 제60조 제2항)

② 법 제117조 제2항에서 "대통령령으로 정하는 서류"란 다음 각 호의 서류를 말한다.
1. 재무상태표 및 포괄손익계산서 등의 재무제표와 영업보고서
2. 자회사와의 주요거래 상황을 적은 서류

---

③ 보험회사의 자회사가 ***대통령령으로 정하는 자회사인 경우에는 제1항 및 제2항에 따른 제출서류 일부를 ****대통령령으로 정하는 바에 따라 제출하지 아니할 수 있다.

더 알아보기 ***자회사
****제출하지 않아도 되는 서류

***자회사	****제출하지 않아도 되는 서류
• 「자본시장과 금융투자업에 관한 법률」에 따른 투자회사 및 외국에서 이와 같은 유형의 사업을 수행하는 회사 • 설립일로부터 1년이 지나지 아니한 회사	• 정관 • 업무의 종류 및 방법을 적은 서류 • 자회사와의 주요거래 상황을 적은 서류 • 재무상태표 및 포괄손익계산서 등의 재무제표와 영업보고서

제3과목 보험업법
계 산

1. 재무제표와 준비금

(1) 재무제표 등의 제출(제118조)

① 보험회사는 매년 대통령령으로 정하는 날에 그 장부를 폐쇄하여야 하고 장부를 폐쇄한 날부터 3개월 이내에 금융위원회가 정하는 바에 따라 재무제표(부속명세서를 포함한다) 및 사업보고서를 금융위원회에 제출하여야 한다.

② 보험회사는 매월의 업무 내용을 적은 보고서를 다음 달 말일까지 금융위원회가 정하는 바에 따라 금융위원회에 제출하여야 한다.

③ 보험회사는 제1항 및 제2항에 따른 제출서류를 *대통령령으로 정하는 바에 따라 전자문서로 제출할 수 있다.

> **더 알아보기**   * 대통령령으로 정하는 바[시행령 제62조(전자문서의 제출방법)]
>
> ① 보험회사는 법 제118조 제3항에 따라 같은 조 제1항 및 제2항에 따른 서류를 정보통신망(「정보통신망 이용촉진 및 정보보호 등에 관한 법률」에 따른 정보통신망을 말한다)을 이용한 전자문서로 제출할 수 있다.
> ② 금융위원회는 제1항에 따른 서류 제출 방법에 관하여 필요한 세부기준을 정하여 고시할 수 있다.

(2) 서류의 비치 등(제119조)

보험회사는 제118조 제1항에 따른 재무제표 및 사업보고서를 일반인이 열람할 수 있도록 금융위원회에 제출하는 날부터 본점과 지점, 그 밖의 영업소에 비치하거나 전자문서로 제공하여야 한다.

(3) 책임준비금 등의 적립(제120조)

① 보험회사는 결산기마다 보험계약의 종류에 따라 대통령령으로 정하는 책임준비금과 비상위험준비금을 계상(計上)하고 따로 작성한 장부에 각각 기재하여야 한다.

② 제1항에 따른 *책임준비금과 비상위험준비금의 계상에 관하여 필요한 사항은 총리령으로 정한다.

① 보험회사는 법 제120조 제1항에 따라 장래에 지급할 보험금·환급금 및 계약자배당금(이하 이 조에서 "보험금 등"이라 한다)의 지급에 충당하기 위해 다음 각 호의 구분에 따라 산출한 금액을 책임준비금으로 계상해야 한다.

1. 보험계약부채 : 다음 각 목의 구분에 따른 금액을 합한 금액
   가. 발생사고요소 : 매 결산기 말 현재 보험계약 상 지급사유가 발생한 보험금 등을 지급하기 위해 미래현금 흐름에 대한 현행추정치를 적용하여 적립한 금액
   나. 잔여보장요소 : 매 결산기 말 현재 보험계약상 보험금 등의 지급사유가 발생하지 않았으나 장래에 그 보험금 등을 지급하기 위해 미래현금흐름에 대한 현행추정치를 적용하여 적립한 금액
2. 투자계약부채 : 보험계약 중 「주식회사 등의 외부감사에 관한 법률」 제5조 제1항 제1호에 따른 회계처리기준 제1117호의 적용을 받지 않아 투자계약으로 분류된 보험계약에 대해 보험회사가 장래에 보험금 등을 지급하기 위해 적립한 금액
3. 그 밖에 금융위원회가 정하는 방법에 따라 미래현금흐름에 대한 현행추정치를 적용하여 적립한 금액

② 보험회사가 다음 각 호의 요건을 모두 충족하는 재보험에 가입하는 경우로서 그 재보험을 받은 보험회사는 재보험을 받은 부분에 대해 제1항 제1호의 방법으로 산출한 금액을 책임준비금으로 계상해야 한다. 이 경우 재보험에 가입한 보험회사는 원보험계약(原保險契約) 당시 계상한 책임준비금과 일관된 가정으로 산출한 금액을 별도의 자산(이하 이 조에서 "재보험자산"이라 한다)으로 계상해야 한다.
1. 보험위험의 전가가 있을 것
2. 해당 재보험계약으로 인하여 재보험을 받은 회사에 손실 발생 가능성이 있을 것

③ 재보험에 가입한 보험회사는 재보험을 받은 보험회사가 보험금 지급을 불이행하는 등 재보험자산에 손실이 예상되는 경우에는 금융위원회가 정하여 고시하는 방법에 따라 그 손실액을 추정하여 재보험자산에서 그 추정액을 감액해야 한다.

④ 손해보험업을 경영하는 보험회사는 법 제120조 제1항에 따라 해당 사업연도의 보험료 합계액의 100분의 50(보증보험의 경우 100분의 150)의 범위에서 금융위원회가 정하여 고시하는 기준에 따라 비상위험준비금을 계상하여야 한다.

③ 금융위원회는 제1항에 따른 책임준비금과 비상위험준비금의 적정한 계상과 관련하여 필요한 경우에는 보험회사의 자산 및 비용, 그 밖에 **대통령령으로 정하는 사항에 관한 회계처리기준을 정할 수 있다.

⑤ 법 제120조 제3항에서 "대통령령으로 정하는 사항"이란 다음 각 호의 사항을 말한다.
1. 장래의 손실 보전을 목적으로 하는 준비금의 적립에 관한 사항
2. 책임준비금 및 비상위험준비금의 계상과 관련된 손익의 처리에 관한 사항

(4) 책임준비금의 적정성 검증(제120조2)

① 보험회사가 경영하는 보험종목의 특성 또는 보험회사의 총자산 규모 등을 고려하여 *대통령령으로 정하는 보험회사는 제128조 제2항에 따른 독립계리업자 또는 제176조에 따른 보험요율 산출기관으로부터 제120조 제1항에 따라 계상된 책임준비금의 적정성에 대하여 검증을 받아야 한다.

① 법 제120조의2 제1항에서 "대통령령으로 정하는 보험회사"란 다음 각 호의 어느 하나에 해당하는 보험회사를 말한다.

1. 직전 사업연도 말의 재무상태표에 따른 자산총액이 1조원 이상인 보험회사
2. 다음 각 목의 어느 하나에 해당하는 보험종목을 취급하는 보험회사
  가. 생명보험
  나. 연금보험
  다. 자동차보험
  라. 상해보험
  마. 질병보험
  바. 간병보험

   ② 제1항에 따른 검증의 구체적인 내용, 절차 및 방법과 그 밖에 검증에 필요한 사항은 **대통령령으로 정한다.

② 법 제120조의2 제1항에 따라 보험회사가 받아야 하는 책임준비금 적정성 검증의 내용은 다음 각 호와 같다.
1. 책임준비금의 규모에 관한 사항
2. 책임준비금의 산출 기준 및 방법에 관한 사항
3. 제1호 및 제2호와 유사한 것으로서 금융위원회가 정하여 고시하는 사항
③ 보험회사는 법 제120조의2 제1항에 따라 책임준비금을 계상한 날이 속하는 사업연도의 종료 후 6개월 이내에 책임준비금의 적정성 검증을 받아야 한다. 이 경우 보험회사가 같은 독립계리업자(법 제128조 제2항에 따른 독립계리업자를 말한다) 또는 보험요율 산출기관으로부터 연속해서 책임준비금의 적정성 검증을 받을 수 있는 기간은 3개 사업연도로 한정한다.
④ 법 제120조의2 제1항에 따라 책임준비금의 적정성 검증을 수행하는 독립계리업자 또는 보험요율 산출기관은 해당 보험회사에 대해 적정성 검증에 필요한 추가 또는 보완 자료를 요청할 수 있다.
⑤ 제1항부터 제4항까지에서 규정한 사항 외에 책임준비금 적정성 검증의 절차 및 방법 등에 관하여 필요한 세부 사항은 금융위원회가 정하여 고시한다.

2. 배당보험계약 등

(1) 배당보험계약의 회계처리 등(제121조)

   ① 보험회사는 배당보험계약(해당 보험계약으로부터 발생하는 이익의 일부를 보험회사가 보험 계약자에게 배당하기로 약정한 보험계약을 말한다)에 대하여는 *대통령령으로 정하는 바에 따라 다른 보험계약과 구분하여 회계처리하여야 한다.

① 법 제121조 제1항에 따라 보험회사는 매 결산기 말에 배당보험계약의 손익과 무배당보험계약의 손익을 구분하 여 회계처리하고, 배당보험계약 이익의 계약자지분 중 일부는 금융위원회가 정하여 고시하는 범위에서 배당보 험계약의 손실 보전을 위한 준비금으로 적립할 수 있다.

② 보험회사는 **대통령령으로 정하는 바에 따라 배당보험계약의 보험계약자에게 배당을 할 수 있다.

③ 제2항에 따른 보험계약자에 대한 배당기준은 배당보험계약자의 이익과 보험회사의 재무건전성 등을 고려하여 정하여야 한다.

(2) 배당보험계약 이외의 보험계약에 대한 회계처리(제121조의2)

보험회사는 배당보험계약 이외의 보험계약에 대하여 자산의 효율적 관리와 계약자 보호를 위하여 필요한 경우에는 보험계약별로 *대통령령으로 정하는 바에 따라 금융위원회의 승인을 받아 자산 또는 손익을 구분하여 회계처리할 수 있다.

(3) 재평가적립금의 사용에 관한 특례(제122조)

보험회사가 「자산재평가법」에 따른 재평가를 한 경우 그 재평가에 따른 재평가적립금은 같은 법 제28조 제2항 각 호에 따른 처분 이외에 금융위원회의 허가를 받아 보험계약자에 대한 배당을 위하여도 처분할 수 있다.

PART 07

감 독

1. 감독방식

(1) 공시주의

보험업에 대하여 직접적인 감독을 하지 않고 보험회사의 영업상태 및 재산상태를 보험회사가 일정한 시기에 공시하게 하여 일반의 이해관계자에게 이를 알게 하는 주의로 국가는 그 이상의 감독을 하지 않는다.

(2) 준칙주의

보험업의 경영에 있어서 준수해야 할 일정한 기준을 사전에 설정하고, 그 요건에 적합한 자에 대하여는 보험업을 영위할 수 있게 하는 주의로서 국가는 그 이상의 특별한 감독을 하지 않는다.

(3) 실질적 감독주의

보험업에 대한 규제를 취하는 것으로 보험업의 영위는 허가를 받아야 하고, 허가 후의 경영도 계속 감독하는 주의로 공공의 이익을 보호하는 것이 국가의 임무라는 것이다. 우리나라를 포함한 대부분의 국가에서 채택하고 있다.

2. 재무건전성의 유지

(1) 기본용어(시행령 제65조)

> **시행령 제65조**　① 이 조에서 사용하는 용어의 뜻은 다음 각 호와 같다.
> 1. "지급여력금액"이란 자본금, 이익잉여금, 후순위차입금, 그 밖에 이에 준하는 것으로서 금융위원회가 정하여 고시하는 금액을 합산한 금액에서 영업권, 그 밖에 이에 준하는 것으로서 금융위원회가 정하여 고시하는 금액을 뺀 금액을 말한다.
> 2. "지급여력기준금액"이란 보험업을 경영함에 따라 발생할 수 있는 손실위험을 금융위원회가 정하여 고시하는 방법에 따라 금액으로 환산한 것을 말한다.
> 3. "지급여력비율"이란 지급여력금액을 지급여력기준금액으로 나눈 비율을 말한다.

(2) 재무건전성의 유지(제123조)

① 보험회사는 보험금 지급능력과 경영건전성을 확보하기 위하여 다음 각 호의 사항에 관하여 대통령령으로 정하는 재무건전성 기준을 지켜야 한다.

ⓐ 자본의 적정성에 관한 사항

ⓑ 자산의 건전성에 관한 사항

ⓒ *그 밖에 경영건전성 확보에 필요한 사항

* 그 밖에 경영건전성 확보에 필요한 사항(시행령 제65조 제2항)

② 법 제123조 제1항에 따라 보험회사가 지켜야 하는 재무건전성 기준은 다음 각 호와 같다.
1. 지급여력비율은 100분의 100 이상을 유지할 것
2. 대출채권 등 보유자산의 건전성을 정기적으로 분류하고 대손충당금을 적립할 것
3. 보험회사의 위험, 유동성 및 재보험의 관리에 관하여 금융위원회가 정하여 고시하는 기준을 충족할 것

② 금융위원회는 보험회사가 제1항에 따른 기준을 지키지 아니하여 경영건전성을 해칠 우려가 있다고 인정되는 경우에는 **대통령령으로 정하는 바에 따라 자본금 또는 기금의 증액명령, 주식 등 위험자산의 소유 제한 등 필요한 조치를 할 수 있다.

** 대통령령으로 정하는 바(시행령 제65조 제3항)

③ 법 제123조 제2항에 따라 금융위원회가 보험회사에 대하여 자본금 또는 기금의 증액명령, 주식 등 위험자산 소유의 제한 등의 조치를 하려는 경우에는 다음 각 호의 사항을 고려하여야 한다.
1. 해당 조치가 보험계약자의 보호를 위하여 적절한지 여부
2. 해당 조치가 보험회사의 부실화를 예방하고 건전한 경영을 유도하기 위하여 필요한지 여부

(3) 재무건전성 평가의 실시(시행령 제66조)

금융위원회는 보험회사의 재무건전성 확보를 위한 경영실태 및 위험에 대한 평가를 실시하여야 한다.

3. 공시 등(제124조)

(1) 공 시

① 보험회사는 보험계약자를 보호하기 위하여 필요한 사항으로서 *대통령령으로 정하는 사항을 금융위원회가 정하는 바에 따라 즉시 공시하여야 한다.

* 대통령령으로 정하는 사항(시행령 제67조 제1항)

① 법 제124조 제1항에서 "대통령령으로 정하는 사항"이란 다음 각 호의 사항을 말한다.
1. 재무 및 손익에 관한 사항
2. 자금의 조달 및 운용에 관한 사항
3. 법 제123조 제2항, 제131조 제1항, 제134조 및 「금융산업의 구조개선에 관한 법률」 제10조, 제14조에 따른 조치를 받은 경우 그 내용
4. 보험약관 및 사업방법서, 보험료 및 해약환급금, 공시이율 등 보험료 비교에 필요한 자료
5. 그 밖에 보험계약자의 보호를 위하여 공시가 필요하다고 인정되는 사항으로서 금융위원회가 정하여 고시하는 사항

② 보험협회는 보험료·보험금 등 보험계약에 관한 사항으로서 **대통령령으로 정하는 사항을 금융위원회가 정하는 바에 따라 보험소비자가 쉽게 알 수 있도록 비교·공시하여야 한다.

〈개정 2022.12.31.〉

더 알아보기   ** 대통령령으로 정하는 사항(시행령 제67조 제2항)

② 법 제124조 제2항에서 "대통령령으로 정하는 사항"이란 다음 각 호의 사항을 말한다.
1. 보험료, 보험금, 보험기간, 보험계약에 따라 보장되는 위험, 보험회사의 면책사유, 공시이율 등 보험료 비교에 필요한 자료
2. 그 밖에 보험계약자 보호 및 보험계약 체결에 필요하다고 인정되는 사항으로 금융위원회가 정하여 고시하는 사항

---

③ 보험협회가 제2항에 따른 비교·공시를 하는 경우에는 ***대통령령으로 정하는 바에 따라 보험상품공시위원회를 구성하여야 한다.

더 알아보기   *** 대통령령으로 정하는 바[시행령 제68조(보험상품공시위원회)]

① 법 제124조 제3항에 따른 보험상품공시위원회(이하 "위원회"라 한다)는 보험협회가 실시하는 보험상품의 비교·공시에 관한 중요 사항을 심의·의결한다.
② 위원회는 위원장 1명을 포함하여 9명의 위원으로 구성한다.
③ 위원회의 위원장은 위원 중에서 호선하며, 위원회의 위원은 금융감독원 상품담당 부서장, 보험협회의 상품담당 임원, 보험요율 산출기관의 상품담당 임원 및 보험협회의 장이 위촉하는 다음 각 호의 사람으로 구성한다.
 1. 보험회사 상품담당 임원 또는 선임계리사 2명
 2. 판사, 검사 또는 변호사의 자격이 있는 사람 1명
 3. 소비자단체에서 추천하는 사람 2명
 4. 보험에 관한 학식과 경험이 풍부한 사람 1명
④ 위원의 임기는 2년으로 한다. 다만, 금융감독원 상품담당 부서장과 보험협회의 상품담당 임원 및 보험요율 산출기관의 상품담당 임원인 위원의 임기는 해당 직(職)에 재직하는 기간으로 한다.
⑤ 위원회의 회의는 재적위원 과반수의 출석으로 개의(開議)하고 출석위원 과반수의 찬성으로 의결한다.
⑥ 제1항부터 제5항까지에서 규정한 사항 외에 위원회의 구성 및 운영에 필요한 사항은 위원회의 의결을 거쳐 위원장이 정한다.

---

④ 보험회사는 제2항에 따른 비교·공시에 필요한 정보를 보험협회에 제공하여야 한다.
⑤ 보험협회 이외의 자가 보험계약에 관한 사항을 비교·공시하는 경우에는 제2항에 따라 금융위원회가 정하는 바에 따라 객관적이고 공정하게 비교·공시하여야 한다.
⑥ 금융위원회는 제2항 및 제5항에 따른 비교·공시가 거짓이거나 사실과 달라 보험계약자 등을 보호할 필요가 있다고 인정되는 경우에는 공시의 중단이나 시정조치 등을 요구할 수 있다.

4. 상호협정의 인가

(1) 상호협정

2개 이상의 보험사업자가 그 사업에 관한 공동행위를 위하여 상호 간에 체결한 협정

(2) 상호협정의 인가(제125조)

① 보험회사가 그 업무에 관한 공동행위를 하기 위하여 다른 보험회사와 상호협정을 체결(변경하거나 폐지하려는 경우를 포함한다)하려는 경우에는 *대통령령으로 정하는 바에 따라 금융위원회의 인가를 받아야 한다. 다만, 대통령령으로 정하는 경미한 사항을 변경하려는 경우에는 신고로써 갈음할 수 있다.

더 알아보기   **＊ 대통령령으로 정하는 바[시행령 제69조(상호협정의 인가)]**

① 보험회사는 법 제125조 제1항에 따라 상호협정의 체결・변경 또는 폐지의 인가를 받으려는 경우에는 다음 각 호의 사항을 적은 신청서에 총리령으로 정하는 서류를 첨부하여 금융위원회에 제출하여야 한다.
  1. 상호협정을 체결하는 경우
    가. 상호협정 당사자의 상호 또는 명칭과 본점 또는 주된 사무소의 소재지
    나. 상호협정의 명칭과 그 내용
    다. 상호협정의 효력의 발생시기와 기간
    라. 상호협정을 하려는 사유
    마. 상호협정에 관한 사무를 총괄하는 점포 또는 사무소가 있는 경우에는 그 명칭과 소재지
    바. 외국보험회사와의 상호협정인 경우에는 그 보험회사의 영업 종류와 현재 수행 중인 사업의 개요 및 현황
  2. 상호협정을 변경하는 경우
    가. 제1호 가목 및 나목의 기재사항
    나. 변경될 상호협정의 효력의 발생시기와 기간
    다. 상호협정을 변경하려는 사유 및 변경 내용
  3. 상호협정을 폐지하는 경우
    가. 폐지할 상호협정의 명칭
    나. 상호협정 폐지의 효력 발생시기
    다. 상호협정을 폐지하려는 사유
② 금융위원회는 제1항의 신청서를 받았을 때에는 다음 각 호의 사항을 심사하여 그 인가 여부를 결정하여야 한다.
  1. 상호협정의 내용이 보험회사 간의 공정한 경쟁을 저해하는지 여부
  2. 상호협정의 내용이 보험계약자의 이익을 침해하는지 여부
③ 법 제125조 제1항 단서 및 제3항 단서에서 "대통령령으로 정하는 경미한 사항"이란 다음 각 호의 사항을 말한다.
  1. 보험회사의 상호 변경, 보험회사 간의 합병, 보험회사의 신설 등으로 상호협정의 구성원이 변경되는 사항
  2. 조문체제의 변경, 자구수정 등 상호협정의 실질적인 내용이 변경되지 아니하는 사항
  3. 법령의 제정・개정・폐지에 따라 수정・반영해야 하는 사항

---

② 금융위원회는 공익 또는 보험업의 건전한 발전을 위하여 특히 필요하다고 인정되는 경우에는 보험회사에 대하여 제1항에 따른 협정의 체결·변경 또는 폐지를 명하거나 그 협정의 전부 또는 일부에 따를 것을 명할 수 있다.

③ 금융위원회는 제1항 또는 제2항에 따라 상호협정의 체결·변경 또는 폐지의 인가를 하거나 협정에 따를 것을 명하려면 미리 공정거래위원회와 협의하여야 한다. 다만, 대통령령으로 정하는 경미한 사항을 변경하려는 경우에는 그러하지 아니하다.

5. 정관변경의 보고

(1) 정관변경의 보고(시행령 제70조)

① 금융위원회는 법 제126조에 따라 보고받은 내용이 이 법 또는 관계 법령에 위반되거나 보험계약자 및 피보험자 등의 권익을 침해하는 내용이 있는 경우에는 해당 보험회사에 대하여 이를 보완하도록 요구할 수 있다.

② 법 제126조에 따른 정관변경의 보고의 방법 및 절차 등에 관하여 필요한 사항은 금융위원회가 정하여 고시한다.

6. 기초서류

(1) 기초서류의 작성 및 제출 등(제127조)

① 보험회사는 취급하려는 보험상품에 관한 기초서류를 작성하여야 한다.

② 보험회사는 기초서류를 작성하거나 변경하려는 경우 그 내용이 다음 각 호의 어느 하나에 해당하는 경우에 한정하여 미리 금융위원회에 신고하여야 한다.

ⓐ 법령의 제정·개정에 따라 새로운 보험상품이 도입되거나 보험상품 가입이 의무가 되는 경우

ⓑ 보험계약자 보호 등을 위하여 대통령령으로 정하는 경우

> **시행령 제71조(기초서류의 작성 및 변경)**　① 법 제127조 제2항 제3호에 따라 보험회사가 기초서류 (법 제5조 제3호에 따른 기초서류를 말한다)를 작성하거나 변경하려는 경우 미리 금융위원회에 신고하여야 하는 사항은 [별표 6]과 같다. 다만, 조문체제의 변경, 자구수정 등 보험회사가 이미 신고한 기초서류의 내용의 본래 취지를 벗어나지 아니하는 범위에서 기초서류를 변경하는 경우는 제외한다.
>
> ② 보험회사는 법 제127조 제2항에 따라 기초서류를 신고하는 경우에는 판매개시일 30일(법 제127조의 2 제1항에 따라 권고받은 사항을 반영하여 신고하는 경우에는 15일을 말한다) 전까지 금융위원회가 정하여 고시하는 보험상품신고서에 다음 각 호의 서류를 첨부하여 제출해야 한다. 다만, 다른 법령의 개정에 따라 기초서류의 내용을 변경하는 경우 등 금융위원회가 정하여 고시하는 경우에는 금융위원회가 정하여 고시하는 기한까지 보험상품신고서를 제출할 수 있다.
>
> 1. 법 제184조 제1항에 따라 선임계리사가 검증·확인한 기초서류
> 2. 보험료, 해약환급금 및 위험률 산출의 변경이 있는 경우에는 그 변경이 적절한지에 대한 보험요율 산출기관 또는 법 제128조 제2항에 따른 독립계리업자의 검증확인서
>
> ③ 삭제 〈2021.6.1.〉

③ 금융위원회는 보험계약자 보호 등을 위하여 필요하다고 인정되면 보험회사에 대하여 취급하고 있는 보험상품의 기초서류에 관한 자료 제출을 요구할 수 있다.

> **시행령 제71조(기초서류의 작성 및 변경)** ④ 금융위원회는 법 제127조 제3항에 따라 보험계약자 보호 등에 필요하다고 인정되면 보험회사로 하여금 매 분기 종료일의 다음 달 말일까지 금융위원회가 정하여 고시하는 바에 따라 분기별 보험상품 판매 목록을 제출하게 할 수 있다.
> ⑤ 금융위원회는 법 제127조 제3항에 따라 보험계약자 보호 등을 위하여 확인이 필요하다고 인정되는 보험상품에 대해서는 그 사유를 적어 서면으로 법 제184조 제1항에 따라 선임계리사가 검증·확인한 기초서류를 제출하도록 요구할 수 있다.
> ⑥ 금융위원회는 제5항에 따라 확인한 보험상품에 대하여 보험료 및 책임준비금의 적절성 검증이 필요하다고 판단한 경우에는 그 사유를 적어 서면으로 제5항의 제출서류 외에 보험요율 산출기관 또는 독립계리업자의 검증확인서 및 제2항에 따른 보험상품신고서를 제출하도록 요구할 수 있다. 이 경우 보험회사는 제출요구일부터 30일 이내에 검증확인서를 제출해야 한다.

④ 금융위원회는 제2항에 따른 신고를 받은 경우 그 내용을 검토하여 이 법에 적합하면 신고를 수리하여야 한다.

⑤ 제2항 및 제3항에 따른 신고 또는 제출의 절차 및 방법과 그 밖에 필요한 사항은 대통령령으로 정한다.

(2) 기초서류의 변경 권고(제127조의2)

① 금융위원회는 보험회사가 신고한 기초서류의 내용이 제128조의3(기초서류의 작성·변경 원칙) 및 제129조(보험요율 산출의 원칙)를 위반하는 경우에는 *대통령령으로 정하는 바에 따라 기초서류의 변경을 권고할 수 있다.

> **더 알아보기** * 대통령령으로 정하는 바[시행령 제71조의2(기초서류의 변경 권고)]
>
> 금융위원회는 신고접수일 또는 제출접수일(검증확인서를 제출한 경우에는 검증확인서의 제출일)부터 20일(권고받은 사항에 대하여 다시 변경을 권고하는 경우에는 10일) 이내에 그 기초서류의 변경을 권고할 수 있다.

② 제1항에 따른 변경권고는 그 내용 및 사유가 구체적으로 적힌 문서로 하여야 한다.

(3) 기초서류 기재사항 준수의무(제127조의3)

보험회사는 기초서류에 기재된 사항을 준수하여야 한다.

(4) 기초서류에 대한 확인(제128조)

① 금융위원회는 보험회사가 제127조 제2항에 따라 기초서류를 신고할 때 필요하면 「금융위원회의 설치 등에 관한 법률」에 따라 설립된 금융감독원(이하 "금융감독원"이라 한다)의 확인을 받도록 할 수 있다.

② 금융위원회는 보험회사가 제127조 제2항에 따라 기초서류를 신고하는 경우 보험료 및 해약환급금 산출방법서에 대하여 제176조에 따른 보험요율 산출기관 또는 *대통령령으로 정하는 보험계리업자(이하 "독립계리업자"라 한다)의 검증확인서를 첨부하도록 할 수 있다.

〈개정 2022.12.31.〉

"대통령령으로 정하는 보험계리업자"란 법 제183조 제1항에 따라 등록된 법인(5명 이상의 상근 보험계리사를 두고 있는 법인만 해당한다)인 보험계리업자를 말한다. 다만, 다음 각 호의 어느 하나에 해당하는 보험계리업자는 제외한다.

1. 법 제181조 제1항에 따라 해당 보험회사로부터 보험계리에 관한 업무를 위탁받아 수행 중인 보험계리업자
2. 대표자가 최근 2년 이내에 해당 보험회사에 고용된 사실이 있는 보험계리업자
3. 대표자나 그 배우자가 해당 보험회사의 대주주인 보험계리업자
4. 보험회사의 자회사인 보험계리업자
5. 보험계리업자 또는 보험계리업자의 대표자가 최근 5년 이내에 다음 각 목의 어느 하나에 해당하는 제재조치를 받은 사실이 있는 경우 해당 보험계리업자
   가. 법 제134조 제1항 제1호에 따른 경고 또는 문책
   나. 법 제134조 제1항 제3호에 따른 해임 또는 직무정지
   다. 법 제190조에 따른 보험계리업자 등록의 취소
   라. 법 제192조 제1항에 따른 업무의 정지 또는 해임

(5) 기초서류 관리기준(제128조의2)

① 보험회사는 기초서류를 작성하거나 변경할 때 지켜야 할 절차와 기준(이하 "기초서류관리기준"이라 한다)을 정하고 이를 지켜야 한다.

② 기초서류관리기준에는 다음 각 호의 사항이 포함되어야 한다.

ⓐ 기초서류 작성·변경의 절차 및 기준

ⓑ 기초서류의 적정성에 대한 내부·외부 검증 절차 및 방법

ⓒ 기초서류 작성 오류에 대한 통제 및 수정 방법

ⓓ 기초서류 작성 및 관리과정을 감시·통제·평가하는 방법 및 관련 임직원 또는 제181조 제2항에 따른 선임계리사의 역할과 책임

ⓔ 그 밖에 기초서류관리기준의 제정·개정 절차 등 ＊대통령령으로 정하는 사항

① 법 제128조의2 제2항 제5호에서 "기초서류관리기준의 제정·개정 절차 등 대통령령으로 정하는 사항"이란 다음 각 호의 사항을 말한다.

1. 법 제128조의2 제1항에 따른 기초서류관리기준(이하 "기초서류관리기준"이라 한다)의 제정 및 개정 절차
2. 기초서류 작성·변경과 관련한 업무의 분장 및 기초서류 관리책임자에 관한 사항
3. 임직원의 기초서류관리기준 준수 여부를 확인하는 절차·방법과 그 기준을 위반한 임직원의 처리에 관한 사항
4. 그 밖에 법령을 준수하고 보험계약자를 보호하기 위하여 기초서류를 작성·변경할 때 따라야 할 사항으로서 금융위원회가 정하여 고시하는 사항

② 금융위원회는 법 제128조의2 제3항에 따라 보험회사가 보고한 기초서류관리기준이 부당하다고 판단되면 보고일부터 15일 이내에 해당 기준의 변경 또는 업무의 개선을 명할 수 있다.

③ 보험회사는 기초서류관리기준을 제정·개정하는 경우에는 금융위원회에 보고하여야 하며, 금융위원회는 해당 기준이나 그 운용이 부당하다고 판단되면 기준의 변경 또는 업무의 개선을 명할 수 있다.

④ 제1항부터 제3항까지에 규정한 사항 외에 기초서류관리기준의 작성 및 운용 등에 필요한 사항은 대통령령으로 정한다.

(6) 기초서류 작성·변경 원칙(제128조의3)

① 보험회사는 기초서류를 작성·변경할 때 다음 각 호의 사항을 지켜야 한다.

ⓐ 이 법 또는 다른 법령에 위반되는 내용을 포함하지 아니할 것

ⓑ 정당한 사유 없는 보험계약자의 권리 축소 또는 의무 확대 등 보험계약자에게 불리한 내용을 포함하지 아니할 것

ⓒ 그 밖에 보험계약자 보호, 재무건전성 확보 등을 위하여 대통령령으로 정하는 바에 따라 금융위원회가 정하는 기준에 적합할 것

② 보험회사가 기초서류를 작성·변경할 때 그 내용이 제127조 제2항 각 호의 어느 하나에 해당하지 아니하면 제1항 각 호의 사항을 지켜 작성·변경한 것으로 추정(推定)한다.

7. 보험약관 이해도 평가 및 기타 규정

(1) 보험약관 등의 이해도 평가(제128조의4)

① 금융위원회는 보험소비자와 보험의 모집에 종사하는 자 등 *대통령령으로 정하는 자(이하 "보험소비자 등"이라 한다)를 대상으로 다음 각 호의 사항에 대한 이해도를 평가하고 그 결과를 **대통령령으로 정하는 바에 따라 공시할 수 있다.

ⓐ 보험약관

ⓑ 보험안내자료 중 금융위원회가 정하여 고시하는 자료

더 알아보기　　* 대통령령으로 정하는 자

　　　　　　　　** 대통령령으로 정하는 바[시행령 제71조의6(보험약관 이해도 평가)]

① 법 제128조의4 제1항에서 "보험소비자와 보험의 모집에 종사하는 자 등 대통령령으로 정하는 자"란 다음 각 호의 사람을 말한다.

1. 금융감독원장이 추천하는 보험소비자 3명

2. 「소비자기본법」에 따라 설립된 한국소비자원의 장이 추천하는 보험소비자 3명

3. 삭제 〈2019.6.25.〉

4. 보험요율 산출기관의 장이 추천하는 보험관련 전문가 1명

5. 보험협회 중 생명보험회사로 구성된 협회(이하 "생명보험협회"라 한다)의 장이 추천하는 보험의 모집에 종사하는 자 1명

6. 보험협회 중 손해보험회사로 구성된 협회(이하 "손해보험협회"라 한다)의 장이 추천하는 보험의 모집에 종사하는 자 1명

7. 「민법」 제32조에 따라 금융위원회의 허가를 받아 설립된 사단법인 보험연구원의 장이 추천하는 보험 관련 법률전문가 1인

② 법 제128조의4 제2항에 따라 지정된 평가대행기관(이하 "평가대행기관"이라 한다)은 제1항에 따른 평가대상자에 의한 보험약관 이해도 평가 외에 별도의 보험소비자만을 대상으로 하는 보험약관의 이해도 평가를 실시할 수 있다.

③ 법 제128조의4 제1항에 따른 보험약관 이해도 평가결과에 대한 공시기준은 다음 각 호와 같다.
  1. 공시대상 : 보험약관의 이해도 평가 기준 및 해당 기준에 따른 평가 결과
  2. 공시방법 : 평가대행기관의 홈페이지에 공시
  3. 공시주기 : 연 2회 이상

④ 제1항에 따른 보험약관 이해도 평가대상자의 추천 기준 및 추천 절차 등에 관하여 필요한 세부사항은 금융위원회가 정하여 고시한다.

② 금융위원회는 제1항에 따른 보험약관과 보험안내자료(이하 "보험약관 등"이라 한다)에 대한 보험소비자 등의 이해도를 평가하기 위해 평가대행기관을 지정할 수 있다.

③ 제2항에 따라 지정된 평가대행기관은 조사대상 보험약관 등에 대하여 보험소비자 등의 이해도를 평가하고 그 결과를 금융위원회에 보고하여야 한다.

④ 보험약관 등의 이해도 평가에 수반되는 비용의 부담, 평가 시기, 평가 방법 등 평가에 관한 사항은 금융위원회가 정한다.

(2) 보험요율 산출의 원칙(제129조)

보험회사는 보험요율을 산출할 때 객관적이고 합리적인 통계자료를 기초로 대수(大數)의 법칙 및 통계신뢰도를 바탕으로 하여야 하며, 다음 각 호의 사항을 지켜야 한다.

① 보험요율이 보험금과 그 밖의 급부(給付)에 비하여 지나치게 높지 아니할 것
② 보험요율이 보험회사의 재무건전성을 크게 해칠 정도로 낮지 아니할 것
③ 보험요율이 보험계약자 간에 부당하게 차별적이지 아니할 것
④ 자동차보험의 보험요율인 경우 보험금과 그 밖의 급부와 비교할 때 공정하고 합리적인 수준일 것

(3) 보고사항(제130조)

보험회사는 다음 각 호의 어느 하나에 해당하는 사유가 발생한 경우에는 그 사유가 발생한 날부터 5일 이내에 금융위원회에 보고하여야 한다.

① 상호나 명칭을 변경한 경우
② 본점의 영업을 중지하거나 재개(再開)한 경우
③ 최대주주가 변경된 경우
④ 대주주가 소유하고 있는 주식 총수가 의결권 있는 발행주식 총수의 100분의 1 이상만큼 변동된 경우
⑤ 그 밖에 해당 보험회사의 업무 수행에 중대한 영향을 미치는 경우로서 *대통령령으로 정하는 경우

＊대통령령으로 정하는 경우[시행령 제72조(보고사항)]

법 제130조 제6호에서 "대통령령으로 정하는 경우"란 다음 각 호의 어느 하나에 해당하는 경우를 말한다.
1. 자본금 또는 기금을 증액한 경우
2. 법 제21조에 따른 조직 변경의 결의를 한 경우
3. 법 제13장에 따른 처벌을 받은 경우
4. 조세 체납처분을 받은 경우 또는 조세에 관한 법령을 위반하여 형벌을 받은 경우
5. 「외국환 거래법」에 따른 해외투자를 하거나 외국에 영업소, 그 밖의 사무소를 설치한 경우
6. 보험회사의 주주 또는 주주였던 자가 제기한 소송의 당사자가 된 경우

(4) 금융위원회의 명령권(제131조)

① 금융위원회는 보험회사의 업무운영이 적정하지 아니하거나 자산상황이 불량하여 보험계약자 및 피보험자 등의 권익을 해칠 우려가 있다고 인정되는 경우에는 다음 각 호의 어느 하나에 해당하는 조치를 명할 수 있다.

    ⓐ 업무집행방법의 변경

    ⓑ 금융위원회가 지정하는 기관에의 자산 예탁

    ⓒ 자산의 장부가격 변경

    ⓓ 불건전한 자산에 대한 적립금의 보유

    ⓔ 가치가 없다고 인정되는 자산의 손실처리

    ⓕ 그 밖에 대통령령으로 정하는 필요한 조치

② 금융위원회는 보험회사의 업무 및 자산상황, 그 밖의 사정의 변경으로 공익 또는 보험계약자의 보호와 보험회사의 건전한 경영을 크게 해칠 우려가 있거나 보험회사의 기초서류에 법령을 위반하거나 보험계약자에게 불리한 내용이 있다고 인정되는 경우에는 청문을 거쳐 기초서류의 변경 또는 그 사용의 정지를 명할 수 있다. 다만, 대통령령으로 정하는 경미한 사항에 관하여 기초서류의 변경을 명하는 경우에는 청문을 하지 아니할 수 있다.

③ 금융위원회는 제2항에 따라 기초서류의 변경을 명하는 경우 보험계약자·피보험자 또는 보험금을 취득할 자의 이익을 보호하기 위하여 특히 필요하다고 인정하면 이미 체결된 보험계약에 대하여도 장래에 향하여 그 변경의 효력이 미치게 할 수 있다.

④ 금융위원회는 제3항에도 불구하고 제2항에 따라 변경명령을 받은 기초서류 때문에 보험계약자·피보험자 또는 보험금을 취득할 자가 부당한 불이익을 받을 것이 명백하다고 인정되는 경우에는 이미 체결된 보험계약에 따라 납입된 보험료의 일부를 되돌려주거나 보험금을 증액하도록 할 수 있다.

⑤ 보험회사는 제2항에 따른 명령을 받은 경우에는 대통령령으로 정하는 바에 따라 그 요지를 공고하여야 한다.

(5) 보험금 지급불능 등에 대한 조치(제131조의2)

금융위원회는 보험회사의 파산 또는 보험금 지급불능 우려 등 보험계약자의 이익을 크게 해칠 우려가 있다고 인정되는 경우에는 보험계약 체결 제한, 보험금 전부 또는 일부의 지급정지 또는 그 밖에 필요한 조치를 명할 수 있다.

(6) 준용(제132조)

국내사무소·보험대리점 및 보험중개사에 관하여는 제131조 제1항을 준용한다. 이 경우 "보험회사"는 "국내사무소"·"보험대리점" 또는 "보험중개사"로 본다.

(7) 자료제출 및 검사 등(제133조)

① 금융위원회는 공익 또는 보험계약자 등을 보호하기 위하여 보험회사에 이 법에서 정하는 감독업무의 수행과 관련한 주주 현황, 그 밖에 사업에 관한 보고 또는 자료 제출을 명할 수 있다.

② 보험회사는 그 업무 및 자산상황에 관하여 금융감독원의 검사를 받아야 한다.

③ 금융감독원의 원장(이하 "금융감독원장"이라 한다)은 제2항에 따른 검사를 할 때 필요하다고 인정하면 보험회사에 대하여 업무 또는 자산에 관한 보고, 자료의 제출, 관계인의 출석 및 의견의 진술을 요구할 수 있다.

④ 제2항에 따라 검사를 하는 자는 그 권한을 표시하는 증표를 지니고 이를 관계인에게 내보여야 한다.

⑤ 금융감독원장은 제2항에 따라 검사를 한 경우에는 그 결과에 따라 필요한 조치를 하고, 그 내용을 금융위원회에 보고하여야 한다.

⑥ 금융감독원장은 「주식회사 등의 외부감사에 관한 법률」에 따라 보험회사가 선임한 외부감사인에게 그 보험회사를 감사한 결과 알게 된 정보나 그 밖에 경영건전성과 관련되는 자료의 제출을 요구할 수 있다.

(8) 보험회사에 대한 제재(제134조)

① 금융위원회는 보험회사(그 소속 임직원을 포함한다)가 이 법 또는 이 법에 따른 규정·명령 또는 지시를 위반하여 보험회사의 건전한 경영을 해치거나 보험계약자, 피보험자, 그 밖의 이해관계인의 권익을 침해할 우려가 있다고 인정되는 경우 또는 「금융회사의 지배구조에 관한 법률」 별표 각 호의 어느 하나에 해당하는 경우(제4호에 해당하는 조치로 한정한다), 「금융소비자 보호에 관한 법률」 제51조 제1항 제4호, 제5호 또는 같은 조 제2항 각 호 외의 부분 본문 중 대통령령으로 정하는 경우에 해당하는 경우(제4호에 해당하는 조치로 한정한다)에는 금융감독원장의 건의에 따라 다음 각 호의 어느 하나에 해당하는 조치를 하거나 금융감독원장으로 하여금 ⓐ의 조치를 하게 할 수 있다.

ⓐ 보험회사에 대한 주의·경고 또는 그 임직원에 대한 주의·경고·문책의 요구

ⓑ 해당 위반행위에 대한 시정명령

ⓒ 임원(「금융회사의 지배구조에 관한 법률」 제2조 제5호에 따른 업무집행책임자는 제외한다. 이하 제135조에서 같다)의 해임권고·직무정지

ⓓ 6개월 이내의 영업의 일부정지

② 금융위원회는 보험회사가 다음 각 호의 어느 하나에 해당하는 경우에는 6개월 이내의 기간을 정하여 영업 전부의 정지를 명하거나 청문을 거쳐 보험업의 허가를 취소할 수 있다.

ⓐ 거짓이나 그 밖의 부정한 방법으로 보험업의 허가를 받은 경우

ⓑ 허가의 내용 또는 조건을 위반한 경우

ⓒ 영업의 정지기간 중에 영업을 한 경우

ⓓ 제1항 제2호에 따른 시정명령을 이행하지 아니한 경우

ⓔ 「금융회사의 지배구조에 관한 법률」 별표 각 호의 어느 하나에 해당하는 경우(영업의 전부 정지를 명하는 경우로 한정한다)

ⓕ 「금융소비자 보호에 관한 법률」 제51조 제1항 제4호 또는 제5호에 해당하는 경우

ⓖ 「금융소비자 보호에 관한 법률」 제51조 제2항 각 호 외의 부분 본문 중 대통령령으로 정하는 경우(영업 전부의 정지를 명하는 경우로 한정한다)

③ 금융위원회는 금융감독원장의 건의에 따라 보험회사가 제1항에 따른 조치, 제2항에 따른 영업 정지 또는 허가취소 처분을 받은 사실을 *대통령령으로 정하는 바에 따라 공표하도록 할 수 있다.

(9) 퇴임한 임원에 등에 대한 조치 내용의 통보(제135조)

① 금융위원회(제134조 제1항에 따라 조치를 할 수 있는 금융감독원장을 포함한다)는 보험회사의 퇴임한 임원 또는 퇴직한 직원(「금융회사의 지배구조에 관한 법률」 제2조 제5호에 따른 업무집행책임자를 포함한다)이 재임 또는 재직 중이었더라면 제134조 제1항 제1호 및 제3호에 해당하는 조치를 받았을 것으로 인정되는 경우에는 그 조치의 내용을 해당 보험회사의 장에게 통보할 수 있다.

② 제1항에 따른 통보를 받은 보험회사의 장은 이를 퇴임·퇴직한 해당 임직원에게 알리고, 그 내용을 인사기록부에 기록·유지하여야 한다.

(10) 준용(제136조)

① 국내사무소·보험대리점 및 보험중개사에 관하여는 제133조 및 제134조를 준용한다. 이 경우 "보험회사"는 각각 "국내사무소"·"보험대리점" 또는 "보험중개사"로 본다.

② 보험업과 밀접하게 관련된 업무로서 대통령령으로 정하는 업무를 하는 자회사에 관하여는 제133조를 준용한다. 이 경우 "보험회사"는 "자회사"로 본다.

③ 보험업과 밀접하게 관련된 업무로서 대통령령으로 정하는 업무를 보험회사로부터 위탁받은 자에 관하여는 제133조를 준용한다. 이 경우 "보험회사"는 "위탁받은 자"로 본다.

해산 · 청산

Ⅰ. 해 산

1. 해산사유 등

(1) 해 산

해산이란 회사의 법인격을 소멸케 하는 원인인 법률사실을 말하며, 소멸 그 자체를 가져오는 법률사실은 아니다. 회사는 합병의 경우를 제외하고는 해산에 의해 법인격을 즉시 소멸시키는 것이 아니라, 단지 그 원인으로 하여 청산절차에 의한 기존의 법률관계를 정리하여 청산 종료시 법인격이 소멸하는 것으로 하고 있다.

(2) 해산사유 등(제137조)

① 보험회사는 다음 각 호의 사유로 해산한다.
   ⓐ 존립기간의 만료, 그 밖에 정관으로 정하는 사유의 발생
   ⓑ 주주총회 또는 사원총회(이하 "주주총회 등"이라 한다)의 결의
   ⓒ 회사의 합병
   ⓓ 보험계약 전부의 이전
   ⓔ 회사의 파산
   ⓕ 보험업의 허가취소
   ⓖ 해산을 명하는 재판
② 보험회사가 제1항 제6호의 사유로 해산하면 금융위원회는 7일 이내에 그 보험회사의 본점과 지점 또는 각 사무소 소재지의 등기소에 그 등기를 촉탁(囑託)하여야 한다.
③ 등기소는 제2항의 촉탁을 받으면 7일 이내에 그 등기를 하여야 한다.

2. 해산 절차

(1) 해산 · 합병 등의 결의(제138조)

해산 · 합병과 보험계약의 이전에 관한 결의는 제39조 제2항 또는 「상법」 제434조에 따라 하여야 한다.

제39조 제2항	사원 과반수의 출석과 그 의결권의 4분의 3 이상의 찬성으로 결의한다.
「상법」 제434조	출석한 주주의 의결권의 3분의 2 이상의 수와 발행 주식총수의 3분의 1 이상의 수로써 하여야 한다.

(2) 해산·합병 등의 인가(제139조)

해산의 결의·합병과 보험계약의 이전은 금융위원회의 인가를 받아야 한다.

> **시행령 제75조(합병 인가시 제출서류)** ① 보험회사가 법 제139조에 따라 합병의 인가를 받으려는 경우에는 법 제141조 제2항에 따른 이의제출 기간이 지난 후 1개월 이내에 신청서에 다음 각 호의 서류를 첨부하여 양쪽 회사가 공동으로 금융위원회에 제출해야 한다.
> 1. 합병계약서
> 2. 합병 후 존속하는 회사 또는 합병으로 인하여 설립되는 회사의 정관
> 3. 각 회사의 재산목록과 재무상태표
> 4. 각 회사의 보험계약건수·금액·계약자수 및 그 지역별 통계표
> 5. 그 밖에 합병인가에 필요한 서류로서 금융위원회가 정하여 고시하는 서류

(3) 보험계약 등의 이전(제140조)

① 보험회사는 계약의 방법으로 책임준비금 산출의 기초가 같은 보험계약의 전부를 포괄하여 다른 보험회사에 이전할 수 있다.

② 보험회사는 제1항에 따른 계약에서 회사자산을 이전할 것을 정할 수 있다. 다만, 금융위원회가 그 보험회사의 채권자의 이익을 보호하기 위하여 필요하다고 인정하는 자산은 유보하여야 한다.

(4) 보험계약 이전 결의의 공고와 이의제기(제141조)

① 보험계약을 이전하려는 보험회사는 제138조에 따른 결의를 한 날부터 2주 이내에 계약 이전의 요지와 각 보험회사의 재무상태표를 공고하고, *대통령령으로 정하는 방법에 따라 보험계약자에게 통지하여야 한다.

더 알아보기 *** 대통령령으로 정하는 방법(시행령 제75조의2)**

법 제141조 제1항에서 "대통령령으로 정하는 방법"이란 다음 각 호의 방법을 말한다.
1. 서면 교부
2. 우편 또는 전자우편
3. 전화 또는 팩스
4. 휴대전화 문자메시지 또는 이에 준하는 전자적 의사표시

---

② 제1항에 따른 공고 및 통지에는 이전될 보험계약의 보험계약자로서 이의가 있는 자는 일정한 기간 동안 이의를 제출할 수 있다는 뜻을 덧붙여야 한다. 다만, 그 기간은 1개월 이상으로 하여야 한다.

③ 제2항의 기간에 이의를 제기한 보험계약자가 이전될 보험계약자 총수의 10분의 1을 초과하거나 그 보험금액이 이전될 보험금 총액의 10분의 1을 초과하는 경우에는 보험계약을 이전하지 못한다. 제143조에 따라 계약조항의 변경을 정하는 경우에 이의를 제기한 보험계약자로서 그 변경을 받을 자가 변경을 받을 보험계약자 총수의 10분의 1을 초과하거나 그 보험금액이 변경을 받을 보험계약자의 보험금 총액의 10분의 1을 초과하는 경우에도 또한 같다.

④ 상호회사가 제54조 제1항의 기관에 의하지 아니하고 보험계약 이전의 결의를 한 경우에는 제2항 및 제3항을 적용하지 아니한다.

(5) 신계약이 금지(제142조)

보험계약을 이전하려는 보험회사는 주주총회 등의 결의가 있었던 때부터 보험계약을 이전하거나 이전하지 아니하게 될 때까지 그 이전하려는 보험계약과 같은 종류의 보험계약을 하지 못한다. 다만, 보험회사의 부실에 따라 보험계약을 이전하려는 경우가 아닌 경우로서 *대통령령으로 정하는 경우에는 그러하지 아니다.

더 알아보기 *** 대통령령으로 정하는 경우(시행령 제75조의3)**

법 제142조 단서에서 "대통령령으로 정하는 경우"란 다음 각 호의 경우를 말한다.
1. 외국보험회사의 국내지점을 국내법인으로 전환함에 따라 국내지점의 보험계약을 국내법인으로 이전하려는 경우
2. 모회사에서 자회사인 보험회사를 합병함에 따라 자회사의 보험계약을 모회사로 이전하려는 경우
3. 그 밖에 제1호 및 제2호에 준하는 경우로서 금융위원회가 정하여 고시하는 경우

---

(6) 계약조건의 변경(제143조)

보험회사는 보험계약의 전부를 이전하는 경우에 이전할 보험계약에 관하여 이전계약의 내용으로 다음 각 호의 사항을 정할 수 있다.
① 계산의 기초의 변경
② 보험금액의 삭감과 장래 보험료의 감액
③ 계약조항의 변경

(7) 자산 처분의 금지 등(제144조)

① 제143조에 따라 보험금액을 삭감하기로 정하는 경우에는 보험계약을 이전하려는 보험회사는 주주총회 등의 결의가 있었던 때부터 보험계약을 이전하거나 이전하지 아니하게 될 때까지 그 자산을 처분하거나 채무를 부담하려는 행위를 하지 못한다. 다만, 보험업을 유지하기 위하여 필요한 비용을 지출하는 경우 또는 자산의 보전이나 그 밖의 특별한 필요에 따라 금융위원회의 허가를 받아 자산을 처분하는 경우에는 그러하지 아니다.

② 보험계약이 이전된 경우에는 보험계약에 따라 발생한 채권으로서 제1항에 따라 지급이 정지된 것에 관하여 이전계약에서 정한 보험금액 삭감의 비율에 따라 그 금액을 삭감하여 지급하여야 한다.

③ 제143조에 따라 계약조항의 변경을 정하는 경우에 그 변경을 하려는 보험회사에 대하여도 제1항을 적용한다. 다만, 보험계약으로 발생한 채무를 변제하거나 금융위원회의 허가를 받아 그 변경과 관계없는 행위를 하는 경우에는 그러하지 아니다.

(8) 보험계약 이전의 공고(제145조)

보험회사는 보험계약을 이전한 경우에는 7일 이내에 그 취지를 공고하여야 한다. 보험계약을 이전하지 아니하게 된 경우에도 또한 같다.

(9) 권리 · 의무의 승계(제146조)

① 보험계약을 이전한 보험회사가 그 보험계약에 관하여 가진 권리와 의무는 보험계약을 이전받은 보험회사가 승계한다. 이전계약으로써 이전할 것을 정한 자산에 관하여도 또한 같다.

② 보험계약 이전의 결의를 한 후 이전할 보험계약에 관하여 발생한 수지(收支)나 그 밖에 이전할 보험계약 또는 자산에 관하여 발생한 변경은 이전을 받은 보험회사에 귀속된다.

(10) 계약 이전으로 인한 입사(제147조)

보험계약이 이전된 경우 이전을 받은 보험회사가 상호회사인 경우에는 그 보험계약자는 그 상호회사에 입사한다.

(11) 해산 후의 계약 이전 결의(제148조)

① 보험회사는 해산한 후에도 3개월 이내에는 보험계약 이전을 결의할 수 있다.

② 제1항의 경우에는 제158조를 적용하지 아니한다. 다만, 보험계약을 이전하지 아니하게 된 경우에는 그러하지 아니하다.

(12) 해산등기의 신청(제149조)

보험계약의 이전에 따른 해산등기의 신청서에는 다음 각 호의 모든 서류를 첨부하여야 한다.
① 이전계약서
② 각 보험회사 주주총회 등의 의사록
③ 제보험계약 이전 결의의 공고 및 이의에 관한 서류
④ 보험계약 이전의 인가를 증명하는 서류

(13) 영업양도 · 양수의 인가(제150조)

보험회사는 그 영업을 양도 · 양수하려면 금융위원회의 인가를 받아야 한다.

(14) 합병 결의의 공고(제151조)

① 보험회사가 합병을 결의한 경우에는 그 결의를 한 날부터 2주 이내에 합병계약의 요지와 각 보험회사의 재무상태표를 공고하여야 한다.

② 합병의 경우에는 보험계약 이전 결의의 이의 제기(제141조 제2항부터 제4항까지), 보험계약 이전의 공고(제145조) 및 해산등기의 신청(제149조) 조항을 준용한다.

(15) 계약조건의 변경(제152조)

① 보험회사가 합병을 하는 경우에는 합병계약으로써 그 보험계약에 관한 계산의 기초 또는 계약조항의 변경을 정할 수 있다.

② 제1항에 따라 계약조항의 변경을 정하는 경우 그 변경을 하려는 보험회사에 관하여는 신계약의 금지(제142조) 및 자산처분의 금지 등(제144조 제3항)을 준용한다.

(16) 상호회사의 합병(제153조)

① 상호회사는 다른 보험회사와 합병할 수 있다.

② 제1항의 경우 합병 후 존속하는 보험회사 또는 합병으로 설립되는 보험회사는 상호회사이어야 한다. 다만, 합병하는 보험회사의 한 쪽이 주식회사인 경우에는 합병 후 존속하는 보험회사 또는 합병으로 설립되는 보험회사는 주식회사로 할 수 있다.

③ 상호회사와 주식회사가 합병하는 경우에는 이 법 또는 「상법」의 합병에 관한 규정에 따른다.

④ 합병계약서에 적을 사항이나 그 밖에 합병에 관하여 필요한 사항은 *대통령령으로 정한다.

더 알아보기   *** 대통령령[시행령 제75조(합병계약서의 기재사항 등)]**

① 보험회사가 법 제139조에 따라 합병의 인가를 받으려는 경우에는 법 제141조 제2항에 따른 이의제출 기간이 지난 후 1개월 이내에 신청서에 다음 각 호의 서류를 첨부하여 양쪽 회사가 공동으로 금융위원회에 제출해야 한다.
1. 합병계약서
2. 합병 후 존속하는 회사 또는 합병으로 인하여 설립되는 회사의 정관
3. 각 회사의 재산목록과 재무상태표
4. 각 회사의 보험계약건수·금액·계약자수 및 그 지역별 통계표
5. 그 밖에 합병인가에 필요한 서류로서 금융위원회가 정하여 고시하는 서류

② 법 제153조 제4항에 따라 합병 후 존속하는 회사가 상호회사인 경우에는 합병계약서에 다음 각 호의 사항을 적어야 한다.
1. 존속하는 회사가 그 사원총회에서의 사원의 의결권을 증가시킬 것을 정한 경우에는 그 수
2. 합병으로 인하여 소멸되는 회사의 보험계약자 또는 사원이 존속하는 회사의 사원총회에서 가질 수 있는 권리에 관한 사항
3. 합병으로 인하여 소멸되는 회사의 주주 또는 기금의 갹출자나 사원에게 지급할 금액을 정한 경우에는 그 규정
4. 각 회사에서 합병의 결의를 할 주주총회 또는 사원총회의 기일
5. 합병의 시기를 정한 경우에는 그 시기
6. 제1호부터 제5호까지에 준하는 사항으로서 금융위원회가 정하여 고시하는 사항

③ 합병으로 인하여 설립되는 회사가 상호회사인 경우에는 합병계약서에 다음 각 호의 사항을 적어야 한다.
1. 법 제34조 제2호 및 제4호부터 제7호까지의 기재사항과 주된 사무소의 소재지
2. 합병으로 인하여 설립되는 회사의 사원총회에서의 의결권 수와 각 회사의 보험계약자 또는 사원에 대한 의결권의 배정에 관한 사항
3. 각 회사의 주주 또는 기금의 갹출자나 사원에게 지급할 금액을 정한 경우에는 그 규정
4. 이전하여야 할 보험계약에 관한 책임준비금, 그 밖의 준비금의 금액과 그 산출방법
5. 이전하여야 할 재산의 총액과 그 종류별 수량 및 가격
6. 제1호부터 제5호까지에 준하는 경우로서 금융위원회가 정하여 고시하는 사항

④ 주식회사와 상호회사가 합병하는 경우에 합병 후 존속하는 회사가 주식회사인 경우에는 합병계약서에 다음 각 호의 사항을 적어야 한다.
1. 존속하는 회사가 자본을 증가시킬 것을 정한 경우에는 그 증가액
2. 제1호의 경우에는 존속하는 회사가 발행할 신주(新株)의 종류·수 및 납입금액과 신주의 배정에 관한 사항
3. 제2항 제3호부터 제5호까지의 기재사항
4. 제1호부터 제3호까지에 준하는 사항으로서 금융위원회가 정하여 고시하는 사항

⑤ 주식회사와 상호회사가 합병하는 경우에 합병으로 인하여 설립되는 회사가 주식회사인 경우에는 합병계약서에 다음 각 호의 사항을 적어야 한다.
1. 「상법」 제524조 제1호의 기재사항
2. 합병으로 인하여 설립되는 회사가 발행할 주식의 종류·수 및 납입금액과 주식의 배정에 관한 사항
3. 제3항 제3호부터 제5호까지의 기재사항
4. 제1호부터 제3호까지에 준하는 사항으로서 금융위원회가 정하여 고시하는 사항

⑥ 해산의 결의, 보험계약 이전 및 해산·합병 등에 대한 인가 절차·방법, 그 밖에 필요한 사항은 금융위원회가 정하여 고시한다.

(17) 합병의 경우의 사원관계(제154조)

① 제153조에 따른 합병이 있는 경우 합병 후 존속하는 보험회사 또는 합병으로 설립되는 보험회사가 상호회사인 경우에는 합병으로 해산하는 보험회사의 보험계약자는 그 회사에 입사하고, 주식회사인 경우에는 상호회사의 사원은 그 지위를 잃는다. 다만, 보험관계에 속하는 권리와 의무는 합병계약에서 정하는 바에 따라 합병 후 존속하는 주식회사 또는 합병으로 설립된 주식회사가 승계한다.

② 제1항에 따라 합병 후 존속하는 상호회사에 입사할 자는 「상법」 제526조 제1항에 따른 사원총회에서 사원과 같은 권리를 가진다. 다만, 합병계약에 따로 정한 것이 있으면 그러하지 아니하다.

③ 합병으로 설립되는 상호회사의 창립총회에 관하여는 제39조 제2항·제55조와 「상법」 제311조, 제312조, 제316조 제2항, 제363조 제1항·제2항, 제364조, 제368조 제3항·제4항, 제371조 제2항, 제372조, 제373조 및 제376조부터 제381조까지의 규정을 준용한다.

(18) 정리계획서의 제출(제155조)

보험회사가 그 보험업의 전부 또는 일부를 폐업하려는 경우에는 그 60일 전에 사업 폐업에 따른 정리계획서를 금융위원회에 제출하여야 한다.

Ⅱ. 청 산

1. 청 산

청산이란 회사가 해산한 경우에 그 회사의 모든 법률관계를 종료하고 잔여재산을 분배하는 절차를 말한다. 보험회사의 해산사유 중 회사 합병의 경우에는 청산이 발생하지 않고, 파산의 경우에도 파산의 규정에 따라 파산재산은 파산관재인의 권한에 속하기 때문에 청산과 관계가 없다. 또한 합병, 파산 외의 기타 사유에 의하여 해산하는 경우 주식회사의 청산에 대해서는 상법의 규정에 따르고, 상호회사의 경우에는 보험업법의 규정(제3장 제3절 제7관, 제8관)에 따르도록 하고 있는데, 제8장에서는 보험업의 특수성을 감안하여 주식회사, 상호회사 양자에 공통되는 청산에 대한 특별규정을 두고 있다.

2. 청산절차

(1) 청산인(제156조)

① 보험회사가 보험업의 허가취소로 해산한 경우에는 금융위원회가 청산인을 선임한다.

② *「상법」 제193조·제252조 및 제531조 제2항에 따른 청산인은 금융위원회가 선임한다. 이 경우 이해관계인의 청구 없이 선임할 수 있다.

더 알아보기	*「상법」 제193조·제252조 및 제531조 제2항
「상법」 제193조	
「상법」 제252조	회사가 사원이 1인이 된 때 또는 법원의 명령 또는 판결의 사유로 인하여 해산된 경우
「상법」 제531조 제2항	합병·분할·분할합병 또는 파산의 경우 외에 해산한 때 청산인이 없는 경우

③ 제1항과 제2항의 경우에는 **「상법」 제255조 제2항을 준용한다.

④ 금융위원회는 다음 각 호의 어느 하나에 해당하는 자의 청구에 따라 청산인을 해임할 수 있다.
  ⓐ 감 사
  ⓑ 3개월 전부터 계속하여 자본금의 100분의 5 이상의 주식을 가진 주주
  ⓒ 100분의 5 이상의 사원
⑤ 상호회사는 제4항에 따른 청구를 하는 사원에 관하여 정관으로 다른 기준을 정할 수 있다.
⑥ 금융위원회는 중요한 사유가 있으면 제4항의 청구 없이 청산인을 해임할 수 있다.

(2) 청산인의 보수(제157조)

제156조에 따라 청산인을 선임하는 경우에는 청산 중인 회사로 하여금 금융위원회가 정하는 보수를 지급하게 할 수 있다.

(3) 해산 후의 보험금 지급(제158조)

① 보험회사는 주주총회 등 결의·보험업의 허가취소 또는 해산을 명하는 재판의 사유로 해산한 경우에는 보험금 지급 사유가 해산한 날부터 3개월 이내에 발생한 경우에만 보험금을 지급하여야 한다.
② 보험회사는 제1항의 기간이 지난 후에는 피보험자를 위하여 적립한 금액이나 아직 지나지 아니한 기간에 대한 보험료를 되돌려주어야 한다.

(4) 채권신고기간 내의 변제(제159조)

보험회사에 관하여 *「상법」 제536조 제2항을 적용할 때 "법원"은 "금융위원회"로 본다.

(5) 청산인의 감독(제160조)

금융위원회는 청산인을 감독하기 위하여 보험회사의 청산업무와 자산상황을 검사하고, 자산의 공탁을 명하며, 그 밖에 청산의 감독상 필요한 명령을 할 수 있다.

(6) 해산 후의 강제관리(제161조)

① 금융위원회는 해산한 보험회사의 업무 및 자산상황으로 보아 필요하다고 인정하는 경우에는 업무와 자산의 관리를 명할 수 있다.
② 제1항의 명령이 있는 경우에는 제148조 제2항(해산 후의 보험금 지급규정)을 준용한다.

PART 09 관계자에 대한 조사

1. 관계자에 대한 조사

(1) 조사대상 및 방법 등(제162조)

① 금융위원회는 다음 각 호의 어느 하나에 해당하는 경우에는 보험회사, 보험계약자, 피보험자, 보험금을 취득할 자, 그 밖에 보험계약에 관하여 이해관계가 있는 자(이하 "관계자"라 한다)에 대한 조사를 할 수 있다.

ⓐ 이 법 및 이 법에 따른 명령 또는 조치를 위반한 사실이 있는 경우

ⓑ 공익 또는 건전한 보험거래질서의 확립을 위하여 필요한 경우

② 금융위원회는 제1항에 따른 조사를 위하여 필요하다고 인정되는 경우에는 관계자에게 다음 각 호의 사항을 요구할 수 있다.

ⓐ 조사사항에 대한 사실과 상황에 대한 진술서의 제출

ⓑ 조사에 필요한 장부, 서류, 그 밖의 물건의 제출

③ 제1항 및 제2항의 조사에 관하여는 *제133조 제4항을 준용한다.

더 알아보기 *** 제133조 제4항**

검사를 하는 자는 그 권한을 표시하는 증표를 지니고 이를 관계인에게 내보여야 한다.

---

④ 금융위원회는 관계자가 제1항에 따른 조사를 방해하거나 제2항에 따라 제출하는 자료를 거짓으로 작성하거나 그 제출을 게을리한 경우에는 관계자가 소속된 단체의 장에게 관계자에 대한 문책 등을 요구할 수 있다.

(2) 보험조사협의회(제163조)

① 관계자에 대한 조사업무를 효율적으로 수행하기 위하여 금융위원회에 보건복지부, 금융감독원, 보험관련기관 및 단체 등으로 구성되는 보험조사협의회를 둘 수 있다.

② 제1항에 따른 보험조사협의회의 구성·운영 등에 관하여 필요한 사항은 *대통령령으로 정한다.

더 알아보기 *** 대통령령[시행령 제76조(보험조사협의회의 구성)]**

① 법 제163조 제1항에 따른 보험조사협의회(이하 "협의회"라 한다)는 다음 각 호의 사람 중에서 금융위원회가 임명하거나 위촉하는 15명 이내의 위원으로 구성할 수 있다.

---

1. 금융위원회가 지정하는 소속 공무원 1명
2. 보건복지부장관이 지정하는 소속 공무원 1명
3. 경찰청장이 지정하는 소속 공무원 1명
4. 해양경찰청장이 지정하는 소속 공무원 1명
5. 금융감독원장이 추천하는 사람 1명
6. 생명보험협회의 장, 손해보험협회의 장, 보험요율 산출기관의 장이 추천하는 사람 각 1명
7. 보험사고의 조사를 위하여 필요하다고 금융위원회가 지정하는 보험관련기관 및 단체의 장이 추천하는 사람
8. 그 밖에 보험계약자·피보험자·이해관계인의 권익보호 또는 보험사고의 조사 등 보험에 관한 학식과 경험이 있는 사람

② 협의회의 의장(이하 "협의회장"이라 한다)은 위원 중에서 호선(互選)한다.
③ 협의회 위원의 임기는 3년으로 한다.
④ 협의회의 구성에 필요한 사항은 금융위원회가 정하여 고시한다.

시행령 제76조의2(협의회 위원의 해임 및 해촉)　금융위원회는 협의회 위원이 다음 각 호의 어느 하나에 해당하는 경우에는 해당 위원을 해임 또는 해촉할 수 있다.
1. 심신장애로 인하여 직무를 수행할 수 없게 된 경우
2. 직무와 관련된 비위사실이 있는 경우
3. 직무 태만, 품위 손상, 그 밖의 사유로 인하여 위원으로 적합하지 아니하다고 인정되는 경우
4. 위원 스스로 직무를 수행하는 것이 곤란하다고 의사를 밝히는 경우

시행령 제77조(협의회의 기능)　협의회는 보험조사와 관련된 다음 각 호의 사항을 심의한다.
1. 법 제162조에 따른 조사업무의 효율적 수행을 위한 공동 대책의 수립 및 시행에 관한 사항
2. 조사한 정보의 교환에 관한 사항
3. 공동조사의 실시 등 관련 기관 간 협조에 관한 사항
4. 조사 지원에 관한 사항
5. 그 밖에 협의회장이 협의회의 회의에 부친 사항

시행령 제78조(협의회의 운영)　① 협의회장은 협의회를 대표하고 회의를 총괄한다.
② 협의회 회의는 협의회장이 필요하다고 인정하거나 재적위원 3분의 1 이상이 요구할 때에 협의회장이 소집한다.
③ 협의회의 회의는 재적위원 과반수 이상의 출석으로 개의하고 출석위원 과반수 이상의 찬성으로 의결한다.
④ 협의회장은 제2항에 따라 회의를 소집하려는 경우에는 회의 개최 2일 전까지 회의의 일시·장소 및 회의에 부치는 사항을 위원에게 서면으로 알려야 한다. 다만, 긴급한 사정이 있거나 부득이한 경우에는 그러하지 아니하다.
⑤ 협의회는 보험조사에 필요한 경우 보험사고의 조사를 위하여 필요하다고 금융위원회가 지정하는 보험관련기관 및 단체에 자료 제공을 요청할 수 있다.
⑥ 협의회의 운영에 필요한 사항은 협의회의 의결을 거쳐 협의회장이 정한다.

(3) 조사관련 정보의 공표(제164조)

금융위원회는 관계자에 대한 조사실적, 처리결과, 그 밖에 관계자의 위법행위 예방에 필요한 정보 및 자료를 *대통령령으로 정하는 바에 따라 공표할 수 있다.

더 알아보기	* 대통령령으로 정하는 바[시행령 제79조(조사 관련 정보의 공표)]

법 제164조에 따라 금융위원회는 조사대상 행위의 유형 및 조사의 처리결과에 관한 통계자료와 위법행위의 예방에 필요한 홍보자료를 신문, 방송 또는 인터넷 홈페이지 등을 통하여 공표할 수 있다.

손해보험계약의 제3자 보호

1. 제3자의 보험금 지급보장 및 적용범위

(1) 제3자의 보험금 지급보장(제165조)

손해보험회사는 손해보험계약의 제3자가 보험사고로 입은 손해에 대한 보험금의 지급을 이 장에서 정하는 바에 따라 보장하여야 한다.

(2) 적용범위(제166조)

이 장의 규정은 법령에 따라 가입이 강제되는 손해보험계약(자동차보험계약의 경우에는 법령에 따라 가입이 강제되지 아니하는 보험계약을 포함한다)으로서 *대통령령으로 정하는 손해보험계약에만 적용한다. 다만, **대통령령으로 정하는 법인을 계약자로 하는 손해보험계약에는 적용하지 아니한다.

> **더 알아보기** | *** 대통령령으로 정하는 손해보험계약**
> **** 대통령령으로 정하는 법인[시행령 제80조(보장대상 손해보험계약의 범위)]**
>
> ① 법 제166조 본문에서 "대통령령으로 정하는 손해보험계약"이란 다음 각 호의 어느 하나에 해당하는 손해보험계약을 말한다.
>
> 1. 「자동차손해배상 보장법」 제5조에 따른 책임보험계약
> 2. 「화재로 인한 재해보상과 보험가입에 관한 법률」 제5조에 따른 신체손해배상특약부화재보험계약
> 3. 「도시가스사업법」 제43조, 「고압가스 안전관리법」 제25조 및 「액화석유가스의 안전관리 및 사업법」 제57조에 따라 가입이 강제되는 손해보험계약
> 4. 「선원법」 제98조에 따라 가입이 강제되는 손해보험계약
> 5. 「체육시설의 설치・이용에 관한 법률」 제26조에 따라 가입이 강제되는 손해보험계약
> 6. 「유선 및 도선사업법」 제33조에 따라 가입이 강제되는 손해보험계약
> 7. 「승강기 안전관리법」 제30조에 따라 가입이 강제되는 손해보험계약
> 8. 「수상레저안전법」 제49조에 따라 가입이 강제되는 손해보험계약
> 9. 「청소년활동 진흥법」 제25조에 따라 가입이 강제되는 손해보험계약
> 10. 「유류오염손해배상 보장법」 제14조에 따라 가입이 강제되는 유류오염 손해배상 보장계약
> 11. 「항공사업법」 제70조에 따라 가입이 강제되는 항공보험계약
> 12. 「낚시 관리 및 육성법」 제48조에 따라 가입이 강제되는 손해보험계약
> 13. 「도로교통법 시행령」 제63조 제1항, 제67조 제2항 및 [별표 5] 제9호에 따라 가입이 강제되는 손해보험계약
> 14. 「국가를 당사자로 하는 계약에 관한 법률 시행령」 제53조에 따라 가입이 강제되는 손해보험계약

15. 「야생생물 보호 및 관리에 관한 법률」 제51조에 따라 가입이 강제되는 손해보험계약
16. 「자동차손해배상 보장법」에 따라 가입이 강제되지 아니한 자동차보험계약
17. 제1호부터 제15호까지 외에 법령에 따라 가입이 강제되는 손해보험으로 총리령으로 정하는 보험계약
② 법 제166조 단서에서 "대통령령으로 정하는 법인"이란 「예금자보호법 시행령」 제3조 제4항 제1호에서 수입보험료가 예금 등의 범위에 포함되지 아니하는 보험계약의 보험계약자 및 보험납부자인 법인을 말한다.

2. 출연 등

(1) 지급불능의 보고(제167조)

① 손해보험회사는 「예금자보호법」 제2조 제8호(보험사고)의 사유로 손해보험계약의 제3자에게 보험금을 지급하지 못하게 된 경우에는 즉시 그 사실을 보험협회 중 손해보험회사로 구성된 협회(이하 "손해보험협회"라 한다)의 장에게 보고하여야 한다.

② 손해보험회사는 「예금자보호법」 제2조 제8호 나목(부보금융기관의 영업인가·허가취소, 해산 결의 또는 파산선고)에 따른 보험업 허가취소 등이 있었던 날부터 3개월 이내에 제3자에게 보험금을 지급하여야 할 사유가 발생하면 즉시 그 사실을 손해보험협회의 장에게 보고하여야 한다.

(2) 출연(제168조)

① 손해보험회사는 손해보험계약의 제3자에 대한 보험금의 지급을 보장하기 위하여 수입보험료 및 책임준비금을 고려하여 *대통령령으로 정하는 비율을 곱한 금액을 손해보험협회에 출연(出捐)하여야 한다.

> **더 알아보기** *** 대통령령으로 정하는 비율(시행령 제81조 제1항~제3항)**
>
> ① 법 제168조 제1항에 따라 개별 손해보험회사(재보험과 보증보험을 전업으로 하는 손해보험회사는 제외한다)는 법 제169조 제1항에 따라 손해보험계약의 제3자에게 손해보험협회가 지급하여야 하는 금액에 제2항에 따라 산정한 비율을 곱한 금액을 손해보험협회에 출연하여야 한다.
> ② 법 제168조 제1항에서 "대통령령으로 정하는 비율"이란 개별 손해보험회사의 수입보험료(법 제167조에 따른 지급불능의 보고가 있는 사업연도의 직전 사업연도 수입보험료를 말한다)와 책임준비금의 산술평균액을 전체 손해보험회사의 수입보험료와 책임준비금의 산술평균액으로 나눈 비율을 말한다. 다만, 그 비율을 산정할 때 금융위원회가 정하여 고시하는 장기보험계약은 포함하지 아니한다.
> ③ 제1항 및 제2항에도 불구하고 자동차보험만을 취급하는 손해보험회사는 제80조 제1항 제1호 및 제16호의 보험계약에 제1항 및 제2항을 적용하여 산정한 금액만을 출연하며, 자동차보험을 취급하지 아니하는 손해보험회사는 제80조 제1항 제2호부터 제15호까지 및 제17호의 보험계약에 제1항 및 제2항을 적용하여 산정한 금액을 출연한다.

② 손해보험회사는 제167조에 따른 지급불능 보고를 한 후 제1항의 출연을 할 수 있다.

③ 제1항과 제2항에 따른 출연금의 납부방법 및 절차에 관하여 필요한 사항은 **대통령령으로 정한다.

**대통령령(시행령 제81조 제4항~제7항)

④ 제1항에 따라 손해보험회사가 출연하여야 하는 출연금은 연도별로 분할하여 출연하되, 연간 출연금은 「예금자
  보호법 시행령」 제16조 제1항에 따른 보험료 금액의 범위에서 금융위원회가 정하여 고시한다.

⑤ 손해보험회사는 손해보험협회로부터 출연금 납부 통보를 받은 날부터 1개월 이내에 제1항에 따른 출연금을
  손해보험협회에 내야 한다. 다만, 경영상의 문제 등으로 인하여 출연금을 한꺼번에 내기 어렵다고 손해보험협
  회의 장이 인정하는 경우에는 6개월 이내의 범위에서 출연금의 납부를 유예할 수 있다.

⑥ 제5항에 따른 납부기한까지 출연금을 내지 아니한 경우에는 내야 할 출연금에 대하여 손해보험회사의 일반자
  금 대출 시의 연체이자율을 기준으로 손해보험협회의 장이 정하는 이자율을 곱한 금액을 지체기간에 따라
  가산하여 출연하여야 한다.

⑦ 손해보험협회의 장은 출연금의 납부 및 관리에 필요한 세부기준을 정할 수 있다.

(3) 보험금의 지급(제169조)

① 손해보험협회의 장은 지급불능의 보고를 받으면 금융위원회의 확인을 거쳐 손해보험계약의
  제3자에게 *대통령령으로 정하는 보험금을 지급하여야 한다.

* 대통령령으로 정하는 보험금(시행령 제82조 제1항~제2항)

① 법 제169조 제1항에서 "대통령령으로 정하는 보험금"이란 법 제167조 제1항에 따른 지급불능의 보고를 한 손해
  보험회사가 제80조 제1항 각 호에 해당하는 손해보험계약에 따라 피해를 입은 제3자의 신체손해에 대하여
  지급하여야 하는 보험금(이하 "지급불능금액"이라 한다)을 다음 각 호의 기준에 따라 산정한 금액에서 「예금자
  보호법 시행령」 제18조 제6항에 따른 보장금액을 뺀 금액을 말한다.
  1. 제80조 제1항 각 호의 손해보험계약 중 손해보험회사가 지급하여야 할 보험금액의 한도를 해당 법령에서
     따로 정하고 있는 보험계약의 경우 : 해당 법령에서 정한 보험금액의 한도액
  2. 제80조 제1항 각 호의 손해보험계약 중 손해보험회사가 지급하여야 할 보험금액의 한도를 해당 법령에서
     따로 정하고 있지 아니하는 보험계약의 경우에는 「자동차손해배상 보장법 시행령」 제3조 제1항에 따른
     금액
② 제1항에도 불구하고 제80조 제1항 제16호의 보험계약에 대해서는 피해자 1명당 1억원을 초과하지 아니하는
  범위에서 제1항의 지급불능금액의 100분의 80에 해당하는 금액을 지급한다.

② 제1항에 따른 보험금의 지급방법 및 절차 등에 관하여 필요한 사항은 **대통령령으로 정한다.

**대통령령(시행령 제82조 제3항~제5항)

③ 손해보험협회의 장은 제1항 및 제2항에 따른 보험금을 지급하기 전에 보험금 지급대상, 보험금 지급 신청기간,
  보험금 지급시기 및 방법 등을 전국적으로 배포되는 둘 이상의 일간신문에 1회 이상 공고하여야 한다.

④ 손해보험협회의 장은 보험금의 지급 방법 및 절차 등에 관하여 필요한 세부기준을 정할 수 있으며, 세부기준을
  정한 경우에는 그 내용을 지체 없이 금융위원회에 보고하여야 한다.

⑤ 금융위원회는 출연금의 납부로 인하여 여러 손해보험회사의 경영이 부실화되고 보험시장의 혼란이 초래될
  수 있다고 판단되는 경우에는 제1항 각 호 및 제2항에 따른 지급보험금을 인하·조정할 수 있다.

(4) 자료 제출 요구(제170조)

손해보험협회의 장은 제168조에 따른 출연금을 산정하고 제169조에 따른 보험금을 지급하기 위하여 필요한 범위에서 손해보험회사의 업무 및 자산상황에 관한 자료 제출을 요구할 수 있다.

(5) 자금의 차입(제171조)

① 손해보험협회는 제169조에 따른 보험금의 지급을 위하여 필요한 경우에는 정부, 「예금자보호법」 제3조에 따른 예금보험공사, 그 밖에 *대통령령으로 정하는 금융기관으로부터 금융위원회의 승인을 받아 자금을 차입할 수 있다.

더 알아보기   *** 대통령령으로 정하는 금융기관[시행령 제83조(자금차입 금융기관)]**

법 제171조 제1항에서 "대통령령으로 정하는 금융기관"이란 다음 각 호의 어느 하나에 해당하는 금융기관을 말한다.
1. 「은행법」에 따라 인가를 받아 설립된 은행
2. 「한국산업은행법」에 따른 한국산업은행
3. 「중소기업은행법」에 따른 중소기업은행
4. 「농업협동조합법」에 따른 농협은행
5. 「수산업협동조합법」에 따른 수협은행
6. 보험회사
7. 「상호저축은행법」에 따른 상호저축은행
8. 「신용협동조합법」에 따른 신용협동조합

---

② 손해보험회사는 제168조 제1항에 따라 그 손해보험회사가 출연하여야 하는 금액의 범위에서 제1항에 따른 손해보험협회의 차입에 대하여 보증할 수 있다.

(6) 출연금 등의 회계처리(제172조)

제168조에 따른 출연금 및 제171조에 따른 차입금은 손해보험협회의 일반예산과 구분하여 회계처리하여야 한다.

(7) 구상권(제173조)

손해보험협회는 제169조에 따라 보험금을 지급한 경우에는 해당 손해보험회사에 대하여 구상권을 가진다.

(8) 정산(제174조)

손해보험협회는 제168조에 따라 손해보험회사로부터 출연받은 금액으로 제169조에 따른 보험금을 지급하고 남거나 부족한 금액이 있는 경우 또는 제173조에 따른 구상권의 행사로 수입(收入)한 금액이 있는 경우에는 정산하여야 한다.

보험관계단체 등

1. 보험협회 등

(1) 보험협회(제175조)

① 보험회사는 상호 간의 업무질서를 유지하고 보험업의 발전에 기여하기 위하여 보험협회를 설립할 수 있다.

② 보험협회는 법인으로 한다.

③ 보험협회는 정관으로 정하는 바에 따라 다음 각 호의 업무를 한다.

ⓐ 보험회사 간의 건전한 업무질서의 유지

ⓑ 보험회사 등이 지켜야 할 규약의 제정·개정

ⓒ 보험상품의 비교·공시 업무

ⓓ 정부로부터 위탁받은 업무

ⓔ 제1호·제1호의2 및 제2호의 업무에 부수하는 업무

ⓕ 그 밖에 *대통령령으로 정하는 업무

더 알아보기   *** 대통령령으로 정하는 업무[시행령 제84조(보험협회의 업무)]**

① 법 제175조 제3항 제1호의3에서 "대통령령으로 정하는 보험회사간 분쟁"이란 교통사고로 인한 보험금의 산정에 적용되는 과실비율의 결정과 관련된 보험회사 간의 분쟁을 말한다.

② 법 제175조 제3항 제5호에서 "대통령령으로 정하는 업무"란 다음 각 호의 업무를 말한다.

1. 법 제194조 제1항 및 제4항에 따라 위탁받은 업무
2. 다른 법령에서 보험협회가 할 수 있도록 정하고 있는 업무
3. 보험회사의 경영과 관련된 정보의 수집 및 통계의 작성업무
4. 차량수리비 실태 점검업무
5. 모집 관련 전문자격제도의 운영·관리 업무
5의2. 보험설계사 및 개인보험대리점의 모집에 관한 경력(금융위원회가 정하여 고시하는 사항으로 한정한다)의 수집·관리·제공에 관한 업무
6. 보험가입 조회업무
7. 설립 목적의 범위에서 보험회사, 그 밖의 보험 관계 단체로부터 위탁받은 업무
8. 보험회사가 공동으로 출연하여 수행하는 사회 공헌에 관한 업무
9. 「보험사기방지 특별법」에 따른 보험사기행위를 방지하기 위한 교육·홍보 업무
10. 「보험사기방지 특별법」에 따른 보험사기행위를 방지하는 데 기여한 자에 대한 포상금 지급 업무

---

(2) 보험요율 산출기관(제176조)

① 보험회사는 보험금의 지급에 충당되는 보험료(이하 "순보험료"라 한다)를 결정하기 위한 요율(이하 "순보험요율"이라 한다)을 공정하고 합리적으로 산출하고 보험과 관련된 정보를 효율적으로 관리·이용하기 위하여 금융위원회의 인가를 받아 보험요율 산출기관을 설립할 수 있다.

> **시행령 제85조(보험요율 산출기관의 설립인가)** ① 법 제176조 제1항에 따라 보험요율 산출기관의 설립인가를 받으려는 자는 다음 각 호의 사항을 적은 신청서를 금융위원회에 제출하여야 한다.
> 1. 명 칭
> 2. 설립 목적
> 3. 사무소의 소재지
> 4. 발기인과 임원에 관한 사항
> ② 제1항의 신청서에는 다음 각 호의 서류를 첨부하여야 한다.
> 1. 정 관
> 2. 업무 개시 후 2년 간의 사업계획서 및 예상 수지계산서
> 3. 발기인의 이력서
> 4. 업무의 종류와 방법을 적은 서류
> 5. 그 밖에 금융위원회가 설립인가의 심사에 필요하다고 인정하는 서류
> ③ 제1항에 따라 인가신청을 하는 자는 다음 각 호의 요건을 모두 충족하여야 한다.
> 1. 법 제176조 제3항 각 호의 업무 수행에 필요한 전문인력을 확보할 것
> 2. 임원 등 경영진을 보험사업에 관한 충분한 지식과 경험이 있는 사람들로 구성할 것
> 3. 제10조 제3항 제1호 및 제2호의 요건을 충족할 것

② 보험요율 산출기관은 법인으로 한다.

③ 보험요율 산출기관은 정관으로 정하는 바에 따라 다음 각 호의 업무를 한다.

ⓐ 순보험요율의 산출·검증 및 제공

ⓑ 보험 관련 정보의 수집·제공 및 통계의 작성

ⓒ 보험에 대한 조사·연구

ⓓ 설립 목적의 범위에서 정부기관, 보험회사, 그 밖의 보험관계단체로부터 위탁받은 업무

ⓔ 제1호부터 제3호까지의 업무에 딸린 업무

ⓕ 그 밖에 대통령령으로 정하는 업무

④ 보험요율 산출기관은 보험회사가 적용할 수 있는 순보험요율을 산출하여 금융위원회에 신고할 수 있다. 이 경우 신고를 받은 금융위원회는 그 내용을 검토하여 이 법에 적합하면 신고를 수리하여야 한다.

⑤ 보험요율 산출기관은 순보험요율 산출 등 이 법에서 정하는 업무 수행을 위하여 보험관련통계를 체계적으로 통합·집적(集積)하여야 하며 필요한 경우 보험회사에 자료의 제출을 요청할 수 있다. 이 경우 보험회사는 이에 따라야 한다.

⑥ 보험회사가 제4항에 따라 보험요율 산출기관이 신고한 순보험요율을 적용하는 경우에는 순보험료에 대하여 제127조 제2항 및 제3항에 따른 신고 또는 제출을 한 것으로 본다.

⑦ 보험회사는 이 법에 따라 금융위원회에 제출하는 기초서류를 보험요율 산출기관으로 하여금 확인하게 할 수 있다.

⑧ 보험요율 산출기관은 그 업무와 관련하여 정관으로 정하는 바에 따라 보험회사로부터 수수료를 받을 수 있다.

⑨ 보험요율 산출기관은 보험계약자의 권익을 보호하기 위하여 필요하다고 인정되는 경우에는 다음의 어느 하나에 해당하는 자료를 공표할 수 있다.

  ⓐ 순보험요율 산출에 관한 자료

  ⓑ 보험 관련 각종 조사·연구 및 통계자료

⑩ 보험요율 산출기관은 순보험요율을 산출하기 위하여 필요한 경우 또는 보험회사의 보험금 지급업무에 필요한 경우에는 음주운전 등 교통법규 위반 또는 운전면허(「건설기계관리법」 제26조 제1항 본문에 따른 건설기계조종사면허를 포함한다)의 효력에 관한 개인정보를 보유하고 있는 기관의 장으로부터 그 정보를 제공받아 보험회사가 보험계약자에게 적용할 순보험료의 산출 또는 보험금 지급업무에 이용하게 할 수 있다.

⑪ 보험요율 산출기관은 순보험요율을 산출하기 위하여 필요하면 질병에 관한 통계를 보유하고 있는 기관의 장으로부터 그 질병에 관한 통계를 제공받아 보험회사로 하여금 보험계약자에게 적용할 순보험료의 산출에 이용하게 할 수 있다.

⑫ 보험요율 산출기관은 이 법 또는 다른 법률에 따라 제공받아 보유하는 개인정보를 다음의 어느 하나에 해당하는 경우 외에는 타인에게 제공할 수 없다.

  ⓐ 보험회사의 순보험료 산출에 필요한 경우

  ⓑ 제10항에 따른 정보를 제공받은 목적대로 보험회사가 이용하게 하기 위하여 필요한 경우

  ⓒ 「신용정보의 이용 및 보호에 관한 법률」 제33조 제1항 제2호부터 제5호까지의 어느 하나에서 정하는 사유에 따른 경우

  ⓓ 정부로부터 위탁받은 업무를 하기 위하여 필요한 경우

  ⓔ 이 법에서 정하고 있는 보험요율 산출기관의 업무를 하기 위하여 필요한 경우로서 대통령령으로 정하는 경우

⑬ 보험요율 산출기관이 제10항에 따라 제공받는 개인정보와 제11항에 따라 제공받는 질병에 관한 통계 이용의 범위·절차 및 방법 등에 관하여 필요한 사항은 대통령령으로 정한다.

⑭ 보험요율 산출기관이 제12항에 따라 개인정보를 제공하는 절차·방법 등에 관하여 필요한 사항은 대통령령으로 정한다.

(3) 개인정보이용자의 의무(제177조)

제176조 제10항에 따라 제공받은 교통법규 위반 또는 운전면허의 효력에 관한 개인정보와 그 밖에 보험계약과 관련하여 보험계약자 등으로부터 제공받은 질병에 관한 개인정보를 이용하여 순보험료의 산출·적용 업무 또는 보험금 지급업무에 종사하거나 종사하였던 자는 그 업무상 알게 된 개인정보를 누설하거나 타인에게 이용하도록 제공하는 등 부당한 목적을 위하여 사용하여서는 아니 된다.

시행령 제102조(민감정보 및 고유식별정보의 처리)　① 금융위원회(법 제194조 및 이 영 제100조에 따라 금융위원회의 업무를 위탁받은 자를 포함한다) 또는 금융감독원장(법 제194조 및 이 영 제101조에 따라 금융감독원장의 업무를 위탁받은 자를 포함한다)은 다음 각 호의 사무를 수행하기 위해 불가피한 경우「개인정보 보호법 시행령」제19조에 따른 주민등록번호, 여권번호, 운전면허의 면허번호 또는 외국인등록번호가 포함된 자료를 처리할 수 있다.

1. 법 제12조에 따른 국내사무소 설치신고에 관한 사무
2. 법 제89조에 따른 영업보증금 예탁·관리에 관한 사무
3. 법 제93조에 따른 보험설계사 등의 신고사항 처리에 관한 사무
4. 법 제107조에 따른 자산운용비율 한도 초과 예외 승인에 관한 사무
5. 법 제111조에 따른 대주주와의 거래 관련 보고 등에 관한 사무
6. 법 제112조에 따른 대주주 등에 대한 자료 제출 요구에 관한 사무
7. 법 제114조에 따른 자산평가의 방법 등에 관한 사무
8. 법 제115조, 제117조에 따른 자회사 소유 승인, 신고 또는 보고에 관한 사무
9. 법 제118조에 따른 재무제표 등의 제출에 관한 사무
10. 법 제120조에 따른 책임준비금 적립 등의 심의에 관한 사무
11. 법 제131조(법 제132조에서 준용하는 경우를 포함한다) 및 제131조의2에 따른 조치, 명령 등에 관한 사무
12. 법 제139조에 따른 해산·합병·계약이전 등의 인가에 관한 사무
13. 법 제150조에 따른 영업양도·양수의 인가에 관한 사무
14. 법 제156조에 따른 청산인의 선임·해임에 관한 사무
15. 법 제160조에 따른 청산인에 대한 감독 등에 관한 사무
16. 법 제163조에 따른 보험조사협의회 구성에 관한 사무

② 금융위원회(법 제194조 및 이 영 제100조에 따라 금융위원회의 업무를 위탁받은 자를 포함한다) 또는 금융감독원장(법 제194조 및 이 영 제101조에 따라 금융감독원장의 업무를 위탁받은 자를 포함한다)은 다음 각 호의 사무를 수행하기 위해 불가피한 경우「개인정보 보호법」제23조에 따른 건강에 관한 정보, 같은 법 시행령 제18조 제2호에 따른 범죄경력자료에 해당하는 정보, 같은 영 제19조에 따른 주민등록번호, 여권번호, 운전면허의 면허번호 또는 외국인등록번호가 포함된 자료를 처리할 수 있다.

1. 법 제3조 단서 및 이 영 제7조에 따른 보험계약 체결 승인에 관한 사무
2. 법 제4조부터 제7조까지의 규정에 따른 허가, 승인, 예비허가 등에 관한 사무
4. 법 제20조 제3항에 따른 손실보전 준비금적립액 산정에 관한 사무
5. 법 제74조에 따른 외국보험회사국내지점의 허가취소 등에 관한 사무
6. 법 제84조, 제87조, 제89조, 제182조, 제183조, 제186조 및 제187조에 따른 보험설계사, 보험대리점, 보험중개사, 보험계리사, 보험계리업, 손해사정사 및 손해사정업의 등록 및 자격시험 운영·관리에 관한 사무
7. 법 제86조, 제88조, 제90조, 제190조 및 제192조에 따른 보험설계사, 보험대리점, 보험중개사, 보험계리사, 선임계리사, 보험계리업자, 손해사정사, 손해사정업자의 등록취소 및 업무정지 등 제재에 관한 사무
8. 법 제130조에 따른 보고에 관한 사무
9. 법 제133조·제134조(법 제136조에서 준용하는 경우를 포함한다), 제135조 및 제179조에 따른 자료 제출, 검사, 제재, 통보 및 이에 따른 사후조치 등에 관한 사무
10. 법 제162조에 따른 조사 및 이에 따른 사후조치 등에 관한 사무
11. 법 제196조에 따른 과징금 부과에 관한 사무
12. 삭제 〈2016.7.28.〉

③ 보험요율 산출기관은 법 제176조 제3항 제1호·제2호 및 이 영 제86조 제2호에 따른 사무를 수행하기 위하여 불가피한 경우 제2항 각 호 외의 부분에 따른 개인정보가 포함된 자료를 처리할 수 있다.

④ 보험협회의 장은 다음 각 호의 사무를 수행하기 위하여 불가피한 경우 「개인정보 보호법」 제23조에 따른 건강에 관한 정보, 같은 법 시행령 제19조에 따른 주민등록번호, 여권번호, 운전면허의 면허번호 또는 외국인등록번호가 포함된 자료를 처리할 수 있다. 다만, 제6호의 사무의 경우에는 「개인정보 보호법」 제23조에 따른 건강에 관한 정보 및 같은 법 시행령 제19조에 따른 운전면허의 면허번호가 포함된 자료는 제외한다.

1. 법 제95조의5에 따라 중복계약의 체결을 확인하거나 이 영 제7조 제2항에 따라 보험계약을 확인하는 경우 그에 따른 사무

2. 법 제125조에 따라 금융위원회로부터 인가받은 상호협정을 수행하는 경우 그에 따른 사무

3. 법 제169조, 제170조에 따른 보험금 지급 및 자료 제출 요구에 관한 사무

3의2. 제56조 제2항에 따른 변액보험계약의 모집에 관한 연수과정의 운영·관리에 관한 사무

4. 제84조 제4호에 따른 차량수리비 실태 점검에 관한 사무

4의2. 제84조 제5호의2에 따른 보험설계사 및 개인보험대리점의 모집 경력 수집·관리·제공에 관한 사무

5. 제84조 제6호에 따른 보험가입 조회에 관한 사무

6. 제84조 제10호에 따른 포상금 지급에 관한 사무

⑤ 보험회사는 다음 각 호의 사무를 수행하기 위하여 필요한 범위로 한정하여 해당 각 호의 구분에 따라 「개인정보 보호법」 제23조에 따른 민감정보 중 건강에 관한 정보(이하 이 항에서 "건강정보"라 한다)나 같은 법 시행령 제19조에 따른 주민등록번호, 여권번호, 운전면허의 면허번호 또는 외국인등록번호(이하 이 항에서 "고유식별정보"라 한다)가 포함된 자료를 처리할 수 있다.

1. 「상법」 제639조에 따른 타인을 위한 보험계약의 체결, 유지·관리, 보험금의 지급 등에 관한 사무 : 피보험자에 관한 건강정보 또는 고유식별정보

2. 「상법」 제719조(「상법」 제726조에서 준용하는 재보험계약을 포함한다) 및 제726조의2에 따라 제3자에게 배상할 책임을 이행하기 위한 사무 : 제3자에 관한 건강정보 또는 고유식별정보

3. 「상법」 제733조에 따른 보험수익자 지정 또는 변경에 관한 사무 : 보험수익자에 관한 고유식별정보

4. 「상법」 제735조의3에 따른 단체보험계약의 체결, 유지·관리, 보험금 지급 등에 관한 사무 : 피보험자에 관한 건강정보 또는 고유식별정보

5. 제1조의2 제3항 제4호에 따른 보증보험계약으로서 「주택임대차보호법」 제2조에 따른 주택의 임차인이 임차주택에 대한 보증금을 반환받지 못하여 입은 손해를 보장하는 보험계약의 체결, 유지·관리 및 보험금의 지급 등에 관한 사무 : 임대인에 관한 고유식별정보

5의2. 제1조의2 제3항 제4호에 따른 보증보험계약으로서 「상가건물 임대차보호법」 제2조에 따른 상가건물의 임차인이 임차상가건물에 대한 보증금을 반환받지 못해 입은 손해를 보장하는 보험계약의 체결, 유지·관리 및 보험금의 지급 등에 관한 사무 : 임대인에 관한 고유식별정보

6. 제1조의2 제3항 제4호에 따른 보증보험계약으로서 임대인의 「상가건물 임대차보호법」 제10조의4 제1항 위반으로 임차인이 입은 손해를 보장하는 보험계약의 체결, 유지·관리 및 보험금의 지급 등에 관한 사무 : 임대인에 관한 고유식별정보

⑥ 보험회사 등은 법 제84조, 제87조 및 제93조에 따른 보험설계사·보험대리점의 등록 및 신고에 관한 사무를 수행하기 위하여 불가피한 경우 「개인정보 보호법 시행령」 제19조 제1호에 따른 주민등록번호가 포함된 자료를 처리할 수 있다.

⑦ 손해사정사 또는 손해사정업자는 법 제188조에 따른 사무를 수행하기 위하여 불가피한 경우 해당 보험계약자 등의 동의를 받아 「개인정보 보호법 시행령」 제19조 제1호에 따른 주민등록번호가 포함된 자료를 처리할 수 있다.

⑧ 다음 각 호의 어느 하나에 해당하는 자는 법 제124조 제2항, 제4항 또는 제5항에 따라 자동차보험계약의 보험료 비교·공시에 관한 사무를 수행하기 위하여 불가피한 경우 「개인정보 보호법 시행령」 제19조 제1호에 따른 주민등록번호가 포함된 자료를 처리할 수 있다.
   1. 보험협회
   2. 보험협회 외의 자로서 법 제124조 제5항에 따라 보험계약에 관한 사항을 비교·공시하는 자
   3. 자동차보험을 판매하는 손해보험회사

(4) 그 밖의 보험관계단체(제178조)

① 보험설계사, 보험대리점, 보험중개사, 보험계리사, 손해사정사, 그 밖에 보험관계업무에 종사하는 자는 공익이나 보험계약자 및 피보험자 등을 보호하고 모집질서를 유지하기 위하여 각각 단체를 설립할 수 있다.

② 제1항에 따른 보험관계단체는 법인으로 한다.

③ 제1항에 따른 보험관계단체는 정관으로 정하는 바에 따라 다음 각 호의 업무를 한다.
   ⓐ 회원 간의 건전한 업무질서 유지
   ⓑ 회원에 대한 연수·교육 업무
   ⓒ 정부·금융감독원 또는 보험협회로부터 위탁받은 업무
   ⓓ ⓐ 및 ⓑ에 딸린 업무
   ⓔ 그 밖에 대통령령으로 정하는 업무

(5) 감독(제179조)

보험협회, 보험요율 산출기관 및 제178조에 따른 보험관계단체에 관하여는 제131조 제1항·제133조·제134조 및 제135조를 준용한다.

(6) 민법의 준용(제180조)

보험협회, 보험요율 산출기관 및 제178조에 따른 보험관계단체에 관하여는 이 법 또는 이 법에 따른 명령에 특별한 규정이 없으면 「민법」 중 사단법인에 관한 규정을 준용한다.

2. 보험계리 및 손해사정

(1) 보험계리(제181조)

① 보험회사는 보험계리에 관한 업무(기초서류의 내용 및 배당금 계산 등의 정당성 여부를 확인하는 것을 말한다)를 보험계리사를 고용하여 담당하게 하거나, 보험계리를 업으로 하는 자(이하 "보험계리업자"라 한다)에게 위탁하여야 한다.

② 보험회사는 제184조 제1항에 따라 보험계리에 관한 업무 전반을 관리하고 이를 검증 및 확인하는 등 보험계리 관련 업무를 총괄하는 보험계리사(이하 "선임계리사"라 한다)를 선임하여야 한다. 〈개정 2022.12.31.〉

③ 제1항과 제2항에 따른 보험계리사, 선임계리사 또는 보험계리업자의 구체적인 업무범위는 총리령으로 정한다. 〈개정 2022.12.31.〉

(2) 선임계리사의 임면 등(제181조의2)

① 보험회사가 선임계리사를 선임하려는 경우에는 이사회의 의결을 거쳐 선임계리사의 선임 후에 금융위원회에 보고하여야 하고, 선임계리사를 해임하려는 경우에는 선임계리사의 해임 전에 이사회의 의결을 거쳐 금융위원회에 신고하여야 한다. 다만, 외국보험회사의 국내지점의 경우에는 이사회의 의결을 거치지 아니할 수 있다.

② 보험회사는 다른 보험회사의 선임계리사를 해당 보험회사의 선임계리사로 선임할 수 없다.

③ 보험회사는 제1항에 따른 선임계리사의 해임 신고를 할 때 그 해임사유를 제출하여야 하며, 금융위원회는 해임사유에 대하여 해당 선임계리사의 의견을 들을 수 있다.

④ 보험회사는 선임계리사가 제192조 제1항에 따라 업무정지명령을 받은 경우에는 업무정지 기간 중 그 업무를 대행할 사람을 선임하여 금융위원회에 보고하여야 한다.

⑤ 그 밖에 보험회사의 선임계리사의 임면 등에 관하여 필요한 사항은 총리령으로 정한다.

(3) 보험계리사(제182조)

① 보험계리사가 되려는 자는 금융감독원장이 실시하는 시험에 합격하고 일정 기간의 실무수습을 마친 후 금융위원회에 등록하여야 한다.

② 제1항에 따른 시험 과목 및 시험 면제와 실무수습 기간 등에 관하여 필요한 사항은 총리령으로 정한다.

> **시행규칙 제44조(보험계리사 등의 업무)**
> 1. 기초서류의 작성에 관한 사항
> 2. 책임준비금, 비상위험준비금 등 준비금의 적립과 준비금에 해당하는 자산의 적정성에 관한 사항
> 3. 잉여금의 배분 · 처리 및 보험계약자 배당금의 배분에 관한 사항
> 4. 지급여력비율 계산 중 보험료 및 책임준비금과 관련된 사항
> 5. 상품 공시자료 중 기초서류와 관련된 사항

(4) 보험계리업(제183조)

① 보험계리를 업으로 하려는 자는 금융위원회에 등록하여야 한다.

> **시행령 제92조(보험계리업의 등록)**   ① 법 제183조 제1항에 따라 보험계리업의 등록을 하려는 자는 다음 각 호의 사항을 적은 신청서를 금융위원회에 제출하여야 한다.
> 1. 성명(법인인 경우에는 상호 및 대표자의 성명)
> 2. 사무소의 소재지
> 3. 수행하려는 업무의 종류와 범위
> 4. 제93조에 따른 보험계리사의 고용에 관한 사항
> ② 제1항에 따른 신청서에는 다음 각 호의 서류를 첨부하여야 한다.
> 1. 정관(법인인 경우만 해당한다)
> 2. 대표자(법인인 경우에는 임원을 포함한다) 및 소속 보험계리사의 이력서
> 3. 영업용 재산상황을 적은 서류

③ 금융위원회는 제1항에 따른 등록 신청이 다음 각 호의 어느 하나에 해당하는 경우를 제외하고는 등록을 해주어야 한다.
  1. 법 제190조에서 준용하는 법 제86조 제1항 제1호에 해당하는 경우
  2. 제1항 및 제2항에 따른 등록신청서류를 거짓으로 기재한 경우
  3. 그 밖에 법, 이 영 또는 다른 법령에 따른 제한에 위반되는 경우
④ 제1항 및 제2항에 따라 등록을 한 보험계리업자는 등록한 사항이 변경되었을 때에는 1주일 이내에 그 변경사항을 금융위원회에 신고하여야 한다.

② 보험계리를 업으로 하려는 법인은 *대통령령으로 정하는 수 이상의 보험계리사를 두어야 한다.
③ 제1항에 따른 등록을 하려는 자는 **총리령으로 정하는 수수료를 내야 한다.
④ 그 밖에 보험계리업의 등록 및 영업기준 등에 관하여 필요한 사항은 ***대통령령으로 정한다.

더 알아보기   * 대통령령
       ** 총리령
       *** 대통령령[시행령 제93조(보험계리업의 영업기준)]

① 법 제183조 제2항에 따라 보험계리를 업(業)으로 하려는 법인은 2명 이상의 상근 보험계리사를 두어야 한다.
② 제1항에 따른 인원에 결원이 생겼을 때에는 2개월 이내에 충원해야 한다.
③ 제1항에 따른 인원에 결원이 생긴 기간이 제2항에 따른 기간을 초과하는 경우에는 그 기간 동안 보험계리업자는 보험계리업무를 수행할 수 없다.
④ 법 제183조 제4항에 따라 개인으로서 보험계리를 업으로 하려는 사람은 보험계리사의 자격이 있어야 한다.
⑤ 법 제183조 제4항에 따라 보험계리업자는 등록일부터 1개월 내에 업무를 시작하여야 한다. 다만, 불가피한 사유가 있다고 금융위원회가 인정하는 경우는 그 기간을 연장할 수 있다.
⑥ 법 제183조 제4항에 따라 보험계리업자가 지켜야 할 영업기준은 다음 각 호와 같다.
  1. 상호 중에 "보험계리"라는 글자를 사용할 것
  2. 장부폐쇄일은 보험회사의 장부폐쇄일을 따를 것

(5) 선임계리사의 의무 등(제184조)

① 선임계리사는 기초서류의 내용 및 보험계약에 따른 배당금의 계산 등이 정당한지 여부를 검증하고 확인하여야 한다.
② 선임계리사는 보험회사가 기초서류관리기준을 지키는지를 점검하고 이를 위반하는 경우에는 조사하여 그 결과를 이사회에 보고하여야 하며, 기초서류에 법령을 위반한 내용이 있다고 판단하는 경우에는 금융위원회에 보고하여야 한다.
③ 선임계리사·보험계리사 또는 보험계리업자는 그 업무를 할 때 다음 각 호의 행위를 하여서는 아니 된다.
  ⓐ 고의로 진실을 숨기거나 거짓으로 보험계리를 하는 행위
  ⓑ 업무상 알게 된 비밀을 누설하는 행위
  ⓒ 타인으로 하여금 자기의 명의로 보험계리업무를 하게 하는 행위
  ⓓ 그 밖에 공정한 보험계리업무의 수행을 해치는 행위로서 *대통령령으로 정하는 행위

법 제184조 제3항 제4호에서 "대통령령으로 정하는 행위"란 다음 각 호의 어느 하나에 해당하는 행위를 말한다.
1. 정당한 이유 없이 보험계리업무를 게을리하는 행위
2. 충분한 조사나 검증을 하지 아니하고 보험계리업무를 수행하는 행위
3. 업무상 제공받은 자료를 무단으로 보험계리업무와 관련이 없는 자에게 제공하는 행위

④ 보험회사가 선임계리사를 선임한 경우에는 그 선임일이 속한 사업연도의 다음 사업연도부터 연속하는 3개 사업연도가 끝나는 날까지 그 선임계리사를 해임할 수 없다. 다만, 다음 각 호의 어느 하나에 해당하는 경우에는 그러하지 아니하다.
ⓐ 선임계리사가 회사의 기밀을 누설한 경우
ⓑ 선임계리사가 그 업무를 게을리하여 회사에 손해를 발생하게 한 경우
ⓒ 선임계리사가 계리업무와 관련하여 부당한 요구를 하거나 압력을 행사한 경우
ⓓ 제192조에 따른 금융위원회의 해임 요구가 있는 경우
⑤ 금융위원회는 선임계리사에게 그 업무범위에 속하는 사항에 관하여 의견을 제출하게 할 수 있다.

시행규칙 제45조(선임계리사의 선임절차 등) ① 법 제181조 제3항에 따라 보험회사가 선임계리사를 선임하거나 해임하려는 경우에는 이사회의 의결을 거쳐 다음 각 호의 구분에 따라 금융위원회에 보고하거나 신고하여야 한다. 다만, 외국보험회사의 국내지점의 경우에는 이사회의 의결을 거치지 아니할 수 있다.
1. 선임 : 선임 후 보고
2. 해임 : 해임 전 신고
② 보험회사는 다른 보험회사의 선임계리사를 해당 보험회사의 선임계리사로 선임할 수 없다.
③ 보험회사는 제1항에 따른 선임계리사의 해임 신고를 할 때 그 해임사유를 제출하여야 하며, 금융위원회는 해임사유에 대하여 해당 선임계리사의 의견을 들을 수 있다.
④ 보험회사는 선임계리사가 법 제192조 제1항에 따라 업무정지명령을 받은 경우에는 업무정지 기간 중 그 업무를 대행할 사람을 선임하여 금융위원회에 보고하여야 한다.
⑤ 제1항, 제3항 및 제4항에 따른 보고 또는 신고의 방법 및 절차 등에 관하여 필요한 사항은 금융위원회가 정하여 고시한다.

⑥ 선임계리사는 다음 각 호의 직무를 담당하여서는 아니 된다.
ⓐ 보험상품 개발 업무(기초서류 등을 검증 및 확인하는 업무는 제외한다)를 직접 수행하는 직무
ⓑ 보험회사의 대표이사, 보험회사의 최고경영자 또는 최고재무관리 책임자의 직무
ⓒ 그 밖에 이해가 상충할 우려가 있거나 선임계리사 업무에 전념하기 어려운 경우로서 대통령령으로 정하는 직무

(6) 제184조의2(선임계리사의 자격 요건)

① 제181조의2에 따라 선임계리사가 되려는 사람은 다음 각 호의 요건을 모두 갖추어야 한다.

ⓐ 제182조 제1항에 따라 등록된 보험계리사일 것

ⓑ 보험계리업무에 10년 이상 종사한 경력이 있을 것. 이 경우 손해보험회사의 선임계리사가 되려는 사람은 대통령령으로 정하는 보험계리업무에 3년 이상 종사한 경력을 포함하여 보험계리업무에 10년 이상 종사한 경력이 있어야 한다.

ⓒ 최근 5년 이내에 제134조 제1항 제1호(경고·문책만 해당한다) 및 제3호, 제190조 또는 제192조 제1항에 따른 조치를 받은 사실이 없을 것

② 보험회사는 선임계리사로 선임된 사람이 선임 당시 제1항에 따른 자격요건을 갖추지 못하였던 것으로 판명되었을 때에는 해임하여야 한다.

(7) 제184조의3(선임계리사의 권한 및 독립성 보장 등)

① 선임계리사는 보험회사에 대하여 업무 수행에 필요한 정보나 자료의 제공을 요청할 수 있으며, 보험회사는 정당한 사유 없이 그 요청을 거부해서는 아니 된다.

② 선임계리사는 그 업무 수행과 관련하여 이사회(「상법」 제393조의2에 따른 이사회 내 위원회를 포함한다)에 참석할 수 있다.

③ 선임계리사는 제184조 제1항에 따른 업무와 관련된 사항을 검증·확인하였을 때에는 그 의견서(이하 "선임계리사검증의견서"라 한다)를 이사회와 감사 또는 감사위원회(이하 이 조에서 "이사회 등"이라 한다)에 제출하여야 한다. 다만, 기초서류 등 대통령령으로 정하는 사항에 대한 선임계리사검증의견서는 대표이사에게 제출함으로써 이사회 등에의 제출을 갈음할 수 있다.

④ 제3항의 보고를 받은 이사회 등은 선임계리사검증의견서에 따라 필요한 조치를 하여야 한다. 다만, 선임계리사의 의견이 부적절하다고 판단되는 경우에는 그러하지 아니하다.

⑤ 보험회사는 선임계리사가 그 업무를 원활하게 수행할 수 있도록 선임계리사를 보조하는 인력 및 전산시설 등의 시설을 지원하여야 하며, 그 구체적인 기준은 대통령령으로 정한다.

⑥ 보험회사는 선임계리사에 대하여 직무 수행과 관련한 사유로 부당한 인사상의 불이익을 주어서는 아니 된다.

시행령 제96조의2(선임계리사 보조인력 및 전산시설의 기준) ① 법 제184조의3 제5항에 따라 보험회사는 선임계리사를 보조하는 인력(이하 "보조인력"이라 한다)을 2명 이상 두어야 한다.

② 보험회사는 직전 사업연도 말 수입보험료와 책임준비금을 합산한 금액이 다음 각 호에 해당하는 경우에는 해당 호에서 정한 보조인력을 제1항에 따른 보조인력 외에 추가로 두어야 한다.

1. 1조원 이상이고 5조원 미만인 경우 : 1명 이상
2. 5조원 이상이고 10조원 미만인 경우 : 2명 이상
3. 10조원 이상이고 20조원 미만인 경우 : 3명 이상
4. 20조원 이상이고 50조원 미만인 경우 : 4명 이상
5. 50조원 이상이고 100조원 미만인 경우 : 5명 이상
6. 100조원 이상인 경우 : 6명 이상

③ 보험회사(직전 사업연도 말 수입보험료와 책임준비금을 합산한 금액이 5조원 미만인 보험회사는 제외한다. 이하 이 항 및 제4항에서 같다)는 제1항 및 제2항에 따른 보조인력 중 2명 이상을 다음 각 호의 어느 하나에 해당하는 사람으로 두어야 한다. 이 경우 제2호에 해당하는 사람으로 보조인력을 두거나 제3호에 해당하는 사람으로 보조인력을 둘 때에는 다른 호에 해당하는 사람을 1명 이상 포함해야 한다.

---

1. 보험계리사
2. 보험계리에 관한 업무에 5년 이상 종사한 경력이 있는 사람
3. 보험상품 개발 업무(기초서류 등 검증 및 확인 업무를 포함한다)에 5년 이상 종사한 경력이 있는 사람
④ 제3항에도 불구하고 재보험을 전업으로 하는 보험회사는 제1항 및 제2항에 따른 보조인력 중 1명 이상을 제3항 제1호 또는 제2호에 해당하는 사람으로 두어야 한다.
⑤ 법 제184조의3 제5항에 따라 보험회사는 다음 각 호의 장비를 갖춘 전산시설을 갖춰야 한다.
1. 중앙처리장치, 입출력장치 및 통신회선 등 전산설비
2. 보험료 및 책임준비금 등의 적정성 검증·확인에 필요한 소프트웨어
⑥ 제1항부터 제5항까지에서 규정한 사항 외에 보조인력 및 전산시설의 기준에 관하여 필요한 세부사항은 금융위원회가 정하여 고시한다.

(8) 손해사정(제185조)

① *대통령령으로 정하는 보험회사는 보험사고에 따른 손해액 및 보험금의 사정(이하 "손해사정"이라 한다)에 관한 업무를 직접 수행하거나 손해사정사 또는 손해사정을 업으로 하는 자(이하 "손해사정업자"라 한다)를 선임하여 그 업무를 위탁하여야 한다. 다만, 다음 각 호의 어느 하나에 해당하는 경우에는 그러하지 아니하다. 〈개정 2024.2.6.〉

ⓐ 보험사고가 외국에서 발생한 경우

ⓑ 보험계약자 등이 금융위원회가 정하는 기준에 따라 손해사정사를 따로 선임한 경우로서 보험회사가 이에 동의한 경우

② 보험계약자 등이 손해사정사를 선임하려고 보험회사에 알리는 경우 보험회사는 그 손해사정사가 금융위원회가 정하는 손해사정사 선임에 관한 동의기준을 충족하는 경우에는 이에 동의하여야 한다. 〈신설 2024.2.6.〉

③ 보험회사는 제1항 본문에 따라 손해사정업무를 직접 수행하는 경우에는 다음 각 호의 사항을 준수하여야 한다. 〈신설 2024.2.6.〉

ⓐ 손해사정사를 고용하여 손해사정업무를 담당하게 할 것

ⓑ 고용한 손해사정사에 대한 평가기준에 보험금 삭감을 유도하는 지표를 사용하지 아니할 것

ⓒ 손해사정서를 작성한 경우에 지체 없이 대통령령으로 정하는 방법에 따라 보험계약자, 피보험자 및 보험금청구권자에게 손해사정서를 내어 주고, 그 중요한 내용을 알려 줄 것

ⓓ 그 밖에 공정한 손해사정을 위하여 필요한 사항으로서 금융위원회가 정하여 고시하는 사항을 준수할 것

④ 보험회사는 제1항 본문에 따라 손해사정업무를 위탁하는 경우에는 다음 각 호의 사항을 준수하여야 한다. 〈신설 2024.2.6.〉

ⓐ 손해사정사 또는 손해사정업자 선정기준 등 대통령령으로 정하는 사항을 포함한 업무위탁 기준을 마련하고 이를 준수할 것

ⓑ 전체 손해사정업무 중 대통령령으로 정하는 비율을 초과하는 손해사정업무를 자회사인 손해사정업자에게 위탁하는 경우에는 제1호에 따른 선정기준과 그 기준에 따른 선정 결과를 이사회에 보고하고 인터넷 홈페이지에 공시할 것

ⓒ 그 밖에 공정한 손해사정을 위하여 필요한 사항으로서 금융위원회가 정하여 고시하는 사항을 준수할 것

⑤ 보험회사는 제1항 본문에 따라 손해사정업무를 위탁하는 경우 다음 각 호의 어느 하나에 해당하는 행위를 하여서는 아니 된다. 〈신설 2024.2.6.〉

ⓐ 손해사정 위탁계약서를 교부하지 아니하는 행위

ⓑ 위탁계약서상 계약사항을 이행하지 아니하거나 위탁계약서에서 정한 업무 외의 업무를 강요하는 행위

ⓒ 위탁계약서에서 정한 해지요건 외의 사유로 위탁계약을 해지하는 행위

ⓓ 정당한 사유 없이 손해사정사 또는 손해사정업자가 요청한 위탁계약 해지를 거부하는 행위

ⓔ 손해사정업무를 위탁받은 손해사정사 또는 손해사정업자에게 지급하여야 하는 수수료의 전부 또는 일부를 정당한 사유 없이 지급하지 아니하거나 지연하여 지급하는 행위

ⓕ 정당한 사유 없이 손해사정사 또는 손해사정업자에게 지급한 수수료를 환수하는 행위

ⓖ 손해사정을 보험회사에 유리하게 하도록 손해사정사 또는 손해사정업자에게 강요하는 행위 등 정당한 사유 없이 위탁한 손해사정업무에 개입하는 행위

ⓗ 그 밖에 대통령령으로 정하는 불공정한 행위

더 알아보기 **＊ 대통령령으로 정하는 보험회사[시행령 제96조의3(손해사정)]**

① 법 제185조 제1항 각 호 외의 부분 본문에서 "대통령령으로 정하는 보험회사"란 다음 각 호의 어느 하나에 해당하는 보험회사를 말한다.
  1. 손해보험상품(보증보험계약은 제외한다)을 판매하는 보험회사
  2. 제3보험상품을 판매하는 보험회사
② 법 제185조 제3항 제3호에서 "대통령령으로 정하는 방법"이란 서면, 문자메시지, 전자우편, 팩스 또는 그 밖에 이와 유사한 방법을 말한다.
③ 법 제185조 제4항 제1호에서 "손해사정사 또는 손해사정업자 선정기준 등 대통령령으로 정하는 사항"이란 다음 각 호의 사항을 말한다.
  1. 손해사정사 또는 손해사정업자의 선정기준
  2. 손해사정업무의 위탁 범위
  3. 그 밖에 손해사정업무의 위탁과 관련하여 금융위원회가 정하여 고시하는 사항
④ 법 제185조 제4항 제2호에서 "대통령령으로 정하는 비율"이란 각 보험회사의 직전 사업연도 전체 손해사정업무 중 위탁된 손해사정업무가 차지하는 비율의 100분의 50을 말한다.
⑤ 법 제185조 제5항 제8호에서 "대통령령으로 정하는 불공정한 행위"란 다음 각 호의 행위를 말한다.
  1. 손해사정업무를 위탁받은 손해사정사 또는 손해사정업자의 위탁업무 수행실적을 평가할 때 정당한 사유 없이 자회사인 손해사정업자를 우대하는 행위
  2. 그 밖에 법 제185조 제5항 제1호부터 제7호까지의 행위에 준하는 행위로서 금융위원회가 정하여 고시하는 행위

---

(9) 손해사정사(제186조)

① 손해사정사가 되려는 자는 금융감독원장이 실시하는 시험에 합격하고 일정 기간의 실무수습을 마친 후 금융위원회에 등록하여야 한다.

② 제1항에 따른 손해사정사의 등록, 시험 과목 및 시험 면제와 실무수습 기간 등에 관하여 필요한 사항은 총리령으로 정한다.

③ 손해사정사는 금융위원회가 정하는 바에 따라 업무와 관련된 보조인을 둘 수 있다.

> **시행령 제96조의4(손해사정사의 교육)** ① 보험회사 및 법인인 손해사정업자는 법 제186조의2 제1항에 따라 소속 손해사정사 및 법 제186조 제3항에 따른 보조인(이하 "손해사정보조인"이라 한다)에게 다음 각 호의 구분에 따른 날을 기준으로 2년마다(매 2년이 되는 날부터 12개월 이내를 말한다) [별표 7의2]의 교육기준에 따른 교육을 해야 한다.
> 　1. 손해사정사 : 법 제186조 제1항에 따라 최초로 등록(등록이 유효한 경우로 한정한다)한 날
> 　2. 손해사정보조인 : 손해사정보조인이 된 날
> ② 개인인 손해사정업자 및 그 손해사정보조인은 법 제186조의2 제2항에 따라 이 조 제1항 각 호의 구분에 따른 날을 기준으로 2년마다(매 2년이 되는 날부터 12개월 이내를 말한다) [별표 7의2]의 교육기준에 따른 교육을 받아야 한다.
> ③ 보험협회, 보험회사 및 손해사정업자는 법 제186조의2 제1항 및 제2항에 따른 교육을 효율적으로 실시하기 위해 필요한 단체를 구성·운영할 수 있다.
> ④ 제1항 및 제2항에 따른 손해사정사 및 손해사정보조인에 대한 교육의 세부 기준, 방법 및 절차, 제3항에 따른 단체의 구성 및 운영에 필요한 사항은 금융위원회가 정하여 고시한다.

(10) 손해사정사 교육(제186조의2)

① 보험회사 및 법인인 손해사정업자는 대통령령으로 정하는 바에 따라 소속 손해사정사(제186조 제3항에 따른 보조인을 포함한다)에게 손해사정에 관한 교육을 하여야 한다.

② 개인인 손해사정업자(제186조 제3항에 따른 보조인을 포함한다)는 대통령령으로 정하는 바에 따라 제1항에 따른 교육을 받아야 한다.

(11) 손해사정업(제187조)

① 손해사정을 업으로 하려는 자는 금융위원회에 등록하여야 한다.

> **시행령 제97조(손해사정업의 등록)** ① 법 제187조 제1항에 따라 손해사정업의 등록을 하려는 자는 다음 각 호의 사항을 적은 신청서를 금융위원회에 제출하여야 한다.
> 　1. 성명(법인인 경우에는 상호 및 대표자의 성명)
> 　2. 사무소의 소재지
> 　3. 수행하려는 업무의 종류와 범위
> 　4. 제98조에 따른 손해사정사의 고용에 관한 사항
> ② 제1항에 따른 신청서에는 다음 각 호의 서류를 첨부하여야 한다.
> 　1. 정관(법인인 경우만 해당한다)
> 　2. 대표자(법인인 경우에는 임원을 포함한다) 및 소속 손해사정사의 이력서
> 　3. 영업용 재산상황을 적은 서류
> ③ 금융위원회는 제1항에 따른 등록 신청이 다음 각 호의 어느 하나에 해당하는 경우를 제외하고는 등록을 해주어야 한다.
> 　1. 법 제190조에서 준용하는 법 제86조 제1항 제1호에 해당하는 경우
> 　2. 제1항 및 제2항에 따른 등록신청서류를 거짓으로 기재한 경우
> 　3. 그 밖에 법, 이 영 또는 다른 법령에 따른 제한에 위반되는 경우
> ④ 제1항 및 제2항에 따라 등록을 한 손해사정업자는 등록한 사항이 변경되었을 때에는 1주일 이내에 그 변경사항을 금융위원회에 신고하여야 한다.

② 손해사정을 업으로 하려는 법인은 대통령령으로 정하는 수 이상의 손해사정사를 두어야 한다.

③ 제1항에 따른 등록을 하려는 자는 총리령으로 정하는 수수료를 내야 한다.

④ 제1항에 따라 등록을 한 손해사정업자는 경영현황 등 대통령령으로 정하는 사항을 금융위원회가 정하는 바에 따라 공시하여야 한다. 〈신설 2024.2.6.〉

⑤ 그 밖에 손해사정업의 등록, 영업기준 및 공시 등에 관하여 필요한 사항은 대통령령으로 정한다.

〈개정 2024.2.6.〉

> **시행령 제98조(손해사정업의 영업기준)** ① 법 제187조 제2항에 따라 손해사정을 업으로 하려는 법인은 2명 이상의 상근 손해사정사를 두어야 한다. 이 경우 총리령으로 정하는 손해사정사의 구분에 따라 수행할 업무의 종류별로 1명 이상의 상근 손해사정사를 두어야 한다.
> ② 제1항에 따른 법인이 지점 또는 사무소를 설치하려는 경우에는 각 지점 또는 사무소별로 총리령으로 정하는 손해사정사의 구분에 따라 수행할 업무의 종류별로 1명 이상의 손해사정사를 두어야 한다.
> ③ 제1항 및 제2항에 따른 인원에 결원이 생겼을 때에는 2개월 이내에 충원해야 한다.
> ④ 제1항 및 제2항에 따른 인원에 결원이 생긴 기간이 제3항에 따른 기간을 초과하는 경우에는 그 기간 동안 손해사정업자는 손해사정업무를 할 수 없다.
> ⑤ 법 제187조 제4항에서 "경영현황 등 대통령령으로 정하는 사항"이란 다음 각 호의 사항을 말한다.
>   1. 재무, 손익 등 경영현황에 관한 사항
>   2. 조직 및 인력에 관한 사항
>   3. 그 밖에 보험계약자 등의 보호를 위해 공시할 필요가 있는 사항으로서 금융위원회가 정하여 고시하는 사항
> ⑥ 법 제187조 제5항에 따라 개인으로서 손해사정을 업으로 하려는 사람은 총리령으로 정하는 구분에 따른 손해사정사의 자격이 있어야 한다.
> ⑦ 법 제187조 제5항에 따라 손해사정업자는 등록일부터 1개월 내에 업무를 시작하여야 한다. 다만, 불가피한 사유가 있다고 금융위원회가 인정하는 경우에는 그 기간을 연장할 수 있다.
> ⑧ 법 제187조 제5항에 따라 손해사정업자가 지켜야 할 영업기준은 다음 각 호와 같다.
>   1. 상호 중에 "손해사정"이라는 글자를 사용할 것
>   2. 장부폐쇄일은 보험회사의 장부폐쇄일을 따를 것
>   3. 그 밖에 공정한 손해사정업무를 수행하기 위하여 필요하다고 인정되는 사항으로서 금융위원회가 정하여 고시하는 사항을 준수할 것

(12) 손해사정사 등의 업무(제188조)

손해사정사 또는 손해사정업자의 업무는 다음 각 호와 같다.

① 손해 발생 사실의 확인

② 보험약관 및 관계 법규 적용의 적정성 판단

③ 손해액 및 보험금의 사정

④ ①부터 ③까지의 업무와 관련된 서류의 작성·제출의 대행

⑤ ①부터 ③까지의 업무 수행과 관련된 보험회사에 대한 의견의 진술

(13) 손해사정사의 의무 등(제189조)

① 보험회사로부터 손해사정업무를 위탁받은 손해사정사 또는 손해사정업자는 손해사정업무를 수행한 후 손해사정서를 작성한 경우에 지체 없이 *대통령령으로 정하는 방법에 따라 보험회사, 보험계약자, 피보험자 및 보험금 청구권자에게 손해사정서를 내어 주고, 그 중요한 내용을 알려주어야 한다.

② 보험계약자 등이 선임한 손해사정사 또는 손해사정업자는 손해사정업무를 수행한 후 지체 없이 보험회사 및 보험계약자 등에 대하여 손해사정서를 내어 주고, 그 중요한 내용을 알려주어야 한다.

③ 손해사정사(제186조 제3항에 따른 보조인을 포함한다) 또는 손해사정업자는 손해사정업무를 수행할 때 보험계약자, 그 밖의 이해관계자들의 이익을 부당하게 침해하여서는 아니 되며, 다음 각 호의 행위를 하여서는 아니 된다.

ⓐ 고의로 진실을 숨기거나 거짓으로 손해사정을 하는 행위

ⓑ 보험회사 또는 보험계약자 등 어느 일방에 유리하도록 손해사정업무를 수행하는 행위

ⓒ 업무상 알게 된 보험계약자 등에 관한 개인정보를 누설하는 행위

ⓓ 타인으로 하여금 자기의 명의로 손해사정업무를 하게 하는 행위

ⓔ 정당한 사유 없이 손해사정업무를 지연하거나 충분한 조사를 하지 아니하고 손해액 또는 보험금을 산정하는 행위

ⓕ 보험회사 및 보험계약자 등에 대하여 이미 제출받은 서류와 중복되는 서류나 손해사정과 관련이 없는 서류 또는 정보를 요청함으로써 손해사정을 지연하는 행위

ⓖ 보험금 지급을 요건으로 합의서를 작성하거나 합의를 요구하는 행위

ⓗ 그 밖에 공정한 손해사정업무의 수행을 해치는 행위로서 **대통령령으로 정하는 행위

더 알아보기　*** 대통령령으로 정하는 방법**
　　　　　　** 대통령령으로 정하는 행위[시행령 제99조(손해사정사 등의 의무)]

① 법 제189조 제1항에서 "대통령령으로 정하는 방법"이란 서면, 문자메시지, 전자우편, 팩스 또는 그 밖에 이와 유사한 방법을 말한다.

② 보험회사로부터 손해사정업무를 위탁받은 손해사정사 또는 손해사정업자는 법 제189조 제1항에 따른 손해사정서에 피보험자의 건강정보 등 「개인정보보호법」 제23조 제1항에 따른 민감정보가 포함된 경우 피보험자의 동의를 받아야 하며, 동의를 받지 아니한 경우에는 해당 민감정보를 삭제하거나 식별할 수 없도록 하여야 한다.

③ 법 제189조 제3항 제7호에서 "대통령령으로 정하는 행위"란 다음 각 호의 어느 하나에 해당하는 행위를 말한다.

1. 등록된 업무범위 외의 손해사정을 하는 행위
2. 자기 또는 자기와 총리령으로 정하는 이해관계를 가진 자의 보험사고에 대하여 손해사정을 하는 행위
3. 자기와 총리령으로 정하는 이해관계를 가진 자가 모집한 보험계약에 관한 보험사고에 대하여 손해사정을 하는 행위(보험회사 또는 보험회사가 출자한 손해사정법인에 소속된 손해사정사가 그 소속 보험회사 또는 출자한 보험회사가 체결한 보험계약에 관한 보험사고에 대하여 손해사정을 하는 행위는 제외한다)

(14) 손해사정의 표시·광고(제189조의2)

① 손해사정사 또는 손해사정업자가 아닌 자는 손해사정업무를 수행하는 것으로 오인될 우려가 있는 표시·광고를 하여서는 아니 된다.

② 손해사정사 또는 손해사정업자는 과대, 허위 등의 내용으로 보험계약자 등에게 피해를 줄 우려가 있는 표시·광고를 하여서는 아니 된다.

(15) 등록의 취소 등(제190조)

보험계리사·선임계리사·보험계리업자·손해사정사 및 손해사정업자에 관하여는 제86조(보험설계사의 등록취소 규정)를 준용한다.

(16) 손해배상의 보장(제191조)

금융위원회는 보험계리업자 또는 손해사정업자가 그 업무를 할 때 고의 또는 과실로 타인에게 손해를 발생하게 한 경우 그 손해의 배상을 보장하기 위하여 보험계리업자 또는 손해사정업자에게 금융위원회가 지정하는 기관에의 자산 예탁, 보험 가입, 그 밖에 필요한 조치를 하게 할 수 있다.

(17) 감독(제192조)

① 금융위원회는 보험계리사·선임계리사·보험계리업자·손해사정사 또는 손해사정업자가 그 직무를 게을리하거나 직무를 수행하면서 부적절한 행위를 하였다고 인정되는 경우에는 6개월 이내의 기간을 정하여 업무의 정지를 명하거나 해임하게 할 수 있다.

② 보험계리업자 및 손해사정업자에 관하여는 제131조 제1항·제133조 및 제134조 제1항을 준용한다. 이 경우 "보험회사"는 각각 "보험계리업자", "손해사정업자"로 본다.

PART 12

보 칙

1. 공제에 대한 협의(제193조)

① 금융위원회는 법률에 따라 운영되는 공제업과 이 법에 따른 보험업 간의 균형 있는 발전을 위하여 필요하다고 인정하는 경우에는 그 공제업을 운영하는 자에게 기초서류에 해당하는 사항에 관한 협의를 요구하거나 그 공제업 관련 중앙행정기관의 장에게 재무건전성에 관한 사항에 관한 협의를 요구할 수 있다.

② 제1항의 요구를 받은 자는 정당한 사유가 없으면 그 요구에 따라야 한다.

③ 제1항에 따른 중앙행정기관의 장은 공제업의 재무건전성 유지를 위하여 필요하다고 인정하는 경우에는 공제업을 운영하는 자에 대한 공동검사에 관한 협의를 금융위원회에 요구할 수 있다.

2. 업무의 위탁(제194조)

① 다음 각 호의 업무는 보험협회에 위탁한다.

1. 제84조에 따른 보험설계사의 등록업무
2. 제87조에 따른 보험대리점의 등록업무

② 다음 각 호의 업무는 금융감독원장에게 위탁한다.

1. 제89조에 따른 보험중개사의 등록업무
2. 제182조에 따른 보험계리사의 등록업무
3. 제183조에 따른 보험계리를 업으로 하려는 자의 등록업무
4. 제186조에 따른 손해사정사의 등록업무
5. 제187조에 따른 손해사정을 업으로 하려는 자의 등록업무

③ 금융위원회는 이 법에 따른 업무의 일부를 대통령령으로 정하는 바에 따라 금융감독원장에게 위탁할 수 있다.

④ 금융감독원장은 이 법에 따른 업무의 일부를 대통령령으로 정하는 바에 따라 보험협회의 장, 보험요율 산출기관의 장 또는 제178조에 따른 보험관계단체의 장, 자격검정 등을 목적으로 설립된 기관에 위탁할 수 있다.

3. 허가 등의 공고(제195조)

① 금융위원회는 제4조 제1항에 따른 허가를 하거나 제74조 제1항 또는 제134조 제2항에 따라 허가를 취소한 경우에는 지체 없이 그 내용을 관보에 공고하고 인터넷 홈페이지 등을 이용하여 일반인에게 알려야 한다.

② 금융위원회는 다음의 사항을 인터넷 홈페이지 등을 이용하여 일반인에게 알려야 한다.

1. 제4조에 따라 허가받은 보험회사
2. 제12조에 따라 설치된 국내사무소
3. 제125조에 따라 인가된 상호협정

③ 금융감독원장은 다음의 사항을 인터넷 홈페이지 등을 이용하여 일반인에게 알려야 한다.
  1. 제89조에 따라 등록된 보험중개사
  2. 제182조에 따라 등록된 보험계리사 및 제183조에 따라 등록된 보험계리업자
  3. 제186조에 따라 등록된 손해사정사 및 제187조에 따라 등록된 손해사정업자
④ 보험협회는 제87조에 따라 등록된 보험대리점을 인터넷 홈페이지 등을 이용하여 일반인에게 알려야 한다.

4. 과징금(제196조)

① 금융위원회는 보험회사가 제98조, 제99조, 제105조, 제106조, 제110조, 제111조, 제127조, 제127조의 3, 제128조의3, 제131조를 위반한 경우에는 다음의 구분에 따라 과징금을 부과할 수 있다.
  1. 삭제 〈2020.3.24.〉
  2. 제98조를 위반하여 특별이익을 제공하거나 제공하기로 약속하는 경우 : 특별이익의 제공 대상이 된 해당 보험계약의 연간 수입보험료 이하
  3. 제99조 제1항을 위반하여 모집을 할 수 있는 자 이외의 자에게 모집을 위탁한 경우 : 해당 보험계약의 수입보험료의 100분의 50 이하
  3의2. 제105조 제1호를 위반하여 업무용 부동산이 아닌 부동산(저당권 등 담보권의 실행으로 취득하는 부동산은 제외한다)을 소유하는 경우 : 업무용이 아닌 부동산 취득가액의 100분의 30 이하
  4. 제106조 제1항 제1호부터 제3호까지의 규정에 따른 신용공여 등의 한도를 초과한 경우 : 초과한 신용공여액 등의 100분의 30 이하
  5. 제106조 제1항 제5호에 따른 신용공여의 한도를 초과한 경우 : 초과한 신용공여액 이하
  6. 제106조 제1항 제6호에 따른 채권 또는 주식의 소유한도를 초과한 경우 : 초과 소유한 채권 또는 주식의 장부가액 합계액 이하
  6의2. 제110조 제1항을 위반하여 자금지원 관련 금지행위를 하는 경우 : 해당 신용공여액 또는 주식의 장부가액 합계액의 100분의 30 이하
  7. 제111조 제1항을 위반하여 신용공여를 하거나 자산의 매매 또는 교환 등을 한 경우 : 해당 신용공여액 또는 해당 자산의 장부가액 이하
  8. 제127조를 위반한 경우 : 해당 보험계약의 연간 수입보험료의 100분의 50 이하
  9. 제127조의3을 위반한 경우 : 해당 보험계약의 연간 수입보험료의 100분의 50 이하
  10. 제128조의3을 위반하여 기초서류를 작성·변경한 경우 : 해당 보험계약의 연간 수입보험료의 100분의 50 이하
  11. 제131조 제2항 및 제4항에 따라 금융위원회로부터 기초서류의 변경·사용중지 명령 또는 보험료 환급·보험금증액 명령을 받은 경우 : 해당 보험계약의 연간 수입보험료의 100분의 50 이하
② 금융위원회는 보험회사의 소속 임직원 또는 소속 보험설계사가 제95조의2·제96조 제1항·제97조 제1항을 위반한 경우에는 그 보험회사에 대하여 해당 보험계약의 수입보험료의 100분의 50 이하의 범위에서 과징금을 부과할 수 있다. 다만, 보험회사가 그 위반행위를 막기 위하여 해당 업무에 관하여 상당한 주의와 감독을 게을리하지 아니한 경우에는 그러하지 아니하다.
③ 제98조, 제106조 제1항 제1호부터 제3호까지·제5호·제6호 또는 제111조 제1항을 위반한 자에게는 정상(情狀)에 따라 제200조 또는 제202조에 따른 벌칙과 제1항에 따른 과징금을 병과(併科)할 수 있다.
④ 제1항부터 제3항까지의 규정에 따른 과징금의 부과 및 징수 절차 등에 관하여는 「은행법」 제65조의4부터 제65조의8까지의 규정을 준용한다.

1. 벌칙(제197조)

① 보험계리사, 손해사정사 또는 상호회사의 발기인, 제70조 제1항에서 준용하는 「상법」 제175조 제1항에 따른 설립위원·이사·감사, 제59조에서 준용하는 「상법」 제386조 제2항 및 제407조 제1항에 따른 직무대행자나 지배인, 그 밖에 사업에 관하여 어떠한 종류의 사항이나 특정한 사항을 위임받은 사용인이 그 임무를 위반하여 재산상의 이익을 취득하거나 제3자로 하여금 취득하게 하여 보험회사에 재산상의 손해를 입힌 경우에는 10년 이하의 징역 또는 1억원 이하의 벌금에 처한다.

② 상호회사의 청산인 또는 제73조에서 준용하는 「상법」 제386조 제2항 및 제407조 제1항에 따른 직무대행자가 제1항에 열거된 행위를 한 경우에도 제1항과 같다.

2. 벌칙(제198조)

제25조 제1항 또는 제54조 제1항의 기관을 구성하는 자가 그 임무를 위반하여 재산상의 이익을 취득하거나 제3자로 하여금 취득하게 하여 보험계약자나 사원에게 손해를 입힌 경우에는 7년 이하의 징역 또는 7천만원 이하의 벌금에 처한다.

3. 벌칙(제199조)

제197조 제1항에 열거된 자 또는 상호회사의 검사인이 다음 각 호의 어느 하나에 해당하는 행위를 한 경우에는 7년 이하의 징역 또는 7천만원 이하의 벌금에 처한다.

1. 상호회사를 설립하면서 사원의 수, 기금총액의 인수, 기금의 납입 또는 제34조 제4호부터 제6호까지 및 제9호와 제38조 제2항 제3호 및 제5호에 열거된 사항에 관하여 법원 또는 총회에 보고를 부실하게 하거나 사실을 숨긴 경우
2. 명의에 관계없이 보험회사의 계산으로 부정하게 그 주식을 취득하거나 질권의 목적으로 받은 경우
3. 법령 또는 정관을 위반하여 기금의 상각, 기금이자의 지급 또는 이익이나 잉여금의 배당을 한 경우
4. 보험업을 하기 위한 목적 이외의 투기거래를 위하여 보험회사의 자산을 처분한 경우

제3과목

4. 벌칙(제200조)

다음 각 호의 어느 하나에 해당하는 자는 5년 이하의 징역 또는 5천만원 이하의 벌금에 처한다.

1. 제4조 제1항을 위반한 자
2. 제106조 제1항 제4호 및 제5호를 위반하여 신용공여를 한 자
3. 제106조 제1항 제6호를 위반하여 채권 및 주식을 소유한 자
4. 제111조 제1항을 위반하여 같은 항 각 호의 어느 하나에 해당하는 행위를 한 자
5. 제111조 제5항을 위반하여 같은 항 각 호의 어느 하나에 해당하는 행위를 한 대주주 또는 그의 특수관계인

5. 벌칙(제201조)

① 제197조 및 제198조에 열거된 자 또는 상호회사의 검사인이 그 직무에 관하여 부정한 청탁을 받고 재산상의 이익을 수수·요구 또는 약속한 경우에는 5년 이하의 징역 또는 5천만원 이하의 벌금에 처한다.
② 제1항의 이익을 약속 또는 공여(供與)하거나 공여 의사를 표시한 자도 제1항과 같다.

6. 벌칙(제202조)

다음 각 호의 어느 하나에 해당하는 자는 3년 이하의 징역 또는 3천만원 이하의 벌금에 처한다.

1. 제18조 제2항을 위반하여 승인을 받지 아니하고 자본감소의 결의를 한 주식회사
2. 제75조를 위반한 자
3. 제98조에서 규정한 금품 등을 제공(같은 조 제3호의 경우에는 보험금액 지급의 약속을 말한다)한 자 또는 이를 요구하여 수수(收受)한 보험계약자 또는 피보험자
3의2. 제102조의7 제5항을 위반하여 업무를 수행하는 과정에서 알게 된 정보 또는 자료를 누설하거나 제102조의6 제1항에 따른 서류 전송 업무 외의 용도로 사용 또는 보관한 자
4. 제106조 제1항 제1호부터 제3호까지의 규정을 위반한 자
5. 제177조를 위반한 자
6. 제183조 제1항 또는 제187조 제1항에 따른 등록을 하지 아니하고 보험계리업 또는 손해사정업을 한 자
7. 거짓이나 그 밖의 부정한 방법으로 제183조 제1항 또는 제187조 제1항에 따른 등록을 한 자
8. 제189조 제3항 제2호를 위반한 자

7. 벌칙(제203조)

① 다음 각 호의 사항에 관하여 부정한 청탁을 받고 재산상의 이익을 수수·요구 또는 약속한 자는 1년 이하의 징역 또는 1천만원 이하의 벌금에 처한다.

1. 보험계약자총회, 상호회사의 창립총회 또는 사원총회에서의 발언이나 의결권 행사
2. 제3장 제2절·제3절 및 제8장 제2절에서 규정하는 소(訴)의 제기 또는 자본금의 100분의 5 이상에 상당하는 주주 또는 100분의 5 이상의 사원의 권리의 행사

② 제1항의 이익을 약속 또는 공여하거나 공여 의사를 표시한 자도 제1항과 같다.

8. 벌칙(제204조)

① 다음 각 호의 어느 하나에 해당하는 자는 1년 이하의 징역 또는 1천만원 이하의 벌금에 처한다.

1. 제8조 제2항을 위반한 자
2. 제83조 제1항을 위반하여 모집을 한 자
3. 거짓이나 그 밖의 부정한 방법으로 보험설계사·보험대리점 또는 보험중개사의 등록을 한 자
3의2. 제86조 제2항(제190조에 따라 준용하는 경우를 포함한다)에 따른 업무정지의 명령을 위반하여 모집, 보험계리업무 또는 손해사정업무를 한 자
4. 제88조 제2항, 제90조 제2항에 따른 업무정지의 명령을 위반하여 모집을 한 자
5. 삭제 〈2017.4.18.〉
6. 제150조를 위반한 자
7. 제181조 제1항 및 제184조 제1항을 위반하여 정당한 사유 없이 확인을 하지 아니하거나 부정한 확인을 한 보험계리사 및 선임계리사
8. 제184조 제3항 제1호를 위반한 선임계리사 및 보험계리사
9. 제189조 제3항 제1호를 위반한 손해사정사

② 보험계리사나 손해사정사에게 제1항 제7호부터 제9호까지의 규정에 따른 행위를 하게 하거나 이를 방조한 자는 정범에 준하여 처벌한다.

9. 미수범(제205조)

제197조 및 제198조의 미수범은 처벌한다.

10. 병과(제206조)

제197조부터 제205조까지에 규정된 죄를 범한 자에게는 정상에 따라 징역과 벌금을 병과할 수 있다.

11. 몰수(제207조)

제201조 및 제203조의 경우 범인이 수수하였거나 공여하려 한 이익은 몰수한다. 그 전부 또는 일부를 몰수할 수 없는 경우에는 그 가액(價額)을 추징한다.

12. 양벌규정(제208조)

① 법인(법인이 아닌 사단 또는 재단으로서 대표자 또는 관리인이 있는 것을 포함한다)의 대표자나 법인 또는 개인의 대리인, 사용인, 그 밖의 종업원이 그 법인 또는 개인의 업무에 관하여 제200조, 제202조 또는 제204조의 어느 하나에 해당하는 위반행위를 하면 그 행위자를 벌하는 외에 그 법인 또는 개인에게도 해당 조문의 벌금형을 과(科)한다. 다만, 법인 또는 개인이 그 위반행위를 방지하기 위하여 해당 업무에 관하여 상당한 주의와 감독을 게을리하지 아니한 경우에는 그러하지 아니하다.
② 제1항에 따라 법인이 아닌 사단 또는 재단에 대하여 벌금형을 과하는 경우에는 그 대표자 또는 관리인이 그 소송행위에 관하여 그 사단 또는 재단을 대표하는 법인을 피고인으로 하는 경우의 형사소송에 관한 법률을 준용한다.

13. 과태료(제209조)

① 보험회사가 다음 각 호의 어느 하나에 해당하는 경우에는 1억원 이하의 과태료를 부과한다.

1. 제10조 또는 제11조를 위반하여 다른 업무 등을 겸영한 경우

1의2. 제11조의2 제1항을 위반하여 부수업무를 신고하지 아니한 경우

2. 제95조를 위반한 경우

3. 제96조를 위반한 경우

4. 보험회사 소속 임직원이 제101조의2 제3항을 위반한 경우 해당 보험회사. 다만, 보험회사가 그 위반행위를 방지하기 위하여 해당 업무에 관하여 상당한 주의와 감독을 게을리하지 아니한 경우는 제외한다.

5. 제106조 제1항 제7호부터 제9호까지의 규정을 위반한 경우

6. 제109조를 위반하여 다른 회사의 주식을 소유한 경우

7. 삭제 〈2017.4.18.〉

7의2. 삭제 〈2020.3.24.〉

7의3. 제111조 제2항을 위반하여 이사회의 의결을 거치지 아니한 경우

7의4. 제111조 제3항 또는 제4항에 따른 보고 또는 공시를 하지 아니하거나 거짓으로 보고 또는 공시한 경우

8. 제113조를 위반한 경우

9. 제116조를 위반한 경우

10. 제118조를 위반하여 재무제표 등을 기한까지 제출하지 아니하거나 사실과 다르게 작성된 재무제표 등을 제출한 경우

10의2. 제120조 제1항을 위반하여 책임준비금이나 비상위험준비금을 계상하지 아니하거나 과소·과다하게 계상하는 경우 또는 장부에 기재하지 아니한 경우

11. 제124조 제1항을 위반하여 공시하지 아니한 경우

12. 제124조 제4항을 위반하여 정보를 제공하지 아니하거나 부실한 정보를 제공한 경우

13. 제128조의2를 위반한 경우

14. 제131조 제1항·제2항 및 제4항에 따른 명령을 위반한 경우

15. 제133조에 따른 검사를 거부·방해 또는 기피한 경우

16. 제181조 제2항을 위반하여 선임계리사를 선임하지 아니한 경우

17. 제181조의2에 따른 선임계리사 선임 및 해임에 관한 절차를 위반한 경우

18. 제184조의2에 따른 선임계리사의 요건을 충족하지 못한 자를 선임계리사로 선임한 경우

② 제91조 제1항에 따른 금융기관보험대리점 등 또는 금융기관보험대리점 등이 되려는 자가 제83조 제2항 또는 제100조를 위반한 경우에는 1억원 이하의 과태료를 부과한다.

③ 보험회사가 제95조의5를 위반한 경우에는 5천만원 이하의 과태료를 부과한다.

④ 보험회사가 다음 각 호의 어느 하나에 해당하는 행위를 한 경우에는 3천만원 이하의 과태료를 부과한다.

1. 제85조의4를 위반하여 직원의 보호를 위한 조치를 하지 아니하거나 직원에게 불이익을 준 경우

2. 제184조 제7항을 위반하여 같은 항 각 호의 어느 하나에 해당하는 직무를 담당하게 한 경우

3. 제184조의3 제1항, 제5항 또는 제6항을 위반하여 선임계리사의 권한과 업무 수행의 독립성에 관하여 필요한 사항을 이행하지 아니한 경우

⑤ 제110조의3 제2항을 위반하여 신용공여 계약을 체결하려는 자에게 금리인하 요구를 할 수 있음을 알리지 아니한 보험회사에는 2천만원 이하의 과태료를 부과한다.

⑥ 보험회사의 발기인·설립위원·이사·감사·검사인·청산인,「상법」제386조 제2항 및 제407조 제1항에 따른 직무대행자(제59조 및 제73조에서 준용하는 경우를 포함한다) 또는 지배인이 다음 각 호의 어느 하나에 해당하는 행위를 한 경우에는 2천만원 이하의 과태료를 부과한다. 〈개정 2022.12.31.〉

1. 보험회사가 제10조 또는 제11조를 위반하여 다른 업무 등을 겸영한 경우
2. 삭제 〈2015.7.31.〉
3. 제18조를 위반하여 자본감소의 절차를 밟은 경우
4. 관청·총회 또는 제25조 제1항 및 제54조 제1항의 기관에 보고를 부실하게 하거나 진실을 숨긴 경우
5. 제38조 제2항을 위반하여 입사청약서를 작성하지 아니하거나 입사청약서에 적을 사항을 적지 아니하거나 부실하게 적은 경우
6. 정관·사원명부·의사록·자산목록·재무상태표·사업계획서·사무보고서·결산보고서, 제44조에서 준용하는 「상법」 제29조 제1항의 장부에 적을 사항을 적지 아니하거나 부실하게 적은 경우
7. 제57조 제1항(제73조에서 준용하는 경우를 포함한다)이나 제64조 및 제73조에서 준용하는 「상법」 제448조 제1항을 위반하여 서류를 비치하지 아니한 경우
8. 사원총회 또는 제54조 제1항의 기관을 제59조에서 준용하는 「상법」 제364조를 위반하여 소집하거나 정관으로 정한 지역 이외의 지역에서 소집하거나 제59조에서 준용하는 「상법」 제365조 제1항을 위반하여 소집하지 아니한 경우
9. 제60조 또는 제62조를 위반하여 준비금을 적립하지 아니하거나 준비금을 사용한 경우
10. 제69조를 위반하여 해산절차를 밟은 경우
11. 제72조 또는 정관을 위반하여 보험회사의 자산을 처분하거나 그 남은 자산을 배분한 경우
12. 제73조에서 준용하는 「상법」 제254조를 위반하여 파산선고의 신청을 게을리한 경우
13. 청산의 종결을 지연시킬 목적으로 제73조에서 준용하는 「상법」 제535조 제1항의 기간을 부당하게 정한 경우
14. 제73조에서 준용하는 「상법」 제536조를 위반하여 채무를 변제한 경우
15. 제79조 제2항에서 준용하는 「상법」 제619조 또는 제620조를 위반한 경우
16. 제85조 제1항을 위반한 경우
17. 보험회사가 제95조를 위반한 경우
18. 보험회사의 임직원이 제95조의2, 제95조의5, 제97조 또는 제101조의2 제1항·제2항을 위반한 경우
19. 보험회사가 제96조를 위반한 경우
20. 제106조 제1항 제4호 또는 제7호부터 제9호까지의 규정을 위반하여 자산운용을 한 경우
21. 제109조를 위반하여 다른 회사의 주식을 소유한 경우
22. 제110조를 위반한 경우
22의2. 삭제 〈2020.5.19.〉
23. 제113조를 위반한 경우
24. 제116조를 위반한 경우
25. 제118조를 위반하여 재무제표 등의 제출기한을 지키지 아니하거나 사실과 다르게 작성된 재무제표 등을 제출한 경우
26. 제119조를 위반하여 서류의 비치나 열람의 제공을 하지 아니한 경우
27. 제120조 제1항을 위반하여 책임준비금 또는 비상위험준비금을 계상하지 아니하거나 장부에 기재하지 아니한 경우
28. 제124조 제1항을 위반하여 공시하지 아니한 경우
29. 제124조 제4항을 위반하여 정보를 제공하지 아니하거나 부실한 정보를 제공한 경우
30. 제125조를 위반한 경우
31. 제126조를 위반하여 정관변경을 보고하지 아니한 경우
32. 제127조를 위반한 경우
33. 보험회사가 제127조의3을 위반한 경우

34. 보험회사가 제128조의2를 위반한 경우

35. 보험회사가 제128조의3을 위반하여 기초서류를 작성·변경한 경우

36. 제130조를 위반하여 보고하지 아니한 경우

37. 제131조에 따른 명령을 위반한 경우

38. 제133조에 따른 검사를 거부·방해 또는 기피한 경우

39. 금융위원회가 선임한 청산인 또는 법원이 선임한 관리인이나 청산인에게 사무를 인계하지 아니한 경우

40. 제141조를 위반하여 보험계약의 이전절차를 밟은 경우

41. 제142조를 위반하여 보험계약을 하거나 제144조(제152조 제2항에서 준용하는 경우를 포함한다)를 위반하여 자산을 처분하거나 채무를 부담할 행위를 한 경우

42. 제151조 제1항·제2항, 제153조 제3항 또는 제70조 제1항에서 준용하는「상법」제232조를 위반하여 합병절차를 밟은 경우

43. 이 법에 따른 등기를 게을리한 경우

44. 이 법 또는 정관에서 정한 보험계리사에 결원이 생긴 경우에 그 선임절차를 게을리한 경우

⑦ 다음 각 호의 어느 하나에 해당하는 자에게는 1천만원 이하의 과태료를 부과한다.

1. 제3조를 위반한 자

2. 제85조 제2항을 위반한 자

2의2. 제85조의3 제1항을 위반한 자

2의3. 삭제 〈2017.4.18.〉

2의4. 제87조의3 제2항을 위반한 자

3. 제92조를 위반한 자

4. 제93조에 따른 신고를 게을리한 자

5. 제95조를 위반한 자

6. 제95조의2를 위반한 자

7. 보험대리점·보험중개사 소속 보험설계사가 제95조의2·제96조 제1항·제97조 제1항 및 제99조 제3항을 위반한 경우 해당 보험대리점·보험중개사. 다만, 보험대리점·보험중개사가 그 위반행위를 방지하기 위하여 해당 업무에 관하여 상당한 주의와 감독을 게을리하지 아니한 경우는 제외한다.

7의2. 제95조의5를 위반한자

8. 삭제 〈2020.3.24.〉

9. 제96조 제1항을 위반한 자

10. 제97조 제1항을 위반한 자

11. 제99조 제3항을 위반한 자

11의2. 제101조의2를 위반한 자

12. 제112조에 따른 자료 제출을 거부한 자

13. 제124조 제5항을 위반하여 비교·공시한 자

14. 제131조 제1항을 준용하는 제132조·제179조·제192조 제2항, 제133조 제1항을 준용하는 제136조·제179조·제192조 제2항 및 제192조 제1항에 따른 명령을 위반한 자

15. 제133조 제3항을 준용하는 제136조·제179조 및 제192조 제2항에 따른 검사를 거부·방해 또는 기피한 자

16. 제133조 제3항을 준용하는 제136조·제179조·제192조 제2항에 따른 요구에 응하지 아니한 자

17. 제162조 제2항에 따른 요구를 정당한 사유 없이 거부·방해 또는 기피한 자

18. 제185조 제5항을 위반하여 같은 항 각 호의 어느 하나에 해당하는 행위를 한 자

19. 제189조 제1항 및 제2항을 위반한 자

20. 제189조 제3항을 위반하여 같은 항 각 호(제1호 및 제2호를 제외한다)의 어느 하나에 해당하는 행위를 한 자

21. 제189조의2를 위반하여 손해사정의 표시·광고를 한 자

⑧ 제187조의2를 위반하여 손해사정사, 손해사정업자 또는 이와 유사한 명칭을 사용한 자에게는 5백만원 이하의 과태료를 부과한다. 〈신설 2024.2.6.〉

⑨ 제1항부터 제8항까지의 과태료는 대통령령으로 정하는 바에 따라 금융위원회가 부과·징수한다.

제3과목

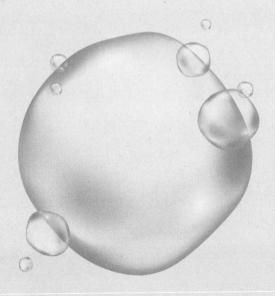

세상을 바꿀 수 있다고 믿을 만큼 미친 사람들이
결국 세상을 바꾸는 사람들이다.

- 스티브 잡스 -

Drill
(드릴)

Basic Drill

LVup Drill

01 다음 보험업법에 대한 설명으로 틀린 것은?

① 보험업 관리·감독에 대한 규정을 포함한다.
② 보험조직의 관리·감독에 대한 규정을 포함한다.
③ 민영보험을 관리·감독하는 법으로 공법적 성격의 규정은 포함되지 않는다.
④ 실질적 감독주의를 따르고 있다.

정답 ③

해설 보험업법은 공법적 성격과 사법적 성격 모두 가지고 있다.

02 다음 보험업법의 목적에 대한 설명으로 틀린 것은?

① 보험업을 경영하는 자의 건전한 경영
② 보험계약관계자들의 권익보호
③ 보험사업의 효율적 지도·감독
④ 국민경제의 균형적 발전

정답 ③

해설 **보험업법 제1조(목적)** 이 법은 보험업을 경영하는 자의 건전한 경영을 도모하고 보험계약자, 피보험자, 그 밖의 이해관계인의 권익을 보호함으로써 보험업의 건전한 육성과 국민경제의 균형 있는 발전에 기여함을 목적으로 한다.

03 다음 보험상품과 보험업에 대한 설명으로 틀린 것은?

① 보험업이란 보험상품의 취급과 관련하여 발생하는 보험의 인수, 보험료 수수 및 보험금 지급 등을 영업으로 하는 것을 말한다.

② 생명보험 상품은 생존과 사망에 관한 상품이다.

③ 손해보험 상품은 재산과 배상책임에 관한 상품이다.

④ 제3보험업은 생명, 상해, 질병에 관한 보험업을 의미한다.

정답 ④

해설 **보험업법 제4조(보험업의 허가)** ① 보험업을 경영하려는 자는 다음 각 호에서 정하는 보험종목별로 금융위원회의 허가를 받아야 한다.

3. 제3보험업의 보험종목

　가. <u>상해보험</u>

　나. <u>질병보험</u>

　다. <u>간병보험</u>

　라. 그 밖에 대통령령으로 정하는 보험종목

04 다음 보험상품에 대한 설명으로 틀린 것은?

① 연금보험은 보험업법상 보험상품에 속하지 않는다.

② 산재보험은 보험업법상 보험상품에 속하지 않는다.

③ 항공보험은 보험업법상 손해보험상품에 속한다.

④ 기술보험은 보험업법상 손해보험상품에 속한다.

정답 ①

해설 **보험업법 시행령 제1조의2(보험상품)** ② 법 제2조(정의) 제1호 가목 생명보험상품에서 "대통령령으로 정하는 계약"이란 다음 각 호의 계약을 말한다.

1. 생명보험계약

2. <u>연금보험계약</u>(퇴직보험계약을 포함한다)

05 다음 보험회사에 대한 설명으로 틀린 것은?

① 금융위원회의 허가를 받아 보험업을 경영하는 자를 말한다.
② 보험회사의 최대주주는 의결권 있는 발행주식 총수의 100분의 20을 초과하여 소유한 자를 의미한다.
③ 자회사는 보험회사가 다른 회사의 의결권 있는 발행주식 총수의 100분의 15를 초과하여 소유하는 경우의 그 다른 회사를 말한다.
④ 상호회사는 보험업을 경영할 목적으로 이 법에 따라 설립된 회사로서 보험계약자를 사원으로 하는 회사를 말한다.

정답 ②

해설 「금융회사의 지배구조에 관한 법률」 제2조(정의) 제6호 가목 금융회사의 의결권 있는 발행주식(출자지분을 포함한다) 총수를 기준으로 본인 및 그와 대통령령으로 정하는 특수한 관계가 있는 자(이하 "특수관계인"이라 한다)가 누구의 명의로 하든지 자기의 계산으로 소유하는 주식(그 주식과 관련된 증권예탁증권을 포함한다)을 합하여 그 수가 가장 많은 경우의 그 본인(이하 "<u>최대주주</u>"라 한다)

06 다음 보험모집인에 대한 설명으로 틀린 것은?

① 보험모집인은 보험계약 체결을 대리 또는 중개하는 자로 금융위원회에 등록된 자를 말한다.
② 보험대리점은 보험회사를 위하여 보험계약 체결을 대리하는 자이다.
③ 보험중개사는 독립적으로 보험계약 체결을 중개하는 자이며, 재단의 형태는 포함하지 않는다.
④ 보험설계사는 보험회사, 보험대리점 또는 보험중개사에 소속되어 보험계약 체결을 중개하는 자를 말한다.

정답 ③

해설 보험업법 제2조(정의) 이 법에서 사용하는 용어의 뜻은 다음과 같다.
11. "보험중개사"란 독립적으로 보험계약의 체결을 중개하는 자(법인이 아닌 사단과 재단을 포함한다)로서 제89조에 따라 등록된 자를 말한다.

07 다음 보험계약자에 대한 설명으로 틀린 것은?

① 일반보험계약자는 전문보험계약자가 아닌 자를 의미한다.
② 전문보험계약자는 보험계약에 관한 전문성, 자산규모 등에 비추어 보험계약의 내용을 이해하고 이행할 능력이 있는 자를 의미한다.
③ 한국은행은 전문보험계약자에 해당한다.
④ 전문보험계약자가 일반보험계약자의 대우를 받기 위해서는 미리 보험자에게 통지하여야 하며, 통지방법에는 제한이 없다.

정답 ④

해설 보험업법 제2조(정의) 이 법에서 사용하는 용어의 뜻은 다음과 같다.
19. "전문보험계약자"란 보험계약에 관한 전문성, 자산규모 등에 비추어 보험계약의 내용을 이해하고 이행할 능력이 있는 자로서 <u>다음 각 목의 어느 하나에 해당하는 자</u>를 말한다. 다만, 전문보험계약자 중 대통령령으로 정하는 자가 일반보험계약자와 같은 대우를 받겠다는 의사를 보험회사에 서면으로 통지하는 경우 보험회사는 정당한 사유가 없으면 이에 동의하여야 하며, 보험회사가 동의한 경우에는 해당 보험계약자는 일반보험계약자로 본다.
　가. 국가
　나. 한국은행
　다. 대통령령으로 정하는 금융기관
　라. 주권상장법인
　마. 그 밖에 대통령령으로 정하는 자

08 다음 자산운용에 대한 설명으로 틀린 것은?

① 신용공여란 대출 또는 유가증권의 매입이나 그 밖에 금융거래상의 신용위험이 따르는 거래를 의미한다.
② 총자산은 재무상태표에 표시된 자산에서 영업권을 제외하여야 한다.
③ 자기자본의 항목은 실질적 자본충실 기여 여부에 따라 구분된다.
④ 영업권은 자기자본에 합산할 항목에 해당한다.

정답 ④

해설 보험업법 제2조(정의) 이 법에서 사용하는 용어의 뜻은 다음과 같다.
15. "자기자본"이란 납입자본금·자본잉여금·이익잉여금, 그 밖에 이에 준하는 것(자본조정은 제외한다)으로서 대통령령으로 정하는 항목의 합계액에서 영업권, 그 밖에 이에 준하는 것으로서 대통령령으로 정하는 항목의 합계액을 <u>뺀 것</u>을 말한다.

09 다음 중 보험회사가 아닌 자와 보험계약을 체결할 수 없는 경우는?

① 우체국보험을 체결하는 경우
② 외국보험회사와 장기질병보험계약을 체결하는 경우
③ 외국보험회사와 항공보험계약을 체결하는 경우
④ 금융위원회의 승인을 얻은 경우

정답 ②

해설 보험업법 시행령 제7조(보험계약의 체결) ① 법 제3조 단서에 따라 보험회사가 아닌 자와 보험계약을 체결할 수 있는 경우는 다음 각 호의 어느 하나에 해당하는 경우로 한다.
1. 외국보험회사와 생명보험계약, 수출적하보험계약, 수입적하보험계약, 항공보험계약, 여행보험계약, 선박보험계약, <u>장기상해보험계약</u> 또는 재보험계약을 체결하는 경우

10 다음 보험업법에 대한 설명으로 적절하지 않은 것은?

① 허가, 인가, 승인 등에 관한 규정과 금융감독원 등 설립 및 운영에 관한 규정은 공법적 규정에 해당한다.
② 보험회사의 설립과 운영에 관한 사항은 사법적 규정에 해당한다.
③ 사법적 규정은 상법 회사법에 대한 일반법의 지위를 가지고 있다.
④ 특별법에 의하여 다른 행정기관의 감독을 받는 공제에는 적용되지 않는다.

정답 ③

해설 보험업법의 사법적 규정은 상법 회사법에 대해 <u>특별법의 지위</u>를 가진다.

11 다음 보험사업을 감독하는 방법에 대한 설명으로 적절하지 않은 것은?

① 공시주의는 가장 엄격한 방식이다.
② 공시주의는 각 보험사업의 경영성과와 재정상태를 공시하여 일반에게 알리는 방법이다.
③ 준칙주의는 보험사업시 지켜야할 사항을 준수하는 자를 심사하여 보험사업을 영위하게 하는 방법이다.
④ 실질적 감독주의는 보험의 사회성과 공공성 측면이 강조되면서 현대에 더욱 강조되고 있다.

정답 ①

해설 공시주의는 느슨한 감독방식에 해당된다.

12 다음 보험계약자에 대한 설명으로 틀린 것은?

① 보험계약에 관한 전문성, 자산규모 등에 비추어 보험계약의 내용을 이해하고 이행할 능력이 있는 자를 전문보험계약자라 한다.
② 법률에 따라 공제사업을 하는 법인은 일반보험계약자에 해당한다.
③ 조약에 따라 설립된 국제기구는 전문보험계약자에 해당한다.
④ 수산업협동조합중앙회는 전문보험계약자에 해당한다.

정답 ②

해설 보험업법 제2조(정의) 이 법에서 사용하는 용어의 뜻은 다음과 같다.
19. "전문보험계약자"란 보험계약에 관한 전문성, 자산규모 등에 비추어 보험계약의 내용을 이해하고 이행할 능력이 있는 자로서 법률에 따라 공제사업을 하는 법인을 포함한다.
20. "일반보험계약자"란 전문보험계약자가 아닌 보험계약자를 말한다.

13 다음 보험업의 허가에 대한 설명으로 틀린 것은?

① 보험업을 경영하려는 자는 보험종목별로 금융위원회의 허가를 받아야 한다.
② 보험허가를 받는 자는 해당 보험종목의 재보험에 대한 허가를 받은 것으로 본다.
③ 생명보험업에 해당하는 보험종목의 전부에 관하여 허가를 받은 자는 제3보험업에 해당하는 보험종목에 대한 허가를 받은 것으로 본다.
④ 손해보험업에 해당하는 보험종목의 전부에 관하여 허가를 받은 자는 보증보험업에 해당하는 보험종목에 대한 허가를 받은 것으로 본다.

정답 ④

해설 보험업법 제4조(보험업의 허가) ③ 생명보험업이나 손해보험업에 해당하는 보험종목의 전부(제1항 제2호 라목에 따른 보증보험 및 같은 호 마목에 따른 재보험은 제외한다)에 관하여 제1항에 따른 허가를 받은 자는 제3보험업에 해당하는 보험종목에 대한 허가를 받은 것으로 본다.

14 다음 보험업의 허가에 대한 설명으로 틀린 것은?

① 생명보험업에 해당하는 보험종목의 전부에 관하여 허가를 받은 자는 경제질서의 건전성을 해친 사실이 없으면 해당 생명보험업 또는 손해보험업의 종목으로 신설되는 보험종목에 대한 허가를 받은 것으로 본다.

② 제3보험업에 관하여 허가를 받은 자는 제3보험의 보험종목에 부가되는 보험종목을 취급할 수 있다.

③ 보험업의 허가를 받을 수 있는 자는 주식회사, 상호회사 및 외국보험회사로 제한하며, 허가를 받은 외국보험회사의 국내지점은 보험업법에 따른 보험회사로 본다.

④ 금융위원회는 허가에 조건을 붙일 수 없다.

정답 ④

해설 보험업법 제4조(보험업의 허가) ⑦ 금융위원회는 제1항에 따른 허가에 조건을 붙일 수 있다.

15 금융위원회는 보험업법 제5조에 따른 허가신청을 받았을 때는 (㉠)[보험업법 제7조에 따른 예비허가를 받았을 때는 (㉡)] 이내에 이를 심사하여 신청인에게 허가 여부를 통지해야한다. 괄호 안에 들어갈 것으로 알맞은 것은?

① ㉠ 2개월, ㉡ 1개월
② ㉠ 3개월, ㉡ 2개월
③ ㉠ 4개월, ㉡ 3개월
④ ㉠ 6개월, ㉡ 5개월

정답 ①

해설 금융위원회는 보험업법 제5조에 따른 허가신청을 받았을 때에는 (2개월)[보험업법 제7조에 따라 예비허가를 받은 경우에는 (1개월)] 이내에 이를 심사하여 신청인에게 허가 여부를 통지해야 한다.

16 다음 보험업의 허가신청시 서류에 해당하지 않는 것은?

① 보험약관
② 정 관
③ 업무 시작 후 3년 간의 사업계획서
④ 보험종목별 사업방법서

정답 ①

해설 **보험업법 제5조(허가신청서 등의 제출)** 제4조 제1항에 따라 허가를 받으려는 자는 신청서에 다음 각 호의 서류를 첨부하여 금융위원회에 제출하여야 한다. 다만, 보험회사가 취급하는 보험종목을 추가하려는 경우에는 제1호의 서류는 제출하지 아니할 수 있다.

1. 정 관
2. 업무 시작 후 3년 간의 사업계획서(추정재무제표를 포함한다)
3. 경영하려는 보험업의 보험종목별 사업방법서, 보험약관, 보험료 및 해약환급금의 산출방법서(이하 "기초서류"라 한다) 중 대통령령으로 정하는 서류
4. 제1호부터 제3호까지의 규정에 따른 서류 이외에 대통령령으로 정하는 서류

17 다음 중 국내보험회사의 보험업 허가요건으로 틀린 것은?

① 보험회사는 50억원 이상의 자본금 또는 기금을 납입함으로써 보험업을 시작할 수 있다.
② 보험계약자를 보호할 수 있고 그 경영하려는 보험업을 수행하기 위하여 필요한 전문인력과 전산설비 등 물적시설을 충분히 갖추고 있어야 한다.
③ 사업계획이 타당하고 건전해야 한다.
④ 충분한 출자능력과 건전한 재무상태를 갖추고 있어야 한다.

정답 ①

해설 **보험업법 제9조(자본금 또는 기금)** ① 보험회사는 300억원 이상의 자본금 또는 기금을 납입함으로써 보험업을 시작할 수 있다. 다만, 보험회사가 제4조 제1항에 따른 보험종목의 일부만을 취급하려는 경우에는 50억원 이상의 범위에서 대통령령으로 자본금 또는 기금의 액수를 다르게 정할 수 있다.

제3과목

18 보험업의 허가를 받으려는 자가 업무의 위탁을 통해 그 업무와 관련된 전문인력과 물적시설을 갖춘 것으로 볼 경우, 해당 업무에 해당하지 않는 것은?

① 손해사정업무

② 보험계리업무

③ 보험금 지급심사업무

④ 전산설비의 개발·운영 및 유지·보수업무

정답 ②

해설 **보험업법 시행령 제10조(허가의 세부 요건 등)** ② 보험업의 허가를 받으려는 자가 다음 문제된다호의 어느 하나에 해당하는 업무를 외부에 위탁하는 경우에는 법 제6조 제1항 제2호 후단에 따라 그 업무와 관련된 전문 인력과 물적 시설을 갖춘 것으로 본다.

1. 손해사정업무

2. 보험계약 심사를 위한 조사업무

3. 보험금 지급심사를 위한 보험사고 조사업무

4. 전산설비의 개발·운영 및 유지·보수에 관한 업무

5. 정보처리업무

19 다음 외국보험회사의 보험업의 허가요건에 대한 설명으로 틀린 것은?

① 50억원 이상의 영업기금을 보유하여야 한다.

② 국내에서 경영하려는 보험업과 같은 보험업을 외국법령에 따라 경영하고 있을 것

③ 자산상황, 재무건전성, 영업건전성이 국내에서 보험업을 경영하기에 충분하고, 국제적으로 인정받고 있을 것

④ 국내보험회사 보험업 허가요건 중 인적·물적설비와 사업계획에 대한 요건을 충족시킬 것

정답 ①

해설 **보험업법 제9조(자본금 또는 기금)** ③ 외국보험회사가 대한민국에서 보험업을 경영하려는 경우에는 대통령령으로 정하는 영업기금을 제1항 또는 제2항의 자본금 또는 기금으로 본다.

보험업법 시행령 제14조(외국보험회사의 영업기금) 법 제9조 제3항에 따른 외국보험회사의 영업기금은 30억원 이상으로 한다.

20 다음 보험업의 허가에 대한 설명으로 틀린 것은?

① 보험업의 본허가를 신청하려는 자는 미리 금융위원회에 예비허가를 받을 수 있다.

② 금융위원회는 예비허가를 받은 자가 예비허가 조건을 이행 한 후 본허가를 신청하면 1개월 이내에 허가하여야 한다.

③ 금융위원회는 예비허가에 조건을 붙일 수 없다. ·

④ 권리보험의 필요 자본금 또는 기금은 50억원이다.

정답 ③

해설 **보험업법 제7조(예비허가)** ③ 금융위원회는 제2항에 따른 예비허가에 조건을 붙일 수 있다.

21 다음 중 보험업의 겸영에 대한 설명으로 틀린 것은?

① 보험회사는 생명보험업과 손해보험업을 겸영하지 못한다.

② 손해보험의 재보험은 겸영이 가능하다.

③ 「소득세법」에 따른 연금저축계약의 경우 겸영이 가능하다.

④ 「근로자퇴직급여 보장법 부칙」에 따른 퇴직보험계약의 경우 겸영이 가능하다.

정답 ②

해설 **보험업법 제10조(보험업 겸영의 제한)** 보험회사는 생명보험업과 손해보험업을 겸영(兼營)하지 못한다. 다만, 다음 각 호의 어느 하나에 해당하는 보험종목은 그러하지 아니하다.
1. 생명보험의 재보험 및 제3보험의 재보험

22 다음 중 겸영이 가능한 제3보험의 특약의 요건으로 틀린 것은?

① 보험만기가 80세 이하일 것

② 보험금액의 한도가 개인당 2억원 이내일 것

③ 상해를 원인으로 하는 사망을 담보하는 특약일 것

④ 만기 시에 지급하는 환급금이 납입보험료 합계액의 범위 내일 것

정답 ③

해설 **보험업법 시행령 제15조(겸영 가능 보험종목)** ② 법 제10조 제3호에서 "대통령령으로 정하는 기준에 따라 제3보험의 보험종목에 부가되는 보험"이란 질병을 원인으로 하는 사망을 제3보험의 특약 형식으로 담보하는 보험으로서 ①, ②, ④의 요건을 충족하는 보험을 말한다.

23 다음 중 보험회사가 할 수 있는 겸영업무에 해당하지 않는 것은?

① 「전자금융거래법」에 따른 결제중계시스템의 참가기관으로서 하는 전자자금이체업무
② 「자산유동화에 관한 법률」에 따른 유동화자산의 관리업무
③ 「외국환거래법」에 따른 외국환업무
④ 「근로자퇴직급여 보장법」에 따른 퇴직연금사업자의 업무

정답 ①

해설 보험업법 시행령 제16조(겸영업무의 범위) ① 법 제11조 제1호에서 "대통령령으로 정하는 금융 관련 법령에서 정하고 있는 금융업무"란 다음 각 호의 어느 하나에 해당하는 업무를 말한다.
4. 「전자금융거래법」 제28조 제2항 제1호에 따른 전자자금이체업무[같은 법 제2조 제6호에 따른 결제중계시스템(이하 "결제중계시스템"이라 한다)의 참가기관으로서 하는 전자자금이체업무와 보험회사의 전자자금이체업무에 따른 자금정산 및 결제를 위하여 결제중계시스템에 참가하는 기관을 거치는 방식의 전자자금이체업무는 제외한다]

24 다음 중 보험회사의 부수업무에 대한 설명으로 틀린 것은?

① 해당 부수업무를 하려는 날의 7일 전까지 금융위원회에 신고하여야 한다.
② 금융위원회는 부수업무를 제한하거나 시정할 것을 명할 수 있다.
③ 금융위원회는 해당 보험회사의 명칭을 홈페이지에 공고하여야 한다.
④ 금융위원회는 해당 보험종목의 보험약관을 홈페이지에 공고하여야 한다.

정답 ④

해설 보험업법 시행령 제16조의2(부수업무 등의 공고) ① 금융위원회는 보험회사가 법 제11조의2 제1항에 따라 보험업에 부수(附隨)하는 업무(이하 "부수업무"라 한다)를 신고한 경우에는 그 신고일부터 7일 이내에 다음 각 호의 사항을 인터넷 홈페이지 등에 공고하여야 한다.
1. 보험회사의 명칭
2. 부수업무의 신고일
3. 부수업무의 개시 예정일
4. 부수업무의 내용
5. 그 밖에 보험계약자의 보호를 위하여 공시가 필요하다고 인정되는 사항으로서 금융위원회가 정하여 고시하는 사항

25 다음 중 보험업과 구분하여 회계처리 하여야 하는 항목에 해당하지 않는 것은?

① 「자산유동화에 관한 법률」에 따른 유동화자산의 관리업무
② 「한국주택금융공사법」에 따른 채권유동화자산의 관리업무
③ 직전 사업연도 매출액을 초과하는 수입보험료에 관한 업무
④ 「자본시장과 금융투자업에 관한 법률」에 따른 투자일임업

정답 ③

해설 보험업법 시행령 제17조(겸영업무·부수업무의 회계처리) ① 법 제11조의3에 따라 보험회사가 제16조 제1항 제1호부터 제3호까지, 제2항 제2호부터 제4호까지의 업무 및 부수업무(직전 사업연도 매출액이 해당 보험회사 수입보험료의 1천분의 1 또는 10억원 중 많은 금액에 해당하는 금액을 초과하는 업무만 해당한다)를 하는 경우에는 해당 업무에 속하는 자산·부채 및 수익·비용을 보험업과 구분하여 회계처리하여야 한다.

26 다음 중 외국보험회사의 국내사무소 설치에 대한 설명으로 틀린 것은?

① 외국보험회사는 보험시장에 관한 조사 및 정보의 수집이나 그 밖에 이와 비슷한 업무를 하기 위하여 국내에 사무소를 설치할 수 있다.
② 국내사무소를 설치하는 경우에는 그 설치한 날부터 7일 이내에 금융위원회에 신고하여야 한다.
③ 명칭에 사무소라는 글자를 포함하여야 한다.
④ 보험계약의 체결을 중개하거나 대리하는 행위를 할 수 없다.

정답 ②

해설 보험업법 제12조(외국보험회사 등의 국내사무소 설치 등) ② 외국보험회사 등이 제1항에 따라 국내사무소를 설치하는 경우에는 그 설치한 날부터 30일 이내에 금융위원회에 신고하여야 한다.

27 다음 중 자본감소에 대한 설명으로 틀린 것은?

① 자본의 감소란 회사의 자본액이 감소하는 것이다.
② 자본감소의 방법에는 주식금액의 감소, 주식의 소각, 주식의 병합에 의한 주식의 감소가 있다.
③ 주주총회의 특별결의는 의결권의 3분의 2이상의 수와 발생주식 총수의 3분의 1 이상의 수로써 하여야 한다.
④ 결의를 한 날로부터 1주 이내에 결의의 요지와 재무상태표를 공고하여야 한다.

정답 ④

해설 보험업법 제18조(자본감소) ① 보험회사인 주식회사(이하 "주식회사"라 한다)가 자본감소를 결의한 경우에는 그 결의를 한 날부터 2주 이내에 결의의 요지와 재무상태표를 공고하여야 한다.

28 다음 중 자본감소에 대한 설명으로 틀린 것은?

① 자본감소를 결의 할 때 대통령령으로 정하는 자본감소를 하려면 미리 금융위원회의 인가를 받아야 한다.

② 자본감소의 공고에는 보험계약자로서 이의가 있는 자는 1개월 이상의 기간을 정하여 이의를 제출할 수 있다는 뜻을 덧붙여야 한다.

③ 이의기간에 이의를 제기한 보험계약자가 보험계약자 총수의 10분의 1을 초과하거나 그 보험금 액이 보험금 총액의 10분의 1을 초과하는 경우에는 자본감소를 하지 못한다.

④ 이의를 제기한 보험계약자나 그 밖에 보험계약으로 발생한 권리를 가진 자에 대하여도 그 효력이 미친다.

정답 ①

해설 보험업법 제18조(자본감소) ② 제1항에 따른 자본감소를 결의할 때 대통령령으로 정하는 자본감소를 하려면 미리 금융위원회의 <u>승인</u>을 받아야 한다.

29 다음 중 조직변경에 대한 설명으로 틀린 것은?

① 상호회사는 그 조직을 변경하여 주식회사로 할 수 있다.

② 주주총회의 결의를 거쳐야 한다.

③ 조직변경 결의 후 그 결의를 한 날부터 2주 이내에 결의의 요지와 재무상태표를 공고하여야 한다.

④ 조직변경 결의의 공고를 한 날 이후에 보험계약을 체결하려면 보험계약자가 될 자에게 조직변경 절차가 진행 중임을 알리고 그 승낙을 받아야 한다.

정답 ①

해설 보험업법 제20조(조직변경) ① <u>주식회사는 그 조직을 변경하여 상호회사로 할 수 있다.</u>

30 다음 중 상호회사로의 조직변경에 대한 설명으로 틀린 것은?

① 상호회사는 자본금 또는 기금의 총액을 300억원 미만으로 하거나 설정하지 아니할 수 있다.

② 금융위원회가 필요하다고 인정하는 손실보전준비금을 적립하여야 한다.

③ 보험계약자 총회는 보험계약자 과반수의 출석과 의결권의 10분의 1 이상의 찬성으로 결의한다.

④ 보험계약자나 보험금을 취득할 자는 피보험자를 위하여 적립한 금액을 다른 법률에 특별한 규정이 없으면 주식회사의 자산에서 우선하여 취득한다.

정답 ③

해설 보험업법 제26조(보험계약자 총회의 결의방법) ① 보험계약자 총회는 보험계약자 과반수의 출석과 그 의결권의 <u>4분의 3 이상의 찬성</u>으로 결의한다.

31 다음 중 상호회사에 대한 설명으로 틀린 것은?

① 상호회사는 보험업법상 회사이다.
② 영리, 비영리, 법인, 사단을 포함한다.
③ 보험계약자 상호 간에 보험업을 영위하는 것을 목적으로 한다.
④ 최고의사결정기관은 사원총회이다.

[정답] ②

[해설] **보험업법 제2조(정의)** 이 법에서 사용하는 용어의 뜻은 다음과 같다.
7. "상호회사"란 보험업을 경영할 목적으로 이 법에 따라 설립된 회사로서 보험계약자를 사원(社員)으로 하는 회사를 말한다〈비영리 사단법인〉.

32 다음 중 상호회사의 설립에 대한 설명으로 틀린 것은?

① 기금은 오직 금전납입만이 가능하다.
② 발기인의 수는 최저 1인 이상이어야 한다.
③ 발기인은 자연인이어야 한다.
④ 발기인은 기금의 납입이 끝나고 사원의 수가 예정된 수가 되면 그 날부터 7일 이내에 창립총회를 소집하여야 한다.

[정답] ③

[해설] **보험업법 제34조(정관기재사항)** 상호회사의 발기인은 정관을 작성하여 관련 사항을 적고 기명날인하여야 한다〈발기인이 자연인이라는 전제 없음〉.

33 다음 중 상호회사의 사원의 발생에 대한 설명으로 틀린 것은?

① 발기인은 사원이 된다.
② 발기인이 아닌 자가 입사청약서에 보험의 목적과 보험금액을 기재하고 기명날인하면 사원이 된다.
③ 보험계약 체결 후 보험계약자는 보험자의 승낙을 얻어 사원의 자격을 취득한다.
④ 상호회사의 사원명부에는 사원의 이름과 주소, 보험계약의 종류, 보험금액 및 보험료를 기재하여야 한다.

[정답] ③

[해설] **보험업법 제38조(입사청약서)** ① 발기인이 아닌 자가 상호회사의 사원이 되려면 입사청약서 2부에 보험의 목적과 보험금액을 적고 기명날인하여야 한다〈입사청약서가 보험계약서〉.

34 다음 중 상호회사 사원의 승계사유가 아닌 것은?

① 주식회사에서 상호회사로의 보험계약의 이전
② 상호회사와 상호회사간 합병
③ 상 속
④ 보험목적의 양도

[정답] ①

[해설] 보험업법 제30조(조직변경에 따른 입사) 주식회사의 <u>보험계약자</u>는 조직변경에 따라 해당 상호회사의 사원이 된다.

35 다음 중 상호회사 사원의 소멸사유가 아닌 것은?

① 회사의 해산
② 상호회사로의 합병
③ 사원의 사망
④ 정관에 의하여 정하는 사유가 발생하여 퇴사하는 경우

[정답] ②

[해설] 보험업법 제66조(퇴사이유) ① 상호회사의 사원은 다음 각 호의 사유로 퇴사한다.
1. <u>정관으로 정하는 사유의 발생</u>
2. <u>보험관계의 소멸</u>
② <u>상호회사의 사원이 사망한 경우에는「상법」제283조를 준용한다.</u>

36 다음 중 상호회사 사원의 의무에 해당하지 않는 것은?

① 사원은 보험계약에 의한 보험료 지급의무만을 부담할 뿐 회사의 채무에 대하여 채권자에게 직접적인 의무를 지지 아니한다.
② 상호회사의 채무에 관한 책임은 보험료를 한도로 한다.
③ 사원은 보험료의 납입에 관하여 상계로써 회사에 대항할 수 있다.
④ 사원은 상호회사의 경영부실로 인하여 파산 또는 해산의 위험이 있을 경우를 대비하여 정관을 통해 보험금액의 삭감에 관한 사항을 정하여야 한다.

[정답] ③

[해설] 보험업법 제48조(상계의 금지) 상호회사의 사원은 보험료의 납입에 관하여 <u>상계(相計)로써 회사에 대항하지 못한다.</u>

37 다음 중 사원총회에 대한 설명으로 틀린 것은?

① 상호회사의 최고의사결정기관이다.

② 사원은 납입보험료에 비례하여 의결권을 가진다.

③ 정관으로 사원총회대행기관을 정할 수 있다.

④ 총회소집을 청구하기 위해서는 이사회의 결정 또는 사원의 100분의 5 이상의 서면제출이 필요하다.

정답 ②

해설 보험업법 제55조(의결권) 상호회사의 사원은 사원총회에서 각각 1개의 의결권을 가진다. 다만, 정관에 특별한 규정이 있는 경우에는 그러하지 아니하다.

상법 제368조(총회의 결의방법과 의결권의 행사) ① 총회의 결의는 이 법 또는 정관에 다른 정함이 있는 경우를 제외하고는 출석한 주주의 의결권의 과반수와 발행주식총수의 4분의 1 이상의 수로써 하여야 한다.

② 주주는 대리인으로 하여금 그 의결권을 행사하게 할 수 있다. 이 경우에는 그 대리인은 대리권을 증명하는 서면을 총회에 제출하여야 한다.

③ 총회의 결의에 관하여 특별한 이해관계가 있는 자는 의결권을 행사하지 못한다.

38 다음 중 상호회사의 계산에 대한 설명으로 틀린 것은?

① 상호회사는 손실을 보전하기 위하여 각 사업연도의 잉여금 중에서 손실보전금을 적립하여야 한다.

② 상호회사는 손실을 보전하기 전에는 기금이자를 지급하지 못한다.

③ 상호회사가 규정을 위반하여 기금이자의 지급, 기금의 상각 또는 잉여금의 분배를 한 경우에는 회사의 채권자는 이를 반환하게 할 수 없다.

④ 상호회사의 잉여금은 정관에 특별한 규정이 없으면 각 사업연도 말 당시 사원에게 분배한다.

정답 ③

해설 보험업법 제61조(기금이자 지급 등의 제한) ③ 상호회사가 제1항 또는 제2항을 위반하여 기금이자의 지급, 기금의 상각 또는 잉여금의 분배를 한 경우에는 회사의 채권자는 이를 반환하게 할 수 있다.

39 다음 중 상호회사의 정관변경과 사원퇴사에 대한 설명으로 틀린 것은?

① 정관을 변경하려면 의결권 2/3 이상의 찬성이 필요하다.

② 보험관계의 소멸은 사원의 퇴사사유이다.

③ 퇴사한 사원은 정관이나 보험약관으로 정하는 바에 따라 그 권리에 따른 금액의 환급을 청구할 수 있다.

④ 퇴사한 사원이 회사에 대하여 부담한 채무가 있는 경우에는 회사는 환급할 금액에서 그 채무액을 공제할 수 있다.

정답 ①

해설 보험업법 제65조(정관의 변경) ① 상호회사의 정관을 변경하려면 <u>사원총회의 결의</u>를 거쳐야 한다〈정관과 상법 규정에 따라 정관변경〉.

40 다음 중 상호회사의 해산에 대한 설명으로 틀린 것은?

① 사원총회의 특별결의가 필요하다.

② 회사가 해산을 결의한 경우에는 그 결의가 금융위원회의 인가를 받은 날부터 7일 이내에 결의의 요지와 재무상태표를 공고하여야 한다.

③ 해산을 결의한 때에는 공고 후 1월 이상의 기간 내에 이의를 제출할 수 있다는 뜻을 덧붙여야 한다.

④ 해산한 경우에는 7일 이내에 그 취지를 공고하여야 한다.

정답 ②

해설 보험업법 제69조(해산의 공고) ① 상호회사가 해산을 결의한 경우에는 그 결의가 제139조에 따라 인가를 받은 날부터 <u>2주 이내</u>에 결의의 요지와 재무상태표를 공고하여야 한다.

41 다음 중 외국보험회사의 국내지점의 허가에 대한 설명으로 틀린 것은?

① 외국보험회사의 국내지점이란 금융위원회의 허가를 받아 보험업을 영위하는 자를 말한다.

② 합병이나 양도 등으로 인한 회사의 소멸은 허가취소사유이다.

③ 휴업하거나 영업중지는 허가취소사유에 해당한다.

④ 허가취소 사유발생일로부터 2주 이내에 금융위원회에 고지하여야 한다.

정답 ④

해설 보험업법 제74조(외국보험회사국내지점의 허가취소 등) ③ 외국보험회사국내지점은 그 외국보험회사의 본점이 제1항 각 호의 어느 하나에 해당하게 되면 그 사유가 발생한 날부터 <u>7일 이내</u>에 그 사실을 금융위원회에 알려야 한다〈허가취소 사유발생〉.

42 다음 중 외국보험회사의 국내지점이 보유해야 하는 자산에 해당하지 않는 것은?

① 현금 또는 국내금융기관에 대한 예금, 적금, 부금
② 국내에 있는 자에 대한 대여금, 그 밖의 채권
③ 국외에 적립된 재보험 자산
④ 국내에 있는 고정자산

[정답] ③

[해설] **보험업법 시행령 제25조의2(외국보험회사국내지점의 자산 보유 등)** 법 제75조 제1항에 따라 외국보험회사 국내지점은 다음 각 호의 어느 하나에 해당하는 자산을 대한민국에서 보유하여야 한다.
6. 국내에 적립된 제63조 제2항에 따른 재보험자산

43 다음 중 외국보험회사의 국내지점의 국내대표자와 잔무처리자에 대한 설명으로 틀린 것은?

① 국내대표자는 보험업법상 임원에 해당한다.
② 국내대표자는 퇴임 직후 항상 회사에 대한 권리와 의무를 상실한다.
③ 외국보험회사의 폐업시 금융위원회는 필요하다고 인정하면 잔무를 처리할 자를 선임하거나 해임할 수 있다.
④ 잔무처리자는 회사의 영업에 관하여 재판상 또는 재판 외의 모든 행위를 할 권한이 있으며, 그 권한에 대한 제한은 선의의 제3자에게 대항하지 못한다.

[정답] ②

[해설] **보험업법 제76조(국내대표자)** ② 외국보험회사국내지점의 대표자는 퇴임한 후에도 후임대표자의 이름 및 주소에 관하여 「상법」 제614조 제3항에 따른 등기가 있을 때까지는 계속하여 <u>대표자의 권리와 의무 를 가진다.</u>

44 다음 중 보험 모집인에 해당하지 않는 자는?

① 보험회사의 임원
② 보험회사의 직원
③ 보험회사의 대표이사
④ 보험중개사

[정답] ③

[해설] **보험업법 제83조(모집할 수 있는 자)** ① 모집을 할 수 있는 자는 다음 각 호의 어느 하나에 해당하는 자이어야 한다.
4. 보험회사의 임원(대표이사·사외이사·감사 및 감사위원은 제외한다) 또는 직원

45 다음 중 보험설계사가 될 수 있는 자는?

① 금치산자
② 보험업법에 따라 보험설계사 등록이 취소된 후 1년이 지난 자
③ 보험업법에 따라 보험대리점 등록취소 처분을 2회 이상 받고 4년이 지난 자
④ 보험업법에 따라 과태료 처분을 받은 보험회사 직원으로 1년이 지난 자

정답 ③

해설 **보험업법 제84조(보험설계사의 등록)** ② 다음 각 호의 어느 하나에 해당하는 자는 보험설계사가 되지 못한다.
6. 제5호에도 불구하고 이 법에 따라 보험설계사·보험대리점 또는 보험중개사 등록취소 처분을 2회 이상 받은 경우 최종 등록취소 처분을 받은 날부터 <u>3년이 지나지 아니한 자</u>

46 다음 중 보험설계사 등록의 취소 또는 업무정지 사유가 아닌 것은?

① 보험업법에 따라 업무정지 처분을 1회 이상 받은 경우
② 등록 당시 보험설계사의 결격사유에 해당하는 자이었음이 밝혀진 경우
③ 모집에 관한 보험업법의 규정을 위반한 경우
④ 보험업법에 따라 과태료 처분을 2회 이상 받은 경우

정답 ①

해설 **보험업법 제86조(등록의 취소 등)** ① 금융위원회는 보험설계사가 다음 각 호의 어느 하나에 해당하는 경우에는 그 등록을 취소하여야 한다.
4. 이 법에 따라 업무정지 처분을 <u>2회 이상 받은 경우</u>

47 다음 중 보험설계사의 모집제한에 대한 설명으로 틀린 것은?

① 보험회사 등은 다른 보험회사 등에 소속된 보험설계사에게 모집을 위탁하지 못한다.
② 보험설계사는 자기가 소속된 보험회사 등 이외의 자를 위하여 모집을 하지 못한다.
③ 손해보험회사에 소속된 보험설계사가 1개의 생명보험회사를 위하여 모집하는 경우 모집제한의 적용을 받지 않는다.
④ 생명보험회사에 소속된 보험설계사가 2개의 손해보험회사를 위하여 모집하는 경우 모집제한의 적용을 받지 않는다.

정답 ④

해설 **보험업법 제85조(보험설계사에 의한 모집의 제한)** ③ 다음 각 호의 어느 하나에 해당하는 경우에는 제1항 및 제2항을 적용하지 아니한다.
3. 생명보험회사나 손해보험회사에 소속된 보험설계사가 <u>1개의 제3보험업</u>을 전업으로 하는 보험회사를 위하여 모집을 하는 경우

48 다음 중 보험회사가 보험설계사에게 보험계약의 모집을 위탁할 때 금지되는 행위에 해당하지 않는 것은?

① 위탁계약서를 교부하지 아니하는 행위
② 정당한 사유 없이 보험설계사에게 지급되어야 할 수수료의 일부 또는 전부를 지급하지 아니하거나 지연하여 지급하는 행위
③ 위탁계약서에 따른 해지
④ 보험설계사에게 보험료 대납을 강요하는 행위

정답 ③

해설 보험업법 제85조의3(보험설계사에 대한 불공정 행위 금지) ① 보험회사 등은 보험설계사에게 보험계약의 모집을 위탁할 때 다음 각 호의 행위를 하여서는 아니 된다.
3. 위탁계약서에서 정한 <u>해지요건 외의 사유로 위탁계약을 해지하는 행위</u>

49 다음 중 보험대리점의 결격사유에 해당하지 않는 것은?

① 보험설계사의 결격사유에 해당하는 자
② 당해 보험회사 등의 임직원
③ 외국법령에 따라 보험설계사의 결격사유에 해당하는 것으로 취급되는 자
④ 보험중개사로 등록된 자

정답 ②

해설 보험업법 제87조(보험대리점의 등록) ② 다음 각 호의 어느 하나에 해당하는 자는 보험대리점이 되지 못한다.
3. <u>다른 보험회사 등의 임직원</u>

50 다음 중 보험중개사의 결격사유에 해당하지 않는 것은?

① 보험설계사로 등록된 자
② 다른 보험회사 등의 임직원
③ 자산이 부채를 초과하는 법인
④ 불공정한 모집행위를 할 우려가 있는 자로 대통령령으로 정하는 자

정답 ③

해설 보험업법 제89조(보험중개사의 등록) ② 다음 각 호의 어느 하나에 해당하는 자는 보험중개사가 되지 못한다.
5. <u>부채가 자산을 초과하는 법인</u>

51 다음 중 보험대리점으로 등록할 수 있는 금융기관에 해당하지 않는 것은?

① 「은행법」에 따른 은행
② 「자본시장과 금융투자업에 관한 법률」에 따른 투자매매업자
③ 「중소기업은행법」에 따라 설립된 중소기업은행
④ 「여신전문금융업법」에 따라 허가를 받은 겸영여신업자

정답 ④

해설 보험업법 시행령 제40조(금융기관보험대리점 등의 영업기준 등) ① 법 제91조 제1항 제4호에서 "대통령령으로 정하는 기관"이란 다음 각 호의 기관을 말한다.
3. 「여신전문금융업법」에 따라 허가를 받은 신용카드업자(겸영여신업자는 제외한다)

52 다음 중 자산운용의 원칙에 해당하지 않은 것은?

① 안정성　　　　　　　　　② 유동성
③ 수익성　　　　　　　　　④ 사행성

정답 ④

해설 보험업법 제104조(자산운용의 원칙) ① 보험회사는 그 자산을 운용할 때 안정성·유동성·수익성 및 공익성이 확보되도록 하여야 한다.

53 다음 중 자산운용의 방법 및 비율에 대한 설명으로 틀린 것은?

① 동일한 개인 또는 법인에 대한 신용공여는 특별계정자산의 경우 각 특별계정 자산의 100분의 5를 초과할 수 없다.
② 동일한 법인이 발행한 채권 및 주식소유의 합계액은 일반계정에 속하는 자산의 경우 총 자산의 100분의 10을 초과할 수 없다.
③ 대주주 및 대통령령으로 정하는 자회사가 발행한 채권 및 주식 소유의 합계액은 특별계정에 속하는 자산의 경우 각 특별계정 자산의 100분의 3을 초과할 수 없다.
④ 부동산 소유는 일반계정자산의 경우 총 자산의 100분의 25를 초과할 수 없다.

정답 ②

해설 보험업법 제106조(자산운용의 방법 및 비율) ① 보험회사는 일반계정(제108조 제1항 제1호 및 제4호의 특별계정을 포함한다)에 속하는 자산과 제108조 제1항 제2호에 따른 특별계정에 속하는 자산을 운용할 때 다음 각 호의 비율을 초과할 수 없다.
2. 동일한 법인이 발행한 채권 및 주식 소유의 합계액
　　가. 일반계정 : 총자산의 100분의 7

54 다음 중 자산운용의 방법 및 비율의 적용에 제외되는 경우에 대한 설명으로 틀린 것은?

① 보험회사의 자산가격의 변동, 담보권의 실행, 그 밖에 보험회사의 의사와 관계없는 사유로 자산상태가 변동되어 자산운용비율을 초과하게 된 경우, 해당 보험회사는 그 비율을 초과하게 된 날부터 2년 이내에 자산운용의 방법 및 비율에 적합하도록 하여야 한다.

② 보험회사가 재무건전성성 기준을 지키기 위하여 필요한 경우로 금융위원회의 승인을 받은 경우

③ 「기업구조조정촉진법」에 따른 출자전환 또는 채무재조정 등 기업의 구조조정을 지원하기 위하여 필요한 경우로 금융위원회의 승인을 받은 경우

④ 그 밖에 보험계약자의 이익을 보호하기 위하여 필수적인 경우로 금융위원회의 승인을 받은 경우

정답 ①

해설 **보험업법 제107조(자산운용 제한에 대한 예외)** 다음 각 호의 어느 하나에 해당하는 경우에는 제106조를 적용하지 아니한다. 다만, 제1호의 사유로 자산운용비율을 초과하게 된 경우에는 해당 보험회사는 그 비율을 초과하게 된 날부터 <u>1년 이내</u>(대통령령으로 정하는 사유에 해당하는 경우에는 금융위원회가 정하는 바에 따라 그 기간을 연장할 수 있다)에 제106조에 적합하도록 하여야 한다.

1. 보험회사의 자산가격의 변동, 담보권의 실행, 그 밖에 보험회사의 의사와 관계없는 사유로 자산상태가 변동된 경우

55 다음 중 금지 또는 제한되는 자산운용방법이 아닌 것은?

① 투기목적의 대출

② 직접·간접을 불문하고 정치자금의 대출

③ 비업무용 부동산의 소유

④ 일반계정을 통한 부동산의 소유

정답 ④

해설 **보험업법 제105조(금지 또는 제한되는 자산운용)** 보험회사는 그 자산을 다음 각 호의 어느 하나에 해당하는 방법으로 운용하여서는 아니 된다.

2. 제108조 제1항 제2호에 따라 설정된 <u>특별계정을 통한 부동산의 소유</u>

56 다음 중 다른 회사의 출자제한과 자금지원 관련 금지행위에 해당하지 않는 것은?

① 보험회사는 다른 회사의 의결권이 있는 발행주식 총수의 100분의 10을 초과하는 주식을 소유할 수 없다.

② 자산운용한도의 제한을 피하기 위하여 다른 금융기관 또는 회사의 의결권 있는 주식을 서로 교차하여 보유하거나 신용공여를 하는 행위

③ 「상법」 제341조와 「자본시장과 금융투자업에 관한 법률」 제165조의3에 따른 자기주식 취득의 제한을 피하기 위한 목적으로 서로 교차하여 주식을 취득하는 행위

④ 보험계약자의 이익을 크게 해칠 우려가 있는 행위

정답 ①

해설 **보험업법 제109조(다른 회사에 대한 출자제한)** 보험회사는 다른 회사의 의결권 있는 발행주식(출자지분을 포함한다) 총수의 100분의 15를 초과하는 주식을 소유할 수 없다. 다만, 제115조에 따라 금융위원회의 승인(같은 조 제1항 단서에 따라 승인이 의제되거나 같은 조 제2항 및 제3항에 따라 신고 또는 보고하는 경우를 포함한다)을 받은 자회사의 주식은 그러하지 아니하다.

57 다음 중 대주주와의 금지행위에 해당하지 않는 것은?

① 대주주의 다른 회사 출자를 위한 신용공여

② 보험회사 자산의 유상거래

③ 비공개 정보와 자료의 요구

④ 법정비율을 초과하는 신용공여와 채권·주식의 소유

정답 ②

해설 **보험업법 제111조(대주주와의 거래제한 등)** ① 보험회사는 직접 또는 간접으로 그 보험회사의 대주주(그의 특수관계인인 보험회사의 자회사는 제외한다)와 다음 각 호의 행위를 하여서는 아니 된다.

2. 자산을 대통령령으로 정하는 바에 따라 무상으로 양도하거나 일반적인 거래 조건에 비추어 해당 보험회사에 뚜렷하게 불리한 조건으로 자산에 대하여 매매·교환·신용공여 또는 재보험 계약을 하는 행위

58 다음 중 보험회사가 자회사로 소유할 수 없는 경우는?

① 「금융산업의 구조개선에 관한 법률」 제2조 제1호에 따른 금융기관이 경영하는 금융업으로 금융위원회의 승인을 받은 경우
② 보험계약의 유지·해지·변경 또는 부활 등을 관리하는 업무로 금융위원회의 승인을 받은 경우
③ 「신용정보의 이용 및 보호에 관한 법률」에 따른 신용평가업으로 금융위원회의 승인을 받은 경우
④ 보험회사의 사옥관리업무로 금융위원회에 신고한 경우

정답 ③

해설 **보험업법 제115조(자회사의 소유)** ① 보험회사는 다음 각 호의 어느 하나에 해당하는 업무를 주로 하는 회사를 금융위원회의 승인을 받아 자회사로 소유할 수 있다. 다만, 그 주식의 소유에 대하여 금융위원회로부터 승인 등을 받은 경우 또는 금융기관의 설립근거가 되는 법률에 따라 금융위원회로부터 그 주식의 소유에 관한 사항을 요건으로 설립 허가·인가 등을 받은 경우에는 승인을 받은 것으로 본다.
2. 「신용정보의 이용 및 보호에 관한 법률」에 따른 <u>신용정보업 및 채권추심업</u>

59 다음 중 재무제표에 대한 설명으로 틀린 것은?

① 매년 12월 31일에 그 장부를 폐쇄하여야 한다.
② 매월의 업무내용을 적은 보고서를 다음 달 말일까지 금융위원회가 정하는 바에 따라 금융위원회에 제출하여야 한다.
③ 장부를 폐쇄한 날부터 1개월 이내에 금융위원회가 정하는 바에 따라 재무제표 및 사업보고서를 금융위원회에 제출하여야 한다.
④ 재무제표 및 사업보고서를 일반인이 열람할 수 있도록 금융위원회에 제출하는 날부터 본점과 지점, 그 밖의 영업소에 비치하거나 전자문서로 제공하여야 한다.

정답 ③

해설 **제118조(재무제표 등의 제출)** ① 보험회사는 매년 대통령령으로 정하는 날에 그 장부를 폐쇄하여야 하고 장부를 폐쇄한 날부터 <u>3개월 이내</u>에 금융위원회가 정하는 바에 따라 재무제표(부속명세서를 포함한다) 및 사업보고서를 금융위원회에 제출하여야 한다.

60 다음 중 배당보험계약의 회계처리에 대한 설명으로 틀린 것은?

① 매 결산기 말 배당보험계약의 손익과 무배당보험계약의 손익을 구분하여 회계처리하여야 한다.

② 배당보험계약 이익의 계약자지분 중 일부는 금융위원회가 정하여 고시하는 범위에서 배당보험계약의 손실보전을 위한 준비금을 적립할 수 있다.

③ 보험회사는 배당보험계약에서 발생하는 이익의 100분의 20 이하를 주주지분으로 하고, 나머지 부분을 계약자지분으로 회계처리 하여야 한다.

④ 보험계약자에 대한 배당기준은 배당보험계약자의 이익과 보험회사의 재무건전성 등을 고려하여 정하여야 한다.

정답 ③

해설 **보험업법 시행규칙 제30조의2(배당보험계약의 이익배분기준 등)** ① 보험회사는 영 제64조 제2항에 따라 배당보험계약에서 발생하는 이익의 <u>100분의 10 이하</u>를 주주지분으로 하고, 나머지 부분을 계약자지분으로 회계처리하여야 한다.

61 다음 중 배당보험계약에서 발생한 손실의 보전에 대한 설명으로 틀린 것은?

① 가장 먼저 배당보험계약 손실보전준비금으로 보전한다.

② 배당보험계약의 계약자지분은 배당보험계약의 손실을 보전하기 위한 목적 외에 다른 용도로 사용할 수 없다.

③ 배당보험계약의 이월결손은 이월결손이 발생한 해당 사업연도 종료일부터 5년 이내에 신규로 적립되는 배당보험계약 손실보전준비금으로 보전하거나 주주지분의 결손으로 회계처리 하여야 한다.

④ 위 ①을 초과하는 손실에 대해서는 주주지분으로 우선 보전한다.

정답 ②

해설 **보험업법 시행령 제64조(배당보험계약의 회계처리 등)** ⑤ 배당보험계약의 계약자지분은 <u>계약자배당을 위한 재원과 배당보험계약의 손실을 보전하기 위한 목적</u> 외에 다른 용도로 사용할 수 없다.

62 다음 설명 중 틀린 것은?

① 지급여력비율이란 지급여력금액을 지급여력기준금액으로 나눈 비율을 말한다.

② 보험회사가 지켜야 하는 재무건전성기준에는 대출채권 등 보유자산의 건전성을 정기적으로 분류하고 대손충당금을 적립할 것이 포함된다.

③ 지급여력기준금액은 보험업을 경영함에 따라 발생하게 되는 위험을 금융위원회가 정하여 고시하는 방법에 의하여 금액을 환산한 것을 말한다.

④ 금융위원회는 보험회사가 재무건전성기준을 지키지 아니하여 경영안정성을 해칠 우려가 있다고 판단하여 필요한 조치를 하고자 하는 경우 보험계약자 보호 등을 고려해야 하는 것은 아니다.

정답 ④

해설 **보험업법 시행령 제65조(재무건전성 기준)** ③ 법 제123조 제2항에 따라 금융위원회가 보험회사에 대하여 자본금 또는 기금의 증액명령, 주식 등 위험자산 소유의 제한 등의 조치를 하려는 경우에는 다음 각 호의 사항을 고려하여야 한다.
1. 해당 조치가 <u>보험계약자의 보호를 위하여 적절한지 여부</u>

63 다음 중 보험회사의 공시에 대한 설명을 틀린 것은?

① 보험회사는 보험계약자를 보호하기 위하여 필요한 사항으로서 대통령령으로 정하는 사항을 금융위원회가 정하는 바에 따라 즉시 공시하여야 한다.

② 재무 및 손익에 관한 사항은 공시사항에 포함된다.

③ 자금의 조달 및 운용에 관한 사항은 공시사항에 포함된다.

④ 보험료 비교에 필요한 자료는 공시사항에 포함되지 않는다.

정답 ④

해설 **보험업법 시행령 제67조(공시사항)** ② 법 제124조 제2항에서 "대통령령으로 정하는 사항"이란 다음 각 호의 사항을 말한다.
1. 보험료, 보험금, 보험기간, 보험계약에 따라 보장되는 위험, 보험회사의 면책사유, 공시이율 등 <u>보험료 비교에 필요한 자료</u>

64 다음 중 보험협회의 공시에 대한 설명으로 틀린 것은?

① 보험협회는 보험료, 보험금 등 보험계약에 관한 사항으로서 대통령령으로 정한 사항을 금융감독원이 정하는 바에 따라 보험소비자가 쉽게 알 수 있도록 비교·공시하여야 한다.

② 보험협회가 비교·공시를 하는 경우에는 보험상품공시위원회를 구성하여야 한다.

③ 보험협회 이외의 자가 보험계약에 관한 사항을 비교·공시하는 경우에는 금융위원회가 정하게 비교·공시하여야 한다.

④ 금융위원회는 비교·공시가 거짓이거나 사실과 달라 보험계약자 등을 보호할 필요가 있다고 인정되는 경우에는 공시의 중단이나 시정조치 등을 요구할 수 있다.

정답 ①

해설 **보험업법 제124조(공시 등)** ② 보험협회는 보험료·보험금 등 보험계약에 관한 사항으로서 대통령령으로 정하는 사항을 <u>금융위원회</u>가 정하는 바에 따라 보험소비자가 쉽게 알 수 있도록 비교·공시하여야 한다.

65 다음 상호협정에 대한 설명으로 틀린 것은?

① 보험회사가 그 업무에 관한 공동행위를 하기 위하여 다른 보험회사와 상호협정을 체결하려는 경우에는 대통령령으로 정하는 바에 따라 금융위원회의 인가를 받아야 한다.

② 금융위원회가 인가 신청을 받을 경우 협정의 내용이 보험회사 간의 공정한 경쟁을 저해하는지 여부에 대해 심사하여야 한다.

③ 금융위원회는 보험회사 간의 합병으로 상호협정의 구성원이 변경되는 경우 미리 공정거래위원회와 협의하여야 한다.

④ 금융위원회는 공익 또는 보험업의 건전한 발전을 위하여 특히 필요하다고 인정되는 경우에는 보험회사에 대하여 협정의 체결·변경 또는 폐지를 명하거나 그 협정의 전부 또는 일부에 따를 것을 명할 수 있다.

정답 ③

해설 **보험업법 제125조(상호협정의 인가)** ③ 금융위원회는 제1항 또는 제2항에 따라 <u>상호협정의 체결·변경 또는 폐지의 인가를 하거나 협정에 따를 것을 명하려면 미리 공정거래위원회와 협의하여야 한다.</u> 다만, <u>대통령령으로 정하는 경미한 사항</u>(보험회사 간의 합병, 보험회사의 신설 등으로 상호협정의 구성원이 변경되는 경우)을 변경하려는 경우에는 그러하지 아니 하다.

66 다음 중 정관의 변경에 대한 설명으로 틀린 것은?

① 정관의 변경이란 회사내부의 근본규칙을 변경하는 것으로 여기에는 기존 정관내용의 삭제·변경은 물론 새로운 내용을 보충하는 것을 포함한다.

② 보험회사는 정관을 변경한 경우에는 변경한 날부터 2주 이내에 금융위원회에 알려야 한다.

③ 금융위원회는 보고받은 내용이 보험업법 또는 관계법령에 위반되거나 보험계약자 및 피보험자 등의 권익을 침해하는 내용이 있는 경우에는 해당 보험회사에 대하여 이를 보완하도록 요구할 수 있다.

④ 정관변경의 보고의 방법 및 절차 등에 관하여 필요한 사항은 금융위원회가 정하여 고시한다.

[정답] ②

[해설] **보험업법 제126조(정관변경의 보고)** 보험회사는 정관을 변경한 경우에는 변경한 날부터 <u>7일 이내</u>에 금융위원회에 알려야 한다.

67 다음 중 기초서류의 작성 및 제출 등에 대한 설명으로 틀린 것은?

① 보험회사는 금융기관보험대리점을 통하여 모집하는 경우 기초서류 사항 중 보험요율에 관한 사항만을 변경하는 경우 미리 금융위원회에 신고하여야 한다.

② 보험회사는 법령의 제정·개정에 따라 새로운 보험상품이 도입되거나 보험상품 가입이 의무화되어 기초서류를 작성하거나 변경하는 경우 미리 금융위원회에 신고하여야 한다.

③ 조문체제의 변경, 자구수정 등 보험회사가 이미 신고한 기초서류의 내용의 본래의 취지를 벗어나지 아니하는 범위에서 기초서류를 변경하는 경우에는 신고하지 않아도 된다.

④ 기초서류를 신고하는 경우 판매개시일 30일(권고받은 사항을 반영하여 신고하는 경우에는 15일) 전까지 금융위원회가 정하여 고시하는 보험상품신고서를 제출하여야 한다.

[정답] ①

[해설] **보험업법 제127조(기초서류의 작성 및 제출 등)** ② 보험회사는 기초서류를 작성하거나 변경하려는 경우 그 내용이 다음 각 호의 어느 하나에 해당하는 경우에 한정하여 미리 금융위원회에 신고하여야 한다.
1. <u>법령의 제정·개정에 따라 새로운 보험상품이 도입되거나 보험상품 가입이 의무가 되는 경우</u>
2. <u>보험계약자 보호 등을 위하여 대통령령으로 정하는 경우</u>

68 다음 중 기초서류에 대한 설명으로 틀린 것은?

① 금융위원회는 보험회사가 신고한 기초서류의 내용 및 제출한 기초서류에 관한 자료의 내용이 작성원칙 등을 위반한 경우에는 대통령령으로 정하는 바에 따라 기초서류의 변경을 명령할 수 있다.

② 금융위원회는 보험회사가 기초서류를 신고하는 경우 보험료 및 해약환급금 산출방법서에 대하여 독립계리업자의 검증확인서를 첨부하도록 할 수 있다.

③ 금융위원회는 보험계약자의 보호와 보험회사의 건전한 경영을 크게 해칠 우려가 있는 경우 청문을 거쳐 기초서류의 변경 또는 그 사용의 정지를 명할 수 있다.

④ 금융위원회는 기초서류의 변경으로 보험계약자, 피보험자, 보험금을 취득할 자가 부당한 불이익을 받을 것이 명백하다고 인정되는 경우에는 이미 체결된 보험계약에 따라 납입된 보험료의 일부를 되돌려주거나 보험금을 증액하도록 할 수 있다.

정답 ①

해설 **보험업법 제127조의2(기초서류의 변경 권고)** ① 금융위원회는 보험회사가 제127조 제2항에 따라 신고한 기초서류의 내용 및 같은 조 제3항에 따라 제출한 기초서류에 관한 자료의 내용 및 같은 조 제3항에 따라 제출한 기초서류에 관한 자료의 내용이 제128조의3 및 제129조를 위반하는 경우에는 대통령령으로 정하는 바에 따라 기초서류의 변경을 <u>권고</u>할 수 있다.

69 다음 중 보험회사의 해산사유에 해당하지 않는 것은?

① 보험기간의 만료
② 주주총회의 결의
③ 회사의 합병
④ 보험계약의 전부 이전

정답 ①

해설 **보험업법 제137조(해산사유 등)** ① 보험회사는 다음 각 호의 사유로 해산한다.
1. <u>존립기간의 만료</u>, 그 밖에 정관으로 정하는 사유의 발생

70 다음 중 보험계약의 이전에 대한 설명으로 틀린 것은?

① 보험회사는 책임준비금 산출의 기초의 동일 여부와 무관하게 보험계약의 전부를 다른 보험회사에 이전할 수 있다.

② 보험회사는 해산 한 후에도 3개월 이내에는 보험계약의 이전을 결의할 수 있다.

③ 보험회사가 보험계약을 이전한 경우에는 7일 이내에 그 취지를 공고하여야 한다.

④ 보험계약을 이전하려는 보험회사는 결의를 한 날부터 2주 이내에 계약 이전의 요지와 각 보험회사의 재무상태표를 공고하여야 한다.

정답 ①

해설 보험업법 제140조(보험계약 등의 이전) ① 보험회사는 계약의 방법으로 책임준비금 산출의 기초가 같은 보험계약의 전부를 포괄하여 다른 보험회사에 이전할 수 있다.

71 다음 중 보험계약 이전의 효과에 대한 설명으로 틀린 것은?

① 보험계약을 이전하려는 보험회사는 주주총회 등의 결의가 있었던 때부터 보험계약을 이전하거나 이전하지 아니하게 될 때까지 그 이전하려는 보험계약과 같은 종류의 보험계약을 하지 못한다.

② 보험회사가 보험계약의 전부를 이전하는 경우에 이전할 보험계약에 관하여 이전계약의 내용으로 보험금액의 삭감과 장래 보험료의 감액을 정할 수 없다.

③ 보험금액을 삭감하기로 정하는 경우에는 총회의 결의가 있었던 때부터 보험계약을 이전하거나 이전하지 아니하게 될 때까지 그 자산을 처분하거나 채무를 부담하려는 행위를 하지 못한다.

④ 보험계약의 이전을 받은 보험회사가 상호회사인 경우에는 그 보험계약자는 그 상호회사에 입사한다.

정답 ②

해설 보험업법 제143조(계약조건의 변경) 보험회사는 보험계약의 전부를 이전하는 경우에 이전할 보험계약에 관하여 이전계약의 내용으로 다음 각 호의 사항을 정할 수 있다.
2. 보험금액의 삭감과 장래 보험료의 감액

72 다음 중 청산인에 대한 설명으로 틀린 것은?

① 보험회사가 보험업의 허가취소로 해산한 경우에는 금융감독원이 청산인을 선임한다.

② 보험회사의 합병, 분할, 분할합병 또는 파산의 경우 외에 해산한 때 청산인이 없는 경우에는 금융위원회가 청산인을 선임한다.

③ 금융위원회는 3개월 전부터 계속하여 자본금의 100분의 5 이상의 주식을 가진 주주의 청구에 따라 청산인을 해임할 수 있다.

④ 금융위원회는 중요한 사유가 있으면 청구 없이 청산인을 해임할 수 있다.

[정답] ①

[해설] **보험업법 제156조(청산인)** ① 보험회사가 보험업의 허가취소로 해산한 경우에는 <u>금융위원회</u>가 청산인을 선임한다.

73 다음 중 청산에 대한 설명으로 틀린 것은?

① 청산인은 소액의 채권, 담보 있는 채권, 기타 변제로 인하여 다른 채권자를 해할 염려가 없는 채권에 대하여는 금융위원회의 허가를 얻어 이를 변제할 수 있다.

② 금융위원회는 청산인을 감독하기 위하여 보험회사의 청산업무와 자산상황을 검사하고, 자산의 공탁을 명하며, 그 밖에 청산의 감독상 필요한 명령을 할 수 있다.

③ 금융위원회는 상호회사 사원의 100분의 5 이상의 청구를 통해 청산인을 해임할 수 있다.

④ 보험회사는 해산을 명하는 재판의 사유로 해산한 경우에는 보험금 지급사유가 해산한 날부터 1개월 이내에 발생한 경우에만 보험금을 지급하여야 한다.

[정답] ④

[해설] **보험업법 제158조(해산 후의 보험금 지급)** ① 보험회사는 제137조 제1항 제2호·제6호 또는 제7호의 사유로 해산한 경우에는 보험금 지급사유가 해산한 날부터 <u>3개월 이내</u>에 발생한 경우에만 보험금을 지급하여야 한다.

74 다음 중 보험관계단체에 대한 설명으로 틀린 것은?

① 보험협회는 보험상품의 비교·공시의 업무를 한다.

② 보험협회는 법인으로 한다.

③ 보험회사는 금융위원회의 허가를 받아 보험요율 산출기관을 설립할 수 있다.

④ 보험요율 산출기관은 보험회사가 적용할 수 있는 순보험요율의 산출, 검증, 제공의 업무를 한다.

정답 ③

해설 **보험업법 제176조(보험요율 산출기관)** ① 보험회사는 보험금의 지급에 충당되는 보험료(이하 "순보험료"라 한다)를 결정하기 위한 요율(이하 "순보험요율"이라 한다)을 공정하고 합리적으로 산출하고 보험과 관련된 정보를 효율적으로 관리·이용하기 위하여 <u>금융위원회의 인가</u>를 받아 보험요율 산출기관을 설립할 수 있다.

75 다음 중 보험계리사에 대한 설명으로 틀린 것은?

① 보험험계리업자는 등록일로부터 2개월 내에 업무를 시작하여야 한다.

② 보험계리를 업으로 하려는 법인은 2명 이상의 상근 보험계리사를 두어야 한다.

③ 보험회사는 보험계리에 관한 업무를 보험계리사 또는 보험계리업자에게 선임 또는 위탁하여야 한다.

④ 보험계리업자의 장부폐쇄일은 보험회사의 장부폐쇄일을 따른다.

정답 ①

해설 **보험업법 시행령 제93조(보험계리업의 영업기준)** ⑤ 법 제183조 제4항에 따라 보험계리업자는 등록일부터 <u>1개월 내</u>에 업무를 시작하여야 한다. 다만, 불가피한 사유가 있다고 금융위원회가 인정하는 경우는 그 기간을 연장할 수 있다.

76 다음 중 선임계리사에 대한 설명으로 틀린 것은?

① 선임계리사는 그 업무 수행과 관련하여 보험회사의 이사회에 참석할 수 있다.

② 선임계리사가 되려는 사람은 보험계리사로서 5년 이상 등록되어야 하며, 보험계리업무에 5년 이상 종사한 경력이 있어야 한다.

③ 최근 5년 이내에 금융위원회로부터 해임권고 조치를 받은 사실이 있는 경우 선임계리사가 될 수 없다.

④ 보험회사는 선임계리사가 그 업무를 원활하게 수행할 수 있도록 필요한 인력 및 시설을 지원하여야 한다.

[정답] ②

[해설] **보험업법 시행령 제95조(선임계리사의 자격요건)** ① 법 제184조 제5항에 따라 선임계리사가 되려는 사람은 다음 각 호의 요건을 모두 갖추어야 한다.
2. 보험계리업무에 <u>10년 이상</u> 종사한 경력이 있을 것

77 다음 중 손해사정사에 대한 설명으로 틀린 것은?

① 보험계약자 등이 선임한 손해사정사는 업무 수행 후 지체 없이 보험회사 및 보험계약자 등에 대하여 손해사정서를 내어주고, 그 중요한 내용을 알려주어야 한다.

② 제3보험상품을 판매하는 회사는 손해사정사 고용의무가 있다.

③ 보증보험상품을 판매하는 회사는 손해사정사 고용의무가 있다.

④ 보험회사로부터 업무를 위탁받은 손해사정사는 손해사정서에 피보험자의 건강정보 등 「개인정보보호법」에 따른 민감정보가 포함된 경우 피보험자의 동의를 받아야 하며, 동의를 받지 아니한 경우에는 해당 민감정보를 삭제하거나 식별할 수 없도록 하여야 한다.

[정답] ③

[해설] **보험업법 시행령 제96조의3(손해사정사 고용의무)** 법 제185조 본문에서 "대통령령으로 정하는 보험회사"란 다음 각 호의 어느 하나에 해당하는 보험회사를 말한다.
1. 손해보험상품(<u>보증보험계약은 제외한다</u>)을 판매하는 보험회사

01 보험업법상 정의에 관한 설명 중 옳지 않은 것은?

① "보험업"이라 함은 사람의 생사에 관하여 약정한 급여의 제공을 약속하거나 우연한 사고로 인하여 발생하는 손해의 보상을 약속하고 금전을 수수하는 것 등을 업으로 행하는 것으로 생명보험업·손해보험업 및 제3보험업을 말한다.

② "제3보험업"이라 함은 사람의 질병·상해 또는 이로 인한 간병에 관하여 약정한 급여를 제공하거나 손해의 보상을 약속하고 금전을 수수하는 것을 업으로 행하는 것을 말한다.

③ "외국보험회사"라 함은 대한민국의 법령에 의하여 설립된 이후 대한민국 외의 국가에 주된 사무소를 두고 보험업을 영위하는 자이다.

④ "모집"이라 함은 보험계약의 체결을 중개 또는 대리하는 것을 말한다.

[정답] ③

[해설] 보험업법 제2조(정의) 이 법에서 사용하는 용어의 뜻은 다음과 같다.

8. "외국보험회사"란 <u>대한민국 이외의 국가의 법령에 따라 설립</u>되어 대한민국 이외의 국가에서 보험업을 경영하는 자를 말한다.

02 보험계약에 관한 전문성, 자산규모 등에 비추어 보험계약의 내용을 이해하고 이행할 능력이 있는 자로서 보험업법이 규정하는 전문보험계약자에 해당하나, 일반보험계약자와 같은 대우를 받겠다는 의사를 보험회사에 통지하고 보험회사의 동의를 얻어 일반보험계약자가 될 수는 자는?

① 국 가
② 한국은행
③ 금융감독원
④ 지방자치단체

[정답] ④

[해설] 보험업법 제2조(정의) 이 법에서 사용하는 용어의 뜻은 다음과 같다.

19. "전문보험계약자"란 보험계약에 관한 전문성, 자산규모 등에 비추어 보험계약의 내용을 이해하고 이행할 능력이 있는 자로서 <u>다음 각 목의 어느 하나에 해당하는 자</u>를 말한다. 다만, 전문보험계약자 중 대통령령으로 정하는 자가 일반보험계약자와 같은 대우를 받겠다는 의사를 보험회사에 서면으로 통지하는 경우 보험회사는 정당한 사유가 없으면 이에 동의하여야 하며, 보험회사가 동의한 경우에는 해당 보험계약자는 일반보험계약자로 본다.

가. 국 가

나. 한국은행

다. 대통령령으로 정하는 금융기관

라. 주권상장법인

마. 그 밖에 대통령령으로 정하는 자

보험업법 시행령 제6조의2(전문보험계약자의 범위 등) ① 법 제2조 제19호 각 목 외의 부분 단서에서 "대통령령으로 정하는 자"란 다음 각 호의 자를 말한다.

1. <u>지방자치단체</u>

03 보험업법 제3조 단서의 규정에 의하여 보험회사가 아닌 자와 보험계약을 체결할 수 있는 경우를 설명한 것이다. 옳지 않은 것은?

① 외국보험회사와 생명보험계약, 수출적하보험계약, 수입적하보험계약, 항공보험계약, 여행보험계약, 선박보험계약, 장기상해보험계약 또는 재보험계약을 체결하는 경우

② 대한민국에서 취급되는 보험종목에 관하여 둘 이상의 보험회사로부터 가입이 거절되어 외국보험회사와 보험계약을 체결하는 경우

③ 대한민국에서 취급되지 아니하는 보험종목에 관하여 외국보험회사와 보험계약을 체결하는 경우

④ ①~③에 해당하지 않으나 금융위원회의 승인을 얻어 보험계약을 체결하는 경우

정답 ②

해설 보험업법 시행령 제7조(보험계약의 체결) ① 법 제3조 단서에 따라 보험회사가 아닌 자와 보험계약을 체결할 수 있는 경우는 다음 각 호의 어느 하나에 해당하는 경우로 한다.

2. 대한민국에서 취급되는 보험종목에 관하여 <u>셋 이상</u>의 보험회사로부터 가입이 거절되어 외국보험회사와 보험계약을 체결하는 경우

04 보험업법 상의 '보험상품'에 포함되는 것은?

① 국민건강보험법에 따른 건강보험

② 노인장기요양보험법에 따른 장기요양보험

③ 원자력손해배상법에 따른 원자력손해배상책임보험

④ 산업재해보상보험법에 따른 산업재해보상보험

정답 ③

해설 보험업법 시행령 제8조(보험종목 등) ① 법 제4조 제1항 제2호 바목에서 "대통령령으로 정하는 보험종목"이란 다음 각 호의 어느 하나에 해당하는 보험종목을 말한다.

4. 도난·유리·동물·<u>원자력보험</u>

05 보험업법상 '최대주주'를 확정할 때 본인(개인의 경우)과 대통령령으로 정하는 특수한 관계에 있는 자(특수관계인)에 해당하지 아니하는 자는?

① 배우자
② 부계혈족 4촌의 남편
③ 4촌 이내의 인척
④ 법인이나 단체에 100분의 30 이상을 출자한 자

정답 ②

해설 금융회사의 지배구조에 관한 법률 시행령 제3조(특수관계인의 범위) ① 법 제2조 제6호 가목에서 "대통령령으로 정하는 특수한 관계가 있는 자"란 본인과 다음 각 호의 어느 하나에 해당하는 관계가 있는 자(이하 "특수관계인"이라 한다)를 말한다.

1. 본인이 개인인 경우 : 다음 각 목의 어느 하나에 해당하는 자.
   가. 배우자(사실상의 혼인관계에 있는 사람을 포함한다)
   나. 6촌 이내의 혈족
   다. <u>4촌 이내의 인척</u>
   라. 양자의 생가(生家)의 직계존속
   마. 양자 및 그 배우자와 양가(養家)의 직계비속
   바. 혼인 외의 출생자의 생모
   사. 본인의 금전이나 그 밖의 재산으로 생계를 유지하는 사람 및 생계를 함께 하는 사람
   아. 본인이 혼자서 또는 그와 관계에 있는 자와 합하여 <u>법인이나 단체에 100분의 30 이상을 출자한 자</u>

06 보험업법상 '전문보험계약자'에 해당하지 않는 것은?

① 자본시장과 금융투자업에 관한 법률에 따른 한국예탁결제원
② 자본시장과 금융투자업에 관한 법률에 따른 겸영금융투자업자
③ 자본시장과 금융투자업에 관한 법률에 따른 종합금융회사
④ 자본시장과 금융투자업에 관한 법률에 따른 자금중개회사

정답 ②

해설 보험업법 시행령 제6조의2(전문보험계약자의 범위 등) ② 법 제2조 제19호 다목에서 "대통령령으로 정하는 금융기관"이란 다음 각 호의 금융기관을 말한다.

11. 「자본시장과 금융투자업에 관한 법률」에 따른 금융투자업자(같은 법 제22조에 따른 겸영금융투자업자는 제외한다), 증권금융회사, 종합금융회사 및 자금중개회사

07 전문보험계약자에 관한 설명 중 옳지 않은 것은?

① 여신전문금융회사는 전문보험계약자에 해당한다.

② 일반보험계약자와 같은 대우를 받는 것에 대하여 보험회사가 동의한 경우 해당 보험계약자에 대하여는 적합성의 원칙이 적용된다.

③ 대통령령으로 정하는 자가 일반보험계약자와 같은 대우를 받겠다는 의사를 보험회사에 서면 으로 통지한 경우 보험회사는 언제나 동의하여야 한다.

④ 보험계약에 관한 전문성, 자산규모 등에 비추어 보험계약의 내용을 이해하고 이행할 능력이 있어야 한다.

[정답] ③

[해설] **보험업법 제2조(정의)** 이 법에서 사용하는 용어의 뜻은 다음과 같다.

19. "전문보험계약자"란 보험계약에 관한 전문성, 자산규모 등에 비추어 보험계약의 내용을 이해하고 이행할 능력이 있는 자를 말한다. 다만, 전문보험계약자 중 대통령령으로 정하는 자가 일반보험계 약자와 같은 대우를 받겠다는 의사를 보험회사에 서면으로 통지하는 경우 보험회사는 <u>정당한 사유 가 없으면</u> 이에 동의하여야 하며, 보험회사가 동의한 경우에는 해당 보험계약자는 일반보험계약자 로 본다.

08 보험업법이 인정하고 있는 "보험업" 및 "보험상품"에 관한 설명 중 옳지 않은 것은?

① 보험업이란 보험상품의 취급과 관련하여 발생하는 보험의 인수, 보험료 수수 및 보험금 지급 등을 영업으로 하는 것을 말한다.

② 보험업법은 생명보험상품, 손해보험상품, 제3보험상품으로 각각 구분하여 "보험상품"을 정의 하고 있다.

③ 손해보험상품에는 운송보험계약, 보증보험계약, 재보험계약, 권리보험계약, 원자력보험계 약, 비용보험계약, 날씨보험계약, 동물보험계약, 도난보험계약, 유리보험계약, 책임보험계약 이 포함된다.

④ 보험업법은 보험계약자의 보호 필요성 및 금융거래관행 등을 고려하여 건강보험, 연금보험계 약, 선불식할부계약 등을 보험상품에서 제외하고 있다.

[정답] ④

[해설] **보험업법 제4조(보험업의 허가)** ① 보험업을 경영하려는 자는 다음 각 호에서 정하는 보험종목별로 금융 위원회의 허가를 받아야 한다.

1. 생명보험업의 보험종목

　나. <u>연금보험(퇴직보험을 포함한다)</u>

09 다음 중 보험업을 경영하려는 자가 보험종목별로 금융위원회의 허가를 받기 위해 제출하여야 하는 신청서에 적어야할 사항에 해당하는 것을 전부 든 것은?

가. 상 호	나. 임원의 주민등록번호
다. 설비에 관한 사항	라. 지점의 소재지

① 가 ② 가, 나
③ 가, 나, 다 ④ 가, 나, 다, 라

정답 ③

해설 보험업법 시행령 제9조(허가신청) ① 법 제5조에 따라 보험업의 허가를 신청하는 자는 금융위원회에 제출하는 신청서에 다음 각 호의 사항을 적어야 한다.
1. 상 호
2. 주된 사무소의 소재지
3. 대표자 및 임원의 성명·주민등록번호 및 주소
4. 자본금 또는 기금에 관한 사항
5. 시설, 설비 및 인력에 관한 사항
6. 허가를 받으려는 보험종목

10 손해보험업의 보험종목 전부를 취급하는 손해보험회사가 질병을 원인으로 하는 사망을 제3보험의 특약 형식으로 담보하는 보험으로서 경영하기 위하여 충족하여야 하는 요건이 아닌 것은?

① 보험의 만기가 80세 이하일 것
② 보험금액의 한도는 개인당 2억원 이내일 것
③ 만기 시에 지급하는 환급금은 납입보험료의 합계액의 범위내일 것
④ 납입보험료가 100만원 이내일 것

정답 ④

해설 보험업법 시행령 제15조(겸영 가능 보험종목) ② 법 제10조 제3호에서 "대통령령으로 정하는 기준에 따라 제3보험의 보험종목에 부가되는 보험"이란 질병을 원인으로 하는 사망을 제3보험의 특약 형식으로 담보하는 보험으로서 다음 각 호의 요건을 충족하는 보험을 말한다.
1. 보험만기는 80세 이하일 것
2. 보험금액의 한도는 개인당 2억원 이내일 것
3. 만기 시에 지급하는 환급금은 납입보험료 합계액의 범위 내일 것

11 다음 중 보험업의 허가를 받을 수 있는 자에 해당하지 않는 자는?

① 합자회사　　　　　　　　　② 주식회사
③ 상호회사　　　　　　　　　④ 외국보험회사

정답　①

해설　보험업법 제4조(보험업의 허가) ⑥ 보험업의 허가를 받을 수 있는 자는 <u>주식회사, 상호회사 및 외국보험회사</u>로 제한하며, 제1항에 따라 허가를 받은 외국보험회사의 국내지점(이하 "외국보험회사국내지점"이라 한다)은 이 법에 따른 보험회사로 본다.

12 보험업법상 보험업의 허가에 관한 설명으로 타당하지 않은 것은?

① 보험업의 허가를 받을 수 있는 자는 주식회사, 상호회사 및 외국보험회사로 제한된다.
② 허가받은 보험종목이라도 해당 보험종목의 재보험에 대해서는 별도의 허가를 받아야 한다.
③ 보험업법상 보험종목별로 금융위원회의 허가를 받아야 한다.
④ 금융위원회는 허가에 조건을 붙일 수 있다.

정답　②

해설　보험업법 제4조(보험업의 허가) ② 제1항에 따른 허가를 받은 자는 해당 보험종목의 재보험에 대한 허가를 받은 것으로 본다. 다만, 제9조 제2항 제2호의 보험회사는 그러하지 아니하다.

13 보험업의 허가를 받기 위해서는 일정한 서류를 신청서에 첨부하여 금융위원회에 제출해야 하는데, 현행법령 하에서 그 서류에 포함되지 않은 것은?

① 정 관
② 업무 시작 후 3년 간의 사업계획서(추정재무제표 포함)
③ 경영하려는 보험업의 보험종목별 사업방법서
④ 경영하려는 보험업의 보험종목별 보험약관

정답　④

해설　보험업법 제5조(허가신청서 등의 제출) 제4조 제1항에 따라 허가를 받으려는 자는 신청서에 다음 각 호의 서류를 첨부하여 금융위원회에 제출하여야 한다. 다만, 보험회사가 취급하는 보험종목을 추가하려는 경우에는 제1호의 서류는 제출하지 아니할 수 있다.
1. 정 관
2. 업무 시작 후 3년 간의 사업계획서(추정재무제표를 포함한다)
3. 경영하려는 보험업의 보험종목별 사업방법서, <u>보험약관</u>, 보험료 및 해약환급금의 산출방법서(이하 "기초서류"라 한다) 중 대통령령으로 정하는 서류
4. 제1호부터 제3호까지의 규정에 따른 서류 이외에 대통령령으로 정하는 서류

14 보험업법상 외국보험회사의 국내사무소에 관한 사항으로 타당한 것은?

① 국내사무소는 그 명칭 중에 사무소라는 글자를 포함하여야 한다.

② 국내사무소를 설치하는 경우 그 설치한 날부터 30일 이내에 금융위원회의 인가를 받아야 한다.

③ 국내사무소는 보험계약의 체결을 중개하거나 대리하는 행위를 할 수 있다.

④ 금융위원회는 국내사무소가 보험업법을 위반한 경우 업무의 정지를 명할 수 있지만, 국내사무소의 폐쇄는 명할 수 없다.

정답 ①

해설 보험업법 제12조(외국보험회사 등의 국내사무소 설치 등) ④ 국내사무소는 그 명칭 중에 <u>사무소라는 글자를 포함하여야 한다</u>.

15 통신판매전문보험회사에 관한 설명으로 옳지 않은 것은?

① 통신판매전문보험회사란 총보험계약건수 및 수입보험료의 100분의 90 이상을 전화, 우편, 컴퓨터통신 등 통신수단을 이용하여 모집하는 보험회사를 말한다.

② 통신판매전문보험회사는 통신판매를 전문으로 하지 아니하는 보험회사의 자본금 또는 기금의 3분의 2에 상당하는 금액 이상을 자본금 또는 기금으로 납입함으로써 보험업을 시작할 수 있다.

③ 통신판매전문보험회사가 통신수단에 의한 총보험계약건수 및 수입보험료의 모집비율이 대통령령으로 정하는 바에 미달하는 경우에는 부득이 통신수단 이외의 방법으로 모집할 수 있다.

④ 통신판매전문보험회사가 보험종목의 일부만을 취급하려는 경우에는 50억원 이상의 범위에서 대통령령으로 정한 금액의 그 3분의2에 상당하는 금액 이상을 자본금 또는 기금으로 납입함으로써 보험업을 시작할 수 있다.

정답 ③

해설 보험업법 시행령 제13조(통신판매전문보험회사) ② 통신판매전문보험회사가 제1항에 따른 모집비율을 위반한 경우에는 그 비율을 충족할 때까지 제1항에 따른 <u>통신수단 외의 방법으로 모집할 수 없다</u>.

16 보험업법상 해당 법령에 따라 인가·허가·등록 등이 필요한 금융업무로서 보험회사가 겸영할 수 있는 것에 해당하지 않는 것은?

① 은행업   ② 집합투자업

③ 신탁업   ④ 투자매매업

정답 ①

해설 **보험업법 시행령 제16조(겸영업무의 범위)** ② 법 제11조 제2호에서 "대통령령으로 정하는 금융업"이란 다음 각 호의 업무를 말한다.

1. 「자본시장과 금융투자업에 관한 법률」 제6조 제4항에 따른 집합투자업
2. 「자본시장과 금융투자업에 관한 법률」 제6조 제6항에 따른 투자자문업
3. 「자본시장과 금융투자업에 관한 법률」 제6조 제7항에 따른 투자일임업
4. 「자본시장과 금융투자업에 관한 법률」 제6조 제8항에 따른 신탁업
5. 「자본시장과 금융투자업에 관한 법률」 제9조 제21항에 따른 집합투자증권에 대한 투자매매업
6. 「자본시장과 금융투자업에 관한 법률」 제9조 제21항에 따른 집합투자증권에 대한 투자중개업
7. 「외국환거래법」 제3조 제16호에 따른 외국환업무
8. 「근로자퇴직급여 보장법」 제2조 제13호에 따른 퇴직연금사업자의 업무
9. 보험업의 경영이나 법 제11조의2에 따라 보험업에 부수(附隨)하는 업무의 수행에 필요한 범위에서 영위하는 「전자금융거래법」에 따른 선불전자지급수단의 발행 및 관리 업무

17 보험업 예비허가에 관한 설명으로 옳지 않은 것은?

① 본허가를 신청하려는 자는 미리 금융위원회에 예비허가를 신청하여야 한다.
② 금융위원회는 신청 후 원칙적으로 2개월 이내에 심사하여 예비허가 여부를 통지하여야 한다.
③ 금융위원회는 예비허가에 조건을 붙일 수 있다.
④ 금융위원회는 예비허가를 받은 자가 예비허가의 조건을 이행한 후 본허가를 신청하면 허가하여야 한다.

정답 ①

해설 **보험업법 제7조(예비허가)** ① 제4조에 따른 허가(이하 "본허가"라 한다)를 신청하려는 자는 미리 금융위원회에 예비허가를 신청할 수 있다.

18 보험업법상 보험업의 부수업무를 영위하려면 필요한 것은?

① 금융위원회의 인가
② 금융위원회의 허가
③ 금융위원회의 승인
④ 금융위원회의 신고

[정답] ④

[해설] **보험업법 제11조의2(보험회사의 부수업무)** ① 보험회사는 보험업에 부수(附隨)하는 업무를 하려면 그 업무를 하려는 날의 7일 전까지 <u>금융위원회에 신고</u>하여야 한다. 다만, 제5항에 따라 공고된 다른 보험회사의 부수업무(제3항에 따라 제한명령 또는 시정명령을 받은 것은 제외한다)와 같은 부수업무를 하려는 경우에는 신고를 하지 아니하고 그 부수업무를 할 수 있다.

19 보험업의 겸영제한에 대한 설명으로 옳지 않은 것은?

① 재보험은 손해보험의 영역에 속하나, 생명보험회사는 생명보험의 재보험을 겸영할 수 있다.
② 손해보험업의 보험종목(재보험과 보증보험 제외)의 일부만을 취급하는 보험회사는 퇴직보험계약이나 연금저축 계약을 겸영할 수 없다.
③ 생명보험업의 보험종목의 일부를 취급하는 자는 퇴직보험계약이나 연금저축계약은 겸영할 수 없다.
④ 보험회사는 생명보험업과 손해보험업을 겸영하지 못하나, 대통령령에서 요구하는 요건을 갖추면 손해보험회사는 "질병을 원인으로 하는 사망을 제3보험의 특약형식으로 담보하는 보험"을 겸영할 수 있다.

[정답] ③

[해설] **보험업법 시행령 제15조(겸영 가능 보험종목)** ① 법 제10조 제2호에서 "대통령령으로 정하는 보험종목"이란 다음 각 호의 보험을 말한다. 다만, 법 제4조 제1항 제2호에 따른 <u>손해보험업의 보험종목(재보험과 보증보험은 제외한다) 일부만을 취급하는 보험회사</u>와 제3보험업만을 경영하는 보험회사는 겸영할 수 없다.
1. 「소득세법」 제20조의3 제1항 제2호 각 목 외의 부분에 따른 <u>연금저축계좌를 설정하는 계약</u>
2. 「근로자퇴직급여 보장법」 제29조 제2항에 따른 보험계약 및 법률 제10967호 「근로자퇴직급여 보장법」 전부개정법률 부칙 제2조 제1항 본문에 따른 <u>퇴직보험계약</u>

20 보험회사가 다른 금융업무 또는 부수업무(직전 사업연도 매출액이 해당 보험회사 수입보험료의 1천분의 1 또는 10억원 중 많은 금액에 해당하는 금액을 초과하는 업무만 해당)를 하는 경우에는 해당 업무에 속하는 자산·부채 및 수익·비용은 보험업과 구분하여 회계처리를 하여야 하는데, 그 대상을 모두 고른 것은?

> 가.「한국주택금융공사법」에 따른 채권유동화자산의 관리업무
> 나.「자본시장과 금융투자업에 관한 법률」제6조 제4항에 따른 집합투자업
> 다.「자본시장과 금융투자업에 관한 법률」제6조 제6항에 따른 투자자문업
> 라.「자본시장과 금융투자업에 관한 법률」제6조 제7항에 따른 투자일임업
> 마.「자본시장과 금융투자업에 관한 법률」제6조 제8항에 따른 신탁업
> 바.「자본시장과 금융투자업에 관한 법률」제9조 제21항에 따른 집합투자증권에 대한 투자매매업
> 사.「자본시장과 금융투자업에 관한 법률」제9조 제21항에 따른 집합투자증권에 대한 투자중개업
> 아.「외국환거래법」제3조 제16호에 따른 외국환업무

① 가, 다, 라, 마
② 나, 라, 마, 바
③ 다, 바, 사, 아
④ 라, 바, 사, 아

[정답] ①

[해설] 보험업법 시행령 제17조(겸영업무·부수업무의 회계처리) ① 법 제11조의3에 따라 보험회사가 <u>제16조 제1항 제1호부터 제3호까지, 제2항 제2호부터 제4호까지의 업무</u> 및 부수업무(직전 사업연도 매출액이 해당 보험회사 수입보험료의 1천분의 1 또는 10억원 중 많은 금액에 해당하는 금액을 초과하는 업무만 해당한다)를 하는 경우에는 해당 업무에 속하는 자산·부채 및 수익·비용을 보험업과 구분하여 회계처리하여야 한다.

보험업법 시행령 제16조(겸영업무의 범위) ① 법 제11조 제1호에서 "대통령령으로 정하는 금융 관련 법령에서 정하고 있는 금융업무"란 다음 각 호의 어느 하나에 해당하는 업무를 말한다.

1.「자산유동화에 관한 법률」에 따른 유동화자산의 관리업무

2. 삭제 〈2023.5.16.〉

3.「한국주택금융공사법」에 따른 채권유동화자산의 관리업무

② 법 제11조 제2호에서 "대통령령으로 정하는 금융업"이란 다음 각 호의 어느 하나에 해당하는 업무를 말한다.

2.「자본시장과 금융투자업에 관한 법률」제6조 제6항에 따른 투자자문업

3.「자본시장과 금융투자업에 관한 법률」제6조 제7항에 따른 투자일임업

4.「자본시장과 금융투자업에 관한 법률」제6조 제8항에 따른 신탁업

21 상호회사에 관한 설명으로 틀린 것은?

① 사무소의 소재지는 정관의 기재사항이다.

② 상호회사의 설립등기는 창립총회가 끝난 날부터 2주 이내에 하여야 한다.

③ 상호회사의 기금은 현물로 납입할 수 있다.

④ 상호회사는 100명 이상의 사원으로써 설립한다.

정답 ③

해설 보험업법 제36조(기금의 납입) ① 상호회사의 기금은 <u>금전 이외의 자산으로 납입하지 못한다.</u>

22 외국보험회사의 국내지점은 그 외국보험회사의 본점이 합병, 영업양도 등으로 소멸한 경우 그 사유가 발생한 날부터 (   )일 이내에 그 사실을 금융위원회에 알려야 한다.

① 3

② 7

③ 10

④ 15

정답 ②

해설 보험업법 제74조(외국보험회사국내지점의 허가취소 등) ③ 외국보험회사국내지점은 그 외국보험회사의 본점이 제1항 각 호의 어느 하나에 해당하게 되면 그 사유가 발생한 날부터 <u>7일 이내</u>에 그 사실을 금융위원회에 알려야 한다.

23 보험업법상 상호회사의 사원이 갖는 권리와 의무에 관한 사항으로서 타당하지 않은 것은?

① 상호회사의 사원은 보험료의 납입에 관하여 상계로써 회사에 대항하지 못한다.

② 생명보험 및 제3보험을 목적으로 하는 상호회사의 사원은 회사의 승낙을 받아 타인으로 하여금 그 권리와 의무를 승계하게 할 수 있다.

③ 손해보험을 목적으로 하는 상호회사의 사원이 보험의 목적을 양도한 경우에는 양수인은 회사의 승낙을 받아 양도인의 권리와 의무를 승계할 수 있다.

④ 상호회사는 정관으로 보험금액의 삭감에 관한 사항을 정할 수 없다.

정답 ④

해설 보험업법 제34조(정관기재사항) 상호회사의 발기인은 정관을 작성하여 다음 각 호의 사항을 적고 기명날인하여야 한다.

1. <u>취급하려는 보험종목과 사업의 범위</u>

2. <u>명 칭</u>

3. <u>사무소 소재지</u>

4. <u>기금의 총액</u>

5. <u>기금의 각출자가 가질 권리</u>

6. 기금과 설립비용의 상각 방법

7. 잉여금의 분배 방법

8. 회사의 공고 방법

9. 회사 성립 후 양수할 것을 약정한 자산이 있는 경우에는 그 자산의 가격과 양도인의 성명

10. 존립시기 또는 해산사유를 정한 경우에는 그 시기 또는 사유

24 보험회사인 주식회사에 대한 설명으로 옳은 것은?

① 주식회사가 자본감소를 결의한 경우에는 그 결의를 한 날로부터 3주 이내에 결의의 요지와 재무상태표를 공고하여야 한다.

② 주식회사가 주식금액 또는 주식 수의 감소에 따른 자본금의 실질적 감소를 결의한 때에는 그 결의를 한 날로부터 7일 이내에 금융위원회의 승인을 받아야 한다.

③ 주식회사의 자본감소 결의에 따른 공고에는 이전될 보험계약의 보험계약자로서 자본감소에 이의가 있는 자는 일정기간동안 이의를 제출할 수 있다는 뜻을 덧붙여야 하며, 그 기간은 1개월 이상으로 하여야 한다.

④ 보험계약자나 보험금을 취득할 자는 주식회사가 파산한 경우 피보험자를 위하여 적립한 금액을 다른 법률에 특별한 규정이 있는 경우에 한하여 주식회사의 자산에 우선 취득할 수 있다.

정답 ③

해설 보험업법 제141조(보험계약 이전 결의의 공고 및 통지와 이의 제기) ② 제1항에 따른 공고 및 통지에는 이전될 보험계약의 보험계약자로서 이의가 있는 자는 일정한 기간 동안 이의를 제출할 수 있다는 뜻을 덧붙여야 한다. 다만, 그 기간은 1개월 이상으로 하여야 한다.

25 보험회사인 주식회사의 조직변경에 대한 설명으로 틀린 것은?

① 주식회사가 조직변경을 결의한 경우 그 결의를 한 날부터 2주 이내에 결의의 요지와 재무상태표를 공고하고 주주명부에 적힌 질권자에게 개별적으로 알려야 한다.

② 주식회사는 조직변경시 법 소정의 공고를 한 날 이후에 보험계약을 체결하려면 보험계약자가 될 자에게 조직변경 절차가 진행 중임을 알리고 그 승낙을 받아야 한다.

③ 조직변경시 법 소정의 규정에 따른 승낙을 한 보험계약자는 조직변경 절차를 진행하는 중에는 보험계약자로 본다.

④ 주식회사는 조직변경을 결의할 때 보험계약자 총회를 갈음하는 기관에 관한 사항을 정할 수 있다.

정답 ③

해설 보험업법 제23조(조직변경 결의 공고 후의 보험계약) ② 제1항에 따른 승낙을 한 보험계약자는 조직변경 절차를 진행하는 중에는 보험계약자가 아닌 자로 본다.

26 외국보험회사국내지점에 대한 설명으로 틀린 것은?

① 외국보험회사국내지점은 대한민국에서 체결한 보험계약에 관하여 법 소정의 규정에 따라 적립한 책임준비금 및 비상위험준비금에 상당하는 자산을 대한민국에서 보유하여야 한다.

② 국내에 있는 자에 대한 대여금, 그 밖의 채권은 보유하여야 할 자산의 대상에서 제외된다.

③ 외국보험회사국내지점의 대표자는 퇴임한 후에도 후임대표자의 이름 및 주소에 관하여 법 소정의 규정에 따른 등기가 있을 때까지 계속하여 대표자의 권리와 의무를 가진다.

④ 외국보험회사국내지점의 대표자는 보험업법에 따른 보험회사의 임원으로 본다.

정답 ②

해설 보험업법 시행령 제25조의2(외국보험회사국내지점의 자산 보유 등) 법 제75조 제1항에 따라 외국보험회사국내지점은 다음 각 호의 어느 하나에 해당하는 자산을 대한민국에서 보유하여야 한다.
3. 국내에 있는 자에 대한 대여금, 그 밖의 채권

27 보험회사의 조직변경에 관한 설명으로 옳지 않은 것은?

① 주식회사는 상호회사로, 상호회사는 주식회사로 각각 조직을 변경할 수 있다.

② 주식회사가 상호회사로 조직을 변경할 때에는 주주총회의 특별결의를 거쳐야 한다.

③ 조직변경 절차에 하자가 있는 경우, 주주는 변경등기가 있는 날로부터 6개월 내에 조직변경 무효의 소를 제기할 수 있다.

④ 주식회사는 조직변경 결의 공고 후에도 보험계약을 체결 할 수 있다.

정답 ①

해설 보험업법 제20조(조직변경) ① 주식회사는 그 조직을 변경하여 상호회사로 할 수 있다.

28 보험회사인 주식회사의 자본감소에 관한 설명으로 옳지 않은 것은?

① 자본감소를 결의한 경우에는 결의일로부터 2주 이내에 결의의 요지와 재무상태표를 공고하여야 한다.

② 공고에는 1개월 이상의 기간을 정하여 이의가 있는 보험계약자는 일정한 기간 동안 이의를 제출할 수 있다는 뜻을 덧붙여야 한다.

③ 이의를 제기한 보험계약자가 보험계약자 총수의 100분의 1을 초과하거나 그 보험금액이 보험금 총액의 100분의 1을 초과하는 경우에는 자본을 감소하지 못한다.

④ 자본감소를 결의할 때 주식 금액 또는 주식 수의 감소에 따른 자본금의 실질적 감소를 하려면 미리 금융위원회의 승인을 받아야 한다.

정답 ③

보험업법 제141조(보험계약 이전 결의의 공고 및 통지와 이의 제기) ③ 제2항의 기간에 이의를 제기한 보험 계약자가 이전될 보험계약자 총수의 10분의 1을 초과하거나 그 보험금액이 이전 될 보험금 총액의 10분의 1을 초과하는 경우에는 보험계약을 이전하지 못한다. 제143조에 따라 계약조항의 변경을 정하 는 경우에 이의를 제기한 보험계약자로서 그 변경을 받을 자가 변경을 받을 보험계약자 총수의 10분의 1을 초과하거나 그 보험금액이 변경을 받을 보험계약자의 보험금 총액의 10분의 1을 초과하는 경우에도 또한 같다.

29 다음 중 보험안내자료의 필수 기재사항이 아닌 것은?

① 보험회사의 상호
② 다른 보험회사 상품과의 비교
③ 보험가입에 따른 권리와 의무에 관한 주요 사항
④ 보험금 지급제한 조건에 관한 사항

정답 ②

해설 보험업법 시행령 제42조(보험안내자료의 기재사항 등) ② 보험안내자료에는 다음 각 호의 사항을 적어서는 아니 된다.
3. 보험계약자에게 유리한 내용만을 골라 안내하거나 다른 보험회사 상품과 비교한 사항

30 다음 중 보험계약의 체결에 관한 금지행위가 아닌 것은?

① 보험계약자 또는 피보험자와의 금전대차의 관계를 이용하여 보험계약자 또는 피보험자로 하 여금 보험계약을 청약하게 하거나 이러한 것을 요구하는 행위
② 보험계약자 또는 피보험자로 하여금 이미 성립된 보험계약을 부당하게 소멸시킴으로써 새로 운 보험계약을 청약하게 한 경우
③ 기존보험계약이 소멸된 날부터 2개월 이내에 새로운 보험계약을 청약하게 한 경우
④ 기존보험계약이 소멸된 날부터 1개월 이내에 새로운 보험계약을 청약하게 한 경우

정답 ③

해설 보험업법 제97조(보험계약의 체결 또는 모집에 관한 금지행위) ③ 보험계약의 체결 또는 모집에 종사하는 자가 다음 각 호의 어느 하나에 해당하는 행위를 한 경우에는 제1항 제5호를 위반하여 기존보험계약을 부당하게 소멸시키거나 소멸하게 하는 행위를 한 것으로 본다.
1. 기존보험계약이 소멸된 날부터 1개월 이내에 새로운 보험계약을 청약하게 하거나 새로운 보험계약 을 청약하게 한 날부터 1개월 이내에 기존보험계약을 소멸하게 하는 행위. 다만, 보험계약자가 기존 보험계약 소멸 후 새로운 보험계약 체결시 손해가 발생할 가능성이 있다는 사실을 알고 있음을 자필로 서명하는 등으로 정하는 바에 따라 본인의 의사에 따른 행위임이 명백히 증명되는 경우에는 그러하지 아니하다.

31 다음 중 특별이익 제공 금지에 해당하는 내용이 아닌 것은?

① 보험계약 체결 시부터 최초 1년간 납입되는 보험료의 100분의 10과 3만원 중 적은 금액을 초과하는 금품의 지급
② 기초서류에서 정한 사유에 근거하지 아니한 보험료의 할인 또는 수수료의 지급
③ 보험계약자나 피보험자를 위한 보험료의 대납
④ 상법에 따른 잔존물 대위행사의 포기

정답 ④

해설 보험업법 제98조(특별이익의 제공 금지) 보험계약의 체결 또는 모집에 종사하는 자는 그 체결 또는 모집과 관련하여 보험계약자나 피보험자에게 다음 각 호의 어느 하나에 해당하는 특별이익을 제공하거나 제공하기로 약속하여서는 아니 된다.
7. 「상법」 제682조에 따른 <u>제3자에 대한 청구권 대위행사의 포기</u>

32 다음 중 보험모집의 위탁 및 수수료 지급 등에 대한 설명으로 옳지 않은 것은?

① 보험회사는 모집할 수 있는 자 이외의 자에게 모집을 위탁하거나 모집에 관하여 수수료, 보수, 그 밖의 대가를 지급하지 못한다.
② 보험회사가 대한민국 밖에서 외국보험사와 공동으로 원보험계약을 인수하는 경우 모집에 관하여 수수료를 지급할 수 있다.
③ 모집에 종사하는 자는 타인에게 모집을 위탁할 수 없다.
④ 보험설계사는 다른 보험회사 등에 소속된 보험설계사에게 모집을 위탁할 수 있다.

정답 ④

해설 보험업법 제85조(보험설계사에 의한 모집의 제한) ① <u>보험회사 등은 다른 보험회사 등에 소속된 보험설계사에게 모집을 위탁하지 못한다.</u>

33 다음 중 금융기관보험대리점의 금지행위에 해당하지 않는 것은?

① 대출을 제공하는 조건으로 보험계약을 체결하는 행위
② 해당 금융기관의 임직원에게 모집을 하도록 하거나 이를 용인하는 행위
③ 모집과 관련 없는 금융거래를 통해 취득한 개인정보를 미리 그 개인의 동의를 받지 아니하고 모집에 이용하는 행위
④ 해당 금융기관의 점포에서 모집을 하는 행위

정답 ④

해설 보험업법 제100조(금융기관보험대리점 등의 금지행위 등) ① 금융기관보험대리점 등은 모집을 할 때 다음 각 호의 어느 하나에 해당하는 행위를 하여서는 아니 된다.
4. <u>해당 금융기관의 점포 외의 장소에서 모집을 하는 행위</u>

34 자산운용에 관한 설명으로 옳지 않은 것은?

① 보험회사는 담보권 실행으로 부동산을 취득하는 경우 해당 부동산을 소유할 수 있다.

② 보험회사는 그 자산을 운용함에 있어 일반계정에서 동일한 개인 또는 법인에 대한 신용공여가 총자산의 100분의 3을 초과할 수 없다.

③ 보험회사는 특별계정에 속하는 이익을 그 계정상의 보험계약자에게 분배할 수 없다.

④ 변액보험계약에 대하여는 특별계정을 설정하여 운용할 수 있다.

정답 ③

해설 보험업법 제108조(특별계정의 설정·운용) ③ 보험회사는 특별계정에 속하는 이익을 그 계정상의 보험계약자에게 분배할 수 있다.

35 보험회사의 자산운용 원칙으로 옳은 것을 모두 고른 것은?

> 가. 보험회사는 그 자산을 운용할 때 공평성, 유동성, 수익성, 공익성을 확보되도록 하여야 한다.
> 나. 보험회사는 특별계정에 속하는 이익을 그 계정상의 보험계약자에게 분배할 수 있다.
> 다. 보험회사는 다른 회사의 의결권 있는 발행주식(출자지분을 포함한다) 총수의 100분의 10을 초과하는 주식을 소유할 수 없다.
> 라. 보험회사가 일반계정에 속하는 자산과 특별계정에 속하는 자산을 운용할 때, 동일한 개인 또는 법인에 대한 신용공여 한도는 일반계정의 경우 총자산의 100분의 3, 특별계정의 경우 각 특별계정 자산의 100분의 5를 초과할 수 없다.
> 마. 보험회사는 특별계정에 속하는 자산은 다른 특별계정에 속하는 자산 및 그 밖의 자산과 구분하여 회계처리하여야 한다.

① 가, 나, 라   ② 나, 라, 마

③ 가, 라, 마   ④ 나, 다, 라

정답 ②

해설 보험업법 제104조(자산운용의 원칙) ① 보험회사는 그 자산을 운용할 때 안정성·유동성·수익성 및 공익성이 확보되도록 하여야 한다.

보험업법 제109조(다른 회사에 대한 출자 제한) 보험회사는 다른 회사의 의결권 있는 발행주식(출자지분을 포함한다) 총수의 100분의 15를 초과하는 주식을 소유할 수 없다. 다만, 제115조에 따라 금융위원회의 승인(같은 조 제1항 단서에 따라 승인이 의제되거나 같은 조 제2항 및 제3항에 따라 신고 또는 보고하는 경우를 포함한다)을 받은 자회사의 주식은 그러하지 아니하다.

36 다음 중 보험회사의 금지되는 자산운용에 해당하는 것이 아닌 것은?

① 상품이나 유가증권에 대한 투기를 목적으로 하는 자금의 대출
② 저당권 등 담보권의 실행으로 인한 부동산의 취득
③ 직접·간접을 불문하고 해당 보험회사의 주식을 사도록 하기 위한 대출
④ 직접·간접을 불문하고 정치자금의 대출

정답 ②

해설 보험업법 제105조(금지 또는 제한되는 자산운용) 보험회사는 그 자산을 다음 각 호의 어느 하나에 해당하는 방법으로 운용하여서는 아니 된다.
1. 대통령령으로 정하는 업무용 부동산이 아닌 부동산(저당권 등 담보권의 실행으로 취득하는 부동산은 제외한다)의 소유

37 보험업법상 보험회사의 자산운용에 관한 설명으로 옳은 것은?(보험회사가 비상장 주식회사이며 금융기관은 「금융산업의 구조개선에 관한 법률」 상의 금융기관임을 전제한다)

① 보험회사는 금융위원회의 승인(신고로써 갈음하는 경우를 포함)을 받은 자회사의 주식이 아닌 한 다른 회사의 발행주식(출자지분을 포함) 총수의 100분의 10을 초과하는 주식을 소유할 수 없다.
② 보험회사는 보험업법상 특별한 제한 없이 다른 금융기관 또는 회사의 의결권 있는 주식을 서로 교차하여 보유하거나 신용공여를 할 수 있다.
③ 보험회사가 다른 금융기관 또는 회사와 상법상 자기주식 취득의 제한을 피하기 위한 목적으로 서로 교차하여 주식을 취득할 경우 이를 상당한 기간 내에 처분할 의무를 지며, 처분 전에는 해당 취득한 주식에 대하여 의결권을 행사할 수 있다.
④ 보험회사는 신용위험을 이전하려는 자가 신용위험을 인수한 자에게 금전 등의 대가를 지급하고, 신용사건이 발생하면 신용위험을 인수한 자가 신용위험을 이전한 자에게 손실을 보전해 주기로 하는 계약에 기초한 증권 또는 예금을 매수하거나 가입할 수 있다.

정답 ④

해설 보험업법 제109조(다른 회사에 대한 출자 제한) 보험회사는 다른 회사의 의결권 있는 발행주식(출자지분을 포함한다) 총수의 100분의 15를 초과하는 주식을 소유할 수 없다. 다만, 제115조에 따라 금융위원회의 승인(같은 조 제1항 단서에 따라 승인이 의제되거나 같은 조 제2항 및 제3항에 따라 신고 또는 보고하는 경우를 포함한다)을 받은 자회사의 주식은 그러하지 아니하다.

보험업법 제110조(자금지원 관련 금지행위) ① 보험회사는 다른 금융기관(「금융산업의 구조개선에 관한 법률」 제2조 제1호에 따른 금융기관을 말한다) 또는 회사와 다음 각 호의 행위를 하여서는 아니 된다.
1. 제106조와 제108조에 따른 자산운용한도의 제한을 피하기 위하여 다른 금융기관 또는 회사의 의결권 있는 주식을 서로 교차하여 보유하거나 신용공여를 하는 행위
2. 「상법」 제341조와 「자본시장과 금융투자업에 관한 법률」 제165조의3에 따른 자기주식 취득의 제한을 피하기 위한 목적으로 서로 교차하여 주식을 취득하는 행위
② 보험회사는 제1항을 위반하여 취득한 주식에 대하여는 의결권을 행사할 수 없다.

38 특별계정에 대한 설명으로 틀린 것은?

① 보험회사는 특별계정에 속하는 자산은 다른 특별계정에 속하는 자산 및 그 밖의 자산과 구분하여 계리하여야 한다.

② 보험회사는 특별계정에 속하는 이익을 다른 계정상의 보험계약자에게도 분배할 수 있다.

③ 변액보험은 특별계정과 밀접한 관계에 있다.

④ 보험회사는 변액보험 특별계정의 운용수익에서 해당 특별계정의 운용에 대한 보수 및 그 밖의 수수료를 뺀 수익을 해당 특별계정 보험계약자의 몫으로 처리하여야 한다.

정답 ②

해설 보험업법 제108조(특별계정의 설정·운용) ③ 보험회사는 특별계정에 속하는 이익을 <u>그 계정상의 보험계약자</u>에게 분배할 수 있다.

39 보험업법 제111조의 대주주와 거래제한 등에 관한 설명 중 옳지 않은 것은?

① 보험회사는 직접 또는 간접으로 대주주가 다른 회사에 출자하는 것을 지원하기 위한 신용공여를 하여서는 아니 된다.

② 보험회사는 자산을 대통령령으로 정하는 바에 따라 무상으로 양도하거나 일반적인 거래조건에 비추어 해당 보험회사에 뚜렷하게 불리한 조건으로 자산에 매매, 교환, 신용공여, 재보험계약을 하는 행위를 하여서는 아니 된다.

③ 보험회사는 그 보험회사의 대주주와 대통령령으로 정하는 금액 이상의 신용공여 행위를 하였을 때에는 14일 이내에 그 사실을 금융위원회에 보고하고, 인터넷 홈페이지 등을 이용하여 공시하여야 한다.

④ 보험회사는 대주주는 해당 보험회사의 이익에 반하여 대주주 개인의 이익을 위하여 경제적이익 등 반대급부를 제공하는 조건으로 다른 주주 또는 출자자와 단합하여 해당 보험회사의 인사 또는 경영에 부당한 영향력을 행사하는 행위를 하여서는 아니 된다.

정답 ③

해설 보험업법 제111조(대주주와의 거래제한 등) ③ 보험회사는 그 보험회사의 대주주와 다음 각 호의 어느 하나에 해당하는 행위를 하였을 때에는 <u>7일 이내</u>에 그 사실을 금융위원회에 보고하고 인터넷 홈페이지 등을 이용하여 공시하여야 한다.

1. 대통령령으로 정하는 금액 이상의 신용공여

40 보험회사가 그 보험회사의 대주주와 다음의 행위를 할 때 7일 이내에 그 사실을 금융위원회에 보고하고 인터넷 홈페이지 등을 이용하여 공시하여야 하는 사항이 아닌 것은?

① 대통령령으로 정하는 금액 이상의 신용공여
② 해당 보험회사의 대주주가 발행한 채권을 대통령령으로 정하는 금액 이상으로 취득하는 행위
③ 해당 보험회사의 대주주가 발행한 주식을 대통령령으로 정하는 금액 이상으로 취득하는 행위
④ 보유 중인 해당보험회사의 대주주가 발행한 채권을 행사하는 행위

정답 ④

해설 보험업법 제111조(대주주와의 거래제한 등) ③ 보험회사는 그 보험회사의 대주주와 다음 각 호의 어느 하나에 해당하는 행위를 하였을 때에는 7일 이내에 그 사실을 금융위원회에 보고하고 인터넷 홈페이지 등을 이용하여 공시하여야 한다.
1. 대통령령으로 정하는 금액 이상의 신용공여
2. 해당 보험회사의 대주주가 발행한 채권 또는 주식을 대통령령으로 정하는 금액 이상으로 취득하는 행위
3. 해당 보험회사의 대주주가 발행한 주식에 대한 의결권을 행사하는 행위

41 보험회사가 외국에서 보험업을 경영하는 자회사의 채무보증을 위해 갖추어야 할 요건으로 옳지 않은 것은?

① 채무보증 한도액이 보험회사 총자산의 100분의 5 이내일 것
② 보험회사의 직전 분기 말 지급여력 비율이 100분의 200 이상일 것
③ 보험금 지급채무에 대한 채무보증일 것
④ 보험회사가 채무보증을 하려는 자회사의 의결권 있는 발행주식(출자지분을 포함한다) 총 수의 100분의 50을 초과하여 소유할 것(외국 정부에서 최대소유 한도를 정하는 경우 그 한도까지 소유하는 것을 말한다)

정답 ①

해설 보험업법 시행령 제57조의2(타인을 위한 채무보증 금지의 예외) ② 보험회사는 법 제113조 단서에 따라 법 제115조 제1항에 따른 자회사(외국에서 보험업을 경영하는 자회사를 말한다)를 위한 채무보증을 할 수 있다. 이 경우 다음 각 호의 요건을 모두 갖추어야 한다.
1. 채무보증 한도액이 보험회사 총자산의 100분의 3 이내일 것

42 금융위원회의 승인을 받아 보험회사가 자회사를 소유할 수 있는 경우를 모두 고른 것은?

> 가. 「금융산업의 구조개선에 관한 법률」 제2조 제1호에 따른 금융기관이 경영하는 금융업
> 나. 「신용정보의 이용 및 보호에 관한 법률」에 따른 신용정보업
> 다. 보험계약의 유지, 해지, 변경 또는 부활 등을 관리하는 업무
> 라. 손해사정업무
> 마. 보험대리업무

① 가, 나, 다
② 다, 라
③ 다, 라, 마
④ 가, 나, 다, 라, 마

정답 ①

해설 보험업법 제115조(자회사의 소유) ① 보험회사는 다음 각 호의 어느 하나에 해당하는 업무를 주로 하는 회사를 금융위원회의 승인을 받아 자회사로 소유할 수 있다. 다만, 그 주식의 소유에 대하여 금융위원회로부터 승인 등을 받은 경우 또는 금융기관의 설립근거가 되는 법률에 따라 금융위원회로부터 그 주식의 소유에 관한 사항을 요건으로 설립 허가·인가 등을 받은 경우에는 승인을 받은 것으로 본다.
1. 「금융산업의 구조개선에 관한 법률」 제2조 제1호에 따른 금융기관이 경영하는 금융업
2. 「신용정보의 이용 및 보호에 관한 법률」에 따른 신용정보업 및 채권추심업
3. 보험계약의 유지·해지·변경 또는 부활 등을 관리하는 업무
4. 그 밖에 보험업의 건전성을 저해하지 아니하는 업무로서 대통령령으로 정하는 업무

43 보험업법상 보험회사가 자회사를 소유하게 된 날로부터 15일 이내에 금융위원회에 제출하여야 하는 서류가 아닌 것은?

① 정관 및 주주현황
② 업무의 종류 및 방법을 적은 서류
③ 자회사가 발행주식 총수의 100분의 10을 초과하여 소유하고 있는 회사의 현황
④ 자회사와의 주요거래 상황을 적은 서류

정답 ④

해설 보험업법 시행령 제60조(자회사에 관한 보고서류 등) ① 법 제117조 제1항에서 "대통령령으로 정하는 서류"란 다음 각 호의 서류를 말한다.
1. 정관
2. 업무의 종류 및 방법을 적은 서류
3. 주주현황
4. 재무상태표 및 포괄손익계산서 등의 재무제표와 영업보고서
5. 자회사가 발행주식 총수의 100분의 10을 초과하여 소유하고 있는 회사의 현황

44 다음 설명 중 옳지 않은 것은?

① 보험회사는 매년 대통령령이 정하는 날에 그 장부를 폐쇄하고 장부를 폐쇄한 날부터 3월 이내에 금융위원회가 정하는 바에 따라 재무제표 및 사업보고서를 금융위원회에 제출하여야 한다.

② 보험회사는 매월의 업무내용을 기술한 보고서를 다음달 말일 이내에 금융위원회가 정하는 바에 따라 금융위원회에 제출하여야 한다.

③ 보험회사는 재무제표 및 사업보고서를 대통령령으로 정하는 바에 따라 전자문서의 방법으로 제출할 수 있다.

④ 보험회사의 재무제표 및 사업보고서를 회사의 기밀을 담고 있는 내용이 있을 수도 있어 영업소에 이를 비치하거나 일반인의 열람에 제공할 필요는 없는 것으로 보험업법은 규정한다.

정답 ④

해설 보험업법 제118조(재무제표 등의 제출) ① 보험회사는 매년 대통령령으로 정하는 날에 그 장부를 폐쇄하여야 하고 장부를 폐쇄한 날부터 3개월 이내에 금융위원회가 정하는 바에 따라 재무제표(부속명세서를 포함한다) 및 사업보고서를 금융위원회에 제출하여야 한다.
② 보험회사는 매월의 업무 내용을 적은 보고서를 다음 달 말일까지 금융위원회가 정하는 바에 따라 금융위원회에 제출하여야 한다.
③ 보험회사는 제1항 및 제2항에 따른 제출서류를 대통령령으로 정하는 바에 따라 전자문서로 제출할 수 있다.

45 보험업법상 재무제표의 제출과 서류 비치 등에 대한 설명으로 옳지 않은 것은?

① 보험회사는 매년 대통령령으로 정하는 날에 그 장부를 폐쇄하여야 하고, 장부를 폐쇄한 날부터 3개월 이내에 금융위원회가 정하는 바에 따라 재무제표(부속명세서 포함) 및 사업보고서를 금융위원회에 제출하여야 한다.

② 보험회사는 매월의 업무 내용을 적은 보고서를 매 분기별로 금융위원회가 정하는 바에 따라 금융위원회에 제출하여야 한다.

③ 보험회사는 대통령령에 따른 재무제표 및 사업보고서를 일반인이 열람할 수 있도록 금융위원회에 제출하는 날부터 본점과 지점, 그 밖의 영업소에 비치하거나 전자문서를 제공하여야 한다.

④ 보험회사는 결산기마다 보험계약의 종류에 따라 대통령령으로 정하는 책임준비금과 비상위험준비금을 계상하고 따로 작성한 장부에 각각 기재하여야 한다.

정답 ②

해설 보험업법 제118조(재무제표 등의 제출) ② 보험회사는 매월의 업무 내용을 적은 보고서를 다음달 말일까지 금융위원회가 정하는 바에 따라 금융위원회에 제출하여야 한다.

46 보험업법상 보험회사의 계산에 대한 설명으로 옳지 않은 것은?

① 보험회사는 매년 12월 31일에 그 장부를 폐쇄하여야 하고 장부를 폐쇄한 날부터 3개월 이내에 금융위원회가 정하는 바에 따라 재무제표(부속명세서를 포함) 및 사업보고서를 금융위원회에 제출하여야 한다.

② 배당보험계약이라 함은 해당보험계약으로부터 발생하는 이익의 일부를 보험회사가 보험계약자에게 배당하기로 약정한 보험계약을 말한다.

③ 보험회사는 재무제표 및 사업보고서를 일반인이 열람할 수 있도록 금융위원회에 제출하는 날부터 본점과 지점, 그 밖의 영업소에 비치하거나 전자문서로 제공하여야 한다.

④ 배당보험계약의 계약자지분은 계약자배당을 위한 재원과 지급준비금 적립을 위한 목적 외에 다른 용도로 사용할 수 없다.

[정답] ④

[해설] 보험업법 시행령 제64조(배당보험계약의 회계처리 등) ⑤ 배당보험계약의 계약자지분은 계약자배당을 위한 재원과 <u>배당보험계약의 손실을 보전하기 위한 목적</u> 외에 다른 용도로 사용할 수 없다.

47 배당보험계약의 회계처리 등에 관한 설명으로 옳지 않은 것은?

① 보험회사는 대통령령으로 정하는 바에 따라 배당보험계약을 다른 보험계약과 구분하여 회계처리 할 수 있다.

② 보험회사는 대통령령으로 정하는 바에 따라 배당보험계약의 보험계약자에게 배당을 할 수 있다.

③ 보험계약자에 대한 배당기준은 배당보험계약자의 이익과 보험회사의 재무건전성을 등을 고려하여 정하여야 한다.

④ 보험회사가 「자산재평가법」에 따른 재평가를 한 경우 그 재평가에 따른 재평가적립금은 금융위원회의 허가를 받아 보험계약자에 대한 배당을 위하여도 처분할 수 있다.

[정답] ①

[해설] 보험업법 제121조(배당보험계약의 회계처리 등) ① 보험회사는 배당보험계약(해당 보험계약으로부터 발생하는 이익의 일부를 보험회사가 보험계약자에게 배당하기로 약정한 보험계약을 말한다)에 대하여는 대통령령으로 정하는 바에 따라 다른 보험계약과 구분하여 <u>회계처리하여야 한다</u>.

48 보험업을 경영함에 따라 발생할 수 있는 손실위험을 금융위원회가 정하여 고시하는 방법에 따라 금액으로 환산한 것을 무엇이라고 하는가?

① 지급위험금액
② 지급여력금액
③ 지급여력기준금액
④ 지급여력비율

정답 ③

해설 보험업법 시행령 제65조(재무건전성 기준) ① 이 조에서 사용하는 용어의 뜻은 다음 각 호와 같다.
2. "지급여력기준금액"이란 보험업을 경영함에 따라 발생할 수 있는 손실위험을 금융위원회가 정하여 고시하는 방법에 따라 금액으로 환산한 것을 말한다.

49 보험업법상 보험회사가 지켜야 하는 재무건전성기준에 관한 설명 중 옳은 것을 모두 고른 것은?

> 가. "지급여력기준금액"이란 보험업을 경영함에 따라 발생할 수 있는 손실위험을 금융위원회가 정하여 고시하는 방법에 따라 금액으로 환산한 것을 말한다.
> 나. "지급여력비율"이란 지급여력금액을 지급여력기준금액으로 나눈 비율을 말한다.
> 다. 보험회사가 지켜야 하는 재무건전성기준에는 대출채권 등 보유자산의 건전성을 정기적으로 분류하고 대손충당금을 적립할 것이 포함된다.
> 라. 금융위원회는 보험회사가 재무건전성기준을 지키지 아니하여 경영안정성을 해칠 우려가 있다고 판단하여 필요한 조치를 하고자 하는 경우 보험계약자 보호 등을 고려해야 하는 것은 아니다.

① 가, 나
② 나, 라
③ 가, 나, 다
④ 나, 다, 라

정답 ③

해설 보험업법 시행령 제65조(재무건전성 기준) ③ 법 제123조 제2항에 따라 금융위원회가 보험회사에 대하여 자본금 또는 기금의 증액명령, 주식 등 위험자산 소유의 제한 등의 조치를 하려는 경우에는 다음 각 호의 사항을 고려하여야 한다.
1. 해당 조치가 <u>보험계약자의 보호를 위하여 적절한지 여부</u>

50 보험계약자를 보호하기 위한 공시에 관한 설명으로 옳지 않은 것은?

① 보험협회는 보험료·보험금 등 보험계약에 관한 사항으로서 대통령령으로 정하는 사항을 금융위원회가 정하는 바에 따라 보험소비자가 쉽게 알 수 있도록 비교·공시하여야 한다.

② 보험협회가 보험상품의 비교, 공시를 하는 경우에는 대통령령으로 정하는 바에 따라 보험상품공시위원회를 구성하여야 한다.

③ 보험협회 이외의 자가 보험계약에 관한 사항을 비교·공시하고자 하는 경우에 보험회사는 보험협회 이외의 자에게 그 요구에 응하여 비교·공시에 필요한 정보를 제공하여야 한다.

④ 보험회사는 보험계약자를 보호하기 위하여 필요한 사항으로서 대통령령으로 정하는 사항을 금융위원회가 정하는 바에 따라 즉시 공시하여야 한다.

정답 ③

해설 **보험업법 제124조(공시 등)** ④ 보험회사는 제2항에 따른 비교·공시에 필요한 정보를 <u>보험협회</u>에 제공하여야 한다.
⑤ 보험협회 이외의 자가 보험계약에 관한 사항을 비교·공시하는 경우에는 제2항에 따라 금융위원회가 정하는 바에 따라 객관적이고 공정하게 비교·공시하여야 한다.

51 보험업법상 상호협정의 인가에 관한 설명 중 옳지 않은 것은?

① 금융위원회는 공익 또는 보험업의 건전한 발전을 위하여 특히 필요하다고 인정되는 경우에는 보험회사에 대하여 상호협정의 체결·변경 또는 폐지를 명할 수 있다.

② 금융위원회는 보험회사 간의 합병 등으로 상호협정의 구성원이 변경되는 사항에 관하여 공정거래위원회와 협의하여야 한다.

③ 금융위원회는 상호협정의 체결·변경 또는 폐지의 인가를 하거나 협정에 따를 것을 명하려면 미리 공정거래위원회와 협의하여야 한다.

④ 금융위원회로부터 인가를 받은 상호협정의 실질적인 내용이 변경되지 아니하는 자구 수정을 하는 경우, 보험회사는 금융위원회에 신고하면 된다.

정답 ②

해설 **보험업법 제125조(상호협정의 인가)** ③ 금융위원회는 제1항 또는 제2항에 따라 <u>상호협정의 체결·변경 또는 폐지의 인가를 하거나 협정에 따를 것을 명하려면</u> 미리 공정거래위원회와 협의하여야 한다. 다만, 대통령령으로 정하는 경미한 사항을 변경하려는 경우에는 그러하지 아니하다.

52 보험회사가 상호협정 체결의 인가에 필요한 서류를 제출하는 경우 금융위원회가 그 인가 여부를 결정하기 위하여 심사하여야 할 사항은?

> 가. 상호협정의 내용이 보험회사 간의 공정한 경쟁을 저해하는지 여부
> 나. 상호협정의 효력 발생 기간이 적정한지 여부
> 다. 상호협정의 내용이 보험계약자의 이익을 침해하는지 여부
> 라. 상호협정에 외국보험회사가 포함되는지 여부

① 가, 나   ② 가, 다
③ 나, 다   ④ 다, 라

정답 ②

해설 보험업법 시행령 제69조(상호협정의 인가) ② 금융위원회는 제1항의 신청서를 받았을 때에는 다음 각 호의 사항을 심사하여 그 인가 여부를 결정하여야 한다.
1. 상호협정의 내용이 보험회사 간의 공정한 경쟁을 저해하는지 여부
2. 상호협정의 내용이 보험계약자의 이익을 침해하는지 여부

53 기초서류에 관한 설명으로 옳지 않은 것은?

① 보험회사가 기초서류관리기준을 개정하는 경우에는 금융위원회에 미리 신고하여야 한다.
② 보험회사가 금융기관보험대리점을 통하여 모집하는 보험상품에 관한 기초서류의 경미한 사항을 변경하려는 경우에는 금융위원회에 대한 사전신고 의무가 없다.
③ 금융위원회는 보험회사가 기초서류를 신고하는 경우 보험료 및 해약환급금 산출방법서에 대하여 보험요율 산출기관 또는 독립계리업자의 검증확인서를 첨부하도록 할 수 있다.
④ 금융위원회의 기초서류 변경권고는 그 내용 및 사유가 구체적으로 적힌 문서로 하여야 한다.

정답 ①

해설 보험업법 제128조의2(기초서류 관리기준) ③ 보험회사는 기초서류관리기준을 제정·개정하는 경우에는 금융위원회에 보고하여야 하며, 금융위원회는 해당 기준이나 그 운용이 부당하다고 판단되면 기준의 변경 또는 업무의 개선을 명할 수 있다.

54 보험회사는 기초서류를 신고하는 경우 보험료 및 해약환급금 산출방법서에 대하여 독립계리업자의 검증확인서를 첨부할 수 있다. 다음 중 독립계리업자가 될 수 있는 자에 해당하는 것은?

① 해당 보험회사로부터 보험계리에 관한 업무를 위탁받아 수행 중인 보험계리업자
② 대표자가 최근 2년 이내에 해당 보험회사에 고용된 사실이 있는 보험계리업자
③ 대표자나 그 배우자가 해당 보험회사의 소수주주인 보험계리업자
④ 보험회사의 자회사인 보험계리업자

정답 ③

해설 보험업법 시행령 제71조의3(독립계리업자의 자격 요건) 법 제128조 제2항에서 "대통령령으로 정하는 보험계리업자"란 법 제183조 제1항에 따라 등록된 법인(5명 이상의 상근 보험계리사를 두고 있는 법인만 해당한다)인 보험계리업자를 말한다. 다만, 다음 각 호의 어느 하나에 해당하는 <u>보험계리업자는 제외한다.</u>

1. <u>법 제181조 제1항에 따라 해당 보험회사로부터 보험계리에 관한 업무를 위탁받아 수행 중인 보험계리업자</u>
2. <u>대표자가 최근 2년 이내에 해당 보험회사에 고용된 사실이 있는 보험계리업자</u>
3. <u>대표자나 그 배우자가 해당 보험회사의 대주주인 보험계리업자</u>
4. <u>보험회사의 자회사인 보험계리업자</u>
5. <u>보험계리업자 또는 보험계리업자의 대표자가 최근 5년 이내에 다음 각 목의 어느 하나에 해당하는 제재조치를 받은 사실이 있는 경우 해당 보험계리업자</u>

55 기초서류에 관한 설명으로 옳지 않은 것은?

① 보험업의 허가를 받기 위하여 제출하여야 하는 기초서류로는 보험종목별 사업방법서가 있다.
② 금융위원회는 보험회사가 기초서류 기재사항 준수의무를 위반한 경우, 해당 보험계약의 연간 수입 보험료의 100분의 50 이하의 과징금을 부과할 수 있다.
③ 금융위원회는 보험회사가 보고한 기초서류 관리기준이 부당하다고 판단되면 보고일부터 15일 이내에 해당 기준의 변경을 명할 수 있다.
④ 금융위원회는 보험회사가 신고한 기초서류의 내용이 기초서류 작성원칙에 위반하는 경우에는 기초서류의 즉시 변경을 청문 없이 명할 수 있다.

정답 ④

해설 보험업법 시행령 제71조의4(기초서류관리기준) ② 금융위원회는 법 제128조의2 제3항에 따라 보험회사가 보고한 기초서류관리기준이 부당하다고 판단되면 보고일부터 <u>15일 이내에</u> 해당 기준의 변경 또는 업무의 개선을 명할 수 있다.

56 금융위원회가 기초서류의 변경을 명하는 경우에 관한 설명으로 옳지 않은 것은?

① 보험회사 기초서류에 법령을 위반하거나 보험계약자에게 불리한 내용이 있다고 인정되는 경우이어야 한다.

② 법령의 개정에 따라 기초서류의 변경이 필요한 때를 제외하고는 반드시 행정절차법이 정한 바에 따라 청문을 거쳐야 한다.

③ 금융위원회는 보험계약자 등의 이익을 보호하기 위하여 특히 필요하다고 인정하면 이미 체결된 보험계약에 대하여 그 변경된 내용을 소급하여 효력이 미치게 할 수 있다.

④ 금융위원회는 변경명령을 받은 기초서류 때문에 보험계약자 등이 부당한 불이익을 받을 것이 명백하다고 인정되는 경우에는 이미 체결된 보험계약에 따라 납입된 보험료의 일부를 되돌려 주도록 할 수 있다.

정답 ③

해설 보험업법 제131조(금융위원회의 명령권) ③ 금융위원회는 제2항에 따라 기초서류의 변경을 명하는 경우 보험계약자·피보험자 또는 보험금을 취득할 자의 이익을 보호하기 위하여 특히 필요하다고 인정하면 이미 체결된 보험계약에 대하여도 <u>장래에 향하여 그 변경의 효력이 미치게 할 수 있다.</u>

57 보험업법상 보험회사의 기초서류에 관한 설명 중 옳지 않은 것은?

① 보험회사는 기초서류에 기재된 사항을 준수하여야 한다.

② 보험회사가 금융기관보험대리점을 통하여 모집하는 것에 관하여 기초서류의 조문체제를 변경하기 위해서는 미리 금융위원회에 신고하여야 한다.

③ 금융위원회는 보험회사가 신고한 기초서류의 내용이 보험업법 제127조 제2항 각 호의 기초서류의 작성, 변경에 관한 신고사유에 해당하지 않더라도 보험계약자 보호 등을 위하여 필요하다고 인정되는 경우 보험회사에 대하여 기초서류의 제출을 요구할 수 있다.

④ 금융위원회는 보험회사가 보험업법 제127조 제2항에 따라 기초서류를 신고한 경우, 필요하다면 금융감독원의 확인을 받도록 할 수 있다.

정답 ②

해설 보험업법 시행령 제71조(기초서류의 작성 및 변경) ① 법 제127조 제2항 제3호에 따라 보험회사가 기초서류(법 제5조 제3호에 따른 기초서류를 말한다)를 작성하거나 변경하려는 경우 미리 금융위원회에 신고하여야 하는 사항은 [별표 6]과 같다. 다만, <u>조문체제의 변경, 자구수정 등 보험회사가 이미 신고한 기초서류의 내용의 본래 취지를 벗어나지 아니하는 범위에서 기초서류를 변경하는 경우는 제외한다.</u>

58 보험회사가 기초서류를 작성하거나 변경하려는 경우 금융위원회에 신고해야 하는 내용에 해당하지 않는 것은?

① 법령의 제정·개정에 따라 새로운 보험상품이 도입되는 경우
② 법령의 제정·개정에 따라 보험상품 가입이 의무가 되는 경우
③ 보험계약자 보호 등을 위하여 대통령령으로 정하는 경우
④ 보험회사가 상호협정을 체결하는 경우

정답 ④

해설 **보험업법 제127조(기초서류의 작성 및 제출 등)** ② 보험회사는 기초서류를 작성하거나 변경하려는 경우 그 내용이 다음 각 호의 어느 하나에 해당하는 경우에 한정하여 미리 금융위원회에 신고하여야 한다.
1. 법령의 제정·개정에 따라 새로운 보험상품이 도입되거나 보험상품 가입이 의무가 되는 경우
2. 삭제 〈2020.12.8.〉
3. 보험계약자 보호 등을 위하여 대통령령으로 정하는 경우

59 보험업법상 보험회사의 기초서류와 관련하여 금융위원회가 일정한 요건 하에 행사할 수 있는 권한을 모두 묶은 것은?

① 기초서류의 변경권고권
② 기초서류의 변경권고권, 또는 변경명령권
③ 기초서류의 변경권고권, 변경명령권, 또는 사용정지명령권
④ 기초서류의 변경인가권, 변경권고권, 변경명령권, 또는 사용정지명령권

정답 ③

해설 **보험업법 제127조의2(기초서류의 변경 권고)** ① 금융위원회는 보험회사가 제127조 제2항에 따라 신고한 기초서류의 내용 및 같은 조 제3항에 따라 제출한 기초서류에 관한 자료의 내용이 제128조의3 및 제129조를 위반하는 경우에는 대통령령으로 정하는 바에 따라 기초서류의 <u>변경을 권고</u>할 수 있다.
보험업법 제128조의2(기초서류 관리기준) ③ 보험회사는 기초서류관리기준을 제정·개정하는 경우에는 금융위원회에 보고하여야 하며, 금융위원회는 해당 기준이나 그 운용이 부당하다고 판단되면 기준의 <u>변경 또는 업무의 개선</u>을 명할 수 있다.
보험업법 제131조(금융위원회의 명령권) ② 금융위원회는 보험회사의 업무 및 자산상황, 그 밖의 사정의 변경으로 공익 또는 보험계약자의 보호와 보험회사의 건전한 경영을 크게 해칠 우려가 있거나 보험회사의 기초서류에 법령을 위반하거나 보험계약자에게 불리한 내용이 있다고 인정되는 경우에는 청문을 거쳐 기초서류의 변경 또는 <u>그 사용의 정지</u>를 명할 수 있다. 다만, 대통령령으로 정하는 경미한 사항에 관하여 기초서류의 변경을 명하는 경우에는 청문을 하지 아니할 수 있다.

60 보험업법상 보험약관 이해도 평가를 하는 기관은?

① 금융위원회   ② 금융감독원
③ 소비자보호원   ④ 공정거래위원회

[정답] ①

[해설] 보험업법 제128조의4(보험약관 등의 이해도 평가) ① 금융위원회는 보험소비자와 보험의 모집에 종사하는 자 등 대통령령으로 정하는 자(이하 "보험소비자 등"이라 한다)를 대상으로 보험약관에 대한 이해도를 평가하고 그 결과를 대통령령으로 정하는 바에 따라 공시할 수 있다.

61 보험요율산출과 관련하여 (   )안에 들어갈 올바른 것은?

> 보험회사는 보험요율을 산출할 때 객관적이고 합리적인 통계자료를 기초로 (   ) 및 통계신뢰도를
> 바탕으로 하여야 한다.

① 보험료불가분의 원칙
② 대수의 법칙
③ 작성자불이익 원칙
④ 적합성 원칙

[정답] ②

[해설] 보험업법 제129조(보험요율 산출의 원칙) 보험회사는 보험요율을 산출할 때 객관적이고 합리적인 통계자료를 기초로 대수(大數)의 법칙 및 통계신뢰도를 바탕으로 하여야 하며, 다음 각 호의 사항을 지켜야 한다.

62 보험업법상 보험요율 산출의 원칙에 대한 설명으로 타당하지 않은 것은?

① 객관적이고 합리적인 통계자료를 기초로 대수의 법칙 및 통계신뢰도를 바탕으로 할 것
② 보험요율이 보험회사 간에 부당하게 차별적이지 아니할 것
③ 보험요율이 보험회사의 재무건전성을 크게 해칠 정도로 낮지 아니할 것
④ 보험요율이 보험금과 그 밖의 급부에 비하여 지나치게 높지 아니할 것

[정답] ②

[해설] 보험업법 제129조(보험요율 산출의 원칙) 보험회사는 보험요율을 산출할 때 객관적이고 합리적인 통계자료를 기초로 대수(大數)의 법칙 및 통계신뢰도를 바탕으로 하여야 하며, 다음 각 호의 사항을 지켜야 한다.
3. 보험요율이 보험계약자 간에 부당하게 차별적이지 아니할 것

63 주식회사인 보험회사의 해산사유가 아닌 것은?

① 주주가 1인만 남은 1인 회사
② 보험계약 전부의 이전
③ 정관으로 정한 해산사유의 발생
④ 해산을 명하는 재판

①

보험업법 제137조(해산사유 등) ① 보험회사는 다음 각 호의 사유로 해산한다.
1. 존립기간의 만료, 그 밖에 정관으로 정하는 사유의 발생
2. 주주총회 또는 사원총회(이하 "주주총회 등"이라 한다)의 결의
3. 회사의 합병
4. 보험계약 전부의 이전
5. 회사의 파산
6. 보험업의 허가취소
7. 해산을 명하는 재판

64 보험업법상 보험회사가 해산할 날부터 3개월 이내에 보험금 지급사유가 발생한 경우에만 보험금을 지급하여야 하는 해산사유로 올바르게 조합한 것은?

> 가. 존립기간의 만료, 그 밖에 정관으로 정하는 사유의 발생
> 나. 회사의 합병
> 다. 보험계약 전부의 이전
> 라. 주주총회 또는 사원총회의 결의
> 마. 회사의 파산
> 바. 보험업의 허가취소
> 사. 해산을 명하는 재판

① 가, 나, 라   ② 나, 다, 마
③ 다, 마, 사   ④ 라, 바, 사

④

보험업법 제158조(해산 후의 보험금 지급) ① 보험회사는 제137조 제1항 제2호·제6호 또는 제7호의 사유로 해산한 경우에는 보험금 지급 사유가 해산한 날부터 3개월 이내에 발생한 경우에만 보험금을 지급하여야 한다.
보험업법 제137조(해산사유 등) ① 보험회사는 다음 각 호의 사유로 해산한다.
2. 주주총회 또는 사원총회(이하 "주주총회 등"이라 한다)의 결의
6. 보험업의 허가취소
7. 해산을 명하는 재판

65 보험업법상 주식회사인 보험회사의 청산 등에 관한 설명 중 옳지 않은 것은?

① 보험회사가 보험업의 허가취소로 해산한 경우에는 금융위원회가 청산인을 선임한다.

② 금융위원회는 6개월 전부터 계속하여 자본금의 100분의 3 이상의 주식을 가진 주주의 청구에 따라 청산인을 해임할 수 있다.

③ 금융위원회는 청산인을 감독하기 위하여 보험회사의 청산업무와 자산상황을 검사하고, 자산의 공탁을 명하며, 그 밖에 청산의 감독상 필요한 명령을 할 수 있다.

④ 보험회사는 해산한 후에도 3개월 이내에는 보험계약 이전을 결의할 수 있으며, 보험계약을 이전하게 될 경우 보험금 지급사유가 해산한 날부터 3개월 넘겨서 발생한 경우에도 보험금을 지급할 수 있다.

정답 ②

해설 보험업법 제156조(청산인) ④ 금융위원회는 다음 각 호의 어느 하나에 해당하는 자의 청구에 따라 청산인을 해임할 수 있다.
2. 3개월 전부터 계속하여 자본금의 <u>100분의 5 이상</u>의 주식을 가진 주주

66 주식회사인 보험회사가 해산하는 때에 청산인이 금융위원회의 허가를 얻어 채권신고기간 내에 변제할 수 있는 경우가 아닌 것은?

① 소액채권
② 변제지연으로 거액의 이자가 발생하는 채권
③ 담보 있는 채권
④ 변제로 인하여 다른 채권자를 해할 염려가 없는 채권

정답 ②

해설 상법 제536조(채권신고기간내의 변제) ① 청산인은 전조 제1항의 신고기간 내에는 채권자에 대하여 변제를 하지 못한다. 그러나 회사는 그 <u>변제의 지연으로 인한 손해배상의 책임</u>을 면하지 못한다.

67 보험업법상 주식회사인 보험회사에서 보험계약의 이전에 관한 설명 중 옳지 않은 것은 모두 몇 개 인가?

> 가. 보험회사는 책임준비금 산출의 기초가 동일한지 여부와 무관하게 보험계약의 전부를 포괄하여 계약의 방법으로 다른 보험회사에 이전할 수 있다.
> 나. 보험계약 등의 이전에 관한 공고에는 이전될 보험계약의 보험계약자로서 이의가 있는 자는 1개월 이상의 일정한 기간 동안 이의를 제기할 수 있다는 뜻을 덧붙여야 한다.
> 다. 이의제기 기간 중 이의를 제기한 보험계약자가 이전될 보험계약자 총수의 100분의 5를 초과하거나 그 보험금액이 이전될 보험금 총액의 100분의 5를 초과하는 경우에는 보험계약을 이전하지 못한다.
> 라. 보험계약을 이전하려는 보험회사는 주주총회 등의 결의가 있었던 때부터 보험계약을 이전하거나 이전하지 아니하게 될 때까지 그 이전하려는 보험계약과 같은 종류의 보험계약을 하지 못한다.
> 마. 보험회사가 보험계약의 전부를 이전하는 경우에 이전할 보험계약에 관하여 이전계약의 내용으로 보험금액의 삭감과 장래 보험료의 감액을 정할 수 없다.

① 1개   ② 2개
③ 3개   ④ 4개

정답 ③

해설 보험업법 제140조(보험계약 등의 이전) ① 보험회사는 계약의 방법으로 <u>책임준비금 산출의 기초가 같은</u> <u>보험계약</u>의 전부를 포괄하여 다른 보험회사에 이전할 수 있다.

보험업법 제141조(보험계약 이전 결의의 공고 및 통지와 이의 제기) ③ 제2항의 기간에 이의를 제기한 보험계약자가 이전될 보험계약자 총수의 10분의 1을 초과하거나 그 보험금액이 이전될 보험금 총액의 <u>10분의 1을 초과하는 경우</u>에는 보험계약을 이전하지 못한다. 제143조에 따라 계약조항의 변경을 정하는 경우에 이의를 제기한 보험계약자로서 그 변경을 받을 자가 변경을 받을 보험계약자 총수의 10분의 1을 초과하거나 그 보험금액이 변경을 받을 보험계약자의 보험금 총액의 10분의 1을 초과하는 경우에도 또한 같다.

보험업법 제143조(계약조건의 변경) 보험회사는 보험계약의 전부를 이전하는 경우에 이전할 보험계약에 관하여 이전계약의 내용으로 <u>다음 각 호의 사항을 정할 수 있다.</u>
2. <u>보험금액의 삭감과 장래 보험료의 감액</u>

68 보험업법이 규정하는 주식회사인 보험회사의 보험계약의 임의이전에 관한 설명으로 옳지 않은 것은?

① 보험계약의 이전에 관한 결의는 의결권 있는 발행주식 총수의 3분의 2 이상의 주주의 출석과 출석주주 의결권의 과반수 이상의 수로써 하여야 한다.

② 보험회사는 계약의 방법으로 책임준비금 산출의 기초가 같은 보험계약의 전부를 포괄하여 다른 보험회사에 이전할 수 있으나, 1개인 동종보험계약의 일부만 이전할 수는 없다.

③ 보험계약의 이전결의 공고에는 보험계약자가 이의 할 수 있다는 뜻과 1개월 이상의 이의기간이 포함되어야 한다.

④ 보험계약을 이전하려는 보험회사는 주주총회의 결의가 있었던 때부터 보험계약을 이전하거나 이전하지 아니하게 될 때까지 그 이전하려는 보험계약과 같은 종류의 보험계약을 하지 못한다.

정답 ①

해설 보험업법 제138조(해산·합병 등의 결의) 해산·합병과 보험계약의 이전에 관한 결의는 제39조 제2항 또는 「상법」 제434조에 따라 하여야 한다.
상법 제434조(정관변경의 특별결의) 제433조 제1항의 결의는 출석한 주주의 의결권의 3분의 2 이상의 수와 발행주식 총수의 3분의 1 이상의 수로써 하여야 한다.

69 다음 중 보험업법상 가능한 합병으로 옳지 않은 것은?

① A 상호회사와 B 상호회사가 합병 후 A 상호회사가 존속하는 경우
② A 상호회사와 B 주식회사가 합병 후 B 주식회사가 존속하는 경우
③ A 상호회사와 B 상호회사가 합병 후 C 주식회사를 설립하는 경우
④ A 상호회사와 B 주식회사가 합병 후 D 주식회사를 설립하는 경우

정답 ③

해설 보험업법 제153조(상호회사의 합병) ① 상호회사는 다른 보험회사와 합병할 수 있다.
② 제1항의 경우 합병 후 존속하는 보험회사 또는 합병으로 설립되는 보험회사는 상호회사이어야 한다. 다만, 합병하는 보험회사의 한 쪽이 주식회사인 경우에는 합병 후 존속하는 보험회사 또는 합병으로 설립되는 보험회사는 주식회사로 할 수 있다.

70 보험업법상 주식회사인 보험회사에 관한 설명 중 옳지 않은 것은?

① 해산에 관한 결의는 「상법」 제434조에 의한 결의에 따르면 금융위원회의 인가를 받아야한다.

② 보험회사는 그 영업을 양도·양수하려면 금융위원회의 인가를 받아야 한다.

③ 보험회사가 합병을 할 경우 합병계약으로써 그 보험계약에 관한 계산의 기초 또는 계약조항의 변경을 정할 수 없다.

④ 보험회사가 그 보험업의 전부 또는 일부를 폐업하려는 경우에는 그 60일 전에 사업 폐업에 따른 정리계획서를 금융위원회에 제출하여야 한다.

정답 ③

해설 보험업법 제152조(계약조건의 변경) ① 보험회사가 합병을 하는 경우에는 합병계약으로써 그 보험계약에 관한 계산의 기초 또는 계약조항의 변경을 정할 수 있다.

71 보험업법상 손해보험계약의 제3자 보호에 관한 설명 중 옳은 것은?

① 손해보험회사는 「화재로 인한 재해보상과 보험가입에 관한 법률」 제5조에 따른 신체손해배상특약부화재보험계약의 제3자가 보험사고로 입은 손해에 대한 보험금의 지급을 보장할 의무를 지지 아니한다.

② 손해보험회사가 파산선고 등 「예금자보호법」 제2조 제8호의 사유로 손해보험계약의 제3자에게 보험금을 지급하지 못하게 된 경우에는 즉시 그 사실을 금융위원회에 보고하여야 한다.

③ 손해보험회사는 손해보험계약의 제3자에 대한 보험금의 지급을 보장하기 위하여 수입보험료 및 책임준비금을 고려하여 대통령령으로 정하는 비율을 곱한 금액을 손해보험협회에 출연할 의무가 있다.

④ 손해보험협회의 장은 금융감독원의 확인을 거쳐 손해보험계약의 제3자에게 대통령령으로 정하는 보험금을 지급하여야 한다.

정답 ③

해설 보험업법 제168조(출연) ① 손해보험회사는 손해보험계약의 제3자에 대한 보험금의 지급을 보장하기 위하여 수입보험료 및 책임준비금을 고려하여 대통령령으로 정하는 비율을 곱한 금액을 손해보험협회에 출연(出捐)하여야 한다.

72 손해보험계약의 제3자 보호에 관한 설명으로 옳지 않은 것은?

① 제3자 보호제도는 대통령령으로 정하는 법인을 계약자로 하는 손해보험계약에는 적용하지 아니한다.

② 책임보험 중에는 '제3자에 대한 신체사고를 보상'하는 책임보험에만 제3자 보험제도가 적용된다.

③ 자동차보험의 대인배상Ⅱ는 임의보험으로 제3자보호가 이루어지지 않는다.

④ 재보험과 보증보험을 전업으로 하는 손해보험회사는 보험금 지급 보장을 위한 금액을 출연할 의무가 없다.

정답 ③

해설 보험업법 제166조(적용범위) 이 장의 규정은 법령에 따라 가입이 강제되는 손해보험계약(자동차보험계약의 경우에는 법령에 따라 가입이 강제되지 아니하는 보험계약을 포함한다)으로서 대통령령으로 정하는 손해보험계약에만 적용한다. 다만, 대통령령으로 정하는 법인을 계약자로 하는 손해보험계약에는 적용하지 아니한다.

73 보험업법상 보험요율 산출기관에 관한 설명 중 옳지 않은 것은?

① 보험회사는 금융위원회의 인가를 받아 보험요율 산출기관을 설립할 수 있다.

② 보험요율 산출기관은 보험회사가 적용할 수 있는 순보험요율을 산출하며 보험상품의 비교·공시 업무를 담당한다.

③ 보험요율 산출기관은 보험업법에서 정하는 업무 수행을 위하여 보험관련통계를 체계적으로 통합·집적하여야 하며, 필요한 경우 보험회사에 자료의 제출을 요청할 수 있다.

④ 보험요율 산출기관은 순보험요율을 산출하기 위하여 필요하면 질병에 관한 통계를 보유하고 있는 기관의 장으로부터 그 질병에 관한 통계를 제공받아 보험회사로 하여금 보험계약자에게 적용할 순보험료의 산출에 이용하게 할 수 있다.

정답 ②

해설 보험업법 제176조(보험요율 산출기관) ④ 보험요율 산출기관은 보험회사가 적용할 수 있는 순보험요율을 산출하여 금융위원회에 신고할 수 있다. 이 경우 신고를 받은 금융위원회는 그 내용을 검토하여 이 법에 적합하면 신고를 수리하여야 한다.

74 보험업법상 보험계리에 관한 설명 중 옳지 않은 것은?

① 보험계리업자는 상호 중에 "보험계리"라는 글자를 사용하여야 하며, 장부폐쇄일은 보험회사의 장부폐쇄일을 따라야 한다.

② 보험계리를 업으로 하려는 법인은 2명 이상의 상근 보험계리사를 두어야 한다.

③ 보험회사는 보험계리사를 고용하여 보험계리에 관한 업무를 담당하게 하여야 하며, 보험계리를 업으로 하는 자에게 위탁할 수 없다.

④ 개인으로서 보험계리를 업으로 하려는 사람은 보험계리사의 자격이 있어야 한다.

정답 ③

해설 보험업법 제181조(보험계리) ① 보험회사는 보험계리에 관한 업무(기초서류의 내용 및 배당금 계산 등의 정당성 여부를 확인하는 것을 말한다)를 보험계리사를 고용하여 담당하게 하거나, <u>보험계리를 업으로 하는 자(이하 "보험계리업자"라 한다)에게 위탁하여야 한다.</u>

75 보험업법상 선임계리사에 관한 설명 중 옳은 것은 모두 몇 개인가?

> 가. 보험회사는 선임계리사가 그 업무를 원활하게 수행할 수 있도록 필요한 인력 및 시설을 지원하여야 한다.
> 나. 선임계리사가 되려는 사람은 보험계리사로서 10년 이상 등록되어야 하며, 보험계리업무에 7년 이상 종사한 경력이 있어야 한다.
> 다. 최근 5년 이내에 금융위원회로부터 해임권고·직무정지 조치를 받은 사실이 있는 경우 선임계리사가 될 수 없다.
> 라. 선임계리사는 그 업무 수행과 관련하여 보험회사의 이사회에 참석할 수 있다.
> 마. 선임계리사는 기초서류의 내용 및 보험계약에 따른 배당금의 계산 등이 정당한지 여부를 검증·확인하였을 때에는 그 의견서를 이사회와 감사 또는 감사위원회에 제출하여야 한다.

① 2개　　　　　　　　　② 3개

③ 4개　　　　　　　　　④ 5개

정답 ③

해설 보험업법 제184조의2(선임계리사의 자격 요건) ① 제181조의2에 따라 선임계리사가 되려는 사람은 다음 각 호의 요건을 모두 갖추어야 한다.

2. <u>보험계리업무에 10년 이상 종사한 경력이 있을 것.</u> 이 경우 손해보험회사의 선임계리사가 되려는 사람은 대통령령으로 정하는 보험계리업무에 3년 이상 종사한 경력을 포함하여 보험계리업무에 10년 이상 종사한 경력이 있어야 한다.

76 보험업법에 의하여 설립된 보험회사에 2019년 4월 15일에 선임된 선임계리사에서 회사 기밀누설 등 일정한 법적 사유가 없다면 그 선임계리사를 해임할 수 없는 기한은?(사업연도는 1월 1일부터 12월 31일로 함)

① 2021.4.14.
② 2021.12.31.
③ 2022.4.14.
④ 2022.12.31.

정답 ④

해설 제184조(선임계리사의 의무 등) ④ 보험회사가 선임계리사를 선임한 경우에는 그 선임일이 속한 사업연도의 다음 사업연도부터 연속하는 3개 사업연도가 끝나는 날까지 그 선임계리사를 해임할 수 없다.

77 다음 설명 중 옳지 않은 것은?

① 제3보험상품을 판매하는 보험회사는 손해사정사를 고용하거나 손해사정사 또는 손해사정업자에게 업무를 위탁하여야 한다.
② 보험사고가 외국에서 발생하거나 보험계약자 등이 금융위원회가 정하는 기준에 따라 손해사정사를 따로 선임한 경우에는 보험회사는 손해사정사의 고용 또는 업무위탁 의무가 없다.
③ 보험회사로부터 손해사정업무를 위탁받은 손해사정사는 손해사정서를 보험계약자, 피보험자 및 보험금 청구권자에게도 내어주어야 한다.
④ 보험업법상 보험계약자로부터 손해사정업무를 위탁받은 손해사정사는 손해사정서에 피보험자의 민감정보가 포함된 경우 피보험자의 별도의 동의를 받지 아니한 때에는 건강정보 등 민감정보를 삭제하거나 식별할 수 없도록 하여야 함을 정하고 있다.

정답 ④

해설 보험업법 시행령 제99조(손해사정사 등의 의무) ② 보험회사로부터 손해사정업무를 위탁받은 손해사정사 또는 손해사정업자는 법 제189조 제1항에 따른 손해사정서에 피보험자의 건강정보 등 「개인정보보호법」 제23조 제1항에 따른 민감정보가 포함된 경우 피보험자의 동의를 받아야 하며, 동의를 받지 아니한 경우에는 해당 민감정보를 삭제하거나 식별할 수 없도록 하여야 한다.

78 보험업법상 등록업무의 위탁에 관한 설명 중 옳지 않은 것은?

① 보험설계사 및 보험중개사에 관한 등록업무는 보험협회에게 위탁한다.
② 손해사정사 및 보험계리사에 관한 등록업무는 금융감독원장에게 위탁한다.
③ 보험계리를 업으로 하려는 자 및 손해사정을 업으로 하려는 자의 등록업무는 금융감독원장에게 위탁한다.
④ 보험설계사의 등록취소 또는 업무정지 통지에 관한 업무는 보험협회의 장에게 위탁한다.

정답 ①

해설 보험업법 제84조(보험설계사의 등록) ① 보험회사·보험대리점 및 보험중개사(이하 "보험회사 등"이라 한다)는 소속 보험설계사가 되려는 자를 <u>금융위원회에 등록</u>하여야 한다.

79 보험업법상 보험계리사·선임계리사·보험계리업자·손해사정사 및 손해사정업자(이 문항에 한하여 '보험계리사 등'이라고 한다.)에 관한 설명 중 옳은 것을 모두 고른 것은?

> 가. 보험업법에 따라 보험계리사 등이 업무정지 처분을 2회 이상 받은 경우 금융위원회는 그 등록을 취소하여야 한다.
> 나. 보험업법에 따라 보험계리사 등의 등록이 취소된 후 1년이 지나지 아니한 자는 보험계리사 등이 될 수 없다.
> 다. 보험업법에 따라 보험계리사 등의 등록취소 처분을 2회 이상 받은 경우 최종 등록취소 처분을 받은 날부터 2년이 지나지 아니한 자는 보험계리사 등이 될 수 없다.
> 라. 금융위원회는 보험계리사 등이 그 직무를 게을리하거나 직무를 수행하면서 부적절한 행위를 하였다고 인정되는 경우에는 1년 이내의 기간을 정하여 업무의 정지를 명하거나 해임하게 할 수 있다.

① 가   ② 가, 나
③ 가, 나, 다   ④ 가, 나, 다, 라

정답 ①

해설 보험업법 제190조(등록의 취소) 보험계리사·선임계리사·보험계리업자·손해사정사 및 손해사정업자에 관하여는 제86조를 준용한다.
보험업법 제86조(등록의 취소 등) ① 금융위원회는 보험설계사가 다음 각 호의 어느 하나에 해당하는 경우에는 그 등록을 취소하여야 한다.
<u>4. 이 법에 따라 업무정지 처분을 2회 이상 받은 경우</u>

80 보험업법상 인터넷 홈페이지 등을 이용하여 일반인에게 알려야 할 사항 및 알려야할 주체에 관하여 올바르게 조합한 것은?

① 등록된 보험중개사 – 보험협회
② 등록된 손해사정사 – 금융감독원장
③ 등록된 보험계리업자 – 보험협회
④ 등록된 보험대리점 – 금융감독원장

정답 ②

해설 보험업법 제195조(허가 등의 공고) ③ 금융감독원장은 다음 각 호의 사항을 인터넷 홈페이지 등을 이용하여 일반인에게 알려야 한다.
3. 제186조에 따라 등록된 손해사정사 및 제187조에 따라 등록된 손해사정업자

81 과징금에 관한 설명으로 옳지 않은 것은?

① 과징금은 행정상 제재금으로 형벌인 벌금이 아니므로 과징금과 벌금을 병과하여 이중처벌금지원칙에 반하지 않는다.
② 과징금을 부과하는 경우 그 금액은 위반행위의 내용 및 정도, 위반행위의 기간 및 횟수, 위반행위로 인하여 취득한 이익의 규모를 고려하여야 한다.
③ 소속보험설계사가 보험업법상의 설명의무를 위반한 경우에도 그 위반행위를 막기 위하여 상당한 주의와 감독을 게을리하지 않은 보험회사에게는 과징금을 부과할 수 없다.
④ 과징금의 부과 및 징수절차 등에 관하여는 국세징수법의 규정을 준용하며, 과징금 부과 전에 미리 당사자 또는 이해관계인 등에게 의견을 제출할 기회를 주어야 한다.

정답 ④

해설 보험업법 제196조(과징금) ④ 제1항부터 제3항까지의 규정에 따른 과징금의 부과 및 징수 절차 등에 관하여는 「은행법」 제65조의4부터 제65조의8까지의 규정을 준용한다.

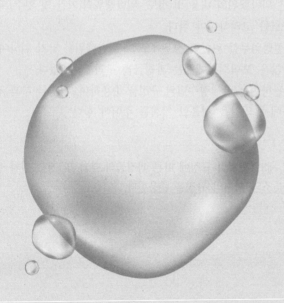

관찰하는데 있어서는
준비된 자에게만 기회가 온다.

- 루이 파스퇴르 -

the Final
(더 파이널)

01 보험업법상의 자회사는 보험회사가 다른 회사(「민법」 또는 특별법에 따른 조합을 포함한다)의 의결권 있는 발행주식(출자지분을 포함한다) 총수의 (   )를(을) 초과하여 소유하는 경우의 그 다른 회사를 말한다. (   ) 안에 들어갈 것으로 맞는 것은?

① 100분의 10
② 100분의 15
③ 100분의 40
④ 100분의 50

02 다음 중 제3보험업의 보험종목에 해당하지 않는 것은?

① 연금보험
② 상해보험
③ 질병보험
④ 간병보험

03 보험업의 허가를 신청하는 자가 금융위원회에 제출하는 신청서에 기재할 사항이 아닌 것은?

① 상 호

② 대표자 및 임원의 경력

③ 시설, 설비 및 인력에 관한 사항

④ 허가를 받으려는 보험종목

04 보험업의 예비허가 신청을 받은 금융위원회는 (a)개월 이내에 심사하여 예비허가 여부를 통지하여야 하는데, 일정한 사유가 있는 경우 한 차례만 (b)개월의 범위에서 통지기간을 연장할 수 있다. ( )에 들어갈 것으로 맞는 것은?

	a	b
①	1	2
②	2	3
③	3	4
④	4	5

05 보험종목의 일부만을 취급하려는 보험회사(통신판매전문보험회사가 아닌 경우)가 납입하여야 하는 보험종목별 자본금 또는 기금의 액수에 관한 다음 기술 중 틀린 것은?

① 생명보험 : 200억원
② 해상보험(항공・운송보험을 포함한다) : 150억원
③ 화재보험 : 100억원
④ 보증보험 : 200억원

06 다음 중 보험업법상의 통신판매전문보험회사에 해당하는 것은?

① 총보험계약건수의 100분의 90 이상을 통신수단을 이용하여 모집하는 보험회사
② 수입보험료의 100분의 90 이상을 통신수단을 이용하여 모집하는 보험회사
③ 총보험계약건수 및 수입보험료의 100분의 90 이상을 통신수단을 이용하여 모집하는 보험회사
④ 총보험계약건수 또는 총수익의 100분의 90 이상을 통신수단을 이용하여 모집하는 보험회사

07 다음 중 보험업법상 보험회사가 겸영할 수 있는 금융업무에 해당하지 않는 것은?

① 「전자금융거래법」에 따른 결제중계시스템의 참가기관으로서 하는 전자자금이체업무
② 「자산유동화에 관한 법률」에 따른 유동화자산의 관리업무
③ 「주택저당채권 유동화회사법」에 따른 유동화자산의 관리업무
④ 「한국주택금융공사법」에 따른 채권유동화자산의 관리업무

08 다음 중 보험회사의 준법감시인이 담당할 수 있는 업무에 해당하는 것은?

① 보험모집에 관한 업무
② 내부통제기준 준수 여부 점검업무
③ 보험회사가 겸영하는 금융업무
④ 보험금 지급에 관한 업무

09 보험업법상 보험설계사에 관한 다음 설명 중 틀린 것은?

① 보험회사는 소속 보험설계사가 되려는 자를 금융위원회에 등록하여야 한다.

② 보험업법에 따라 벌금 이상의 형을 선고받고 그 집행이 끝난 후 2년이 지나지 아니한 자는 보험설계사가 될 수 있다.

③ 보험업법에 따라 금고 이상의 형의 집행유예를 선고받고 그 유예기간 중에 있는 자는 보험설계사가 될 수 없다.

④ 모집과 관련하여 받은 보험금을 다른 용도에 유용한 후 3년이 지나지 아니한 자는 보험설계사가 될 수 없다.

10 다음 중 보험업법상 보험회사 또는 보험의 모집에 종사하는 자가 보험계약자에게 설명하여야 하는 중요한 사항에 해당하지 않는 것은?

① 해약환급금에 관한 사항

② 보험금청구권의 소멸시효에 관한 사항

③ 보험상품의 종목 및 명칭

④ 분쟁조정절차에 관한 사항

11 다음 중 보험업법상 보험회사 또는 보험의 모집에 종사하는 자가 일반보험계약자와 보험계약을 체결하기 전에 면담 또는 질문을 통하여 파악하여, 일반보험계약자의 확인을 받아 유지·관리하여야 하는 사항이 아닌 것은?

① 보험계약자의 연령
② 보험계약자의 재산상황
③ 보험가입의 목적
④ 보험계약자의 가족관계

제3과목

12 보험회사는 일반보험계약자로서 보험회사에 대하여 대통령령으로 정한 보험계약을 청약한 자가 보험증권을 받은 날로부터 15일(거래당사자 사이에 15일보다 긴 기간으로 약정한 경우에는 그 기간) 이내에 대통령령으로 정하는 바에 따라 청약철회의 의사표시를 하는 경우에는 특별한 사정이 없는 한 이를 거부할 수 없는데, 그러한 철회를 거부할 수 없는 계약에 해당하는 것은?

① 보험계약을 체결하기 위하여 피보험자가 건강진단을 받을 필요가 없는 보험계약
② 보험기간이 1년 미만인 보험계약
③ 「자동차손해배상보장법」 제5조에 따라 가입할 의무가 있는 보험계약
④ 일반보험계약자가 청약철회에 관하여 타인의 동의를 얻지 못한 타인을 위한 보증보험계약

13 다음 중 보험회사의 금지되는 자산운용에 해당하는 것이 아닌 것은?

① 상품이나 유가증권에 대한 투기를 목적으로 하는 자금의 대출
② 저당권 등 담보권의 실행으로 인한 부동산의 취득
③ 직접·간접을 불문하고 해당 보험회사의 주식을 사도록 하기 위한 대출
④ 직접·간접을 불문하고 정치자금의 대출

14 금융위원회로부터 보험업의 허가를 받은 자에 대한 설명으로 옳지 않은 것은?

① 화재보험의 허가를 받은 자는 그 재보험에 대해서도 허가를 받은 것으로 본다.
② 생명보험업의 보험종목의 전부에 관하여 허가를 받은 자는 질병보험에 대해서도 허가를 받은 것으로 본다.
③ 손해보험업의 보험종목의 전부에 관하여 허가를 받은 자는 연금보험에 대해서도 허가를 받은 것으로 본다.
④ 제3보험업에 관하여 허가를 받은 자는 대통령령으로 정하는 기준에 따라 제3보험의 보험종목에 부가되는 보험을 취급할 수 있다.

15 보험업법상 금융위원회에 대하여 청산인의 해임 청구를 할 수 없는 자는?(다만, 정관에 다른 규정이 없음을 전제한다)

① 감 사
② 이 사
③ 100분의 5 이상의 사원
④ 3개월 전부터 계속하여 자본금의 100분의 5 이상의 주식을 가진 주주

16 상호회사 사원의 권리와 의무에 관한 설명으로 옳은 것은?

① 사원은 회사 채권자에 대하여 직접적인 의무를 진다.
② 사원은 회사 채무에 대하여 보험금을 한도로 유한책임을 진다.
③ 사원은 보험료의 납입에 관하여 상계로써 회사에 대항할 수 있다.
④ 생명보험 및 제3보험을 목적으로 하는 상호회사의 사원은 회사의 승낙을 받아 타인으로 하여금 그 권리와 의무를 승계하게 할 수 있다.

17 금융기관보험대리점에 관한 설명으로 옳은 것은?

① 자동차보험도 모집할 수 있다.

② 「여신전문금융업법」에 따라 허가를 받은 신용카드업자(겸영여신업자는 제외)는 보험대리점으로 등록할 수 없다.

③ 모집에 종사하는 사람도 대출 업무를 취급할 수 있다.

④ 인터넷 홈페이지를 이용하여 불특정 다수를 대상으로 모집할 수 있다.

18 보험업법상 원칙적으로 손해사정사 고용의무가 없는 보험회사는?

① 재보험상품을 판매하는 보험회사

② 화재보험상품을 판매하는 보험회사

③ 보증보험 상품을 판매하는 보험회사

④ 질병보험 상품을 판매하는 보험회사

19 보험회사는 정관을 변경한 경우에는 변경한 날부터 ( ) 이내에 ( )에 알려야 한다. ( ) 안에 들어갈 사항으로 적당한 것은?

① 5일, 금융위원회
② 7일, 금융위원회
③ 5일, 보험협회
④ 7일, 보험협회

20 보험업법상 보험회사의 감사위원회 위원에 관한 설명으로 옳은 것은?

① 총 위원의 과반수가 사외이사이어야 한다.
② 1명 이상은 대통령령으로 정하는 회계 또는 법률전문가이어야 한다.
③ 상근임원의 배우자는 감사위원회의 사외이사가 아닌 위원이 되지 못한다.
④ 위원의 사망으로 감사위원회의 구성이 법률상의 요건에 적합하지 아니하게 된 경우에는, 지체 없이 이사회에서 요건에 적합하게 되도록 하여야 한다.

21 보험회사는 매년 (　　)에 그 장부를 폐쇄하여야 하고, 장부를 폐쇄한 날부터 (　　) 이내에 재무제표 및 사업보고서를 금융위원회에 제출하여야 한다. (　　) 안에 들어갈 것으로 적당한 것은?

① 3월 31일, 2개월
② 3월 31일, 3개월
③ 12월 31일, 2개월
④ 12월 31일, 3개월

22 기초서류에 관한 설명으로 옳지 않은 것은?

① 보험회사가 기초서류 관리기준을 개정하는 경우에는 금융위원회에 미리 신고하여야 한다.
② 보험회사가 금융기관보험대리점을 통하여 모집하는 보험상품에 관한 기초서류의 경미한 사항을 변경하려는 경우에는 금융위원회에 대한 사전신고 의무가 없다.
③ 금융위원회는 보험회사가 기초서류를 신고하는 경우 보험료 및 책임준비금 산출방법서에 대하여 보험요율 산출기관 또는 독립계리업자의 검증확인서를 첨부하도록 할 수 있다.
④ 금융위원회의 기초서류 변경권고는 그 내용 및 사유가 구체적으로 적힌 문서로 하여야 한다.

23 보험회사의 합병에 관한 설명으로 옳지 않은 것은?

① 합병은 보험회사의 해산사유이다.

② 상호회사와 주식회사가 합병하는 경우 합병 후 존속하는 보험회사는 주식회사이어야 한다.

③ 합병을 결의한 경우에는 결의일로부터 2주 이내에 합병계약의 요지와 각 보험회사의 재무상태표를 공고하여야 한다.

④ 상호회사의 합병결의는 사원 과반수의 출석과 그 의결권의 4분의 3 이상의 찬성으로 한다.

24 보험업법상 손해보험계약의 제3자 보호(제10장)에서 보험금의 지급보장 대상이 되는 손해보험계약의 범위에 속하지 않는 것은?

① 「자동차손해배상보장법」 제5조에 따른 책임보험계약

② 「선원법」 제98조에 따라 가입이 강제되는 손해보험계약

③ 「자동차손해배상보장법」에 따라 가입이 강제되지 아니한 자동차보험계약

④ 보험업법 시행령으로 정하는 법인을 계약자로 하는 손해보험계약

25 손해사정사가 직무를 게을리 하거나 직무를 수행하면서 부적절한 행위를 하였다고 인정되는 경우, 금융위원회가 업무정지를 명할 수 있는 최대기간은?

① 1년
② 6개월
③ 3개월
④ 1개월

26 보험요율 산출기관에 관한 설명으로 옳지 않은 것은?

① 법인으로 한다.
② 보험회사가 금융위원회의 인가를 받아 설립할 수 있다.
③ 정관으로 정하는 바에 따라 업무와 관련하여 보험회사로부터 수수료를 받을 수 있다.
④ 국토교통부가 관리하는 건설기계조종사면허의 효력에 관한 개인정보는 제공받을 수 없다.

27 다음 중 보험업법상 보험업의 허가에 관한 설명으로 옳은 것은?

① 보험업을 경영하려는 자는 보험회사별로 금융위원회의 허가를 받아야 하며, 금융위원회는 허가에 조건을 붙일 수 없다.

② 생명보험에 관한 허가를 받은 자는 해당 보험종목의 재보험에 대한 허가를 받은 것으로 추정한다.

③ 보험업의 허가를 받을 수 있는 자는 주식회사, 상호회사, 유한회사 및 외국보험회사로 제한하며, 외국보험회사국내지점은 보험업법에 따른 보험회사로 본다.

④ 국내보험회사의 경우 300억원 이상의 자본금 또는 기금을 납입함으로써 보험업을 시작할 수 있으나, 보험회사가 보험종목의 일부만을 취급하려는 경우 또는 통신판매전문보험회사의 경우 자본금 또는 기금의 액수를 달리 정할 수 있다.

28 보험업법상 보험회사의 겸영업무에 관한 설명으로 옳은 것은?

① 겸영업무를 하려는 보험회사는 그 업무를 시작하려는 날의 1월 전까지 금융위원회의 허가를 받아야 한다.

② 보험회사는 「외국환거래법」에 따른 외국환업무를 겸영할 수 없다.

③ 「근로자퇴직급여 보장법」에 따른 퇴직연금사업자의 업무를 하려는 보험회사는 그 업무를 시작하려는 날의 7일 전까지 금융위원회에 신고하여야 한다.

④ 「자본시장과 금융투자업에 관한 법률」에 따른 투자일임업을 하려는 보험회사는 금융위원회의 인가를 받아 이를 겸영할 수 있다.

29 보험업법상 외국보험회사국내지점에 관한 설명으로 옳지 않은 것은?

① 외국보험회사국내지점의 대표자는 퇴임한 후 퇴임등기를 하게 되면 대표자의 권리와 의무를 상실한다.

② 금융위원회는 외국보험회사의 본점이 위법행위, 불건전한 영업행위 등의 사유로 외국감독기관으로부터 영업전부의 정지명령 또는 보험업의 허가 취소에 상당하는 조치를 받은 경우 그 외국보험회사국내지점에 대하여 청문을 거쳐 보험업의 허가를 취소할 수 있다.

③ 외국보험회사국내지점의 대표자는 회사의 영업에 관하여 재판상 또는 재판 외의 모든 행위를 할 권한이 있다.

④ 금융위원회는 외국보험회사국내지점이 보험업법 또는 보험업법에 따른 명령이나 처분을 위반하여 해당 외국보험회사국내지점의 보험업 수행이 어렵다고 인정되면 공익 또는 보험계약자 보호를 위하여 영업정지 또는 그 밖에 필요한 조치를 하거나 청문을 거쳐 보험업의 허가를 취소할 수 있다.

30 보험업법상 보험의 모집인 또는 모집에 관한 설명으로 옳지 않은 것은?

① 보험대리점 또는 보험중개사가 되려는 자는 개인과 법인을 구분하여 금융위원회에 등록하여야 한다.

② 금융기관보험대리점 등 중 「여신전문금융업법」에 따라 허가를 받은 신용카드업자(겸영여신업자는 제외)는 소속 임직원이 아닌 자로 하여금 모집을 하게 하거나, 보험계약 체결과 관련한 상담 또는 소개를 하게 하고 상담 또는 소개의 대가를 지급할 수 있다.

③ 보험업법상 허용된 경우가 아닌 한 보험회사 등은 다른 보험회사 등에 소속된 보험설계사에게 모집을 위탁하지 못한다.

④ 손해보험회사에 소속된 보험설계사가 1개의 제3보험업을 전업으로 하는 보험회사를 위하여 모집을 하는 것은 금지된다.

31 보험업법상 법인보험대리점(금융기관보험대리점 제외)에 관한 설명으로 옳지 않은 것은?

① 보험업법에 따라 보험대리점의 등록취소 처분을 2회 이상 받은 경우 최종 등록취소 처분을 받은 날부터 3년이 지나지 아니한 자는 법인보험대리점의 임원이 되지 못한다.

② 법인보험대리점은 「대부업 등의 등록 및 금융이용자 보호에 관한 법률」에 따른 대부업 또는 대부중개업을 영위할 수 있다.

③ 법인보험대리점이 「방문판매 등에 관한 법률」에 따른 다단계판매업을 영위할 경우 금융위원회는 해당 보험대리점의 등록을 취소하여야 한다.

④ 법인보험대리점은 경영하고 있는 업무의 종류, 모집조직에 관한 사항, 모집실적에 관한 사항 등 업무상 주요 사항을 보험협회의 인터넷 홈페이지 등을 통하여 반기별로 공시하고 금융위원회에 알려야 한다.

32 보험업법상 금융기관보험대리점에 관한 설명으로 옳은 것은?

① 금융기관보험대리점이 보험상품을 모집하는 방법은 해당 금융기관보험대리점 등의 점포 내의 지정된 장소에서 보험계약자와 직접 대면하여 모집하는 방법만 허용된다.

② 「은행법」에 따라 설립된 은행과 달리 「중소기업은행법」에 따라 설립된 중소기업은행은 보험대리점으로 등록할 수 없다.

③ 금융기관보험대리점(「여신전문금융업법」에 따라 허가를 받은 신용카드업자 및 「농업협동조합법」에 따라 설립된 조합 제외)이 모집할 수 있는 생명보험 상품의 경우 개인저축성 보험, 신용생명보험이 해당하나, 개인보장성 보험 중 제3보험은 포함되지 아니한다.

④ 금융기관보험대리점 등은 해당 금융기관에 적용되는 모집수수료율을 모집을 하는 점포의 창구 및 인터넷 홈페이지에 공시하여야 하며, 보험회사는 모집을 위탁한 금융기관보험대리점 등의 모집수수료율을, 보험협회는 전체 금융기관보험대리점 등의 모집수수료율을 각각 비교·공시하여야 한다.

33 다음 중 보험업법상 설명의무의 대상이 아닌 것은 모두 몇 개인가?

- 주계약 및 특약별로 보장하는 사망, 질병, 상해 등 주요 위험 및 보험금
- 청약의 철회에 관한 사항
- 지급한도, 면책사항, 감액지급 사항 등 보험금 지급제한 조건
- 고지의무 및 통지의무 위반의 효과

① 0개
② 1개
③ 2개
④ 3개

34 보험업법상 보험계약자에 관한 설명으로 옳지 않은 것은?

① 보험회사의 임직원 등 보험관계업무에 종사하는 자는 보험계약자 등 보험계약에 관하여 이해가 있는 자로 하여금 고의로 보험사고를 발생시키거나 발생하지 아니한 보험사고를 발생한 것처럼 조작하여 보험금을 수령하도록 하는 행위를 하여서는 아니 된다.

② 보험계약자 등 보험계약에 관하여 이해관계가 있는 자가 보험사기행위를 한 경우 해당 보험사기행위로 인하여 체결된 보험계약은 보험업법상 무효가 되므로 보험회사는 해당 계약에 따른 보험금을 지급할 의무가 없다.

③ 보험회사는 일반보험계약자가 보험업법상 적법하게 청약의 철회를 행한 경우 청약의 철회를 접수한 날로부터 3일 이내에 이미 납입 받은 보험료를 반환하여야 하며, 청약의 철회에 따른 손해배상 또는 위약금 등 금전의 지급을 청구할 수 없다.

④ 보험계약자나 보험금을 취득할 자가 보험중개사의 보험계약체결 중개행위와 관련하여 손해를 입은 경우에는 그 손해액을 영업보증금에서 다른 채권자보다 우선하여 변제받을 권리를 가진다.

35 보험업법상 보험회사의 자산운용에 관한 설명으로 옳은 것은?(보험회사가 비상장 주식회사이며 금융기관은 「금융산업의 구조개선에 관한 법률」 상의 금융기관임을 전제한다)

① 보험회사는 금융위원회의 승인(신고로써 갈음하는 경우를 포함)을 받은 자회사의 주식이 아닌 한 다른 회사의 발행주식(출자지분을 포함) 총수의 100분의 10을 초과하는 주식을 소유할 수 없다.

② 보험회사는 보험업법상 특별한 제한 없이 다른 금융기관 또는 회사의 의결권 있는 주식을 서로 교차하여 보유하거나 신용공여를 할 수 있다.

③ 보험회사가 다른 금융기관 또는 회사와 상법상 자기주식 취득의 제한을 피하기 위한 목적으로 서로 교차하여 주식을 취득할 경우 이를 상당한 기간 내에 처분할 의무를 지며, 처분 전에는 해당 취득한 주식에 대하여 의결권을 행사할 수 있다.

④ 보험회사는 신용위험을 이전하려는 자가 신용위험을 인수한 자에게 금전 등의 대가를 지급하고, 신용사건이 발생하면 신용위험을 인수한 자가 신용위험을 이전한 자에게 손실을 보전해 주기로 하는 계약에 기초한 증권 또는 예금을 매수하거나 가입할 수 있다.

36 보험업법상 보험회사의 책임준비금으로 계상할 사항으로 옳지 않은 것은?

① 매 결산기 말 현재 보험금 등의 지급사유가 발생하지 아니한 계약과 관련하여, 결산기 말 이전에 납입된 보험료 중 결산기 말 후의 기간에 해당하는 보험료를 적립한 금액

② 재보험에 기한 보험위험의 전가가 있는 경우, 해당 재보험계약으로 인하여 재보험을 받은 회사에 손실 발생 가능성 여부를 불문하고 해당 재보험을 받은 회사가 재보험을 받은 부분

③ 매 결산기 말 현재 보험금 지급사유가 이미 발생하였으나, 보험금 지급금액의 미확정으로 인하여 아직 지급하지 아니한 금액

④ 보험회사가 보험계약자에게 배당하기 위하여 적립한 금액

37 보험업법상 배당보험계약의 회계처리에 관한 설명으로 옳지 않은 것은?

① 보험회사는 매 결산기 말에 배당보험계약의 손익과 무배당보험계약의 손익을 구분하여 회계 처리하여야 한다.

② 보험회사는 배당보험계약의 보험계약자에게 배당을 할 수 있으며, 이 경우 배당보험계약에서 발생하는 이익의 100분의 10 이하를 주주지분으로 하고 나머지 부분을 계약자지분으로 회계 처리하여야 한다.

③ 배당보험계약 이익의 계약자지분 중 일부는 배당보험계약의 손실 보전을 위한 준비금으로 적립할 수 있고, 배당보험계약에서 손실이 발생한 경우 우선 주주지분으로 보전한 후 그 남은 손실을 위 준비금으로 보전할 수 있다.

④ 배당보험계약의 계약자지분은 계약자배당을 위한 재원과 배당보험계약의 손실을 보전하기 위한 목적 외에 다른 용도로 사용할 수 없다.

38 보험업법상 보험회사의 감독에 관한 설명으로 옳지 않은 것은?

① 금융위원회는 보험회사의 업무 및 자산상황, 그 밖의 사정의 변경으로 공익 또는 보험계약자의 보호와 보험회사의 건전한 경영을 크게 해칠 우려가 있는 경우 기초서류의 변경 또는 그 사용의 정지에 관한 명령권을 갖는다.

② 금융위원회는 기초서류의 변경을 명하는 경우 보험계약자·피보험자 또는 보험금을 취득할 자의 이익을 보호하기 위하여 특히 필요하다고 인정하면 이미 체결된 보험계약에 대하여도 장래에 향하여 그 변경의 효력이 미치게 할 수 있다.

③ 금융위원회는 변경명령을 받은 기초서류 때문에 보험계약자·피보험자 또는 보험금을 취득할 자가 불이익을 받을 경우라도 이미 체결된 보험계약에 따라 납입된 보험료의 일부를 되돌려주거나 보험금을 증액하도록 할 수 없다.

④ 금융위원회는 보험회사의 파산 또는 보험금 지급불능 우려 등 보험계약자의 이익을 크게 해칠 우려가 있다고 인정되는 경우에는 보험계약 체결 제한, 보험금 전부 또는 일부의 지급정지 또는 그 밖에 필요한 조치를 명할 수 있다.

39 보험업법상 주식회사인 보험회사에서 보험계약의 이전에 관한 설명으로 옳지 않은 것은?

① 보험회사는 계약의 방법으로 책임준비금 산출의 기초가 같은 보험계약의 전부를 포괄하여 다른 보험회사에 이전할 수 있으며, 보험계약의 이전은 금융위원회의 인가를 받아야 한다.

② 보험계약을 이전하려는 보험회사는 보험계약의 이전에 관한 주주총회 결의일로부터 2주 이내에 계약 이전의 요지와 각 보험회사의 재무상태표를 공고하여야 한다.

③ 적법하게 행해진 보험계약 이전 결의의 공고에 의한 이의제기 기간에 이의를 제기한 보험계약자가 이전될 보험계약자 총수의 100분의 5를 초과하거나 그 보험금액이 이전될 보험금 총액의 100분의 5를 초과하는 경우에는 보험계약을 이전하지 못한다.

④ 보험계약을 이전한 보험회사가 그 보험계약에 관하여 가진 권리와 의무는 보험계약을 이전받은 보험회사가 승계한다.

40 보험업법상 금융위원회에 둘 수 있는 보험조사협의회의 구성원이 될 수 있는 자에 해당하지 않는 것은?

① 검찰총장이 지정하는 소속 공무원 1명

② 금융감독원장이 추천하는 사람 1명

③ 금융위원회가 지정하는 소속 공무원 1명

④ 보험요율 산출기관의 장이 추천하는 사람 1명

01 다음 중 현행 보험업법에 관한 설명으로 옳은 것을 모두 고른 것은?

> 가. 보험업법은 보험업을 경영하는 자의 건전한 운영을 도모함을 목적으로 한다.
> 나. 보험업법은 보험회사, 보험계약자, 피보험자, 기타 이해관계인의 권익보호를 목적으로 한다.
> 다. 보험업법은 건강보험, 산업재해보상보험, 원자력손해배상보험에는 적용되지 않는다.
> 라. 보험업법은 보험업의 허가부터 경영 전반에 걸쳐 계속 감독하는 방식을 택하고 있다.
> 마. 보험업법에 의한 손해보험 상품에는 보증보험계약, 권리보험계약, 날씨보험계약 등이 포함된다.

① 가, 나, 다   ② 나, 다, 라

③ 나, 라, 마   ④ 가, 라, 마

02 보험업법 제2조에서 정의하고 있는 용어 가운데 옳지 않은 것은?

① "외국보험회사"라 함은 대한민국 이외의 국가의 법령에 따라 설립되어 대한민국 이외의 국가에서 보험업을 경영하는 자이다.

② "모집"이라 함은 보험회사를 위하여 보험계약의 체결을 중개 또는 대리하는 것을 말한다.

③ "보험설계사"라 함은 보험회사·보험대리점·보험중개사에 소속되어 보험계약의 체결을 중개하는 자로서 금융위원회에 등록된 자이다.

④ "보험대리점"이라 함은 보험회사를 위하여 보험계약의 체결을 대리하는 자로서 금융위원회에 등록된 자이다.

03 보험업법 제3조의 단서에 따라 보험회사가 아닌 자와 보험계약을 체결할 수 있는 경우에 해당하지 않는 것은?

① 외국보험회사와 항공보험계약, 여행보험계약, 선박보험계약, 장기화재보험계약 또는 재보험계약을 체결하는 경우

② 외국보험회사와 생명보험계약, 수출적하보험계약, 수입적하보험계약을 체결하는 경우

③ 우리나라에서 취급되지 아니하는 보험종목에 관하여 외국보험회사와 보험계약을 체결하는 경우

④ ①~③에 해당하지 않으나 금융위원회의 승인을 얻어 보험계약을 체결하는 경우

04 보험업의 예비허가 신청에 관한 다음 설명 중 옳은 것은 몇 개인가?

> 가. 보험업의 예비허가 신청을 받은 금융위원회는 6개월 내에 예비허가 여부를 통지하여야 한다.
> 나. 금융위원회는 예비허가에 조건을 붙일 수 없다.
> 다. 보험업의 예비허가를 받은 자는 3개월 이내에 예비허가의 내용 및 조건을 이행한 후에 본허가를 신청하여야 한다.
> 라. 금융위원회는 예비허가 신청에 대하여 이해관계인의 의견을 요청하거나 공청회를 개최할 수 있다.

① 0개   ② 1개
③ 2개   ④ 3개

05 보험업의 허가를 받으려는 자가 보험업법 제6조 제1항 제2호 단서에 따라 특정 업무를 외부에 위탁하는 경우 업무와 관련된 전문 인력과 물적 시설을 갖춘 것으로 보는데, 그 특정 업무에 해당하지 않는 것은?

① 보험상품개발업무
② 보험계약 심사를 위한 조사업무
③ 보험금 지급심사를 위한 보험사고 조사업무
④ 전산설비의 개발·운영 및 유지·보수에 관한 업무

06 다음 설명 중 옳지 않은 것은?

① 보험계약자의 보호가 가능하고 그 경영하려는 보험업을 수행하기 위하여 필요한 전문인력과 전산설비 등 물적 시설을 갖추고 있어야 한다는 보험허가의 요건은 보험회사가 보험업의 허가를 받은 이후에도 계속 유지하여야 한다.
② 대한민국에서 보험업의 허가를 받으려는 외국보험회사는 보험업법 제9조 제3항의 영업기금 납입 외에 자산상황·재무건전성 및 영업건전성이 국내에서 보험업을 경영하기에 충분하고 국제적으로 인정받고 있을 것이 요구된다.
③ 보험업법 제6조 제1항 제3호의 사업계획은 지속적인 영업을 수행하기에 적합하고 추정재무제표 및 수익 전망이 사업계획에 비추어 타당성이 있어야 한다.
④ 보험회사가 보험업 허가를 받은 이후 전산설비의 성능 향상이나 보안체계의 강화 등을 위하여 그 일부를 변경하면 보험업법 제6조 제4항의 물적 시설을 유지하지 못하는 것으로 본다.

07 다음 설명 중 (　　) 안에 들어갈 것끼리 올바르게 짝지어진 것은?

> 어느 보험회사가 보험업법 제9조 제1항 단서에 따라 자동차보험만을 취급하려는 경우 (a) 이상의 자본금 또는 기금을 확보하면 되고 여기에 질병보험을 동시에 취급하려는 경우 그 합계액이 (b) 이상일 것이 요구되지만, 만일 동 보험회사가 전화·우편·컴퓨터통신 등 통신수단을 이용하여 대통 령령으로 정하는 바에 따라 모집을 하는 회사인 경우 앞의 자본금 또는 기금의 (c) 이상을 납입함으 로써 보험업을 시작할 수 있다.

	a	b	c
①	100억원	200억원	2분의 1
②	200억원	300억원	2분의 1
③	200억원	300억원	3분의 2
④	200억원	400억원	3분의 2

08 손해보험의 보험종목 전부를 취급하는 손해보험회사가 질병을 원인으로 하는 사망을 제3보험의 특약형식으로 담보하는 보험을 겸영하기 위해 충족하여야 하는 요건에 해당하지 않는 것은?

① 납입보험료가 일정액 이하일 것
② 보험만기는 80세 이하일 것
③ 보험금액의 한도는 개인당 2억원 이내일 것
④ 만기 시에 지급하는 환급금은 납입보험료 합계액의 범위 내일 것

09 금융위원회는 보험회사가 보험업법 제11조의2 제1항에 따라 보험업에 부수(附隨)하는 업무를 신고한 경우 그 신고일로부터 7일 이내에 인터넷 홈페이지 등에 공고하여야 하는 사항에 해당하지 않는 것은?

① 보험업종
② 부수업무의 신고일
③ 부수업무의 개시 예정일
④ 부수업무의 내용

10 보험회사인 주식회사의 조직변경에 관한 다음 설명 중 옳지 않은 것은?

① 보험업법상 조직변경은 주식회사가 그 조직을 변경하여 상호회사로 되는 것만을 의미하며, 주식회사의 보험계약자는 조직변경에 의한 상호회사의 사원이 된다.
② 조직변경시 보험계약자나 보험금을 취득할 자는 피보험자를 위하여 적립한 금액을 다른 법률에 특별한 규정이 없으면 주식회사의 자산에서 우선하여 취득하게 된다.
③ 주식회사가 그 조직을 변경한 경우에는 그 조직을 변경한 날부터 본점과 주된 사무소에서는 2주 이내에, 지점과 종된 사무소 소재지에서는 3주 이내에 주식회사의 해산등기, 상호회사의 설립등기를 마쳐야 한다.
④ 상호회사로 조직을 변경한 보험회사는 손실의 보전에 충당하기 위하여 금융위원회가 필요하다고 인정하는 금액을 준비금으로 적립하여야 하고, 300억원 이상의 기금을 납입하여야 한다.

11 주식회사와 상호회사의 특성에 관한 설명 중 옳지 않은 것은?

> 가. 주식회사의 주주와 상호회사의 사원은 모두 회사채권자에 대하여 간접·유한책임을 진다.
> 나. 주식회사와 상호회사 모두 금전 이외의 출자는 금지된다.
> 다. 주식회사와 상호회사 모두 그 설립에 있어서 100인 이상의 사원을 필요로 한다.
> 라. 상호회사의 채무에 관한 사원의 책임은 보험료를 한도로 하며, 보험료 납입에 관하여 상계로써 회사에 대항할 수 있다.
> 마. 주식회사의 구성원은 주주이나 상호회사의 구성원은 보험계약자인 사원이다.

① 가, 나, 다   ② 나, 다, 라
③ 나, 라, 마   ④ 가, 라, 마

12 금융위원회는 외국보험회사의 본점에 다음의 어느 하나에 해당하는 사유가 발생한 때에는 청문을 거쳐 그 외국보험회사국내지점의 보험업 허가를 취소할 수 있는데, 취소사유에 해당하지 않는 것은?

① 합병, 영업양도 등으로 소멸한 경우
② 위법행위, 불건전한 영업행위 등의 사유로 외국감독기관으로부터 영업정지나 허가취소 조치를 당한 경우
③ 휴업하거나 영업을 중지한 경우
④ 대표자가 퇴임하고 후임 대표자가 선임되지 않은 경우

13 모집할 수 있는 자에 관한 설명 중 옳은 것(○)과 옳지 않은 것(×)을 올바르게 조합한 것은?(다툼이 있는 경우 통설·판례에 의함)

> 가. 모집할 수 있는 자는 보험설계사, 보험대리점, 보험회사의 대표이사 등이 있다.
> 나. 보험대리점 또는 보험중개사로 등록한 금융기관은 모집과 관련이 없는 금융거래를 통하여 취득한 개인정보를 미리 그 개인의 동의를 받지 아니하고 모집에 이용하는 행위를 하지 못한다.
> 다. 보험설계사와 보험중개사는 보험계약의 체결을 중개하는 자이다.
> 라. 보험업법상의 보험대리점은 체약대리상으로서 고지의무 수령권한이 있으나, 보험설계사 및 보험중개사는 고지의무 수령권한이 없다.

① 가(○), 나(○), 다(○), 라(○)
② 가(○), 나(×), 다(○), 라(○)
③ 가(×), 나(○), 다(○), 라(×)
④ 가(×), 나(○), 다(○), 라(○)

14 보험모집에 관한 설명 중 옳은 것(○)과 옳지 않은 것(×)을 올바르게 조합한 것은?(다툼이 있는 경우 통설·판례에 의함)

> 가. 보험모집에 관한 규제는 처음에는 보험업법에 의하여 규율하지 아니하였고, 「보험모집단속법」(제정 1962.1.20. 법률 제990호)이라는 별도의 법률에 의하여 규율되었다.
> 나. 보험회사·보험대리점 및 보험중개사는 대통령령으로 정하는 바에 따라 소속 보험설계사에게 보험계약의 모집에 관한 교육을 하여야 한다.
> 다. 2003년 개정 보험업법에 의하여 보험대리점의 특수한 형태로서 금융기관보험대리점제도가 도입되었다.
> 라. 사외이사는 직무수행의 독립성과 중립성을 담보하기 위하여 모집할 수 있는 자에서 제외되었다.

① 가(○), 나(○), 다(○), 라(○)
② 가(○), 나(○), 다(×), 라(○)
③ 가(○), 나(×), 다(○), 라(○)
④ 가(×), 나(○), 다(○), 라(○)

15 보험설계사에 대한 불공정 행위 금지 유형에 해당하는 것으로 옳은 것은?

> 가. 보험모집 위탁계약서를 교부하는 행위
> 나. 위탁계약서상 계약사항을 이행하지 아니하는 행위
> 다. 위탁계약서에서 정한 해지요건의 사유로 위탁계약을 해지하는 행위
> 라. 정당한 이유로 보험설계사에게 지급한 수수료를 환수하는 행위
> 마. 보험설계사에게 보험료 대납(代納)을 강요하는 행위

① 가, 나, 다   ② 나, 마
③ 가, 나, 다, 라   ④ 나, 라, 마

16 보험설계사에 대해 6개월 이내의 기간을 정하여 그 업무의 정지를 명하거나 그 등록을 취소할 수 있는 경우를 모두 고른 것은?

> 가. 보험설계사가 금고 이상의 형의 집행유예를 선고받은 경우
> 나. 보험업법에 따라 업무정지 처분을 2회 이상 받은 경우
> 다. 모집에 관한 보험업법의 규정을 위반한 경우
> 라. 보험계약자, 피보험자 또는 보험금을 취득할 자로서 보험업법 제102조의2(보험계약자의 의무)를 위반한 경우
> 마. 보험업법에 따라 과태료 처분을 2회 이상 받은 경우

① 가, 나, 다, 라, 마 ② 가, 나, 다, 라
③ 나, 다, 라   ④ 다, 라, 마

17 보험안내자료에 관한 설명 중 옳지 않은 것은?

① 보험안내자료라 함은 모집을 위하여 사용하는 각종의 자료를 말한다.

② 보험안내자료에는 보험회사의 상호나 명칭 또는 보험설계사·보험대리점 또는 보험중개사의 이름·상호나 명칭, 보험 가입에 따른 권리·의무에 관한 주요 사항 등을 명백하고 알기 쉽게 적어야 한다.

③ 보험회사의 장래의 이익 배당 또는 잉여금 분배에 대한 예상에 관한 사항은 원칙적으로 적지 못한다.

④ 해약환급금에 관한 사항, 「예금자보호법」에 따른 예금자보호와 관련된 사항은 보험안내자료에 기재할 필요가 없다.

18 다음 〈사례〉에 관한 설명 중 옳은 것(○)과 옳지 않은 것(×)을 올바르게 조합한 것은?

〈사 례〉
보험대리점 A는 보험회사와 모집위탁계약을 체결하고 있다. A는 자신의 친구 B, C와 실손의료보험계약을 체결하고자 한다. 또한 A는 (주)미래, 서울시와 단체 상해보험계약을 체결하려고 한다. (주)미래는 주권상장법인이고, 서울시는 지방자치단체이다.

〈설 명〉
가. 친구 B와 C는 일반보험계약자이다.
나. A는 보험계약 체결을 권유하는 경우에는 보험료, 보장범위, 보험금 지급제한 사유 등 대통령령으로 정하는 보험계약의 중요사항을 B와 C에게 이해할 수 있도록 설명하여야 한다.
다. 보험업법에 따라 A는 (주)미래, 서울시에 대하여 계약의 중요사항을 설명하여야 한다.
라. 보험회사는 보험계약의 체결 시부터 보험금 지급 시까지의 주요 과정을 대통령령으로 정하는 바에 따라 B와 C에게 설명하여야 한다. 그리고 B와 C가 설명 받기를 거부하더라도 이들을 보호하기 위하여 설명을 하여야 한다.

① 가(○), 나(○), 다(×), 라(○)
② 가(○), 나(×), 다(○), 라(×)
③ 가(○), 나(○), 다(×), 라(×)
④ 가(×), 나(○), 다(○), 라(○)

19 보험모집에 관한 설명 중 옳지 않은 것은?

① 보험의 모집에 종사하는 자는 전문보험계약자와 보험계약을 체결하기 전에 면담 또는 질문을 통하여 보험계약자의 연령, 재산상황, 보험가입의 목적 등 대통령령으로 정하는 사항을 파악하여야 한다.

② 보험의 모집에 종사하는 자는 일반보험계약자의 연령, 재산상황, 보험가입의 목적 등에 비추어 그 일반보험계약자에게 적합하지 아니하다고 인정되는 보험계약의 체결을 권유하여서는 아니 된다.

③ 보험의 모집에 종사하는 자가 보험상품에 관하여 광고를 하는 경우에는 보험계약 체결 전에 상품설명서 및 약관을 읽어 볼 것을 권유하는 내용 등이 포함되어 있어야 한다.

④ 보험협회는 필요하면 보험회사 또는 보험의 모집에 종사하는 자로부터 광고물을 미리 제출받아 보험회사 등의 광고가 보험업법이 정한 광고기준을 지키는지를 확인할 수 있다.

20 보험계약의 체결 또는 모집에 관한 설명 중 옳은 것을 모두 고른 것은?

> 가. 보험대리점은 보험계약자나 피보험자에게 보험상품의 내용을 사실과 다르게 알리거나 그 내용의 중요한 사항을 알리지 아니하는 행위를 할 수 없다.
> 나. 보험중개사는 보험계약자나 피보험자에게 보험상품 내용의 일부에 대하여 비교의 대상 및 기준을 분명하게 밝히지 아니할 수 있다.
> 다. 보험설계사는 보험계약자나 피보험자가 중요한 사항을 보험회사에 알리는 것을 방해하거나 알리지 아니할 것을 권유하는 행위를 할 수 없다.
> 라. 보험중개사는 다른 모집 종사자의 명의를 이용하여 보험계약을 모집할 수 있다.
> 마. 보험대리점은 보험계약의 청약철회 또는 계약 해지를 방해하는 행위를 할 수 없다.

① 가, 나, 다

② 나, 다

③ 가, 다, 마

④ 가, 다, 라

21 보험업법 제98조의 특별이익 제공 금지규정에 위반한 것을 모두 고른 것은?

> 가. 보험대리점 A는 보험계약자 B에게 보험계약 체결에 대한 대가로 5만원을 제공하였다.
> 나. 보험설계사 C는 피보험자 D에게 보험계약 체결에 대한 대가와 고마움의 표시로 10만원의 상당
> 액을 주기로 약속하였다.
> 다. 보험중개사 E는 보험계약자 F를 위하여 제1회 보험료 5만원을 대납하였다.
> 라. 보험회사직원 G는 피보험자 H가 보험회사로부터 받은 대출금에 대한 이자를 대납하였다.

① 가, 나
② 가, 나, 다, 라
③ 가, 나, 라
④ 가, 라

22 보험회사 등의 모집위탁 및 수수료 지급 등에 관한 설명 중 옳지 않은 것은?

① 보험회사는 원칙적으로 모집할 수 있는 자 이외의 자에게 모집을 위탁하거나 모집에 관하여
수수료, 보수, 그 밖의 대가를 지급하지 못한다.
② 보험회사는 기초서류에서 정하는 방법에 따른 경우에는 모집할 수 있는 자 이외의 자에게
모집을 위탁할 수 있다.
③ 보험회사는 대한민국 밖에서 외국의 모집조직(외국법령에서 허용하는 경우)을 이용하여 원보
험계약 또는 재보험계약을 인수할 수 있다.
④ 보험중개사는 어떠한 경우에도 보험계약 체결의 중개와 관련된 수수료나 그 밖의 대가를 보험
계약자에게 청구할 수 없다.

23 보험대리점 또는 보험중개사로 등록한 금융기관의 금지행위 유형에 해당하는 것을 모두 고른 것은?

> 가. 대출 등 해당 금융기관이 제공하는 용역을 제공하는 조건으로 대출 등을 받는 자에게 그 금융기관이 대리 또는 중개하는 보험계약을 체결할 것을 요구하거나 특정한 보험회사와 보험계약을 체결할 것을 요구하는 행위
> 나. 대출 등을 받는 자의 동의를 미리 받고 보험료를 대출 등의 거래에 포함시키는 행위
> 다. 해당 금융기관의 임직원 중 모집할 수 있는 자에게 모집을 하도록 하거나 이를 용인하는 행위
> 라. 해당 금융기관의 점포 내의 장소에서 모집을 하는 행위

① 가
② 가, 나
③ 가, 나, 다
④ 가, 나, 다, 라

24 다음 〈사례〉에 관한 설명 중 옳은 것(○)과 옳지 않은 것(×)을 올바르게 조합한 것은?(다툼이 있는 경우 판례에 의함)

> 〈사 례〉
> (ⅰ) 보험계약자 A는 보험회사 B와 2017년 3월 2일 종신보험계약을 체결하였다. 그리고 보험증권은 2017년 3월 15일에 보험회사 B로부터 A에게 전달되었다.
> (ⅱ) 보험계약자 한국산업은행은 보험회사 B와 단체상해보험계약을 체결하였다.

> 〈설 명〉
> 가. 보험계약자 A와 한국산업은행은 보험계약의 청약을 철회할 수 있다.
> 나. 보험계약자 A는 2017년 3월 2일부터 15일 이내에 청약을 철회하여야 한다.
> 다. 보험회사 B는 보험계약자 A로부터 청약의 철회를 접수한 날로부터 5일 이내에 이미 납입 받은 보험료를 반환하여야 한다.
> 라. 보험계약자 A가 보험계약 청약의 철회 당시 보험금의 지급사유가 발생한 사실을 알지 못하고 청약 철회를 한 경우 그 효력은 발생하지 아니한다.

① 가(×), 나(○), 다(○), 라(○)
② 가(○), 나(×), 다(○), 라(×)
③ 가(×), 나(×), 다(×), 라(○)
④ 가(○), 나(×), 다(×), 라(×)

25 보험회사의 자산운용에 대한 설명 중 옳지 않은 것은?

① 보험회사는 그 자산을 운용할 때 안정성·유동성·수익성 및 공익성이 확보되도록 하여야 한다.

② 자산운용비율을 초과하게 된 경우에는 해당 보험회사는 그 비율을 초과하게 된 날부터 2년 이내(대통령령으로 정하는 사유에 해당하는 경우에는 금융위원회가 정하는 바에 따라 그 기간을 연장할 수 있다)에 보험업법 제106조에 적합하도록 하여야 한다.

③ 보험회사가 취득·처분하는 자산의 평가방법, 채권 발행 또는 자금차입의 제한 등에 관하여 필요한 사항은 대통령령으로 정한다.

④ 보험회사는 타인을 위하여 그 소유자산을 담보로 제공하거나 채무보증을 할 수 없는 것이 원칙이다.

26 보험업법 제111조의 대주주와 거래제한 등에 관한 설명 중 옳지 않은 것은?

① 보험회사는 직접 또는 간접으로 대주주가 다른 회사에 출자하는 것을 지원하기 위한 신용공여를 하여서는 아니 된다.

② 보험회사는 자산을 대통령령으로 정하는 바에 따라 무상으로 양도하거나 일반적인 거래 조건에 비추어 해당 보험회사에 뚜렷하게 불리한 조건으로 자산에 대하여 매매·교환·신용공여 또는 재보험계약을 하는 행위를 하여서는 아니 된다.

③ 보험회사는 그 보험회사의 대주주와 대통령령으로 정하는 금액 이상의 신용공여 행위를 하였을 때에는 14일 이내에 그 사실을 금융위원회에 보고하고, 인터넷 홈페이지 등을 이용하여 공시하여야 한다.

④ 보험회사의 대주주는 해당 보험회사의 이익에 반하여 대주주 개인의 이익을 위하여 경제적 이익 등 반대급부를 제공하는 조건으로 다른 주주 또는 출자자와 담합(談合)하여 해당 보험회사의 인사 또는 경영에 부당한 영향력을 행사하는 행위를 하여서는 아니 된다.

27 금융위원회의 승인을 받아 보험회사가 자회사로 소유할 수 있는 경우를 모두 고른 것은?

> 가. 「금융산업의 구조개선에 관한 법률」 제2조 제1호에 따른 금융기관이 경영하는 금융업
> 나. 「신용정보의 이용 및 보호에 관한 법률」에 따른 신용정보업
> 다. 보험계약의 유지·해지·변경 또는 부활 등을 관리하는 업무
> 라. 보험회사의 사옥관리업무
> 마. 보험수리업무

① 가, 나　　　　　　　　　　② 가, 다, 라
③ 다, 라, 마　　　　　　　　　④ 가, 나, 다

28 보험회사의 책임준비금 등의 적립에 관한 설명으로 옳지 않은 것은?

① 보험회사는 결산기마다 대통령령으로 정하는 책임준비금과 비상위험준비금을 계상하고 따로 작성한 장부에 각각 기재하여야 한다.
② 책임준비금과 비상위험준비금은 보험계약의 종류에 따라 각각 계상하여야 한다.
③ 책임준비금과 비상위험준비금의 계상에 관하여 필요한 사항은 대통령령으로 정한다.
④ 책임준비금과 비상위험준비금의 적정한 계상과 관련하여 필요한 경우 금융위원회는 보험회사의 자산 및 비용, 그 밖에 대통령령으로 정하는 사항에 관한 회계처리기준을 정할 수 있다.

29 다음은 보험회사가 금융위원회에 제출하여야 하는 서류이다. 이 중 보험업법이 전자문서로 제출할 수 있도록 규정하고 있는 것이 아닌 것은?

① 보험업 허가신청서
② 재무제표(부속명세서를 포함한다)
③ 사업보고서
④ 월간업무내용보고서

30 배당보험계약의 회계처리 등에 관한 설명으로 옳지 않은 것은?

① 보험회사는 대통령령으로 정하는 바에 따라 배당보험계약을 다른 보험계약과 구분하여 회계처리할 수 있다.
② 보험회사는 대통령령으로 정하는 바에 따라 배당보험계약의 보험계약자에게 배당을 할 수 있다.
③ 보험계약자에 대한 배당기준은 배당보험계약자의 이익과 보험회사의 재무건전성 등을 고려하여 정하여야 한다.
④ 보험회사가 「자산재평가법」에 따른 재평가를 한 경우 그 재평가에 따른 재평가적립금은 금융위원회의 허가를 받아 보험계약자에 대한 배당을 위하여도 처분할 수 있다.

31 다음 중 보험업법에 따라 보험금의 지급이 보장되는 보험을 모두 고른 것은?

> 가. 「자동차손해배상 보장법」 제5조에 따른 책임보험계약
> 나. 「자동차손해배상 보장법」에 따라 가입이 강제되지 아니한 자동차보험계약
> 다. 「청소년활동 진흥법」 제25조에 따라 가입이 강제되는 손해보험계약
> 라. 「유류오염손해배상 보장법」 제14조에 따라 가입이 강제되는 유류오염 손해배상 보장계약

① 가, 다   ② 가, 나, 다

③ 가, 다, 라   ④ 가, 나, 다, 라

32 다음 중 보험업법상 보험조사협의회 위원으로 명시된 자로 옳지 않은 것은?

① 보건복지부장관이 지정하는 소속 공무원 1명
② 금융위원회가 지정하는 소속 공무원 1명
③ 경찰청장이 지정하는 소속 공무원 1명
④ 소비자보호원장이 추천하는 사람 1명

33 보험회사는 기초서류를 신고하는 경우 보험료 및 책임준비금 산출방법서에 대하여 독립계리업자의 검증확인서를 첨부할 수 있다. 다음 중 독립계리업자가 될 수 있는 자에 해당하는 것은?

① 해당 보험회사로부터 보험계리에 관한 업무를 위탁받아 수행 중인 보험계리업자
② 대표자가 최근 2년 이내에 해당 보험회사에 고용된 사실이 있는 보험계리업자
③ 대표자나 그 배우자가 해당 보험회사의 소수주주인 보험계리업자
④ 보험회사의 자회사인 보험계리업자

34 다음 중 보험회사가 그 사유가 발생한 날부터 5일 이내에 금융위원회에 보고하여야 하는 경우로 옳지 않은 것은?

① 상호나 명칭을 변경한 경우
② 정관의 변경
③ 본점의 영업을 중지하거나 재개(再開)한 경우
④ 대주주가 소유하고 있는 주식 총수가 의결권 있는 발행주식 총수의 100분의 1 이상만큼 변동된 경우

35 보험회사에 대한 제재조치 중 금융감독원장이 할 수 있는 조치로 옳은 것은?

① 보험회사에 대한 주의·경고 또는 그 임직원에 대한 주의·경고·문책의 요구

② 해당 위반행위에 대한 시정명령

③ 임원의 해임권고·직무정지의 요구

④ 6개월 이내의 영업의 일부정지

36 다음 중 보험회사의 해산사유에 해당하지 않는 것은?

① 주주총회의 결의

② 회사의 합병

③ 회사의 분할

④ 보험계약 전부의 이전

37 다음 중 보험업법상 가능한 합병으로 옳지 않은 것은?

① A 상호회사와 B 상호회사가 합병 후 A 상호회사가 존속하는 경우
② A 상호회사와 B 주식회사가 합병 후 B 주식회사가 존속하는 경우
③ A 상호회사와 B 상호회사가 합병 후 C 주식회사를 설립하는 경우
④ A 상호회사와 B 주식회사가 합병 후 D 주식회사를 설립하는 경우

38 손해보험회사가 「예금자보호법」 제2조 제8호의 사유로 손해보험계약의 제3자에게 보험금을 지급하지 못하게 된 경우 보험업법에 따라 그 제3자에게 대통령령으로 정하는 보험금을 지급하는 기관으로 옳은 것은?

① 금융위원회
② 금융감독원
③ 예금보험공사
④ 손해보험협회

39 다음 중 보험업법상 손해사정사의 업무로 옳지 않은 것은?

① 손해 발생 사실의 확인

② 보험약관 및 관계 법규 적용의 적정성 판단

③ 손해액 및 보험금의 사정

④ 당해 손해에 관한 당사자간 합의의 중재

40 다음 중 보험업법에 규정된 벌칙으로 옳지 않은 것은?

① 과태료

② 징역과 벌금의 병과규정

③ 법인과 개인의 양벌규정

④ 징벌적 손해배상제도

2018년 기출문제

01 보험업법상 보험업에 관한 설명 중 옳은 것(○)과 옳지 않은 것(×)을 올바르게 조합한 것은?

> 가. 보험업의 허가를 받을 수 있는 자는 주식회사 및 상호회사에 한한다.
> 나. 화재보험업만을 영위하기 위해 허가를 받은 자가 간병보험업을 영위하기 위해서는 간병보험에 관한 별도의 허가가 있어야 한다.
> 다. 생명보험업과 보증보험업을 겸영하고자 하는 경우에는 500억원의 자본금 또는 기금을 납입하여야 한다.
> 라. 통신판매전문보험회사가 통신수단에 의한 총보험계약건수 및 수입보험료의 모집비율이 총보험계약건수 및 수입보험료의 100분의 90에 미달하는 경우에는 통신수단 이외의 방법으로 모집할 수 있다.

① 가(○), 나(×), 다(○), 라(×)
② 가(×), 나(○), 다(×), 라(×)
③ 가(○), 나(○), 다(×), 라(×)
④ 가(×), 나(×), 다(○), 라(○)

02 보험업법 제2조의 "보험계약자"에 관한 설명 중 옳지 않은 것을 모두 고른 것은?

> 가. "전문보험계약자"가 되기 위하여는 보험계약에 관한 전문성, 자산규모 등에 비추어 보험계약의 내용을 이해하고 이행할 능력이 있어야 한다.
> 나. "일반보험계약자"란 전문보험계약자가 아닌 보험계약자를 말한다.
> 다. "전문보험계약자"가 "일반보험계약자"와 같은 대우를 받는 것에 대하여 보험회사가 동의한 경우라 하더라도 해당 보험계약자에 대하여는 적합성 원칙을 적용하지 않는다.
> 라. "전문보험계약자" 가운데 대통령령으로 정하는 자가 "일반보험계약자"와 같은 대우를 받겠다는 의사를 보험회사에 서면으로 통지한 경우 보험회사는 언제나 동의하여야 한다.
> 마. 국가, 지방자치단체, 한국은행, 주권상장법인, 한국자산관리공사, 신용보증기금은 "전문보험계약자"에 해당한다.

① 가, 나　　　　　　　　② 나, 다
③ 다, 라　　　　　　　　④ 다, 라, 마

03 보험업법 제2조의 보험중개사에 관한 설명 중 옳지 않은 것은?

① 보험대리점도 보험중개사로 등록하여 독립적으로 보험계약의 체결을 중개할 수 있다.

② 보험중개사가 되려는 자는 개인과 법인을 구분하여 대통령령으로 정하는 바에 따라 금융위원회에 등록하여야 한다.

③ 법인보험중개사는 보험계약자 보호 등을 해칠 우려가 없는 업무로서 대통령령으로 정하는 업무 또는 보험계약의 모집업무 이외의 업무를 하지 못한다.

④ 보험중개사는 보험계약을 중개할 때 그 수수료에 관한 사항을 비치하여 보험계약자가 열람할 수 있도록 하여야 한다.

04 보험업법이 인정하고 있는 "보험업" 및 "보험상품"에 관한 설명 중 옳지 않은 것은?

① 보험업이란 보험상품의 취급과 관련하여 발생하는 보험의 인수, 보험료 수수 및 보험금 지급 등을 영업으로 하는 것을 말한다.

② 보험업법은 생명보험상품, 손해보험상품, 제3보험상품으로 각각 구분하여 "보험상품"을 정의하고 있다.

③ 손해보험상품에는 운송보험계약, 보증보험계약, 재보험계약, 권리보험계약, 원자력보험계약, 비용보험계약, 날씨보험계약, 동물보험계약, 도난보험계약, 유리보험계약, 책임보험계약이 포함된다.

④ 보험업법은 보험계약자의 보호 필요성 및 금융거래 관행 등을 고려하여 건강보험, 연금보험계약, 선불식 할부계약 등을 보험상품에서 제외하고 있다.

05 보험업법상 허가된 보험회사가 아닌 자와 보험계약을 체결할 수 있는 경우에 해당하지 않는 것은?

① 대한민국에서 허가된 보험회사와 보험계약의 체결이 곤란하고 금융감독원의 허가를 얻은 경우

② 대한민국에서 취급되지 아니하는 보험종목에 관하여 외국보험회사와 보험계약을 체결하는 경우

③ 외국에서 보험계약을 체결하고, 보험기간이 지나기 전에 대한민국에서 그 계약을 지속시키는 경우

④ 대한민국에서 취급되는 보험종목에 관하여 셋 이상의 보험회사로부터 가입이 거절되어 외국 보험회사와 보험계약을 체결하는 경우

06 보험업법상 보험회사가 겸영할 수 있는 금융업무를 열거한 것 중 옳은 것은 모두 몇 개인가?

> 가. 「한국주택금융공사법」에 따른 채권유동화자산의 관리업무
> 나. 「자산유동화에 관한 법률」에 따른 유동화자산의 관리업무
> 다. 「전자금융거래법」 제28조 제2항 제1호에 따른 결제중계시스템의 참가기관으로서 하는 전자자금 이체업무
> 라. 「자본시장과 금융투자업에 관한 법률」 제6조 제4항에 따른 집합투자업무
> 마. 「근로자퇴직급여 보장법」 제2조 제13호에 따른 퇴직연금사업자의 업무

① 2개 ② 3개
③ 4개 ④ 5개

07 주식회사인 보험회사의 조직변경에 관한 설명 중 옳은 것을 모두 고른 것은?

> 가. 보험회사는 조직변경의 공고를 한 날 이후에 보험계약을 체결하려면 보험계약자가 될 자에게 조직
>   변경 절차가 진행 중임을 알리고 그 승낙을 받아야 한다.
> 나. 보험회사는 조직변경을 결의할 때 보험계약자 총회를 갈음하는 기관에 관한 사항을 정할 수 있으
>   며, 그 기관의 구성방법을 조직변경 공고 내용에 포함하여야 한다.
> 다. 주식회사의 감사는 보험계약자 총회에 출석하여 조직변경에 관한 사항을 보고하여야 한다.
> 라. 보험계약자 총회는 보험계약자 과반수의 출석과 그 의결권의 3분의 2 이상의 찬성으로 결의한다.

① 가, 나   ② 나, 다
③ 가, 다   ④ 다, 라

08 보험업법상 보험회사의 조직변경에 관한 설명 중 옳지 않은 것은?

① 주식회사가 조직변경을 결의한 경우 그 결의를 한 날부터 2주 이내에 결의의 요지와 재무상태
   표를 공고하고 주주명부에 적힌 질권자에게는 개별적으로 알려야 한다.
② 주식회사가 상호회사로 조직을 변경할 때에는 「상법」 제434조에 따른 결의를 거쳐야 한다.
③ 주식회사는 상호회사로, 상호회사는 주식회사로 조직 변경을 할 수 있다.
④ 주식회사가 조직변경을 하여 상호회사로 된 경우에는 보험업법 제9조(자본금 또는 기금)에도
   불구하고 기금의 총액을 300억원 미만으로 하거나 설정하지 아니할 수 있다.

09 외국보험회사국내지점이 대한민국에서 체결한 보험계약에 관하여 보험업법 제75조에 따라 국내에서 보유해야 하는 자산에 해당하지 않는 것은?

① 현금 또는 국내 금융기관에 대한 예금, 적금 및 부금
② 국내·외에서 적립된 보험업법 시행령 제63조 제2항에 따른 재보험자산
③ 국내에 있는 자에 대한 대여금, 그 밖의 채권
④ 미상각신계약비(未償却新契約費)

10 보험업법상 외국보험회사의 국내사무소에 관한 설명 중 옳지 않은 것은?

① 외국보험회사국내사무소는 그 명칭 중에 반드시 '사무소'라는 글자를 포함하여야 한다.
② 외국보험회사가 국내에 사무소를 설치하려는 경우 그 설치한 날부터 30일 이내에 금융위원회에 신고하여야 한다.
③ 외국보험회사국내사무소는 보험계약의 체결을 중개하거나 대리하는 행위를 할 수 없지만 보험시장에 관한 적법한 조사 및 정보수집 업무는 할 수 있다.
④ 금융위원회는 외국보험회사국내사무소가 보험업법에 의한 명령 또는 처분을 위반한 경우 업무의 정지를 명할 수 있지만 국내사무소의 폐쇄를 명할 수는 없다.

11 보험업법상 상호협정의 인가에 관한 설명 중 옳지 않은 것은?

① 금융위원회는 공익 또는 보험업의 건전한 발전을 위하여 특히 필요하다고 인정되는 경우에는 보험회사에 대하여 상호협정의 체결·변경 또는 폐지를 명할 수 있다.

② 금융위원회는 보험회사 간의 합병 등으로 상호협정의 구성원이 변경되는 사항에 관하여 공정거래위원회와 협의하여야 한다.

③ 금융위원회는 상호협정의 체결·변경 또는 폐지의 인가를 하거나 협정에 따를 것을 명하려면 미리 공정거래위원회와 협의하여야 한다.

④ 금융위원회로부터 인가를 받은 상호협정의 실질적인 내용이 변경되지 아니하는 자구 수정을 하는 경우, 보험회사는 금융위원회에 신고하면 된다.

12 보험업법상 보험회사가 지켜야 하는 재무건전성 기준에 관한 설명 중 옳은 것을 모두 고른 것은?

> 가. "지급여력기준금액"이란 보험업을 경영함에 따라 발생하게 되는 위험을 금융위원회가 정하여 고시하는 방법에 의하여 금액으로 환산한 것을 말한다.
>
> 나. "지급여력비율"이란 지급여력금액을 지급여력기준금액으로 나눈 비율을 말한다.
>
> 다. 보험회사가 지켜야 하는 재무건전성기준에는 대출채권 등 보유자산의 건전성을 정기적으로 분류하고 대손충당금을 적립할 것이 포함된다.
>
> 라. 금융위원회는 보험회사가 재무건전성기준을 지키지 아니하여 경영안정성을 해칠 우려가 있다고 판단하여 필요한 조치를 하고자 하는 경우 보험계약자 보호 등을 고려해야 하는 것은 아니다.

① 가, 나

② 나, 라

③ 가, 나, 다

④ 나, 다, 라

13 보험업법상 보험회사의 기초서류에 관한 설명 중 옳지 않은 것은?

① 보험회사는 기초서류에 기재된 사항을 준수하여야 한다.

② 보험회사가 금융기관보험대리점을 통하여 모집하는 것에 관하여 기초서류의 조문체제를 변경하기 위해서는 미리 금융위원회에 신고하여야 한다.

③ 금융위원회는 보험회사가 신고한 기초서류의 내용이 보험업법 제127조 제2항 각 호의 기초서류의 작성·변경에 관한 신고사유에 해당하지 않더라도 보험계약자 보호 등을 위하여 필요하다고 인정되는 경우 보험회사에 대하여 기초서류의 제출을 요구할 수 있다.

④ 금융위원회는 보험회사가 보험업법 제127조 제2항에 따라 기초서류를 신고한 경우, 필요하다면 금융감독원의 확인을 받도록 할 수 있다.

14 보험업법상 보험설계사의 등록에 대한 내용으로 옳지 않은 것은?

① 보험회사·보험대리점 및 보험중개사는 소속 보험설계사가 되려는 자를 금융위원회에 등록하여야 한다.

② 보험업법에 따라 벌금 이상의 형을 선고받고 그 집행이 끝나거나 집행이 면제된 날로부터 2년이 지나지 아니한 자는 보험설계사로 등록할 수 없다.

③ 영업에 관하여 성년자와 같은 능력을 가지지 아니한 미성년자는 그 법정대리인이 파산선고를 받고 복권되지 아니한 경우에도 보험설계사로 등록할 수 있다.

④ 보험업법에 따라 금고 이상의 형의 집행유예를 선고받고 유예기간 중인 자는 보험설계사로 등록할 수 없다.

15 보험업법상 교차모집보험설계사에게 허용되지 않는 행위를 모두 고른 것은?

> 가. 업무상 알게 된 특정 보험회사의 정보를 다른 보험회사에 제공하는 행위
> 나. 모집을 위탁한 보험회사에 대하여 회사가 정한 수수료·수당을 요구하는 행위
> 다. 보험계약을 체결하는 자의 요구에 따라 모집을 위탁한 보험회사 중 어느 한 보험회사를 위하여 보험을 모집하는 행위
> 라. 교차모집을 위탁한 보험회사에 대하여 다른 교차모집보험설계사 유치를 조건으로 대가를 요구하는 행위
> 마. 교차모집을 위탁한 보험회사에 대하여 다른 보험설계사보다 우대하여 줄 것을 합리적 근거를 가지고 요구하는 행위

① 가, 라
② 가, 라, 마
③ 가, 나
④ 나, 다, 마

16 보험업법상 보험회사의 고객응대직원을 고객의 폭언 등으로부터 보호하기 위하여 취하여야 할 보호조치 의무로 옳지 않은 것은?

① 보험회사는 해당 직원이 요청하는 경우 해당 고객으로부터 분리하고 업무담당자를 교체하여야 한다.
② 보험회사는 해당 직원에 대한 치료 및 상담지원을 하여야 하며, 고객을 직접 응대하는 직원을 위한 상시 고충처리기구를 마련하여야 한다.
③ 보험회사는 해당 직원의 요청이 없어도 해당 고객의 행위가 관계 법률의 형사처벌규정에 위반된다고 판단되면 관할 수사기관에 고발조치하여야 한다.
④ 보험회사는 직원이 직접 폭언 등의 행위를 한 고객에 대한 관할 수사기관 등에 고소, 고발, 손해배상 청구 등의 조치를 하는데 필요한 행정적, 절차적 지원을 하여야 한다.

17 보험대리점에 관한 설명 중 옳은 것을 모두 고른 것은?

> 가. 보험설계사가 될 수 없는 자는 보험대리점이 될 수 없다.
>
> 나. 보험대리점은 자기 또는 자기를 고용하고 있는 자를 보험계약자 또는 피보험자로 하는 보험을 모집하는 것을 주된 목적으로 할 수 있다.
>
> 다. 다른 보험회사, 보험대리점 및 보험중개사의 임직원은 보험대리점이 될 수 없다.
>
> 라. 보험설계사 또는 보험중개사로 등록된 자는 보험대리점이 될 수 없다.
>
> 마. 「상호저축은행법」에 따른 저축은행과 「새마을금고법」에 따라 설립된 새마을금고는 보험대리점이 될 수 없다.

① 가, 다, 마   ② 나, 다, 라
③ 나, 다, 마   ④ 가, 다, 라

18 「농업협동조합법」에 따라 설립된 농협은행이 모집할 수 있는 "손해보험상품"으로 구성된 것은?

> 가. 개인연금   나. 신용손해보험
> 다. 주택화재보험   라. 단체상해보험
> 마. 보증보험   바. 장기저축성 보험
> 사. 교육보험

① 가, 나, 다, 바
② 나, 다, 마, 사
③ 가, 나, 라, 바
④ 나, 라, 마, 사

19 금융기관보험대리점 등의 영업기준에 대한 내용으로 옳지 않은 것은?

① 신용카드업자(겸영여신업자는 제외)는 법 제96조 제1항에 따른 전화, 우편, 컴퓨터통신 등의 통신수단을 이용하여 모집하는 방법을 사용할 수 있다.

② 금융기관보험대리점 등에서 모집에 종사하는 사람은 대출 등 불공정 모집의 우려가 있는 업무를 취급할 수 없다.

③ 최근 사업연도 말 현재 자산총액이 2조원 이상인 금융기관보험대리점 등이 모집할 수 있는 1개 생명보험회사 상품의 모집액은 매 사업연도별로 해당 금융기관보험대리점 등이 신규로 모집하는 생명보험회사 상품 모집총액의 100분의 35를 초과할 수 없다.

④ 금융기관보험대리점은 해당 금융기관에 적용되는 모집수수료율을 모집을 하는 점포의 창구 및 인터넷 홈페이지에 공시하여야 한다.

20 보험업법상 적합성의 원칙이 적용되는 보험상품은?

① 질병보험   ② 변액보험

③ 보증보험   ④ 비용보험

21 보험업법상 보험회사의 보험상품 모집광고 관련 준수사항에 대한 설명 중 옳은 것을 모두 고른 것은?

> 가. 보험회사는 보험금 지급한도, 지급제한 조건, 면책사항, 감액지급 사항 등을 누락하거나 충분히 고지하지 아니하여, 제한 없이 보험금을 수령할 수 있는 것으로 오인하게 하는 행위를 하여서는 안 된다.
> 나. 보험회사의 모집광고에는 보험계약체결 후 지체 없이 상품설명서 및 약관을 읽어 볼 것을 권유하는 내용이 포함되어야 한다.
> 다. 보험회사는 보험료를 일할로 분할하여 표시하거나 보험료 산출기준(보험가입금액, 보험료 납입기간, 보험기간, 성별, 연령 등)을 불충분하게 설명하여 보험료가 저렴한 것으로 오인하게 하는 행위를 하여서는 안 된다.
> 라. 금융위원회는 필요하면 보험회사로부터 광고물을 미리 제출받아 보험회사 등의 광고가 보험업법이 정한 광고기준을 지키는지를 확인할 수 있다.
> 마. 보험회사가 보험상품에 관하여 광고를 하는 경우에는 보험계약자가 보험상품의 내용을 오해하지 않도록 명확하고 공정하게 전달하여야 한다.

① 가, 나, 라
② 가, 다, 마
③ 나, 다, 마
④ 다, 라, 마

22 보험업법 제102조상 모집을 위탁한 보험회사의 배상책임에 관한 설명으로 옳지 않은 것은?(다툼이 있으면 판례에 따름)

① 보험회사의 임직원·보험설계사·보험대리점(보험대리점 소속 보험설계사 포함) 등의 위법한 모집행위가 있어야 한다.
② 타인의 사망을 보험사고로 하는 생명보험계약에 있어서 보험설계사가 보험계약자로 하여금 피보험자 대신 피보험자 자필서명란에 서명하게 하여 그 계약이 무효가 된 경우, 보험회사의 손해배상책임이 인정된다.
③ 보험회사의 책임을 묻기 위해서는 모집종사자의 위법행위와 손해 간에 상당인과관계가 있어야 한다.
④ 보험회사가 보험설계사 또는 보험대리점에게 모집을 위탁하면서 상당한 주의를 하였을 경우 손해배상책임을 면하게 되는데, 이에 대한 증명책임은 위법행위를 행한 보험설계사 또는 보험대리점이 부담한다.

23 보험회사의 자산운용 원칙으로 옳은 것을 모두 고른 것은?

> 가. 보험회사는 그 자산을 운용할 때 공평성·유동성·수익성 및 공익성이 확보되도록 하여야 한다.
> 나. 보험회사는 특별계정에 속하는 이익을 그 계정상의 보험계약자에게 분배할 수 있다.
> 다. 보험회사는 다른 회사의 의결권 있는 발행주식(출자지분을 포함한다) 총수의 100분의 10을 초과하는 주식을 소유할 수 없다.
> 라. 보험회사가 일반계정에 속하는 자산과 특별계정에 속하는 자산을 운용할 때, 동일한 개인 또는 법인에 대한 신용공여 한도는 일반계정의 경우 총자산의 100분의 3, 특별계정의 경우 각 특별계정 자산의 100분의 5를 초과할 수 없다.
> 마. 보험회사는 특별계정에 속하는 자산은 다른 특별계정에 속하는 자산 및 그 밖의 자산과 구분하여 회계처리하여야 한다.

① 가, 나, 라   ② 나, 라, 마
③ 가, 라, 마   ④ 나, 다, 라

24 보험회사가 외국에서 보험업을 경영하는 자회사의 채무보증을 위해 갖추어야 할 요건으로 옳지 않은 것은?

① 채무보증 한도액이 보험회사 총자산의 100분의 5 이내일 것
② 보험회사의 직전 분기 말 지급여력비율이 100분의 200 이상일 것
③ 보험금지급채무에 대한 채무보증일 것
④ 보험회사가 채무보증을 하려는 자회사의 의결권 있는 발행주식(출자지분을 포함한다) 총수의 100분의 50을 초과하여 소유할 것(외국 정부에서 최대 소유 한도를 정하는 경우 그 한도까지 소유하는 것을 말한다)

25 보험업법상 보험회사의 계산에 대한 설명으로 옳지 않은 것은?

① 보험회사는 매년 12월 31일에 그 장부를 폐쇄하여야 하고 장부를 폐쇄한 날부터 3개월 이내에 금융위원회가 정하는 바에 따라 재무제표(부속명세서를 포함) 및 사업보고서를 금융위원회에 제출하여야 한다.

② 배당보험계약이라 함은 해당 보험계약으로부터 발생하는 이익의 일부를 보험회사가 보험계약자에게 배당하기로 약정한 보험계약을 말한다.

③ 보험회사는 재무제표 및 사업보고서를 일반인이 열람할 수 있도록 금융위원회에 제출하는 날부터 본점과 지점, 그 밖의 영업소에 비치하거나 전자문서로 제공하여야 한다.

④ 배당보험계약의 계약자 지분은 계약자배당을 위한 재원과 지급준비금 적립을 위한 목적 외에 다른 용도로 사용할 수 없다.

26 보험업법상 보험회사가 자회사를 소유하게 된 날로부터 15일 이내에 금융위원회에 제출하여야 하는 서류가 아닌 것은?

① 정관 및 주주현황

② 업무의 종류 및 방법을 적은 서류

③ 자회사가 발행주식 총수의 100분의 10을 초과하여 소유하고 있는 회사의 현황

④ 자회사와의 주요거래 상황을 적은 서류

27 보험업법상 공고에 관한 설명으로 옳지 않은 것은?

① 상호회사가 해산을 결의한 경우에는 그 결의에 관하여 금융위원회의 인가를 받은 날부터 2주 이내에 결의의 요지와 재무상태표를 공고하여야 한다.

② 보험회사가 합병을 결의한 경우에는 그 결의를 한 날부터 2주 이내에 합병계약의 요지와 각 보험회사의 재무상태표를 공고하여야 한다.

③ 합병결의에 따라 보험계약을 이전하려는 보험회사는 합병결의를 한 날부터 2주 이내에 계약 이전의 요지와 각 보험회사의 재무상태표를 공고하여야 한다.

④ 보험회사는 보험계약을 이전한 경우 7일 이내에 그 취지를 공고하여야 하나 보험계약을 이전 하지 아니하게 된 경우에는 공고의무가 없다.

28 보험업법상 주식회사인 보험회사에서 보험계약의 이전에 관한 설명 중 옳지 않은 것은 모두 몇 개인가?

가. 보험회사는 책임준비금 산출의 기초가 동일한지 여부와 무관하게 보험계약의 전부를 포괄하여 계약의 방법으로 다른 보험회사에 이전할 수 있다.

나. 보험계약 등의 이전에 관한 공고에는 이전될 보험계약의 보험계약자로서 이의가 있는 자는 1개월 이상의 일정한 기간 동안 이의를 제출할 수 있다는 뜻을 덧붙여야 한다.

다. 이의제기 기간 중 이의를 제기한 보험계약자가 이전될 보험계약자 총수의 100분의 5를 초과하거 나 그 보험금액이 이전될 보험금 총액의 100분의 5를 초과하는 경우에는 보험계약을 이전하지 못한다.

라. 보험계약을 이전하려는 보험회사는 주주총회 등의 결의가 있었던 때부터 보험계약을 이전하거나 이전하지 아니하게 될 때까지 그 이전하려는 보험계약과 같은 종류의 보험계약을 하지 못한다.

마. 보험회사가 보험계약의 전부를 이전하는 경우에 이전할 보험계약에 관하여 이전계약의 내용으로 보험금액의 삭감과 장래 보험료의 감액을 정할 수 없다.

① 1개   ② 2개

③ 3개   ④ 4개

29 보험업법상 주식회사인 보험회사에 관한 설명 중 옳지 않은 것은?

① 해산에 관한 결의는 「상법」 제434조에 의한 결의에 따르며 금융위원회의 인가를 받아야 한다.

② 보험회사는 그 영업을 양도·양수하려면 금융위원회의 인가를 받아야 한다.

③ 보험회사가 합병을 할 경우 합병계약으로써 그 보험계약에 관한 계산의 기초 또는 계약조항의 변경을 정할 수 없다.

④ 보험회사가 그 보험업의 전부 또는 일부를 폐업하려는 경우에는 그 60일 전에 사업 폐업에 따른 정리계획서를 금융위원회에 제출하여야 한다.

30 보험업법상 보험회사가 해산한 날부터 3개월 이내에 보험금 지급사유가 발생한 경우에만 보험금을 지급하여야 하는 해산사유로 올바르게 조합한 것은?

> 가. 존립기간의 만료, 그 밖에 정관으로 정하는 사유의 발생
> 나. 회사의 합병
> 다. 보험계약 전부의 이전
> 라. 주주총회 또는 사원총회의 결의
> 마. 회사의 파산
> 바. 보험업의 허가취소
> 사. 해산을 명하는 재판

① 가, 나, 라　　　　　　　　② 나, 다, 마

③ 다, 마, 사　　　　　　　　④ 라, 바, 사

31 보험업법상 주식회사인 보험회사의 청산 등에 관한 설명 중 옳지 않은 것은?

① 보험회사가 보험업의 허가취소로 해산한 경우에는 금융위원회가 청산인을 선임한다.

② 금융위원회는 6개월 전부터 계속하여 자본금의 100분의 3 이상의 주식을 가진 주주의 청구에 따라 청산인을 해임할 수 있다.

③ 금융위원회는 청산인을 감독하기 위하여 보험회사의 청산업무와 자산상황을 검사하고, 자산의 공탁을 명하며, 그 밖에 청산의 감독상 필요한 명령을 할 수 있다.

④ 보험회사는 해산한 후에도 3개월 이내에는 보험계약 이전을 결의할 수 있으며, 보험계약을 이전하게 될 경우 보험금 지급사유가 해산한 날부터 3개월을 넘겨서 발생한 경우에도 보험금을 지급할 수 있다.

32 보험업법상 보험조사협의회에 관한 설명 중 옳은 것은?

① 조사업무를 효율적으로 수행하기 위하여 금융감독원에 보험관련기관 및 단체 등으로 구성되는 보험조사협의회를 둘 수 있다.

② 협의회의 의장은 금융감독원장이 임명하며 협의회 위원의 임기는 3년으로 한다.

③ 금융감독원은 보험조사와 관련하여 보험업법 제162조에 따른 조사업무의 효율적 수행을 위한 공동 대책을 수립하며 협의회의 장은 이를 시행한다.

④ 보험조사협의회는 해양경찰청장이 지정하는 소속 공무원 1명, 생명보험협회의 장 및 손해보험협회의 장을 포함하여 총 15명 이내의 위원으로 구성할 수 있다.

33 보험업법상 손해보험계약의 제3자 보호에 관한 설명 중 옳은 것은?

① 손해보험회사는 「화재로 인한 재해보상과 보험가입에 관한 법률」 제5조에 따른 신체손해배상 특약부화재보험계약의 제3자가 보험사고로 입은 손해에 대한 보험금의 지급을 보장할 의무를 지지 아니한다.

② 손해보험회사가 파산선고 등 「예금자보호법」 제2조 제8호의 사유로 손해보험계약의 제3자에게 보험금을 지급하지 못하게 된 경우에는 즉시 그 사실을 금융위원회에 보고하여야 한다.

③ 손해보험회사는 손해보험계약의 제3자에 대한 보험금의 지급을 보장하기 위하여 수입보험료 및 책임준비금을 고려하여 대통령령으로 정하는 비율을 곱한 금액을 손해보험협회에 출연(出捐)할 의무가 있다.

④ 손해보험협회의 장은 금융감독원의 확인을 거쳐 손해보험계약의 제3자에게 대통령령으로 정하는 보험금을 지급하여야 한다.

34 보험업법상 보험요율 산출기관에 관한 설명 중 옳지 않은 것은?

① 보험회사는 금융위원회의 인가를 받아 보험요율 산출기관을 설립할 수 있다.

② 보험요율 산출기관은 보험회사가 적용할 수 있는 순보험요율을 산출하며 보험상품의 비교·공시 업무를 담당한다.

③ 보험요율 산출기관은 보험업법에서 정하는 업무 수행을 위하여 보험관련통계를 체계적으로 통합·집적(集積)하여야 하며 필요한 경우 보험회사에 자료의 제출을 요청할 수 있다.

④ 보험요율 산출기관은 순보험요율을 산출하기 위하여 필요하면 질병에 관한 통계를 보유하고 있는 기관의 장으로부터 그 질병에 관한 통계를 제공받아 보험회사로 하여금 보험계약자에게 적용할 순보험료의 산출에 이용하게 할 수 있다.

35 보험업법상 손해사정사 또는 손해사정업자에 관한 설명 중 옳지 않은 것은?

① 손해사정사 또는 손해사정업자의 업무에 손해액 및 보험금의 사정이 포함되나 보험약관 및 관계 법규 적용의 적정성 판단업무는 포함되지 아니한다.

② 손해사정사 또는 손해사정업자는 자기와 이해관계를 가진 자의 보험사고에 대하여 손해사정을 할 수 없다.

③ 보험계약자 등이 선임한 손해사정사 또는 손해사정업자는 손해사정업무를 수행한 후 지체 없이 보험회사 및 보험계약자 등에 대하여 손해사정서를 내어 주고, 그 중요한 내용을 알려주어야 한다.

④ 손해사정사 또는 손해사정업자는 보험회사 및 보험계약자 등에 대하여 이미 제출받은 서류와 중복되는 서류나 손해사정과 관련이 없는 서류를 요청함으로써 손해사정을 지연하는 행위를 할 수 없다.

36 보험업법상 선임계리사에 관한 설명 중 옳은 것은 모두 몇 개인가?

> 가. 보험회사는 선임계리사가 그 업무를 원활하게 수행할 수 있도록 필요한 인력 및 시설을 지원하여야 한다.
> 나. 선임계리사가 되려는 사람은 보험계리사로서 10년 이상 등록되어야 하며, 보험계리업무에 7년 이상 종사한 경력이 있어야 한다.
> 다. 최근 5년 이내에 금융위원회로부터 해임권고·직무정지 조치를 받은 사실이 있는 경우 선임계리사가 될 수 없다.
> 라. 선임계리사는 그 업무 수행과 관련하여 보험회사의 이사회에 참석할 수 있다.
> 마. 선임계리사는 기초서류의 내용 및 보험계약에 따른 배당금의 계산 등이 정당한지 여부를 검증·확인하였을 때에는 그 의견서를 이사회와 감사 또는 감사위원회에 제출하여야 한다.

① 2개

② 3개

③ 4개

④ 5개

37 보험업법상 보험계리사 · 선임계리사 · 보험계리업자 · 손해사정사 및 손해사정업자(이 문항에 한하여 '보험계리사 등'이라고 한다)에 관한 설명 중 옳은 것을 모두 고른 것은?

> 가. 보험업법에 따라 보험계리사 등이 업무정지 처분을 2회 이상 받은 경우 금융위원회는 그 등록을 취소하여야 한다.
> 나. 보험업법에 따라 보험계리사 등의 등록이 취소된 후 1년이 지나지 아니한 자는 보험계리사 등이 될 수 없다.
> 다. 보험업법에 따라 보험계리사 등의 등록취소 처분을 2회 이상 받은 경우 최종 등록취소 처분을 받은 날부터 2년이 지나지 아니한 자는 보험계리사 등이 될 수 없다.
> 라. 금융위원회는 보험계리사 등이 그 직무를 게을리하거나 직무를 수행하면서 부적절한 행위를 하였다고 인정되는 경우에는 1년 이내의 기간을 정하여 업무의 정지를 명하거나 해임하게 할 수 있다.

① 가   ② 가, 나
③ 가, 나, 다   ④ 가, 나, 다, 라

38 보험업법상 보험계리에 관한 설명 중 옳지 않은 것은?

① 보험계리업자는 상호 중에 "보험계리"라는 글자를 사용하여야 하며, 장부폐쇄일은 보험회사의 장부폐쇄일을 따라야 한다.
② 보험계리를 업으로 하려는 법인은 2명 이상의 상근 보험계리사를 두어야 한다.
③ 보험회사는 보험계리사를 고용하여 보험계리에 관한 업무를 담당하게 하여야 하며, 보험계리를 업으로 하는 자에게 위탁할 수 없다.
④ 개인으로서 보험계리를 업으로 하려는 사람은 보험계리사의 자격이 있어야 한다.

39 보험업법상 등록업무의 위탁에 관한 설명 중 옳지 않은 것은?

① 보험설계사 및 보험중개사에 관한 등록업무는 보험협회에게 위탁한다.

② 손해사정사 및 보험계리사에 관한 등록업무는 금융감독원장에게 위탁한다.

③ 보험계리를 업으로 하려는 자 및 손해사정을 업으로 하려는 자의 등록업무는 금융감독원장에게 위탁한다.

④ 보험설계사의 등록취소 또는 업무정지 통지에 관한 업무는 보험협회의 장에게 위탁한다.

40 보험업법상 인터넷 홈페이지 등을 이용하여 일반인에게 알려야 할 사항 및 알려야 할 주체에 관하여 올바르게 조합한 것은?

① 등록된 보험중개사 - 보험협회

② 등록된 손해사정사 - 금융감독원장

③ 등록된 보험계리업자 - 보험협회

④ 등록된 보험대리점 - 금융감독원장

01 보험업법상 용어의 정의로 올바른 것을 모두 고른 것은?

> 가. "동일차주"란 동일한 개인 또는 법인 및 이와 신용위험을 공유하는 자로서 대통령령이 정하는 자를 말한다.
> 나. "자회사"란 보험회사가 다른 회사(「민법」 또는 특별법에 따른 조합을 포함한다)의 의결권 있는 발행주식(출자지분을 포함한다) 총수의 100분의 30을 초과하여 소유하는 경우의 그 다른 회사를 말한다.
> 다. "보험업"이란 보험상품의 취급과 관련하여 발생하는 보험의 인수, 보험료 수수 및 보험금 지급 등을 영업으로 하는 것으로서 생명보험업·손해보험업 및 제3보험업을 말한다.
> 라. "보험회사"란 보험업법 제4조에 따른 허가를 받아 보험업을 경영하는 자를 말한다.
> 마. "외국보험회사"란 대한민국 이외의 국가의 법령에 따라 설립되어 대한민국 내에서 보험업을 경영하는 자를 말한다.

① 가, 나, 다
② 가, 다, 라
③ 나, 다, 라
④ 다, 라, 마

02 처음으로 보험업을 경영하려는 자가 금융위원회의 허가를 받기 위하여 제출하여야 하는 서류로 옳지 않은 것은?

① 업무 시작 후 3년 간의 사업계획서(추정재무제표를 포함)
② 경영하려는 보험업의 종목별 보험약관, 보험료 및 책임준비금의 산출방법서
③ 발기인회의 의사록(외국보험회사 제외)
④ 정 관

03 금융위원회는 보험업법 제5조에 따른 허가신청을 받았을 때는 (⊙)[보험업법 제7조에 따른 예비허가를 받았을 때는 (ⓒ)] 이내에 이를 심사하여 신청인에게 허가 여부를 통지하여야 한다 (이 경우 신청서류의 보완 또는 실지조사에 걸린 기간은 통지기간에 산입하지 아니한다). 괄호 안에 들어갈 것으로 알맞은 것은?

	⊙	ⓒ
①	2개월	1개월
②	3개월	2개월
③	4개월	3개월
④	6개월	5개월

04 보험업의 겸영제한에 대한 설명으로 옳지 않은 것은?

① 재보험은 손해보험의 영역에 속하나, 생명보험회사는 생명보험의 재보험을 겸영할 수 있다.

② 손해보험업의 보험종목(재보험과 보증보험 제외)의 일부만을 취급하는 보험회사는 퇴직보험계약이나 연금저축계약을 겸영할 수 없다.

③ 생명보험업의 보험종목의 일부를 취급하는 자는 퇴직보험계약이나 연금저축계약은 겸영할 수 없다.

④ 보험회사는 생명보험업과 손해보험업을 겸영하지 못하나, 대통령령에서 요구하는 요건을 갖추면 손해보험회사는 "질병을 원인으로 하는 사망을 제3보험의 특약형식으로 담보하는 보험"을 겸영할 수 있다.

05 보험회사는 보험업에 부수하는 업무를 하려면 그 업무를 하려는 날의 (   )까지 금융위원회에 신고하여야 한다. 괄호 안에 들어갈 것으로 알맞은 것은?

① 5일 전
② 6일 전
③ 7일 전
④ 10일 전

06 보험회사가 다른 금융업무 또는 부수업무(직전 사업연도 매출액이 해당 보험회사 수입보험료의 1천분의 1 또는 10억원 중 많은 금액에 해당하는 금액을 초과하는 업무만 해당)를 하는 경우에는 해당 업무에 속하는 자산·부채 및 수익·비용은 보험업과 구분하여 회계처리를 하여야 하는데, 그 대상을 모두 고른 것은?

> 가. 「한국주택금융공사법」에 따른 채권유동화자산의 관리업무
> 나. 「자본시장과 금융투자업에 관한 법률」 제6조 제4항에 따른 집합투자업
> 다. 「자본시장과 금융투자업에 관한 법률」 제6조 제6항에 따른 투자자문업
> 라. 「자본시장과 금융투자업에 관한 법률」 제6조 제7항에 따른 투자일임업
> 마. 「자본시장과 금융투자업에 관한 법률」 제6조 제8항에 따른 신탁업
> 바. 「자본시장과 금융투자업에 관한 법률」 제9조 제21항에 따른 집합투자증권에 대한 투자매매업
> 사. 「자본시장과 금융투자업에 관한 법률」 제9조 제21항에 따른 집합투자증권에 대한 투자중개업
> 아. 「외국환거래법」 제3조 제16호에 따른 외국환업무

① 가, 다, 라, 마   ② 나, 라, 마, 바
③ 다, 바, 사, 아   ④ 라, 바, 사, 아

07 보험회사인 주식회사(이하 "주식회사"라 한다)에 대한 설명으로 옳은 것은?

① 주식회사가 자본감소를 결의한 경우에는 그 결의를 한 날로부터 3주 이내에 결의의 요지와 재무상태표를 공고하여야 한다.

② 주식회사가 주식금액 또는 주식 수의 감소에 따른 자본금의 실질적 감소를 결의한 때에는 그 결의를 한 날로부터 7일 이내에 금융위원회의 승인을 받아야 한다.

③ 주식회사의 자본감소 결의에 따른 공고에는 이전될 보험계약의 보험계약자로서 자본감소에 이의가 있는 자는 일정한 기간 동안 이의를 제출할 수 있다는 뜻을 덧붙여야 하며, 그 기간은 1개월 이상으로 하여야 한다.

④ 보험계약자나 보험금을 취득할 자는 주식회사가 파산한 경우 피보험자를 위하여 적립한 금액을 다른 법률에 특별한 규정이 있는 경우에 한하여 주식회사의 자산에서 우선 취득할 수 있다.

08 보험회사인 주식회사(이하 "주식회사"라 한다)의 조직변경에 대한 설명으로 옳은 것은 몇 개 인가?

> 가. 주식회사가 보험업법 제22조(조직변경의 결의의 공고와 통지) 제1항에 따른 공고를 한 날 이후에 보험계약을 체결하려면 보험계약자가 될 자에게 조직변경 절차가 진행 중임을 알리고 그 승낙을 받아야 하며, 승낙을 한 자는 승낙을 한 때로부터 보험계약자가 된다.
> 나. 주식회사에서 상호회사로의 조직변경에 따른 기금 총액은 300억원 미만으로 하거나 설정하지 아니할 수는 있으나, 손실 보전을 충당하기 위하여 금융위원회가 필요하다고 인정하는 금액을 준비금으로 적립하여야 한다.
> 다. 주식회사의 상호회사로의 조직변경을 위한 주주총회의 결의는 주주의 과반수 출석과 그 의결권의 4분의 3의 동의를 얻어야 한다.
> 라. 주식회사가 상호회사로 조직변경을 하는 경우에는 그 결의를 한 날로부터 2주 이내에 결의의 요지와 재무상태표를 공고하고, 주주명부에 적힌 질권자에게는 개별적으로 알려야 한다.
> 마. 주식회사의 보험계약자는 상호회사로의 조직변경에 따라 해당 상호회사의 사원이 된다.

① 1개   ② 2개

③ 3개   ④ 4개

09 상호회사 사원의 권리와 의무에 대한 설명으로 옳은 것은?

① 상호회사의 사원은 회사의 채권자에 대하여 직접적인 의무를 부담한다.

② 상호회사의 사원은 자신이 회사에 부담하는 채무와 회사가 자신에게 부담하는 채무가 상호 변제기에 있는 때에는 상계를 통하여 회사에 대한 채무를 면할 수 있다.

③ 생명보험 및 제3보험을 목적으로 하는 상호회사의 사원은 회사의 승낙을 받아 타인으로 하여금 그 권리와 의무를 승계하게 할 수 있다.

④ 상호회사는 보험계약자인 사원의 보호를 위하여 정관으로도 보험금 삭감에 관한 사항을 정할 수 없다.

10 외국보험회사의 국내지점에 대한 설명으로 옳지 않은 것은?

① 외국보험회사의 국내지점을 대표하는 사원은 회사의 영업에 관하여 재판상 또는 재판 외의 모든 행위를 할 권한이 있으며, 이 권한에 대한 제한은 선의의 제3자에게 대항하지 못한다.

② 외국보험회사의 국내지점은 대한민국에서 체결한 보험계약에 관하여 보험업법에 따라 적립한 책임준비금 및 비상위험준비금에 상당하는 자산을 대한민국에서 보유하여야 한다.

③ 외국보험회사의 국내지점이 보험업을 폐업하거나 해산한 경우 또는 국내에 보험업을 폐업하거나 그 허가가 취소된 경우에는 청산업무를 진행할 청산인을 선임하여 금융위원회에 신고하여야 한다.

④ 외국보험회사의 국내지점의 설치가 불법이거나 설치 등기 후 정당한 사유 없이 1년 내에 영업을 개시하지 아니하는 등의 경우에는 법원은 이해관계인 또는 검사의 청구에 의하여 그 영업소의 폐쇄를 명할 수 있다.

11 보험업법상 자기자본을 산출할 때 빼야 할 항목에 해당하는 것은?

① 영업권
② 납입자본금
③ 자본잉여금
④ 이익잉여금

12 전문보험계약자 중 "대통령령으로 정하는 자"가 일반보험계약자와 같은 대우를 받겠다는 의사를 보험회사에 서면으로 통지하는 경우 보험회사는 정당한 사유가 없으면 이에 동의하여야 하며, 보험회사가 동의하면 일반보험계약자로 보게 된다. 다음 중 "대통령령으로 정하는 자"를 모두 고른 것은?

> 가. 지방자치단체
> 나. 주권상장법인
> 다. 한국산업은행
> 라. 한국수출입은행
> 마. 외국금융기관
> 바. 외국정부
> 사. 해외 증권시장에 상장된 주권을 발행한 국내법인

① 가, 나, 마, 사 　　　② 가, 다, 라, 바
③ 나, 다, 라, 사 　　　④ 다, 라, 마, 바

13 보험의 모집에 관한 설명으로 옳지 않은 것은?

① 보험설계사는 원칙적으로 자기가 소속된 보험회사 등 이외의 자를 위하여 모집을 하지 못한다.

② 보험업법은 모집에 종사하는 자를 일정한 자로 제한하고 있다.

③ 보험업법상 모집이란 보험계약의 체결을 중개하거나 대리하는 것을 말한다.

④ 보험회사의 사외이사는 회사를 위해 보험계약을 모집 할 수 있다.

14 보험대리점에 관한 설명으로 옳지 않은 것은?

① 보험대리점은 개인보험대리점과 법인보험대리점으로 구분할 수 있고, 업무범위와 관련하여 생명보험대리점 · 손해보험대리점 · 제3보험대리점으로 구분한다.

② 보험대리점이 되려는 자는 대통령령에 따라 금융위원회에 등록하여야 한다.

③ 다른 보험회사의 임 · 직원은 보험대리점으로 등록할 수 없다.

④ 보험대리점이 자기계약의 금지 규정을 위반한 경우에는 등록을 취소할 수 있다.

15 보험중개사에 관한 설명으로 옳은 것은?

① 보험중개사란 보험회사 등에 소속되어 보험계약의 체결을 중개하는 자이다.

② 보험중개사 소속 보험설계사가 모집과 관련하여 불법행위를 한 경우 보험회사는 보험업법 제102조에 따라 손해배상책임이 있다.

③ 생명보험중개사는 연금보험, 퇴직보험 등을 취급할 수 없다.

④ 보험중개사는 모집 등과 관련하여 저지를 수 있는 위법행위에 대한 손해배상책임을 담보하기 위하여 영업보증금 예탁의무를 부담할 수 있다.

16 금융기관보험대리점 등에게 금지되어 있는 행위를 모두 고른 것은?

가. 대출 등 해당 금융기관이 제공하는 용역을 제공하는 조건으로 대출 등을 받는 자에게 그 금융기관이 대리 또는 중개하는 보험계약을 체결할 것을 요구하거나 특정한 보험회사와 보험계약을 체결할 것을 요구하는 행위

나. 대출 등을 받는 자의 동의를 미리 받지 아니하고 보험료를 대출 등의 거래에 포함시키는 행위

다. 해당 금융기관의 임·직원(보험업법 제83조에 따라 모집할 수 있는 자는 제외)에게 모집을 하도록 하거나 이를 용인하는 행위

라. 해당 금융기관의 점포 내에서 모집을 하는 행위

마. 모집과 관련이 없는 금융거래를 통하여 취득한 개인정보를 미리 그 개인의 동의를 받고 모집에 이용하는 행위

① 가, 나, 라

② 나, 다, 마

③ 가, 나, 다

④ 다, 라, 마

17 모집을 위탁한 보험회사의 배상책임에 관한 설명으로 옳지 않은 것은?

① 보험회사는 그 임직원·보험설계사 또는 보험대리점이 모집을 하면서 보험계약자에게 손해를 입힌 경우 배상할 책임을 진다.

② 보험회사는 임직원의 모집관련 손해배상책임에 있어서는 무과실 책임을 부담한다.

③ 보험회사는 임직원의 손해배상을 이행한 후에 그 해당 임직원에 대해 구상을 할 수 없다.

④ 보험회사가 보험설계사 또는 보험대리점에 모집을 위탁하면서 상당한 주의를 하였고, 이들이 모집을 하면서 보험계약자에게 손해를 입히는 것을 막기 위하여 노력한 경우에는 손해배상책임을 지지 아니한다.

18 보험안내자료에 필수적으로 기재하여야 할 사항을 모두 고른 것은?

가. 보험약관으로 정하는 보장에 관한 사항
나. 해약환급금에 관한 사항
다. 보험금 지급확대 조건에 관한 사항
라. 보험 가입에 따른 권리·의무에 관한 주요 사항
마. 보험계약자에게 유리한 사항
바. 「예금자보호법」에 따른 예금자 보호와 관련한 사항

---

① 가, 나, 라, 바 ② 가, 나, 다
③ 나, 마 ④ 라, 마, 바

19 보험업법상 설명의무에 관한 내용으로 옳지 않은 것은?

① 보험회사 또는 모집종사자는 일반보험계약자에게 보험계약의 주요내용을 설명하여야 한다.

② 보험회사는 일반보험계약자가 보험금 지급을 요청한 경우에는 대통령령으로 정하는 바에 따라 보험금의 지급절차 및 지급내역 등을 설명하여야 한다.

③ 보험금을 감액하여 지급하거나 지급하지 아니하는 경우에는 특별한 사유가 없는 한 그 사유를 설명할 필요가 없다.

④ 보험회사는 일반보험계약자가 설명을 거부한 경우를 제외하고는 보험계약의 체결 시부터 보험금 지급 시까지의 주요 과정을 대통령령으로 정하는 바에 따라 일반보험계약자에게 설명하여야 한다.

20 보험업법상 적합성의 원칙에 관한 설명으로 옳지 않은 것은?

① 적합성의 원칙이란 고객보호 의무에 기초한 것으로 변액보험에 적용되고 있다.

② 적합성의 원칙을 위반한 경우 과징금 또는 과태료를 부과할 수 있는 근거 규정이 없다.

③ 적합성의 원칙을 준수하기 위해서는 고객의 특성을 파악하는 과정이 선행될 필요가 있는데, 보험업법에서 파악의 대상으로 규정한 사항은 보험계약자의 성명, 성별, 보험계약자의 연령, 월 소득 및 소득에서 보험료 지출이 차지하는 비중 등이다.

④ 적합성의 원칙은 보험계약을 체결하기 전에 적용되는 의무이다.

제3과목

21 보험광고 규제에 관한 설명으로 옳지 않은 것은?

① 광고란 사업자가 불특정 다수인을 상대로 자신 또는 자신의 상품이나 용역을 널리 알리거나 제시하는 행위를 말한다.

② 보험광고 규제는 소비자를 기망하거나 보험상품의 내용을 오인시키는 부당한 광고를 규제하여 소비자를 보호하기 위한 것이다.

③ 보험광고에는 보험계약 체결 전에 상품설명서 및 약관을 읽어 보도록 권유하는 내용이 포함되어야 한다.

④ 보험업법은 보험회사 또는 보험의 모집에 종사하는 자가 보험상품에 대하여 광고를 하는 경우에 보험금 지급한도, 지급제한 조건, 부책사항, 보험금 증액지급 사항 등을 누락하는 행위를 할 수 없다고 규정하고 있다.

22 중복보험계약 체결 확인의무에 관한 설명으로 옳지 않은 것은?

① 중복보험의 확인주체는 보험회사 또는 보험의 모집에 종사하는 자이다.

② 중복 확인의무는 실제 부담한 의료비만 지급하는 제3보험 상품계약과 실제 부담한 손해액만을 지급하는 것으로서 금융감독원장이 정하는 보험상품계약을 모집하고자 하는 경우에 발생한다.

③ 중복확인 대상계약에는 여행 중 발생한 위험을 보장하는 보험계약으로서 특정 단체가 그 단체의 구성원을 위하여 일괄 체결하는 보험계약이 포함된다.

④ 중복확인은 보험계약자가 되려는 자의 동의를 얻어 모집하고자 하는 보험계약과 동일한 위험을 보장하는 보험계약을 체결하고 있는지를 확인하여야 한다.

21 ④ 22 ③ **정답**

23 보험업법상 보험계약의 체결 또는 모집과 관련하여 금지되는 행위에 해당하는 것을 모두 고른 것은?

> 가. 보험설계사는 보험계약자나 피보험자에게 보험상품의 내용을 사실과 다르게 고지하였다.
> 나. 보험대리점은 보험계약자나 피보험자에게 보험상품의 내용의 전부에 대하여 비교의 대상 및 기준을 분명하게 밝히지 아니하였다.
> 다. 보험중개사는 실제 명의인이 아닌 보험계약을 모집하였다.
> 라. 보험설계사는 보험계약자에게 중요한 사항을 고지하도록 설명하였다.
> 마. 보험회사는 정당한 이유를 들어 장애인의 보험가입을 거부하였다.

① 가, 나, 다   ② 나, 다, 라
③ 가, 다, 라   ④ 나, 라, 마

24 수수료 지급 등의 금지에 관한 설명으로 옳지 않은 것은?

① 보험회사는 모집할 수 있는 자 이외의 자에게 모집을 위탁하거나 모집에 관하여 수수료, 보수, 그 밖의 대가를 지급하지 못한다.
② 모집에 종사하는 자는 원칙적으로 타인에게 모집을 하게 하거나 그 위탁을 하거나, 모집에 관하여 수수료·보수나 그 밖의 대가를 지급하지 못한다.
③ 보험중개사는 대통령령으로 정하는 경우 이외에는 보험계약 체결의 중개와 관련한 수수료나 그 밖의 대가를 보험계약자에게 청구할 수 없다.
④ 보험설계사는 같은 보험회사 등에 소속된 다른 보험설계사에 대하여 모집을 위탁할 수 없다.

25 보험업법상 청약철회에 관한 설명으로 옳지 않은 것은?

① 보험회사는 일반보험계약자로서 보험회사에 대하여 대통령령으로 정하는 보험계약을 청약한 자가 보험증권을 받은 날로부터 15일 이내에 대통령령으로 정하는 바에 따라 청약철회의 의사를 표시하는 경우에는 특별한 사정이 없는 한 이를 거부할 수 없다.

② 보험계약자와 보험회사 사이에 보험증권을 받은 날로부터 10일 이내에 청약을 철회할 수 있도록 약정한 경우에는 그 기간 이내에서만 청약의 철회를 할 수 있다.

③ 보험회사는 청약의 철회를 접수한 날로부터 3일 이내에 이미 납입 받은 보험료를 반환하여야 한다.

④ 청약의 철회에 따른 보험료 반환이 늦어진 기간에 대하여는 대통령령으로 정하는 바에 따라 계산한 금액을 더하여 지급하여야 한다.

26 금융위원회의 승인을 받아 보험회사가 자회사를 소유할 수 있는 경우를 모두 고른 것은?

> 가. 「금융산업의 구조개선에 관한 법률」 제2조 제1호에 따른 금융기관이 경영하는 금융업
> 나. 「신용정보의 이용 및 보호에 관한 법률」에 따른 신용정보업
> 다. 보험계약의 유지·해지·변경 또는 부활 등을 관리하는 업무
> 라. 손해사정업무
> 마. 보험대리업무

① 가, 나, 다   ② 다, 라

③ 다, 라, 마   ④ 가, 나, 다, 라, 마

27 보험회사가 보험금 지급능력과 경영건전성을 확보하기 위하여 지켜야 할 재무건전성 기준이 아닌 것은?

① 지급여력비율 100분의 100 이상 유지

② 대출채권 등 보유자산의 건전성을 정기적으로 분류하고 대손충당금을 적립

③ 보험회사의 위험, 유동성 및 재보험의 관리에 관하여 금융위원회가 정하여 고시하는 기준을 충족

④ 재무건전성 확보를 위한 경영실태 및 위험에 대한 평가실시

28 보험계약자를 보호하기 위한 공시에 관한 설명으로 옳지 않은 것은?

① 보험업법상 보험협회는 보험료·보험금 등 보험계약에 관한 사항으로서 대통령령으로 정하는 사항을 금융위원회가 정하는 바에 따라 비교·공시할 수 있다.

② 보험협회가 보험상품의 비교·공시를 하는 경우에는 대통령령으로 정하는 바에 따라 보험상품공시위원회를 구성하여야 한다.

③ 보험협회 이외의 자가 보험계약에 관한 사항을 비교·공시하고자 하는 경우에 보험회사는 보험협회 이외의 자에게 그 요구에 응하여 비교·공시에 필요한 정보를 제공하여야 한다.

④ 보험회사는 보험계약자를 보호하기 위하여 필요한 사항으로서 대통령령으로 정하는 사항을 금융위원회가 정하는 바에 따라 즉시 공시하여야 한다.

29 보험회사가 상호협정 체결의 인가에 필요한 서류를 제출하는 경우 금융위원회가 그 인가 여부를 결정하기 위하여 심사하여야 할 사항은?

> 가. 상호협정의 내용이 보험회사 간의 공정한 경쟁을 저해하는지 여부
> 나. 상호협정의 효력 발생 기간이 적정한지 여부
> 다. 상호협정의 내용이 보험계약자의 이익을 침해하는지 여부
> 라. 상호협정에 외국보험회사가 포함되는지 여부

① 가, 나   ② 가, 다
③ 나, 다   ④ 다, 라

30 기초서류에 관한 설명으로 옳지 않은 것은?

① 보험업의 허가를 받기 위하여 제출하여야 하는 기초서류로는 보험종목별 사업방법서가 있다.
② 금융위원회는 보험회사가 기초서류 기재사항 준수의무를 위반한 경우, 해당 보험계약의 연간 수입 보험료의 100분의 50 이하의 과징금을 부과할 수 있다.
③ 금융위원회는 보험회사가 보고한 기초서류 관리기준이 부당하다고 판단되면 보고일부터 15일 이내에 해당 기준의 변경을 명할 수 있다.
④ 금융위원회는 보험회사가 신고한 기초서류의 내용이 기초서류 작성원칙에 위반하는 경우에는 기초서류의 즉시변경을 청문 없이 명할 수 있다.

31 보험회사가 정관변경을 금융위원회에 보고하는 기한으로 옳은 것은?

① 이사회가 정관변경을 위한 주주총회 개최를 결의한 날부터 2주 이내
② 대표이사가 정관변경을 위한 주주총회 소집을 통지한 날부터 2주 이내
③ 주주총회(종류주주총회 포함)에서 정관변경의 결의가 있은 날부터 7일 이내
④ 보험회사 본점소재지 등기소에 변경정관을 등기한 날부터 7일 이내

32 보험업법상 보험요율 산출원칙에 관한 설명 중 옳은 것은?

① 보험요율이 보험금과 그 밖의 급부에 비하여 지나치게 낮지 아니하여야 한다.
② 보험요율이 보험회사의 주주에 대한 최근 3년 간의 평균 배당률을 크게 낮출 정도로 낮지 아니하여야 한다.
③ 자동차보험의 보험요율 산출원칙을 따로 규정하지는 않는다.
④ 보험요율이 보험업법의 산출원칙에 위반한 경우에도 위반사실만으로 곧바로 과태료 또는 과징금을 부과할 수 없다.

33 금융위원회가 기초서류의 변경을 명하는 경우에 관한 설명으로 옳지 않은 것은?

① 보험회사 기초서류에 법령을 위반하거나 보험계약자에게 불리한 내용이 있다고 인정되는 경우이어야 한다.

② 법령의 개정에 따라 기초서류의 변경이 필요한 때를 제외하고는 반드시 행정절차법이 정한 바에 따라 청문을 거쳐야 한다.

③ 금융위원회는 보험계약자 등의 이익을 보호하기 위하여 특히 필요하다고 인정하면 이미 체결된 보험계약에 대하여 그 변경된 내용을 소급하여 효력이 미치게 할 수 있다.

④ 금융위원회는 변경명령을 받은 기초서류 때문에 보험계약자 등이 부당한 불이익을 받을 것이 명백하다고 인정되는 경우에는 이미 체결된 보험계약에 따라 납입된 보험료의 일부를 되돌려 주도록 할 수 있다.

34 주식회사인 보험회사의 해산사유가 아닌 것은?

① 주주가 1인만 남은 1인 회사

② 보험계약 전부의 이전

③ 정관으로 정한 해산사유의 발생

④ 해산을 명하는 재판

35 보험업법이 규정하는 주식회사인 보험회사의 보험계약의 임의이전에 관한 설명으로 옳지 않은 것은?

① 보험계약의 이전에 관한 결의는 의결권 있는 발행주식 총수의 3분의 2 이상의 주주의 출석과 출석주주 의결권의 과반수 이상의 수로써 하여야 한다.

② 보험회사는 계약의 방법으로 책임준비금 산출의 기초가 같은 보험계약의 전부를 포괄하여 다른 보험회사에 이전할 수 있으나, 1개인 동종 보험계약의 일부만 이전할 수는 없다.

③ 보험계약의 이전결의의 공고에는 보험계약자가 이의 할 수 있다는 뜻과 1개월 이상의 이의기간이 포함되어야 한다.

④ 보험계약을 이전하려는 보험회사는 주주총회의 결의가 있었던 때부터 보험계약을 이전하거나 이전하지 아니하게 될 때까지 그 이전하려는 보험계약과 같은 종류의 보험계약을 하지 못한다.

36 주식회사인 보험회사가 해산하는 때에 청산인이 금융위원회의 허가를 얻어 채권신고기간 내에 변제할 수 있는 경우가 아닌 것은?

① 소액채권

② 변제지연으로 거액의 이자가 발생하는 채권

③ 담보 있는 채권

④ 변제로 인하여 다른 채권자를 해할 염려가 없는 채권

37 손해보험계약의 제3자 보호에 관한 설명으로 옳지 않은 것은?

① 제3자 보호제도는 대통령령으로 정하는 법인을 계약자로 하는 손해보험계약에는 적용하지 아니한다.

② 책임보험 중에서 '제3자에 대한 신체사고를 보상'하는 책임보험에만 제3자 보호제도가 적용된다.

③ 자동차보험의 대인배상Ⅱ는 임의보험이므로 제3자 보호가 이루어지지 않는다.

④ 재보험과 보증보험을 전업으로 하는 손해보험회사는 보험금 지급보장을 위한 금액을 출연할 의무가 없다.

38 보험업법에 의하여 설립된 보험회사에서 2019년 4월 15일에 선임된 선임계리사에게 회사기밀 누설 등 일정한 법정 사유가 없다면 그 선임계리사를 해임할 수 없는 기한은?(사업연도는 1월 1일부터 12월 31일로 함)

① 2021.4.14.

② 2021.12.31.

③ 2022.4.14.

④ 2022.12.31.

39 다음 설명 중 옳지 않은 것은?

① 제3보험상품을 판매하는 보험회사는 손해사정사를 고용하거나 손해사정사 또는 손해사정업자에게 업무를 위탁하여야 한다.

② 보험사고가 외국에서 발생하거나 보험계약자 등이 금융위원회가 정하는 기준에 따라 손해사정사를 따로 선임한 경우에는 보험회사는 손해사정사의 고용 또는 업무위탁 의무가 없다.

③ 보험회사로부터 손해사정업무를 위탁받은 손해사정사는 손해사정서를 보험계약자, 피보험자 및 보험금청구권자에게도 내어 주어야 한다.

④ 보험업법상 보험계약자로부터 손해사정업무를 위탁받은 손해사정사는 손해사정서에 피보험자의 민감정보가 포함된 경우 피보험자의 별도의 동의를 받지 아니한 때에는 건강정보 등 민감정보를 삭제하거나 식별할 수 없도록 하여야 함을 정하고 있다.

40 과징금에 관한 설명으로 옳지 않은 것은?

① 과징금은 행정상 제재금으로 형벌인 벌금이 아니므로 과징금과 벌금을 병과하여도 이중처벌금지원칙에 반하지 않는다.

② 과징금을 부과하는 경우 그 금액은 위반행위의 내용 및 정도, 위반행위의 기간 및 횟수, 위반행위로 인하여 취득한 이익의 규모를 고려하여야 한다.

③ 소속보험설계사가 보험업법상의 설명의무를 위반한 경우에도 그 위반행위를 막기 위하여 상당한 주의와 감독을 게을리 하지 않은 보험회사에게는 과징금을 부과할 수 없다.

④ 과징금의 부과 및 징수절차 등에 관하여는 국세징수법의 규정을 준용하며, 과징금 부과 전에 미리 당사자 또는 이해관계인 등에게 의견을 제출할 기회를 주어야 한다.

01 보험업법 제2조의 정의에 관한 설명으로 옳지 않은 것은?

① 보험상품에는 생명보험상품, 손해보험상품, 제3보험상품이 있다.

② 보험업에는 생명보험업, 손해보험업 및 제3보험업이 있다.

③ 보험상품에는 위험보장을 목적으로 요구하지 아니한 상품도 있다.

④ 상호회사란 보험업을 경영할 목적으로 보험업법에 따라 설립된 회사로서 보험계약자를 사원으로 하는 회사를 말한다.

02 보험업법상 자기자본의 합산항목을 모두 고른 것은?

가. 납입자본금	나. 이익잉여금
다. 자본잉여금	라. 자본조정
마. 영업권	

① 가, 나

③ 나, 다, 라

② 가, 나, 다

④ 다, 라, 마

03 보험업법상 손해보험의 허가 종목을 모두 고른 것은?

가. 연금보험	나. 화재보험
다. 해상보험(항공·운송보험)	라. 자동차보험
마. 상해보험	바. 보증보험

① 가, 나, 다

② 나, 다, 라

③ 가, 라, 마, 바

④ 나, 다, 라, 바

04 보험업법상 보험업 허가를 받으려는 외국보험회사의 허가요건에 관한 설명으로 옳지 않은 것은?

① 30억원 이상의 영업기금을 보유하여야 한다.

② 국내에서 경영하려는 보험업과 같은 보험업을 외국법령에 따라 경영하고 있을 것을 요한다.

③ 자산상황·재무건전성 및 영업건전성이 외국에서 보험업을 경영하기에 충분하고, 국내적으로 인정받고 있을 것을 요한다.

④ 사업계획이 타당하고 건전할 것을 요한다.

05 외국보험회사 등의 국내사무소의 금지행위에 관한 사항을 모두 고른 것은?

> 가. 보험업을 경영하는 행위
> 나. 보험계약의 체결을 중개하거나 대리하는 행위
> 다. 국내 관련 법령에 저촉되지 않는 방법에 의하여 보험시장의 조사 및 정보의 수집을 하는 행위
> 라. 그 밖에 국내사무소의 설치 목적에 위반되는 행위로서 대통령령으로 정하는 행위

① 가, 나   ② 나, 다
③ 가, 나, 라   ④ 나, 다, 라

06 보험업법상 보험회사의 업무규제 등에 관한 설명으로 옳지 않은 것은?

① 보험회사는 그 상호 또는 명칭 중에 주로 경영하는 보험업과 함께 부수적으로 경영하는 보험업의 종류를 표시하여야 한다.
② 보험회사는 원칙적으로 300억원 이상의 자본금 또는 기금을 납입함으로써 보험업을 시작할 수 있다.
③ 보험회사는 생명보험의 재보험 및 제3보험의 재보험 등 일정한 경우를 제외하고 생명보험업과 손해보험업을 겸영하지 못한다.
④ 보험회사는 경영건전성을 해치거나 보험계약자 보호 및 건전한 거래질서를 해칠 우려가 없는 금융업무를 영위할 수 있다.

07 보험업법상 주식회사에 관한 설명으로 옳지 않은 것은?

① 주식회사가 자본감소를 결의한 경우에는 그 결의를 한 날부터 2주 이내에 결의의 요지와 재무상태표를 공고하여야 한다.

② 주식회사는 자본감소를 결의할 때 대통령령으로 정하는 자본감소를 하려면 미리 금융감독원장의 승인을 받아야 한다.

③ 주식회사는 그 조직을 변경하여 상호회사로 할 수 있다.

④ 주식회사의 자본감소 결의공고 시에는 이의가 있는 자는 일정한 기간 동안 이의를 제출할 수 있다는 뜻을 덧붙여야 한다.

08 보험업법상 주식회사의 조직변경 등에 관한 설명으로 옳지 않은 것은?

① 주식회사의 조직변경은 주주총회의 결의를 거쳐야 한다.

② 주식회사는 조직변경을 결의할 때 보험계약자 총회를 갈음하는 기관에 관한 사항을 정할 수 있다.

③ 보험계약자 총회는 보험계약자 과반수의 출석과 그 의결권의 3분의 2 이상의 찬성으로 결의한다.

④ 주식회사의 이사는 조직변경에 관한 사항을 보험계약자 총회에 보고하여야 한다.

09 보험업법상 보험계약자 등의 우선취득권 및 예탁자산에 대한 우선변제권에 관한 설명으로 옳지 않은 것은?

① 보험계약자나 보험금을 취득할 자는 피보험자를 위하여 적립한 금액을 주식회사가 보험업법에 따른 금융위원회의 명령에 따라 예탁한 자산에서 다른 채권자보다 우선하여 변제를 받을 권리를 가진다.

② 예탁자산에 대한 우선변제권은 보험업법 제108조에 따라 특별계정이 설정된 경우, 특별계정과 그 밖의 계정을 구분하여 적용한다.

③ 보험계약자나 보험금을 취득할 자는 피보험자를 위하여 적립한 금액을 다른 법률에 특별한 규정이 없으면 주식회사의 자산에서 우선하여 취득한다.

④ 보험계약자 등의 우선취득권은 보험업법 제108조에 따라 특별계정이 설정된 경우에도 예탁자산에 대한 우선변제권과 달리 특별계정과 그 밖의 계정을 구분하여 적용하지 아니할 수 있다.

10 보험업법상 상호회사의 정관 기재사항을 모두 고른 것은?

가. 취급하려는 보험종목과 사업의 범위
나. 명 칭
다. 회사의 성립연월일
라. 기금의 총액
마. 기금의 갹출자가 가질 권리
바. 발기인의 성명·주민등록번호 및 주소

① 가, 나, 라, 마   ② 나, 다, 라, 마
③ 다, 라, 마, 바   ④ 가, 나, 마, 바

11 보험업법상 상호회사의 입사청약서에 관한 설명으로 옳지 않은 것은?

① 상호회사가 성립한 후 사원이 되려는 자를 제외하고, 발기인이 아닌 자가 상호회사의 사원이 되려면 입사청약서 2부에 보험의 목적과 보험금액을 적고 기명날인하여야 한다.

② 발기인은 입사청약서에 정관의 인증 연월일과 그 인증을 한 공증인의 이름을 포함하여 작성하고 이를 비치하여야 한다.

③ 기금 갹출자의 이름·주소와 그 각자가 갹출하는 금액, 발기인의 이름과 주소 등도 상호회사의 입사청약서에 기재할 사항에 속한다.

④ 상호회사 성립 전의 입사청약의 경우, 청약의 상대방이 표의자의 진의 아님을 알았거나 이를 알 수 있었을 경우에는 무효로 한다.

12 보험업법상 상호회사의 사원의 권리와 의무에 관한 설명으로 옳지 않은 것은?

① 상호회사의 사원은 회사의 채권자에 대하여 직접적인 의무를 부담한다.

② 상호회사의 채무에 관한 사원의 책임은 보험료를 한도로 한다.

③ 상호회사의 사원은 보험료의 납입에 관하여 상계로써 회사에 대항하지 못한다.

④ 상호회사는 정관으로 보험금액의 삭감에 관한 사항을 정하여야 한다.

13 보험업법상 외국보험회사국내지점의 허가 취소 사유에 해당하는 사항을 모두 고른 것은?

> 가. 합병, 영업양도 등으로 소멸한 경우
> 나. 휴업하거나 영업을 중지한 경우
> 다. 외국보험회사국내지점 직원이 주의·경고조치를 받은 경우
> 라. 6개월 간의 영업정지 처분을 받은 경우

① 가, 나   ② 나, 라
③ 나, 다   ④ 다, 라

14 보험설계사에 관한 설명으로 옳은 것은?

① 보험회사는 소속 보험설계사가 되려는 자를 금융감독원에 등록하여야 한다.
② 보험업법에 따라 보험설계사의 등록취소 처분을 2회 이상 받은 경우 최종 등록취소를 받은 날로부터 2년이 지나지 아니한 자는 보험설계사가 될 수 없다.
③ 보험설계사가 모집에 관한 보험업법의 규정을 위반한 경우에는 반드시 그 등록을 취소하여야 한다.
④ 보험설계사가 교차모집을 하려는 경우에는 교차모집을 하려는 보험회사 명칭 등 금융위원회가 정하여 고시하는 사항을 적은 서류를 보험협회에 제출하여야 한다.

15 보험대리점에 관한 설명으로 옳지 않은 것은?

① 보험설계사 또는 보험중개사로 등록된 자는 보험대리점이 되지 못한다.

② 금융위원회는 보험대리점이 거짓이나 그 밖에 부정한 방법으로 보험업법 제87조에 따른 등록을 한 경우에는 그 등록을 취소하여야 한다.

③ 보험업법에 따라 과료 이상의 형을 선고받고 그 집행이 끝나거나 면제된 날부터 1년이 경과하지 아니한 자는 법인보험대리점의 이사가 되지 못한다.

④ 금융기관보험대리점의 영업보증금 예탁의무는 면제하고 있다.

16 보험중개사에 관한 설명으로 옳지 않은 것은?

① 보험중개사는 보험회사의 임직원이 될 수 없으며, 보험계약의 체결을 중개하면서 보험회사·보험설계사·보험대리점·보험계리사 및 손해사정사의 업무를 겸할 수 없다.

② 법인보험중개사는 보험계약자 보호를 위한 업무지침을 정하여야 하며, 그 업무지침의 준수 여부를 점검하고 위반사항을 조사하기 위한 임원 또는 직원을 2인 이상 두어야 한다.

③ 보험중개사가 소속 보험설계사와 보험모집을 위한 위탁을 해지한 경우에는 금융위원회에 신고하여야 한다.

④ 보험중개사는 보험계약 체결의 중개행위와 관련하여 보험계약자에게 손해를 입힌 경우에는 영업보증금예탁기관에서 보험계약자 측에 지급하는 금액만큼 손해배상책임을 면한다.

17 보험업법상 보험대리점 또는 보험중개사로 등록할 수 있는 금융기관에 해당하지 않는 것은?

① 「은행법」에 따라 설립된 은행
② 「자본시장과 금융투자업에 관한 법률」에 따른 투자매매업자 또는 신탁업자
③ 「상호저축은행법」에 따른 상호저축은행
④ 「중소기업은행법」에 따라 설립된 중소기업은행

18 보험회사 또는 보험의 모집에 종사하는 자가 변액보험을 모집할 경우 일반보험계약자의 적합성 여부를 확인하여야 하는데, 그 확인대상을 모두 고른 것은?

> 가. 보험계약자의 연령
> 나. 연간 수익 및 연간 수익이 보험료 지출에 차지하는 비중
> 다. 보험가입의 목적
> 라. 변액보험계약 가입 여부
> 마. 집합투자증권 가입 여부
> 바. 생명보험의 가입 여부

① 가, 나, 다, 라   ② 가, 다, 라, 마
③ 나, 라, 마, 바   ④ 나, 다, 마, 바

19 보험업법상 모집 관련 준수사항에 관한 설명으로 옳지 않은 것은?

① 보험회사 또는 보험의 모집에 종사하는 자는 보험금액이 큰 내용만을 강조하거나 고액 보험금 수령 사례 등을 소개하여 보험금을 많이 지급하는 것으로 오인하게 하는 행위를 하여서는 안 된다.

② 보험중개사를 포함하는 보험계약의 체결 또는 모집에 종사하는 자가 부당한 계약전환을 한 경우 보험계약자는 그 보험회사에 대하여 기존 계약의 체결일로부터 6월 이내에 계약의 부활을 청구할 수 있다.

③ 보험회사는 보험계약자가 계약을 체결하기 전에 통신수단을 이용한 계약해지에 동의한 경우에 한하여 통신수단을 이용한 계약해지를 허용할 수 있다.

④ 보험안내자료에는 금융위원회가 따로 정하는 경우를 제외하고는 보험회사의 장래의 이익 배당 또는 잉여금 분배에 대한 예상에 관한 사항을 적지 못한다.

20 보험업법상 금융기관보험대리점 등의 금지행위에 해당하는 것을 모두 고른 것은?

> 가. 대출 등을 제공받는 자의 동의를 미리 받아 보험료를 대출 등의 거래에 포함시키는 행위
> 나. 대출을 조건으로 차주의 의사에 반하여 보험가입을 강요하는 행위
> 다. 해당 금융기관의 점포 외에서 모집을 하는 행위
> 라. 모집과 관련이 없는 금융거래를 통하여 취득한 개인정보를 그 개인의 동의를 받아 모집에 이용하는 행위

① 가, 나   ② 나, 라
③ 나, 다   ④ 다, 라

21 일반보험계약자가 보험업법 제102조의4에서 정하고 있는 청약철회권을 행사할 수 있는 보험계약에 해당하는 것은?

① 보험계약을 체결하기 위하여 피보험자가 건강진단을 받아야 하는 보험계약

② 보험기간이 1년 미만인 보험계약

③ 「자동차손해배상보장법」 제5조에 따라 가입할 의무가 있는 보험계약

④ 타인을 위한 보증보험계약으로서 일반보험계약자가 청약철회에 관하여 타인의 동의를 얻은 경우

22 보험업법상 보험회사의 자산운용에 대한 내용으로 옳지 않은 것은?

① 보험업법에 따른 자산운용한도의 제한을 피하기 위하여 다른 금융기관 또는 회사의 의결권 있는 주식을 서로 교차하여 보유하거나 신용공여를 하는 행위를 할 수 없다.

② 보험회사는 그 보험회사의 대주주와 대통령령으로 정하는 금액 이상의 신용공여를 한 경우에는 7일 이내에 그 사실을 공정거래위원회에 보고하고, 인터넷 홈페이지 등을 이용하여 공시하여야 한다.

③ 보험회사는 신용공여 계약을 체결하려는 자에게 재산 증가나 신용평가등급 상승 등으로 신용 상태의 개선이 나타난 경우에는 금리인하를 요구할 수 있음을 알려야 한다.

④ 보험회사는 그 자산운용을 함에 있어 안정성·유동성·수익성 및 공익성이 확보되도록 하여야 하며, 선량한 관리자의 주의로써 그 자산을 운용하여야 한다.

23 보험업법상 금지 또는 제한되는 자산운용 방법에 해당하는 것을 모두 고른 것은?

가. 연면적의 100분의 20을 보험회사가 직접 사용하고 있는 영업장의 소유
나. 상품이나 유가증권에 대한 투기를 목적으로 하는 자금의 대출
다. 직접·간접을 불문하고 정치자금의 대출
라. 직접·간접을 불문하고 해당 보험회사의 주식을 사도록 하기 위한 대출
마. 해당 보험회사의 임직원에 대한 보험약관에 따른 약관대출

---

① 가, 나, 마
② 나, 다, 라
③ 다, 라, 마
④ 가, 다, 마

24 보험회사는 금융위원회의 승인을 받은 자회사 주식을 제외하고는 의결권 있는 다른 회사의 발행주식(출자지분을 포함한다) 총수의 ( )를 초과하는 주식을 소유할 수 없다. 괄호 안에 알맞은 것은?

① 100분의 5
② 100분의 10
③ 100분의 15
④ 100분의 20

25 보험업법상 보험회사가 자회사를 소유함에 있어서 금융위원회의 신고로써 승인에 갈음할 수 있는 것을 모두 고른 것은?

가. 보험계약의 유지·해지·변경 또는 부활 등을 관리하는 업무
나. 보험수리업무
다. 보험대리업무
라. 보험계약 체결 및 대출업무
마. 보험사고 및 보험계약 조사업무
바. 손해사정업무
사. 기업의 후생복지에 관한 상담 및 사무처리 대행업무

① 가, 나, 다, 마   ② 나, 다, 마, 바
③ 다, 라, 바, 사   ④ 가, 마, 바, 사

26 보험회사의 자회사에 대한 금지행위로서 옳지 않은 것은?

① 자산을 일반적인 거래 조건에 비추어 해당 보험회사에 뚜렷하게 불리한 조건으로 매매하는 행위
② 자회사가 소유하는 주식을 담보로 하는 신용공여 행위
③ 자회사가 다른 회사에 출자하는 것을 지원하기 위한 신용공여 행위
④ 보험회사의 보유증권을 정상가격으로 자회사의 자산과 교환하는 행위

27 보험회사의 계산에 관한 내용으로 옳지 않은 것은?

① 보험회사는 원칙적으로 매년 12월 31일까지 재무제표 등 장부를 폐쇄하고 장부를 폐쇄한 날로부터 3개월 이내에 금융위원회가 정하는 바에 따라 부속명세서를 포함한 재무제표 및 사업보고서를 금융위원회에 제출하여야 한다.

② 보험회사는 매월의 업무 내용을 적은 보고서를 다음 달 말일까지 금융위원회가 정하는 바에 따라 금융위원회에 제출하여야 한다.

③ 보험회사는 금융위원회에 제출한 동일 내용의 재무제표 및 사업보고서를 일반인이 열람할 수 있도록 금융위원회에 제출하는 날부터 본점과 지점, 그 밖의 영업소에 비치하거나 7일 이상 신문에 공고하여야 한다.

④ 보험회사는 결산기마다 보험계약의 종류에 따라 대통령으로 정하는 책임준비금과 비상위험준비금을 계상하고 따로 작성한 장부에 각각 기재하여야 한다.

28 보험업법상 보험약관 이해도 평가에 관한 설명으로 옳지 않은 것은?

① 금융위원회는 보험소비자와 보험 모집에 종사하는 자 등 대통령령으로 정하는 자를 대상으로 보험약관에 대하여 보험약관의 이해도를 평가하여 공시할 수 있다.

② 금융위원회는 보험소비자 등의 보험약관에 대한 이해도를 평가하기 위하여 평가대행기관을 지정할 수 있다.

③ 보험약관 이해도 평가에 수반되는 비용의 부담, 평가 시기, 평가 방법 등 평가에 관한 사항은 금융위원회가 정한다.

④ 금융위원회에 의해 지정된 평가대행기관은 조사대상 보험약관에 대하여 보험소비자 등의 이해도를 평가하고, 그 결과를 보험협회에 보고하여야 한다.

29 보험업법상 보험회사가 지켜야 하는 재무건전성 기준에 관한 설명으로 옳지 않은 것은?

① 보험회사는 보험금 지급능력과 경영건전성 기준을 확보하기 위하여 대출채권 등 보유자산의 건전성을 정기적으로 분류하고 대손충당금을 적립하여야 한다.

② 보험회사의 위험, 유동성 및 재보험의 관리에 관하여 금융위원회가 정하여 고시하는 기준을 충족하여야 한다.

③ 금융위원회는 보험회사가 재무건전성 기준을 지키지 아니하여 경영건전성을 해칠 우려가 있다고 인정되는 경우에는 주식 등 위험자산의 소유제한을 할 수 있다.

④ 보험회사가 적립하여야 하는 지급여력금액에는 자본금, 계약자배당을 위한 준비금, 후순위차입금, 미상각신계약비 등을 합산한 금액이 포함된다.

30 보험회사 상호협정에 관한 설명으로 옳지 않은 것은?

① 상호협정을 체결하거나 변경, 폐지할 때에는 원칙적으로 금융위원회의 인가를 필요로 한다.

② 상호협정이 보험업법의 취지에 부합하지 않는 공동행위라면 공정거래법상 정당행위가 될 수 없다는 것이 판례의 태도이다.

③ 금융위원회는 상호협정을 인가하거나 협정에 따를 것을 명함에 있어서 원칙적으로 사전에 공정거래위원회와 협의하여야 한다.

④ 보험회사 간의 합병, 보험회사 신설 등으로 상호협정의 구성원이 변경되는 사항인 경우 금융위원회의 허가를 요한다.

31 보험회사의 기초서류 작성 또는 변경에 관한 설명으로 옳은 것을 모두 고른 것은?

> 가. 보험회사는 법령의 제정·개정에 따라 새로운 보험상품이 도입되거나 보험상품의 가입이 의무화
>   되는 경우에는 금융위원회에 신고하여야 한다.
> 나. 보험회사는 보험계약자 보호 등을 위하여 대통령령으로 정하는 경우에는 금융위원회에 신고하여
>   야 한다.
> 다. 금융위원회는 보험계약자 보호 등을 위하여 필요하다고 인정되면 보험회사에 대하여 기초서류에
>   관한 자료 제출을 요구할 수 있다.
> 라. 금융위원회는 보험회사가 기초서류를 제출할 때 보험료 및 책임준비금 산출방법서에 대하여 금융
>   감독원의 검증확인서를 첨부하도록 할 수 있다.

① 가, 나, 다   ② 나, 다, 라
③ 나, 다   ④ 가, 라

32 보험업법상 보험계약의 이전에 관한 설명으로 옳지 않은 것은?

① 보험회사는 책임준비금 산출의 기초가 동일한 보험계약의 일부를 이전할 수 있다.
② 보험계약을 이전하려는 보험회사는 그 결의를 한 날부터 2주일 이내에 계약 이전의 요지와
   각 보험회사의 재무상태표를 공고하여야 한다.
③ 보험계약 이전의 공고에는 보험계약자가 이의를 제출할 수 있도록 1개월 이상의 이의제출기간
   을 부여하여야 한다.
④ 보험계약의 이전을 결의한 때로부터 이전이 종료될 때까지 이전하는 보험계약과 동종의 보험
   계약을 체결하지 못한다.

33 보험회사의 청산에 관한 설명으로 옳지 않은 것은 몇 개인가?

> 가. 금융위원회는 보험회사로 하여금 청산인의 보수를 지급하게 할 수 있다.
> 나. 금융위원회는 청산인을 감독하기 위하여 보험회사의 청산업무와 자산상황을 검사하고 자산의 공탁을 명할 수 있다.
> 다. 청산인은 채권신고기간 내에는 채권자에게 변제를 하지 못한다.
> 라. 보험회사가 보험업의 허가취소로 해산한 때에는 법원이 청산인을 선임한다.
> 마. 금융위원회는 대표이사 또는 소액주주대표의 청구에 의하여 청산인을 해임할 수 있다.

① 1개   ② 2개
③ 3개   ④ 4개

34 보험업법상 선임계리사의 의무에 관한 설명으로 옳지 않은 것은?

① 선임계리사는 보험회사가 기초서류관리기준을 지키는지를 점검하고, 이를 위반하는 경우에는 조사하여 그 결과를 금융위원회에 보고하여야 한다.
② 선임계리사는 보험회사가 금융위원회에 제출하는 서류에 기재된 사항 중 기초서류의 내용 및 보험계약에 의한 배당금의 계산 등이 정당한지 여부를 최종적으로 검증하고 이를 확인하여야 한다.
③ 선임계리사는 기초서류의 내용 및 보험계약에 따른 배당금의 계산 등이 정당한지 여부를 검증하고 확인하여야 한다.
④ 선임계리사는 보험회사의 기초서류에 법령을 위반한 내용이 있다고 판단하는 경우에는 금융위원회에 보고하여야 한다.

35 보험업법상 보험조사협의회가 보험조사와 관련하여 심의할 수 있는 사항으로 옳지 않은 것은?

① 보험조사업무의 효율적 수행을 위한 공동 대책의 수립 및 시행에 관한 사항
② 금융위원회가 보험조사협의회의 회의에 부친 사항
③ 보험조사와 관련하여 조사한 정보의 교환에 관한 사항
④ 보험조사와 관련하여 조사 지원에 관한 사항

36 보험업법상 제3자에 대한 보험금 지급보장절차 등에 관한 설명으로 옳지 않은 것은?

① 손해보험회사는 손해보험계약의 제3자에 대한 보험금 지급을 보장하기 위하여 수입보험료 및 책임준비금을 고려하여 대통령령으로 정하는 비율을 곱한 금액을 손해보험협회에 출연하여야 한다.
② 보증보험을 전업으로 하는 손해보험회사도 제3자에 대한 보험금 지급을 보장하기 위하여 수입보험료 및 책임준비금을 고려하여 대통령령으로 정하는 비율을 곱한 금액을 손해보험협회에 출연하여야 한다.
③ 손해보험협회의 장은 지급불능을 보고받은 때에는 금융위원회의 확인을 거쳐 손해보험계약의 제3자에게 대통령령이 정하는 보험금을 지급하여야 한다.
④ 손해보험협회의 장은 출연금을 산정하고 보험금을 지급하기 위하여 필요한 범위에서 손해보험회사의 업무 및 자산상황에 관한 자료 제출을 요구할 수 있다.

37 보험업법상 보험요율 산출기관에 관한 설명으로 옳지 않은 것은?

① 보험회사는 금융위원회의 인가를 받아 보험요율 산출기관을 설립할 수 있다.

② 보험요율 산출기관은 정관으로 정하는 바에 따라 업무와 관련하여 보험회사로부터 수수료를 받을 수 있다.

③ 보험요율 산출기관은 보유정보를 활용하여 주행거리 정보를 제외한 자동차 사고이력 및 자동차 기준가액 정보를 제공할 수 있다.

④ 보험회사 등으로부터 제공받은 보험정보관리를 위한 전산망 운영업무를 할 수 있다.

38 보험업법상 손해사정사의 손해사정업무 수행시 금지되는 행위로서 옳지 않은 것은?

① 업무상 알게 된 보험계약자 등에 관한 개인정보를 누설하는 행위

② 보험금 지급을 요건으로 합의서를 작성하거나 합의를 요구하는 행위

③ 자기 또는 자기와 총리령으로 정하는 이해관계를 가진 자의 보험사고에 대하여 손해사정을 하는 행위

④ 금융위원회가 정하는 바에 따라 업무와 관련된 보조인을 두는 행위

39 보험업법상 손해사정사에 관한 설명으로 옳지 않은 것은?

① 금융위원회는 손해사정사가 그 직무를 게을리 하거나 직무를 수행하면서 부적절한 행위를 한 경우 업무의 정지를 명할 수 있다.

② 손해사정을 업으로 하려는 법인은 2명 이상의 상근 손해사정사를 두어야 한다.

③ 손해사정사는 손해액 및 보험금의 사정업무를 할 수 있으나, 관계법규 적용의 적정성 판단은 할 수 없다.

④ 손해사정사는 정당한 사유 없이 손해사정업무를 지연하거나 충분한 조사를 하지 아니하고 손해액 또는 보험금을 산정하는 행위를 할 수 없다.

40 보험업법상 미수범 처벌규정에 따라 처벌받는 경우로서 옳지 않은 것은?

① 보험회사 대주주가 보험회사의 이익에 반하여 개인의 이익을 위하여 부당하게 압력을 행사하여 보험회사에게 외부에 공개되지 않은 자료 제공을 요구하는 행위

② 보험계리사가 그 임무를 위반하여 재산상의 이익을 취득하거나 제3자로 하여금 재산상 이익을 취득하게 하여 보험회사에 재산상의 손해를 입히는 행위

③ 상호회사의 청산인이 재산상의 이익을 취득하거나 제3자로 하여금 재산상 이익을 취득하게 하여 보험회사에 재산상의 손해를 입히는 행위

④ 보험계약자 총회 대행기관을 구성하는 자가 그 임무를 위반하여 재산상의 이익을 취득하거나 제3자로 하여금 재산상 이익을 취득하게 하여 보험계약자나 사원에게 손해를 입히는 행위

제3과목

01 보험업법상 용어의 정의에 관한 설명으로 옳지 않은 것은?

① 생명보험업이란 생명보험상품의 취급과 관련하여 발생하는 보험의 인수, 보험료 수수 및 보험금 지급 등을 영업으로 하는 것을 말한다.

② 외국보험회사란 대한민국 이외의 국가의 법령에 따라 설립되어 대한민국 내에서 보험업을 영위하는 자를 말한다.

③ 모집이란 보험계약의 체결을 중개하거나 대리하는 것을 말한다.

④ 신용공여란 대출 또는 유가증권의 매입(자금 지원적 성격만 해당한다)이나 그 밖에 금융거래상의 신용위험이 따르는 보험회사의 직접적·간접적 거래로서 대통령령으로 정하는 바에 따라 금융위원회가 정하는 거래를 말한다.

02 누구든지 보험회사가 아닌 자와 보험계약을 체결하거나 중개 또는 대리하지 못하나, 예외적으로 허용되는 경우를 모두 고른 것은?

> 가. 외국보험회사와 생명보험계약을 체결하는 경우
> 나. 외국보험회사와 선박보험계약을 체결하는 경우
> 다. 대한민국에서 취급되지 아니하는 보험종목에 관하여 외국보험회사와 보험계약을 체결하는 경우
> 라. 외국에서 보험계약을 체결하고 보험기간이 지나기 전제 대한민국에서 그 계약을 지속시키는 경우

① 가, 나
② 나, 다
③ 나, 다, 라
④ 가, 나, 다, 라

03 보험업법상 제3보험업의 허가 종목을 모두 고른 것은?

가. 연금보험	나. 상해보험
다. 질병보험	라. 퇴직보험
마. 간병보험	바. 보증보험

① 가, 다, 라
② 다, 마, 바
③ 나, 다, 마
④ 가, 나, 다

04 보험업의 허가를 받으려는 자가 허가 신청 시에는 제출하여야 하나, 보험회사가 취급하는 종목을 추가하려는 경우에 제출하지 아니할 수 있는 서류는?

① 정 관
② 업무 시작 후 3년 간의 사업계획서(추정재무제표 포함)
③ 경영하려는 보험업의 보험종목별 사업방법서
④ 보험약관

05 보험업의 예비허가에 관한 설명으로 옳지 않은 것은?

① 보험업에 관한 본허가를 신청하려는 자는 미리 금융위원회에 예비허가를 신청할 수 있다.

② 예비허가의 신청을 받은 금융위원회는 3개월 이내에 심사하여 예비허가 여부를 통지할 수 있다.

③ 금융위원회는 예비허가를 하는 경우에 조건을 붙일 수 있다.

④ 예비허가를 받은 자가 예비허가의 조건을 이행한 후 본허가를 신청하면 허가를 하여야 한다.

06 보험업의 허가시 보험종목의 일부만을 취급하려는 보험회사가 납입하여야 하는 보험종목별 자본금 또는 기금의 액수에 관한 설명으로 옳지 않은 것은?

① 생명보험 : 200억원

② 연금보험(퇴직보험 포함) : 200억원

③ 화재보험 : 100억원

④ 책임보험 : 50억원

07 보험업법상 보험회사는 생명보험업과 손해보험업을 겸영하지 못하나, 예외적으로 겸영이 허용되는 보험종목을 모두 고른 것은?[손해보험업의 보험종목(재보험과 보증보험은 제외) 일부만을 취급하는 보험회사와 제3보험업만을 경영하는 보험회사 제외] 기출+정

> 가. 생명보험의 재보험 및 제3보험의 재보험
> 나. 「소득세법」 제20조의3 제1항 제2호 각 목 외의 부분에 따른 연금저축계좌를 설정하는 계약
> 다. 해상보험
> 라. 자동차보험

① 가, 다
② 나, 라
③ 다, 라
④ 가, 나

08 보험회사는 경영건전성을 해치거나 보험계약자 보호 및 건전한 거래질서를 해칠 우려가 없는 금융업무를 할 수 있는데, 금융위원회에 신고 후 보험회사가 수행할 수 있는 금융업무에 해당하는 것을 모두 고른 것은?

> 가. 「자산유동화에 관한 법률」에 따른 유동화자산의 관리업무
> 나. 「한국주택금융공사법」에 따른 채권유동화자산의 관리업무
> 다. 「신용정보의 이용 및 보호에 관한 법률」에 따른 본인 신용정보관리업
> 라. 「은행법」에 따른 은행업
> 마. 「주택저당채권 유동화회사법」에 따른 유동화자산의 관리업무

① 가, 나, 다
② 가, 나, 다, 마
③ 다, 라, 마
④ 나, 다, 라, 마

09 금융위원회가 보험회사의 부수업무에 대하여 제한하거나 시정할 것을 명할 수 있는 사유에 해당하는 것을 모두 고른 것은?

> 가. 보험회사의 경영건전성을 해치는 경우
> 나. 보험계약자 보호에 지장을 가져오는 경우
> 다. 금융시장의 안정성을 해치는 경우

① 가, 나
② 나, 다
③ 가, 다
④ 가, 나, 다

10 보험회사인 주식회사에 관한 설명으로 괄호 안에 들어갈 내용을 순서대로 연결한 것은?

기출+수정

> 가. 보험회사인 주식회사가 자본감소를 결의한 경우에는 그 결의를 한 날부터 (   )주 이내에 결의의 요지와 재무상태표를 공고하여야 한다.
> 나. 주식회사는 그 조직을 변경하여 (   )로 변경할 수 있다.
> 다. 주식회사는 조직변경을 결의할 때 (   ) 총회를 갈음하는 기관에 관한 사항을 정할 수 있다.
> 라. 주식회사의 조직변경은 (   )의 결의를 거쳐야 한다.

① 4 - 합자회사 - 보험자 - 이사회
② 4 - 주식회사 - 보험수익자 - 이사회
③ 2 - 상호회사 - 보험계약자 - 주주총회
④ 2 - 합명회사 - 보험수익자 - 보험계약자 총회

11 상호회사에 관한 설명으로 옳지 않은 것은?

① 상호회사의 발기인은 정관을 작성하여 법에서 정한 일정한 사항을 적고 기명날인하여야 한다.

② 상호회사는 그 명칭 중에 상호회사라는 글자를 포함하여야 한다.

③ 상호회사의 기금은 금전 이외의 자산으로 납입할 수 있다.

④ 상호회사는 100명 이상의 사원으로써 설립한다.

12 상호회사의 창립총회 및 설립등기에 관한 설명으로 괄호 안에 들어갈 내용을 순서대로 연결한 것은?

가. 상호회사의 발기인은 상호회사의 기금의 납입이 끝나고 사원의 수가 예정된 수가 되면 그 날부터 (　　)일 이내에 창립총회를 소집하여야 한다.

나. 창립총회는 사원 과반수의 출석과 그 의결권의 (　　) 이상의 찬성으로 결의한다.

다. 상호회사의 설립등기는 창립총회가 끝난 날부터 (　　)주 이내에 하여야 한다.

---

① 7 - 3분의 2 - 4

② 7 - 4분의 3 - 2

③ 14 - 3분의 2 - 2

④ 14 - 4분의 3 - 4

13 상호회사의 기관에 관한 설명으로 옳지 않은 것은?

① 상호회사는 사원총회를 갈음할 기관을 정관으로 정할 수 있다.

② 상호회사의 사원은 정관에 특별한 규정이 있는 경우를 제외하고는 사원총회에서 각각 1개의 의결권을 가진다.

③ 상호회사의 100분의 5 이상의 사원은 정관으로 다른 기준을 정한 경우를 제외하고, 회사의 목적과 그 소집의 이유를 적은 서명을 이사에게 제출하여 사원총회의 소집을 청구할 수 있다.

④ 상호회사의 사원과 채권자는 언제든지 정관과 사원총회 및 이사회의 의사록을 열람하거나 복사할 수 있다.

14 보험업법상 보험을 모집할 수 없는 자에 해당하는 것은?

① 보험중개사
② 보험회사의 사외이사
③ 보험회사의 직원
④ 보험설계사

15 보험설계사의 모집 제한의 예외에 해당하는 것을 모두 고른 것은?

> 가. 생명보험회사에 소속된 보험설계사가 소속 이외의 1개의 생명보험회사를 위하여 모집하는 경우
> 나. 손해보험회사에 소속된 보험설계사가 1개의 생명보험회사를 위하여 모집하는 경우
> 다. 제3보험업을 겸업으로 하는 보험회사에 소속된 보험설계사가 1개의 손해보험회사를 위하여 모집을 하는 경우
> 라. 생명보험회사에 소속된 보험설계사가 1개의 손해보험회사를 위하여 모집을 하는 경우

① 가, 나
② 다, 라
③ 가, 다
④ 나, 라

제3과목

16 보험대리점으로 등록이 제한되는 자가 아닌 것은?

① 파산선고를 받은 자로서 복권되지 아니한 자
② 보험회사를 퇴직한 직원
③ 다른 보험회사 등의 임직원
④ 국가기관의 퇴직자로 구성된 법인 또는 단체

17 보험중개사에 관한 설명으로 옳지 않은 것은?

① 부채가 자산을 초과하는 법인은 보험중개사 등록이 제한된다.

② 등록한 보험중개사는 보험계약자에게 입힌 손해의 배상을 보장하기 위하여 「은행법」상의 은행에 영업보증금을 예탁하여야 한다.

③ 보험중개사의 영업보증금은 개인은 1억원 이상, 법인은 3억원 이상이지만, 금융기관보험중개 사에 대해서는 영업보증금 예탁의무가 면제된다.

④ 보험중개사는 개인보험중개사와 법인보험중개사로 구분하고, 각각 생명보험중개사, 손해보 험중개사 및 제3보험중개사로 구분한다.

18 보험업법상 보험모집에 관한 설명으로 옳은 것은? 기출수정

① 보험회사는 사망보험계약의 모집에 있어서 피보험자가 다른 사망보험계약을 체결하고 있는지 를 확인할 의무를 진다.

② 보험회사는 보험계약의 체결 시부터 보험금 지급 시까지의 주요 과정을 모든 보험계약자에게 설명하여야 한다.

③ 보험회사는 보험안내자료에 보험계약에 관한 모든 사항을 명백하고 알기 쉽게 적어야 한다.

④ 통신수단을 이용하여 보험모집을 한 경우 보험회사는 보험계약자가 계약을 해지하기 전에 안전성 및 신뢰성이 확보되는 방법을 이용하여 보험계약자 본인임을 확인받은 경우에 한정하 여 통신수단을 이용할 수 있도록 하여야 한다.

19 보험업법상 보험계약의 모집 등에 있어서 모집종사자 등의 금지행위에 관한 설명으로 옳은 것은?

① 모집종사자 등은 다른 모집종사자의 동의가 있다 하더라도 다른 모집종사자의 명의를 이용하여 보험계약을 모집하는 행위를 하여서는 아니 된다.

② 모집종사자 등은 기존 보험계약이 소멸된 날부터 1개월이 경과하지 않는 한 그 보험계약자가 손해발생 가능성을 알고 있음을 자필로 서명하더라도 그와 새로운 보험계약을 체결할 수 없다.

③ 모집종사자 등은 실제 명의인의 동의가 있다 하더라도 보험계약 청약자와 보험계약을 체결하여서는 아니 된다.

④ 모집종사자 등은 피보험자의 자필서명이 필요한 경우에 그 피보험자로부터 자필서명을 받지 아니하고, 서명을 대신하여 보험계약을 체결할 수 있다.

20 보험업법상 보험계약의 체결 또는 모집과 관련하여 모집종사자가 보험계약자 등에게 제공할 수 있는 특별이익에 해당하는 것은 모두 몇 개인가?

가. 보험계약 체결 시부터 최초 1년간 납입되는 보험료의 총액이 40만원인 경우 3만원

나. 기초서류에서 정한 사유에 근거한 보험료의 할인

다. 기초서류에서 정한 보험금액보다 많은 보험금액의 지급 약속

라. 보험계약자를 위한 보험료의 대납

마. 보험료로 받은 수료 또는 어음에 대한 이자상당액의 대납

---

① 1개   ② 2개

③ 3개   ④ 4개

21 보험업법상 자기계약의 금지에 관한 설명으로 괄호 안에 들어갈 내용이 순서대로 연결된 것은?

> 보험대리점 또는 보험중개사가 모집한 자기 또는 자기를 고용하고 있는 자를 보험계약자나 피보험자
> 로 하는 보험의 보험료 누계액이 그 보험대리점 또는 보험중개사가 모집한 보험의 보험료의 (   )을
> 초과하게 된 경우에는 그 보험대리점 또는 보험중개사는 자기 또는 자기를 고용하고 있는 자를 보험계
> 약자 또는 피보험자로 하는 보험을 모집하는 것을 그 주된 목적으로 한 것으로 (   )한다.

① 100분의 50 – 간주   ② 100분의 50 – 추정
③ 100분의 70 – 간주   ④ 100분의 70 – 추정

22 금융기관보험대리점 등의 보험모집에 관한 설명으로 옳지 않은 것은?

① 해당 금융기관이 보험회사가 아니라, 보험대리점 또는 보험중개사라는 사실을 보험계약을 청약하는 자에게 알려야 한다.
② 보험업법상 모집할 수 있는 자 이외에 해당 금융기관의 임직원에게 모집하도록 하여서는 아니 된다.
③ 금융기관보험대리점 등은 해당 금융기관의 점포 외의 장소에서 보험모집을 할 수 없다.
④ 보험계약자 등의 보험민원을 접수하여 처리할 전담창구를 모집행위를 한 해당 지점별로 설치·운영하여야 한다.

23 보험업법상 보험회사의 자산운용 방법으로 허용되지 않는 것은?

① 저당권의 실행으로 취득하는 비업무용 부동산의 소유
② 해당 보험회사의 임직원에 대한 보험약관에 따른 대출
③ 부동산을 매입하려는 일반인에 대한 대출
④ 해당 보험회사의 주식을 사도록 하기 위한 간접적인 대출

24 보험업법상 특별계정에 관한 설명으로 옳지 않은 것은? 　기출수정

① 「근로자퇴직급여 보장법」 전부개정법률 부칙 제2조 제1항 본문에 따른 퇴직보험계약의 경우 특별계정을 설정하여 운용할 수 있다.
② 보험회사는 특별계정에 속하는 자산을 다른 특별계정에 속하는 자산 및 그 밖의 자산과 구분하여 회계처리하여야 한다.
③ 보험회사는 변액보험계약 특별계정의 자산으로 취득한 주식에 대하여 의결권을 행사할 수 없다.
④ 보험회사는 특별계정에 속하는 이익을 그 계정상의 보험계약자에게 분배할 수 있다.

25 보험업법상 A 손해보험주식회사(모회사)와 B 주식회사(자회사) 간에 금지되는 행위를 모두 고른 것은?

> 가. A가 B 보유의 주식을 담보로 B에게 대출하는 행위
> 나. A가 자신이 보유하고 있는 토지를 B에게 정상가격으로 매도하는 행위
> 다. B가 A의 대표이사에게 무이자로 대여하는 행위
> 라. B가 C회사를 설립할 때 A가 B에게 C회사 주식을 취득할 자금을 지원하는 행위
> 마. A가 외국에서 보험업을 경영하는 B를 설립한 지 3년이 되는 시점에 A의 무형자산을 무상으로 제공하는 행위

① 가, 나, 다
② 나, 다, 라
③ 다, 라, 마
④ 가, 다, 라

26 보험업법상 재무제표 등에 관한 설명으로 괄호 안에 들어갈 내용이 순서대로 연결된 것은?

> 보험업법상 보험회사는 매년 (   )에 그 장부를 폐쇄하여야 하고, 장부를 폐쇄한 날부터 (   ) 이내에 금융위원회가 정하는 바에 따라 재무제표(부속명세서를 포함한다) 및 사업보고서를 (   )에 제출하여야 한다.

① 3월 31일 – 1개월 – 금융감독원
② 3월 31일 – 3개월 – 금융위원회
③ 12월 31일 – 1개월 – 금융감독원
④ 12월 31일 – 3개월 – 금융위원회

27 보험업법 제93조에 따라 보험설계사, 보험대리점 또는 보험중개사가 금융위원회에 신고하여야 할 사항이 아닌 것은?

① 보험대리점 또는 보험중개사가 생명보험계약의 모집과 제3보험계약의 모집을 겸하게 된 경우
② 법인이 아닌 사단 또는 재단의 경우에는 그 단체가 소멸한 경우
③ 보험대리점 또는 보험중개사가 소속 보험설계사와 보험모집에 관한 위탁을 해지한 경우
④ 보험설계사·보험대리점 또는 보험중개사가 모집업무를 폐지한 경우

28 보험상품공시위원회에 관한 설명으로 옳지 않은 것은?

① 보험협회가 실시하는 보험상품의 비교·공시에 관한 중요사항을 심의·의결한다.
② 위원장 1명을 포함하여 9명의 위원으로 구성한다.
③ 위원의 임기는 3년으로 하나, 보험협회의 상품담당 임원인 위원의 임기는 해당 직에 재직하는 기간으로 한다.
④ 보험협회의 장은 보험회사 상품담당 임원 또는 선임계리사 2명을 위원으로 위촉할 수 있다.

29 보험회사의 정관 및 기초서류 변경에 관한 설명으로 옳지 않은 것은?

① 보험회사가 정관을 변경한 경우에는 변경한 날로부터 7일 이내에 금융위원회에 알려야 한다.

② 보험회사가 기초서류를 변경하고자 하는 경우에는 미리 금융위원회의 인가를 받아야 한다.

③ 금융위원회는 기초서류의 변경에 대한 금융감독원의 확인을 거치도록 할 수 있다.

④ 보험회사는 기초서류를 변경할 때 보험업법 및 다른 법령에 위반되는 내용을 포함하지 않아야 한다.

30 보험업법상 보험약관 이해도 평가에 관한 설명으로 옳지 않은 것은?

① 이해도 평가의 공시주체는 금융위원회이다.

② 이해도 평가의 공시대상은 보험약관의 이해도 평가기준 및 해당 기준에 따른 평가 결과이다.

③ 이해도 평가의 공시방법은 평가대행기관의 홈페이지에 공시하도록 한다.

④ 이해도 평가의 공시주기는 연 1회 이상이다.

31 보험회사가 금융위원회에 그 사유가 발생한 날로부터 5일 이내에 보고하여야 하는 사항을 모두 고른 것은?

> 가. 본점의 영업을 중지하거나 재개한 경우
> 나. 대주주가 소유하고 있는 주식 총수가 의결권 있는 발행주식 총수의 100분의 1 이상만큼 변동된 경우
> 다. 보험회사의 주주 또는 주주였던 자가 제기한 소송의 당사자가 된 경우
> 라. 조세 체납처분을 받은 경우 또는 조세에 관한 법령을 위반하여 형벌을 받은 경우

① 가, 나, 다, 라
② 가, 나, 다
③ 나, 다, 라
④ 가, 나, 라

제3과목

32 보험업법상 보험회사의 업무운영이 적정하지 아니하거나 자산상황이 불량하여 보험계약자 및 피보험자 등의 권익을 해칠 우려가 있다고 인정되는 경우에 금융위원회가 명할 수 있는 조치에 해당하지 않는 것은?

① 체결된 보험계약의 해지
② 금융위원회가 지정하는 기관에의 자산 예탁
③ 불건전한 자산에 대한 적립금의 보유
④ 자산의 장부가격 변경

33 금융위원회가 금융감독원장으로 하여금 조치를 하게 할 수 있는 것은?

① 해당 위반행위에 대한 시정명령
② 보험회사에 대한 주의·경고 또는 그 임직원에 대한 주의·경고·문책의 요구
③ 임원의 해임권고·직무정지
④ 6개월 이내의 영업의 일부정지

34 보험회사의 해산에 관한 설명으로 옳지 않은 것은?

① 보험회사가 보험계약 일부를 이전하는 것은 해산사유이다.
② 해산의 결의·합병과 보험계약의 이전은 금융위원회의 인가를 받아야 한다.
③ 보험회사는 해산한 후에도 3개월 이내에는 보험계약 이전을 결의할 수 있다.
④ 보험회사가 보험업의 허가취소로 해산하는 경우 금융위원회는 7일 이내에 등기소에 등기를 촉탁하여야 한다.

35 보험회사의 합병에 관한 설명으로 옳지 않은 것은?

① 보험회사는 다른 보험회사와 합병할 수 있다.

② 합병하는 보험회사의 한 쪽이 주식회사인 경우 합병 후 존속하는 보험회사 또는 합병으로 설립되는 보험회사는 주식회사로 할 수 있다.

③ 합병 후 존속하는 보험회사가 상호회사인 경우 합병으로 해산으로 보험회사의 계약자는 그 회사에 입사한다.

④ 합병 후 존속하는 보험회사가 주식회사인 경우 상호회사 사원의 지위는 존속하는 보험회사가 승계한다.

36 보험업법상 보험조사협의회에 관한 설명으로 옳은 것은 모두 몇 개인가?

가. 금융위원회는 보험관계자에 대한 조사실적, 처리결과 등을 공표할 수 있다.
나. 금융위원회는 해양경찰청장이 지정하는 소속 공무원 1명을 조사위원으로 위촉할 수 있다.
다. 보험조사협의회 위원의 임기는 2년으로 한다.
라. 금융위원회는 조사를 방해한 관계자에 대한 문책 요구권을 갖지 않는다.

① 1개   ② 2개
③ 3개   ④ 4개

37 보험업법상 보험요율 산출기관의 업무에 해당하지 않는 것은?

① 보유정보의 활용을 통한 자동차사고 이력, 자동차 주행거리의 정보 제공 업무

② 자동차 제작사, 보험회사 등으로부터 수집한 운행정보, 자동차의 차대번호 정보의 관리 업무

③ 순보험요율 산출에 의한 보험상품의 비교·공시 업무

④ 「근로자퇴직급여 보장법」 제28조 제2항에 따라 퇴직연금사업자로부터 위탁받은 업무

38 손해보험계약의 제3자 보호에 관한 설명으로 옳지 않은 것은?

① 손해보험계약의 제3자 보호에 관한 규정은 법령에 의해 가입이 강제되는 손해보험계약만을 대상으로 한다.

② 손해보험회사는 「예금자보호법」 제2조 제8호의 사유로 손해보험계약의 제3자에게 보험금을 지급하지 못하게 된 경우에는 즉시 그 사실을 보험협회 중 손해보험회사로 구성된 협회의장에게 보고하여야 한다.

③ 손해보험협회의 장은 「보험업법」 제167조(지급불능의 보고)에 따른 보고를 받으면 금융위원회의 확인을 거쳐 손해보험계약의 제3자에게 대통령령으로 정하는 보험금을 지급하여야 한다.

④ 손해보험회사는 손해보험계약의 제3자에 대한 보험금의 지급을 보장하기 위하여 수입보험료 및 책임준비금을 고려하여 대통령령으로 정하는 비율을 곱한 금액을 손해보험협회에 출연하여야 한다.

39 보험업법상 보험계리업자의 등록 및 업무에 관한 설명으로 옳지 않은 것은?

① 보험계리업자는 책임준비금, 비상위험준비금 등 준비금의 적립과 준비금에 해당하는 자산의 적정성에 관한 업무를 수행할 수 있다.

② 보험계리업자는 잉여금의 배분·처리 및 보험계약자 배당금의 배분에 관한 업무를 수행할 수 있다.

③ 보험계리업자는 지급여력비율 계산 중 보험료 및 책임준비금과 관련한 업무를 처리할 수 있다.

④ 보험계리업자가 되려는 자는 총리령으로 정하는 수수료를 내고 금융감독원에 등록하여야 한다.

40 손해사정에 관한 설명으로 괄호 안에 들어간 내용이 순서대로 연결된 것은?

> 가. 손해사정을 업으로 하려는 법인은 (　　)명 이상의 상근 손해사정사를 두어야 한다.
> 나. 금융위원회는 손해사정사 또는 손해사정업자가 그 직무를 게을리하거나 직무를 수행하면서 부적절한 행위를 하였다고 인정되는 경우에는 (　　)개월 이내의 기간을 정하여 업무의 정지를 명하거나 해임하게 할 수 있다.
> 다. 손해사정업자는 등록일부터 (　　)개월 내에 업무를 시작하여야 한다. 다만, 불가피한 사유가 있다고 금융위원회가 인정하는 경우에는 그 기간을 연장할 수 있다.

① 2 - 6 - 1
② 2 - 3 - 2
③ 5 - 6 - 2
④ 5 - 3 - 1

01 보험업법상 전문보험계약자 중 보험회사의 동의에 의하여 일반보험계약자로 될 수 있는 자에 해당하지 않는 것은?

① 한국은행
② 지방자치단체
③ 주권상장법인
④ 해외 증권시장에 상장된 주권을 발행한 국내법인

02 보험업법상 보험업의 예비허가 및 허가에 관한 내용으로 옳지 않은 것은?

① 금융위원회는 보험업의 허가에 대하여도 조건을 붙일 수 있다.
② 예비허가의 신청을 받은 금융위원회는 2개월 이내에 심사하여 예비허가 여부를 통지하여야 하며, 총리령으로 정하는 바에 따라 그 기간을 연장할 수 있다.
③ 예비허가를 받은 자가 예비허가의 조건을 이행한 후 본허가를 신청하면, 금융위원회는 본허가의 요건을 심사하고 허가하여야 한다.
④ 제3보험업에 관하여 허가를 받은 자는 대통령령으로 정하는 기준에 따라 제3보험의 보험종목에 부가되는 보험을 취급할 수 있다.

03 보험업법상 소액단기전문보험회사에 관한 내용으로 옳지 않은 것은?

① 자본금 또는 기금은 20억원이어야 한다.

② 보험금의 상한액은 1억원이어야 한다.

③ 연간 총보험료 상한액은 500억원이어야 한다.

④ 보험기간은 2년 이내의 범위에서 금융위원회가 정하여 고시하는 기간이어야 한다.

04 보험업법상 외국보험회사 등의 국내사무소(이하 '국내사무소'라 한다) 설치에 관한 내용으로 옳은 것은?

① 국내사무소의 명칭에는 '사무소'라는 글자가 반드시 포함되어야 하는 것은 아니다.

② 국내사무소를 설치한 날부터 30일 이내에 금융위원회의 인가를 받아야 한다.

③ 국내사무소는 보험업을 경영할 수 있지만, 보험계약의 중개나 대리 업무는 수행할 수 없다.

④ 이 법에 따른 명령을 위반한 경우, 금융위원회는 6개월 이내의 기간을 정하여 업무의 정지를 명하거나 국내사무소의 폐쇄를 명할 수 있다.

05 보험업법상 보험회사인 주식회사의 자본감소에 관한 내용으로 옳지 않은 것은?

① 자본감소를 결의한 경우에는 그 결의를 한 날부터 2주 이내에 결의의 요지와 재무상태표를 공고하여야 한다.

② 주식 금액 또는 주식 수의 감소에 따른 자본금의 실질적 감소를 한 때에는 금융위원회의 사후 승인을 받아야 한다.

③ 자본감소에 대하여 이의가 있는 보험계약자는 1개월 이상의 기간으로 공고된 기간 동안 이의를 제출할 수 있다.

④ 자본감소는 이의제기 기간 내에 이의를 제기한 보험계약자에 대하여도 그 효력이 미친다.

06 보험업법상 주식회사가 그 조직을 변경하여 상호회사로 되는 경우, 이에 관한 내용으로 옳은 것은?

① 상호회사는 기금의 총액을 300억원 미만으로 할 수는 있지만 이를 설정하지 않을 수는 없다.

② 주식회사의 조직변경은 출석한 주주의 의결권의 과반수와 발행주식 총수의 4분의 1 이상의 수로써 하여야 한다.

③ 주식회사의 보험계약자는 조직변경을 하더라도 해당 상호회사의 사원이 되는 것은 아니다.

④ 주식회사는 상호회사로 된 경우에는 7일 이내에 그 취지를 공고해야 하고, 상호회사로 되지 않은 경우에도 또한 같다.

07 보험업법상 상호회사 정관의 기재사항으로서 '기금'과 관련하여 반드시 기재해야 하는 사항이
아닌 것은?

① 기금의 총액

② 기금의 갹출자가 가질 권리

③ 기금과 설립비용의 상각 방법

④ 기금 갹출자의 각자가 갹출하는 금액

08 보험업법상 상호회사의 계산에 관한 내용으로 옳지 않은 것은?

① 이사는 매 결산기에 영업보고서를 작성하여 이사회의 승인을 얻어야 한다.

② 기금을 상각할 때에는 상각하는 금액과 같은 금액을 적립하여야 한다.

③ 손실을 보전하기 전이라도 이사회의 승인을 얻어 기금이자를 지급할 수 있다.

④ 잉여금은 정관에 특별한 규정이 없으면 각 사업연도 말 당시 사원에게 분배한다.

09 보험업법상 상호회사 사원의 퇴사에 관한 내용으로 옳지 않은 것은?

① 상호회사의 사원은 정관으로 정하는 사유의 발생이나 보험관계의 소멸에 의하여 퇴사한다.

② 퇴사한 사원이 회사에 대하여 부담한 채무가 있는 경우, 회사는 그 사원에게 환급해야 하는 금액에서 그 채무액을 공제해야 한다.

③ 퇴사한 사원의 환급청구권은 그 환급기간이 경과한 후 2년 동안 행사하지 아니하면 시효로 소멸한다.

④ 사원이 사망한 때에는 그 상속인이 그 지분을 승계하여 사원이 된다.

10 보험업법상 상호회사의 해산 및 청산에 관한 내용으로 옳은 것은?

① 해산을 결의한 경우에는 그 결의가 이사회의 승인을 받은 날부터 2주 이내에 결의의 요지와 재무상태표를 공고하여야 한다.

② 합병이나 파산에 의하여 해산한 경우, 상호회사의 청산에 관한 보험업법 규정에 따라 청산을 하여야 한다.

③ 청산인은 회사자산을 처분함에 있어서, 일반채무의 변제보다 기금의 상각을 먼저 하여야 한다.

④ 정관에 특별한 규정이 없으면, 회사자산의 처분 후 남은 자산은 잉여금을 분배할 때와 같은 비율로 사원에게 분배하여야 한다.

11 보험업법상 상호협정에 관한 내용으로 옳은 것은?(대통령령으로 정하는 경미한 사항을 변경하려는 경우는 제외함)

① 보험회사가 그 업무에 관한 공동행위를 하기 위하여 다른 보험회사와 상호협정을 체결하려는 경우에는 대통령령으로 정하는 바에 따라 금융위원회의 허가를 받아야 한다.

② 금융위원회는 공익 또는 보험업의 건전한 발전을 위하여 특히 필요하다고 인정되는 경우에는 보험회사에 대하여 상호협정의 체결 및 변경을 명할 수 있지만, 폐지를 명할 수는 없다.

③ 금융위원회는 보험회사에 대하여 상호협정에 따를 것을 명하려면 미리 공정거래위원회와 협의하여야 한다.

④ 금융위원회는 상호협정 체결을 위한 신청서를 받았을 때에는 그 내용이 보험회사 간의 공정한 경쟁을 저해하는지와 보험계약자의 이익을 침해하는지를 심사하여 그 허가 여부를 결정하여야 한다.

12 보험업법상 상호회사인 외국보험회사국내지점이 등기를 신청하는 경우에 첨부하여야 하는 서류가 아닌 것은?

① 위법행위를 한 사실이 없음을 증명하는 서류
② 대표자의 자격을 인정할 수 있는 서류
③ 회사의 정관이나 그 밖에 회사의 성격을 판단할 수 있는 서류
④ 대한민국에 주된 영업소가 있다는 것을 인정할 수 있는 서류

13 보험업법상 외국보험회사국내지점의 대표자에 관한 내용으로 옳지 않은 것은?

① 대표자는 이 법에 따른 보험회사의 임원으로 본다.

② 대표자는 회사의 영업에 관하여 재판상 또는 재판외의 모든 행위를 할 권한이 있다.

③ 대표자는 퇴임한 후에도 후임 대표자의 취임 승낙이 있을 때까지는 계속하여 대표자의 권리와 의무를 가진다.

④ 대표자의 권한에 대한 제한은 선의의 제3자에게 대항하지 못한다.

14 보험업법상 손해보험업의 보험종목에 해당하는 것은 모두 몇 개인가?

가. 연금보험	나. 퇴직보험
다. 보증보험	라. 재보험
마. 상해보험	바. 간병보험

① 1개   ② 2개

③ 3개   ④ 4개

15 보험업법상 소속 임직원이 아닌 자로 하여금 모집이 가능하도록 한 금융기관보험대리점에 해당하는 것은?

① 「상호저축은행법」에 따라 설립된 상호저축은행
② 「중소기업은행법」에 따라 설립된 중소기업은행
③ 「자본시장과 금융투자업에 관한 법률」에 따른 투자중개업자
④ 「여신전문금융업법」에 따라 허가를 받은 신용카드업자로서 겸영여신업자가 아닌 자

16 보험업법상 보험설계사에 관한 내용으로 옳지 않은 것은?

① 보험회사·보험대리점 및 보험중개사는 소속 보험설계사가 되려는 자를 금융위원회에 등록하여야 한다.
② 보험업법에 따라 금고 이상의 형의 집행유예를 받고 그 유예기간 중에 있는 자는 보험설계사가 되지 못한다.
③ 보험업법에 따라 벌금 이상의 형을 선고받고 그 집행이 끝나거나 집행이 면제된 날부터 3년이 지나지 않은 자는 보험설계사가 되지 못한다.
④ 이전에 모집과 관련하여 받은 보험료, 대출금 또는 보험금을 다른 용도로 유용한 후 3년이 지나지 않은 자는 보험설계사가 되지 못한다.

17 보험업법상 법인이 아닌 보험대리점이나 보험중개사의 정기교육에 관한 내용이다. 괄호 안의 내용이 순서대로 연결된 것은?

> 법인이 아닌 보험대리점 및 보험중개사는 보험업법에 따라 등록한 날부터 (   )이 지날 때마다 (   )이 된 날부터 (   ) 이내에 보험업법에서 정한 기준에 따라 교육을 받아야 한다.

① 1년 – 1년 – 3월
② 1년 – 1년 – 6월
③ 2년 – 2년 – 3월
④ 2년 – 2년 – 6월

18 보험업법상 보험회사가 고객을 직접 응대하는 직원을 고객의 폭언이나 성희롱, 폭행 등으로부터 보호하기 위하여 취해야 할 조치에 관한 내용으로 옳지 않은 것은?

① 직원의 요청이 없더라도 직원의 보호를 위하여, 해당 고객으로부터의 분리 및 업무담당자의 교체를 하여야 한다.
② 고객의 폭언이나 성희롱, 폭행 등이 관계 법률의 형사처벌 규정에 위반된다고 판단되고 그 행위로 피해를 입은 직원이 요청하는 경우에는 관할 수사기관 등에 고발조치하여야 한다.
③ 직원이 직접 폭언 등의 행위를 한 고객에 대한 관할 수사기관 등에 고소, 고발, 손해배상 청구 등의 조치를 하는데 필요한 행정적, 절차적 지원을 하여야 한다.
④ 고객의 폭언 등을 예방하거나 이에 대응하기 위한 직원의 행동요령 등에 대한 교육을 실시하여야 한다.

19 보험업법상 금융위원회가 보험대리점의 등록을 반드시 취소해야 하는 사유에 해당하지 않는 것은?

① 다른 보험회사의 임직원이 보험대리점이 된 경우
② 보험업법에 따른 처분을 위반한 경우
③ 보험업법상 자기계약의 금지를 위반한 경우
④ 「대부업 등의 등록 및 금융이용자 보호에 관한 법률」에 따른 대부업을 행한 경우

20 보험업법상 교차모집보험설계사(이하 '설계사'라 한다)가 속한 보험회사 또는 교차모집을 위탁한 보험회사의 금지행위에 해당하는 것은 모두 몇 개인가?

> 가. 설계사에게 자사 소속의 보험설계사로 전환하도록 권유하는 행위
> 나. 설계사에게 자사를 위하여 모집하는 경우 보험회사가 정한 수수료・수당 외에 추가로 대가를 지급하기로 약속하거나 이를 지급하는 행위
> 다. 설계사가 다른 보험회사를 위하여 모집한 보험계약을 자사의 보험계약으로 처리하도록 유도하는 행위
> 라. 설계사에게 정당한 사유에 의한 위탁계약 해지, 위탁범위 제한 등 불이익을 주는 행위
> 마. 설계사의 소속 영업소를 변경하거나 모집한 계약의 관리자를 변경하는 등 교차모집을 제약・방해하는 행위
> 바. 설계사를 합리적 근거에 따라 소속 보험설계사보다 우대하는 행위

① 3개
② 4개
③ 5개
④ 6개

21 보험업법상 모집을 위하여 사용하는 보험안내자료의 기재사항을 모두 고른 것은?

> 가. 보험금 지급제한 조건에 관한 사항
> 나. 해약환급금에 관한 사항
> 다. 변액보험계약에 최고로 보장되는 보험금이 설정되어 있는 경우에는 그 내용
> 라. 다른 보험회사 상품과 비교한 사항
> 마. 보험금이 금리에 연동되는 경우 적용금리 및 보험금 변동에 관한 사항
> 바. 보험안내자료의 제작자, 제작일, 보험안내자료에 대한 보험회사의 심사 또는 관리번호

① 가, 나, 마, 바
② 가, 다, 라, 마
③ 나, 다, 마, 바
④ 나, 라, 마, 바

22 보험업법상 통신수단을 이용하여 모집·철회 및 해지 등을 하는 자가 준수해야 할 사항에 관한 내용으로 옳은 것은?

① 전화·우편·컴퓨터통신 등 통신수단을 이용하여 보험업법에 따라 모집을 할 수 있는 자는 금융위원회로부터 별도로 이에 관한 허가를 받아야 한다.

② 보험회사는 보험계약자가 통신수단을 이용하여 체결한 계약을 해지하고자 하는 경우, 그 보험계약자가 계약을 해지하기 전에 안정성 및 신뢰성이 확보되는 방법을 이용하여 보험계약자 본인임을 확인받은 경우에 한하여 이용하도록 할 수 있다.

③ 사이버몰을 이용하여 모집하는 자는 보험계약자가 보험약관 또는 보험증권을 전자문서로 볼 수 있도록 하고, 보험계약자의 요청이 없더라도 해당 문서를 우편 또는 전자메일로 발송해 주어야 한다.

④ 보험회사는 보험계약자가 전화를 이용하여 계약을 해지하려는 경우에는 상대방의 동의 여부와 상관없이 보험계약자 본인인지를 확인하고 그 내용을 음성녹음을 하는 등 증거자료를 확보·유지해야 한다.

23 보험업법상 보험회사의 자산운용 원칙에 관한 내용으로 옳은 것은?

① 자산을 운용함에 있어 수익성·안정성·비례성·공익성이 확보되도록 하여야 한다.

② 직접·간접을 불문하고 다른 보험회사의 주식을 사도록 하기 위한 대출을 하여서는 아니 된다.

③ 신용공여계약을 체결하려는 자에게 계약 체결 이후 재산 증가나 신용등급 상승 등으로 신용개선상태가 나타난 경우 금리인하 요구를 할 수 있음을 알려야 한다.

④ 특별계정의 자산을 운용할 때에는 보험계약자의 지시에 따라 자산을 운용할 수 있다.

24 보험업법상 보험종목의 특성 등을 고려하여 보험업법에 따라 계상된 책임준비금에 대한 적정성 검증을 받아야 하는 보험회사가 아닌 것은?

① 생명보험을 취급하는 보험회사

② 보증보험을 취급하는 보험회사

③ 자동차보험을 취급하는 보험회사

④ 질병보험을 취급하는 보험회사

25 보험업법상 보험회사가 자회사를 소유하게 된 날부터 15일 이내에 금융위원회에 제출하여야 하는 서류에 해당하지 않는 것은?

① 업무의 종류 및 방법을 적은 서류

② 자회사가 발행주식 총수의 100분의 10을 초과하여 소유하고 있는 회사의 현황

③ 재무상태표 및 손익계산서 등의 재무제표와 영업보고서

④ 자회사와의 주요거래 상황을 적은 서류

26 보험업법상 보험회사 등이 보험설계사에게 모집을 위탁함에 있어 금지되는 행위에 해당하지 않는 것은?

① 위탁계약서에서 정한 해지요건에 따라 위탁계약을 해지하는 행위

② 정당한 사유 없이 보험설계사가 요청한 위탁계약 해지를 거부하는 행위

③ 위탁계약서에서 정한 위탁업무 외의 업무를 강요하는 행위

④ 보험설계사에게 대납을 강요하는 행위

27 보험업법상 보험중개사가 지체 없이 금융위원회에 신고하여야 하는 사항이 아닌 것은?

① 개인의 경우에는 본인이 사망한 경우
② 법인이 아닌 사단 또는 재단의 경우에는 그 단체가 소멸한 경우
③ 보험중개사가 소속 보험설계사와 보험모집에 관한 위탁을 해지한 경우
④ 모집업무를 일시적으로 중단한 경우

28 보험업법상 보험회사가 상호협정의 체결을 위한 신청서에 기재하여야 하는 사항이 아닌 것은?

① 상호협정서 변경 대비표
② 상호협정의 효력의 발생시기와 기간
③ 상호협정에 관한 사무를 총괄하는 점포 또는 사무소가 있는 경우에는 그 명칭과 소재지
④ 외국보험회사와의 상호협정인 경우에는 그 보험회사의 영업 종류와 현재 수행 중인 사업의 개요 및 현황

29 보험업법상 보험약관 이해도 평가에 대한 내용으로 옳지 않은 것은?

① 금융위원회는 보험약관과 보험안내자료에 대한 보험소비자 등의 이해도를 평가하기 위해 평가대행기관을 지정할 수 있다.

② 보험약관 등의 이해도 평가에 수반되는 비용의 부담, 평가시기, 평가방법 등 평가에 관한 사항은 금융위원회가 정한다.

③ 보험약관 이해도 평가의 대상자에는 금융감독원장이 추천하는 보험소비자 1명 및 보험요율산출기관의 장이 추천하는 보험 관련 전문가 1명이 포함된다.

④ 보험약관의 이해도 평가기준 및 해당 기준에 따른 평가결과는 평가대행기관의 홈페이지에 연 2회 이상 공시할 수 있다.

30 보험업법상 금융위원회가 금융감독원장으로 하여금 조치를 할 수 있도록 한 제재는 모두 몇 개인가?

> 가. 보험회사에 대한 주의·경고 또는 그 임직원에 대한 주의·경고·문책의 요구
> 나. 임원(「금융회사의 지배구조에 관한 법률」에 따른 업무집행책임자는 제외)의 해임권고·직무정지의 요구
> 다. 6개월 이내의 영업의 일부정지
> 라. 해당 위반행위에 대한 시정명령

① 없 음　　　　　　　　　　　　② 1개
③ 2개　　　　　　　　　　　　④ 3개

31 보험업법상 주식회사인 보험회사가 해산결의 인가신청서에 첨부하여 금융위원회에 제출하여야 하는 서류를 모두 고른 것은?

> 가. 주주총회 의사록
> 나. 청산 사무의 추진계획서
> 다. 보험계약자 및 이해관계인의 보호절차 이행을 증명하는 서류
> 라. 「상법」 등 관계 법령에 따른 절차의 이행에 흠이 없음을 증명하는 서류

① 가, 나
② 가, 나, 다
③ 나, 다, 라
④ 가, 나, 다, 라

32 보험업법상 보험계약의 이전에 관한 내용으로 옳지 않은 것은?

① 보험회사는 계약의 방법으로 책임준비금 산출의 기초가 같은 보험계약의 전부를 포괄하여 다른 보험회사에 이전할 수 있다.

② 보험계약을 이전하려는 보험회사는 원칙적으로 주주총회 등의 결의가 있었던 때부터 보험계약을 이전하거나 이전하지 아니하게 될 때까지 그 이전하려는 보험계약과 같은 종류의 보험계약을 하지 못한다.

③ 보험회사의 부실에 의한 보험계약 이전이라 하더라도, 외국보험회사의 국내지점을 국내법인으로 전환함에 따라 국내지점의 보험계약을 국내법인으로 이전하는 경우에는 그 이전하려는 보험계약과 같은 종류의 보험계약을 체결할 수 있다.

④ 보험회사의 부실에 의한 보험계약 이전이 아닌 한, 모회사에서 자회사인 보험회사를 합병함에 따라 자회사의 보험계약을 모회사로 이전하려는 경우에는 그 이전하려는 보험계약과 같은 종류의 보험계약을 체결할 수 있다.

33 보험업법상 보험회사의 해산 후에도 일정한 기간 내에는 보험계약의 이전을 결의할 수 있는 기간으로 옳은 것은?

① 3개월   ② 6개월

③ 1년   ④ 2년

34 보험업법상 보험요율산출기관에 관한 내용으로 옳지 않은 것은?

① 정관으로 정하는 바에 따라 순보험요율의 산출·검증 및 제공, 보험 관련 정보의 수집·제공 및 통계의 작성 등의 업무를 한다.

② 보험회사가 적용할 수 있는 순보험요율을 산출하여 금융위원회에 신고하는 경우, 신고를 받은 금융위원회는 이 법에 적합하면 신고를 수리하여야 한다.

③ 정관으로 정함이 있더라도, 보험에 대한 조사업무는 할 수 있으나 보험에 대한 연구업무는 할 수 없다.

④ 정관으로 정하는 바에 따라 「근로자퇴직급여 보장법」상 퇴직연금사업자로부터 위탁받은 업무를 할 수 있다.

35 보험업법상 보험계리사의 업무 대상에 해당하지 않는 것은?

① 책임준비금, 비상위험준비금 등 준비금의 적립과 준비금에 해당하는 자산의 적정성에 관한 사항

② 잉여금의 배분·처리 및 보험계약자 배당금의 배분에 관한 사항

③ 지급여력비율 계산 중 보험료 및 책임준비금과 관련된 사항

④ 상품 공시자료 중 기초서류와 관련이 없는 사항

36 보험업법상 선임계리사에 관한 내용으로 옳지 않은 것은?

① 외국보험회사의 국내지점이 선임계리사를 선임하거나 해임하려는 경우에는 이사회의 의결을 거쳐 금융위원회에 보고하거나 신고하여야 한다.

② 보험회사는 다른 보험회사의 선임계리사를 해당 보험회사의 선임계리사로 선임할 수 없다.

③ 금융위원회는 선임계리사에게 그 업무범위에 속하는 사항에 관하여 의견을 제출하게 할 수 있다.

④ 보험회사는 선임계리사의 해임 신고를 할 때 그 해임 사유를 제출하여야 하며, 금융위원회는 해임사유에 대하여 해당 선임계리사의 의견을 들을 수 있다.

37 보험업법상 보험협회(장)에 위탁할 수 있는 업무가 아닌 것은?

① 보험설계사의 등록
② 보험대리점의 등록
③ 보험대리점의 등록취소 또는 업무정지의 통지
④ 보험계리를 업으로 하려는 자의 등록

38 보험업법상 금융위원회의 허가 사항이 아닌 것은?

① 보험영업의 양도·양수
② 보험업의 개시
③ 보험계약 이전시 예외적 자산의 처분
④ 재평가적립금의 보험계약자에 대한 배당 처분

39 보험업법상 벌칙에 관한 내용으로 옳지 않은 것은?

① 징역과 벌금의 병과가 가능하다.

② 행위자와 보험회사의 양벌규정이 존재한다.

③ 징벌적 손해배상이 인정된다.

④ 과태료 규정이 존재한다.

40 보험회사가 그 사유가 발생한 날로부터 5일 이내에 금융위원회에 보고하여야 할 사항에 해당하지 않는 것은?

① 상호 및 명칭을 변경하거나 본점을 이전한 경우

② 대주주가 소유하고 있는 주식 총수가 의결권 있는 발행 주식 총수의 100분의 1 이상만큼 변동된 경우

③ 업무 수행에 중대한 영향을 미치는 자본금 또는 기금을 증액한 경우

④ 조세 체납처분을 받은 경우 또는 조세에 관한 법령을 위반하여 형벌을 받은 경우

01 보험업법상 보험회사는 '제3보험의 보험종목에 부가되는 보험'으로서, 질병을 원인으로 하는 사망을 제3보험의 특약 형식으로 담보하는 보험에 대하여는 보험업을 겸영할 수 있는데, 이러한 보험에 관한 요건으로 옳지 않은 것은?

① 보험의 만기는 80세 이하이어야 한다.

② 보험기간은 2년 이내의 기간이어야 한다.

③ 보험금액의 한도는 개인당 2억원 이내이어야 한다.

④ 만기시에 지급하는 환급금은 납입보험료 합계액의 범위 내이어야 한다.

02 보험업법상 보험회사의 부수업무에 관한 설명으로 옳지 않은 것은?

① 보험회사가 부수업무를 하려는 날의 7일 전까지 금융위원회에 신고를 한 경우, 금융위원회는 그 내용을 검토하여 이 법에 적합하면 신고를 수리하여야 한다.

② 금융위원회는 보험회사가 하는 부수업무가 보험회사의 경영건전성을 해치는 경우에는 그 부수업무를 하는 것을 제한하거나 시정할 것을 명할 수 있다.

③ 이 법에 따라 공고된 다른 보험회사의 부수업무와 동일한 부수업무를 하려는 보험회사는, 그 부수업무가 금융위원회로부터 제한이나 시정의 명령을 받은 경우가 아닌 한, 금융위원회에 신고를 하지 않고 부수업무를 할 수 있다.

④ 직전 사업연도 매출액이 해당 보험회사 수입보험료의 1천분의 1 또는 10억원 중 많은 금액에 해당하는 금액을 초과하는 부수업무인 경우, 해당 업무에 속하는 자산·부채 및 수익·비용은 보험업과 통합하여 회계처리 하여야 한다.

03 보험업법상 주식회사의 조직변경에서 보험계약자 총회에 관한 설명으로 옳지 않은 것은?

① 주식회사는 조직변경을 결의할 때 보험계약자 총회를 갈음하는 기관에 관한 사항을 정할 수 있다.

② 보험계약자 총회는 보험계약자 과반수의 출석과 그 의결권의 4분의 3 이상의 찬성으로 결의 한다.

③ 주식회사의 감사는 조직변경에 관한 사항을 보험계약자 총회에 보고하여야 한다.

④ 조직변경을 위한 주주총회의 특별결의는 주식회사의 채권자의 이익을 해치지 않는 한, 보험계 약자 총회의 결의로 변경할 수 있다.

04 보험업법상 상호회사의 설립에 관한 설명으로 옳은 것은?

① 상호회사의 기금은 금전 이외에 객관적 가치의 평가가 가능한 자산으로 납입이 가능하다.

② 발기인은 상호회사의 정관이 작성되고 기금의 납입이 시작되면 그 날부터 7일 이내에 창립총 회를 소집하여야 한다.

③ 상호회사 성립 전의 입사청약에 대하여는 민법상 착오에 관한 규정을 적용하지 아니한다.

④ 설립등기는 이사 및 감사의 공동신청으로 하여야 한다.

05 보험업법상 상호회사의 기관에 관한 설명으로 옳지 않은 것은?

① 상호회사는 사원총회를 갈음할 기관을 정관으로 정한 때에는 그 기관에 대하여는 사원총회에 관한 규정을 준용한다.

② 정관에 특별한 규정이 없는 한, 상호회사의 사원은 사원총회에서 각각 1개의 의결권을 가진다.

③ 사원의 적법한 사원총회의 소집청구가 있은 후, 지체 없이 총회 소집의 절차를 밟지 아니한 때에는 청구한 사원은 금융위원회의 허가를 받아 사원총회를 소집할 수 있다.

④ 상호회사의 사원은 영업시간 중에는 언제든지 사원총회 및 이사회의 의사록을 열람하거나 복사할 수 있다.

06 보험업법상 상호회사의 계산에 관한 설명으로 옳은 것은?

① 손실보전준비금의 총액과 매년 적립할 최고액은 정관으로 정한다.

② 설립비용과 사업비의 전액을 상각하고 손실보전준비금을 공제하기 전에는 기금의 상각 또는 잉여금의 분배를 하지 못한다.

③ 상호회사가 이 법의 규정을 위반하여 기금이자의 지급, 기금의 상각 또는 잉여금의 분배를 한 경우에는 회사의 사원은 이를 반환하게 할 수 있다.

④ 상호회사가 기금을 상각할 때에는 상각하는 금액을 초과하는 금액을 적립하여야 한다.

07 보험업법상 금융위원회가 외국보험회사국내지점에 대하여 영업정지의 조치를 할 수 있는 사유가 아닌 것은?

① 이 법에 따른 명령이나 처분을 위반한 경우
② 외국보험회사의 본점이 그 본국의 법령을 위반한 경우
③ 외국보험회사국내지점의 보험업 수행이 어렵다고 인정되는 경우
④ 외국보험회사의 본점이 위법행위로 인하여 외국감독기관으로부터 영업 전부의 정지 조치를 받은 경우

08 보험업법상 금융기관보험대리점이 될 수 없는 것은?

① 「은행법」에 따라 설립된 은행
② 「농업협동조합법」에 따라 설립된 조합
③ 「상호저축은행법」에 따른 상호저축은행
④ 「자본시장과 금융투자업에 관한 법률」에 따른 신탁업자

09 보험업법상 보험모집을 할 수 있는 자에 관한 설명으로 옳지 않은 것은?

① 보험중개사(금융기관보험중개사는 제외)는 생명보험중개사와 손해보험중개사, 제3보험중개사로 구분된다.

② 간단손해보험대리점(금융기관보험대리점은 제외)의 영업 범위는 개인 또는 가계의 일상생활 중 발생하는 위험을 보장하는 보험종목으로서, 간단손해보험대리점을 통하여 판매·제공·중개되는 재화 또는 용역과의 관련성 등을 고려하여 금융위원회가 정하여 고시하는 보험종목으로 한다.

③ 보험회사의 대표이사·사외이사는 업무집행기관이라는 점에서 보험모집을 할 수 없으나, 감사·감사위원은 감독기관이기 때문에 보험모집이 가능하다.

④ 금융기관보험대리점은 그 금융기관 소속 임직원이 아닌 자로 하여금 모집을 하게 하거나 보험계약 체결과 관련한 상담 또는 소개를 하게 하고 상담 또는 소개의 대가를 지급하여서는 아니 된다.

10 보험업법상 보험회사가 보험계약 체결단계에서 일반보험계약자에게 설명하여야 하는 중요사항이 아닌 것은?(일반보험계약자가 설명을 거부하는 경우는 제외함)

① 보험사고 조사에 관하여 설명 받아야 하는 사항으로서 금융위원회가 정하여 고시하는 사항

② 보험계약의 승낙절차 및 보험계약 승낙거절시 거절 사유

③ 보험의 모집에 종사하는 자가 보험료나 고지의무사항을 보험회사를 대신하여 수령할 수 있는지 여부

④ 보험모집에 종사하는 자가 보험회사를 위하여 보험계약의 체결을 대리할 수 있는지 여부

11 보험업법상 보험회사의 보험설계사에 대한 불공정행위가 아닌 것은?

① 위탁계약서상 계약사항을 이행하지 아니하는 행위

② 보험설계사에게 보험계약의 모집에 관한 교육을 받도록 하는 행위

③ 정당한 사유 없이 보험설계사가 요청한 위탁계약 해지를 거부하는 행위

④ 보험설계사에게 보험료 대납을 강요하는 행위

12 보험업법상 보험중개사(금융기관보험중개사는 제외)에 관한 설명으로 옳지 않은 것은?

① 금고 이상의 실형을 선고받고 그 집행이 끝나거나 집행이 면제된 날로부터 3년이 지나지 아니한 자는 법인인 보험중개사의 임원이 되지 못한다.

② 금융위원회는 보험중개사가 보험계약 체결 중개와 관련하여 보험계약자에게 입힌 손해의 배상을 보장하기 위하여 보험중개사로 하여금 금융위원회가 지정하는 기관에 영업보증금을 예탁하게 하거나 보험 가입 등을 하게 할 수 있다.

③ 금융위원회는 보험모집에 관한 이 법의 규정을 위반한 보험중개사에 대하여 6개월 이내의 기간을 정하여 그 업무의 정지를 명하거나 그 등록을 취소할 수 있다.

④ 보험중개사는 보험계약의 체결을 중개할 때 그 중개와 관련된 내용을 장부에 적고 보험계약자에게 알려야 하나, 그 수수료에 관한 사항을 비치할 필요는 없다.

13 보험업법상 변액보험계약의 경우 모집을 위하여 사용하는 보험안내자료에 기재해야 하는 사항이 아닌 것은?

① 해약환급금에 관한 사항

② 보험 가입에 따른 권리·의무에 관한 주요 사항

③ 변액보험자산의 운용성과에 따라 납입한 보험료의 원금에 손실이 발생할 수 있으며 그 손실은 보험계약자에 귀속된다는 사실

④ 변액보험의 최고로 보장되는 보험금이 설정되어 있는 경우에는 그 내용

14 보험업법상 통신수단을 이용한 모집·철회 및 해지 등에 관한 설명으로 옳지 않은 것은?

① 보험회사는 보험계약을 청약한 자가 청약의 내용을 확인·정정 요청하거나 청약을 철회하고자 하는 경우 통신수단을 이용할 수 있도록 하여야 한다.

② 통신수단을 이용한 모집은 통신수단을 이용한 모집에 대하여 동의를 한 자를 대상으로 하여야 한다.

③ 사이버몰을 이용하여 모집하는 자는 보험약관 또는 보험증권을 전자문서로 발급한 경우, 해당 문서를 수령하였는지 확인한 후에는 보험계약자가 서면으로 발급해 줄 것을 요청하더라도 이를 거절할 수 있다.

④ 보험회사는 보험계약을 청약한 자가 전화를 이용하여 청약을 철회하려는 경우에는 상대방의 동의를 받아 청약 내용, 청약자 본인인지를 확인하고 그 내용을 음성 녹음하는 등 증거자료를 확보·유지하여야 한다.

15 보험업법상 자기계약금지 및 보험계약자의 권리와 의무에 관한 설명으로 옳지 않은 것은?

① 보험대리점은 자기 또는 자기를 고용하고 있는 자를 보험계약자 또는 피보험자로 하는 보험을 모집하는 것을 주된 목적으로 하지 못한다.

② 보험중개사가 모집한 자기 또는 자기를 고용하고 있는 자를 보험계약자 또는 피보험자로 하는 보험의 보험료누계액이 그 보험중개사가 모집한 보험의 보험료의 100분의 40을 초과하게 된 경우는 자기계약의 금지에 해당된다.

③ 보험설계사는 보험계약자로 하여금 고의로 보험사고를 발생시키거나 발생하지 아니한 보험사고를 발생한 것처럼 조작하여 보험금을 수령하도록 하는 행위를 해서는 아니 된다.

④ 보험계약자가 보험중개사의 보험계약체결 중개행위와 관련하여 손해를 입은 경우에는 그 손해액을 이 법에 따른 영업보증금에서 다른 채권자보다 우선하여 변제 받을 권리를 가진다.

16 보험업법상 보험회사의 중복계약 체결 확인의무에 관한 설명으로 옳지 않은 것은?

① 중복계약 체결 확인의무와 관련된 실손의료보험계약이란 실제 부담한 의료비만 지급하는 제3보험상품계약을 말한다.

② 보험회사는 실손의료보험계약을 모집하기 전에 보험계약자가 되려는 자의 동의를 얻어 모집하고자 하는 보험계약과 동일한 위험을 보장하는 보험계약을 체결하고 있는지를 확인하여야 한다.

③ 보험의 모집에 종사하는 자가 실손의료보험계약을 모집하는 경우에는 피보험자가 되려는 자가 이미 다른 실손의료보험계약의 피보험자로 되어 있는지를 확인하여야 한다.

④ 보험회사는 국외여행, 연수 또는 유학 등 국외체류 중 발생한 위험을 보장하는 보험계약에 대하여 중복계약 체결 확인의무를 부담한다.

17 보험업법상 보험회사의 자산운용으로서 금지 또는 제한되는 사항이 아닌 것은?

① 상품이나 유가증권에 대한 투기를 목적으로 하는 자금의 대출
② 「근로자퇴직급여 보장법」에 따른 보험계약의 특별계정을 통한 부동산의 소유
③ 해당 보험회사의 임직원에 대한 보험약관에 따른 대출
④ 직접·간접을 불문하고 정치자금의 대출

18 보험업법상 보험회사는 그 특별계정에 속하는 자산을 운용할 때 일정한 비율을 초과할 수 없는데, 그 비율로 옳지 않은 것은?

① 동일한 자회사에 대한 신용공여 : 각 특별계정 자산의 100분의 5
② 동일한 법인이 발행한 채권 및 주식 소유의 합계액 : 각 특별계정 자산의 100분의 10
③ 부동산 소유 : 각 특별계정 자산의 100분의 15
④ 동일한 개인·법인, 동일차주 또는 대주주(그의 특수관계인 포함)에 대한 총자산의 100분의 1을 초과하는 거액 신용공여의 합계액 : 각 특별계정 자산의 100분의 20

19 보험업법상 보험회사는 보험의 경영과 밀접한 관련이 있는 업무를 주로 하는 회사를 미리 금융위원회에 신고하고 자회사로 소유할 수 있는데, 이에 해당하는 업무가 아닌 것은?

① 보험계약의 유지·해지·변경 또는 부활 등을 관리하는 업무
② 보험계약자 등에 대한 위험관리 업무
③ 건강·장묘·장기간병·신체장애 등의 사회복지사업
④ 보험에 관한 인터넷 정보서비스의 제공 업무

20 보험업법상 금융위원회가 보험중개사(금융기관보험중개사는 제외)에게 영업보증금의 전부 또는 일부를 반환해야 하는 사유에 해당하지 않는 것은?

① 보험중개사가 보험중개 업무를 일시 중단한 경우
② 보험중개사인 법인이 파산 또는 해산하거나 합병으로 소멸한 경우
③ 보험중개사인 개인이 사망한 경우
④ 보험중개사의 업무상황 변화 등으로 이미 예탁한 영업보증금이 예탁하여야 할 영업보증금을 초과하게 된 경우

21 보험업법상 보험회사가 지켜야 하는 재무건전성 기준에 따라 (   )을 (   )으로 나눈 비율인 지급여력비율은 100분의 (   ) 이상을 유지하여야 한다. (   ) 안에 들어갈 사항을 순서대로 나열한 것으로 옳은 것은?

① 지급여력기준금액 – 지급여력금액 – 100
② 지급여력금액 – 지급여력기준금액 – 100
③ 지급여력기준금액 – 지급여력금액 – 90
④ 지급여력금액 – 지급여력기준금액 – 90

22 보험업법상 상호협정에 관한 설명으로 옳지 않은 것은?

① 보험회사는 대통령령으로 정하는 경미한 사항의 변경이 아닌 한, 그 업무에 관한 공동행위를 하기 위하여 금융위원회의 인가를 받아 다른 보험회사와 상호협정을 체결할 수 있다.
② 금융위원회는 공익 또는 보험업의 건전한 발전을 위하여 특히 필요하다고 인정되는 경우에는 보험회사에 대하여 상호협정의 체결·변경 또는 폐지를 명할 수 있다.
③ 금융위원회는 공익 또는 보험업의 건전한 발전을 위하여 특히 필요하다고 인정되는 경우에는 보험회사에 대하여 상호협정의 전부 또는 일부에 따를 것을 명할 수 있다.
④ 금융위원회가 보험회사의 신설로 상호협정의 구성원이 변경되어 상호협정의 변경을 인가하는 경우 미리 공정거래위원회와 협의하여야 한다.

23 보험업법상 일정한 사유가 발생한 경우 보험회사가 금융위원회에 보고해야 하는 기간에 관한 설명으로 옳은 것은?

① 보험회사는 정관을 변경한 경우에는 변경한 날부터 7일 이내
② 보험회사는 상호나 명칭을 변경한 경우에는 변경한 날부터 7일 이내
③ 보험회사는 본점의 영업을 중지하거나 재개한 경우에는 그 날부터 7일 이내
④ 보험회사는 최대주주가 변경된 경우에는 변경된 날부터 7일 이내

24 보험업법상 보험회사가 취급하려는 보험상품에 관한 기초서류의 신고에 관한 설명으로 옳지 않은 것은?

① 법령의 제정·개정에 따라 새로운 보험상품이 도입되거나 보험상품 가입이 의무가 되는 경우, 보험회사는 그 보험상품에 관한 기초서류를 작성하여 이를 미리 금융위원회에 신고하여야 한다.
② 금융위원회는 보험회사가 기초서류를 신고할 때 금융감독원의 확인을 받도록 하여야 한다.
③ 금융위원회는 보험회사가 신고한 기초서류의 내용이 이 법의 기초서류 작성·변경 원칙을 위반하는 경우에는 대통령령으로 정하는 바에 따라 기초서류의 변경을 권고할 수 있다.
④ 금융위원회는 보험회사가 기초서류를 신고하는 경우 보험료 및 해약환급금 산출방법서에 대하여 이 법에 따른 보험요율 산출기관 또는 대통령령으로 정하는 보험계리업자의 검증확인서를 첨부하도록 할 수 있다.

25 보험업법상 보험약관 등의 이해도 평가에 관한 설명으로 옳지 않은 것은?

① 금융위원회는 보험소비자 등을 대상으로 보험약관 등에 대한 이해도를 평가하고 그 결과를 대통령령으로 정하는 바에 따라 공시하여야 한다.

② 금융위원회는 보험약관 등에 대한 보험소비자 등의 이해도를 평가하기 위해 평가대행기관을 지정할 수 있다.

③ 평가대행기관은 조사대상 보험약관 등에 대하여 보험소비자 등의 이해도를 평가하고 그 결과를 금융위원회에 보고하여야 한다.

④ 보험약관 등의 이해도 평가에 수반되는 비용의 부담, 평가시기, 평가방법 등 평가에 관한 사항은 금융위원회가 정한다.

26 보험업법상 보험요율 산출의 원칙에 관한 설명으로 옳지 않은 것은?

① 보험요율이 보험금과 그 밖의 급부에 비하여 지나치게 높지 않아야 한다.

② 보험요율이 보험회사의 재무건전성을 크게 해칠 정도로 낮지 않아야 한다.

③ 자동차보험의 보험요율인 경우 보험금과 그 밖의 급부와 비교할 때 공정하고 합리적인 수준이어야 한다.

④ 보험회사가 보험요율 산출의 원칙을 위반한 경우, 금융위원회는 그 위반사실로 과징금을 부과할 수 있다.

27 보험업법상 보험회사의 파산 등 보험계약자의 이익을 크게 해칠 우려가 있다고 인정되는 경우 금융위원회가 명할 수 있는 조치가 아닌 것은?

① 보험계약 전부의 이전
② 보험금 전부의 지급정지
③ 보험금 일부의 지급정지
④ 보험계약 체결의 제한

28 보험업법상 자료제출 및 검사에 관한 설명으로 옳지 않은 것은?

① 금융감독원장은 공익 또는 보험계약자 등을 보호하기 위하여 보험회사에 이 법에서 정하는 감독업무의 수행과 관련한 주주 현황, 그 밖에 사업에 관한 보고 또는 자료 제출을 명할 수 있다.
② 보험회사는 그 업무 및 자산상황에 관하여 금융감독원의 검사를 받아야 한다.
③ 보험회사의 업무 및 자산상황에 관하여 검사를 하는자는 그 권한을 표시하는 증표를 지니고 이를 관계인에게 내보여야 한다.
④ 금융감독원장은 「주식회사 등의 외부감사에 관한 법률」에 따라 보험회사가 선임한 외부감사인에게 그 보험회사를 감사한 결과 알게 된 정보나 그 밖에 경영건전성과 관련되는 자료의 제출을 요구할 수 있다.

29 보험업법상 보험회사에 대한 제재 중 금융감독원장이 할 수 있는 조치로 옳은 것은?

① 해당 위반행위에 대한 시정명령

② 보험회사에 대한 주의·경고

③ 임원(「금융회사의 지배구조에 관한 법률」에 따른 업무집행 책임자는 제외)의 해임권고·직무
정지

④ 6개월 이내의 영업의 일부정지

30 보험업법상 보험회사의 합병에 관한 설명으로 옳지 않은 것은?

① 보험회사의 합병은 이 법에 의한 보험회사의 해산사유 중 하나이다.

② 상호회사인 보험회사의 합병에 관한 사원총회의 결의는 사원 과반수의 출석과 그 의결권의
4분의 3 이상의 찬성으로 하여야 한다.

③ 주식회사인 보험회사의 합병에 관한 주주총회의 결의는 출석한 주주의 의결권의 과반수 이상
의 찬성과 발행주식 총수의 4분의 1 이상의 찬성으로 하여야 한다.

④ 보험회사의 합병은 금융위원회의 인가를 받아야 한다.

31 보험업법상 주식회사인 보험회사의 보험계약 이전에 관한 설명으로 옳지 않은 것은?

① 보험회사는 계약의 방법으로 책임준비금 산출의 기초가 같은 보험계약의 전부를 포괄하여 다른 보험회사에 이전할 수 있으며, 이는 금융위원회의 인가를 받아야 한다.

② 보험계약을 이전하려는 보험회사는 그 이전 결의를 한 날부터 2주 이내에 계약 이전의 요지와 각 보험회사의 재무상태표를 공고하고, 대통령령으로 정하는 방법에 따라 보험계약자에게 통지하여야 한다.

③ 보험계약을 이전하려는 보험회사에 대하여 이의제기 기간 내에 이의를 제기한 보험계약자가 이전될 보험계약자 총수의 10분의 1을 초과하거나 그 보험금액이 이전될 보험금 총액의 10분의 1을 초과하는 경우에는 보험계약을 이전하지 못한다.

④ 보험회사는 해산한 후에도 6개월 이내에는 보험계약 이전을 결의할 수 있다.

32 보험업법상 보험회사가 일정한 사유로 해산한 때에는 보험금 지급사유가 해산한 날부터 3개월 이내에 발생한 경우에만 보험금을 지급하여야 한다. 이러한 사유에 해당하는 것을 모두 고른 것은?

> 가. 존립기간의 만료
> 나. 주주총회의 결의
> 다. 회사의 합병
> 라. 보험계약 전부의 이전
> 마. 회사의 파산
> 바. 보험업의 허가취소
> 사. 해산을 명하는 재판

① 가, 다, 라
② 나, 다, 라
③ 나, 바, 사
④ 마, 바, 사

33 보험업법상 손해보험계약의 제3자 보호에 관한 설명으로 옳지 않은 것은?

① 손해보험협회의 장은 손해보험회사로부터 지급불능 보고를 받으면 금융위원회의 확인을 거쳐 손해보험 계약의 제3자에게 대통령령으로 정하는 보험금을 지급하여야 한다.

② 손해보험회사는 손해보험계약의 제3자에 대한 보험금의 지급을 보장하기 위하여 수입보험료 및 책임준비금을 고려하여 대통령령으로 정하는 비율을 곱한 금액을 손해보험협회에 출연하여야 한다.

③ 손해보험협회는 손해보험회사의 출연금이 제3자에게 지급할 보험금의 지급을 위하여 부족한 경우에만 정부, 예금보험공사, 그 밖에 대통령령으로 정하는 금융기관으로부터 금융위원회의 승인을 받아 자금을 차입할 수 있다.

④ 손해보험협회는 보험금을 지급한 경우에는 해당 손해보험회사에 대하여 구상권을 가진다.

34 보험업법상 보험협회의 업무에 해당하지 않는 것은?

① 보험 관련 정보의 수집·제공 및 통계의 작성

② 차량수리비 실태 점검 업무

③ 모집 관련 전문자격제도의 운영·관리 업무

④ 보험설계사에 대한 보험회사의 불공정한 모집위탁행위를 막기 위하여 보험회사가 지켜야 할 규약의 제정

35 보험업법상 보험요율 산출기관에 관한 설명으로 옳지 않은 것은?

① 보험요율 산출기관이 보험회사가 적용할 수 있는 순보험요율을 산출하여 금융위원회에 신고한 경우, 금융위원회는 그 내용을 검토하여 이 법에 적합하면 신고를 수리하여야 한다.

② 보험요율 산출기관은 정관으로 정함이 있더라도 그 업무와 관련하여 보험회사로부터 수수료를 받을 수 없다.

③ 보험요율 산출기관은 순보험요율 산출을 위하여 보험 관련 통계를 체계적으로 통합·집적하여야 하며, 보험회사에 자료의 제출을 요청하는 경우 보험회사는 이에 따라야 한다.

④ 보험요율 산출기관은 음주운전 등 교통법규 위반의 효력에 관한 개인정보를 보유하고 있는 기관의 장으로부터 그 정보를 제공받아 보험회사가 보험금 지급업무에 이용하게 할 수 있다.

36 보험업법상 보험회사가 선임계리사를 선임한 경우에는 그 선임일이 속한 사업연도의 다음 사업연도부터 연속하는 3개 사업연도가 끝나는 날까지 그 선임계리사를 해임할 수 없지만, 일정한 경우에는 그러하지 아니하다. 이러한 예외 사유에 해당하지 않는 것은?

① 회사의 기밀을 누설한 경우
② 직무를 부적절하게 수행하여 금융위원회로부터 업무의 정지 조치를 받은 경우
③ 계리업무와 관련하여 부당한 요구를 하거나 압력을 행사한 경우
④ 업무를 게을리하여 회사에 손해를 발생하게 한 경우

37 보험업법상 선임계리사의 금지행위에 해당하지 않는 것은?

① 중대한 과실로 진실을 숨기거나 거짓으로 보험계리를 하는 행위
② 타인으로 하여금 자기의 명의로 보험계리업무를 하게 하는 행위
③ 충분한 조사나 검증을 하지 아니하고 보험계리업무를 수행하는 행위
④ 업무상 제공받은 자료를 무단으로 보험계리업무와 관련이 없는 자에게 제공하는 행위

38 보험업법상 금융위원회의 손해사정업자에 대한 감독 등에 관한 설명으로 옳지 않은 것은?

① 손해사정업자가 그 직무를 게을리하였다고 인정되는 경우, 6개월 이내의 기간을 정하여 업무의 정지를 명하거나 해임하게 할 수 있다.
② 손해사정업자의 자산상황이 불량하여 보험계약자 등의 권익을 해칠 우려가 있다고 인정되는 경우, 불건전한 자산에 대한 적립금의 보유를 명할 수 있다.
③ 손해사정업자가 이 법을 위반하여 손해사정업의 건전한 경영을 해친 경우, 금융감독원장의 건의에 따라 업무집행 방법의 변경을 하게 할 수 있다.
④ 손해사정업자가 그 업무를 할 때 고의 또는 과실로 타인에게 손해를 발생하게 한 경우, 금융위원회는 그 손해배상을 보장하기 위하여 손해사정업자에게 금융위원회가 지정하는 기관에의 자산 예탁을 하게 할 수 있다.

39 보험업법상 개인인 손해사정사는 자신과 일정한 이해관계를 가진 자의 보험사고에 대하여는 손해사정을 할 수 없는데, 이에 해당하는 자가 아닌 경우는?

① 본인의 혈족의 배우자의 혈족으로서 생계를 같이하는 자

② 본인의 배우자의 2촌 이내의 친족이 상근 임원으로 있는 단체

③ 본인을 고용하고 있는 개인 또는 본인이 상근 임원으로 있는 법인

④ 본인이 고용하고 있는 개인 또는 본인이 대표자로 있는 단체

40 보험업법상 벌칙에 관한 설명으로 옳은 것은?

① 보험계리사가 그 임무를 위반하여 재산상 이익을 취하고 보험회사에 재산상 손해를 입힌 경우, 그 죄를 범한 자에게는 정상에 따라 징역과 벌금을 병과할 수 있지만, 그 미수범에 대하여는 징역과 벌금을 병과하지 아니한다.

② 손해사정사가 그 직무에 관하여 부정한 청탁을 받고 재산상의 이익을 수수·요구 또는 약속한 경우, 범인이 수수한 이익은 몰수하고 그 전부 또는 일부를 몰수할 수 없을 때에는 그 가액을 추징하지만, 범인이 공여하려한 이익은 그러하지 아니하다.

③ 법인의 대표자의 위반행위로 벌금형의 부과가 문제되는 경우, 법인이 그 위반행위를 방지하기 위하여 해당 업무에 관하여 상당한 주의와 감독을 게을리하지 아니한 때에는, 그 대표자 이외에 그 법인에게는 벌금형을 감경할 수 있다.

④ 법인이 아닌 사단 또는 재단에 대하여 벌금형을 과하는 경우, 그 대표자가 그 소송행위에 관하여 그 사단 또는 재단을 대표하는 법인을 피고인으로 하는 경우의 형사소송에 관한 법률을 준용한다.

01 보험업법상 생명보험상품에 해당하는 보험계약은?

① 질병보험계약

② 퇴직보험계약

③ 간병보험계약

④ 장기요양보험계약

02 보험업법상 용어의 정의에 관한 설명으로 옳지 않은 것은?

① 산업재해보상보험은 보험상품에 포함되지 아니한다.

② 보험업은 생명보험업, 손해보험업, 제3보험업 등 3가지로 나뉜다.

③ 상호회사란 보험업을 경영할 목적으로 보험업법에 따라 설립된 회사로서 보험계약자를 사원으로 하는 회사를 말한다.

④ 보험대리점이란 보험회사를 위하여 보험계약의 체결을 대리 또는 중개하는 자로서 보험업법에 따라 금융위원회에 등록된 자를 말한다.

03 보험업법상 총자산 및 자기자본에 관한 설명으로 옳지 않은 것은?

① 소득세법 제20조의3 제1항 제2호 각 목 외의 부분에 따른 연금저축계좌를 설정하는 계약에 대한 특별계정 자산은 총자산을 산출할 때 제외되는 자산이다.

② 변액보험계약에 대한 특별계정 자산은 총자산을 산출할 때 제외되는 자산이다.

③ 자본잉여금·이익잉여금은 자기자본을 산출할 때 합산해야 할 항목이다.

④ 영업권은 자기자본을 산출할 때 빼야 할 항목이다.

04 보험업법상 다음 보기의 (   )에 들어갈 내용으로 옳은 것은?

전문보험계약자 중 (   )가(이) 일반보험계약자와 같은 대우를 받겠다는 의사를 보험회사에 서면으로 통지하는 경우 보험회사는 정당한 사유가 없으면 이에 동의하여야 하며, 보험회사가 동의한 경우에는 해당 보험계약자는 일반보험계약자로 본다.

① 국가
② 지방자치단체
③ 한국은행
④ 신용보증기금

05 보험업법상 통신판매전문보험회사란 총보험계약건수 및 수입보험료의 100분의 (   ) 이상을 전화, 우편, 컴퓨터통신 등 통신수단을 이용하여 모집하는 보험회사를 말한다. 다음 중 (   )에 들어갈 내용으로 옳은 것은?

① 90
② 80
③ 70
④ 60

06 보험업법상 다음의 보기 중 소액단기전문보험회사가 모집할 수 있는 보험상품의 종류를 모두 고른 것은?

가. 생명보험계약	나. 연금보험계약
다. 화재보험계약	라. 자동차보험계약
마. 책임보험계약	바. 동물보험계약
사. 질병보험계약	아. 간병보험계약

① 가, 다, 라, 아
② 가, 마, 바, 사
③ 나, 다, 마, 바
④ 나, 라, 사, 아

07 보험업법상 보험회사 등의 자본금 또는 기금의 최소 금액에 관한 설명으로 옳지 않은 것은?

① 소액단기전문보험회사 : 10억원

② 해상보험만을 취급하려는 통신판매전문보험회사 : 100억원

③ 화재보험만을 취급하려는 보험회사 : 100억원

④ 생명보험만을 취급하려는 보험회사 : 200억원

제3과목

08 보험업법상 보험업 겸영의 제한에 관한 설명으로 옳지 않은 것은?(소액단기전문보험회사는 제외함)

① 생명보험업을 경영하는 보험회사는 생명보험의 재보험을 겸영할 수 있다.

② 생명보험업을 경영하는 보험회사는 제3보험의 재보험을 겸영할 수 있다.

③ 손해보험업의 보험종목 전부를 취급하는 보험회사는 질병을 원인으로 하는 사망을 제3보험의 특약 형식으로 담보하는 보험만기가 90세 이하인 보험을 겸영할 수 있다.

④ 손해보험업의 보험종목 전부를 취급하는 보험회사는 소득세법 제20조의3 제1항 제2호 각 목 외의 부분에 따른 연금저축계좌를 설정하는 계약을 겸영할 수 있다.

09 보험업법상 보험회사는 대통령령으로 정하는 금융 관련 법령에서 정하고 있는 금융업무로서 해당 법령에서 보험회사가 할 수 있도록 한 업무를 겸영할 수 있다. 이에 해당하는 업무가 아닌 것은?

① 「자산유동화에 관한 법률」에 따른 유동화자산의 관리업무
② 「한국주택금융공사법」에 따른 채권유동화자산의 관리업무
③ 「주택저당채권유동화회사법」에 따른 유동화자산의 관리업무
④ 「신용정보의 이용 및 보호에 관한 법률」에 따른 본인신용정보관리업

10 보험업법상 금융위원회는 일정한 경우 보험회사가 부수업무를 하는 것을 제한하거나 시정할 것을 명할 수 있다. 이에 해당하는 경우가 아닌 것은?

① 보험회사의 경영건전성을 해치는 경우
② 보험계약자 보호에 지장을 가져오는 경우
③ 공정거래법상 불공정거래행위에 해당하는 경우
④ 금융시장의 안정성을 해치는 경우

11 보험업법상 다음의 보기 중 보험회사의 자산운용방법으로 허용되는 것을 모두 고른 것은?

> 가. 저당권의 실행으로 인한 비업무용 부동산의 소유
> 나. 유가증권에 대한 투기를 목적으로 하는 자금의 대출
> 다. 간접적으로 해당 보험회사의 주식을 사도록 하기 위한 대출
> 라. 간접적인 정치자금의 대출
> 마. 해당 보험회사의 임직원에 대한 보험약관에 따른 대출

① 가, 다
② 가, 마
③ 나, 라
④ 나, 다, 마

12 보험업법상 보험회사가 일반계정에 속하는 자산을 운용할 때 초과할 수 없는 비율로 옳지 않은 것은?

① 동일한 개인 또는 법인에 대한 신용공여 : 총자산의 100분의 3
② 동일한 법인이 발행한 채권 및 주식 소유의 합계액 : 총자산의 100분의 7
③ 동일한 자회사에 대한 신용공여 : 자기자본의 100분의 10
④ 부동산의 소유 : 총자산의 100분의 30

13 보험업법상 보험회사의 재무제표 등의 제출에 관한 설명으로 옳지 않은 것은?

① 보험회사는 매년 12월 31일에 그 장부를 폐쇄하여야 한다.

② 보험회사는 장부를 폐쇄한 날부터 3개월 이내에 금융위원회가 정하는 바에 따라 재무제표 및 사업보고서를 금융위원회에 제출하여야 한다.

③ 보험회사는 매월의 업무 내용을 적은 보고서를 다음 달 말일까지 금융위원회가 정하는 바에 따라 금융위원회에 제출하여야 한다.

④ 보험회사는 재무제표 또는 월간업무보고서 등 제출서류를 대통령령으로 정하는 바에 따라 전자문서로 제출하여야 한다.

14 보험업법상 보험회사인 주식회사의 자본감소에 관한 설명으로 옳지 않은 것은?

① 자본감소를 결의한 경우에는 그 결의를 한 날로부터 2주 이내에 결의의 요지와 재무상태표를 공고하여야 한다.

② 자본감소의 결의를 할 때 주식 금액 또는 주식 수의 감소에 따른 자본금의 실질적 감소를 하려면 미리 금융위원회에 신고하여야 한다.

③ 자본감소의 결의에 따른 공고에는 보험계약자로서 자본감소에 이의가 있는 자는 1개월 이상의 이의신청 기간과 이 기간 동안에 이의를 제출할 수 있다는 내용을 포함해야 한다.

④ 자본감소는 이의를 제기한 보험계약자나 그 밖에 보험계약으로 발생한 권리를 가진 자에 대하여도 효력이 미친다.

15 보험업법상 상호회사 사원의 권리와 의무에 관한 설명으로 옳지 않은 것은?

① 상호회사의 사원은 회사의 채권자에 대하여 직접적인 의무를 부담하지 않는다.

② 제3보험을 목적으로 하는 상호회사의 사원은 회사의 승낙을 받아 타인으로 하여금 그 권리와 의무를 승계하게 할 수 있다.

③ 상호회사의 사원이 회사에 대하여 가지는 채권이 변제기에 있는 때에는 사원이 회사에 지급해야 할 보험료와 상계할 수 있다.

④ 상호회사의 사원명부에는 사원의 이름과 주소 각 사원의 보험계약의 종류 보험금액 및 보험료를 적어야 한다.

16 보험업법상 상호회사 사원의 퇴사에 관한 설명으로 옳지 않은 것은?

① 상호회사의 사원은 정관으로 정한 사유의 발생 보험관계의 소멸로 퇴사한다.

② 상호회사가 해산을 결의한 경우에는 그 결의가 금융위원회의 인가를 받은 날부터 2주 이내에 결의의 요지와 재무상태표를 공고하여야 한다.

③ 상호회사에서 퇴사한 사원은 정관이나 약관에서 정하는 바에 따라 그 권리에 따른 금액의 환급을 청구할 수 있다.

④ 상호회사에서 퇴사한 사원의 권리에 따른 금액의 환급은 퇴사한 날이 속하는 사업연도가 종료한 날부터 6개월 이내에 하여야 한다.

17 보험업법상 외국보험회사국내지점에 관한 설명으로 옳지 않은 것은?

① 금융위원회는 외국보험회사의 본점이 합병, 영업양도 등으로 소멸하는 경우 그 외국보험회사 국내지점에 대하여 청문을 거쳐 보험업의 허가를 취소할 수 있다.

② 외국보험회사국내지점의 대표자는 퇴임한 후에도 후임 대표자의 이름 및 주소에 관하여 상법 에 따른 등기가 있을 때까지는 계속하여 대표자의 권리와 의무를 가진다.

③ 외국보험회사국내지점은 그 외국보험회사의 본점이 휴업하거나 영업중지한 경우에는 그 사유 가 발생한 날부터 2주 이내에 그 사실을 금융위원회에 알려야 한다.

④ 보험업의 허가를 받은 외국보험회사의 본점이 보험업을 폐업하거나 해산한 경우에는 금융위 원회가 필요하다고 인정하면 잔무처리를 할 자를 선임하거나 해임할 수 있다.

18 보험업법상 보험계약의 모집을 할 수 있는 자는?

① 보험회사의 사외이사

② 보험회사의 직원

③ 보험회사의 대표이사

④ 보험회사의 감사위원

19 보험업법상 보험설계사에 관한 설명으로 옳지 않은 것은?

① 보험설계사는 생명보험설계사, 손해보험설계사(간단손해보험설계사를 포함), 제3보험설계사로 구분한다.

② 보험회사·보험대리점 및 보험중개사는 보험설계사가 되려는 자를 금융위원회에 등록하여야 한다.

③ 보험설계사가 교차모집을 하려는 경우에는 교차모집을 하려는 보험회사의 명칭 등 금융위원회가 정하여 고시하는 사항을 적은 서류를 금융위원회에 제출해야 한다.

④ 보험회사는 소속 보험설계사에게 최초로 유효한 등록을 한 날부터 2년이 지날 때마다 2년이 된 날부터 6개월 이내에 보험업법에 정해진 기준에 따라 교육을 해야 한다.

20 보험업법상 법인보험대리점에 관한 설명으로 옳지 않은 것은?(금융기관보험대리점 등은 제외함)

① 법인보험대리점은 「방문판매 등에 관한 법률」에 따른 다단계판매업을 하지 못한다.

② 법인보험대리점은 경영하고 있는 업무의 종류, 모집조직에 관한 사항, 모집실적에 관한 사항, 그 밖에 보험계약자 보호를 위하여 금융위원회가 정하여 고시하는 사항을 보험협회의 인터넷 홈페이지를 통하여 반기별로 공시하여야 한다.

③ 미성년자는 법정대리인의 동의를 얻어 법인보험대리점의 임원이 될 수 있다.

④ 보험설계사가 100명 이상인 법인보험대리점으로서 금융위원회가 정하여 고시하는 법인보험대리점은 보험계약자 보호를 위한 업무지침의 준수 여부를 점검하고, 그 위반 사항을 조사하는 임원 또는 직원을 1명 이상 두어야 한다.

21 보험업법상 보험계약의 모집을 위하여 사용하는 보험안내자료에 기재할 수 있는 사항이 아닌 것은?

① 보험금 지급제한 조건의 예시
② 다른 보험회사 상품과 비교한 사항
③ 보험안내자료의 제작자·제작일, 보험안내자료에 대한 보험회사의 심사 또는 관리번호
④ 보험금이 금리에 연동되는 보험상품의 경우 적용금리 및 보험금 변동에 관한 사항

22 보험업법상 다음 보기의 (   )에 들어갈 내용을 순서대로 나열한 것은?

> 보험계약의 체결 또는 모집에 종사하는 자가 기존보험계약이 소멸된 날로부터 (   ) 이내에 새로운 보험계약을 청약하거나 새로운 보험계약을 청약하게 한 날로부터 (   ) 이내에 기존보험계약을 소멸하게 하는 행위를 하는 경우, 기존보험계약을 부당하게 소멸시키거나 소멸하게 하는 행위를 한 것으로 본다. 다만, 보험계약자가 기존 보험계약 소멸 후 새로운 보험계약 체결시 손해가 발생할 가능성이 있다는 사실을 알고 있음을 자필로 서명하는 등 대통령령으로 정하는 바에 따라 본인의 의사에 따른 행위임이 명백히 증명되는 경우에는 그러하지 아니하다.

① 1개월 ~ 1개월
② 1개월 ~ 3개월
③ 3개월 ~ 3개월
④ 6개월 ~ 6개월

23 보험업법상 보험모집종사자가 보험계약의 체결 또는 모집과 관련하여 보험계약자 등에게 제공할 수 있는 특별이익에 해당하는 것은?

① 기초서류에 정한 사유에 근거하지 아니한 보험료의 할인 또는 수수료의 지급
② 보험계약자나 피보험자를 위한 보험료의 대납
③ 보험계약자나 피보험자가 해당 보험회사로부터 받은 대출금에 대한 이자의 대납
④ 보험계약 체결시부터 최초 1년간 납입되는 보험료의 100분의 10과 3만원(보험계약에 따라 보장되는 위험을 감소시키는 물품의 경우에는 20만원) 중 적은 금액의 지급

24 보험업법상 고객을 직접 응대하는 직원을 고객의 폭언이나 성희롱 폭행 등(이하 "폭언 등" 이라 함)으로부터 보호하기 위하여 보험회사가 취해야 할 보호 조치 의무에 해당하지 않는 것은?

① 직원의 폭언 등이 관계 법률의 형사처벌 규정에 위반된다고 판단되는 경우 당해 직원의 요청과 상관없이 관할 수사기관 등에 고발
② 고객의 폭언 등을 예방하거나 이에 대응하기 위한 직원의 행동요령 등에 대한 교육 실시
③ 고객의 폭언 등이 관계 법률의 형사처벌 규정에 위반되지 아니하나, 그 행위로 피해를 입은 직원의 피해정도 및 그 직원과 다른 직원에 대한 장래 피해발생 가능성 등을 고려하여 필요하다고 판단되는 경우 관할 수사기관 등에 필요한 조치 요구
④ 직원이 직접 폭언 등의 행위를 한 고객을 관할 수사기관 등에 고소, 고발, 손해배상 청구 등의 조치를 하는데 필요한 행정적, 절차적 지원

25 보험업법상 간단손해보험대리점이 준수해야 할 사항이 아닌 것은?

① 소비자에게 재화 또는 용역의 판매·제공·중개를 조건으로 보험가입을 강요하지 아니할 것
② 판매·제공·중개하는 재화 또는 용역과 별도로 소비자가 보험계약을 체결 또는 취소하거나 보험계약의 피보험자가 될 수 있는 기회를 보장할 것
③ 재화·용역을 구매하면서 동시에 보험계약을 체결하는 경우와 보험계약만 체결하는 경우간에 보험료, 보험금의 지급조건 및 보험금의 지급규모 등에 차이가 발생하지 않도록 할 것
④ 보험계약자에게 피보험이익이 없으면서 보험계약자가 보험료 전부를 부담하는 단체보험계약을 체결하는 경우 사전에 서면, 문자메세지, 전자우편 또는 팩스 등의 방법으로 보험업법에서 정하는 내용이 포함된 안내자료를 피보험자가 되려는 자에게 제공할 것

26 보험업법상 금융기관보험대리점 등이 모집을 할 때 금지되는 행위가 아닌 것은?

① 보험업법 시행령 제40조 제4항에 따라 모집에 종사하는 자로 하여금 보험상품 구입에 대한 상담 또는 소개를 하게 하거나 상담 또는 소개의 대가를 지급하는 행위
② 대출 등 해당 금융기관이 제공하는 용역(이하 "대출 등"이라 함)을 받은 자의 동의를 미리 받지 아니하고 보험료를 대출 등의 거래에 포함시키는 행위
③ 해당 금융기관의 점포 외의 장소에서 모집을 하는 행위
④ 모집과 관련이 없는 금융거래를 통하여 취득한 개인정보를 미리 그 개인의 동의를 받지 아니하고 모집에 이용하는 행위

27 보험업법상 보험회사는 취급하려는 보험상품에 관한 기초서류를 작성하고 일정한 경우 금융위원회에 신고해야 하는데 이에 관한 설명으로 옳은 것은?

① 금융위원회는 보험회사로부터 기초서류의 신고를 받은 경우 그 내용을 검토하여 이 법에 적합하더라도 대통령령이 정하는 바에 따라 신고의 수리를 거절할 수 있다.

② 금융위원회는 보험회사가 신고한 기초서류의 내용이 보험요율 산출의 원칙을 위반하는 경우에는 대통령령으로 정하는 바에 따라 기초서류의 변경을 명할 수 있다.

③ 금융위원회는 보험회사가 기초서류를 신고할 때 필요하면 금융감독원의 확인을 받도록 할 수 있다.

④ 금융위원회는 보험회사가 기초서류를 신고하는 경우 보험료 및 해약환급금 산출방법서에 대하여 보험요율산출기관 또는 독립계리업자의 검증확인서를 첨부하도록 해야 한다.

28 보험업법상 다음의 보기 중 보험상품공시위원회의 위원 가운데 보험협회의 장의 위촉이 필요하지 않은 당연직 위원은 모두 몇 명인가?

가. 금융감독원 상품담당 부서장
나. 보험협회의 상품담당 임원
다. 보험요율산출기관의 상품담당 임원
라. 보험회사의 상품담당 임원
마. 보험회사의 선임계리사
바. 소비자단체에서 추천하는 사람

① 2명

② 3명

③ 4명

④ 5명

29 보험업법상 금융위원회의 명령권으로서 다음 보기의 (   )에 공통으로 들어가는 조치는?

> 금융위원회는 보험회사의 업무 및 자산상황, 그 밖의 사정변경으로 공익 또는 보험계약자의 보호와 보험회사의 건전한 경영을 크게 해칠 우려가 있는 경우, 청문을 거쳐 (   ) 또는 그 사용의 정지를 명할 수 있다. 다만, 대통령령으로 정하는 경미한 사항에 관하여 (   )을(를) 명하는 경우에는 청문을 하지 아니할 수 있다.

① 업무집행방법의 변경
② 불건전한 자산에 대한 적립금의 보유
③ 기초서류의 변경
④ 가치가 없다고 인정되는 자산의 손실처리

30 보험업법상 보험회사에 대한 금융위원회의 제재로서 다음 보기의 (   )에 들어가는 조치로 옳은 것은?

> 금융위원회는 보험회사(그 소속 임직원을 포함한다)가 이 법 또는 이 법에 따른 규정·명령 또는 지시를 위반하여 보험회사의 건전한 경영을 해치거나 보험계약자, 피보험자, 그 밖의 이해관계인의 권익을 침해할 우려가 있다고 인정되는 경우에는 금융감독원장으로 하여금 (   )의 조치를 하게 할 수 있다.

① 해당 위반행위에 대한 시정명령
② 6개월 이내의 영업의 일부정지
③ 보험회사에 대한 주의·경고 또는 그 임직원에 대한 주의·경고·문책의 요구
④ 임원의 해임권고·직무정지

31 보험업법상 보험회사는 일정한 사유가 발생한 경우에는 그 사유가 발생한 날부터 5일 이내에 금융위원회에 보고해야 하는데 이러한 사유에 해당하지 않는 것은?

① 자본금 또는 기금을 감액한 경우
② 조세 체납 처분을 받거나 조세에 관한 법령을 위반하여 형벌을 받은 경우
③ 보험회사의 주주 또는 주주였던 자가 제기한 소송의 당사자가 된 경우
④ 대주주가 소유하고 있는 주식 총수가 의결권 있는 발행주식 총수의 100분의 1 이상만큼 변동된 경우

32 보험업법상 보험요율산출기관에 관한 설명으로 옳은 것은?

① 보험요율산출기관은 보험회사가 적용할 수 있는 순보험요율을 산출하여 금융위원회에 신고하여야 한다.
② 보험회사는 이 법에 따라 금융위원회에 제출하는 기초서류를 보험요율산출기관으로 하여금 확인하게 할 수 있다.
③ 보험요율산출기관은 이 법 또는 이 법에 따른 명령에 특별한 규정이 없으면 「민법」 중 재단법인에 관한 규정을 준용한다.
④ 보험요율산출기관이 그 업무와 관련하여 정관으로 정하는 바에 따라 보험회사로부터 수수료를 받기 위해서는 금융위원회의 승인이 있어야 한다.

33 보험업법상 보험회사의 합병에 관한 설명으로 옳지 않은 것은?

① 상호회사와 주식회사가 합병하는 경우에는 이 법 또는 「상법」의 합병에 관한 규정에 따른다.

② 보험회사가 합병을 결의한 경우에는 그 결의를 한 날부터 2주 이내에 합병계약의 요지와 각 보험회사의 재무상태표를 공고하여야 한다.

③ 상호회사가 다른 보험회사와 합병하는 경우에 합병 후 존속하는 보험회사는 상호회사이어야 하지만, 합병하는 보험회사의 한 쪽이 주식회사인 경우에는 합병 후 존속하는 보험회사는 주식회사로 할 수 있다.

④ 보험회사는 합병을 하는 경우에는 7일 이내에 그 취지를 공고해야 하지만, 합병을 하지 아니하게 된 경우에는 그러하지 아니하다.

34 보험업법상 보험회사의 청산에 관한 설명으로 옳지 않은 것은?

① 보험회사가 파산으로 해산한 경우에는 금융위원회가 청산인을 선임한다.

② 금융위원회는 감사, 3개월 전부터 계속하여 자본금의 100분의 5 이상의 주식을 가진 주주, 100분의 5 이상의 사원 중 어느 하나의 청구에 따라 청산인을 해임할 수 있다.

③ 보험회사는 해산을 명하는 재판으로 해산한 경우에는 보험금 지급사유가 해산한 날부터 3개월 이내에 발생한 경우에만 보험금을 지급하여야 한다.

④ 보험회사는 보험업의 허가취소로 해산한 경우 해산한 날부터 3개월의 기간이 지난 후에는 피보험자를 위하여 적립한 금액이나 아직 지나지 아니한 기간에 대한 보험료를 되돌려주어야 한다.

35 보험업법상 손해사정을 업으로 하려는 법인의 영업기준에 관한 설명으로 옳지 않은 것은?

① 2명 이상의 상근 손해사정사를 두어야 하며, 총리령으로 정하는 손해사정사의 구분에 따라 수행할 업무의 종류별로 1명 이상의 상근 손해사정사를 두어야 한다.

② 지점 또는 사무소를 설치하려는 경우에는 각 지점 또는 사무소별로 총리령으로 정하는 손해사정사의 구분에 따라 수행할 업무의 종류별로 1명 이상의 손해사정사를 두어야 한다.

③ 상근 손해사정사의 인원에 결원이 생긴 기간이 2개월의 기간을 초과하는 경우에도 금융위원회의 승낙이 있으면 그 기간 동안 손해사정업무를 할 수 있다.

④ 손해사정업의 등록일부터 1개월 내에 업무를 시작해야 하지만, 불가피한 사유가 있다고 금융위원회가 인정하는 경우에는 그 기간을 연장할 수 있다.

36 보험업법상 선임계리사의 임면에 관한 설명으로 옳지 않은 것은?

① 선임계리사를 해임하려는 경우에는 선임계리사의 해임 전에 이사회의 의결을 거쳐 금융위원회에 신고해야 하지만, 외국보험회사의 국내지점의 경우에는 이사회의 의결을 거치지 아니할 수 있다.

② 보험회사는 선임계리사가 업무정지 명령을 받은 경우에는 업무정지 기간 중 그 업무를 대행할 사람을 선임하여 금융위원회에 보고하여야 한다.

③ 금융위원회는 선임계리사가 그 직무를 게을리 하거나 직무를 수행하면서 부적절한 행위를 하였다고 인정되는 경우에는 6개월 이내의 기간을 정하여 업무의 정지를 명하거나 해임하게 할 수 있다.

④ 보험회사가 선임계리사를 선임한 경우에는 금융위원회의 해임 요구가 있는 때에도 그 선임일이 속한 사업연도의 다음 사업연도부터 연속하는 3개 사업연도가 끝나는 날까지 그 선임계리사를 해임할 수 없다.

37 보험업법상 선임계리사는 수행할 수 없고, 보험계리사 및 보험계리업자만 수행할 수 있는 업무는?

① 기초서류 내용의 적정성에 관한 사항
② 잉여금의 배분·처리 및 보험계약자 배당금의 배분에 관한 사항
③ 지급여력비율 계산 중 보험료 및 책임준비금과 관련된 사항
④ 상품 공시자료 중 기초서류와 관련된 사항

38 보험업법상 손해사정업자의 업무 등에 관한 설명으로 옳은 것은?

① 보험회사가 출자한 손해사정법인에 소속된 손해사정사는 그 출자한 보험회사가 체결한 보험계약에 관한 보험사고에 대하여 손해사정을 할 수 없다.
② 보험회사로부터 손해사정업무를 위탁받은 손해사정업자는 손해사정서에 피보험자의 건강정보 등 「개인정보보호법」에 따른 민감정보가 포함된 경우 보험회사의 동의를 받아야 한다.
③ 금융위원회는 손해사정업자가 그 업무를 할 때 고의 또는 과실로 타인에게 손해를 발생하게 한 경우 그 손해의 배상을 보장하기 위하여 손해사정업자에게 보험협회가 지정하는 기관에의 자산 예탁, 보험 가입, 그 밖에 필요한 조치를 하게 할 수 있다.
④ 보험회사로부터 손해사정업무를 위탁받은 손해사정업자는 손해사정업무를 수행한 후 손해사정서를 작성한 경우에 지체 없이 서면, 문자메시지, 전자우편, 팩스 또는 이와 유사한 방법에 따라 보험회사, 보험계약자, 피보험자 및 보험금청구권자에게 손해사정서를 내어 주고 그 중요한 내용을 알려주어야 한다.

39 보험업법상 보험회사의 자료 제출 및 검사에 관한 설명으로 옳지 않은 것은?

① 보험회사는 그 업무 및 자산상황에 관하여 금융감독원의 검사를 받아야 한다.

② 금융감독원장은 공익 또는 보험계약자 등을 보호하기 위하여 보험회사에 이 법에서 정하는 감독업무의 수행과 관련한 주주 현황, 그 밖에 사업에 관한 보고 또는 자료 제출을 명할 수 있다.

③ 금융감독원장은 보험회사의 업무 및 자산상황에 관하여 검사를 한 경우에는 그 결과에 따라 필요한 조치를 하고, 그 내용을 금융위원회에 보고하여야 한다.

④ 금융감독원장은 「주식회사 등의 외부감사에 관한 법률」에 따라 보험회사가 선임한 외부감사인에게 그 보험회사를 감사하여 알게 된 정보나 그 밖에 경영건전성과 관련되는 자료의 제출을 요구할 수 있다.

제3과목

40 보험업법상 보험협회의 장이 수행하는 민감정보 및 고유식별정보의 처리와 관련하여 다음 보기의 ( )에 들어갈 사무는?

> 보험협회의 장은 일정한 사무를 수행하기 위하여 불가피한 경우 「개인정보보호법」 제23조에 따른 건강에 관한 정보, 같은 법 시행령 제19조에 따른 주민등록번호, 여권번호, 운전면허의 면허번호 또는 외국인등록번호가 포함된 자료를 처리할 수 있다. 다만, ( )의 경우에는 「개인정보보호법」 제23조에 따른 건강에 관한 정보 및 같은 법 시행령 제19조에 따른 운전면허의 면허번호가 포함된 자료는 제외한다.

① 포상금 지급에 관한 사무

② 차량수리비 실태 점검에 관한 사무

③ 보험금 지급 및 자료 제출 요구에 관한 사무

④ 보험설계사 및 개인보험대리점의 모집 경력 수집·관리·제공에 관한 사무

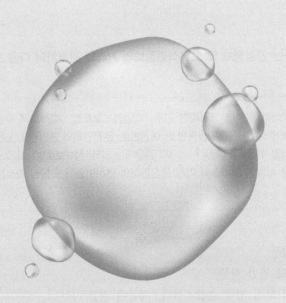

나에게 나무를 벨 시간 8시간이 주어진다면
그중 6시간은 도끼를 가는 것에 사용하겠다.

- 에이브러햄 링컨 -

2025 시대에듀 한치영의 손해사정사 정석 I

개정3판1쇄 발행	2024년 09월 30일(인쇄 2024년 08월 16일)
초 판 발 행	2022년 01월 05일(인쇄 2021년 11월 18일)

발 행 인	박영일
책 임 편 집	이해욱
편 저	한치영

편 집 진 행	서정인
표 지 디 자 인	조혜령
편 집 디 자 인	윤준하 · 하한우

발 행 처	(주)시대고시기획
출 판 등 록	제 10-1521호
주 소	서울시 마포구 큰우물로 75 [도화동 538 성지 B/D] 9F
전 화	1600-3600
팩 스	02-701-8823
홈 페 이 지	www.sdedu.co.kr

I S B N	979-11-383-7483-5 (13320)
정 가	38,000원

할 수 있다고 믿어라.

그러면 이미 반은 성공한 것이다.

- 시어도어 루즈벨트 -

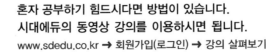